Wilken, Friedrich

Geschichte der Kreuzzüge

3. Teil

Wilken, Friedrich

Geschichte der Kreuzzüge

3. Teil

Inktank publishing, 2018

www.inktank-publishing.com

ISBN/EAN: 9783747769003

Geschichte
der
Kreuzzüge
nach
morgenländischen und abendländischen Berichten.

Von

Dr. Friedrich Wilken,

Königl. Oberbibliothekar und Professor an der Universität zu Berlin, Correspondenten der Königl. Akademie der Wissenschaften zu Berlin und der Königl. Akademie der Inschriften und schönen Wissenschaften zu Paris.

Dritter Theil. Erste Abtheilung.

Drittes Buch. Der Kreuzzug der Deutschen und Franzosen unter Conrad III. und Ludwig VII.

Leipzig, 1817
bey Fr. Christ. Wilh. Vogel.

Sr. Hochfürstlichen Durchlaucht

Herrn Herrn

Georg Wilhelm,

regierendem Fürsten von Schaumburg-Lippe,

in

Liebe und Dankbarkeit

ehrfurchtvollst und unterthänigst

gewidmet.

Inhalt.

Drittes Buch.

Der Kreuzzug der Deutschen und Franzosen unter den Königen Conrad III. und Ludwig VII.

Erstes Kapitel.

Zweytes Kapitel.

Drittes Kapitel.

Viertes Kapitel.

Fünftes Kapitel.

Sechstes Kapitel.

J. Chr. 1147.

Siebentes Kapitel.

Achtes Kapitel.

Neuntes Kapitel.

Zehntes Kapitel.

Eilftes Kapitel.

Zwölftes Kapitel.

Dreyzehntes Kapitel.

Beylagen.

Geschichte der Kreuzzüge.

Drittes Buch.

Der Kreuzzug der Deutschen und Franzosen unter den Königen Conrad III. und Ludwig VII.

Erstes Kapitel.

Ein unbefangenes und gerechtes Urtheil über Männer, welche gewaltig auf ihr Zeitalter wirkten, zu fällen, ist schwierig für ihre Zeitgenossen, und oftmals noch schwieriger für die Nachwelt. Ein großer Geist, welcher von glühendem Eifer für große Zwecke ergriffen, kraftvoll seine Bahn verfolgt, zerstört nicht nur das giftige Kraut von trügerischer Schönheit, die Hoffnung und Freude seiner kurzsichtigen Zeitgenossen, sondern vernichtet auch die fruchtbringende Saat, welche sein Fortschreiten erschwert. Wie viele unter seinen Zeitgenossen sind unbefangen genug, um die Nothwendigkeit der schmerzhaften Mittel anzuerkennen, welche seine wohlthätigen Absichten erforderten, und sich nicht durch die Störung ihrer Hoffnung und Freude zu unbilligem Urtheil verleiten zu lassen! So wurde auch dem heiligen Bernhard keine unbefangene Würdigung zu Theil, sondern seine großen und herrlichen Eigenschaften wurden von dem Unwillen und Mißvergnügen derer, welche sein Eifer für die Wahrheit gekränkt hatte, noch mehr übersehen und verkannt, als seine menschlichen Schwächen von den geblendeten Augen der schwärmerischen Verehrer seiner Tugend und Heiligkeit. Seine Thätigkeit für die Kriege der Christen wider die Heiden war zu bedeutend, als daß wir es nicht versuchen sollten, eine gerechte und treue Schilderung seines Lebens und Charakters zu entwerfen.

Bernhard war aus einer alten sehr angesehenen ritterlichen Familie [1]) in Burgund entsprossen, welche durch Blutsfreundschaft mit mehrern der edelsten Geschlechter, selbst mit dem Hause der Burgundischen Herzoge, verbunden war [2]). Er wurde von frommen gottesfürchtigen Aeltern
J. Chr. 1091. fünf Jahre vorher geboren, ehe der begeisterte Ruf des Einsiedlers Peter und die Beredsamkeit des Papstes Urban die Christen für das heilige Grab bewaffneten. Sein Vater, Tecelin der Blonde [3]), Herr von Fontaines bey Dijon,

1) „Pater ejus Tecelinus vir antiquae et legitimae militiae." Guilielmi (monachi Signiensis) vita et res gestae S. Bernardi, cap. 1. S. 1077. Die Seitenzahlen dieser und der andern citirten Lebensbeschreibungen des heil. Bernhard beziehen sich auf den Abdruck im zweyten Theil der Mabillonschen Ausgabe der Werke Bernhard's.

2) Joh. Eremitae vita Bern. Lib. 1: S. 1298. „Tesselinus . . . ex antiquorum (sicut asserunt multi) Burgundiae Ducum generositate trahens originem." P. F. Chifletius in seiner Diatribe de illustri genere S. Bernardi (in der Sylloge S. Bernardi genus illustre assertum. Divione 1060. 4.) erläutert die Verwandtschaft Bernhard's mit dem königlichen Geschlechte durch die Burgundischen Herzoge, den Grafen von Tonnerre (Tornodorum,) den Herrn von Joinville und andere: Seine Verwandtschaft mit andern angesehenen Familien geht auch aus der Genealogie in der Chronik des Mönchs Alberik hervor ad a. 1109. ed. Leibnit. S. 211.

3) Sorus. Ein ungenannter Mönch von Clairvaux (S. 1202) erklärt dieses Wort also: „quo nomine vulgari lingua subrufos et paene flavos appellare solemus." Es ist das noch jetzt bekannte französische Wort saur, welches besonders die gelbe Farbe der Bücklinge bezeichnet, wovon das Zeitwort saurer (sorer)

wiewohl im Hofgesinde des Herzogs Hugo von Burgund [4]), bewahrte unter den Zerstreuungen und Verführungen des Hofes seine Gottesfurcht und lebte zufrieden mit seinem våterlichen Gute, ohne wie die meisten Ritter seiner Zeit, Kampf und Fehden zu suchen und nach fremden Gütern zu trachten [5]). Frau Elise, die Mutter Bernhards, zwar von ihrem Vater, Herrn Bernhard von Montbard, zum klösterlichen Leben bestimmt [6]), ward gleichwohl von ihm Herrn Tecelin, welcher sie zur Gattin begehrte, nicht verweigert; sie war funfzehn Jahre alt, als sie vermählt ward. In der Ehe aber erhielt sie ihren Wandel ihrer ersten Bestimmung so gemäß als möglich. Sie weihte ihre sechs Söhne und ihre Tochter Humbelina bald nach ihrer Geburt dem Herrn, und säugte sie gegen die Sitte ihres Standes in damaliger Zeit an eigner Brust, damit nicht ihre Leiber durch die Nahrung von einer lasterhaften Amme verunreinigt würden [7]). Unablässig bemüht, ihre Kinder zur Gottesfurcht zu erziehen, bildete Frau Elise ihren Sinn und Geist mehr für das Kloster als die Welt, hielt sie zu fleissigem Beten und andern Andachtsübungen an und gewöhnte sie an harte Speisen und jede Art der Entbehrung und Kasteyung. Es war ihr Wunsch und das Ziel ihres eifrigsten Bestrebens, ihre

oder sorir gebildet worden. Diesen Namen führt Tessetin auch in Urkunden. S. P. F. Chiffletii Diatribe etc. S. 426. 428. Auch der heil. Bernhard war von röthlicher Farbe. S. Anm. 36.

4) Er kömmt in zwey Urkunden bey Chiffletius von den Jahren 1104 und 1106 unter den Zeugen als familiaris des Herzogs von Burgund vor.

5) Guil. vita S. Bern. a. a. O.

6) Ioh. Eremitae vita S. Bernardi S. 1300.

7) Propter quod etiam alienis uberibus nutriendos committere illustris femina refugiebat, quasi cum lacte materno materni quodammodo boni infundens eis naturam." Guil. vita Bern. a. a. O.

Kinder der Welt zu entreissen und für das andächtige Leben zu gewinnen, dem sie selbst durch den Willen ihres Vaters entnommen war; sie ermahnte sie oft, dem Gelübde treu zu bleiben, welches sie am Altare für sie in ihrer Kindheit gethan. Mehr noch als diese Ermahnungen wirkte auf die kindlichen Gemüther das Beyspiel sowohl der schmerzlichen Entsagungen, mit welchen die fromme Mutter ihr Fleisch tödtete, als der strengen Andachtsübungen, wodurch sie, obgleich äußerlich in der Welt lebend, der Verdienste des klösterlichen Lebens sich theilhaftig machte. In den letzten Jahren ihres Lebens begab sich Frau Elisa endlich ganz der Welt und aller weltlichen Eitelkeit in Kleidung und Lebensart, weihte sich allein der Andacht, kreuzigte ihr Fleisch mit Wachen und Fasten, und war ohne Unterlaß bemüht, Werke der Barmherzigkeit zu üben. Unermüdlich erforschte sie die Armen und Kranken, die Lahmen und Gebrechlichen, kam in ihre ärmliche Wohnungen, pflegte ihrer selbst, ohne alle Hülfe, und reinigte ihre Gefäße mit ihren eigenen Händen. Nicht selten sah man die edle Frau auch in den Hospitälern der niedrigsten Dienste zur Pflege der Kranken sich
1. Sept. 1105. nicht schämen [8]). Sie starb nach solchem frommen Wandel, mit zu Gott gewandtem Gemüthe, eines sanften Todes, während fromme Geistliche an dem Sterbebette ihrer Wohlthäterin die Litaney sangen, in welche sie selbst einstimmte, so lange ihre allmälig hinsterbenden Kräfte es verstatteten [9]).

8) Ioh. Eremita a. a. O. Guil. vita Bern. Lib. I. 2. S. 1079.

9) Rührend sind die Erzählungen von dem Tode der Elisabeth in den verschiedenen Lebensbeschreibungen des heil. Bernhards: „Sie entschlief, sagt der Mönch Wilhelm, während des Gesangs der Geistlichen, welche sich versammelt hatten, selbst singend, so daß in den letzten Augenblikken, als ihre Stimme nicht mehr gehört werden konnte, noch ihre Lippen sich bewegten und ihre zuckende Zunge den Herrn bekannte. Als es

Daß sie am Feste des heiligen Bekenners Ambrosinianus, des Schutzheiligen der Kirche von Fontaines, von ihrer irdischen Hülle erlöst wurde, betrachteten die frommen Christen dieser Zeit als eine herrliche Ehre, wodurch Gott die fromme Frau auszeichnete [10]), denn an diesem Tage waren alljährlich von ihr zu Ehren Gottes, der heiligen Jungfrau, des gedachten Heiligen selbst und aller übrigen Heiligen geistliche Männer mit Speise und Trank erquickt worden.

Frau Elise erlebte nicht von ihren Kindern die Erfüllung ihres sehnlichen Wunsches. Ihre vier ältern Söhne, theils zum männlichen, theils zum Jünglings-Alter herangereift, hatten, als sie starb, bereits die Wege der Welt betreten und ihre Tochter Humbelina hing mit ihrem Herzen fest an irdischer Eitelkeit [11]). Bernhard aber, der dritte ihrer Söhne, ward oft von heimlicher Unruhe gequält und das Bild seiner frommen Mutter, warnend gegen die Reizungen der Welt und den Dünkel menschlicher Weisheit, und klagend, daß er den Weg verlassen, auf welchen sie ihn geführt, schwebte beständig vor seinen Augen. Auch gedachte er eines Traumgesichts, wodurch seiner frommen Mutter, als sie ihn unter ihrem Herzen trug, verkündigt worden, daß Gott ihn sich ausersehen zum muntern Wächter für die

nun an die Worte der Litaney kam: per passionem et crucem tuam libera eam, Domine, da bekreuzte sie sich und verschied in demselben Augenblicke, so daß sie ihre erhobene Hand nicht wieder herablassen konnte.“ Guil. de vita Bern. S. 1079. Vgl. auch die Erzählung des Abtes Robert, ihres Schwestersohns, welcher selbst bey ihrem Tode gegenwärtig war, in Ioh. Erem. vita S. Bern. S. 1300. Sie wurde zuerst in der Abtey des heil. Benignus zu Dijon begraben; späterhin wurde ihr Leichnam nach Clairvaux gebracht. Die Inschrift ihres Grabmahls findet sich in Chiffletii Diatribe S. 43c. aus Henriquez Fasciculus Sanctor. Ord. Cisterc.

10) Ioh. Erem. a. a. O.

11) Ioh. Erem. a. a. O

Kirche gegen ihre Feinde und zum wohlthätigen Arzt betrübter Seelen [12]). Seine ältern Brüder, welche im Getümmel der Welt lebten und im Dienste des Herzogs von Burgund, wie vormals ihr Vater Tecelin, in blutige Fehden zogen, bemühten sich ihn der Welt zu erhalten und ermahnten ihn zu dem Erlernen der Schulweisheit, welche alles, auch die Geheimnisse des Christlichen Glaubens, den Klügeleyen der menschlichen Vernunft unterwerfend, damals zu Chatillon an der Seine, wie in vielen andern Städten von Frankreich, von berühmten Lehrern unter unglaublichem Zulaufe einer eben so anmaßlichen als lernbegierigen Jugend gelehrt wurde. Bernhard aber lernte nur die Eitelkeit der Lehre, welche die Genossen bewunderten, verachten, machte indeß die Waffen der künstlichen Dialektik sich zu eigen, mit welchen er hernach eben jene Schulweisheit [13]) siegreich bekämpfte, und gewann große Fertigkeit in der la-

12) Frau Elise (Alath von dem Mönche Wilhelm genannt) träumte, sie trage in ihrem Leibe einen bellenden weißen Hund mit röthlichem Rücken; ein Traum, welcher sie, wie natürlich, nicht wenig ängstigte und bekümmerte. Ein Mönch aber, den sie angstvoll um die Bedeutung dieses Traums befragte, tröstete sie also: „Seyd ohne Sorgen, ihr werdet die Mutter eines guten Hundes werden, welcher sowohl das Haus Gottes getreulich behüten und für dasselbe mächtig wider die Feinde des Glaubens bellen, als auch das Wort Gottes eifrig verkündigen und mit heilender Zunge die Seelenkrankheiten trefflich heilen wird." Guil. vita S. Bernardi a. a. O. Merkwürdig ist die Auslegung, welche Gaufried in seinem Sermo de S. Bernardo S. 1333. von dem röthlichen Rücken des sonst weißen Hundes macht. Es sey damit angedeutet worden, daß der heil. Bernhard, ohne den Märtyrertod zu erleiden, doch den Märtyrern gleich seyn werde durch die Lasten und Schläge, die sein Rücken zu tragen haben werde. Damit stimmt nicht ganz überein, was Johannes Eremita (vita S. Bernardi, S. 1300.) erzählt, daß Elise, welche ihre übrigen Söhne bald nach der Geburt dem Herrn darbrachte, nur längere Zeit zögerte, ihren dritten Sohn Bernhard Gott zu weihen.

13) Saecularis sapientia (scientia). Gaufr. Vit. S. Bern. S. 1081. So wurde damals von der strengern Parthey die Lehre der Scholastiker genannt.

teinischen Sprache, in welcher er, wenn gleich oft sehr weitschweifig, doch besser schrieb, als die meisten seiner gelehrten Zeitgenossen. Dabey erwarb er sich durch fleissiges Lesen der heiligen Schrift seine bewundernswürdige Fertigkeit, für jede Lehre, für jeden Artikel des Glaubens sogleich die passendsten und beweisendsten Schriftstellen zu finden, durch welche er späterhin, wie mit Donnerschlägen, die Schulweisen niederschmetterte, welche ihre kühnen und gewagten Deutungen der Christlichen Lehren und Geheimnisse durch mühsam gesuchte und ängstlich gedeutete Aussprüche der Kirchenväter zu beschönigen suchten. Auch fehlten ihm, einem Jüngling von schönem Wuchs, blonden Haaren, angenehmer Gesichtsbildung, scharfem Verstande und anmuthiger Unterhaltung mancherley Lockungen zur Sünde nicht [14]), welche aber nur

14) „Bernardus eleganti corpore, grata facie praeeminens, suavissimis moribus, acceptabili pollens eloquio.“ Guil. S. 1090. Ueber seine Gestalt in spätern Jahren s. unten Anm. 36. Die Lebensbeschreiber des heil. Bernhard's berichten von verschiedenen solcher, von ihm männlich bestandener Versuchungen zur Sünde. Als er einst ein Weib zu lange und mit allzugroßem Interesse ansah, besann er sich sehr bald, und um sein Fleisch für die sündliche Regung zu strafen, sprang er in einen benachbarten See so tief, daß ihm das Wasser bis an den Hals ging und blieb darin so lange, bis sein Blut abgekühlt war. Ein anderes Mal legte sich (instinctu daemonis) ein nacktes Mägdchen zu ihm. Er machte ihr mit aller Unbefangenheit Platz, legte sich herum und schlief wieder ein. Das Mägdchen, nachdem sie lange vergeblich Liebkosungen erwartet, suchte den frommen Jüngling durch allerley Reizungen (palpans et stimulans) zur Sinneslust zu verführen. Als er aber standhaft blieb, so erwachte in ihr, so unverschämte Sünderin sie auch war, die Scham wieder, und sie eilte aus dem Bette hinweg. Auch eine Frau (matrona), bey welcher er mit einigen Gesellen eingekehrt war, suchte ihn zu verführen, aber vergeblich. Dreymal kam sie in der Nacht an sein Bett, und dreymal schreckte er sie durch den Ruf: Diebe, Diebe. Den Gesellen, welche ihn am Morgen wegen seines Traumes befragten (denn sie meinten, er habe von Dieben geträumt), antwortete er: „Allerdings war ein Dieb da, denn unsere Wirthin wollte mir den köstlichsten und herrlichsten Schatz, die Keuschheit, rauben.“ Guil. vita

immer mehr seine Abneigung gegen die Welt befestigten und ihn überzeugten, daß es nicht räthlich sey, mit der Schlange zusammen zu wohnen.

Einst wanderte er, beschäftigt mit Betrachtungen über die Eitelkeit und Thorheit der Welt und über seine wahre Bestimmung, zu seinen Brüdern, welche mit dem Herzoge von Burgund das Schloß Grancey belagerten, als sein Gemüth von der Sehnsucht nach dem gottseligen Leben so heftig bewegt ward, daß er, unvermögend länger zu widerstehn, in eine Kirche am Wege sich begab und vor dem Altar mit Thränen und inbrünstigem Gebet aufs Neue Gott sich weihte [15]). Seit diesem Tage war sein Entschluß unabänderlich, und die Ruhe und Freudigkeit des Gemüths, welche sein ganzes Wesen verklärten, so wie die Begeisterung, mit welcher er seitdem von Gott und göttlichen Dingen redete, ergriffen die Gemüther seiner Freunde und Verwandte mit unwiderstehlicher Macht. Nicht nur sein Oheim Galdrich, Herr der Burg Touillon bey Autun, verließ seine reichlichen Güter, um sich, wie Bernhard, Gott zu weihen, nicht nur seine jüngern Brüder Andreas und Bartholomäus folgten seinem Beyspiele, sondern auch seine beyden ältern Brüder, welche ihn bisher von dem klösterlichen Leben abgehalten, zögerten nicht sich zu mönchen. Der älteste, Veit, war sehr betrübt, weil seine Gattin der Trennung ihrer Ehe hartnäckig widersprach, also daß er im Unmuthe beschloß, seinem Stande und seinen Gütern zu entsagen und allein von seiner Hände Arbeit sich und seine Gattin kärglich zu nähren. Bernhard aber, der göttlichen Barmherzigkeit vertrauend, verhieß seinem Bruder, daß seine Gattin entweder seinen

Bern. Cap. 3. S. 1080. Nach ihm erzählen dieselben Vorfälle Alanus und Johannes Eremita.

15) Guil. vita B. S. 1081. flgd.

Entschluß gut heissen oder bald sterben werde [16]). Dies war seine erste Weissagung. Als nicht lange hernach die Gattin Veit's in eine schwere Krankheit fiel, ließ sie ihren Schwäher Bernhard rufen und willigte in das Mönchthum ihres Mannes; worauf sie genas und sich selbst im Kloster Laire bey Dijon als Nonne einkleiden ließ [17]).

Schon diese und manche andre Erscheinungen der ersten Zeit des Mönchthums von Bernhard rechtfertigten die Hoffnungen derer, welche von ihm große und ungewöhnliche Dinge für die Kirche erwarteten. Um nicht unvorbereitet den gewählten heiligen Beruf anzutreten, begab er sich mit seinen Brüdern und Verwandten in ein Haus zu Chatillon an der Seine, wo sie sechs Monate lang, noch in weltlicher Kleidung, mit Beten und Fasten und gottesfürchtigen Unterhaltungen ihren Geist immer mehr aus der Gewalt der Sinnlichkeit und des Fleisches befreyten. Je ungewöhnlicher eine solche Vorbereitung war, je größer war das Aufsehen, welches sie erregte. Jeder, welcher diese frommen begeisterten Männer beysammen sah, wurde so sehr ergriffen, daß er entweder sich ihnen anschloß, oder, wenn ihm seine Verhältnisse es verboten, sich mit ihnen zu vereinigen, bitterlich über sein Schicksal klagte und jene frommen Männer selig pries. Schon damals, was in noch höherm Grade drey und zwanzig Jahre später geschah, als Bernhard für das heilige Grab redete, verbargen, wie sein Freund und Lebensbeschreiber, der Mönch Wilhelm zu Signy, sich ausdrückt, vor ihm die Mütter ihre Söhne, die Weiber ihre Männer, die Freunde

16) „Bernardus de misericordia Domini spem concipiens certiorem, incunctanter ei spopondit, aut consensuram feminam, aut celeriter morituram.“ Guil. a. a. O.

17) „Hoc enim illis temporibus et in illis partibus inauditum, ut alicujus adhuc in saeculo commorantis conversio praesciretur.“ Guil. S. 1084.

die Freunde, weil der heil. Geist seiner Rede, er mochte öffentlich oder im Geheimen sprechen, eine solche Gewalt verlieh, daß nicht Liebe und Freundschaft zurückhielt, seiner Ermahnung zum gottseligen Leben zu folgen [18]). Dreyßig Männer vereinigten sich nach und nach mit der kleinen Congregation in Chatillon. Alle diese Männer, als sie sich hin-
J. Chr. 1113. reichend vorbereitet glaubten, zogen an Einem Tage zusammen, der drey und zwanzigjährige Bernhard an ihrer Spitze, nach dem Kloster Citeaux, welchem damals der dritte Abt seit seiner Stiftung, der Engländer Stephan Harding, vorstand. Die Strenge der von dem Abte Alberik vorgeschriebenen Regel dieser Congregation hatte bisher so abgeschreckt, daß nur eine kleine Anzahl frommer Männer zu Citeaux Gott diente, welche bisher oft von Unmuth über den geringen Fortgang ihres Werks gequält ward. Ein sterbender Klosterbruder daselbst hatte aber damals in den letzten Augenblicken seines Lebens ein Traumgesicht erblickt, wodurch das kleine Häuflein von Citeaux mit Hoffnungen einer bessern Zukunft erfüllt worden war. Der fromme Mönch erblickte im Traum eine große Zahl von Männern, welche in dem Bache nahe an der Kirche ihre Kleider wuschen, und eine Gestalt belehrte ihn, daß jener Bach Hinnom heiße, was sie von einer künftigen großen Vermehrung ihres Ordens deuteten. Die Mönche sahen nun schon den Anfang der Erfüllung dieser Hoffnung, als Bernhard mit so vielen Mönchen in ihr Kloster einzog [19]). Da mehrere von diesen neuen Brüdern Weiber hatten, welche dem Beyspiele ihrer Männer folgten, so wurde für sie das Nonnenkloster zu Juilly bey Langres gebauet [20]), in welches hernach auch Humbelina, Bernhard's Schwester, sich begab. Denn als sie mit großer

18) Id. ibid. 19) Id. ibid. 20) Id. S. 1055.

und eitler Pracht kam, um ihre Brüder in ihrem Kloster zu besuchen, so wurde sie von ihrem Bruder Andreas, der ihr an der Klosterpforte entgegen kam, mit harten Worten zurückgestoßen, und Bernhard weigerte sich, sie zu sehn [21]). Dies erschütterte ihr der Sinnlichkeit ergebenes Gemüth so sehr, daß sie als eine reumüthige Sünderin von Bernhard Trost und Belehrung begehrte. Als er sie mit sanfter Ermahnung an die Eitelkeit und Thorheit dieser Welt erinnerte und ihr das Beyspiel des gottseligen Wandels ihrer Mutter vorhielt, so gelobte sie sogleich, künftig, wie ihre Mutter Elise, in der Ehe sich zu halten, und nach zwey Jahren nahm sie mit Bewilligung ihres Gemahls den Schleyer. Auch Tecelin, der Vater, verließ bald hernach die Eitelkeit der Welt und begab sich zu seinen frommen Söhnen in ihr Kloster, wo er in ihrer Mitte in hohem Alter eines sanften Todes starb [22]).

Durch Bernhard's rastlose Bemühungen wuchs die Zahl der Congregation zu Citeaux in kurzer Zeit so sehr, daß der Abt Stephan mehreren neu gestifteten Klöstern Brüder seines Ordens zu Bewohnern geben konnte. Unter diesen J. Chr. 1115.
war auch eine Abtey in einem rauhen abgelegenen Thal von Bourgogne, unfern von dem Flusse Aube, welches bis dahin das Wermuththal [23]) genannt und nur der Schlupfwinkel von Räubern gewesen war, nunmehr aber, als ein Gotteshaus daselbst erbaut ward, den schönen Namen Clairvaux [24]), oder helles Thal, empfing. Stephan erkohr den thätigen Bernhard, nachdem er kaum zwey Jahre

21) Andreas nannte sie wegen ihrer kostbaren Kleider einen eingewickelten Koth (stercus involutum); Bernhard ließ ihr sagen, er möge sie als ein Netz des Teufels, um die Seelen zu fangen, nicht sehen. Id. S. 1090.

22) Id. l. c.

23) Vallis absinthialis.

24) Clara Vallis.

als Mönch in Citeaux gelebt, zum ersten Abt dieses Klosters. Den Mönchen des neuen Klosters, unter welchen auch Bernhard's Bruder, Gerhard, als Kellner war, schien anfangs jene Wahl sehr bedenklich, sowohl wegen der Jugend Bernhard's, als seiner schwachen Gesundheit; bald aber lernten sie einsehen, wie trefflich Stephan gewählt. Unter Bernhard's Leitung übertraf die neue Congregation bald an Ordnung und Strenge in Befolgung der Regel und an Verdiensten der Werke der Frömmigkeit und Andacht ihr Mutterkloster, so daß auch in der Welt der Ruhm von Clairvaux den Ruhm von Citeaux überstrahlte. Keine Entbehrung war den Mönchen von Clairvaux zu schmerzlich, indem ihr junger Abt, zwar der Schwächste unter ihnen von Körper, aber doch der Stärkste im Fasten und Kasteyen, mit seinem Beyspiel ihnen voranging. Buchenblätter waren ihr gewöhnliches Gemüse, und ihr Brot bereiteten sie sich aus Gerste, Hirse und Wicken, so daß einst ein fremder Klosterbruder, welchen sie in ihrem Hospiz bewirtheten, ein solches Brot mit sich nahm, um es aller Welt zu zeigen zum Beweise, mit wie schlechter Nahrung so treffliche Männer sich begnügten [25]. Niemand konnte ohne Rührung das fromme und einfache Leben der Brüder in Clairvaux betrachten und Zeuge der Eintracht zwischen dem Abte und den Mönchen und der liebreichen Weise seyn, mit welcher sie gegenseitig ihre Fehler straften und sich einander zur Liebe Gottes

25) Guil. vita Bern. S. 1089. Deswegen erinnerte der Abt Fastradus von Clairvaux einen Abt, der sich feine Speisen, als gutes Fleisch, mancherley Fische und Brot von Weibern außerhalb des Klosters bereiten ließ, daran, daß der heil. Bernhard selbst am Osterfeste nur Haferbrot und Gemüse ohne Oel und Fett, und Bohnen und Erbsen gestattet habe. Epp. S. Bernardi N. 443.

und des Heilandes ermunterten [26]). Bernhard's Ermahnung war denen, welche gefehlt hatten, nie schmerzlich; denn sie kam aus wohlwollendem und liebreichen, nicht aus herrschsüchtigen und erbitterten Herzen, eben deswegen wirkte sie auch desto willigern und festern Vorsatz zur Besserung. Er forderte niemals von andern soviel als er sich selbst auflegte, und hielt manchen von übertriebenen Kasteyungen ab, wiewohl er selbst nicht einmal in der langwierigen und schmerzlichen Krankheit, welche seinem Leben ein Ende machte, sich eine Milderung seiner strengen Lebensart gestattete; seine Sorgfalt für die Wohlfahrt der Brüder war ohne Gränzen. Auch die Sagen von mancherley Wundern, so an dem heiligen Bernhard sichtbar geworden, oder durch ihn verrichtet worden, und welche sich verbreiteten [27]), so sorg-

26) „Ingressusque, sagt der Mönch Wilhelm, als er von dem Anfange seiner Bekanntschaft mit Bernhard und der Brüderschaft von Clairvaux redet, regium illud cubiculum, cum considerarem habitationem et habitatorem, tantam mihi, Deum testor, domus ipsa incutiebat reverentiam sui, ac si ingrederer ad altare Dei. Tantaque affectus sum suavitate circa hominem illum, tantoque desiderio in paupertate illa et simplicitate cohabitandi ei, ut si optio illa die mihi data fuisset, nil tam optassem, quam ibi cum eo semper manere ad serviendum ei." Vita Bern. S. 1091. Vgl. auch das ganze siebente Kapitel des 3. Buchs von Gaufridi vita S. Bernardi S. 1140. flgd. und desselben Verfassers Sermo de S. Bernardo, vornehmlich S. 1330.

27) Was seine Verehrer und Freunde nach seinem Tode erzählten und auch ohne Zweifel glaubten, darf nicht gebraucht werden, um die Redlichkeit und Frömmigkeit des heiligen Mannes selbst verdächtig zu machen. Denn die Lebensbeschreiber erzählen freylich wunderliche Dinge. Nur einige Beyspiele. Noch als Mönch in Citeaux empfing er auf wunderbare Weise die Gabe das Getreide zu schneiden. Denn als die übrigen Mönche, welche mit dem Schneiden des Getreides beschäftigt waren, ihn hießen, wegen seiner Schwächlichkeit und Ungeschicklichkeit sich niederzusetzen und auszuruhen, so verdroß ihn dieses nicht wenig. Er klagte Gott seine Noth in inbrünstigem Gebet, und sein Gebet wurde in dem Maße erhört, daß er von jenem Tage an der geschickteste in Mähen wurde. (Guil. de v. Bern. S. 1087.) Als Abt von Clair-

fältig auch er selbst jedes Aufsehen vermied, erhöhten täglich sein und seines Klosters Ansehen im Volke. Derjenigen, welche aus Sehnsucht nach der Theilnahme an der Frömmigkeit und dem gottseligen Leben der Klosterbrüder von Clairvaux in diesen Tempel der Keuschheit, Heiligkeit, Gerechtigkeit und aller andern Tugenden aufgenommen zu werden trachteten, wurden bald so viele, daß das zuerst gebaute Kloster nicht hinreichend war, sie aufzunehmen. Bernhard ließ daher ein neues geräumiges Kloster an einem angenehmen Orte des Thals von Clairvaux erbauen, näher dem Flusse Aube, da wo sich das Thal erweitert. Aus Clairvaux gingen in kurzer Zeit nach einander mehrere der angesehensten Prälaten hervor, als die Cardinalbischöffe Stephan von Präneste und Hugo von Ostia und die Cardinalpriester Heinrich und Bernhard, welche immer ihrem geistlichen Vater

vaux heilte er durch seine Wunderkraft nicht nur kranke Menschen (Guil. S. 1088.), sondern auch krankes Vieh. Seinem Kellner gab er eines Mals einen harten Verweis, daß er, ohne ihm es zu melden, Vieh hatte sterben lassen, wovon Arme hätten ernährt werden können. Auch andre Klöster nahmen, wenn ihr Vieh krank war, zu der Wunderkraft des Abtes von Clairvaux ihre Zuflucht (Gaufrid. de vita Bern. S. 1156.). Selbst das Wild des Feldes hatte nicht selten dem Mitleide des wunderthätigen Mannes seine Rettung von verfolgenden Hunden oder Falken zu danken; denn oftmals rettete er durch das Zeichen des heil. Kreuzes einen fliehenden Hasen aus dem Rachen der Hunde oder ein Vögelchen aus den Klauen der Falken, und rieth den Jägern, von vergeblicher Verfolgung abzulassen (Id. S. 1144). Das Brot, welches er segnete, ging nie in Fäulniß über; man sah dreyjähriges Brot, was er gesegnet, noch vollkommen erhalten (Id. S. 1153). Zahllos sind die Erzählungen von Teufelaustreibungen durch Bernhard's Wunderkraft, welche selbst in die Ferne hinwirkte. Ein Bischoff Peter in Asturien wurde allein durch den von Bernhard 'getragenen wollenen Hut (pileum laneum, quo ipse utebatur), welchen er ihm sandte, von einem sehr heftigen und schmerzlichen Kopfweh geheilt (Id. S. 1160.). Denn in den letzten Jahren seines Lebens trug Bernhard auf das Geheiß der Cistercienser Aebte wegen seiner schwächlichen Gesundheit ein wollenes Hemd unter seiner Ordenskleidung und ein wollenes Baret (Id. S. 1134).

mit kindlicher Liebe anhingen und seinem Rathe gern folgten. Auch der königliche Prinz Heinrich, des Königs Ludwig VII. von Frankreich Bruder, mönchte sich im Kloster zu Clairvaux, unterwarf sich der ganzen Strenge der Regel, und verrichtete, wie die andern Brüder, Dienste in der Küche, bis er zuerst auf den Bischöflichen Stuhl von Beauvais, dann auf den erzbischöflichen von Rheims gerufen wurde [27 b]). Der Abt Bernhard des Klosters vom heil. Anastasius bey Rom [28]), welches die Abtey Clairvaux als seine Mutterabtey verehrte, bestieg selbst als Eugen III. den päpstlichen Stuhl, erinnerte sich aber immer mit Sehnsucht der seligen Tage, die er als Mönch in Clairvaux zugebracht, und hörte auch als oberster Bischoff der Kirche gern den Rath und die Ermahnung seines ehemaligen Abtes [29]). Hundert und sechszig Klöster in verschiedenen Ländern der Christenheit, einige selbst in Dänemark und Schweden, erhielten aus dem Gotteshause zu Clairvaux, so lange Bernhard ihm vorstand, ihre Mönche.

Durch diese Zöglinge von Clairvaux wurde bald in alle Christlichen Länder der Ruhm des heil. Bernhard verbrei-

27b) Stephani Parisiens. Commentar. in Reg. S. Benedicti, cap. 33. in Annal. Ord. Bened. Tom. VI. S. 700. Rec. des hist. de la France T. XII. S. 91. Bernard Guido de origine regum Francorum, Recueil T. XII, S. 232.

28) Ad Aquas Salvias prope Romam.

29) So schrieb ums Jahr 1140 Eugen als Abt Bernhard von St. Anastasius nach Clairvaux: „Non satis intelligebam, cum essem in Claravalle, me esse in loco voluptatis, inter ligna paradisi et ideo pro nihilo habui terram desiderabilem, etc.“ Ep. S. Bern. 344. Freylich lag das Kloster des heil. Anastasius sehr ungesund, und der Papst hatte den Cisterciensern überhaupt nicht die Verheissungen erfüllt, womit er sie nach Italien gerufen. Als Papst nahm Eugen die Bücher de consideratione freundlich auf, welche an ihn gerichtet sind und ihm die Pflichten seines hohen Amtes vorhalten. Vgl. vornehmlich IV. 3.

tet, und alle Christen verehrten ihn als die Zierde und den Schmuck der Geistlichkeit. Wie die Zöglinge von Clairvaux, so legten auch andere fromme und gewissenhafte Geistliche in Spanien, Frankreich, England, Italien, Deutschland und den nordischen Ländern sowohl, als selbst im gelobten Lande die Zweifel oder Bedenklichkeiten, von welchen ihre Gemüther bewegt wurden, seiner Entscheidung vor und folgten seinen Aussprüchen, in welchen nicht weniger tiefe Einsicht und treffender Scharfsinn bewundert, als milde Sanftmuth und billige Schonung verehrt wurden [30]:

30) Unter vielen solchen Beyspielen in den Briefen des heil. Bernhard, in welchen er nicht wie ein eigensinniger beschränkter Mönch, sondern wie ein Mann von freyer unbefangener Sinnesart, nach dem Maßstabe seiner Zeit, die ihm vorgelegten Bedenklichkeiten löst, nur folgendes: Der Abt Weit des Cistercienser Klosters Trois Fontaines (de tribus Fontibus) im Herzogthum Bar hatte bey der Messe einen Kelch geweiht, in welchen den Wein zu gießen vergessen worden, und dieses Versehen dadurch zu bessern gesucht, daß er nach der Wandelung den Wein in den Kelch über einen Theil einer geweihten Hostie schüttete. Zur Beruhigung seines geängstigten Gewissens bittet er den Abt von Clairvaux um Belehrung und Trost. Bernhard antwortet ihm freundlich und milde, auch er würde entweder das von dem Abt ergriffene Mittel gebraucht („arbitrantes liquorem, etsi non ex consecratione propria atque solemni in Sanguinem Christi mutatum, sacrum tamen fuisse ex contactu corporis sacri“) oder die Einsetzungsworte des Abendmahls von den Worten: „Simili modo postquam coenatum est,“ an, wiederholt haben. Denn wenn auch ein Schriftsteller behaupte, daß ohne das Beysammenseyn aller drey Stücke, des Brots, Weins und Wassers das Opfer nicht für vollbracht zu achten sey, so könne gleichwohl in solchen Dingen jeder seiner eignen Ueberzeugung folgen („Sed de hujusmodi unusquisque in suo sensu abundat“). Er räth dann dem Abte, sich und demjenigen, welcher ihm zur Messe gedient, die Buße aufzulegen, täglich bis zum nächsten Osterfeste die sieben Bußpsalmen mit sieben Niederwerfungen herzusagen und sich sieben Disciplinen zu ertheilen; demjenigen aber, welcher den Wein einzuschütten vergessen habe, möge, wenn es dem Abte so gut dünke, eine härtere Buße aufgelegt werden. Auch die übrigen Brüder möchten, wenn dieser Vorfall unter ihnen kund geworden, jeder sich Einmal disciplinieren, damit erfüllt werde, was in der Schrift steht: „Tragt Einer des andern Last.“ Ep. 69. Niemand

Nicht leicht verfloß ein Tag, an welchem nicht aus der Nähe und Ferne Briefe und Anfragen an ihn gelangten [31]).

Bernhard erlangte eine große Herrschaft über sein Zeitalter, weil mit glänzenden Fähigkeiten das richtigste Gefühl für die bescheidene Würdigung seiner Kräfte vereinigt war, um seiner Wirksamkeit zu entsagen, wo ihm es unmöglich war, durchzudringen. Seine feurige Begeisterung für alles, was ihm als wichtig und heilig erschien, ward durch die genaueste Kenntniß und Schätzung sowohl seiner eignen als fremder Verhältnisse geleitet, so daß seine Festigkeit und Standhaftigkeit niemals weder in Trotz noch Eigensinn ausartete; er war nachgiebig, wo die Sache Nachgiebigkeit forderte, und felsenfest, wo durch Beharrlichkeit und Stetigkeit das zu erreichen war, was er für gut und trefflich hielt [32]). Je redlicher sein Eifer für die Religion und die Kirche war, um desto weniger war Bernhard blinder, engherziger Eiferer gegen unschädliche Vorurtheile und Irrthümer. Aber niemals leitete eine niedrige Absichtlichkeit oder Menschenfurcht seine Schritte. Die Besorgniß Andre zu beleidigen, führte

wird wohl von dem heil. Bernhard verlangen, daß er auch die körperliche Kasteyung für überflüssig hätte erklären sollen; am wenigsten konnte er sie Mönchen seines strengen Ordens erlassen wollen.

31) Guil. vita Bern. S. 1101. 1102. Gaufr. S. 1141. In einem Briefe an den Abt Peter von Clugny (Ep. 389.) klagt Bernhard selbst über solche große Last, welche er kaum zu tragen vermöge: „Dolebam, quia, sicut afficiebar, non valebam rescribere. Nempe multa diei malitia evocabat. Convenerat enim multitudo magna fere ex omni natione, quae sub coelo est. Me oportebat omnibus respondere; quia, peccatis meis exigentibus, in hoc natus sum in mundum, ut multis et multiplicibus sollicitudinibus confundar et urar.“ Aehnliche Klagen kommen in den Reden über das hohe Lied vor: III. LII. 7.

32) Daß Bernhard nachgiebig und mild war zu rechter Zeit, beweisen mehrere seiner Briefe, z. B. Ep. 33. 136. Dagegen aber auch Beweise genug von Kühnheit und Standhaftigkeit in Behauptung seiner Meinungen, z. B. Ep. 183. 220.

ihn nicht von der Bahn des Rechts und der Pflicht; was er als wahr und recht erkannt hatte, äußerte er freymüthig und ohne alle Rücksicht. Er war strenge in seinem Urtheil ohne Härte, wie in dem Umgang mit den Menschen liebreich ohne Heucheley, und aufrichtig ohne Bitterkeit. Sein Vertrauen auf Gottes Beystand in allen wichtigen Handlungen seines bewundernswürdig thätigen Lebens war felsenfest und stärkte seinen Muth gegen alle Schwierigkeiten. Die Strenge des Lebens, welche er selbst noch über die Forderung der strengen Regel seines Ordens sich aufgelegt, erstickte in ihm nicht den Sinn für das feinere Leben, welchen er seiner vornehmen Geburt verdankte. Eben dieser Sinn für das feinere Leben gab in den Augen der Welt der Strenge seines Lebens desto größere Verdienstlichkeit. Die Fürsten und Ritter, wenn das fromme und gottselige Leben des heiligen Mannes ihnen Ehrfurcht gebot, fanden zugleich Gefallen an der Feinheit seiner Sitten und seiner Gewandtheit im Umgange, ohne daß er jemals ihrem verkehrten Geschmacke fröhute oder ihren Vorurtheilen schmeichelte [33]; so wie die Geistlichkeit seine ausgebreitete Gelehrsamkeit und seine Geschicklichkeit, die Christliche Lehre gegen scheinbare und verführerische Irrthümer zu vertheidigen, bewunderte und das Volk an seiner Herablassung und Milde sich erfreute. Er war der Freund und Rathgeber aller Stände. Die mächtigsten Fürsten hörten auf seine Ermahnung und

33) Man vergleiche nur z. B. Ep. 39. an den Grafen Thibaut von Champagne, dann seine Aeußerungen über die Turniere in einem Briefe an den Abt Suger, Ep. 376. Er nennt diese Spiele, das gröste Vergnügen der Ritter in damaliger Zeit, maledicias nundinas, und fordert den Abt auf, ein Turnier zu verhindern, welches Heinrich, der Sohn des Grafen Thibaut von Champagne, und Robert, der Bruder des Königs Ludwig VII. von Frankreich auf Ostern 1149. ausgeschrieben hatten.

Belehrung so willig, und nahmen seinen Trost und Zuspruch so freudig an, als der geringste Mönch oder Laye. Den Grafen Thibaut von Champagne führte Bernhard aus dem Pfuhl der Sünden zum frommen Christlichen Wandel, und der römische Kaiser Lothar und seine Gemahlin Richenza verschmähten seine Ermahnung nicht, als er nach Deutschland kam, um zwischen ihnen und dem Hause der Staufen Frieden zu stiften [34]. Auch entzog er niemanden seinen Rath und seinen Beystand, wo er ihn zu geben vermochte. Er brachte, wie einer seiner Lebensbeschreiber sich ausdrückt, den Traurigen Trost, den Bedrückten Hülfe, Rath den Aengstlichen, Genesung den Kranken, Unterstützung den Armen [35]. Die unermüdliche, rastlose Thätigkeit des frommen Mannes ist um so bewundernswürdiger, da sie ihm durch die Schwäche und Kränklichkeit seines von Anstrengungen der Andacht und gewaltsamen Kasteyungen ermatteten Körpers so sehr erschwert ward [36].

Die Ehrfurcht, mit welcher Hohe und Niedere sich vor ihm beugten, verführte sein kräftiges Gemüth nie zu Stolz und Herrschsucht; je höher er geehrt wurde, je mehr gedachte er seiner Mängel, und er betrachtete die hohe Achtung, in

34) Gaufr. vita S. Bern. S. 1151.

35) Id. S. 1145.

36) „Corpus omne tenuissimum et sine carnibus erat; ipsa quoque subtilissima cutis in genis modice rubens. In illo nimirum quicquid caloris inerat naturalis, assidua meditatio et studium compunctionis attraxerat. Caesaries ex flavo colorabatur et candido. Barba subrufa, circa finem vitae eius respersa canis. Statura mediocritatis honestae, longitudini tamen vicinior apparebat. Alias autem thesaurus iste in vase fictili erat, contrito penitus et undique conquassato. Laborabat siquidem caro ejus multiplicibus infirmitatum incommodis, ut in eis virtus animi perficeretur. Quarum periculosior quidem in meatu arctissimi gutturis, nil penitus siccum, vix solidum aliquid admittentis: molestior erat defectus stomachi, viscerumque corruptio." Gaufr. S. 1133.

B 2

welcher er bey den Menschen stand, nur als thörichte Ueberschätzung seiner geringen Verdienste [37]. Er blieb immer bescheiden, demüthig, fern von allem Dünkel; streng in der Erfüllung seiner Pflichten, besonders derer, welche seine Ordensregel ihm auflegte, vermied er, aus Grundsatz, alles Außerordentliche, so wenig begierig, Aufsehen zu erregen, daß er selbst freywillige Bußübungen oder Kasteyungen seines Körpers unterließ, sobald er wahrnahm, daß andre sie bemerkten [38]. In solcher demüthigen Gesinnung ertrug er auch Beleidigungen und Kränkungen, wenn sie nur seine Person und nicht die Sache trafen, für welche er arbeitete, mit Gelassenheit [39]. Wie hoch Bernhard Bescheidenheit, Verschmähung des Ruhms bey Menschen und Absichtlosigkeit in guten und frommen Werken schätzte, beweist auch seine Lebensbeschreibung seines Freundes, des heil. Malachias, Bischoffs in Irland, unter dessen trefflichen Eigenschaften vor allen eben jene Tugenden von ihm hervorgeho-

37) „Quod de nostra, schrieb er an die Aebtissin Hildegardis zu Bingen, exiguitate longe aliter, quam nostra sese conscientia habet, quidam sentire videntur, non nostris meritis, sed stultitiae hominum imputandum est.“ Ep. 366. Vgl. Gaufr. S. 1141.

38) „Proverbium illud in ore ei frequenter, semper in corde: Qui hoc facit, quod nemo, mirantur omnes. Quo nimirum initium vitam regulamque communem amplius aemulabatur, nil in suis actibus praeferens observantiae singularis. Ob hoc denique et cilicium, quod pluribus annis occulte gestaverat, ponere maluit, quam ut ferre sciretur." Gaufr. S. 1133.

39) Gaufried erzählt davon folgendes Beyspiel (S. 1143): Ein regulirter Chorherr (clericus quidam ex his, quos Regulares vocant) kam nach Clairvaux, und bat den Abt um die Aufnahme in das Kloster. Als Bernhard sie verweigerte, gerieth der Chorherr in einen solchen Zorn, daß er zuerst Schimpfreden ausstieß, dann dem Abte einen solchen Backenstreich gab, daß ihm davon das Gesicht schwoll (ut succederet statim rubor ictui, tumor rubori). Bernhard blieb ruhig und gelassen, und hielt nicht nur diejenigen zurück, welche den zornmüthigen Chorherrn züchtigen wollten, sondern gab ihm auch Begleiter, damit ihm auf seiner Rückkehr kein Schaden geschehen möchte.

ben werden [40]). Niemals drängte sich Bernhard hervor, er trat nicht anders auf, als wenn sein Pflichtgefühl ihm gebot, dem Unrecht und der Bedrückung des Schwachen zu wehren, oder der allgemeine Wunsch ihn aufforderte. So oft und mit so gewaltiger Wirkung er in seinem Leben öffentlich redete, so entwand er sich doch im gewöhnlichen Leben niemals ganz seiner angebornen Schüchternheit, so daß er selbst in kleinen Versammlungen ungern und nicht ohne Aengstlichkeit das Wort nahm; so bald aber ein wichtiger Gegenstand ihn begeisterte, sprach er ohne Scheu zu den Gewaltigsten der Erde und in der zahlreichsten und glänzendsten Versammlung [41]). Manche Kirche verdankte seiner kräftigen Fürsprache die Rettung aus der Tyranney von Rittern und Fürsten; rechtmäßig gewählte Bischöffe hatten an ihm einen muthigen Beschützer gegen widerrechtlich eingedrängte Widersacher und niedere Geistliche gegen ungerechte Bischöffe [42]). Aber je mehr er in der Welt gesucht wurde, desto theurer wurde ihm die Einsamkeit seines Klosters, und wenn er außer seinem Kloster zu leben gezwungen war, so erweckten die Ehrenbezeugungen der Fürsten und Herren in ihm nur die Sehnsucht nach den gottesfürchtigen Unterhaltungen mit den Klosterbrüdern. Was hatte auch die Welt mit aller ihrer Eitelkeit für Reize für den frommen Mann, der, nur mit Gott beschäftigt, keinen Genuß der Sinne schätzte, der einst an dem schönen Ufer des Genfer See's einen ganzen Tag ritt und erst am Abend in der Her-

40) S. vornehmlich de vita et rebus gestis S. Malachiae, Hiberniae Episcopi in Opp. Bern. ed. Mabillon T. I. S. 665. „Iam tunc siquidem cautus fuit, declinare virus virtutum, inanem gloriam,“ sagt Bernhard, nachdem er berichtet, wie Malachias oft verborgen und ungesehen sein Gebet verrichtet.

41) Gaufr. vita S. Bern. S. 1142.

42) Vgl. Ep. 37. 164 — 170. 182. 183. u. andre.

berge von den Gesellen von dem schönen herrlichen See hörte, den er in seinen Betrachtungen vertieft nicht bemerkt hatte [43]). Niemals war er heiterer, als wenn er unter seinen Mönchen war; ungeachtet aller Strenge seiner Grundsätze und seines Wandels, ungeachtet der ernsten Betrachtungen, welche seinen Geist beständig beschäftigten, verbannte er nicht Munterkeit und Laune, und erheiterte die Brüder oftmals durch fröhlichen Scherz [44]).

Ein Mann, welcher in so allgemeiner Achtung stand, konnte wohl nicht bloß ein engherziger Schwärmer seyn. Alles, was ihm heilig und wichtig schien, wurde zwar von ihm mit brennender Begeisterung und feurigem Eifer ergriffen, und wer möchte behaupten, daß nicht, durch sie fortgerissen, Bernhard oftmals die Gränze des Nothwendigen überschritt, und in der Schätzung der Schädlichkeit dessen, was er bekämpfte, das richtige Maß verfehlte! Aber sein gerader Verstand führte ihn bald wieder auf die richtige Bahn. Für die Erhaltung der Würde des päpstlichen Stuhls und der Reinheit des Christlichen Glaubens strebte er am eifrigsten, und doch beurtheilte er die Verhältnisse des

43) Gaufr. vita Bern. Lib. III. c. 2. S. 1134. Eben daselbst wird erzählt, daß er einst die schöne Decke des Pferdes, auf welchem er zu der Carthause ritt, auf dem ganzen Wege nicht bemerkte und erst durch den Abt der Carthause darauf aufmerksam gemacht wurde.

44) Gaufridi Sermo de S. Bernardo S. 1332. So findet sich unter seinen Briefen (Ep. 402.) folgendes scherzhafte Empfehlungsschreiben: „Domino Balduino, Noviomensi Episcopo, frater Bernardus Claraevallis vocatus abbas, melius quam meruit. Mitto vobis puerum istum praesentium latorem, comedere panem vestrum, ut probem de avaritia vestra, utrum cum tristitia id feceritis. Nolite lugere, nolite flere: parvum ventrem habet, paucis contentus erit. Gratiam tamen vobis habemus, si doctior a vobis quam pinguior recesserit. Maneries (i. e. la manière) locutionis pro sigillo sit, quia ad manum non erat, nam neque Gaufridus vester..."

päpstlichen Stuhls nicht einseitig und mit beschränktem Sinn. Er unterstützte nicht die ungerechten Anmaßungen der Nachfolger des heil. Petrus, und unterdrückte sein Mißfallen nicht, wenn der Römische Bischoff aus menschlicher Schwäche oder von irrenden oder bösen Rathgebern verleitet, anders handelte, als Recht und Klugheit geboten [45]).

Schon war durch eine mehr stille als geräuschvolle Wirksamkeit das Ansehen des Abtes von Clairvaux fest gegründet und sein Ruhm weit verbreitet, als mehrere Verhältnisse in der Kirche eintraten, durch welche Bernhard genöthigt wurde, öffentlich vor aller Welt zu handeln. Diese öffentliche Wirksamkeit machte ihn bald recht eigentlich zum Mann des Volks.

Als der Gegenpapst Anakletus in Frankreich, besonders
in der Provinz Guienne, großen Anhang fand und heftige J. Chr. 1130.
Unruhen erregte, da war das Vertrauen zu Bernhard schon so groß [45 a]), daß Innocenz der Andere, welcher auf seiner Reise nach Frankreich ihn persönlich kennen lernte, ihm nebst dem Bischoff Joslen von Soissons die Beruhigung der Gallischen Kirche übertrug. Bernhard rechtfertigte dieses Vertrauen vollkommen. Mit unerschütterlichem Muthe wider-

45) Z. B. Ep. 178. 216. 347. Der letzte ist an den Papst Eugen gerichtet, als dieser gegen den Erzbischoff Samson von Rheims zu voreilig einen harten Spruch erlassen hatte. Besonders in der Schrift de consideratione sind mehrere merkwürdige Stellen, in welchen Bernhard seine sehr gemäßigten Ansichten über die Rechte und Verhältnisse des römischen Stuhls vorträgt, vornehmlich im dritten Buch. Bernhard zog sich durch seine kühnen Briefe sogar den Unwillen Innocenz des Andern zu, so daß der Briefwechsel mit dem Papste selbst abgebrochen wurde. S. Ep. 218. Vgl. unten Anm. 57 a.

45 a.) „Bernardus Abbas Clararum vallium, qui tum temporis in Gallia divini verbi famosissimus praedicator erat,“ sagt das Chron. Mauriniacense (S. 377), als es seine Anwesenheit bey der durch Innocenz II. verrichteten Einweihung der Klosterkirche von Morigny bey Etampes im J. 1130. berichtet.

setzte er sich den Anmaßungen des Bischoffs Gerhard von Angouleme, welcher als Legat des Gegenpapstes kein Mittel unversucht ließ, das Ansehen seines schismatischen Papstes zu gründen, und wo er es vermochte, die Anhänger und Freunde Innocenz des Andern mit Wuth und Grimm verfolgte. Bernhard enthüllte ohne Scheu die geheime Triebfeder der beleidigten Eitelkeit, von welcher geleitet, Gerhard dem rechtmäßigen Oberhaupte der Kirche sich widersetzte [46]. Er ruhte nicht eher, als bis es ihm gelang, die schismatischen Bischöffe, welche Gerhard eingesetzt, von ihren Stühlen zu stoßen und ihnen allen Schutz der weltlichen Großen zu entziehn, wozu die Verächtlichkeit, in welche Gerhard versank, nachdem er sein Geld an Heuchler und Schmeichler verschwendet, dem heil. Bernhard nicht minder förderlich war, als die Gerüchte von Wundern und Zeichen, durch welche Gottes Strafgerechtigkeit an den Anhängern des falschen Papstes sich offenbart haben sollte [47]. Mehr als alles wirkte aber Bernhard's eigne Persönlichkeit und die Kraft, mit welcher er den hartnäckigsten Widerspruch zu überwin-

46) Unter den Briefen, welche Bernhard in dieser Angelegenheit schrieb, ist einer der merkwürdigsten das Schreiben an den Meister Gottfried von Loroux (de Loratorio), Ep. 125. Von dem Papst Anaklet und dessen Legaten Gerhard heißt es darin: „Bestia illa de Apocalypsi, cui datum est os blasphemias et bellum gerere cum sanctis, Petri cathedram occupat, tanquam leo paratus ad praedam. Altera quoque bestia juxta Vos subsibilat sicut catulus habitans in abditis. Illa ferocior, ista callidior, pariter convenerunt in unum adversus Dominum et adversus christum ejus (Innocenz den Andern). Demus operam cito disrumpere vincula eorum et projicere a nobis jugum ipsorum." An die Bischöffe von Aquitanien (Ep. 126) wird ohne Hehl geschrieben, was den Legaten Gerhard zu solcher Wuth gebracht: „Ut enim simpliciter referam breviter actionem; primus aut inter primos scribit Papae Innocentio: legationem postulat, non obtinet. Indignatur, resilit ab illo, transit ad alium, ipsius se esse legatum gloriatur."

47) Ernaldi vita Bern. S. 1122.

den wußte. Auf der Versammlung zu Parthenay, wo der Herzog Wilhelm von Aquitanien, und außer dem Abte von Clairvaux, viele andre rechtgläubige Prälaten sich eingefunden hatten, war der Herzog Wilhelm schon dazu vermocht worden, Innocenz den Andern als rechtmäßigen Nachfolger Christi anzuerkennen; aber weil er gleichwohl sich weigerte, von der Unterstützung der schismatischen Bischöffe abzulassen, so blieb er noch im Banne und stand als Gebannter, während die übrigen der Messe beywohnten, welche der heil. Bernhard hielt, vor der Thüre der Kirche. Nachdem der Abt das Amt vollendet und den Segen über das Volk gesprochen hatte, begab er sich mit glühendem Antlitz und funkelnden Augen, auf einem Schüsselchen die geweihte Hostie tragend, zum Herzog vor der Kirche und sprach mit furchtbarer Stimme: „Siehe, du achtest nicht des Flehens der Diener der Kirche, welche sich bemühten, dich auf den rechten Weg zu führen. Jetzt tritt der Sohn der Jungfrau selbst vor dich, dein Richter, in dessen Hand einst deine Seele kommen wird; wagst du auch ihn zu verachten?" Alles umherstehende Volk weinte laut, der Herzog aber, von heftiger Angst ergriffen, zitterte an allen Gliedern und sank endlich ohnmächtig zu Boden. Als ihn seine Ritter wieder aufhoben, näherte Bernhard sich ihm, rüttelte ihn mit dem Fuße und gebot ihm, aufrecht stehend, den Spruch Gottes zu vernehmen: „Hier ist," sprach der Abt, „der rechtmäßige Bischoff von Poitiers, den du bisher verfolgt, versöhne dich mit ihm durch den heiligen Friedenskuß und führe ihn zu seinem Stuhl." Der Herzog, noch ehe er wieder zu reden vermochte, erfüllte zitternd und zagend das Gebot des Mannes Gottes, und war seit diesem Tage unablässig bemüht, die Widerspenstigen zum Gehorsam gegen Innocenz den Andern zurückzubringen [48]). Als bald hernach der falsche Legat Gerhard eines schrecklichen Todes starb, so war der Friede in der Französischen Kirche vollkommen wieder hergestellt. Auch der deutsche König Lothar nahm auf die Ermahnung Bernhard's sich der Sache Innocenz des Andern mit Eifer an und zog mit einem stattlichen Heere zu des rechtmäßigen Papstes Hülfe nach Italien.

J. Chr. 1132. Der Ruf solcher Werke hatte auch in Italien unter dem Volke sich verbreitet und alle Freunde Innocenz des Andern in Wälschland wünschten, daß der Abt von Clairvaux käme, um auch die Kirche jenseit der Alpen zu beruhigen. Innocenz nahm ihn daher mit sich nach Italien, in der sichern Hoffnung, Bernhard werde auch dort vollbringen, was ihm in Frankreich so glänzend gelungen war. Diese Hoffnung ward selbst übertroffen. Die Einwohner aller Städte, in welche Bernhard kam, nahmen ihn als einen Engel des Herrn auf und erkannten, auf seine Ermahnung, Innocenz den Andern als den rechtmäßigen Nachfolger Christi an.
J. Chr. 1133. Dann begab sich Bernhard nach Deutschland, um zwischen dem Kaiser Lothar und Conrad von Staufen Versöhnung zu stiften, und kehrte nach glücklicher Vollendung dieses trefflichen Werkes nach Wälschland zurück, um der Kirchenversammlung beyzuwohnen, welche Innocenz nach Pisa berufen
J. Chr. 1134. hatte. Vor allen ehrten ihn die Mailänder damals auf seiner Reise durch die Lombardey nach Pisa. Die Geistlichkeit und alle Freunde des Papstes Innocenz im Volke von Mailand, Hohe und Niedere, zogen ihm sieben Rasten weit entgegen und küßten seine Füße, wiewohl er sich alle Mühe gab, um solcher lästigen Ehrenbezeugung auszuwei-

48) Id. ibid.

hen. Andere, selbst damit nicht zufrieden, zogen Fäden aus seinem Gewande, oder forderten Stücke seines Kleides, um sie als Reliquien aufzubewahren. Also zog er mit großer Herrlichkeit in Mailand ein; die hartnäckigsten Anhänger des Gegenpapstes verstummten, und Mailand unterwarf sich Innocenz dem Andern [49]). Auf seiner dritten Reise nach J. Chr. 1137.
Italien, obwohl von körperlichen Schmerzen so gequält, daß ihn die Besorgniß ängstigte, in fremdem Lande, entfernt von seinen geliebten Brüdern zu sterben [50]), durchzog er gleichwohl das ganze Land und predigte mit großem Eifer wider Anakletus. Zu Salerno gelang es ihm sogar, den Peter von Pisa, welchen er dort als Legaten des Anakletus antraf, in Gegenwart des Königs Roger von Sicilien, des heftigsten Feindes von Innocenz dem Andern, von der Rechtmäßigkeit seiner Sache so sehr zu überzeugen, daß er unverzüglich nach Rom eilte, um sich mit Innocenz zu versöhnen [51]). Bald darauf, als der Gegenpapst Anaklet starb und Victor von der Anakletischen Partey gewählt wurde, während Bernhard in Rom anwesend war, hatte dieser die große Freude, daß Victor in der Nacht zu ihm kam, um sich entblößt von den Zeichen seiner angemaßten Gewalt von ihm zu den Füßen des Papstes Innocenz des Andern führen zu lassen —

49) Exordium magnum Cisterc. S. 1220. Vgl. Ep. 129—134.

50) S. Ep. 143. 144. 145.

51) Diese Versöhnung wurde freylich durch den Papst Innocenz selbst wieder rückgängig, weswegen Bernhard (Ep. 229) an den Papst die kühnen Worte schrieb: „In quo, quaeso, vester puer tam male merui de vestra paternitate, ut eum inurere et insignire placeret nota et nomine proditoris? Numquid non me vestrum vicarium dignatio vestra constituit in reconciliatione Petri Pisani, si forte illum Deus per me revocare a faece schismatis dignaretur. Si negatis, probabo tot testibus quot in curia tunc temporis fuerunt ..... Quisnam ergo constantiae vestrae suo consilio vel magis suo dolo subripuit indulta repetere et quae processere de labiis vestris, facere irrita?“

eine Freude, welche durch siebenjährige Anstrengungen wohl verdient war [52].

Nicht minder große Ehre wurde ihm von dem Volke zu Theil, so oft er wider die verwegene weltliche Weisheit oder Schwärmerey seiner Zeit auftrat; aber auch bitterer Tadel und ungerechte Verleumdung wurde ihm dafür zu Theil. In dem Zeitalter Bernhard's suchten viele, welchen die Worte der heiligen Schrift zur Ueberzeugung von den wichtigsten Lehren des Christlichen Glaubens nicht genügten, durch allerley Klügeley und Spitzfindigkeit die Geheimnisse des Christenthums zu ergründen und ihrem Verstande begreiflich zu machen, was sie unvermerkt zu Irrlehren führte, welche schon vor alten Zeiten die Kirche verdammt hatte. Andere, zum Theil von gerechtem Unwillen über manche Mißbräuche in der Kirche ergriffen, wagten, eine völlige Umformung der Geistlichkeit und des Gottesdienstes zu fordern, drangen auf die Abschaffung der Kindertaufe und andrer Gebräuche, welche sie für bloß menschliches Werk und nicht von Gott geboten erklärten. Sobald Bernhard sah, wie durch jene die Einheit des Glaubens, durch diese die Würde des Priesterthums gefährdet wurde, so verließ er seine Celle und predigte wider die gefährliche Ketzerey und Schwärmerey. Wie nicht selten zu einer Zeit fester Glaube und verwegener Unglaube die Herrschaft über die Gemüther theilen, so fanden auch zu dieser Zeit, wo unzählige Ritter und viele Tausende des Volks im gelobten Lande, ermuntert durch den Zuspruch und die Verheissungen der Priester, für die Erweiterung der Herrschaft Christi auf Erden ihr Blut vergossen, bey dem Volke die Lehren eines Arnold von Brixen, des

52) Ern. vita Bern. S. 1121. flgd.

Mönches Heinrich und anderer Schwärmer, welche wider die Priester und die bestehenden Gebräuche des Gottesdienstes eiferten, eben so vielen Beyfall, als den Gelehrten die spitzfindige Weisheit des Peter Abälard und Gilbert de la Porrée sich empfahl. Wer möchte es läugnen, daß Bernhard nicht überall den wahren Sinn der Lehre des tiefsinnigen Peter Abälard verstand und manchen Behauptungen desselben einen viel gefährlichern Sinn unterlegte, als sie hatten [53]; aber von der andern Seite bleibt es eben so

53) Zu solchen von Bernhard allzu schädlich gedeuteten Meinungen des Peter Abälard gehört z. B. gewiß das Gleichniß von dem Siegel von Erz, durch dessen Verhältniß in seiner Form oder Modification zu dem Erze als seiner Materie oder seinem Erzeuger Abälard das Verhältniß der göttlichen Weisheit (oder des Sohns) zu der Allmacht (oder dem Vater) als Quelle oder Erzeuger aller Eigenschaften sich erklären wollte. Gleichwohl war sowohl dieses Gleichniß als das gleichbedeutende Gleichniß von dem Verhältnisse des Wachses zu dem daraus geformten Bilde eine Spitzfindigkeit, welche leicht zu Irrthümern verführen konnte. Eben so wenig verstand der heil. Bernhard die Bemerkung Abälard's, daß der Sohn, oder die Weisheit, in se[illegible] von dem Vater gezeugt, oder [illegible] dem Wesen des Vaters entstanden, heiße, als die Weisheit, eine Kraft, wirkliches Seyn habe; der Geist aber, oder die Liebe, gehe vom Vater aus, weil die Liebe eine Affection des Gemüthes sey. Diese formelle Reflexion, welche den biblischen Ausdruck, nicht das Wesen des Geheimnisses, erklären sollte, nahm Bernhard viel zu materiell, und dies war ihm nicht zu verdenken, da selbst Abälard fortfuhr (Theol. lib. II. S. 1085): „At si esset (sp. sanctus) de substantia Patris, profecto genitus esset et duos Pater filios haberet.“ Abälard konnte daher zwar in seiner Apologie mit Recht behaupten, daß Bernhard ihm Unrecht thue, wenn er ihn beschuldige, er setze den heil. Geist außer das Wesen Gottes, er konnte dieses als Unwissenheit auslegen; aber er durfte es nicht Bosheit (malitia) schelten. Eine solche Behauptung, welche so Bibelwidrig schien, mußte das Gemüth des streng christlichen Bernhard empören. Indeß konnte Bernhard's Antwort auf die oben angeführten [W]orte Abälard's nur bey denjenigen [E]indruck machen, für welche sie bestimmt war: „Quasi vero omne quod de substantia aliqua est, continuo ipsum, a quo est, habeat genitorem. Num vero pediculi aut lendes aut phlegmata vel filii carnis sunt, vel non sunt de substantia carnis? aut vermes de ligno putrido prodeuntes aliunde quam

wahr, daß sowohl das Zeitalter den wahren Sinn jener dunkeln Lehren nicht begriff und Gift aus an sich unschuldigen Meinungen sog, als daß Peter Abälard wenigstens in seinen Ausdrücken sich den Lehren früherer Ketzer, besonders des Arius und Sabellius, näherte. Wer mag daher wagen, in Bernhard, der es redlich mit der Kirche und dem Glauben meinte, den Eifer zu tadeln, mit welchem er bekämpfte, was er für schädliche Irrlehre hielt? Wenn auch sein Eifer von dem Eigennutz und der Rachsucht Andrer mißleitet worden wäre, sein Eifer war doch immer redlich [54]); Bernhard selbst kämpfte gegen den Irrthum, nicht gegen den Mann, und sobald Abälard von seinen Irrthümern abließ, war Bernhard wieder sein Freund. Ueberall, wo Bernhard als Kämpfer für den Glauben auftrat, war er nicht weniger siegreich, als in dem Kampfe für Innocenz wider Anakletus.
J. Chr. 1140. Auf der Versammlung der Bischöffe und Aebte zu Sens, in Gegenwart des Königs Ludwig von Frankreich, des Grafen Thibaut von Champagne und vieler andrer Großen, verstummte Peter Abälard, der sonst sieggewohnte Streiter [55]),

de ligni substantia sunt, qui tamen filii ligni non sunt? Sed et tineae de substantia pannorum substantiam habent, generationem non habent: et multa in hunc modum."

54) Dies gibt auch Otto von Freysingen zu, welcher nicht zu den schwärmerischen Verehrern Bernhard's gehört; er tadelt nur seine Leichtgläubigkeit gegen die Anschuldigungen von Ketzerey: „Erat autem praedictus Abbas, tam ex Christianae religionis fervore zelotypus quam ex habituali mansuetudine quodammodo credulus, ut et magistros, qui humanis rationibus, saeculari sapientia confisi, nimium inhaerebant, abhorreret: et si quicquam Christianae fidei absonum de talibus diceretur, facile aurem praeberet. Ex quo factum est, ut non multo ante hos dies, ipso auctore, primo ab episcopis Galliae, post a Romano pontifice, Petro Abailardo silentium impositum fuerit." Otto Frising. de gest. Frid. I. Lib. I. Cap. 47.

55) Abälard hatte, (wie die zu Sens versammelten Bischöffe in ei-

vor der Beredtsamkeit und Gewandtheit des Abtes von Clairvaux, erkannte hernach seine Sünden und büßte dafür in der Einsamkeit des Klosters [56]). In der Gascogne und Provence bekehrte Bernhard durch unwiderstehliche Predigten die Schwärmer, welche mit dem aus seinem Kloster entsprungenen Mönche Heinrich wider die Kindertaufe und andre Gebräuche des kirchlichen Gottesdienstes wütheten und in der Provence selbst von dem Grafen Ildefons von St.

dem Schreiben an den Papst Innocenz (Ep. 337. inter Epp. Bern.) berichten,) nicht nur die Ermahnung des heil. Bernhard, welche er ihm zuerst insgeheim, dann vor zwey oder drey Zeugen ertheilt, von seinen Irrthümern abzulassen und sie sowohl in seinem mündlichen Unterricht als in seinen Schriften zu verbessern, verschmäht, sondern auch von den Bischöffen eine öffentliche Disputation mit Bernhard verlangt und alle seine Freunde und Schüler eingeladen, seinem Siege über Bernhard beyzuwohnen. Bernhard dagegen trat ungern auf, und entschloß sich nicht eher dazu, als bis er von dem Geräusche hörte, welches Abälard überall mache. Als aber zu Sens Bernhard ihm seine Meinungen vorhielt und ihn zu deren Widerrufe oder Beweise aufforderte, so entfiel ihm der Muth; obgleich man ihm das Wort gab, wollte er doch nicht reden, sondern legte sogleich Appellation an den päpstlichen Stuhl ein. („Quamvis libera sibi daretur audientia, tutumque locum et aequos haberet judices, ad vestram tamen, sanctissime Pater, appellans praesentiam, cum suis a conventu discessit.“) Ganz anders war es freylich, wenn Berengar, der Schüler Abälard's, die Wahrheit redet. Denn nach seiner (wie man leicht sieht, leidenschaftlichen und übertriebenen, und hin und wieder selbst possierlichen) Beschreibung war das Concilium versammelt, nicht um über Peter Abälard zu richten, sondern um ihn zu verdammen. Opp. Abaelardi S. 302. sq. Würde es aber Bernhard gelungen seyn, bey dem großen Anhange, den Abälard (selbst zu Rom, Ep. Bern. 192. 193. 326.) hatte, ihn so zu unterdrücken, daß er hernach selbst sich überwunden bekennen mußte, wenn die Ungerechtigkeit so schreyend gewesen wäre, als Berengar sie schildert? Und konnte sich nicht in Abälard das Gefühl seiner Fehler, wenigstens seiner Unvorsichtigkeit, regen, oder durch Bernhard's Donnerworte erregt werden, welches ihn nach und nach zur Erkenntniß derselben führte.

56) Brief des Abts Peter von Clugny an Heloise, Opp. Abael. S. 340 — 342. Würde Abälard, der eitle und hochfahrende Mann, zu Clugny zu solchen zerknirschenden Bußübungen, solcher Demuth gekommen seyn ohne das Gefühl seines Unrechts?

Gilles unterstützt wurden; alles Volk, welches seinen Reden zuhörte, wurde von seinem Eifer und der Heiligkeit, welche seine Worte und Werke verklärte, auf das heftigste ergriffen; er mußte dem zudrängenden Volke so oft seine Hände zum Küssen reichen und den Segen ertheilen, daß Hände und Arme davon schwollen [57]). Dem Eifer Bernhard's verdankte es die Kirche, daß nicht der Same solcher Irrthümer die Frucht großen Unheils trug [58]), und die meisten seiner Zeitgenossen erkannten sein Verdienst. Kein Prälat in der Christlichen Kirche stand in solchem Ansehen, und keine wichtige Angelegenheit in der Kirche wurde ohne ihn verhandelt. Fünf der angesehensten Kirchen in Italien und Frankreich begehrten ihn zu ihrem Hirten, Mailand, Rheims, Chalons, Langres und zweymal die Kirche von Genua. Bernhard aber, allem Glanze der Welt abhold, blieb in der Einsamkeit von Clairvaux [59]), zum Beweise, wie wenig er in allen seinen Bemühungen nach irdischer Belohnung trachtete.

57) „Tanta fuit multitudo irruentium populorum benedictionem poscentium ac sacras manus deosculantium, ut tenerrima prorsusque attenuata carne ipsius compressionem et impetum crebro deosculantium ferre non valente, manus et brachia sacra in modum pugnorum intumescerent." Gaufr. vita Bern. S. 1222.

58) Bernhard schildert die Wirkungen der Irrlehren der Heinricianer also, Ep. 241. an den Grafen Ildefons von St. Gilles: „Basilicae sine plebibus, plebes sine sacerdotibus, sacerdotes sine debita reverentia sunt et sine Christo denique Christiani. Ecclesiae synagogae reputantur, sacramenta non sacra censentur: dies festivis frustrantur solemniis. Moriuntur homines in peccatis suis, rapiuntur animae passim ad tribunal terrificum, heu! nec poenitentia reconciliati, nec sancta communione muniti. Parvulis Christi intercluditur vita, dum baptismi negatur gratia nec saluti propinquare sinuntur u. s. w. So wurde schon in dieser Zeit die Kirche von der Gefahr bedroht, welche durch die Reformation wirklich ausbrach! Und wenn das Zeitalter der Reformation seinen Bernhard gehabt hätte?

59) Ernaldi vita S. Bern. S. 1117.

Zweytes Kapitel.

Bey solchem Ansehen sowohl in der Welt als der Kirche konnte Bernhard nicht unthätig bleiben in den Angelegenheiten des heiligen Landes, als die bedrängte Lage desselben und die gegründete Besorgniß selbst wegen der nahen Gefahr des heiligen Grabes die abendländische Christenheit zur Hülfe und Rettung aufforderte. Wenn schon in den übrigen Ereignissen seines thatenvollen Lebens seine Gewalt über sein Zeitalter bewundernswürdig war, so war sie doch niemals größer, als in seiner Wirksamkeit für die allgemeine Bewaffnung der abendländischen Christenheit zur Beschirmung des heiligen Grabes. J. Chr. 1146.

Die betrübende Nachricht von dem Verluste der Grafschaft Edessa und die klagenden Briefe, in welchen der König, die Prälaten und Baronen des heiligen Landes ihre Angst und Noth und die Gefahr der heiligen Stätten schilderten, blieben vornehmlich in Frankreich nicht ohne Wirkung; und das Vertrauen auf die bewundernswürdige Tapferkeit der französischen Ritter, welches diese Briefe ausdrückten [1]), erweckte bey vielen Bereitwilligkeit solchem Vertrauen zu

1) Chron. Morigniacense (aus der Mitte des 12. Jahrh.) in Du Chesne SS. T. IV. p. 381. „Venerunt ab Antiochia et Hierusalem in nostram regionem legati, a primoribus partium illarum missi, suppliciter exorantes, ut Francorum mirabilis probitas periculum, quod evenerat, emendaret et futura repelleret."

J. Chr. 1145. entsprechen. Viele Ritter beschlossen jetzt, sich für das heilige Grab zu waffnen, dessen seit längerer Zeit nur wenige gedacht hatten; manche, um durch tapfern Kampf für Gott sich von der Sündenschuld zu reinigen, von welcher ihr Gewissen geängstigt wurde. Denn der Geist des edeln Ritterthums war damals entartet und Ordnung und Sitte entwichen. Zu Plünderungen von Kirchen und Klöstern, Beraubungen von Witwen und Waisen, Priestern und Mönchen, und zu andern Gräueln mißbrauchten die Ritter die Waffen, welche sie zur Vertheidigung des Glaubens, der Kirche und aller Unterdrückten und Wehrlosen empfingen [a]). Widerstanden aber viele noch so lange den Bußpredigten rechtschaffener und frommer Geistlicher, so trat doch endlich ihr Gewissen in seine Rechte und ihre Reue war desto schmerzlicher, je länger sie unterdrückt worden.

In einer solchen Stimmung war zu dieser Zeit selbst der jugendliche König Ludwig VII. von Frankreich. In der Fehde wider den Grafen Thibaut von Champagne, welche durch die zwiespältige Wahl im Erzbisthum Bourges veranlaßt worden, hatten die königlichen Schaaren mit aller Wildheit erbitterter Krieger die Champagne verwüstet, und dem von dem Papst eingesetzten Erzbischoff Peter, welchen der Graf Thibaut wider den König beschützte, blieb keine andre Rettung gegen den Zorn des Königs, als die Flucht

a) Daher nennt der heil. Bernhard das damalige Ritterthum: non militia sed plane malitia, z. B. Ep. 363. n. 5. 427. n. 3. Wie es die Ritter in Frankreich damals trieben, lernt man unter andern aus der Lebensbeschreibung des Abtes Guibert von Nogent le Rotrou (Monoediae sive de vita sua,) in der Ausgabe seiner Werke von d'Achery, welcher im 12. Jahrh. schrieb, besonders aus dem dritten Buche. Aber freylich sieht man auch dort an dem Beyspiele des Bischoffs Galrich von Laon, der in seinem Münster einen seiner Feinde durch zwey Ritter meuchelmörderisch umbringen ließ, daß nicht immer die Bischöffe die Besserung der Ritter sich angelegen seyn ließen.

in den Forst von Rhodez, wo er lange Zeit sich verborgen hielt [3]). Drey Jahre lang trotzte Ludwig, sonst ein demüthiger Verehrer der Geistlichkeit und gewissenhaft und ängstlich treu in der Erfüllung aller Pflichten eines frommen Christen, allen Ermahnungen zum Gehorsam gegen den päpstlichen Stuhl; ihn hatte vornehmlich die Rede des Papstes Innocenz des Andern erbittert, welche ihm hinterbracht worden, „man müsse den königlichen Knaben so erziehen, daß er sich nicht an Eigensinn gewöhne" [4]). Im Grimme schwur er sogar mit einem vermessenen Eide auf heilige Reliquien vor den Ohren vielen Volkes, niemals dem Erzbischoff Peter den Einlaß in die Stadt Bourges zu gewähren [5]); und selbst die Ermahnung des Abtes Bernhard von Clairvaux, der mit aller seiner Zuversicht und Kraft vor ihn trat, hörte er nicht an und entfernte sich zornig von dem heiligen Manne [6]). Als aber zu Vitry in der Champagne nach Erstürmung der Stadt durch die königlichen Truppen unter Ludwigs eigner Anführung, mehr als Tausend Chri- J. Chr. 1143.

3) Chron. Gaufred. Vosiens. in Recueil des Historiens etc. T. XII. p. 436.

4) „Papa Innocentio dicente, Regem puerum instruendum et cohibendum, ne talibus assuescat." Guil. de Nangis Chron. (in D'Achery Spicileg. T. III.) ad a. 1142. S. 6.

5) Ep. S. Bern. 218. Radulphi de Diceto Imagines historiarum (in Rog. Twysden Scriptor. rer Anglic. p. 508.

6) Bernhard schrieb hernach (Ep. 226), in seinem und des Bischoffs Hugo von Auxerre Namen, an den König Ludwig diese kühnen Worte: „Ceterum ab hac spe (daß sich der König noch bessern werde) paene dejecit nos colloquium illud habitum inter nos apud Corbolium (Corbeil). Scitis enim, quomodo et quam irrationabiliter (ut pace vestra dixerimus) a nobis tunc recessistis. Unde factum est, quod sermonis illius, qui vobis in dicto nostro displicuit, reddere ad liquidum rationem pro vestra turbatione non licuit. Quam si exspectare placido corde dignaremini, forsitan cognovissetis et vos, quod nihil vobis indecens aut importabile dictum fuisset, secundum quod jam res vestra processit".

J. Chr. 1143. sten und Christinnen in einer Kirche, welche die muthwilligen Krieger anzündeten, von den Flammen verzehrt wurden, da wurde sein Gemüth auf das heftigste erschüttert, und heftige Reue ergriff seinen Sinn wegen seines verstockten Ungehorsams gegen den apostolischen Bischoff und der harten Verfolgung des Erzbischoffs Peter [7]). Er setzte nicht nur, ungeachtet jenes vermessenen Schwurs, und wiewohl es unter den französischen Rittern für eine Sache der Ehre galt, was geschworen worden, und war es auch das schlimmste, zu vollbringen [8]), den Erzbischoff Peter auf seinen Stuhl, verließ den Erzbischoff Cadurcus, seinen ehemaligen Hofgeistlichen, welcher unter seinem Einfluß von einigen Stiftsherren zu Bourges gewählt war, sondern versöhnte sich selbst ernstlich mit dem Grafen Thibaut, wider welchen er schon vor der Stiftsfehde von Bourges einen heftigen Groll wegen zwiefacher empfindlicher Kränkung getragen, wegen des vom Grafen ehemals ihm verweigerten Zuzugs in einer Fehde wider Alfons von Toulouse [9]), und weil der Graf den Papst Innocenz angereizt haben sollte, die unrechtmäßige Ehe des Grafen Rudolf von Vermandois mit Petronille, des Königs Schwäherin, zu trennen [10]). Ludwig aber fühlte auch dadurch sein Gewissen noch nicht beruhigt. Der ruchlose Eid, mit welchem er einem Diener des Herrn ewige Feindschaft geschworen hatte, quälte noch immer sein reizbares ängstli-

7) Historia Francorum (von einem ungenannten Geistlichen des 12ten Jahrh.) im Recueil des Histor. de la Fr. T. XII. S. 116. Guil. de Nangis Chronic. ad a. 1143. S. 6. Die Anzahl der Umgekommenen wird auf dreyzehn Hundert von diesen Schriftstellern angegeben.

8) „Nam probro ducitur, sicut optime nostis, apud Francigenas juramentum solvere, quamlibet male publice juratum sit, quamvis nemo sapiens dubitet illicita juramenta non esse tenenda." Ep. Bern. 219. ad Innocent. III.

9) Historia Francor. a. a. O.

10) Ibid.

ches Gemüth; und auch der Fleck, welchen er in den Augen der Welt durch die Brechung jenes Schwurs auf seine Rittersehre gebracht, war ihm nicht gleichgültig. Wie sollte er nicht begierig die angebotene Gelegenheit ergriffen haben, durch ein heiliges Gott gefälliges Werk zugleich alle Schuld abzubüßen, Gott zu versöhnen und auch vor der Welt seine Ritterehre zu reinigen? Was konnte aber als Werk der Buße dem ritterlich frommen Sinne des jugendlichen Königs sich mehr empfehlen, als ein Kreuzzug wider die Heiden, welcher seinen Namen verherrlichte, wie einst die Namen des Herzogs Gottfried, des Grafen Robert von Flandern und anderer preiswürdigen Helden des ersten Kreuzzuges. Nicht minder ermunterte den König zu solcher Unternehmung, daß er auch für das Seelenheil seines verstorbenen Bruders sorgen konnte, wenn er das Kreuz des Herrn auf sich nahm und die Seele seines Bruders der Verdienstlichkeit seines guten Werkes theilhaftig machte; denn König Philipp war durch den Tod verhindert worden, die Wallfahrt zum heiligen Grabe, welche er gelobt, zu vollbringen. J. Chr. 1145.

Als daher am Weihnachtsfest 1145. auf einer Versammlung französischer Prälaten zu Bourges, wo auch der König mit vielen französischen Herren anwesend war, der Bischoff Gottfried von Langres, welcher damals eben aus dem gelobten Lande zurückgekommen war, in einer feurigen begeisterten Rede die Bedrängniß und Hülflosigkeit der Christen im Reiche Jerusalem seit dem Verlust von Edessa schilderte und die anwesenden Ritter zur Hülfe aufforderte, so erklärte Ludwig sich sogleich bereit, für den Heiland sich zu waffnen [11]). Mehrere Barone aber, welche kühler überlegend,

11) Odo de Diogilo (Deuil in der Gegend von Paris), Mönch, hernach Abt von St. Denys, in seinem an den Abt Suger gerichteten Berichte de expeditione Lud. VII. in Orientem (in S. Bernardi genu

J. Chr. 1145. dem ersten Strome der Begeisterung nicht nachgaben, sondern die Gefahren und Nachtheile der Entfernung des Königs aus dem Reiche überdachten [12]), unter diesen der verständige Abt Suger von St. Denys [13]), beredeten ihn, nicht unbedachtsam ein so schweres Gelübde abzulegen, sondern zuvor den Rath des frommen und weisen Abtes Bernhard von Clairvaux zu hören, welcher auch alsbald nach Bourges berufen wurde. Denn sie erwarteten nicht, daß Bernhard noch glühendere Begeisterung für das heilige Grab erwecken werde, als einst Urban und Peter der Einsiedler. Bernhard, bescheiden und vorsichtig, wie in allem seinen Thun, wagte nicht, weder zu ermuntern noch abzumahnen, sondern rieth, den Papst Eugen um Rath in dieser wichtigen Angelegenheit zu befragen. Da wurde die Absendung einer

illustre assertum. Opera et studio Petri Francisci Chiffletii, Divione M. DC. LX. 4.) Lib. I. p. 11. Nach Otto von Freysingen (de gest. Frid. Lib. I. c. 34.) bedurfte es nicht einmal der Ermahnung des Bischoffs von Langres für Ludwig, weil er schon vorher zur Wallfahrt heimlich entschlossen war: „Ludovicus dum occulte Jerusalem eundi desiderium haberet, eo quod frater suus Philippus eodem voto adstrictus morte praeventus fuerat, diutius protelare nolens propositum, quibusdam ex Principibus suis vocatis, quid in mente volveret, aperuit.“

12) „Bernardum, vita et moribus venerabilem, religionis ordine conspicuum, sapientia literarumque scientia praeditum, signis et miraculis clarum, principes vocandum ab eoque quid de hac re fieri oporteret, tanquam a divino oraculo consulendum decernunt.“ Otto Frising. de gest. Frid. l. l. c.

13) „Verum nemo aestimet, ipsius (Sugerii) voluntate vel consilio Regem iter peregrinationis aggressum: in quo licet illi longe aliter quam sperabat successerit, pio tamen desiderio ac Dei zelo illud arripuit. Porro providus hic et praescius futurorum, nec illud Principi suggessit, nec auditum approbavit. Quin potius, cum inter ipsa statim initia obviare frustra conatus, regium cohibere non posset impetum, tempori cedendum adjudicavit, ne vel regiae devotioni inferre videretur injuriam vel futurorum offensam inutiliter incurreret.“ Vita Sugerii a Wilhelmo San - Dionysiano in Bouquet Recueil T. XII. S. 108.

Gesandtschaft an den apostolischen Vater beschlossen [14]), zu- J. Chr. 1145.
gleich aber auch ein Reichstag verabredet, welcher zur Förderung des heiligen Unternehmens am nächsten Osterfest zu Vezelay in der Grafschaft Nivernois gehalten werden sollte.

Der Papst Eugen, in der Hoffnung, daß ein Unternehmen, welches zur Zeit seines Vorfahren Urban des Andern, nur von Herzogen und Grafen geleitet, mit so herrlichem Erfolge gesegnet worden, nicht minder zur Verherrlichung seines Papstthums gedeihen werde, da ein König zur Führung des heiligen Heers sich erbiete, war keineswegs geneigt, des Königs Ludwig Bereitwilligkeit zur Gottesfahrt zu mißbilligen, sondern lobte und pries seinen frommen Entschluß als rühmlich und Gott wohlgefällig. Er beklagte es bitter, daß er es sich versagen müsse, selbst das Werk Gottes in Frankreich zu fördern [15]), weil er Rom nicht verlassen dürfe, um nicht die Stadt aufs Neue der Wuth und den Ausschweifungen der schwärmerischen Partey des Arnold von Brescia preis zu geben. Denn wenige Tage nach seiner Wahl war er mit allen Cardinälen aus der Stadt entwichen, um dem Ungestüm, mit welchem jene Partey die Uebertragung aller weltlichen Gewalt des apostolischen Stuhls in Rom an den von ihr eingesetzten Patricius und Senat forderte, sich zu entziehen, hatte im Kloster Farfa die Weihe empfangen und lange Zeit in Viterbo verweilt. Erst nachdem mit Gewalt der Waffen die Zerstörung der Paläste der entwichenen Cardinäle und die entheiligende Umwallung der St. Peterskirche gerochen und die Widerspenstigen zum Gehorsam gezwungen worden, hatte Eugen zum ersten Mal in Rom als Papst das Hochamt gefeyert, an

14) Otto Frising a. a. O.

15) Optabat ipse tam sancto Operi manum primam praesens imponere; sed tyrannide Romanorum praepeditus non potuit." Odo de Diog. p. 12.

J. Chr. 1145. demselben Weihnachtsfeste, an welchem die französischen Prälaten und Herrn zu Bourges versammelt waren [16]). Er ertheilte darum seinem geistlichen Vater, dem Abte Bernhard von Clairvaux, den Auftrag, an seiner Statt in Frankreich das Kreuz zu predigen; und wer wäre geschickter gewesen zur Vollbringung dieses Werkes als Bernhard [17])! Den Gesandten gab Eugen einen Brief mit an den König von Frankreich und die französischen Ritter, voll der tröstlichsten und herrlichsten Verheißungen für diejenigen, welche dem Heilande sich weihen würden, und der heilsamsten Ermahnungen [18]).

Der apostolische Vater erinnerte in diesem Schreiben mit kräftigen Worten an die Nothwendigkeit baldiger Hülfe für das gelobte Land, wenn nicht den christlichen Namen die Schmach des Verlustes des heiligen Grabes selbst beflekken solle, und ermahnte besonders die Ritter, eingedenk ihres von den Vätern ererbten Ruhms ritterlicher Tapferkeit, den Mord des christlichen Erzbischoffs von Edessa und so vieler Christen und die Entweihung heiliger Reliquien bey der Erstürmung und Plünderung von Edessa nicht ungerächt zu lassen. Er stellte allen redlichen Christen zur Nachahmung das ermunternde Beyspiel des Hohenpriesters Matathias vor, welcher mit seinen Söhnen sich der Tyranney und den Gräueln der Heiden kühn widersetzt und durch Gottes Hülfe wider alle Erwartung obgesiegt habe. Wenn diese Ermahnungen das Ehrgefühl der Ritter kräftig aufregten, so war

16) Eugen ward am 27. Februar 1145 gewählt, seine Weihe geschah am 4. März im Kloster Farfa, Otton. Frising. Chron. Lib. VII. c. 31. L'art de verifier les dates (Par. 1770.) S. 290, Baron. Ann. eccl. ad a. 1145.

17) S. Anm. 12.

18) „Litteras omni fano dulciores" nennt Odo von Deuil dieses Schreiben in der empfindsamen Sprache dieses Zeitalters.

es dem bekümmerten Gewissen vieler tröstlich, daß Eugen allen Kreuzfahrern den von seinem Vorfahren Urban dem Andern eingesetzten Ablaß der Sünden, welche sie mit zerknirschten Herzen beichten würden, zusicherte. Damit auch keine Besorgniß für die daheim bleibenden Angehörigen die Streiter Christi ängstige, so nahm er ihre Weiber und Kinder unter seinen und der Kirche und aller Prälaten Schutz. Auch ihre zeitlichen Güter sicherte er nicht bloß gegen Gewalt, sondern selbst gegen den Gang des Rechts, so lange sie die Waffen für den Heiland trügen; also daß keiner die Güter und Besitzungen der Bekreuzigten auf irgend eine Weise sollte in Anspruch nehmen dürfen, bevor nicht von ihrem Tode oder ihrer Heimkunft sichere Kunde eingegangen. Er sprach sie selbst frey von aller Verbindlichkeit, Zinsen für ihre Schulden zu bezahlen und löste kraft seines apostolischen Amtes die Schwüre oder Gelübde, womit sie selbst oder andre für sie solche Verbindlichkeit bekräftigt haben möchten. Um alle Hindernisse eines so heiligen Unternehmens soviel möglich zu entfernen, hob Eugen für die Wallbrüder die Verbindlichkeit des Lehengesetzes auf, welches die Lehen ohne Genehmigung des Lehenherrn und der Verwandten zu verpfänden verbot, so daß es jedem Wallbruder frey stehen sollte, ihre Lehen an Kirchen und Klöster oder an Pfaffen und Layen zu verpfänden, falls ihre Lehenherren und Verwandte, auf deshalb geschehene Ansprache, das nöthige Geld ihnen nicht leihen wollten oder könnten. Keine Gelegenheit war günstiger die Gewalt des Papstes in weltlichen Dingen zu erweisen, als eine Kreuzfahrt; denn wer widersprach in einer Zeit allgemeiner Begeisterung für die Sache Christi den Verfügungen seines Statthalters, welche nützlich waren dem Beginnen, wofür alle Gut und Leben opferten! Heilsam war die J. Chr. 1145.

J. Chr. 1145. Warnung Eugen's gegen allen unnützen und den Streitern für Gott unpassenden Aufwand für Hunde und Falken, oder kostbare reiche Gewänder, womit die Eitelkeit der Ritter dieser Zeit selbst auf Heerzügen prangte [19]); er ermahnte die

19) „Quoniam illi, qui Deo militant, nequaquam in vestibus pretiosis nec cultu formae, nec canibus vel accipitribus vel aliis, quae portendant lasciviam, debent intendere: prudentiam vestram in Domino commonemus, ut qui tam sanctum opus incipere decreverint, ad haec non intendant: sed in armis, equis et ceteris, quibus infideles expugnent, totis viribus studium et diligentiam adhibeant." Den Luxus der damaligen Zeit, besonders der französischen Ritter, schildert der heil. Bernhard (de officio Episcoporum ad Henricum Senonens. Ep. p. 469—470), indem er die Bischöffe ermahnt, sich dessen zu enthalten. Eine Hauptzierde war Pelzwerk: Despiciant jam textricum sive pellificum, et non propriis operibus gloriari. Horreant et murium rubricatas pelliculas, quas gulas (d. i. rothe Pelze, einerley mit dem Heraldischen Worte gueule) appellant, manibus circumdare sacratis ... respuant et apponere pectori ... pudeat et collo circumtexere. An dem Rosse durfte kostbarer Zierrath nicht fehlen. Die Zügel waren vergoldet, das Geschirr selbst mit Edelgesteinen geziert, auch mit Ringen, Kettchen und kleinen Glocken, und die Riemen mit goldenen und silbernen Buckeln geschmückt: Jumenta gradiuntur onusta gemmis . . . Annuli, catenulae, tintinnabula et clavatae quaedam corrigiae, multaque talia, tam speciosa coloribus quam ponderibus pretiosa, mulorum dependent cervicibus." Man sieht in dem Liede der Nibelungen, das nicht viel später als diese Zeiten ist, wie viel auch in Deutschland die Ritter auf kostbare und prachtvolle Gewänder hielten. Es gehört bey diesem alten Dichter immer wesentlich zu der Beschreibung der Würde und Hoheit der Helden, daß sie mit kostbarern Gewändern, als jemals vorher oder nachher gesehen worden, geziert erscheinen; z. B. V. 299. 300 (Ausg. von Hagen, 1807.): Man sah an Degenen nie me so herlich Gewand (als an Siegfried). Vgl. V. 1071., 1085., 1086., 1623. Kostbare Sattel und prächtiges Pferdegeschirr gehörte auch zum Luxus der deutschen Ritter; vor allen seltenes Pelzwerk, Zobel und Hermeline. Vgl. Nibelungenlied 1729 — 1731. 2309 — 2313. Eine Deutsche Frau (im Anfang des 12. Jahrh.) mußte einem französischen räuberischen Ritter, welcher ihre beyden Söhne aus der Abtey von Barisis, wohin sie, um französisch zu lernen, geschickt waren, geraubt hatte, außer dem Lösegeld noch einen Pelz von Zobel oder Hermelin schicken: tunicam ex peregrino mure pelliceam, quam Renonem vocitant." Guibert. Abb. Monoediarum Lib. III. c. 5. ad a. 1109. Vgl. Gesch. der Kreuzzüge, Th. II. S. 137. Auch in Spanien

Wallbrüder, dagegen desto größere Sorgfalt auf ihre Waffen, Rosse, und auf alles, was zur Bekämpfung der Heiden diene, zu wenden [20]). J. Chr. 1145.

Der heilige Bernhard empfing den schweren Auftrag, das Kreuz zu predigen, zu einer Zeit, da sein durch die mühevolle Thätigkeit vieler Jahre und angestrengte Kasteyungen fast ganz erschöpfter Leib [21]) der Ruhe bedurfte; und schon seit drey Jahren hatte Bernhard, in der Stille seiner Celle, die Auflösung seines hinfälligen Leibes erwartend, sein Kloster nicht anders verlassen, als nur um den jährlichen Zusammen-

war fremdes Pelzwerk ein sehr beliebter Schmuck. Der Abt Peter von Clugny, welcher selbst in Spanien gewesen war, beschreibt in einem Briefe an den heil. Bernhard, (Epp. S. Bern. 229.) die dortige Sitte beym Trauern also: „Mortua uxore maritus, mortuo marito conjunx, mortuis filiis patres, mortuis patribus filii, defunctis quibuslibet cognatis cognati, exstinctis quolibet casu amicis amici, statim arma deponunt, sericas vestes, peregrinarum pellium tegmina abjiciunt, totumque penitus multicolorem ac pretiosum habitum abdicantes, nigris tantum vilibusque indumentis se contegunt. Sic crinibus propriis, sic jumentorum suorum caudis decurtatis, seque et ipsa atro prorsus colore denigrant.“

20) Bey Otto von Freysingen, welcher dieses Schreiben mittheilt (de gestis Frid. I. Lib. I. c. 55.) ist es nicht aus Rom, sondern aus Vetralla, vom ersten December (Kal. Decembr.) datirt; es muß also, so wie es sich bey diesem Schriftsteller findet, erst im Jahr 1146, (nach der zweyten Flucht des Pabstes Eugen, welche um die Osterzeit 1146. erfolgte) geschrieben seyn. Was aber Odo von Deuil als den Inhalt des Schreibens, welches die Gesandten mitbrachten, angibt, stimmt genau mit dem von Otto von Freysingen mitgetheilten Schreiben überein, und es muß daher entweder das Datum bey Otto von Freysingen unrichtig seyn, oder der von ihm abgeschriebene Brief war eine spätere Wiederholung des ersten Schreibens: „Nuntii, sagt Odo von Deuil, laetantes remissi sunt, referentes . . literas . . Regi obedientiam, armis modum et vestibus imponentes, jugum Christi suave suscipientibus peccatorum omnium remissionem, parvulis eorum et uxoribus patrocinium promittentes et quaedam alia, quae summi Pontificis sanctae curae et prudentiae visa sunt utilia, continentes.“

21) „Corpus tenue et paene praemortuum.“ Odo de Diog. p. 12.

J. Chr. 1145. künften der Aebte seines Ordens beyzuwohnen [22]); noch wenige Wochen vorher hatte er den Papst Eugen gebeten, keine neue Last auf ihn zu legen, weil seine schwachen Kräfte nicht hinreichten für das, was er schon trage [23]). Gleichwohl aus Gehorsam gegen das päpstliche Gebot begann er muthig das Werk, welches mehr noch als die Thaten seiner kraftvollen Jahre seinen Namen verherrlichen sollte; die Begeisterung für die Sache Gottes, welche ihn ergriff, sobald er zu ihrem Apostel durch das sichtbare Oberhaupt der Gläubigen berufen war, belebte seinen schwachen Körper mit neuer Kraft; das feste Vertrauen auf Gott, welches in seinem Reden und Handeln sich offenbarte, theilte sich allen mit, welche ihn sahen, und die Gewalt seiner Rede wirkte um desto mächtiger, je mehr sich Gott dadurch zu verherrlichen schien, daß aus dem Munde eines schwachen entkräfteten Greises solche gewaltig ergreifende Rede strömte.

Wunderbar mag auch wohl die Begeisterung für den Kampf wider die Saracenen erscheinen, welche der heilige Bernhard in dieser Zeit zu erwecken vermochte. Denn er predigte nicht, wie Peter der Einsiedler, das Kreuz einem Geschlechte, welches mit den Gefahren einer solchen Unternehmung unbekannt und die unmittelbare Hülfe Gottes zu-

22) „Decretum est, schrieb er schon im Jahre 1143 an den Abt Peter zu Clugny, Epp. 228: mihi ultra non egredi monasterio nisi ad conventum abbatum Cistercium semel in anno. Hic fultus orationibus vestris et benedictionibus consolatus, paucis diebus, quibus nunc milito, exspecto donec veniat immutatio mea. Propitius sit mihi Deus, ut non amoveat orationem vestram et misericordiam suam a me. Fractus sum viribus et legitimam habeo excusationem, ut jam non possim discurrere ut solebam."

23) Ep. 245. vom J. 1146: „De cetero si suggestum vobis a quopiam fuerit de me amplius onerando, sciote, mihi vires non suppetere ad ea quae porto. Quantum mihi, tantum parcetis vobis. Propositum meum, monasterium non egrediendi, credo non latere vos."

zuversichtlich erwartend, durch Geist und Stimmung des Zeitalters der Schwärmerey empfänglich war, sondern zu einem Geschlechte, welches durch die schrecklichsten Erfahrungen gewarnt worden. Denn wiewohl bey vielen derer, zu welchen er redete, eine fromme Gleichgültigkeit gegen jede Schwierigkeit des heiligen Unternehmens und ein zuversichtliches Vertrauen auf seine Verheißungen seiner begeisterten Rede entgegenkam, so schreckte doch viele andre die Erinnerung des schrecklichen Untergangs so vieler trefflichen Heere, welche seit der ersten Meerfahrt des Herzogs Gottfried von Bouillon ohne sichtbaren Nutzen für die Sache Gottes ausgezogen waren; viele warnte das Beyspiel ihrer Verwandten, welche der Kreuzfahrt willen ihre Güter veräußert und ihre Familie in Armuth und Elend gebracht hatten und zum Theil, ohne zum Grabe des Heilandes zu gelangen, durch Hunger und Seuchen elendiglich umgekommen, oder durch das Schwert der Saracenen jämmerlich erschlagen waren. Viele, welche selbst der glühendsten Begeisterung für die Heiligkeit des Christenthums empfänglich waren, fanden außerdem zu dieser Zeit die Gelegenheit zu frommer christlicher Aufopferung in ihrer Nähe, wie in Frankreich durch den Bau prächtiger christlicher Tempel, besonders zu Ehren der heiligen Jungfrau. Dazu vereinigten sich damals in fromme Brüderschaften Vornehme und Geringe, Männer und Weiber jedes Alters, nicht blos des Ortes und der Gegend, wo eine Kirche erbaut ward, sondern selbst entfernterer Gegenden in großer Zahl. Niemand wurde zu solcher Brüderschaft zugelassen, als wer seine Sünden reuig bekannte und ernstliche Buße that, echte christliche Liebe den Brüdern und demüthigen willigen Gehorsam gegen die Anordnungen der dem Baue vorgesetzten Priester gelobte; wer Beleidigungen

J. Chr. 1145.

J. Chr. 1145. nicht willig verzieh, oder Ungehorsam gegen die Ermahnungen und Gebote der Priester bewies, wurde aus der Brüderschaft als ein unwürdiges Glied ausgestoßen. Da sah man die Brüder, unter ihnen oft Grafen und Ritter, in der größten Stille, welche nur in den Zeiten der Ruhe und Erholung durch andächtige Anrufung der Mutter Gottes und der Heiligen und durch lautes reuiges Sündenbekenntniß oder Gebet zu Gott unterbrochen ward, freudig die schwersten Arbeiten vollbringen. Sie führten in feyerlichem Zuge, nach den Zeichen, welche die Priester durch die Drommeten geben ließen, und unter dem Vorgange der Paniere große Steinmassen und andre Lasten aus großer Entfernung über Berg und Thal und auf den schwierigsten Wegen herbey. Solches geschah nicht lange vor dieser Zeit zuerst zu Chartres bey dem Baue der prächtigen Kirche der Mutter Gottes, und diese neue Art christlicher Aufopferung wurde hernach an dem Bau der Klosterkirche von St. Peter an der Dive und bald in der ganzen Normandie nachgeahmt und selbst noch weiter getrieben. Diese Brüderschaften wurden selbst durch Wunder verherrlicht, zum Beweise, wie groß Gottes Wohlgefallen an ihnen war; Kranke, welche man auf die Wagen, womit die Steine und anderes Bedürfniß herbeygeführt wurden, legte, standen auf das Gebet der Gläubigen gesund auf, Stumme erhielten auf solche Weise die Sprache und vom Teufel Besessene den Verstand wieder [23a]). Diejenigen,

23a) Merkwürdige Nachrichten über diese Art christlicher Frömmigkeit, welche gerade zu der Zeit, da Bernhard für das Kreuz predigte, in ihrer größten Kraft war, finden sich in Mabillon Annales Ord. Bened. T. VI. S. 392, zuerst in einem Briefe des Erzbischoffs Hugo von Rouen vom J. 1145, welcher dem Bischoff Dieterich von Amiens berichtet, wie die Normännischen Christen zuerst nach Chartres sich begeben, um dort an dem Kirchenbau Antheil zu nehmen, dann aber in der Normandie selbst ähnliche Unternehmungen begonnen; denn in einer welche solche Gelegenheit zu verdienstlichem, Gott wohlgefälligen Werke der Frömmigkeit in ihrer Nähe fanden, wie mochten sie sich den abschreckenden Gefahren einer Meerfahrt preisgeben! In der Normandie aber war bisher die Begeisterung für das heilige Grab am allgemeinsten gewesen. Alle diese Hindernisse besiegte der Eifer des heiligen Bernhard. J. Chr. 1145.

Nachricht des Abt Haimo von St. Peter an der Dive (S. Petri super Divam) über den Bau der Kirche seines Klosters, wobey er selbst der Brüderschaft, die sich dazu vereinigt hatte, vorstand. „Wer hat es, sagt Haimo je gesehen oder gehört, daß Herrscher, in der Welt mächtige Fürsten, Männer und Weiber von edler Geburt ihre stolzen Nacken den Riemen preisgeben, womit sie an Wagen gebunden werden, und diese Wagen dann beladen mit Wein, Walzen, Oel, Kalk, Steinen, Holz und andern Dingen, welche zum Bedürfniß des Lebens oder zum Bau gehören, wie unvernünftige Thiere ziehen! Wunderbar ist es, daß, obgleich oft Tausend und mehr Männer und Weiber an Einem Wagen ziehen (denn so groß ist die Maschine und die aufgelegte Last), alles doch mit solcher Stille geschieht, daß man keine Stimme, kein Gemurmel vernimmt . . . Wenn auf dem Wege geruht wird, so ertönt nichts als Sündenbekenntniß und demüthiges Gebet zu Gott um Vergebung der Sünden . . . . Wenn das gläubige Volk nach dem Geschmetter der Drommeten und bey Erhebung der Fahnen den Weg antritt, dann geschieht alles (nehmlich die Fortbewegung der Steinmassen) mit solcher Leichtigkeit, daß nichts auf dem Wege sie aufhält, nicht die Höhe der Berge, nicht die Tiefe der Wasser: sondern wie es von dem alten Hebräischen Volke heißt, daß sie in den Jordan gingen nach ihren Schaaren, so gehen auch diese, wenn sie an einen Fluß kommen, ohne Verzug in denselben unter der Leitung des Herrn; und bey St. Marienhafen (in loco qui dicitur S. Mariae portus) soll das Wasser selbst zurückgetreten seyn, so lange sie durchgingen . . . Wenn sie zu der Kirche gekommen sind, so werden die Wagen ringsum, wie ein geistliches Lager, gestellt und in der folgenden Nacht von dem ganzen Heer die Wachen unter Hymnen und Gesang gehalten: dann werden auf jedem Wagen Wachskerzen und Lichter angezündet, und die Schwachen und Kranken auf die Wagen gelegt: hierauf die Pfänder der Heiligen zu ihnen gebracht, endlich Umzüge von den Priestern und Clerikern angestellt, indem das Volk in größter Andacht folgt und die Gnade des Herrn und der heiligen Jungfrau für die Genesung der Kranken anruft. Welches Jahrhundert verdient mehr das Jahrhundert der christlichen Begeisterung und Schwärmerey genannt zu werden als das zwölfte!

J. Chr. 1145. Auch Bernhard selbst wurde durch seinen gebildeten Verstand gegen schwärmerische Ueberschätzung der Verdienstlichkeit der Wallfahrten bewahrt. Das himmlische Jerusalem, wozu der rechtschaffne und fromme Mönch in seiner Celle durch die treue Erfüllung der Pflichten seines Gelübdes gelange, dünkte ihn herrlicher, als das irdische, wohin jeder mit den Füßen zu kommen vermöge [24]. Er erinnerte oftmals die Priester und Mönche daran, daß die fleißige und stille Abwartung ihres Berufes Gott wohlgefälliger sey, als das Herumirren auf Wallfahrten, und mehrere, welche auf ihrer Pilgerreise zu Clairvaux einkehrten, bewog er durch ernste Strafpredigten zur Rückkehr zu ihren Kirchen oder in
J. Chr. 1129. ihre Klöster. Für den Stiftsherrn Peter aus Lincoln in England, welcher als Wallbruder nach Clairvaux kam, und ergriffen von dem gottseligen Leben der Klosterbrüder, unter ihnen zu bleiben wünschte, trug er kein Bedenken um die Entbindung von dem Gelübde der Wallfahrt bey seinem Bischoffe nachzusuchen. Euer Philipp (schrieb er an den Bischoff Alexander), welcher nach Jerusalem pilgern wollte, hat einen Richtweg gefunden, wodurch er schnell an sein Ziel gelangt ist. In kurzer Zeit hat er das große und weite Meer überschifft und nach glücklicher Fahrt die ersehnte Küste und den Hafen des Heils erreicht. Schon stehen seine Füße in den Vorhöfen von Jerusalem, nicht dem irdischen, welches dem Arabischen Sinai nahe liegt und mit seinen Kindern in Dienstbarkeit ist, sondern jenem freyen in der Höhe. Ich

24) „Neque enim terrenam, sed caelestem requirere Jerusalem, monachorum propositum est; et hoc non pedibus proficiscendo, sed affectibus proficiendo." So schrieb der heil. Bernhard in einem Briefe (Ep. 399.), in welchem er einem Abt (Lelbert vom Kloster St. Michael in der Einöde von Tarascon, Terascia) Vorwürfe macht, wegen der einem Mönche seines Klosters ertheilten Erlaubniß zur Wallfahrt nach dem heiligen Grabe.

meine Clairvaux [25]). Als der Bischoff Gaufried, welcher J. Chr. 1145.
die Wallfahrt zum heiligen Grabe gelobt hatte, aber hernach
Bedenken trug, die ihm anvertraute Gemeinde zu verlassen,
ihn befragte, ob die Aufhebung seines Gelübdes zulässig J. Chr. 1128.
sey, gab Bernhard die weise Antwort: „Ich meine nicht, daß geringere Gelübde wichtigern (nemlich der Pflege und Obhut seiner Gemeinde) hinderlich seyn sollen und daß Gott das ihm verheißene gute Werk noch fordern werde, sobald ein besseres dafür geleistet wird. Wenn Euch jemand zwölf Groschen schuldig ist, werdet Ihr ihm zürnen, wenn er Euch an dem bestimmten Tage eine ganze Mark Silbers zahlt?“ [26]).

25) Ep. 64.

26) Ep. 57. Besonders merkwürdig ist auch die Antwort (Ep. 82.), welche er auf eine gleiche Anfrage gab, welche der Abt Stephan von St. Johannes durch den Abt Ursus von St. Denys an ihn brachte: „Aber, sprichst du, woher denn eine so heftige Sehnsucht, wenn sie nicht von Gott ist? Erlaube mir zu sagen, was ich meine. Das gestohlne Wasser schmeckt immer besser; und wer die Tücke des Satans kennt, wird nicht bezweifeln, daß diese Süßigkeit, welche gleichwohl bitterer ist als Wermuth, von dem Engel des Satans, unter dem Schein eines Engels des Lichts, in dein dürstendes Herz gegossen wird. Wer anders könnte wohl der Anstifter von Aergerniß und Zwietracht und der Störer des Friedens und der Eintracht seyn, als der Widersacher der Wahrheit und Liebe, der alte Feind des menschlichen Geschlechts und der Hasser des Kreuzes Christi, der Teufel? Denn derjenige, durch dessen Neid der Tod in die Welt gekommen ist, sieht mit scheelen Augen das Gute, was du thust, und da er ein Lügner von Anbeginn ist, so lügt er auch jetzt, indem er dir Gutes verheißt, so er selbst nicht sieht.“ Als Rainald Abt des Cistercienserklosters Morimond (im J. 1143.) mit mehrern frommen und redlichen Mönchen seines Hauses die Wallfahrt angetreten hatte, so warnte zuerst Bernhard den Abt selbst, dann in zwey Briefen einen seiner Begleiter, den Mönch Adam, gegen eine solche verwerfliche Wallfahrt, forderte auch den Erzbischoff Bruno von Cöln auf, den Abt von Morimond zur Rückkehr in sein Kloster zu bereden (Ep. 4 — 7), und schrieb endlich im Namen seines Convents einen Brief an den Papst Coelestin, worin er ihn dringend bat, dem Abte Rainald die Erlaubniß zu solchem Herumstreifen zu versagen, weil zu befürchten sey, daß ein solches Bey-

J. Chr. 1145. Dagegen aber mißbilligte Bernhard nicht die fromme Sehnsucht nach den durch das Leben und den Tod des Heilandes geheiligten Stätten bey solchen, welche durch die Wallfahrt nicht zur Versäumung wichtigerer Pflichten ihres Berufes verleitet wurden, so wie er selbst von der innigsten Ehrfurcht und Liebe für das Grab des Erlösers und die andern, durch die Lehren und Wunder Christi und der Apostel geweihten Stätten durchdrungen war [27]). Mehrere seiner Verwandten vollbrachten, von ihm ermuntert und unterstützt, die Gottesfahrt; und unter seinen Briefen finden sich mehrere Schreiben, in welchen er Pilger verschiedenen Fürsten und Prälaten des heiligen Landes empfahl und mit Wärme das fromme und heilige Werk lobte, welchem sie sich geweiht [28]). Wie viel mehr mußte er das Verdienst der frommen und tapfern Ritter hochachten, welche, statt in un-

spiel auf die andern Aebte des Cistercienserordens, dessen Regel so strenge sey, nachtheilig wirken und jeden Abt, welchem sein Amt lästig sey, verführen werde, den Pilgerstab zu ergreifen. Ep. 359.

27) „O quam metuendus, schrieb er an den Patriarchen Wilhelm von Jerusalem (Ep. 393), est locus ille, in quo primum per viscera misericordiae Dei nostri visitavit nos Oriens ex alto! O quam metuendus est locus ille, in quo primum occurrit pater filio reverteni de regione dissimilitudinis, et accumbens super collum ejus stola gloriae induit eum! O quam metuendus est locus ille, in quo dulcis et rectus Dominus vulneribus nostris vinum pariter infudit et oleum, in quo constituit nobiscum pactum foederis Pater misericordiarum et Deus totius consolationis! Aehnliche Aeußerungen in dem empfindsamen Styl dieser Zeit, in welchem auch Bernhard schrieb, finden sich hin und wieder in seinen Briefen, noch ehe er als Kreuzesprediger auftrat.

28) S. Ep. 206. 350. 393. „Audierunt, schreibt Bernhard Ep. 206. an die Königin von Jerusalem, homines, quod locum gratiae habeam apud vos: et multi profecturi Ierosolymam petunt se Vestrae Excellentiae per me commendari. Ex quibus est iste juvenis .... Itaque facite morem vestrum et bene sit huic propter me: sicut ceteris omnibus meis propinquis fuit, qui per me vobis innotescere potuerunt."

gerechten Fehden wider ihre Mitchristen zu kämpfen, wie so viele ihres Standes, sich für Gott wider die Heiden waffneten; er sagte sehr verständig, daß das heilige Land streitender Krieger weit mehr bedürfe, als singender und weinender Mönche, und ermunterte die abentheuersüchtigen und kampflustigen Ritter so sehr zur Wallfahrt nach dem heiligen Lande, als er die Mönche und Priester davon abmahnte [29]. Wie eifrig nahm er sich nicht des neu gestifteten Ordens der Templer an und mit welcher Begeisterung pries er nicht, außer der Strenge ihres Lebens, auch ihre Thätigkeit und Tapferkeit in der Beschirmung und Geleitung der wehrlosen Pilger [30]. Darum stand auch im gelobten Lande der Abt von Clairvaux in solcher Achtung und solchem Ansehen, daß die Königin Melisende, welche damals für ihren jugendlichen Sohn Balduin das Reich Jerusalem regierte, nicht nur, wie andre Fürsten und Prälaten jenseit des Meers, die Pilger, welche ihr von ihm empfohlen wurden, mit besonderer Sorgfalt beschützte und unterstützte, sondern auch gern seinen Rath und seine Ermahnung zur weisen und gerechten Regierung annahm [31]. Der Patriarch Wilhelm von Jerusalem ehrte die Verdienste Bernhard's um das heilige Land durch das Geschenk eines Stückes vom heiligen Kreuze, J. Chr. 1143.

29) „Juvenis iste, schreibt Bernhard von einem Pilger, welchen er dem Papst Innocenz (Ep. 550) empfiehlt, ut meliorem militet militiam, proficiscitur Jerusalem.“ „Gaudeo, von einem ihm verwandten Pilger an die Königin Melisendis, (Ep. 206.) quod ad tempus elegit militare Deo magis quam saeculo.“ Vgl. Ep. 31. Wie dringend, mit welcher Beredsamkeit mahnt er dagegen den Abt Raynald und den Mönch Adam von Morimond von der Wallfahrt ab, und dem Papst Coelestin schrieb er (Ep. 350): „Quis non videat, plus illic milites pugnantes, quam monachos cantantes aut plorantes necessarios esse?“

30) S. Gesch. der Kreuz. Th. II. S. 555 — 557.

31) S. Ep. 206. 289. Vornehmlich 354. 355.

J. Chr. 1145. welches lange Zeit in dem Schatze von Clairvaux aufbewahrt wurde [32]).

Gewiß würde die Begeisterung für die Sache Gottes, J. Chr. 1146. welche Bernhard bewirkte, in dieser Zeit niemand außer ihm zu erwecken vermocht haben. Seine Bemühungen wurden nicht weniger gefördert durch das Vertrauen und die Liebe, welche er sich allgemein erworben, als durch seine verständige Benutzung aller günstigen Umstände und die Klugheit, mit welcher er auch Ueberraschungen und alles, was auf die Sinne wirkt, zu passender Zeit anzuwenden wußte.

Viele, welche noch zu Bourges nicht geneigt gewesen, das Kreuz zu nehmen, wurden bereitwilliger, sobald sie vernahmen, daß der Abt Bernhard, auf dessen Einsicht sie nicht weniger vertrauten, als sie seine Frömmigkeit verehrten, die Gläubigen ermahnen werde, sich für den Heiland zu bewaffnen. Darum versammelte sich zu Vezelay zum Osterfest 1146 eine so große Menge von Rittern und Volk, daß nicht nur, wie einst zu Clermont, kein Gebäude, sondern selbst kein freyer Platz der Stadt sie faßte; und es wurde auf dem Felde am Abhange eines Berges, zwischen Vezelay und Ecouenne, auf dem Wege nach Auxerre, eine Bühne von Holz errichtet [33]), auf dem Platze, auf welchem hernach

32) „Tu enim, schrieb er im Jahr 1135 an den Patriarchen Wilhelm von Jerusalem (Ep. 175), me praevenisti in benedictionibus dulcedinis, tu me prior dignatus es, tuis transmarinis epistolis visitare .... qui etiam de thesauro saeculorum mihi impertire curasti, i. e. de ligno Domini.“ Mabillon bemerkt zu dieser Stelle, daß noch zu seiner Zeit dieses Stück des heil. Kreuzes im Schatze zu Clairvaux aufbewahrt wurde.

33) „Quoniam in castro locus non erat, qui tantam multitudinem capere posset, extra in campo fixa est Abbati lignea machina, ut de eminenti circumstantibus loqui posset.“ Odo de Diog. p. 12.

der Abt Pontius von Vezelay zum Andenken des dort voll- J. Chr. 1146.
brachten herrlichen Werkes eine Kirche zu Ehren des heiligen Kreuzes erbaute [34]).

Zuerst empfingen in der großen und glänzenden Versammlung der König Ludwig, seine Gemahlin Eleonora und die Barone, welche sich Gott geweiht, die Grafen Dieterich von Flandern und Heinrich von Blois und viele andre, aus den Händen Bernhards die ihnen von dem apostolischen Bischoff gesandten Kreuze [35]). Dann bestieg der Abt die ihm bereitete Bühne, führte den mit dem Kreuze bezeichneten jugendlichen König mit sich hinauf und zeigte ihn dem versammelten Volke [36]). Wer konnte der zwingenden Gewalt eines solchen ermunternden Beyspiels widerstehen! Kaum konnte Bernhard den Brief des Papstes Eugen vorlesen, kaum einige Worte der Ermahnung den tröstlichen und ermunternden Verheißungen, welche dieser Brief für alle Kreuzfahrer enthielt, hinzufügen, so ließ ihn schon das ungestüme Geschrey derer, welche aus seinen Händen das Kreuz zu empfangen begehrten, nicht weiter reden, und in kurzer Zeit hatte er die Kreuze, welche er mitgebracht, mehr ausgestreuet als ausgetheilt [37]).

Auch an jedem nachfolgenden Tage vermehrte sich die Zahl der Bekreuzigten. Die Zuversicht und die Freudigkeit

34) „Pontius, venerabilis Vizeliacensis Abbas, propter reverentiam S. Crucis, quam Rex cum sociis accepit, in loco, videlicet in declivo montis, in quo consistorii praedicatio fuit, h. e. inter Escouanum et Vizeliacum, Ecclesiam in honore S. Crucis construxit: in qua, populo recta fide conveniente, Dominus multa miracula operatus est.“ Historia Ludov. VII. (im Recueil des Histor. de la Fr. T. XII.) S. 125. S. Anonymi (aus dieser Zeit) Chron. (ibid.) S. 120.

35) Odo de Diog. a. a. O.

36) „Hanc (sc. machinam) ascendit cum Rege cruce ornato.“ Id. ibid.

37) „Cum earum fascem praeparatum seminasset potius quam dedisset“ etc. Id ibid.

J. Chr. 1146. derer, welche das Kreuz genommen, reizten auch andere, ihrem Beyspiel zu folgen und die Erzählungen von den Wundern, welche durch den Abt von Clairvaux vollbracht seyn sollten, stärkten den Glauben an seine Verheißungen und die Ueberzeugung, daß das Werk, wozu er ermahne, Gott wohlgefällig sey [38]). Um das Verlangen derer zu befriedigen, welche von ihm selbst das Zeichen ihres heiligen Gelübdes zu empfangen begehrten, war er genöthigt, seine eignen Kleider zu zerschneiden; und so lange er zu Vezelay blieb, war er beständig beschäftigt, Kreuze zu bereiten [39]).

Ehe diese zahlreiche Versammlung sich trennte, wurde festgesetzt, daß alle mit dem Kreuze Bezeichneten im nächsten Frühling bereit seyn sollten, mit dem Könige die Gottesfahrt anzutreten. Alle begaben sich mit frohem Herzen zu Hause und rüsteten sich mit Eifer. Alle Streitigkeiten waren vergessen, alle Fehden versöhnt.

Der König Ludwig, als ein treuer Vater seines Volkes, für dessen Wohlfahrt bedacht, sandte an alle Fürsten, deren Länder auf ihrem Wege die heiligen Kämpfer berühren möchten, Botschafter mit Briefen, worin er um sichern Durchzug und freyen Markt der Lebensmittel nachsuchte. Nicht nur zu dem römischen Könige Conrad, dem Könige Roger von Sicilien, sondern auch nach Constantinopel zogen Gesandte des Königs Ludwig, unter welchen Heinrich, der Sohn des Grafen Thibaut von Champagne, war. Diesem Jüngling gab auch Bernhard ein Schreiben an den Kaiser

38) „Supersedeo, sagt Odo von Deuil, scribere miracula, quae tunc ibidem acciderunt, quibus visum est id Domino placuisse: ne si pauca scripsero, non credantur plura fuisse, vel si multa, materiam videar obmisisse.“ Id ibid.

39) Coactus est vestes suas in cruces scindere et seminare. In hoc laboravit quamdiu fuit in villa. Id ibid.

Manuel mit, in welchem er um Beförderung des heiligen, J. Chr. 1146.
allen Christen erfreulichen Unternehmens, zu welchem Gott durch ihn die Herzen des Königs von Frankreich und vieler französischer Herren und Ritter und einer unzähligen Menge des Volkes gelenkt, und um freundliche und brüderliche Aufnahme der Streiter Christi, welche durch das griechische Reich ziehen würden, bat, und zugleich den Kaiser ersuchte, den jungen Grafen, welcher sich dem glorreichen Dienste für das heilige Grab geweihet, das Ritterschwert anzulegen, indem dieser es am liebsten aus den Händen des Kaisers zu empfangen wünsche [40].

Während dieses geschah, durchreiste Bernhard fast ganz Frankreich, um das angefangene Werk zu vollenden, und predigte das Kreuz. Wohin er nicht selbst kam, dahin kamen Briefe voll Worte der kräftigsten Ermahnung und aufmunterndsten Verheißungen, entweder von ihm selbst oder

40) Ep. 427. Auch in Byzanz konnte die empfindsame Beredsamkeit Bernhard's nicht mißfallen; denn sie stimmte sehr mit dem dortigen Geschmack zusammen. „Die Erde, schrieb er, erbebt und erzittert, weil der König des Himmels sein Land verloren hat, das Land, wo seine Füße gestanden. Denn es ist nahe daran, daß die Feinde des Herrn in seine Stadt einbrechen und auch in jenes glorreiche Grab, wo die jungfräuliche Blüthe der Maria mit Leintüchern und Wohlgerüchen niedergelegt und wo die erste und größte Blume auf unsrer Erde wiedererstanden ist," u. s. w. Sehr klug war das Gesuch um die Ritterwürde für den Grafen Heinrich hinzugefügt, und es läßt sich auch in den Worten Bernhard's die Absicht nicht verkennen, in welcher es von ihm hinzugefügt wurde: „Wiewohl durch kein Verdienst von meiner Seite berechtigt, wage ich doch den Ueberbringer dieses, einen Jüngling von angesehenem Adel, zu dem Throne Eurer Herrlichkeit zu senden, damit ihr ihm die Weihe der Ritterschaft ertheilen und das Schwert wider die Feinde Christi, welche wider ihn ihr Haupt erhoben, anlegen möget. Dem Jünglinge standen zwar glänzende Fürstenhöfe offen, aber aus höhern Rücksichten sende ich ihn zu der vorzüglichen Herrlichkeit Eures Reichs, damit er alle Tage seines Lebens gedenken möge, von wem er den Orden der Ritterschaft empfangen."

J. Chr. 1146. seinen vertrauten Klosterbrüdern geschrieben. Er beschwor in diesen Briefen alle waffenfähige christliche Männer, die armen christlichen Brüder im Morgenlande ihrer Trübsal und Angst und den Ketten und Banden der Heiden nicht länger preis zu geben. Er legte ihnen ans Herz, wie unwürdig es sey, das Land dem Frevel der Ungläubigen zu überlassen, welches mit dem Blute des unbefleckten Lammes gefärbt und geweiht worden und die Werkstätte unsrer Erlösung sey, wo so mancher Sünder nach reuigem Bekenntniß die Vergebung seiner Sünden erlangt habe, seitdem daraus die Gräuel der Heiden durch das Schwert der Väter ausgetrieben worden. Er erinnerte die Christen an die unergründliche Tiefe der Gnade Gottes, indem der allmächtige Gott, wiewohl er durch Ein Wort sein heiliges Land befreyen oder mehr als zwölf Legionen Engel aussenden könne, doch lieber aus Barmherzigkeit in der Noth seines Volkes den Sündern ein Mittel des Heils darbiete, und Todschläger, Räuber, Ehebrecher, Meineidige und andre Sünder, gleichsam als wären sie ein frommes und gerechtes Volk, zu seinem Dienste einlade. Er ermahnte alle, wes Standes sie seyn möchten, das Heil ihrer Seele, welches die göttliche Gnade ihnen jetzt darbiete, nicht von sich zu stoßen. Hier sey für den betriebsamen Kaufmann, oder wer sonst nach irdischen Gütern trachte, der Markt, auf welchem nicht blos irdischer, sondern unvergänglicher Gewinn zu machen sey; der Einkaufpreis sey niedrig und der Ertrag nichts geringeres als das Himmelreich. Vornehmlich ermahnte er die Ritter, von den thörichten Kampfspielen abzulassen, welche Verderben über Leib und Seele brächten und nicht den Ruhm der Tapferkeit, sondern die Schmach der Thorheit gewährten, und dagegen diese Gelegenheit zu einem herrlichen Kampfe nicht zu versäumen, in welchem der Sieg Ruhm und der Tod Gewinn sey. Er warnte und strafte aber die unverständigen Schwärmer, welche die festgesetzte Zeit des allgemeinen Auszugs nicht abwarten wollten, und hielt ihnen das Beyspiel des schrecklichen Untergangs jener Scharen vor, mit welchen zur Zeit der ersten Meerfahrt der Einsiedler Peter zu voreilig ausgezogen [41]). J. Chr. 1146.

Keines seiner Worte fiel auf unfruchtbares Land, und mit bescheidener Freude meldete Bernhard dem Papst Eugen die gesegnete Wirkung seiner Predigten in Frankreich: „Was ihr geboten, schrieb er, habe ich befolgt, und die Hoheit des Gebietenden hat meinen Gehorsam befruchtet. Ich habe verkündigt und geredet, und sie haben sich gemehrt über alle Zahl. Es werden die Städte und Burgen leer und sieben Weiber können nicht Einen Mann ergreifen; so bleiben überall Witwen zurück, wiewohl die Männer leben" [42]).

Aber bald erfuhr Bernhard mit Schmerz, daß der Eifer

41) Dies ist zwar eigentlich der Inhalt des Briefes, welchen der heil. Bernhard an die Deutschen (Francos Orientales) schrieb, so wie er sich in der Sammlung seiner Briefe (Ep. 363.) und in Otto's von Freysingen Leben Friedrich's I. findet (Lib. I. c. 41.); aber daß dieser Brief nur eine Wiederholung derselben Gedanken (wahrscheinlich auch derselben Worte) enthielt, mit welchen er die Franzosen zur Kreuzfahrt ermahnt hatte, geht daraus hervor, daß der Brief, welchen der Mönch Nikolaus von Clairvaux in seines Abtes Namen an den Grafen und die Barone von Bretagne schrieb, (Ep. 426.) fast ganz gleichlautend damit ist.

42) Ep. 247. (worin er dem Papst Eugenius Schonung anräth gegen den Erzbischoff Samson von Rheims, welcher den König Ludwig ohne Vorwissen des Papstes gekrönt und in einer mit dem Interdict belegten Kirche wissentlich die Messe gefeyert hatte, damit nicht der König unwillig zu dem gelobten Zuge werde): „De cetero mandastis et obedivi, et foecundavit obedientiam praecipientis auctoritas. Siquidem annuntiavi et multiplicati sunt super numerum. Vacuantur urbes et castella et paene jam non inveniunt quem apprehendant septem mulieres virum unum (Anspielung auf Jesaias IV, 1.); adeo ubique viduae vivis remanent viris.

J. Chr. 1146. derer, welche durch ihn für den heiligen Kampf begeistert worden, auf Abwege gerathen. Denn wie zur Zeit der ersten großen Heerfahrt zum heiligen Grabe, so dehnten auch damals viele Wallbrüder den Namen der Feinde Christi, wider welche sie sich bewaffnet, auf die Juden aus, und mordeten sie ohne Schonung, denn der Haß gegen die Juden war allgemein bey den Christen, bey vielen wegen ihres hartnäckigen Verharrens in ihrem Unglauben, bey den meisten wegen ihrer Frechheit im Wucher und in betrügerischer Ueberlistung der Christen, vornehmlich der boshaften und zudringlichen Schlauheit, mit welcher sie auch damals selbst von christlichen Fürsten Begünstigung ihres gottlosen Wesens sich zu verschaffen wußten [43]). Nicht nur Schwärmer hegten den

43) „Wenn ein nächtlicher Dieb (sagt Peter von Clugny in dem Briefe, dessen weiter unten im Texte erwähnt wird) ein Räucherfaß Christi oder selbst heilige Kreuze und geweihte Becher entwendet hat, so findet er bey den Juden Schutz, da er die Christen fliehen muß; und in verdammenswürdiger Sicherheit bey ihnen, freut er sich nicht nur seiner Verborgenheit, sondern verkauft selbst den Synagogen des Satans die Geräthe, welche er den Kirchen gestohlen ..... Und jene heiligen Geräthe werden nicht blos, wie einst bey den Chaldäern, gefangen gehalten, sondern müssen, obgleich sie unempfindlich sind, allerley Schmähungen erfahren. Aber Christus fühlt die Schmähungen, welche an diesen ihm geweihten Geräthen von den Juden geübt werden, weil, wie ich oft von wahrhaftigen Männern gehört habe, die himmlischen Gefäße zu Christi und unserm Hohn von den Juden zu einem Gebrauche angewendet werden, welchen zu denken furchtbar und zu nennen abscheulich ist. Dazu, damit ein so verruchter Verkehr der Diebe und Juden desto sicherer seyn möge, so ist von christlichen Fürsten ein altes und wahrhaft teuflisches Gesetz ausgegangen, daß, wenn ein Kirchengut, oder was noch schlimmer ist, ein heiliges Geräth bey einem Juden angetroffen wird, er nicht schuldig ist, weder das gestohlne Gut herauszugeben, noch den Dieb zu nennen. So bleibt an einem Juden ein abscheuliches Verbrechen ungestraft, was an einem Christen mit dem schauderhaften Tode des Stranges geahndet wird, und ein Jude wird fett und lebt üppig eben davon, was ein Christ am Galgen büßen muß.“

Wahn, daß die Zeit der Ausrottung der Juden gekommen J. Chr. 1146.
sey, sondern selbst verständige und fromme Männer meinten, es nütze wenig, die Feinde des Glaubens in fernen Gegenden zu bekämpfen, so lange die viel schlimmern Widersacher Christi, die Juden, den Heiland ungestraft lästern und die christlichen Sacramente schänden und zertreten dürften. Andre redliche Männer, welche zwar nicht die fromme Mordlust ihrer Zeitgenossen, aber doch den Unwillen über den frechen und zudringlichen Wucher der Juden theilten, waren in ihrem Herzen zweifelhaft, ob der Judenmord Gott wohlgefällig sey oder nicht, wenn sie ihn auch mit dem Munde mißbilligten, und widersetzten sich daher dem Gräuel nicht mit Kraft und Nachdruck. So bewies zwar der sanfte Abt Peter der Ehrwürdige von Clugny, in einem Briefe an den König Ludwig, mit vielen Stellen der heiligen Schrift, nach der Auslegungsweise seiner Zeit, daß Gott nicht den Tod der Juden fordere, sondern ihnen zur gerechten Strafe ein Leben beschieden habe, schlimmer als der Tod, nemlich unstät und flüchtig auf der Erde zu seyn, wie einst Cain, bis nach den Worten des Apostels die Fülle der Heiden eingegangen sey und dann auch Israel selig werde [44]); aber er fand es doch billig, ihnen zu nehmen, was sie nicht durch Ackerbau oder rechtmäßigen Kriegsdienst, oder andern ehrlichen und nützlichen Erwerb, sondern durch Ueberlistung der Christen und wohlfeilen Ankauf gestohlner Güter an sich gebracht, um solches zum Nutzen des christlichen Heers anzuwenden; er forderte die christlichen Streiter, welche aus Liebe zu Christo ihrem Herrn, um die Saracenen zu bekämpfen, ihrer eignen Güter nicht schonten, auf, doch auch der durch Verbrechen erworbenen Reichthümer der Juden nicht

44) Br. an die Römer II, 26.

J. Chr. 1146. zu schonen, damit das Geld dieses gotteslästerlichen Volks die Tapferkeit der Christen zur Unterdrückung der Heidnischen Frechheit unterstützen möge [45]). Auch in Deutschland verführte ein Kreuzprediger, der Mönch Radulph, welcher unberufen in den Rheinstädten, vornehmlich zu Cöln, Maynz, Worms, Speyer, Strasburg und andern benachbarten Städten aufgetreten, die zahlreichen Wallbrüder, welche auf seine Ermahnung das Kreuz genommen hatten, zum Judenmord. Die Juden wurden in Deutschland mit schrecklichen Grausamkeiten ermordet, und viele verdankten ihre Rettung nur der Menschlichkeit des Königs Conrad, welcher in seinen Burgen und Städten, wie zu Nürnberg, sie aufnahm, oder dem Mitleid, zum Theil auch dem Eigennutz andrer Herren, welche ihnen wegen des einträglichen Judenzinses, oder für vieles Geld Sicherheit und Schutz in ihren Festen gestatteten [46]).

Bernhard bekämpfte diesen Wahn mit aller seiner Kraft; er empfahl mit eindringender Beredsamkeit Scho-

45) „Auferatur ergo vel ex maxima parte imminuatur Judaicarum divitiarum, male partarum, pinguedo; et christianus exercitus, qui, ut Saracenos expugnet, pecuniis vel terris propriis Christi Domini sui amore non parcit, Judaeorum thesauris tam pessime acquisitis non parcat. Reservetur eis vita, auferatur pecunia, ut per dextras Christianorum adjutas pecuniis blasphemantium Judaeorum expugnetur infidelium audacia Sarracenorum." Petri venerabilis Cluniac. Abb. Ep. ad Lud. VII. in Duchesne SS. rer. Franc. T. IV. p. 460. Recueil des Histor. de la Fr. T. XIV. S. 642. 643.

46) Otto Fris. de gestis Frid. I. Lib. I. c. 37. Plurimis ex Judaeis hac tumultuosa seditione necatis, multi sub principis Romanorum alas tuitionis causa confugere. Unde factum est, ut non pauci ex ipsis hujusmodi immanitatem fugientes, in oppido principis, quod Noricum seu Norenberg appellatur, aliisque municipiis ejus ad conservandam vitam se reciperent." Die merkwürdigen Nachrichten über diese betrübte Zeit für die Juden aus der Chronik des Joseph ben Meir s. in. Beylage I.

nung der Juden; er erinnerte die Schwärmer daran, daß die Kirche viel glänzender über die Juden siege, wenn sie täglich sie ihres Irrthums überführe und bekehre, als wenn sie mit Einem Male durch die Schärfe des Schwerts sie vertilge, und daß von den Vätern der Kirche das Gebet für dieses verblendete Volk, welches am Charfreytage vom Morgen bis zum Abend dargebracht wird, daß Gott der Herr die Decke von den Herzen der Juden nehmen möge, damit sie das Licht der Wahrheit erkennen mögen, nicht geboten seyn würde, wenn Gott ihren Untergang und ihr Verderben wollte [47]); er schrieb an den Erzbischoff Heinrich von Maynz, welcher ihn um seinen Beystand zur Unterdrückung des von dem Mönch Radulph in seinem Sprengel angestifteten Frevels und Wiederherstellung seiner durch den Ungehorsam des Mönchs und dessen Mordgenossen gegen seine Verbote gekränkten erzbischöfflichen Würde gebeten, einen Brief voll Empfindungen der heftigsten Betrübniß über solchen Gräuel, und des bittersten Unwillens über den Mönch. Er verdammte es, daß Radulph eigenmächtig die Einsamkeit seines Klosters verlassen und des Lehramts sich angemaßt habe, und, den Pflichten seiner Regel entgegen, in aufrührerischem Ungehorsam gegen die Gewalt der Bischöffe, sich im Getümmel der Städte umhertreibe und die einfältigen Christen zum Mord und Todschlag verführe [48]). J. Chr. 1146.

47) Nonne copiosius triumphat Ecclesia de Judaeis, per singulos dies vel convincens, vel convertens eos, quam si semel et simul consumeret eos in ore gladii? Numquid incassum constituta est illa universalis oratio Ecclesiae, quae offertur pro perfidis Judaeis a solis ortu usque ad occasum, ut Deus et Dominus auferat velamen de cordibus eorum, ut ad lumen veritatis a suis tenebris eruantur? Nisi enim eos, qui increduli sunt, credituros speraret, superfluum videretur et vanum orare pro eis. Ep. 365. (ad Henr. Moguntin. Archiep.)

48) Ep. 365.

Nov. 1146. Als der Mönch in seinem Frevel fortfuhr und sich immer mehr verstockte, da entschloß sich Bernhard, troß der Schwäche seines Körpers, in der rauhen Jahreszeit des Spätherbstes, zu einer Reise nach Deutschland, in Begleitung zweyer Klosterbrüder von Clairvaux [49]), um persönlich dem Judenmord zu steuern; zugleich auch, um den König Conrad, welcher damals in der königlichen Pfalz zu Frankfurt am Main sich aufhielt, und andre angesehene deutsche Fürsten zu ermahnen, Führer des Volkes zu werden, welches in Deutschland das Kreuz genommen hatte [50]). Was konnte herrlicher und erhebender, was wichtiger für das Gelingen der heiligen Unternehmung seyn, als ein Bündniß der Könige von Westfranken und Ostfranken und ihrer Völker zum Kampfe für den Heiland! Bernhard erwartete nicht, daß er in Deutschland einen glänzendern Wirkungskreis für seine fromme Beredsamkeit und seine Wunder finden würde, als selbst in Frankreich.

49) Gerhard und Gaufried. 50) Otto Fris. l. c. cap. 59.

Drittes Kapitel.

Das Beyspiel der Begeisterung für das heilige Grab, welche durch Bernhard in Frankreich erweckt war, wirkte bald auch auf andre Völker, zu welchen die Kunde von seinen begeisterten Predigten und deren gesegneter Wirkung drang. In England und an verschiedenen Seeküsten nahmen viele kühne Seefahrer das Kreuz, um sich dem Heere des französischen Königs anzuschließen; auch in Italien und selbst in Ungarn weihten sich viele tapfere Männer dem Kreuze [1]). J. Chr. 1146.

Am gewaltigsten aber wirkte das Beyspiel der Franzosen auf die Völker von Deutschland. Bis dahin hatten die Deutschen viel geringern Antheil an den Meerfahrten genommen, als die Franzosen; ihr kühler und überlegender Sinn ließ weder die fromme Liebe und Ehrfurcht für das heilige Grab zu thörichter und eitler Schwindeley ausarten, was in Frankreich so oft geschah, noch ließ er die Schwierigkeiten so gewagter Abentheuer unbeachtet. Wenn gleich oftmals auch aus Deutschland einzelne kühne Ritter und abentheuerlustige Kriegsmänner nach dem gelobten Lande pilgerten, um durch tapfern Kampf wider die Saracenen Sünden abzubüßen oder Gelübde zu lösen, so hatte sich doch der klägliche Untergang des schönen deutschen Heers, welches weni-

1) Otto Frising. de gestis Frid. I. Lib. I. c. 42.

J. Chr. 1146. ge Jahre nach der Eroberung von Jerusalem unter dem Herzog Welf und andern edlen Fürsten zur Beschirmung des heiligen Grabes ausgezogen war, zu tief dem Gedächtniß eingeprägt, als daß seit jener Zeit deutsche Wallbrüder in großer Zahl sich hätten finden mögen, welche solcher Gefahr sich aussetzten. Damals aber ergriff der Eifer für das heilige Grab einen großen Theil des deutschen Volks; jedoch der König Conrad und die edelsten Fürsten der Deutschen waren diesem Eifer des Volkes nicht gewogen. So war die Stimmung in Deutschland, als der heilige Bernhard über Worms nach Maynz kam, um dem Judenmorde zu steuern, den König Conrad zur Kreuzfahrt zu ermahnen, und den Eifer des deutschen Volks für die Beschirmung des heiligen Landes zu stärken und zu befestigen.

Der Mönch Radulph, welchen Bernhard noch zu Maynz antraf, war sehr bald zum Gehorsam gebracht. Ohne auf das Murren des Volks zu achten, strafte ihn Bernhard mit harter Rede und wies ihn in sein Kloster zurück [2]. Das Volk war in den deutschen Städten, wo er auf dieser Reise das Kreuz predigte, wie zu Worms [2a], voll Eifer und Begeisterung, und unzählige nahmen aus seinen Händen das Zeichen des heiligen Waffendienstes. Aber den König Conrad fand er zu Frankfurt am Main nicht so folgsam gegen seine Ermahnung, in dieser Zeit der göttlichen Gnade für

2) Id. l. c. c. 39. Das Volk hätte fast einen Aufstand erregt; nur die Achtung für die Heiligkeit Bernhard's unterdrückte die Unzufriedenheit: populo graviter indignante, et, nisi ipsius sanctitatis consideratione revocaretur, etiam seditionem movere volente. Auch Joseph ben Meir spricht mit Achtung und Dankbarkeit von Bernhard, als dem Retter der deutschen Juden vom gänzlichen Untergang. S. Beylage I.

2a) Transierat per Wormatiam . . . et sermone habito innumerabilem ibi signaverat populum signaculo militiae Christianae. De mirac. S. Bern. p. 1192.

sein Seelenheil bedacht zu seyn, als er dreyzehn Jahr vorher J. Chr. 1146. gegen seinen Rath zum Frieden mit dem Könige Lothar gewesen war. Bernhard verzweifelte schon, daß Gott sein Beginnen seguen werde, weil der König ihm seine Abneigung vor einer Pilgerfahrt mit Festigkeit und Entschlossenheit erklärte, und war im Begriff, die Heimkehr nach Clairvaux anzutreten, als der Bischoff Hermann von Constanz, welcher in Frankfurt anwesend war, ihn einlud, dem Reichstage beyzuwohnen, welchen der König auf das nächste Weihnachtsfest nach Speyer ausgeschrieben, und mittlerweile im Bisthum Constanz das Volk zur Heerfahrt nach dem gelobten Lande zu ermahnen. Erst nach vielem Weigern willigte Bernhard ein, da nicht nur der Bischoff Hermann sein Ansuchen unablässig wiederholte und die andern anwesenden Bischöffe ihm zuredeten, sondern auch selbst der römische König ihn bat, noch in Deutschland zu bleiben [3]). Der König Conrad, wiewohl er der Aufforderung zur Bewaffnung für Christum noch widerstand, wurde mit neuer Ehrfurcht für Bernhard erfüllt, dessen Wunderkraft auch zu Frankfurt durch Heilungen von langwierigen und menschlicher Kunst unheilbaren Krankheiten sich verherrlichte, und bewies vor den Augen des Volks, wie sehr er den heiligen Mann verehrte. Als das Volk sich mit Heftigkeit zu dem Münster daselbst hinzudrängte, um den frommen Wunderthäter zu sehen, da legte Conrad seinen königlichen Mantel ab und trug selbst auf seinen Schultern den Abt aus dem Gedränge [4]).

3) Philippus Claraevallens. de miraculis S. Bernardi Pars I. cap. 1. p. 1182.

4) Gaufridi vita S. Bern. p. 1158. Welches Aufsehen dies unter dem Volke in Deutschland machte, sieht man daraus, daß es auch von Jos. ben Meir erzählt wird. Doch dieser Geschichtschreiber läßt es zu Speyer geschehen. S. Beylage I.

J. Chr. 1146. Nicht minder, als zu Frankfurt, verherrlichte sich Bernhard's Wunderkraft auf der Reise nach Constanz. Es begleiteten ihn dahin außer seinen beyden Klosterbrüdern der Bischoff Hermann und dessen Capellan Eberhard, zwey Aebte, wovon der Eine der gelehrte Abt Frowin des Klosters Engel-
Dec. 1146. berg in Unterwalden [5]) war, und drey Weltgeistliche. Wie einen Engel des Heils nahmen ihn die Einwohner der Oerter auf, in welche er auf dem Wege nach Constanz durch die Pfalz und über Freyburg, Basel und Schafhausen kam [6]),

5) Es sind von ihm noch zwey lateinische Werke handschriftlich in der Bibliothek des Klosters Einsiedeln, in welchem er Mönch war, ehe er zum Abt von Engelberg erwählt wurde, vorhanden, nämlich eine Erklärung des Vaterunsers, und sieben Bücher über die menschliche Freyheit (de laude liberi arbitrii). In dem letztern bestreitet er mit vieler Gewandtheit die theologischen Meinungen, welche damals durch Peter Abälard, Arnold von Brixen u. a. verbreitet worden. Mabillon hat in den Annalib. Ord. Bened. (T. VI. p. 657 — 663.) den Anfang der Erklärung des Vaterunsers und die Inhaltsanzeigen der Kapitel des Buchs über die menschliche Freyheit nach den beyden Handschriften des Klosters Einsiedeln mitgetheilt. Auch der lateinische Ausdruck ist erträglich und nicht unkräftig.

6) Bernhard kam über Kippenheim (im jetzigen Badischen Amte Mahlberg) und Ettenheim (denn dies wird wahrscheinlich unter dem sonst unbekannten Herenheim verstanden), und betrat am ersten Adventsonntage (1. December) die Gränzen des Bisthums Constanz zu Kenzingen. Den Montag (2. Dec.) und Dienstag (3. Dec.) brachte er in Freyburg zu. In Heitersheim (Herzeretheim), wohin er über Krötzingen kam, war er schon am Mittwoch (4. Dec.) Vormittags (mane); über Sliengen (Sliengen l. Sliengen) zog er nach Basel, wo er den Freytag zubrachte. Am Sonnabend (7. Dec.) kam er Rheinfelden vorbey nach Säckingen, wo er Abends eintraf; dort kam ihm der Herzog Conrad (von Zähringen, Bruder des Herzogs, Bertold III.) entgegen Am Sonntage (8. Dec.) heilte er in der Kirche zu Thiengen (Doningen) einen lahmen Knaben, und am Montage in der Frühe einen lahmen Mann. Auch erhielt ein stummer Knabe die Sprache, und eine Nichte der Wirthin, bey welcher Bernhard mit seinen Begleitern seine Herberge genommen, das Gesicht, dessen sie vierzig Jahre lang seit ihrem vierten Jahre entbehrt. (Ueberhaupt wurden zu Thiengen in Einem Tage durch das Auflegen seiner Hände eilf Blinde sehend, zehn Verstümmelte geheilt, achtzehn Lahme gehend.

und jede Stadt ward selig gepriesen, wo der heilige Mann seine Herberge nahm. J. Chr. 1146. Kranke mancherley Art wurden von ihm durch das Gebet, welches er im Glauben und Vertrauen zu Gott über ihnen aussprach, durch das Auflegen seiner Hände und das Zeichen des heiligen Kreuzes geheilt; Gichtbrüchige und Gelähmte erhielten durch ihn den Gebrauch ihrer Glieder wieder. Fast durch keinen Ort kam Bernhard, wo nicht durch das Geläute der Glocken und den Gesang des Volkes: „Christ uns genädig sey, Kyrie eleison, die Heiligen alle helfen uns“ solche Wunderwerke gefeyert wurden; denn es war in Deutschland Sitte, für die Wunderwerke, welche durch heilige Männer oder wunderthätige Heiligenbilder vollbracht wurden, durch Glockengeläute und jenen Gesang Gott und die Heiligen zu preisen [7]). In den Städten war meistens das Gedränge des Volks um Bernhard so stark, daß seine Begleiter erst durch das Glockengeläute und den Gesang des Volks es erfuhren, wenn ein Wunder geschehen war. Selbst auf der Heerstraße wurden ihm die Kranken entgegengebracht. Zu Constanz verrichtete er nicht minder als auf der Reise mancherley Wunder unter großem

Gaufridi vita S. Bern. p. 1157.) Am Dienstage (10. Dec.) und Mittwochen (11. Dec.) vollbrachte er verschiedene Wunder zu Schaffhausen; an letzterm Tage noch setzte er seinen Weg nach Constanz fort. Am Donnerstage und Freytage (12. 13. Dec.) war er zu Constanz. Philipp von Clairvaux (de miraculis S. Bern. p. 1184 — 1185.) gibt auf diese Weise den Weg an, den Bernhard nahm.

7) Philippus de Claraev. l. c. S. 1195. Daß nur in Deutschland die Wunder so gefeyert wurden, und nicht in Frankreich, sagt hernach der Mönch Gaufrid ausdrücklich in seinem Briefe an den Bischoff Hermann von Constanz über die Wunder, welche von Bernhard auf seiner Rückkehr von Lüttich bis nach Clairvaux vollbracht wurden, p. 1197: Maxime tamen nocuit, ubi Teutonicorum exivimus regionem, quod cessaverat vestrum illud, Christ uns genade: et non erat qui vociferaretur. Neque enim secundum vestrates propria habet cantica populus Romanae (d. i. Französischer) linguae, quibus ad singula quaeque miracula referrent gratias Deo,

J. Chr. 1146. Gedränge des erstaunten Volkes; so gab er dort in der bischöfflichen Capelle einem armen blinden Knaben, welchen der Abt von Reichenau dahin geschickt, das Gesicht wieder [8]). Nach einem zweytägigen Aufenthalt zu Constanz zog Bernhard über Winterthur, Zürich, Rheinfelden und Basel nach Strasburg [8a]). Von dort fuhr er auf dem Rheine nach Speyer; aber die meisten der Oerter, wo sein Schiff anlegte, sahen erfreuliche und bewundernswürdige Beweise seiner Wunderkraft [9]).

Die Wirkungen der Predigten Bernhard's für das Kreuz waren nicht geringer als das Aufsehen, welches seine Wunder erregten. Ueberall, wohin er kam, weihten sich streitbare Männer in großer Zahl dem Dienste des Heilandes. Alle wünschten, wie auch zu Vezelay die Französischen Wallbrüder, das Kreuz aus Bernhard's Händen, und selbst von seinen Kleidern geschnitten, zu empfangen. Diejenigen hielten sich für unglücklich, welchen diese Gnade nicht widerfuhr; und manche, damit sie ihnen nicht entzogen werde, warteten nicht darauf, daß er ihnen Kreuze aus seinem Kleide schneide, sondern rissen, um andern zuvorzukommen, in

8) Gaufridi vita Bern. cap. 5. p. 1157. De mirac. S. Bern. p. 1185. Nulla sic ignoravimus, (sagt Gaufried p. 1185) sicut ea quae Constantiae facta sunt, quia nemo nostrum se turbis immiscere audebat. Ebendaselbst sagt der Abt Frowin: Quae Constantiae facta sunt, prae tumultu pauci viderunt.

8a Am Sonnabend (14. Dec.) nahm Bernhard seine Herberge zu Winterthur, von wo er am Sonntage (15. Dec.) nach gefeyertem Gottesdienste nach Zürich sich begab. Am Dienstage in der Frühe verrichtete er einige Wunder zu Birmosdorf (Birbovermesdorf) an der Reuß, und kam Abends nach Rheinfelden, wo er übernachtete. Am vierten Adventsonntage (22. Dec.) fuhr er von Strasburg ab, und heilte am Abend des Montags zu Hagenbach (es ist unrichtig Bagenbach gedruckt) eine lahme Frau. Am Dienstage (24. Dec.), dem Tage vor Weihnachten, kam er nach Speyer. De mirac. S. Bern. p. 1186 — 1187.

9) De mirac. S. Bern. l. c.

glühendem Eifer gewaltsam mit eignen Händen von seinem J. Chr. 1146.
Gewande Stücke; was den frommen Mann nicht wenig belästigte und nöthigte, oftmals neue Kleider anzulegen [9a]). Der feste Glaube, mit welchem seine Begleiter in ihrem gemeinschaftlichen ausführlichen Berichte, welchen sie allen frommen Christen zur Erbauung überlieferten, und unter ihnen selbst der gelehrte Abt Frowin, die Wunder Bernhard's auf seiner Reise in Deutschland erzählen, gibt uns einen Maßstab für die Wirkung, welche sie auf das Volk machten [10]). Wo das Volk bis dahin hartherzig der Ermahnung

9a) Nec distulit hoc idem facere infinita hominum multitudo, ita ut incredibili fidei ardore succensi scissuras et fimbrias de vestibus famuli Dei, qui propter hoc ipsum nova frequenter accipere cogebatur, undique certatim diriperent seque infelices arbitrarentur quicunque de indumentis ejus cruces habere non mererentur. Exord. magn. Cisterc. p. 1223. S. Kap. II. Anm. 39.

10) Das Tagebuch über die auf der deutschen Reise geschehenen Wunder, welches der Mönch Philipp zu Clairvaux zusammensetzte, und dem Erzbischoff Samson von Rheims zuschrieb (in Opp. S. Bern. ed. Mabillon T. II. S. 1180 flgd), besteht, so weit es die Wunder, welche auf der Reise nach Constanz geschahen, betrifft, aus den Angaben des Bischoffs Hermann von Constanz, seines Capellans Eberhard, der beyden Aebte Balduin und Frowin, dann der beyden Klosterbrüder aus Clairvaux, welche ihren Abt begleiteten, endlich dreyer Weltgeistlichen, Philipp aus Lüttich, (desselben, welcher hernach als Mönch von Clairvaux diesen Bericht ordnete), Otto und Franco, zu welchen sich späterhin noch der Stiftsherr Alexander von Cöln gesellte, welcher auf dem Wege nach Rom war, aber von Liebe und Begeisterung für Bernhard so ergriffen wurde, daß er ihn um die Aufnahme unter die Brüder von Clairvaux bat, die Reise nach Rom aufgab und in Bernhard's Begleitung blieb. Jeder erzählt die Wunder, welche er gesehen oder in Erfahrung gebracht hatte. Die Angaben wurden, wie man hin und wieder sieht (vgl. Anm. 11a), so niedergeschrieben, wie sie von den Zeugen mündlich, wahrscheinlich am Abende jedes Tages, gegeben wurden. Unter den Zeugen für die Wunder auf der Reise von Constanz nach Speyer und zu Speyer selbst erscheinen nicht mehr die beyden Aebte. Dann folgen zwey Fortsetzungen dieses Tagebuchs von der weitern Reise in einem Briefe der Mönche von Clairvaux an das Domcapitel von Cöln, und einem andern Briefe des Mönches Gaufried an den Bischoff Hermann von Constanz, wovon der

J. Chr. 1146. der Geistlichen, das Kreuz zu nehmen, widerstrebt hatte, da ward es durch das Erstaunen über die Wunder und Zeichen, welche Bernhard verrichtete, folgsam. Aus Säckingen kam ein Geistlicher ihm entgegen und bat um ein Wunder zur Besserung des verstockten Volks dieser Burg, und Bernhard heilte dort eine seit zwanzig Jahren lahme Frau, und die Verstockten wurden erweicht [11]. Zu Freyburg im Breisgau folgten anfangs nur die Armen dem Aufrufe für das Kreuz; die Reichen, unter welchen viele einem bösen unchristlichen Wandel ergeben waren, blieben unbewegt. Da ließ Bernhard Gott im Gebet um die Besserung ihres

erstere die Wunder, welche bis zur Ankunft in Lüttich geschahen, der andere die Wunder bis zur Ankunft in Clairvaux und auf einigen andern Reisen in diesem Jahre beschreibt. Als Zeugen werden in diesen Briefen die Aebte Theoderich von Campen und Herwin von Steinfelden und der Capellan Eberhard vornehmlich genannt. Die meisten der beschriebenen Wunder sind Heilungen von gelähmten Gliedern. Wenn die Furcht und Angst in Gefahren, z. B. bey Beschießungen von Städten, nicht selten Personen den Gebrauch seit vielen Jahren gelähmter Glieder wiedergibt, warum sollte nicht auch ein fester und selbst von dem leisesten Zweifel ungetrübter Glaube an die Wunderkraft eines heiligen Mannes oder ein zuversichtliches Vertrauen auf Gottes Hülfe (vgl. Anm. 16. das letzte Beyspiel), wie es freylich in unserer Zeit nicht leicht mehr mag gefunden werden, gleiches bewirken können? Wie lassen sich in unserer Zeit die Gränzen der Macht eines Glaubens abstecken, den unsere Zeit nicht kennt! Eben so leicht läßt sich allenfalls begreifen, wie Bernhard durch das Auflegen der Hände und das Zeichen des Kreuzes Wahnsinnige (vom Teufel Besessene) heilte. Bey den vorgeblichen Heilungen von Blind- und Stummgebornen mag Täuschung obgewaltet haben. Z. B. zu Cambray soll nach der Erzählung des Mönches Gaufried (S. 1199) ein stummgeborner Knabe vor dem Altar der Kirche Unserer lieben Frauen, an welchem Bernhard die Messe feyerte, bloß dadurch die Sprache erhalten haben, daß er, indem er opferte, die Hand des Abtes küßte; und gleich darauf fragte ihn ein Ritter Oz tu (hörst du?) was denn der Knabe, welcher nur noch bloß nachsprechen konnte, was man ihm vorsagte, eben so nachsprach, als die Lobpreisungen Gottes und der heil. Jungfrau, welche der Ritter ihm vorsagte.

11) De mirac. S. Bern. S. 1186. Es war auf der Reise von Constanz nach Speyer; der Geistliche kam dem heil. Bernhard nach Frick (Frichen) entgegen.

verstockten Sinnes anrufen, und die Ruchlosesten des Adels in Freyburg nahmen alsbald das Kreuz [11a]). Ein verstockter und gottloser Knappe des jugendlichen Ritters Heinrich daselbst, in dessen Hause Bernhard seine Herberge genommen, wurde durch ein Wunder bekehrt [12]). Dieser Knappe weigerte sich nicht nur, selbst mit dem Kreuz sich zu bezeichnen, sondern schmähte auch seinem Herrn, welcher dem Dienste des Heilandes sich geweiht, als er ihn außerhalb der Stadt neben dem heiligen Bernhard reiten sah, mit ruchlosen Worten [13]). In demselben Augenblicke wurde eine lahme Frau herbeygeführt, welche der Ritter Heinrich sogleich auf sein Roß nahm, um sie zu Bernhard zu bringen, damit er sie heile. Nun schmähte der ruchlose Knappe noch heftiger seinem Herrn, daß er mit solchem Zauberer, Bösewicht und Menschenverführer, als jener alte Pfaffe sey, Gemeinschaft habe. Da wandte sich der Ritter Heinrich zu ihm und erbot sich, das Roß, worauf er ritt, ihm zu schenken, wenn nicht jener lahmen Frau alsbald durch den Segen des frommen Abtes die Kraft zu gehen wiedergegeben würde. Hohnlächelnd freute sich schon der Knappe des Rosses, als das Wunder vor seinen Augen geschah. Dies erfüllte ihn mit solchem Schrecken, daß er wie todt zu Boden stürzte. Der Ritter Heinrich meldete, was geschehen, dem Abte Bernhard, welcher erwiederte: „Das verhüte Gott,

J. Chr. 1146.

11a) „Quid illud omisistis, ruft der Bischoff Hermann den Genossen zu, quod prima die in Friemburg pro divitibus jussit fieri orationem, ut auferret Deus velamen de cordibus ipsorum, quia, pauperibus accedentibus, ipsi crucem suscipere cunctarentur: Neque enim otiosa fuit oratio: sed, ut scitis, ditissimi quique, etiam pessimi vici illius signati sunt.“ p. 1185.

12) Exord. magn. Cisterc. p. 1232.

13) Geht nur, sprach er, folgt diesem Teufel nach, und der Teufel selbst hole euch. („Ite modo et diabolum illum sequimini, et ipse vos diabolus apprehendat.“) Ibid.

J. Chr. 1146. daß ein Mensch durch mich sterbe," sich unverzüglich zu dem Knappen begab, über ihm in der Stille betete und ihm dann gebot, aufzustehen. Sobald der Knappe seine Besinnung wieder erhielt, versicherte er selbst, daß er todt und schon auf dem Wege zur Hölle gewesen und nur durch die schnelle Hülfe des heiligen Mannes gerettet worden sey. Als ihn nun einige der Umstehenden ermahnten, das Kreuz zu nehmen, so folgte er ihrer Ermahnung ohne Verzug. Die Wahrheit dieses Wunders soll von dem Ritter Heinrich bezeugt worden seyn, welcher auf der Pilgerfahrt gelobte, in den Orden des heil. Bernhard zu treten und hernach Mönch im Gotteshause von Clairvaux war.

Der Ruf von Bernhard's Wunderthaten war so verbreitet, die, welche durch ihn bewogen worden, das Kreuz zu nehmen, hatten ihre Bewunderung, Ehrfurcht und Liebe gegen den heiligen Mann zu sehr allen denjenigen mitgetheilt, welche auf dem großen Tage zu Speyer sich versammelten, als daß nicht auch dort durch Bernhard große Dinge hätten vollbracht werden sollen, wiewohl ihm große Schwierigkeiten entgegenstanden. Eine große Zahl der Ritter und des Volks, wiewohl er in franz. Sprache, den meisten unverständlich [14],

14) Gewiß nicht allen; denn schon damals war in Deutschland und Italien die französische Sprache die beliebteste Sprache bey denen, welche sich besonders gebildet dünkten. Vgl. das Beyspiel oben Kap. 2. Anm. 19. Die deutschen ritterlichen Dichter schöpften ja auch meistentheils ihren Stoff aus französischen Quellen, und selbst französische Floskeln und Phrasen kommen bekanntlich in mehrern deutschen Rittergedichten des dreyzehnten Jahrhunderts, z. B. dem Tristan und Parzifal, vor. Und Brunetto Latini, der Lehrer Dante's, schrieb im dreyzehnten Jahrhundert eine allgemeine Encyklopädie (le livre dou Tresor) in französischer Sprache, weil ihm die französische Sprache zu seyn schien parleure plus délitable et plus commune à tots langaeges. (Fr. Molter's) Beyträge zur Gesch. und Litter. aus den Schätzen der Carlsruher Bibliothek, S. 3. Maestro da Canale schrieb im J. 1275 eine Venetianische Chronik deswegen französisch: „porceque lengae françoise cort parmy

zu ihnen sprach [15]), wurde zwar durch den Eifer und die J. Chr. 1146.
Begeisterung, womit er redete, für die heilige Sache gewonnen; aber die deutschen Fürsten waren theils noch immer
einem solchen kühnen und nach ihrer Meinung fruchtlosen
oder selbst verderblichen Unternehmen abgeneigt, theils wagten sie nicht ihre Heimath zu verlassen aus Furcht vor der
Bosheit ihrer Feinde, welche zu Hause blieben. Selbst der
König Conrad war noch nicht geneigter, dem Beyspiele des
Königs von Frankreich zu folgen, als zuvor zu Frankfurt,
und weder Bernhard's öffentliche Rede an das Volk am hei- 25. Dec.
ligen Christtage, noch eine geheime Unterredung, in welcher
er zwey Tage hernach [15a]) alle seine Beredsamkeit aufbot, 27. Dec.
um des Königs Herz zu rühren, änderte seinen Sinn; Conrad war zu keiner andern Antwort zu bewegen, als daß er
diese hochwichtige Sache in Ueberlegung nehmen wolle.

Doch wie vermochte Conrad gegen den Eindruck der Begeisterung, welche so viele um ihn ergriffen, und der Betrübniß, mit welcher diejenigen, welche dem Heilande sich

le monte et est la plus délitable à lire et oir que nulle autre." Méhus vita Ambros. Camaldul. p. 54.

15) „Siquidem diffusa erat gratia in labiis ejus et ignitum eloquium ejus vehementer, ut non posset ne ipsius quidem stilus, licet eximius, totam illam dulcedinem, totum retinere favorem. Mel et lac sub lingua ejus ..... Inde erat quod Germanicis etiam populis loquens miro audiebatur affectu, et ex sermone ejus quem intelligere, utpote alterius linguae homines, non valebant, magis quam ex peritissimi cujuslibet post eum loquentis interpretis intellecta locutione, aedificari illorum devotio videbatur et verborum ejus magis sentire virtutem: cujus rei certa probatio tunsio pectorum erat et effusio lacrymarum." Gaufridi (welcher Augenzeuge davon war) vita Bern. p. 1135. Der Capellan Eberhard aus Constanz verstand den Abt nicht, weil er französisch sprach (quod Romana lingua loqueretur). De mirac. S. Bern. p. 1188.

15a) Am Tage des heil. Johannes des Evangelisten. De mirac. S. Bern. p. 1187.

J. Chr. 1146.

geweiht, die Kälte ihres Königs für die Sache Gottes beklagten, seinen Sinn verhärten? Wie konnten die Wunder, welche auch zu Speyer durch Bernhard vollbracht wurden [16]), ohne Wirkung auf das Gemüth des Königs bleiben? Conrad aber widerstand allen diesen Eindrücken mit Hartnäckigkeit, bis Bernhard durch die Macht der Ueberraschung, durch welche er oft so große Dinge bewirkte, ihn überwältigte.

Ganz unerwartet erhob Bernhard zwischen der Messe, welche er feyerte, eine Ermahnung an das Volk für das heilige Grab; er strafte vornehmlich mit bittern Vorwürfen die Hartherzigen, welche noch immer der in Gefahr schwebenden Kirche von Jerusalem sich nicht erbarmten. Als schon durch diese Rede das Gemüth des anwesenden Königs heftig erschüttert war, richtete Bernhard plötzlich an ihn erschütternde Donnerworte, nicht wie an einen König, sondern

16) Zwar weniger als in den andern Oertern. (Verumtamen, sagt der Mönch Philipp, non crebra solent in illis conventibus apparere miracula, nec dignatur Deus, ubi tantus est concursus multitudinis curiosae, revelare gloriam suam. P. 1187) Aber auch zu Speyer war Bernhard's Wunderkraft nicht unthätig. Außer andern Heilungen gab er in der Capelle des Königs, vor den Augen eines griechischen Gesandten (Dux quidam Graecus missus a Rege Constantinopolitano), welcher mit dem Könige sprach, einer blinden Frau das Gesicht; was zu großer Freude der Begleiter des Abtes auf den vornehmen griechischen Herrn großen Eindruck machte (compunctus est plurimum in hoc verbo). Derselbe griechische Herr war am Abende desselben Tages gegenwärtig. Auch der Bischoff Anselm von Havelberg (der Verfasser von drey Gesprächen wider die Heiden, welche in D'Achery Spicileg. T. III. abgedruckt sind) wurde durch Bernhard von einem schmerzlichen Uebel im Gesicht und am Halse geheilt. Dieser, so erzählt der Mönch Gerhard diese Heilung, sprach zu dem heiligen Mann: Du solltest auch mich heilen. Bernhard erwiederte mit Heiterkeit: Ja, wenn du den Glauben hättest, wie jene Mütterchen (mulierculae), so möchte es dir vielleicht frommen. Darauf er: Nun, wenn ich auch den Glauben nicht habe, so heile mich dein Glaube. Da bekreuzte und berührte ihn der Abt, und sofort verging Schmerz und Geschwulst. De mirac. S. Bern. p. 1189.

wie an einen bloßen Menschen [17]). Er hielt ihm die Wohlthaten vor, welche er von Gott empfangen, die Marter und Trübsal, welche der Heiland für ihn geduldet, und schalt ihn einen Undankbaren, der solches seinem Heilande nicht vergelten wolle; er erinnerte ihn an das jüngste Gericht und die schwere Rechenschaft, welche Gott wegen solcher Undankbarkeit von ihm fordern werde. Diesen erschütternden Worten widerstand Conrad nicht, überwältigt von der Ueberzeugung, daß Gott durch Bernhard's Mund rede, unterbrach er ihn mitten in seiner Rede und bat mit Thränen um die Bezeichnung mit dem Kreuze. Bernhard erfüllte sogleich seine Bitte und überreichte ihm das Panier vom Altare. Da zögerten auch die meisten der Fürsten, welche bisher der Gottesfahrt sich geweigert, nicht länger, das Kreuz aus den heiligen Händen des frommen Abtes zu nehmen [18]). Selbst der junge Herzog Friedrich von Schwaben, wiewohl sein alter Vater, Herzog Friedrich, krank danieder lag, und er der einzige Sohn desselben war, widerstand nicht dem Drange seines Herzens, sich dem Dienste des heiligen Kreuzes zu weihen. Es schmerzte auch dieser gefahrvolle Entschluß des Sohns den Vater so sehr, daß er nicht nur seinem Bruder, dem Könige Conrad, heftig zürnte, weil er dem Jüngling erlaubt, das Kreuz zu nehmen, sondern auch bald hernach

J. Chr. 1146.

17) In fine sermonis Regem, non ut Regem, sed ut hominem tota libertate convenit. Ibid. p. 1138.

18) Ibid. Otto von Freysingen (de gest. Frid. lib. I. c. 39.) erzählt, ohne diese Umstände zu erwähnen, nur im Allgemeinen, daß Conrad aus Bernhard's Händen das Kreuz empfangen habe; indeß sieht man auch aus seinen Worten: Bernardus.... Orientale Francorum regnum aggredi disponit, ut animum principis Romanorum sacrae exhortationis verbo ad accipiendam crucem emolliret, daß Bernhard Schwierigkeiten fand.

J. Chr. 1146. im Kummer den Geist aufgab, obwohl Bernhard ihn besuchte, um ihn zu trösten und für ihn zu beten [19]).

So hatte Bernhard das große Werk, wofür er nach Deutschland gekommen war, vollbracht, und die Freude der Wallbrüder war desto größer, weil sie an dem Gelingen desselben schon verzweifelt hatten.

19) Otto Frising. l. c. Der alte Friedrich lag in Gallien krank, wie sich Otto ausdrückt. Man setzt gewöhnlich dafür den Elsaß, (s. Pfister Geschichte von Schwaben Th. II. S. 195), wahrscheinlich weil er, nach der Erzählung desselben Schriftstellers, im Kloster St. Walpurgis an der Gränze des Elsasses begraben wurde Da aber Gallia hier überhaupt das überrheinische Land (cf. Otto Fris. l. c. cap. 57.) bezeichnet, so ist wahrscheinlicher, daß er in einem Orte sich befand, welchen der heilige Bernhard auf seiner Rückkehr von Speyer nach Clairvaux (s. das folgende Kapitel) besuchte. Denn Otto von Freysingen erzählt, was oben im Texte von dem Besuche des heil. Bernhard bey dem alten Herzoge angegeben worden (Quem praedictus Abbas visitandi gratia adiit et benedicens ei in orationes recepit); wäre Friedrich im Elsaß gewesen, so müßte Bernhard schon auf seiner Reise von Constanz nach Speyer, also schon ehe der jüngere Friedrich das Kreuz nahm, ihn besucht haben. Nach dem Reichstage trat Bernhard sogleich seinen Rückweg über Worms und Kreuznach an.

Viertes Kapitel.

Nach einem solchen herrlichen Werke war auch die Rückkehr Bernhard's von Speyer nach Clairvaux durch desto größere Vermehrung der Streiter Christi aus allen Oertern gesegnet, welche er durchzog, und die Verehrung des Volkes, mit welcher er überall aufgenommen wurde, desto schwärmerischer. J. Chr. 1146.

Als am Freytage vor dem Feste der Erscheinung die Reichsversammlung aufgehoben war, zog Bernhard über Worms, Kreuznach und Boppart nach Coblenz, und predigte in diesen Städten mit großer Wirkung das Kreuz. Nirgends aber war die Begeisterung des Volks für Bernhard und sein heiliges Werk größer, als in der alten heiligen Stadt Cöln. Weil er unerwartet kam, so hatte sich zwar bey seinem Einzuge nur wenig Volk versammelt, und Bernhard zeigte in den ersten zwey Tagen sich nicht viel dem Volke, feyerte nur am Freytage im Münster die Messe und hielt der Geistlichkeit dieser Stadt ihre Gott mißfällige Lebensweise in harter Strafpredigt vor. Desto größer war aber der Zulauf des Volks, als er am Sonntage auf dem Altar des heil. Petrus im Münster das heilige Meßopfer darbrachte, und nach demselben, weil die Kirche die Menge des zuströmenden Volks nicht faßte, im Freyen auf dem Domhofe für das heilige Grab redete; unzählige treffliche Jan. 1147.

J. Chr. 1147. Cölnische Männer, durch seine feurige Rede für die Sache Gottes begeistert, bezeichneten sich mit dem Kreuze [1]). Auch diese Stadt wurde durch mehrere Wunder, welche Bernhard durch Gottes Hülfe bewirkte, erfreuet. Nach verschiedenen wunderbaren Heilungen, welche in dem Münster und hernach auf dem Domplatze geschahen, war der Zulauf des Volkes zu der Herberge des heiligen Mannes so groß, daß die Kranken, welche sein Segen heilen sollte, auf Leitern zu dem Fenster gebracht werden mußten, an welchem er stand, weil man nicht wagte, die Thür des Hauses dem andrängenden Volke zu öffnen [2]). Denn das Gedränge des Volks war so groß, daß der Mönch Gerhard von Clairvaux, einer der Begleiter seines Abtes, von der neunten Stunde bis zum Abend auf der Straße warten mußte, bis er zur Herberge gelangen konnte [3]). Kaum wurde dem heiligen

1) Am Sonnabend (4. Jan.) verließ Bernhard Speyer; am Montage (5. Jan.) verrichtete er zu Kreuznach Wunder; am Dienstage (6. Jan.) übernachtete er zu Peckenbach (Pichenbach). Von da kam er nach Boppart (vicus magnus, qui super Rhenum situs est et nominatur Bobardus) und Coblenz. Am Donnerstage (8. Jan.) ging er in der Frühe aus Remagen, und am Freytage (9. Jan.) war er zu Cöln, wo er bis zum Montage (10. Jan.) blieb. Erst an diesem Tage begab er sich nach Braunweiler. Am Freytage hielt er die Messe am Altare der heil. Jungfrau, welcher an der östlichen Seite des Münsters zu Cöln war. De mirac. S. Bern. p. 1193. Vgl. über Bernhard's Aufenthalt in Cöln Gaufr. vita S. Bern. p. 1158. „Non est nobis, sagt Gaufried, Colonia transeunda. Magna est civitas: magna illic Dei famulo virtus affuit; magna illum devotio coluit populorum.“ „Quantos, sagen die Mönche von Clairvaux, in brevi civitas Coloniensis vidit erectos? Et multi quidem de populo, ad quod vocabantur, conversi sunt, et oblatam sibi a summo Pontifice indulgentiam et indictam poenitentiam devotissime susceperunt.“

2) Stabat vir sanctus in fenestra et per scalam offerebantur infirmi, siquidem ostium domus nullus aperire audebat, tantus erat impetus et tumultus. So berichtet der Capellan Eberhard. De mirac. S. Bern. S. 1194.

3) Dies begegnete dem Mönch Gerhard, nach seiner eignen Erzählung de mirac. S. Bern. a. a. O.

Manne Zeit zur Abendmahlzeit, nicht einmal die nächtliche J. Chr. 1147.
Ruhe vergönnt, weil unaufhörlich ihm Kranke zur Heilung dargebracht wurden, so daß am andern Tage der Erzbischoff ihn mit sich in seine Pfalz nahm, damit ihm Zeit und Ruhe zu Theil werde, um sich zu erholen. Auch dort erhielt, außer andern Heilungen, der taubstumme Schwestersohn des Voigts von Cöln durch Bernhard's Gebet Sprache und Gehör.

Nach viertägigem Aufenthalte in Cöln zog er, von einer großen Menge Volks aus der Stadt bis zur Abtey Braunweiler geleitet, über Jülich in die üppige Stadt Achen [4]), wo er im Münster die heilige Messe in dem Meßgewande feyerte, welches noch jetzt zu seinem Andenken in dem Schatze des Doms aufbewahrt wird [5]). Auch Lütrich wurde durch seinen Einzug und Wunder erfreuet. Dann besuchte er die neue Pflanzung seines Ordens zu Villers, wohin er erst vor wenigen Monaten Mönche aus Clairvaux gesandt hatte und kam über Mons, Cambray, Vaucelles, wo er gleichfalls in einer Abtey seiner Pflanzung übernachtete, und Rheims nach Chalons, wo er den König Ludwig von Frankreich mit vielen französischen Prälaten und Herren, und Gesandte des

4) Er kam am Dienstage (11. Jan.) nach Jüllch. Dort erhielten die Nichte des Grafen von Jülich und der Voigt der Stadt das verlorne Gesicht wieder. Am Donnerstage (16. Jan.) hielt er zu Achen in der Capelle Carls des Großen (in illa famosissima toto Romanorum orbe Capella, sagt der Mönch Gaufried, de vita S. Bern. S. 1159) am Altar der heil. Mutter Gottes die Messe. „Achen ist, sagt der Capellan Eberhard, ein viel besuchter und angenehmer Ort, aber mehr eingerichtet für die Wollust des Leibes, als das Heil der Seelen. Denn die Thoren tödtet ihre Lust; und wehe dem ungesitteten Hause Ich rede nicht zum Verderben, möge es lesen, wer es verbessern könne; möchte aber auch einer von ihnen es lesen und sich bekehren und leben!“

5) Nach mündlicher glaubhafter Nachricht.

J. Chr. 1147. römischen Königs Conrad und andrer deutscher Fürsten und viele Ritter aus Deutschland und Frankreich versammelt fand, welche in den gemeinschaftlichen Berathungen über die Meerfahrt seinen Rath zu vernehmen wünschten. Nachdem er zwey Tage ihren Berathungen beygewohnt und am dritten Tage das Volk von Chalons ermahnt [6]), kehrte er nach dreymonatlicher Trennung zu seinen Brüdern in Clairvaux zurück [6a]). Nicht bloß dem Kreuze hatte Bernhard auf dieser Reise viele Diener erworben, sondern auch für seinen Orden viele würdige Mitglieder gewonnen. Zu Cöln, Achen und Lüttich verließen mehrere Stiftsherren reiche Pfründen und folgten dem Abt Bernhard in die Einsamkeit

6) De mirac. S. Bern. p. 1200.

6a) Von Achen zog er nach Mastricht (Trajectum), wo er nach der Erzählung der Mönche am Mittwochen in der Kirche der Mutter Gottes übernachtete, was wohl nicht richtig seyn kann (s. Anm. 4); es ist wahrscheinlich statt feria quarta zu lesen feria sexta. Am Sonntage und Montage (19. 20. Jan.) finden wir ihn zu Lüttich. Am Dienstage verließ er Lüttich und am Mittwochen zog er aus Huy aus und nahm seine Nachtherberge im Gotteshause Gemblour. Am Mittwoch (22. Jan.) kam er nach Villars, wo die Brüder noch mit dem Bau ihres Klosters beschäftigt waren. In Fontaine nahm er seine Herberge bey den Verwandten des Mönches Philipp. Zu Binche (Bins) verrichtete er unter großem Zulaufe des Volks viele Wunder. Zu Mons übernachtete er am Freytage (24. Jan.), am Sonnabend (25. Jan.) zu Valenciennes. Am Sonntage (26. Jan.) kam er nach Cambray, wo er am Montage in der Kirche der Mutter Gottes die Messe feyerte, und auch noch am Dienstage Wunder verrichtete. An diesem Tage (27. Jan.) kam er noch zur Abtey Vaucelles, wo er übernachtete. Am folgenden Tage kam er nach Hom und am Donnerstage (30. Jan.) nach der Abtey Humblieres, und noch an demselben Tage nach Laon. Ueber Rheims kam er am Sonntage, an welchem das Fest Mariä Reinigung gefeyert wurde (2. Febr.), nach Chalons. Dort blieb er bis zum dritten Tage, und trat am Dienstage (4. Febr.) seine Reise wieder an. In dem Orte Davamant in der Champagne feyerte er am Tage der heil. Agatha (5. Febr.) die Messe. Dann führte ihn sein Weg über Rosnay und Brienne nach Bar sur Aube, wo er in der Kirche des heil. Nicolaus am Donnerstage (6. Febr.) die Messe feyerte. An demselben Tage kam er nach Clairvaux.

von Clairvaux [7]); dreyßig neue Mönche kamen mit ihm J. Chr. 1147.
dahin, und noch fast eben so viele andre folgten später nach).

Die Wirkungen der Begeisterung, welche Bernhard in Deutschland erweckt hatte, zeigten sich auch da, wohin er nicht selbst kam. Der Herzog Welf nahm auf seiner Burg Bitengou mit vielen Rittern und vielem Volke das Kreuz zu derselben Zeit, da durch Bernhard in Speyer so große Dinge vollbracht wurden; die frohe Nachricht davon erhielt Bernhard noch auf seiner Rückkehr nach Clairvaux, denn zu Chalons fand er unter den andern vornehmen deutschen Herren auch Botschafter des Herzogs Welf [9]). Auf dem Tage Februar 1147.
der bairischen Landherren, welchen der König Conrad zu Regensburg hielt, bestieg der Abt Adam von Eberach nach der Feyer des Meßopfers und Anrufung des heil. Geistes den Predigtstuhl, und las Briefe sowohl des apostolischen Bischoffs als des Abtes Bernhard vor, worin mit Nachdruck und Wärme den Christen die Pflicht, das heilige Grab gegen die Verunreinigung der Heiden zu beschirmen, vorgehalten wurde. Kaum hatte der Abt Adam eine kurze Ermahnung, einfach und ohne rednerischen Schmuck, hinzugefügt, als nicht minder, wie zu Vezelay und Speyer, die Anwesenden von der glühendsten Begeisterung für das heilige Grab ergriffen wurden [10]). Außer einer großen Menge von Grafen und Rittern und vielem Volke nahmen der Herzog Heinrich von Baiern und drey baierische Bischöffe, Heinrich von Re-

7) De mir. S. Bern. p. 1196.

8) Reportans manipulos pretiosos, instar Patriarchae Jacob cum duabus turmis regrediens. Nam et triginta secum adduxit et totidem fere facto jam voto et constituta die venturos praestolabatur. De mir. S. Bern. p. 1201.

9) Otto Frising. l. c. cap. 40. De mir. S. Bern. p. 1200.

10) Otto Fris. l. c.

J. Chr. 1147. gensburg, Otto von Freysingen, der berühmte Geschichtschreiber, und Reginbert von Passau das Kreuz [11]). Bald hernach weihten sich auch der Herzog Ladislaus von Böhmen, der Markgraf Odoaker von Steyermark und der mächtige Graf Bernhard von Kärnthen mit vielen der Ritter und des Volkes ihres Landes dem Waffendienste des Heilandes [12]).

Bernhard ließ auch nach der Rückkehr von der Reise nach Deutschland nicht nach in der Sorge für das heilige von ihm begonnene Werk. Nachdem er wenige Tage in Clairvaux geruhet, zog er nach Etampes, wohin am Sonn-
16. Febr. 1147. tage Septuagesimä der König Ludwig alle Barone und Prälaten seines Reichs beschieden hatte, sowohl zu fernern Berathungen über die heilige Unternehmung, als zur Wahl eines Reichsverwesers, welcher in des Königs Abwesenheit Ordnung und Frieden im Reiche aufrecht erhielte. Dort bestätigte Bernhard selbst allen anwesenden Wallbrüdern die erfreuliche Nachricht, welche sie schon durch das Gerücht vernommen, daß Gott durch ihn den römischen König Conrad und viele deutsche Fürsten bewogen, sich dem Dienste des Kreuzes zu weihen. Darum war die Versammlung fröhlich und heiter. Als am dritten Tage der Versammlung die Wahl des Reichsverwesers, welche der König gänzlich den Prälaten und Baronen überließ, geschah, da war gleichfalls Bernhard vor allen thätig; er rief vor der Wahl in einem Gebet die Gnade des heiligen Geistes für die Wählenden an, und that dann die Wahl, welche nach kurzer Berathung auf den Abt Suger von St. Denys und den Grafen Wilhelm von Nivernois gefallen war, dem Könige mit den Worten kund, indem er die beyden Gewählten vorführte:

11) Id. ibid. 12) Id. ibid.

Seht, Herr, hier sind zwey Schwerter, ein geistliches und ein weltliches [13]). Auch auf der Reise nach Etampes, so wie während des Aufenthaltes daselbst und auf der Rückkehr nach Clairvaux geschahen wiederum durch ihn viele Wunder, welche das Vertrauen und die Hoffnungen derer, welche durch seine Ermahnung zu dem Gelübde der Meerfahrt bewogen waren, nicht wenig stärkten [14]). 3. Febr. 1147.

Aber auch nach dieser ruhete Bernhard nicht. Er befestigte nicht nur in der Nähe sein Werk durch Ermahnen, Predigen und Rathen, sondern er unternahm noch eine Reise nach Trier, um auch dort für das heilige Grab zu ermahnen und zu begeistern [15]). März 1147.

13) Odo de Diog. p. 14. 15.

14) De mir. S. Bern. p. 1201 sq.

15) Viermal war er in diesem Jahre in Toul; auch Troyes, Sens, Auxerre, Tonnerre und andere Oerter wurden mehre Male besucht. De mirac. S. Bern. p. 1205. In Trier zog er ein am 27. März (VI Kal. April.)

Fünftes Kapitel.

J. Chr. 1147. Im Frühling erhob sich Papst Eugen aus Rom und begab sich nach Frankreich, um mit eignen Augen das heilige Werk zu schauen, welches Bernhard vollbracht. Schon zu Dijon fand er den frommen König Ludwig seiner harrend, und von ihm begleitet zog er unter großem Jubel des Volks aller Städte und Dörfer, welche sein Weg berührte, nach
20. April. St. Denys. Die Feyer des Osterfestes in dem Münster wurde durch des Papstes Theilnahme an den priesterlichen Handlungen [1]) und des Königs Anwesenheit verherrlicht; unzählbares Volk, vornehmlich viele derer, welche das Kreuz genommen, hatten sich eingefunden. Auch der Großmeister Eberhard von Bar und hundert und dreyßig Ritter des Tempelordens waren gegenwärtig, welche in dem Heere des Königs Ludwig nach dem gelobten Lande zurückzukehren gedachten, zu großem Troste den französischen Pilgern; der apostolische Vater und der König Ludwig beehrten ein Kapitel ihres Ordens, welches zu Paris gehalten wurde, mit ihrer

1) „Post haec ne aliquid deesset benedictionis aut gratiae, Romanus Pontifex Eugenius venit, et Pascha Domini in Ecclesia b. Dionysii honore, quo decuit, celebravit.“ Odo de Diog. S. 15.

Gegenwart [2]). Eugen freuete sich der frommen Begeisterung der französischen Wallbrüder und der Demuth und Ehrfurcht, mit welcher der König ihn vor den Augen alles Volkes als den Stellvertreter des Heilandes auf Erden ehrte [3]). Die französischen Wallbrüder, ermuntert durch den eignen Segen des obersten Bischoffs der Kirche, harrten nun desto freudiger der Zeit des Auszugs. J. Chr. 1147.

So groß die Begeisterung für das heilige Grab war, welche durch die Beredsamkeit des heiligen Bernhard erweckt worden, so war sie aber doch weder eine so allgemeine noch

2) Bernard von Balliol schenkte in diesem Kapitel dem Orden einige Aecker, welche er in England besaß, und die desfalls ausgefertigte Urkunde (Dugdale Monast. Anglic. T. II. S. 523) schließt sich: „Hoc donum in Capitulo, quod in Octavis Paschae Parisiis fuit, feci, domino Apostolico Eugenio praesente et ipso Rege Franciae... et fratribus militibus Templi alba chlamyde indutis CXXX praesentibus."

3) Chron. Mauriniacence (in Du Chesne SS. rer. Franc. p. 388.) Von der frommen Demuth des Königs Ludwig gegen den Papst Eugen wird folgendes berichtet, was sehr den Geist dieser Zeit bezeichnet. Der König ritt dem Papst entgegen, stieg aber, sobald er ihn erblickte, von seinem Rosse und ging ihm zu Fuß entgegen. Dann umarmte er des apostolischen Vaters Füße, küßte sie und benetzte sie mit Thränen. Die Umstehenden riefen dem Papste zu, es sey der König, er möge ihm doch gebieten, sein Roß zu besteigen, Eugen aber stellte sich lange Zeit, als vernehme er ihr Rufen nicht, wiewohl er durch die Demuth des Königs zu Thränen gerührt wurde. Endlich erwies er dem Könige die ihm gebührende Ehrerbietigkeit, und pries sowohl des Königs Demuth, als das wunderbare Werk Gottes, welches sich an des Königs Bruder Heinrich verherrliche, welcher, als Klosterbruder zu Clairvaux, sich der niedrigsten Werke nicht schäme, selbst die Schüsseln mit den übrigen Brüdern wasche. Dann versicherte Eugen die Umstehenden, es sey, was er gethan, bloß geschehen, theils um dem Könige Veranlassung zu geben, seine Ehrfurcht gegen den Statthalter Christi an den Tag zu legen, theils sich Gelegenheit zu verschaffen, die ihm so oft angepriesene Demuth und Frömmigkeit des Königs mit eignen Augen zu sehen. Stephani Parisiens. Commentar. in Reg. S. Benedicti in Bouquet Recueil T. XII. S. 91. Daß der König dem Papst bis nach Dijon entgegenging, berichten verschiedene Chroniken, z. B. Chron. Cassinense in Muratori SS. rer. Italic. T. V. p. 65. 142. Bouquet Recueil T. XIII. S. 736.

J. Chr. 1147. so fröhliche Begeisterung, als zur Zeit der ersten Kreuzfahrt. Denn als Papst Urban und Peter der Einsiedler die Christen zum heiligen Krieg aufboten, da nahmen alle Christen mit gleicher Liebe Antheil an dem frommen Werke, und wer nicht selbst zum Kampf ausziehen konnte, gab gern und willig von dem Seinigen, die Kämpfer für den Heiland zu unterstützen. In Frankreich klagten aber damals die Geistlichen und Mönche bitterlich selbst über die großen Kosten, welche der Aufenthalt des Papstes in Frankreich verursachte [4]); und zu Paris, als an dem Tage der großen Litaney [5]) der apostolische Vater in feyerlichem Zuge nach dem Münster der heil. Genovefa zur Messe sich begab, da wurden sogar seine Geistlichen und Diener von den Knechten des erbitterten Clerus dieser Kirche niedergeworfen und geschlagen, wofür hernach diese boshaften Pfaffen aus ihren Pfründen vertrieben und ein Abt und regulirte Chorherren zur Pflege des Gottesdienstes an dieser Kirche eingesetzt wurden [6]). Die Laien murrten

4) „Gallicanae ecclesiae, sagt die Chronik des Klosters von Morigny (a. a. O.), multum ex hoc (dem Aufenthalt des Papstes in Frankreich) gravatae sunt. Noster quoque Abbas in ipsius procuratione XX libras, submonente Archiepiscopo Senonensi, attribuit."

5) Die Litania major wird nach der Anordnung Gregor's des Großen, der sie im J. 590 einsetzte, am 24. April gehalten.

6) Eodem tempore, in majore Letania, cum Papa Eugenius apud sanctam Genovefam solemni fuisset processione receptus, servientes clericos ecclesiae (leg. ecclesiae clerico) Domini Papae ac ministros fustigaverunt et intra parietes ecclesiae eorum sanguinem effuderunt. In ultionem igitur illius excessus servientium ecclesiae aedificia sunt subversa et expulsis canonicis saecularibus, loco eorum regulares sunt canonici introducti." Matth. Paris histor. anglicana ed. Wats p. 81. Dieselben Worte, nur verdorbener, finden sich in der Chronik des Radulf de Diceto (in Rog. Twysden SS. rer. Angl.) p. 508. Jene vertriebenen Geistlichen waren aber von so widerspenstigem unruhigen Sinn, daß hernach der Abt Suger, welcher nach des Königs Befehl ihre Vertreibung bewirkt und die regulirten Stiftsherren eingesetzt hatte, also an den Papst Eugen III.

nicht minder als die Geistlichen, über die Steuern, welche der König, die Fürsten und Ritter von allen ohne Unterschied des Standes, Alters und Geschlechtes forderten [7]). So verlangte der König von dem Abte des Klosters Fleury an der Loire tausend Mark Silbers; nur durch vieles Bitten J. Chr. 1147.

über ihren Ungestüm berichtet: „Saepius multa convicia, minas terribiles eis (den neuen Geistlichen) intulerant; garciones suos eamdem S. Genovefae ecclesiam noctu intrare et ostia eorum frangi fecerant; contra canonicos matutinas incipientes conclamare, ne alter alterum audiret, impulerant: donec nos super his injuriis ab eisdem canonicis regularibus vocati illuc acceleravimus, oculorum excoecationem et membrorum detruncationem helluonibus huiusmodi, si quid simile deinceps committerent, terribiliter promisimus, servientes de nocte, si qui interciperentur, crebro transmisimus." Epp. Suger. 59. in Recueil des histor. T. XV. p. 506.

7) Eine alte Pergamentschrift, welche von Du Chesne zuerst bekannt gemacht (Scriptt. rer. Franc. T. IV. p. 423), hernach auch in die Sammlung der Benedictiner von St. Maur aufgenommen wurde (Recueil T. XII. S. 95), berichtet von diesen Anforderungen. Freylich, als um dieselbe Zeit verschiedene Ritter, welche Lehen vom Kloster trugen, ihre Lehen als Pfänder für einen Vorschuß anboten, da war das Kloster in keiner Verlegenheit, das Geld aufzubringen. Josceraud, Maire von Fleury (major istius villae), erhielt auf seine Mairie und seine Geleitsgefälle (majoriam et minagium suum, von minare so viel als menner, führen, geleiten) 27 Pfund, der Buttler (Baticularius) Gottfried 30 Pfund u. s. w.; alle unter der Bedingung, daß, wenn sie nach fünf Jahren nicht heimgekehrt wären, ihre Lehen als dem Kloster heimgefallen angesehen werden sollten. Der Abt Johann von Ferrieres (de taxatione domini Regis gravissime constrictus) bittet den Abt Suger von St. Denys um Vergönnung einer Frist zur Bezahlung des Rückstandes der ihm abgeforderten Summe, wovon er erst zwanzig Pfund bezahlt hatte. (Ep. Suger. 59. Rec. T. XV. S. 497.) Die Stiftsherren zu Privas murrten nicht weniger, weil sie genöthigt waren, um ihren Beytrag aufzubringen, eine goldene Krone bey Wucherern zu verpfänden, von welchen sie hernach nur erst mit vielen Schwierigkeiten ihr Pfand zurückerhielten. S. Recueil etc. T. XII. S. 93. Anm. b. Wie allgemein das Murren war, erhellt aus den Aeußerungen verschiedener Chroniken, z. B. Matthaeus Paris ad a. 1146: „Per totam Galliam fit exactio generalis, nec sexus, vel ordo, aut dignitas quempiam excusavit, quin auxilium Regi conferret. Unde factum est, ut ejus peregrinatio multis imprecationibus persequeretur, sicut sequens relatio declarabit."

J. Chr. 1147. erlangte der Abt die Erlassung von dreyhundert Mark, und um die übrige Summe aufzubringen, sah er sich genöthigt, aus dem Klosterschatze zwey schön gearbeitete Leuchter und ein goldnes Rauchfaß zu verkaufen, für deren Wiedererstattung in drey Jahren er seinem Kapitel Bürgen stellen mußte; und andern Klöstern wurden nicht minder schwere Lasten aufgebürdet. Wenige Fürsten und Ritter verpfändeten, wie zur Zeit der ersten Wallfahrt so viele, ihre Lehen und eignen Güter, um zusammenzubringen, was ihre und ihres Volkes Rüstung heischte. Darum wurden auch diese Wallbrüder von denen, welche durch sie bedrückt wurden, beschuldigt, daß sie nicht, wie die Kreuzfahrer in der alten guten Zeit, nur Gott und ihres Gelübdes eingedenk wären, sondern ihr heiliges Gelübde nur als Deckmantel gewaltthätiger Bedrükkungen und Erpressungen gebrauchten.

Auch in vielen der deutschen Pilger erkaltete der Eifer für das heilige Grab, viele fingen an, nachdenklich die Gefahren der Unternehmung in Erwägung zu ziehen, zu welcher sie, durch Bernhard's und des Abtes von Eberach feurige Beredsamkeit hingerissen, zu rasch sich verbindlich gemacht. Eine große Zahl von Pilgern aus Bremen, Westphalen und den Rheinländern, um wenigstens den Gefährlichkeiten des Weges zu Lande durch das griechische Reich und die türkischen Länder in Kleinasien zu entgehen, sagte sich von dem Heere des Königs Conrad los und beschloß, über das Meer nach dem heiligen Lande zu fahren [8]. Der Graf Adolf von Schauenburg und Holstein und viele sächsische Bischöffe und Landherren aus den niederelbischen Ländern, selbst der jugendliche Herzog Heinrich der Löwe, wiewohl sie mit Rüh-

8) Helm. Chron. Slavor. c. 61. S. 589. S. unten Kap. IX.

rung und Erstaunen die Wunder des heiligen Bernhard zu Frankfurt und Speyer geschauet [9]), beschlossen dennoch, lieber ihr Schwert zu führen gegen die heidnischen Wenden, deren Bezwingung nicht bloß das Reich des Glaubens erweiterte, sondern ihnen insbesondre Frieden und Sicherheit ihrer Gränzen gewährte. Sie zeichneten sich dadurch aus vor den Pilgern, welche zum heiligen Grabe zu wallfahren gelobt hatten, daß sie das Zeichen des Kreuzes nicht unmittelbar auf ihre Kleider nähten, wie jene, sondern eine runde Scheibe, als das Sinnbild des ganzen Erdkreises, über welchen die Herrschaft Christi ausgebreitet werden sollte, dem Kreuze zur Grundlage gaben [10]). Ihnen schloß sich J. Chr. 1147.

9) Der Graf Adolf, um sich von der Wunderkraft des heil. Mannes, woran er doch einigermaßen zweifelte, zu überzeugen, führte selbst einen lahmen und blinden Knaben (cujus debilitatis nulla potuit esse dubitatio) zu Bernhard. Der Knabe wurde sogar, was dem Chronikenschreiber Helmold nicht ohne Absicht geschehen zu seyn scheint, auf ungewöhnliche Weise geheilt. Denn alle andern heilte Bernhard bloß durch ein Wort, diesem Knaben aber gab er zuerst durch sorgfältige Berührung der Augen das Gesicht wieder, dann durch Reibung der Kniee die Kraft zu gehen. Helmoldi Chronica Slavor. cap. 59. (60).

10) Otto Frising. de gestis Frid. I. Imp. Lib. I. cap. 42. Die Worte dieses Schriftstellers von der Verschiedenheit der sächsischen Kreuzeszeichen von denen der andern Kreuzfahrer: „quod non simpliciter vestibus assutae, sed a rota subter posita in altum protendebantur,“ erklärt Mascov von Wagen, worauf die Kreuze, wie die Standarten auf den Carrocien, befestigt werden. „Neque crucem illi vestibus aptavere, sed curru sublimem, pro vexillo in exercitu sustulerunt.“ Commentarii de reb. Imperii sub Conrado III. Lib. IV. cap. 7. S. 196. Es kann aber nach der Vergleichung mit den Nachrichten bey Helmold, woraus hervorgeht, daß auch diese Kreuzfahrer ihre Kreuze auf die Kleider genäht hatten (Chronic. Slav. cap. 59 (60), 62 (63),) nicht zweifelhaft seyn, daß die rota, von welcher Otto spricht, gleichfalls eine Scheibe von Zeug war, welche dem Kreuze untergelegt war. Ohnehin würde Otto sich gewiß anders ausgedrückt haben, wenn er hätte sagen wollen, was Mascov ihn sagen läßt: und besonders die Worte non simpliciter vestibus assutae streiten für unsere Meinung. Es hätte daher diese Stelle sehr gut von denen benutzt werden können, welche das Rad

J. Chr. 1147. hernach Herzog Conrad von Zähringen mit vielen schwäbischen Pilgern an, welche ebenfalls die Mühseligkeiten und Gefahren der weiten Heerfahrt nach Syrien scheuten [11]).

Die deutschen Wallbrüder, welche ihrem ersten Gelübde treu blieben, wurden nicht durch den Segen und die Ermunterung des apostolischen Vaters erfreut, wie die französischen, so dringend auch König Conrad den Papst Eugen gebeten hatte, nach Deutschland zu kommen. Der Papst sandte an seiner Statt, noch ehe er Italien verließ, den Cardinal Theoduin von Sancta Rufina, einen Deutschen von Geburt, nach Deutschland, um das Volk zu trösten und zur Beharrlichkeit zu ermahnen und den König auf der Gottesfahrt zu begleiten; denn Eugen war sehr unwillig gegen den deutschen König, weil er nicht, nach dem Beyspiele des Königs von Frankreich, vor der Annahme des Kreuzes den Rath und die Einwilligung des heiligen Vaters nachgesucht hatte, sondern eigenmächtig der in ihm durch den heiligen Bernhard erweckten Begeisterung gefolgt war. In einem Schreiben, welches der Cardinal Theoduin überbrachte, strafte Eugen den König Conrad wegen solches eigenmächtigen Thuns mit harten Worten; und als in einem ehrerbietigen Briefe, welchen drey angesehene Prälaten der deutschen Kirche, die Bischöffe Bukko von Worms und Anselm von Havelberg und der gelehrte Abt Wibald von Corvey, des

des Maynzischen Stiftswapens für ein ursprünglich auf einer Scheibe ruhendes Kreuz erklärt haben; sie ist aber nicht beachtet worden.

11) Chronicon Petershusanum in Germaniae sacrae prodromo (St. Blas. 1790.) T. I. p. 304. „Conradus, dux de Zaringin, designavit se cum aliis innumeris, quibus illud iter, de quo jam retulimus, laboriosum visum est, ut et ipsi per Saxoniam pergerent contra illos paganos, qui trans flumen, Alba dictum, consistunt." Vgl. Helmoldi Chron. Slavor. cap. 62 (63).

Königs vertrauter Freund, dem Papst auf seiner Reise nach Paris zu Dijon überreichten [12]), Conrad sich demüthigst entschuldigte und inständigst den heiligen Vater zu einer Unterredung mit ihm wegen höchst wichtiger Angelegenheiten der deutschen Kirche nach Strasburg zu kommen bat, so gewann er nichts weiter, als daß Eugen noch einen zweyten Legaten als seinen Stellvertreter, den Cardinal Guido, Canzler der römischen Kirche, nach Deutschland sandte [13]). J. Chr. 1147.

So wurde dann unter mancherley mehr niederschlagenden als ermunternden Vorbedeutungen die dritte große Wallfahrt nach Jerusalem begonnen, nach der Zählung derer, welche an eine Wallfahrt Karls des Großen zum heiligen Grabe glaubten [14]). Das deutsche Heer sollte, der Verabredung der beyden Pilgerkönige zufolge, zuerst ausziehen, um dem durch Deutschland nachfolgenden französischen Platz

12) Sie trafen den Papst zu Dijon am 29. März (III. Kal. April). Wibaldi (dessen Wahl zum Abte von Corvey, während sein wegen Simonie abgesetzter Vorgänger Heinrich an den apostolischen Stuhl appellirt hatte, eine von den Angelegenheiten war, über welche der König Conrad persönlich mit dem Papste sich zu besprechen wünschte) Ep. 131. in Martene et Durand Collect. ampl. T. II. col. 310. Auf eine merkwürdige Weise entschuldigt sich Conrad in dem Schreiben, welches die oben genannten Gesandten überbrachten, gegen die Vorwürfe des Papstes. „Was ihr davon sagt, daß wir ohne euer Wissen in eine so wichtige Sache, nämlich die Bezeichnung mit dem lebendig machenden Kreuze und den Entschluß zu einer so weiten Kriegsfahrt, uns eingelassen, das hat euch eure große Liebe eingegeben. Aber der heilige Geist, welcher wirkt, wo er will, und urplötzlich kömmt, gestattete uns keine Frist, weder euch noch jemanden sonst zu befragen; sondern, so wie sein wunderbarer Finger unser Herz berührte, so trieb er unsern ganzen Sinn an, ihm unverweilt zu folgen.“ Wahrscheinlich verfaßte der Abt Wibald dieses Schreiben; es findet sich daher in der Sammlung seiner Briefe. Ep. 20. col. 204—206.

13) Wibaldi Ep. 14. l. c. col. 200.

14) „Facta est maxima in Turcos expeditio, quae tertia dicitur, quia primam fecit Karolus et secunda dicitur Antiochena.“ Alberici Chron. ad a. 1148.

J. Chr. 1147. zu machen, und nicht eher als bey Constantinopel sollten die beyden Heere sich vereinigen, damit es nicht auf dem Wege durch Ungarn, Bulgarien und überhaupt die europäischen Länder des griechischen Reichs an Speise gebreche, und auch die Gelegenheit zu Streitigkeiten zwischen den Wallbrüdern der verschiedenen Völker wenigstens so lange entfernt werde, als noch nicht der Kampf mit den Heiden und die Nothwendigkeit des gegenseitigen Beystandes wider die gemeinschaftlichen Feinde Eintracht und Frieden geböten [15]).

Auszug des deutschen Heeres, im Mai. Als die milde und erweckende Zeit des Frühlings sich näherte, versammelten sich also zuerst die deutschen Wallbrüder, welche zu Lande mit dem Könige Conrad zu fahren sich nicht scheueten, und zogen in fröhlichen und muthigen Scharen nach Regensburg, wo sie des Königs warten sollten. Conrad, nachdem er zu Bamberg das Osterfest im Glanze des Hofes, nach alter Weise der deutschen Könige, 23. April. begangen, hatte am Tage des heiligen Georg die angesehensten Fürsten des Reichs gen Nürnberg zu einem Hoftage in weiser Fürsicht geboten, um mit ihnen noch einmal die Verwaltung des Reichs und die Sicherung des Landfriedens, während seiner Abwesenheit, zu bereden, damit nicht der kaum beruhigte Ungestüm der Welfen aufs Neue ausbräche [16]); denn nur mit Mühe hatte auf dem letzten Reichstage, welchen Conrad im Winter zu Frankfurt gehalten, Herzog Heinrich der Löwe sich bereden lassen, seine Ansprüche auf das Herzogthum Baiern bis zur Rückkehr des Königs von der Gottesfahrt ruhen zu lassen. Nachdem er zu Nürnberg die Reichsregierung seinem Sohn Heinrich, welchen

15) Guil. Tyr. XVI. 19.

16) Chronograph. Saxo (in Leibnit. access. hist.) ad a. 1147. p. 298.

auf jenem Tage zu Frankfurt die Fürsten als König und seinen Nachfolger im Reiche angenommen hatten, übertragen, ritt der König Conrad, in großer Pracht, mit seinen beyden Brüdern, dem ehrwürdigen und weisen Bischoff Otto von Freysingen und dem Herzoge Heinrich von Baiern, dann dem Herzoge Friedrich von Schwaben, seinem Neffen, dem alten Herzoge Welf, dem Markgrafen Odoaker von Steyermark, dem Herzoge Wladislaus von Böhmen, den Bischöffen von Basel, Passau und Regensburg und vielen andern vornehmen Reichsfürsten geistlichen und weltlichen Standes, und einer unzählbaren stattlichen Ritterschaft in das Lager der Pilger bey Regensburg ein. J. Chr. 1147.

Wie mancher mochte von bangen Ahnungen bewegt werden unter denen, welche dies prächtige und gewaltige Heer im Anfange des Maimonates mit eitler und thörichter Hoffnung die ferne Heerfahrt antreten sahen! Es war im deutschen Reiche noch nie eine so herrliche Ritterschaft gesammelt, noch nie ein so wohlgerüstetes Heer gesehen worden [17]). Stattliche Scharen folgten den Herzogen, gebildet aus den trefflichsten Männern ihrer Völker; vor allen zahlreich und prachtvoll gerüstet und geschmückt waren die königlichen Scharen. Der Glanz der Helme und Schilde blendete das Auge, es strahlten von Gold und Silber die köstlichen Ziemir und Wappenkleider, unabsehbar war der Wald der Lanzen und Speere und geziert und erheitert durch flatternde lichte Banner, und die Erde erbebte unter den Tritten der gewaltigen Schlachtrosse, als die Scharen sich erhoben. Wenige Grafen, Herren und Ritter in Franken, Schwaben und

17) „Ut verum fatear, sagt Odo von Deuil, (Conradus) valde imperialiter egressus est et navali apparatu et pedestri exercitu.“ Lib. II. p. 23.

J. Chr. 1147. Baiern blieben daheim. Friedlich zogen neben einander manche Ritter und Herren, welche wider einander unversöhnlichen Haß getragen und in blutigen Fehden gestritten, und betrachteten sich verbunden mit einander durch das gemeinschaftliche Gelübde zur Eintracht und Brüderschaft; jeder Hader war vergessen oder doch aufgeschoben. Siebzig Tausend war die Zahl allein der geharnischten Ritter, ohne die Leichtbewaffneten zu Roß und das zahllose Fußvolk [18]). Viele vornehme und muthvolle Frauen folgten ihren Männern in ritterlicher Kleidung und Rüstung, um Antheil an den Gefährlichkeiten und Kämpfen dieser heiligen Heerfahrt zu nehmen. Aber auch eine große Zahl von andern nicht so muthigen und kraftvollen Weibern erschwerte die Bewegung des Heers, und unter die edeln, tapfern, frommen deutschen Männer hatte sich viel heimathloses, raubgieriges und sittenloses Volk gemischt, welches die Wallfahrt nur als eine Gelegenheit ansah, ungestraft zu rauben. Viele fromme Wallfahrer, als der fromme Bischoff Otto von Freysingen, betrachteten zwar die plötzliche Theilnahme so vieler Räuber und Wildfänge an der Gottesfahrt als Beweis der Sinnesänderung und Reue, welche Gottes Hand in diesem Volke wunderbarlich erweckt [19]); aber diese Sinnesänderung und Reue war wenigstens nicht dauernd. Der König Conrad war nicht bey dem Heere, als es aus dem Lager bey Regens-

18) „Ut constanter asserunt qui in eadem expeditione praesentes affuere, in solo domini Imperatoris comitatu ad septuaginta millia fuerunt loricatorum, exceptis peditibus, parvulis et mulieribus, et equitibus levis armaturae." Guil. Tyr. a. a. O.

19) „Tanta, mirum dictu! praedonum et latronum advolabat multitudo, ut nullus sani capitis hanc tam subitam quam insolitam mutationem ex dextera excelsi pervenire non cognosceret, cognoscendo attonita mente non obstupesceret!" I. 40.

burg mit gewaltigem Schalle und Getöse auszog, sondern er fuhr zuvor auf der Donau herab nach Ardacker in der österreichischen Mark [20]), wo am Tage vor Christi Himmelfahrt das Heer sich wieder zu ihm versammelte. Von da führte der König selbst das Heer über die ungarische Gränze. J. Chr. 1147.

Um die Zeit des Pfingstfestes, welches die deutschen Wallbrüder bey Neustadt in Oesterreich feyerten [21]), versammelte sich das französische Heer bey Metz in deutschem Lande [22]), nicht minder zahlreich und nicht weniger köstlich und prachtvoll gewaffnet und gerüstet, als das deutsche. Stattliche und dichte Scharen führte Graf Robert von Perche, des Königs Ludwig Bruder, aus Italien der wakkere Graf Amadeus von Maurienne und Turin, und dessen Bruder, Graf Wilhelm von Montferrat, des Königs Oheim, die Grafen Dieterich von Flandern, Wilhelm von Nevers und dessen Bruder Reinhold von Tonnerre, Ivo von Soissons, Veit von Ponthieu, Gottfried von Raucon in Guienne, Wilhelm von Varennes und viele andre Grafen. Auch die Bischöffe Simon von Noyon, der gelehrte und weise Arnulf von Lizieux, der heftige und brausende Gottfried von Langres und Aloysius von Arras, welchem es nicht vergönnt ward, das Grab des Heilandes zu schauen, und die Aebte von St. Pierre le Vif zu Sens und von St. Columba

Auszug des französischen Heeres, im Junius.

20) „In Orientali Marchia juxta Burgum, qui Ardacher vocatur." Otto Fris. I. 44. Es ist der jetzige Marktflecken Ardacker am südlichen Donauufer im Lande unter der Ens, fast gleich weit von Ens und Pechlarn, gelegen. S. Büsching Geograph. Th. V. S. 446.

21) Otto Fris. a. a. O. „Non longe a fluvio Viscahe (d. i. der Fischa, welche an Wienerisch Neustadt vorbeyfließt) mansionem locavit."

22) „Mettis, ubi Rex, cum jure dominii nihil suum invenerit, omnes tamen invenit ex gratia (sicut Verduno jam fecerat) quasi servos." Odo de Diog. II. p. 17.

J. Chr. 1147. führten Scharen von Reisigen. Auch die Barone Erchembald von Bourbon, Ingerran von Coucy, Hugo von Lusignan, Wilhelm von Courtenay, Anselm von Trainel, Manasse von Buglies, Eberhard von Breteuil und viele andre [23]) kamen mit zahlreichem und glänzendem Gefolge. Die lothringischen Landherren, obwohl dem deutschen Reiche angehörig, schlossen sich dem französischen Heere mit ihren Scharen an. Die berühmtesten unter ihnen waren die Bischöffe Stephan von Metz und Heinrich von Toul und die Grafen Reinald von Mouçon, des Bischoffs von Metz Bruder, und Hugo von Baudemont [24]). Den König Ludwig begleitete seine Gemahlin, Frau Eleonora, welche auf sein Begehren das Kreuz genommen hatte; um nicht ihre Schönheit und Jugend in seiner Abwesenheit der Gefahr der Verführung preis zu geben, nahm König Ludwig seine jugendliche und den Freuden der Welt ergebene Gemahlin mit sich in die Gefahren und Entbehrungen der Wallfahrt [25]), sich selbst hernach zu großem Kummer. Nach seinem Beyspiele nahmen noch viele andre französische Herren ihre Gattinnen mit sich. Kaufleute und Wechsler folgten in großer Zahl

23) Jene Grafen und Herren und noch mehrere andre werden genannt als solche, welche zugleich mit dem Könige das Kreuz nahmen in der Historia Lud. VII. (Rec. T. XII.) S. 126. Grandes Chroniques de France, dites de St. Denys (ibid.) S. 200. Vgl. Otto Fris. a. a. O.

24) „Ludovicus, sagt Otto von Freysingen a. a. O., ducens secum ex nostris Lotharingis, quorum principes seu primores erant Stephanus Metensis, Henricus Tullensis Episcopi, Reginaldus Munzunensis, Hugo Waidemontensis (leg. Waldemontensis) comes. Vgl. Odo de Diog. Lib. III. p. 32.

25) „Alienora ita sibi in principio juvenis animum suae formae venustate praestrictum devinxerat, ut illius famosissimae expeditionis iter arrepturus, dum uxorem juvenculam vehementius aemulatur, eam nequaquam domi esse relinquendam, sed secum ad proelia proficisci decerneret." Guil. Neubrigiens. de reb. Anglic. (Paris. 1610. 8.) Lib. I. c. 31.

dem Heere [26]), zeitlichen Gewinn von denen zu erlangen trachtend, welche ewigen Gewinnes willen sich unsäglichen Mühseligkeiten und Gefahren unterwanden. J. Chr. 1147.

Der König Ludwig, frommen und andächtigen Gemüths, und voll Eifer für Gott wohlgefällige Werke, ehe er nach Metz sich erhob, besuchte zuvor, überall Almosen und milde Gaben spendend, alle Klöster in Paris, und selbst das Siechenhaus der Aussätzigen außerhalb der Stadt. Nur von zwey Dienern begleitet, durchwandelte er die Gemächer der Kranken und tröstete die Leidenden mit Gaben und freundlichen Worten, während sein Gefolge mit Erstaunen über des Königs wunderbare Selbstüberwindung draußen seiner harrte [27]). Von da begab er sich nach St. Denys, wohin seine Gemahlin und Mutter und eine unzählige Menge Volks ihm vorangegangen. Alle Anwesenden wurden zu Thränen gerührt, als der jugendliche König mit inbrünstiger Andacht demüthig anbetend sich vor den Gebeinen des heiligen Märtyrers Dionysius auf den Boden warf und hierauf der apostolische Vater Eugenius und der weise Abt Suger die goldene Thür des Altars öffneten und das silberne Kästchen hervorzogen, um dem Könige den Anblick und Kuß des unvergleichlichen Heiligthums zu gewähren. Unter lautem Weinen und Wehklagen seiner Mutter und des ganzen versammelten Volks nahm König Ludwig alsdann von dem Altar des heil. Dionysius die heilige Oriflamme und Pilger-

26) „Quidam nostri, divites mercatores scilicet et cambitores." Odo de Diog. II. S. 19.

27) „Rem fecit laudabilem, paucis tamen imitabilem et forsitan suae celsitudinis nulli. Nam cum prius Religiosos quorque Parisiis visitasset, tandem foras progrediens, leprosorum adiit officinas. Ibi certe vidi eum cum solis duobus arbitris interesse et per longam moram caeteram suam multitudinem exclusisse." Odo de Diog. I. S. 16.

J. Chr. 1147. stab und Pilgertasche, und empfing von dem Papst Eugenius den apostolischen Segen [28]). Als alles vollbracht worden, gelangte Ludwig nur mit Mühe durch das erstickende Gedränge des Volkes in das Schlafgemach der Mönche, speiste mit den Klosterbrüdern demüthig an ihrer Tafel, und nahm, als er das Münster wieder verließ, mit einem zärtlichen Kusse von jedem der Brüder Abschied.

Ohne Säumen eilte hierauf König Ludwig von Paris nach Metz zu dem Heere, welches nur wenige Tage seiner Ankunft harren durfte, und dann in der schönen Ebne an der Mosel nicht länger verweilte, als nothwendig war, um die Gesetze zur Handhabung des Friedens und der Zucht und Ordnung im Heere zu verabreden, welche von den Fürsten beschworen wurden [29]). Mittlerweile zogen der Bischoff Aloysius von Arras und der Abt Leo von St. Bertin voraus gen Worms, um Schiffe zur Ueberfahrt des Heers über den Rhein zu miethen.

29. Junius. Am Tage Petri und Pauli zog der König Ludwig mit seinem unermeßlichen Heere durch Worms, von dem Bischoff und der Geistlichkeit und dem Volke herrlich empfangen, und fand durch die geschickte Besorgung des Bischoffs von Arras und des Abtes von St. Bertin im Rheine der Schiffe eine so große Zahl, daß das Heer in sehr kurzer Zeit, ohne eine Brücke zu bedürfen, nach dem jenseitigen Ufer überfuhr,

28) „Non patiebantur moras oppressio populorum, et mater et uxor, quae inter lachrymas et calorem paene spiritum exhalabant. Sed luctum et planctum qui ibi fuerant, velle describere tam stultum est quam impossibile." Odo de Diog. a. a. O.

29) Odo de Diog. II. S. 17. „Statuit leges pacis caeterisque utilitatibus in viam necessarias: quas Principes sacramentis et fide firmaverunt: sed quia ipsi non bene tenuerunt, eas nec ego retinui."

wo es sich auf weiten und anmuthigen Feldern, unfern vom Strome, lagerte, um die unter der Führung des Bischoffs Arnulf von Lisieux nachziehenden normännischen und englischen Pilger zu erwarten [30]). J. Chr. 1147.

Noch in dem Lager am Rhein bewiesen die französischen Wallbrüder, daß ihr Uebermuth und Ungestüm nicht vor der Heiligkeit ihres Gelübdes wichen. Obwohl die Wormser ihnen alle Freundlichkeit erwiesen und reichliche Lebensmittel über den Fluß brachten, so erhoben sie dennoch Gezänk und Streit, und warfen im Handgemenge einige deutsche Schiffer in den Rhein. Hierauf waffneten sich die Bürger von Worms, um solchen Frevel zu rächen, erschlugen einen der französischen Wallfahrer, welche auf das jenseitige Rheinufer gekommen waren, und verwundeten mehrere. Schon droheten dagegen die Franzosen alle Schiffe im Rhein zu verbrennen; aber zum Glück für die Wormser hatten die französischen Kaufleute und Wechsler, deren Waaren und Geld zum Theil in diesen Schiffen waren, selbst zu viel dabey zu verlieren, als daß nicht die Verständigen unter diesen ungestümen Wallbrüdern alle Mühe angewandt hätten, solches abzuwehren. Durch die Bemühungen des Bischoffs von Arras und einiger Barone wurden auch die Wormser, welche schon alle ihre Schiffe hinweggeführt hatten, nach einigen Tagen bewogen, den Markt der Pilger wieder mit Lebensmitteln zu versehen [31]).

30) Id. ibid. „Inventa pratorum satis ampla latitudine venerabilem Episcopum Luxoviensem Arnulfum cum suis Normannis et Anglis Domino Regi placuit exspectare."

31) So kurz Odo von Deuil (S. 18) von diesem Vorfall spricht, ohne anzugeben, von welcher Seite der Streit veranlaßt worden, so drückt er doch seinen Unwillen über den Uebermuth und die Frechheit der französischen Pilger stark genug aus. „Hic usque quod de populo malum praesagium habebatur, hic primo expertum est."

J. Chr. 1147. Schon während dieses Aufenthalts des Heeres bey Worms wurde die Theurung der Lebensmittel, im fremden Lande, wegen des unermeßlichen Bedürfnisses eines so gewaltigen Heeres so drückend, daß die Grafen von Maurienne und Auvergne, der Markgraf von Montferrat und mehrere andre Pilgerfürsten beschlossen, mit ihren Scharen von dem Heere des Königes sich zu trennen, und auf demselben Wege über die Alpen und durch Italien, auf welchem schon viele von ihnen nach Frankreich gekommen waren, nach Illyrien und von dort nach Constantinopel zu ziehen [32].

Wie war es aber möglich, in dem Heere, welches ungeachtet dieser Verminderung noch immer unermeßlich blieb, Zucht und Ordnung zu erhalten? Wie viele Pilger, und selbst wie viele Ritter mochten in diesem Heere im Stande seyn, sich selbst zu ernähren und zu erhalten; wie schwer selbst den Fürsten es werden, diejenigen, welche sie in ihren Sold genommen, auf einer so weiten Heerfahrt zu versorgen! Bey den damals so schwierigen Verbindungen der Städte und Länder, selbst in Deutschland, mußten die Lebensmittel, welche da, wo nicht die nächste Nachbarschaft das Heer ernähren konnte, aus entferntern Städten und Landschaften herbeygeführt wurden, ungemein kostbar seyn. Was blieb dem armen Wallbruder, wenn ihn die Noth drängte und die Mildthätigkeit reicherer Pilger nicht unterstützte, übrig, als zu rauben, was er nicht im Stande war zu kaufen? Auch folgte diesem Heer ein unmäßiges Fuhrwesen, wodurch die Wege und Straßen oft versperrt und überhaupt der Zug des Heers so sehr erschwert wurde, daß nur sehr kleine

32) Odo de Diog. a. a. O. und Lib. IV. S. 44.

Tagereisen gemacht werden konnten [33]). Theils erforderten J. Chr. 1147.
die Mundvorräthe, welche viele Pilgerfürsten, zwar in nicht verwerflicher Fürsicht, jedoch zu größerm Schaden als Nutzen, ihren Scharen nachfahren ließen, eine große Zahl von Wägen; aber gar sehr wurde diese Zahl vermehrt durch die Wägen, auf welchen die unermeßliche Menge von Weibern und deren Gepäck gefahren wurden. Denn nach dem Beyspiele der Königin Eleenora begleiteten sehr viele fürstliche und ritterliche Damen ihre Männer, jede hatte eine große Zahl von Kammerfrauen mit sich, und viele suchten durch Pracht und Ueppigkeit mehr sich hervorzuthun, als durch Tugend und Frömmigkeit. Dazu kam noch, daß die Kammerfrauen, welche nicht alle von keuschen und reinen Sitten waren, der guten Zucht schadeten, und den frommen und tugendhaften Wallern viel Aergerniß gaben [34]), der Weiber des geringen Volkes zu geschweigen. Wegen so großer Schwierigkeiten, welche zu überwinden waren, und des gottlosen Wesens, welches in dem Heere sich offenbarte, entwich schon in Deutschland von vielen der französischen Wall-

33) „Bigas etiam et quadrigas nonnulli navibus (womit sie bey Regensburg über die Donau fuhren) imponebant, ut damnum praeteritum (worunter der bisherige Verbrauch von Lebensmitteln verstanden zu werden scheint) in desertis Bogariae compensarent. Sed prius et postea magis fuerunt spei quam utilitati. Ad cautelam haec omnia dicimus posterorum. Nam cum esset quadrigarum maxima multitudo, si offendebat una, mora omnibus erat aequalis: si vero plures vias inveniebant, omnes pariter aliquando sepiebant, et summarii vitantes earum impedimenta, persaepe gravius incurrebant. Ex hoc erat mors frequens equorum et de parvis dietis querelae multorum." Odo de Diog. S. 18. 19.

34) „Regis exemplum secuti multi alii nobiles, uxores suas secum duxerunt: quibus cum cubiculariae deesse non possent, in castris illis christianis, quae casta esse oportebat, foeminarum multitudo versabatur: quod utique factum est exercitui nostro in scandalum." Guil. Neubrig. Lib. I. c. 31.

J. Chr. 1147. brüder der freudige und hoffnungsvolle Muth, womit sie ausgezogen waren.

Das französische Heer zog von Worms über Würzburg gen Regensburg, wo dem Könige Ludwig bereits ein glänzender Empfang von der Geistlichkeit und dem Volke der Stadt bereitet worden, und zwey vornehme Gesandte des Kaisers von Byzanz seiner warteten [35]). Die französischen Pilger lagerten sich und ruhten einige Tage auf denselben Plätzen jenseit der Donau, von welchen die Deutschen ihre Heerfahrt zwey Monate zuvor angetreten. Während die deutschen Pilger durch Ungarn theils auf der Donau herabfuhren, theils zu Lande zogen, näherten sich die Franzosen auf dem Wege des deutschen Heers über Passau und Neustatt [36]), mit vieler Erleichterung durch die von den deut-

35) Der griechische Geschichtschreiber Cinnamus (S. 37.) nennt die Gesandten, welche zum Könige Conrad geschickt wurden: Demetrius Makrembolita und einen Italiener Alexander, ehemals Grafen von Gravina. Nach Odo von Diogilo (S. 21) kamen zum Könige von Frankreich Demetrius und Maurus. Wahrscheinlich ist der Name Maurus nur ein Beyname von Alexander, und die Gesandten, welche zu Ludwig kamen, waren dieselben, welche schon bey Conrad gewesen waren.

36) Den Weg durch Deutschland bezeichnet Odo von Deuil (a. a. O.) also: „Igitur Mettis, Wormatia, Wirceburgis, Ratispona, Patavia civitates opulentissimae tribus dietis invicem a se distant. A postreme nominata quinque dietae sunt usque ad Novam urbem; ab hac una usque ad portas Hungariae. Quae interjacent, nemorosa sunt et nisi deferantur de civitatibus, non sufficiunt exercitui victualia ministrare: rivis tamen abundant et fontibus et pratis. Cum transirem regionem istam, aspera mihi montibus videbatur, nunc autem planam judico respectu Romaniae.“ Wie die Tagereisen von Odo von Deuil angenommen sind, vermag ich nicht zu bestimmen. Von Metz nach Worms, und von da nach Würzburg kömmt jetzt kein Heer in drey gewöhnlichen Tagemärschen, und wie hätte dieses Heer so schnell vorrücken können, da Odo selbst über die kurzen Tagemärsche Beschwerde führt.

schen Pilgern erst kürzlich erbauten Brücken über die Strö- J. Chr. 1147.
me [37]), der Gränze von Ungarn.

Mit großer Sehnsucht hatte der ungarische Prinz Boris, der Sohn des Königs Kalmany, die Ankunft dieser Pilgerheere erwartet, um mit ihrer Hülfe seinen Vetter Geisa, welchen die Wahl der Ungarn zum Könige erhoben hatte, wieder von dem Throne zu stoßen [38]), welcher ihm schon nach seines Bruders Stephan Tode, und dann wiederum, als Bela der Andere, der Vater des Geisa, gestorben, wider Gebühr, wie er meinte, vorenthalten worden. Darum sandte Boris, ehe sich die Pilgerheere erhoben, Gesandte und Geschenke sowohl an den König Conrad als den König Ludwig, und legte ihnen die Gerechtigkeit seiner Ansprüche dar, aber seine Hoffnung ward betrogen. Beyde sagten ihm zwar Beystand zu, und Boris ließ sich dadurch verleiten, von Byzanz, wo er, vermählt mit einer Verwandtin des Kaisers, in Ruhe und Frieden lebte, nach Ungarn sich zu begeben; als sie aber nach Ungarn kamen, hatten sie nicht Lust, die Waffen, welche sie gegen die Türken und Saracenen zu führen gelobt hatten, gegen das ungarische Heer, welches ihnen beständig zur Seite zog, zu kehren, sondern ließen sich, ihrem Versprechen untreu, lieber die freundliche Aufnahme und Bewirthung gefallen, welche der König Geisa ihnen überall bereitet hatte, und der König Conrad

37) „Hoc tamen nostro (Regi) contulit, quod ille (Imperator) praecessit, quia cum in terra ejus multi fluvii sint, super ipsos sine proprio labore et sumtu novos pontes invenit." Odo de Diog. S. 23.

38) Ausführliche Nachrichten über die frühern Schicksale des Boris gibt Otto von Freysingen Chron. Lib. VII. c. 21.

J. Chr. 1147. und seine Ritter nahmen gern die Geschenke, womit er um ihre Gunst und Freundschaft sich bewarb. Boris konnte sich glücklich preisen, daß der König Ludwig und seine Fürsten sich nicht durch die Geschenke, welche auch ihnen die Ungarn boten, bewegen ließen, ihn seinen Feinden zu überantworten, sondern es ihm gestatteten, verkleidet und unerkannt in dem französischen Heere nach Constantinopel zurückzukehren. So durchzogen ohne große Gefährlichkeiten [39]) beyde Heere nach einander in möglichst kurzer Zeit [40]) das ungarische Land.

39) Audivimus Droam multos Alemannorum, qui nos praecesserant, subito inundasse. Odo de Diog. S. 23. Es muß dies Unglück mit den nachherigen ähnlichen Unglücksfällen, welche die Deutschen trafen, nicht zu vergleichen gewesen seyn, sonst würde Otto von Freysingen gewiß seiner erwähnt haben.

40) Das französische Heer kam nach Odo's von Diogilo Angabe in funfzehn Tagemärschen durch Ungarn. A. a. O.

Sechstes Kapitel.

Mit dem Eintritte in das griechische Reich begannen aber für beyde Heere Gefahren und Mühseligkeiten. J. Chr. 1147.

Der Kaiser Manuel befürchtete von den großen Pilgerfahrten der abendländischen Christen nach dem gelobten Lande nicht weniger Gefahr, als einst sein Großvater Alexius, und alle Griechen hielten noch immer die bewaffneten lateinischen Pilger für desto gefährlichere Feinde, als sie wähnten, daß die Wallfahrer ihre feindseligen und raubgierigen Absichten wider das römische Reich unter der heuchlerischen Hülle des Gelübdes der Wallfahrt zum Grabe des Erlösers verbärgen [1]); erst spät kamen sie von diesem Wahne

1) Cinnamus, welcher in dem byzantinischen Reiche eine bedeutende Stelle bekleidete (er war Grammatikus oder geheimer Secretair des Kaisers Manuel), dessen Aeußerungen also bedeutend sind, drückt sich also aus über die Absichten der Kreuzfahrer S. 37: „Die Celten (Deutschen), Germanen (Franzosen), das Volk der Galater und alle Völker, welche das alte Rom umwohnen, Britten und Britannier, mit Einem Wort, die ganze Macht des Abendlandes (τὸ Ἑσπέριον κρατος) setzte sich in Bewegung. Ihrem Vorgeben nach geschah solches, um nach Asien zu ziehen, dort wider die Perser (Türken), welche sich ihnen widersetzen möchten, zu streiten und dann zu dem Tempel in Palästina zu wallfahrten und die übrigen heiligen Stätten zu beschauen. Aber ihre eigentliche Absicht war, das römische Land im Durchzuge zu verwüsten und alles, was ihnen vorkäme, zu zerstören.“ Nicetas, welcher auf ähnliche Weise (S. 41) sich ausdrückt, ist doch ehrlich genug, hinzuzusetzen: „Wie sie es in der Folge bewiesen, so war das, was sie vorgaben, nicht unwahr.“ Καὶ ἦν ὡς ἐκ τῶν ὕστερων ἔδειξαν, οὐκ ἐψευσμένα

J. Chr. 1147. zurück, als sie sahen, daß selbst durch Mißhandlung und Ueberlistung die Kreuzritter nicht bewogen wurden, ihrem Gelübde untreu, die Waffen gegen Christen zu wenden. Obwohl Manuel mit dem Könige Conrad verschwähert war, denn die Kaiserin Irene, die Tochter des Grafen von Sulzbach, war die Schwester von Frau Gertrude, des Königes Conrad Gemahlin; so fürchtete er doch den deutschen König und dessen Fürsten nicht weniger, als den König Ludwig und die französischen Barone. Der Krieg, welchen damals der Herzog Roger von Sicilien wider das römische Reich führte, spannte diese Besorgnisse noch mehr; denn die Schwäche des griechischen Reiches war in diesem Kriege noch weltkundiger geworden, als zuvor, und durch die Vernachlässigung der Flotten und Küstenvertheidigung waren mehrere wichtige Seestädte der Plünderung und ihre gewerbfleißigen Einwohner der gewaltsamen Wegführung durch die sicilischen Flotten preisgegeben worden [2]). Die Gesandtschaft, welche Herzog Roger an den König Ludwig nach Etampes abgeordnet, konnte den Griechen auch nicht unbekannt geblieben seyn, und nach ihrer argwöhnischen Staatsklugheit besorgten sie, vielleicht auch nicht ohne Grund, daß dort von den wider das römische Reich so erbitterten Normannen den Franzosen irgend eine vielleicht für die Hauptstadt selbst verderbliche Unternehmung möchte in Vorschlag gebracht worden seyn [3]).

τὰ ὑπ᾽ ἐκείνων λεγόμενα." Gleichwohl läßt er in seiner gezierten Sprache den Kaiser Manuel (S. 43) den Senatoren, den Beamten und dem Kriegsheere die Kreuzfahrer schildern: „wie die Lateiner ganz mit Erz bedeckt und blutgierig sind, wie aus ihren Augen Feuer blitzt, und wie sie am Blute sich erfreuen, gleich wie andere am Besprengen mit Wasser."

2) Andr. Danduli Chron. Venet. in Muratori Scriptt. rer. Ital. T. XII. S. 283. Muratori Annali d'Italia ad a. 1146. Rer. ab Alex. gest. etc. Libri p. 534.

3) Dieser Gesandtschaft erwähnen

Sobald also der Kaiser Manuel vernahm, daß die J. Chr. 1147.
Pilgerscharen in Deutschland und Frankreich sich versammelten, so ließ er zwey vornehme Botschafter nach Deutschland eilen, um den beyden Königen kaiserliche Briefe einzuhändigen. Aber diese Botschafter, wiewohl der eine von ihnen ein italienischer Graf war, erweckten bey den Pilgern keine günstige Meinung von den Griechen und dem Hofe ihres Kaisers. Der Mönch Odo aus St. Denys, ein treuer und glaubwürdiger Mann, berichtet uns von dem Eindrucke, welchen auf die französischen Heere die griechischen Botschafter gemacht, als ihnen der König Ludwig in dem Lager bey Regensburg in seinem königlichen Zelt feyerlich Gehör gab. Die auffallende Tracht der Griechen, ihre kurzen fest anschließenden seidnen Kleider und die aufgestreiften Aermel, welche ihnen das Ansehen von Faustkämpfern gaben, erschienen den Franzosen so auffallend, als ihre sklavischen Sitten und Geberden widrig und verächtlich. Die Könige und Fürsten bey den Völkern deutschen Stammes lebten damals noch wie Väter oder Brüder mit ihren Rittern und schieden sich nicht ängstlich von dem Volke, ihre Söhne und Töchter wurden wie die andern Söhne und Töchter des Landes in Zucht und Sitten erzogen [4]), und das Glück eines

zwar die beyden bekannten griechischen Geschichtschreiber dieser Zeit, Cinnamus und Nicetas, nicht: aber wer wird aus ihrem Stillschweigen schließen wollen, daß jene Gesandtschaft ihnen unbekannt gewesen sey. Daß aber die Besorgniß des Kaisers Manuel durch die Gefahr, welche von Sicilien her drohte, gar sehr vermehrt wurde, bemerkt Nicetas (S. 42) ausdrücklich.

4) Man übte in dieser Erziehung den Grundsatz, daß, wer befehlen wolle, zuvor müsse gelernt haben, zu gehorchen. Daher begaben sich selbst die Töchter von Grafen und Markgrafen in den Dienst von ältern Frauen ihres Standes und dienten ihnen als Kammerfrauen. Darauf beziehen sich die Lehren, welche der Troubadour Amanieu des Escas einer jungen Markgräfin in einem

J. Chr. 1147. redlichen Hausvaters war den Fürsten nicht fremd. Vertraulich war Sitte und Ton des Umganges der Könige mit ihrem Hofgesinde oder ihren Heergesellen, und die sclavische Ehrerbietung vor Königen und Fürsten, als irdischen Göttern, so wie die niedrige Schmeicheley in Titeln und Redensarten, kam erst von dem byzantinischen Hofe, wo eine mehr als asiatische Tyranney und Sclaverey geübt ward, zu den Völkern des Abendlandes. Darum erschien es den französischen Heeren so fremd, ja selbst verächtlich und verabscheuenswürdig, als sie die beyden vornehmen griechischen Männer und ihr Gefolge, nach Ueberreichung des kaiserlichen Schreibens, wie Knechte mit verbeugten Häuptern und von unten gegen den König aufgerichtetem Blicke vor dem königlichen Throne stehend, die Antwort des Königs erwarten und nicht eher auf die Sitze, welche sie mitgebracht, sich niederlassen sahen, als da der König es ihnen geheißen [5]).

Noch verächtlicher waren den meisten Pilgern die Schmeicheleyen, welche in dem kaiserlichen Schreiben enthalten waren. Der Kaiser Manuel hatte die Schreiben an

Lehrgedichte über die Erziehung gibt: früher aufzustehen, als ihre Gebieterin, damit, wenn diese schelle, sie schon angekleidet und bereit sey, ihr zu reichen, was sie bedürfe u. s. w. Simonde de Sismondi hist. de la litt. du midi de l'Europe T. I. S. 178.

5) „Rege salutato, sagt Odo von Deuil, sacrisque redditis (litteris), responsionem stantes exspectant; non enim sederent nisi jussi. Post praeceptum vero positis subselliis, quae secum attulerant, subsederunt. Vidimus ibi, quem postea didicimus morem Graecorum, sedentibus dominis omnem pariter astare clientelam. Videas juvenes fixo gressu, reclino capite, in propriis dominis erectis aspectibus cum silentio, solo nutu ipsis parere paratos. Non habent amictus sed vestibus sericis, curtis et clausis undique divites induuntur, strictisque manicis expediti more pugilum semper incedunt. Pauperes etiam, excepto pretio, similiter se coaptant."

die beyden Pilgerkönige abfassen lassen mit aller Kunst verschmitzter Gleißnerey, worin die Griechen Meister zu seyn sich rühmten, in der Hoffnung, durch erheuchelte Bewunderung und übertriebene Lobsprüche der Tapferkeit und Frömmigkeit der Könige und ihres Volks, sie und alle ihre Fürsten zu berücken und so günstig für sich zu stimmen, daß sie hernach alles bewilligen sollten, was nur von ihnen gefordert werden möchte. Wie konnte aber Manuel solche eitle Hoffnung nähren! Die abendländischen Pilger kannten schon durch funfzigjährige Erfahrung die Weise der Griechen, und der gerade Sinn der Ritter unterschied gar wohl, und am sichersten in der geschmacklosen Rednerey der damaligen griechischen Redekünstler, Heucheley und Gleißnerey von Wahrheit und Aufrichtigkeit. Wenn auch der König Ludwig, durch Eitelkeit verleitet, das erste Mal durch die übertriebenen Lobsprüche, welche der Kaiser seiner verdienstlichen und Gott wohlgefälligen Aufopferung und Selbstverläugnung spendete, sich täuschen ließ, und diese Lobsprüche für ernstlich nahm, so lernte er doch bald sie richtiger schätzen, und hielt die Ausbrüche seiner Ungeduld und des Widerwillens über die gedehnten und wortreichen Schmeichelenen in den kaiserlichen Briefen nicht zurück. „Lieben Brüder," sagte einst der lebhafte und heftige Bischoff Gottfried von Langres den griechischen Botschaftern, welche eine lange Reihe ohne Ende heuchlerischer Lobeserhebungen von des Königs hohen Tugenden ablasen, ins Gesicht, „redet doch nicht so oft von unsers Königs Herrlichkeit und Majestät, seinem Ruhm und seiner Frömmigkeit, er weiß es selbst recht gut und wir wissen es nicht minder" [6]). J. Chr. 1147.

6) „Chartas (d. i. den Brief, welchen die griechischen Gesandten dem Könige Ludwig zu Regensburg überreichten) plenarie interpretari par-

J. Chr. 1147. Mit den wortreichen und gekünstelten Versicherungen der Bewunderung und Freundschaft für die Wallfahrer in den Briefen standen die Handlungen des Kaisers Manuel in sehr auffallendem Widerspruch. Denn er rüstete sich, wie gegen den Einbruch eines feindlichen Heeres, rief alles Kriegsvolk zu den Waffen und besserte mit emsiger Eile nicht nur die Mauern und Bollwerke von Constantinopel, sondern auch von allen andern wichtigen Städten, welche der Weg der Wallbrüder berührte. Noch mehr aber als durch jene Rüstungen wurden die Fürsten und Ritter erbittert durch die in den Briefen des Kaisers Manuel an die Könige vorgeschlagenen Bedingungen, welche von ihnen angenommen und beschworen werden sollten, ehe sie die Erlaubniß zum friedlichen Durchzuge durch das griechische Kaiserthum erlangten. Denn in diesen Bedingungen erblickten sie nicht nur Beweise eines kränkenden und beleidigenden Argwohns gegen die katholischen Pilgerheere, sondern ein eben so unwürdiges Bestreben, als weiland des verhaßten Heuchlers Alexius, die fromme Tapferkeit der Christo geweihten Schaaren den feigen Griechen dienstbar zu machen. Der Kaiser Manuel begehrte, die angesehensten Fürsten der beyden Pil-

tim non decet, partim non possum, nam prima pars carum et maxima tam inepte humiliter captabat benevolentiam, ut verba nimis affectuosa, quia non erant ex affectu, non solum Imperatorem, sed etiam mimum dicerem dedecere. Et ideo pudor est, tendentem ad alia talibus occupari. Non possum autem, quia Franci adulatores, etiamsi velint, non possunt Graecos aequare. Rex vero licet cuncta cum rubore prius exponi tolerabat, sed ex quo fonte procederent nesciebat. Tandem vero cum eum in Graecia nuncii frequentarent et semper ab huiusmodi prooemio inchoarent, vix ferebat." Also Odo v. Deuil; Nicetas hatte also keine Ursache, ruhmredig zu erzählen, wie Manuel: ἐπαινεῖν ὑπερβαλλόντως τὰ δρώμενα ὑπεκρίνετο, καὶ ἄγασθαι αὐτοῖς τῆς εὐσεβοῦς προσεποιεῖτο προθέσεως. S. 41.

gerheere sollten zweyerley zu halten mit einem feyerlichen Eide schwören; zuerst keine Stadt, Burg oder sonst irgend einen Platz des griechischen Reiches feindlich angreifen oder in ihre Gewalt bringen zu wollen, und zweytens, jede ehemals zum römischen Reiche gehörige Stadt und Landschaft in Asien, welche durch ihre Tapferkeit den Helden würde entrissen werden, dem Kaiser zu überantworten. Zu solchen Versprechungen ließen sich die Pilgerfürsten nicht bewegen. Der König Conrad und die Herzoge und Grafen seines Heeres schwuren nicht mehr, als keine Feindseligkeiten wider das griechische Reich üben und weder ihrem Heergesinde noch dem geringen Volk irgend eine Beschädigung der Unterthanen des Kaisers gestatten, und wo sie etwa geschähe, hinreichende Genugthuung geben zu wollen [7]). J. Chr. 1147.

7) Otto von Deuil gibt ausführliche Nachricht über diese Verhandlungen, so weit sie den König von Frankreich und die Franzosen betreffen. Die deutschen Geschichtschreiber reden nicht davon; wir wissen aber aus Nicetas und Cinnamus, daß den beyden Königen dieselben Anträge gemacht wurden. Cinnam. S. 38. Nic. S. 41. Freylich erzählen die griechischen Geschichtschreiber nichts von der zweyten Forderung, deren Odo von Deuil erwähnt; wenn wir den griechischen Geschichtschreibern glauben wollen, so verlangte der Kaiser nichts, als daß sie versprechen sollten, aller Gewaltthätigkeiten und Unordnungen im griechischen Reiche sich zu enthalten. Dagegen sicherte er ihnen die reichliche Lieferung aller ihrer Bedürfnisse zu. „Als alle (Pilgerfürsten), sagt Cinnamus, in dem Zelte des Königs Conrad der Deutschen (wo die Gesandten ihren Vortrag wegen des Eides, womit die Fürsten geloben sollten, dem römischen Reiche keinen Schaden zuzufügen, gehalten hatten) zusammengekommen waren, denn Conrad war der Vornehmste in den abendländischen Völkern, so erklärten sie, daß sie den Römern zu keinem Schaden gekommen wären, auch sehr bereit seyen, solche Erklärung mit einem Eide zu erhärten, falls es verlangt würde; ihre Heerfahrt gelte Palästina und die Türken, welche Asien verwüsteten. Als dies Anerbieten von den Römern angenommen wurde, so ward es auch unverzüglich ins Werk gesetzt von den Königen und von allen, welche sonst unter ihnen zu den Vornehmsten und Angesehensten gehörten, den Herzogen

J. Chr. 1147. Wir kennen am genauesten die Verhandlungen, welche von dem griechischen Botschafter mit dem Könige Ludwig und den französischen Baronen über jene Bedingungen gepflogen wurden; denn auch davon hat der verständige Mönch Odo von St. Denys ausführlich berichtet. Die erste der von dem Kaiser geforderten Verheißungen zu leisten, waren die französischen Pilgerfürsten nicht ungewillet, aber sie wollten unter keiner Bedingung sich verbindlich machen, für den Nutzen der feigen Griechen Gut und Blut zu opfern, ungeachtet die griechischen Botschafter, nachdem mehrere Tage lebhaft unterhandelt worden, erklärten, der Kaiser Manuel werde solche Weigerung als Beweis feindseliger Gesinnungen betrachten, alle unbefestigten und offenen Plätze auf ihrem Wege niederreißen und die zu ihrer Versorgung gesammelten Vorräthe zerstören lassen, welche hernach nicht wieder sich ersetzen ließen, wenn auch der Kaiser selbst es gern wollte. Zuletzt begnügten sich die Botschafter mit der Zusicherung, so wie die französischen Fürsten sie geben wollten, und behielten die Verhandlung über die zweyte Bedingung der persönlichen Unterredung des Kaisers Manuel mit dem Könige Ludwig vor. Hierauf eilte der Eine der beyden Botschafter nach Constantinopel zurück, um schnellen Bericht von ihrer Sendung zu bringen, mit dem andern zogen, nach dem Wunsche des Kaisers, französische Botschafter dem Heere voran nach der Hauptstadt, wozu der Bischoff Alonsius von Arras, der königliche Canzler Bartholomäus, Herr Erchembald von Bourbon und einige andre vornehme Herren erkohren wurden. Der Bischoff Alonsius

und Grafen." Cinnamus scheint zu meinen, daß zu Regensburg von den griechischen Gesandten mit Ludwig und Conrad zugleich unterhandelt worden sey.

aber, welcher dem Heere so viele ersprießliche Dienste durch J. Chr. 1147.
seine Klugheit und Erfahrung geleistet, gelangte nicht nach Constantinopel, sondern erkrankte und starb zu Philippopolis, 7. Sept.
am Tage vor Mariä Geburt, mitten unter der Feyer dieses Festes, welche die ihn begleitenden Geistlichen auf sein Begehren, da er sich dem Tode nahe fühlte, um einen Tag früher begingen, weil er dem Dienste und der Verehrung der Mutter Gottes sein ganzes Leben geweiht hatte. Der König Ludwig besuchte hernach, als er nach Philippopolis kam, andachtsvoll das Grab dieses frommen Bischoffs vor dem Altare der St. Georgenkirche, und feyerte über demselben mit seinen Bischöffen und Aebten ein Seelenamt [8]).

Nicht ohne Groll und Erbitterung wider die Griechen betraten die Wallbrüder das Land des griechischen Kaiserthums, und Hader und Streit waren bey solcher Stimmung der Gemüther nicht zu vermeiden, wiewohl Kaiser Manuel keine Vorsicht vernachlässigt, um Streitigkeiten und Beschwerden abzuwenden, überall Lebensmittel aufgehäuft und besonders den Königen und Fürsten so ehrenvollen und anständigen Empfang bereitet hatte, daß der König Conrad selbst in einem Schreiben an den Abt Wibald von Corvey die Höflichkeit und Gefälligkeit der Griechen rühmte [9]). Zwey vornehme Gesandte warteten an der Gränze, um die Könige im Namen des Kaisers zu begrüßen und ihnen die

8) Odo de Diog. III. S. 29. 30.

9) „De statu, schreibt der König Conrad, incolumitatis nostrae, in quo adhuc fuimus, dilectioni tuae significamus. Sani, Deo gratias, et integri sumus. Per Hungariam descendentes in Graeciam pervenimus, ubi a rege Graecorum nobis honorifice servitur." Ep. Wib. 51. Man sieht, dieser Brief wurde bald nach dem Einrücken über die griechischen Gränzen, wahrscheinlich nicht lange nach dem ehrenvollen Empfange durch die griechische Gesandtschaft, geschrieben.

J. Chr. 1147. freundschaftlichen Gesinnungen ihres Herrn von neuem kund zu thun [10]). In den Augen der Wallbrüder erschienen alle diese Bemühungen der Griechen, ihnen gefällig zu seyn, nur heuchlerisch und darauf berechnet, sie zu berücken und in solche Sorglosigkeit zu bringen, daß das feige Volk sie überfallen und ohne Gegenwehr tödten könnte, sobald es wollte; und die Aengstlichkeit, womit sie von den Statthaltern und Kriegsvölkern des Kaisers sich bewacht sahen, bestärkte ihren Argwohn. Wie konnte es den Wallbrüdern verborgen bleiben, daß der Kaiser, als sie bey Belgrad über die Donau fuhren, auf das genaueste die Fürsten und Ritter und ihr Gefolge und alle Bewaffnete und Unbewaffnete, so wie sie die Schiffe verließen, zählen und aufschreiben ließ [11])?

10) Dem Könige Conrad gingen der Sebastus Michael aus dem edeln Geschlechte der Paläologen und ein andrer vornehmer Mann, welcher das am byzantinischen Hofe sehr ehrenvolle Amt eines Chartularius (d. i. eines geheimen Secretairs oder Canzlers) bekleidete, entgegen. Sie erwarteten den König zu Sardica. Cinnam. S. 39. Dieselben scheinen auch dem König Ludwig entgegengegangen zu seyn, wenigstens Michael Paläologus; und Michael Branas, welchen Cinnamus (S. 46) als den zweyten der an den König von Frankreich geschickten Gesandten nennt, ist vielleicht der Chartularius, dessen Namen er bey der Gesandtschaft an den König Conrad nicht nennt.

11) Cinnam. S. 39. Diese Schreiber (ὑπογραμματεῖς) zählten nur bis 90000; weiter konnten sie nicht kommen (τὸ ἐνθεῦτεν οὐχ' οἷόν τε ἀριθμεῖν ἐγένοντο). Die Griechen machten auch kein Geheimniß aus dieser Zählung, wie man von Odo von Deuil weiß, der die Griechen selbst davon reden hörte: „Audivimus a Graecis, qui Alemannos numerarunt transeuntes, eum (Conradum) cum nongentis (leg. nonaginta) millibus et quingentis et sexaginta sex transfretasse." Lib. III. p. 31. Nach Odo von Deuil geschah diese Zählung aber erst, als die Deutschen in den kaiserlichen Schiffen über den Hellespont gingen, und so war es auch dem Priester Helmold zu Bützow von deutschen Pilgern selbst berichtet; Chron. Slav. c. 60 (Leibnit. Scriptt. Brunsv. T. II. S. 588. „Ad brachium S. Georgii providerat eis

Die Deutschen geriethen in heftigen Streit und selbst J. Chr. 1147.
blutigen Kampf mit den Griechen; denn die deutschen Ritter konnten am wenigsten das abgemessene Benehmen der Griechen verstehen und würdigen, und den Zorn und Grimm, der in ihren Gemüthern tobte, verbergen; auch hatte der König Conrad nicht Kraft und Festigkeit genug, um den Ungestüm seines Heers zu bändigen. So lange sie durch gebirgiges Land zogen, zügelte die Furcht vor im Hinterhalt verborgenen griechischen Truppen ihre Unbändigkeit; aber sobald sie bey Sardica in ebneres und offeneres Land kamen, wußten sie nichts mehr von Mäßigung. Sie plünderten diejenigen, welche ihnen Lebensmittel zum Verkauf brachten, raubten Vieh, selbst ganze Heerden und erschlugen diejenigen, welche sich nicht willig ihr Habe und Gut rauben lassen wollten; und die Griechen klagen, daß der König Conrad auf die Beschwerden über den Ungestüm seines Volks, welche vor ihn gebracht worden, entweder gar nicht oder nur mit unnützen Verwünschungen der Zügellosigkeit und Ausgelassenheit solcher gottloser Wallfahrer geantwortet habe [12]).

Als das deutsche Heer bey Philippopolis mehrere Tage ruhte, erhielt der Erzbischoff dieser Stadt, Michael, Italiener von Geburt und ein Mann von angenehmen Umgang und einnehmenden Sitten [13]), anfangs so gutes Einver-

Rex Graeciae naves ad transducendum exercitum, adhibens notarios qui expeditorum sibi numerum referrent." Vielleicht geschah die Zählung zweymal.

12) Ὅτε δὴ Ῥὴξ Κοῤῥάδος ἀνεπιστρόφως πάντη τῶν γινομένων εἶχε, καὶ τοῖς ἐπικαλοῦσιν, ἢ οὐδὲ προσεῖχεν ὅλως, ἢ καὶ προσχὼν τῇ τοῦ πλήθους ἀλογιστίᾳ τὸ πᾶν ἀπεγράφετο. Cinnam. S. 40.

13) Nicetas S. 42. Er nennt den Erzbischoff Michael in seiner gezierten Schreibart: „einen Mann von großer Beredsamkeit und gleichsam das Pflegekind der Weisheit, von sehr anziehenden und einnehmenden Sit-

J. Chr. 1147. ständniß, daß nicht nur die Griechen ohne Furcht das Lager der Wallfahrer besuchten, sondern auch der König Conrad in die Stadt zum Mittagsmahle in der erzbischöfflichen Wohnung kam. Zuletzt aber kam es auch dort zu blutigem Kampfe durch ein bloßes wunderliches Mißverständniß. Ein Gaukler, welcher mit allerley Kunststücken einer abgerichteten Schlange das Volk zu belustigen pflegte, kam in eine Schenke der meist von eingewanderten katholischen Christen [14]) bewohnten Vorstadt von Philippopolis, wo mehrere

ten in der Gesellschaft und ein gegenübergestellter Magnetstein (καὶ λίθος ἄντικρυς μάγνησσα)." Und sehr charakteristisch für die Römer dieser Zeit ist die Art, wie sich Nicetas über die Klugheit ausdrückt, mit welcher der Italiener Michael den guten ehrlichen König Conrad hinterging: „Er milderte dessen Sinn durch die Lockungsmittel der Worte (ταῖς τῶν λόγων ἴϋγξι), bezauberte ihn durch das Honig der Zunge, wechselte mit seinen Gedanken um, zwar ganz anders, als er es sagte, aber auf die nützlichste Weise für das römische Reich, und nahm alle Gestalten an, gleich wie jener berühmte Proteus." Die Kunst, in der Unterhaltung immer das zu finden, was dem andern angenehm ist, und seine Rede nach dessen Weise einzurichten, war bey den Griechen damals das Ziel aller Bildung, wie bey jedem sinkenden Volke.

14) „Philippopolis extra muros nobilem burgum Latinorum habebat." Odo de Diog. III. S. 97. Ohne Zweifel waren diese Lateiner Colonisten aus den westlichen Gegenden, vielleicht aus Italien, wenn man nämlich einen Schluß auf ihre Herkunft daraus machen darf, daß der Erzbischoff Michael ein Italiener war. Wer gern aus ihnen Italiener machen wollte, könnte auch noch für sich anführen, daß die Italiener in dieser Zeit noch zuweilen der Ehre genießen, vorzugsweise Lateiner genannt zu werden, z. B. bey Radevic. de gestis Frid. I. Lib. II. c. 5. in der bekannten Stelle, wo auf dem Ronkalischen Reichstage von 1158 der Kaiser Friedrich Rothbart „ait, se mirari prudentiam Latinorum, qui cum praecipue de scientia legum glorientur, maxime legum invenirentur transgressores." Wenn Colonisten aus den westlichen Gegenden, Deutsche oder Franzosen (Franci, φράγγοι), schon im zwölften Jahrhunderte in Ungarn eine eigne nach ihnen genannte Stadt Francavilla oder φραγγοχώριον bewohnten, wie wir aus sichern Nachrichten wissen, (S. Nicet. S. 12. Cinnam. S. 6. Alb. Aq. II. 99. Gesch. der Kreuzzüge Th. I. S. 83. Rer. ab Alex. I.

deutsche Pilger waren, und setzte sich zu den Fremdlingen, J. Chr. 1147.
wiewohl er ihre Sprache nicht verstand, mit ihnen zu zechen. Als alle vom Weine erheitert waren, zog der Gaukler seine Schlange hervor und legte sie über einen Becher, um mit ihren seltsamen Künsten die Trinkgesellen zu belustigen. Die Deutschen, welche solches niemals gesehen, statt sich, wie der Gaukler gehofft hatte, an den Künsten der Schlange zu erfreuen, entsetzten sich über die Maßen, in der Meinung, daß dies nichts anders sey, als höllisches Werk, und erschlugen, in blindem und einfältigem frommen Eifer, den Gaukler als einen Schwarzkünstler und Teufelsgenossen [15]). Die Einwohner der Vorstadt ließen diesen Mord nicht ungerochen, versammelten sich in großer Zahl und schlugen mit Grimm und heftigem Ungestüm auf die Pilger; mehrere deutsche Wallfahrer, als in dem Lager der Schall und das Getöse des Streites vernommen wurde, kamen ihren bedrängten Brüdern zu Hülfe, und von beyden Seiten wurde mit gewaltiger Erbitterung und nicht ohne grausames Blutvergießen gestritten. Der Statthalter von Philippopolis kam, als er diesen unerwarteten Streit vernahm, mit einer unbewaffneten Begleitung aus der Stadt, um Frieden zu stiften; die deutschen Wallbrüder aber, deren mittlerweile immer

etc. gestar. S. 498), so läßt sich auch wohl eine italienische Colonie in Romanien denken; zumal da Italien damals in so lebhaftem Handelsverkehr mit diesen Gegenden stand.

15) „Ubi cum tabernis insedissent Alemanni, malo auspicio affuit joculator, qui licet eorum linguam ignoraret, tamen sedit, symbolum dedit (d. i. seinen Beytrag, nämlich an Geld gab, zum gemeinschaftlichen Gelage), bibit. Et post longam ingurgitationem serpentem, quem praecantatum in sinu habebat, extrahit et scypho terrae imposito superponit, et sic inter eos, quorum linguam et mores nesciebat, caeteris lusibus jaculatoriis se frangit. Alemanni quasi viso prodigio illico cum furore consurgunt, mimum rapiunt et in frusta discerpunt." Odo de Diog. a. a. O.

J. Chr. 1147. mehrere herbeygelaufen waren, durch Wuth verblendet, merkten nicht seine Absicht, sondern griffen ihn mit Ungestüm an, in der Meinung, er komme, den Mord des Gauklers an ihnen zu rächen, und nöthigten ihn zur Flucht in die Stadt. Bald kam der Statthalter mit vielen Bogenschützen zurück, trieb die verwegenen Pilger aus einander, und ließ besonders diejenigen, welche einzeln angetroffen wurden, tödten oder verwunden; viele wurden in den Schenken erschlagen. Die Wallfahrer rächten sich dafür durch schreckliche Verwüstung und Verbrennung des umliegenden Landes, bis zuletzt dem Erzbischoff Michael es gelang, Versöhnung zu stiften [16].

Der Kaiser Manuel, durch diese aus so geringer Veranlassung entstandenen blutigen Händel geschreckt, sandte alsbald zahlreiche, meistens aus Petschenegen und Komanen gesammelte Scharen unter einem erfahrnen Feldherrn, Prosuch, von türkischer Herkunft [17], aus, um dem deutschen

16) Es scheint hier zwischen den Erzählungen des Nicetas und Odo von Deuil von den Ereignissen bey Philippopolis ein Widerspruch obzuwalten, welcher sich jedoch lösen läßt. Nach Nicetas (S. 42.) wurde der Streit, welcher zwischen der Hinterwache des deutschen Heers und den Griechen bey dem Abzuge des erstern entstanden war, durch die Ueberredungskunst des Erzbischoffs Michael versöhnt, und es kam nicht zum Kampfe. Odo von Deuil dagegen berichtet, es sey wirklich zum Kampf gekommen mit den oben im Texte erzählten Umständen. Nach dem Berichte des Nicetas selbst war jedoch der Vorfall bey Philippopolis für den Kaiser Manuel die Veranlassung, schnell Truppen in die Gegend von Adrianopel zu schicken, um die Wildheit der Kreuzfahrer in Schranken zu halten. Wenn nun aber dort nichts anders vorgefallen wäre, als ein Streit, welcher ausgeglichen worden, wie würde der Kaiser sich bloß dadurch zu dieser Maßregel haben bestimmen lassen? Also ist wohl nicht zu bezweifeln, daß Nicetas nur von der Verhütung noch schlimmerer Begebenheiten redet, welche durch die von Odo von Deuil erzählten Vorfälle hätten herbeygeführt werden können.

17) *Προσοὺχ, Πέρσης μεν τὸ γένος, τροφῆς δὲ καὶ παιδείας μεταλαχὼν Ῥωμαικῆς.* Cinnam. p. 40. 41.

Heere in geringer Entfernung zur Seite zu ziehen und we- J. Chr. 1147.
nigstens Räubereyen und Ausschweifungen der Nachzügler abzuwehren. Als aber jene wilden und unbändigen petschenegischen und komanischen Scharen unfern von Adrianopel sich dem deutschen Pilgerheere genähert hatten, kam es bald wieder zu schrecklichen und blutigen Auftritten. Das griechische Kriegsvolk erschlug ohne Schonung alle Wallfahrer, welche, um in diesem reichen Lande sich wohlzuthun, ihre Scharen verlassen hatten und von Wein berauscht auf den Wegen und Landstraßen herumtaumelten [18]). Solches ließen die deutschen Pilgerfürsten ungerächt, bald aber geschah folgendes. Ein vornehmer deutscher Ritter, welcher unterwegs erkrankte, ward nach Adrianopel zuerst in ein Kloster, hernach in das Haus eines griechischen Mannes gebracht; einige gottlose griechische Fußknechte, in der Meinung, daß der kranke Ritter große Reichthümer mit sich führe, zündeten dieses Haus an, um in der Verwirrung der Feuersbrunst zu stehlen. Sobald der Herzog Friedrich von Schwaben diesen Frevel vernahm, kehrte er, obschon um zwey Tagereisen dem Könige Conrad vorangezogen, nach Adrianopel zurück, und brannte, da er die Thäter des strafwürdigen Frevels nicht mehr traf, aus bloßer wilder Rachsucht das Kloster nieder, wo der kranke Wallfahrer doch zuvor gastfreundliche Aufnahme und sorgsame Pflege gefunden hatte. Also berichten die Griechen [19]). Darüber kam es zwischen den schwäbischen Pilgern unter dem Herzog Friedrich und dem Heere des Prosuch zu förmlichem Kriege.

18) „Incedunt igitur (Alemanni) satis audacter sed minus sapienter, quia dum in terra illa ubique inveniunt opulentiam et in ea non habent reverentiam, pedites eorum remanentes ebrii necabantur.“ Odo de Diog. Lib. II. p. 50.

19) Cinnam. S. 40.

J. Chr. 1147. Als dem Kaiser Manuel diese Kunde gebracht worden, so verstärkte er nicht nur das Heer des Prosuch mit neuen Scharen unter der Führung des Basilius Tzikandylas, sondern sandte auch ohne Verzug den Andronicus Opus, einen vornehmen griechischen Herrn, in das Lager des Königs Conrad, ihn und seine Fürsten an ihren Eid zu erinnern, und zu bereden, daß sie, ohne Constantinopel zu berühren, nach Sestus ziehen und dort über den Hellespont fahren möchten, indem dieser Weg kürzer, das Land, wodurch er führe, fruchtbarer und reicher als das Land zwischen Adrianopel und der Hauptstadt, und auch die Fahrt über das Meer bequemer sey, als ben Constantinopel. Der König Conrad gebot zwar, nach des Kaisers gerechtem Begehren, strenge dem Herzoge von Schwaben, den Frieden zu halten, aber nahm, wohl merkend, daß der Kaiser nichts anders wolle, als ihn und sein Heer von der Hauptstadt fern halten, den Rath, seinen Weg zu verändern, nicht an, sondern zog auf der alten Pilgerstraße fort gen Constantinopel [20].

20) „Ἀνδρόνικος, ὃν καὶ Ὦπον ἐκάλουν .... εἴγε μὴ εἰς προὔπτον κακὸν ἐμπεσεῖσθαι βουλομένοις εἴη, ἐπὶ τὸν Ἀβύδου ξυνεβουλεύετο πόρθμον ἰέναι, κἀκεῖθεν αὐτίκα περαιωσομένους. Ἀλλ' Ἀνδρόνικος μὲν ταῦτα εἰπὼν μὴ πείθειν εἶχε, ἄπρακτος εἰς Βυζάντιον ἀνεχώρει.“ Cinnam. a. a. O. „(Alemanni) venientes Adrianopolin, invenerunt transitum Constantinopolis partim resistendo, partim consulendo prohibentes et apud S. Georgium de Sisto mare strictius et solum fertilius asserentes. Sed Imperator eorum resistentes et consulentes aequa lance vilipendit.“ Odo de Diog. a. a. O. St. Georg de Sisto (was Chiffletius in do xisto umändern will,) ist nichts anders, als die Stadt Sestus von ihrer Hauptkirche eben so genannt, wie Ptolemais St. Jean d'Acre heißt. Das Meer von Marmora oder die Propontis nennen die Schriftsteller dieser Zeit nicht selten: Meer des heil. Georg, und die Meerenge zwischen Sestus und Abydus: fretum St. Georgii oder brachium St. Georgii; z. B. Otto Fris. de gest. Frid. I. 45.

Das deutsche Heer machte bey den Griechen keinen sonderlichen Eindruck; sie bewunderten zwar die Leibesgröße und stattliche Rüstung des Kriegsvolks, aber die schön und stark gepanzerten Ritter und ihre gewaltigen Schlachtrosse kamen ihnen auch sehr unbeholfen, schwerfällig und ungelenk vor, und am meisten war ihnen auffallend, daß auf dem Marsche das Heer entschart war, so daß sie schon deshalb das deutsche Heer für leicht überwindlich achteten einem griechischen, welches niemals anders als in geschlossenen Scharen zog [21]. Darum baten Basilius und Prosuch aus ihrem Lager bey Longi [22], wo sie den Zug des deutschen Heers zwischen Adrianopel und Constantinopel beobachteten, inständig den Kaiser, daß ihnen gestattet werden möchte, mit den Deutschen zu schlagen, in der festen Ueberzeugung, daß sie durch ihre Kriegskunst über dies unordentliche Heer leichten Sieg gewinnen würden. Der Kaiser Manuel fand es jedoch nicht für gut, ihr Gesuch zu gewähren [23]. J. Chr. 1147.

21) „Sie (nämlich die Heerführer der römischen Truppen) sahen, daß die Körper der Deutschen übermäßig groß und ihre Rüstungen trefflich waren. Als sie aber bemerkten, daß ihre Reiterey wenig beweglich war (τὴν ἵππον ἥκιστα δρομικὴν οὖσαν) und es auf ihrem Zuge an Ordnung und Zusammenhalten mangelte, so glaubten sie, daß dieses Heer leicht von den Römern überwunden werden könne, weil diese auf verständige Weise sich in geschlossenen Scharen zusammenhielten (σὺν ἐπιστήμῃ συμπλεκομένοις)." Cinnam. S. 41.

22) Λόγγοι, Cinnam. S. 41, ein Ort nicht weit von Byzanz auf dem Wege nach Adrianopel (Cinnam. S. 117).

23) Cinnamus behauptet, der Kaiser habe die Schlacht bloß aus Rücksicht auf die heilige Unternehmung der Pilger noch untersagt und erst mehr Ausschweifungen abwarten wollen. (Ὁ δὲ τῶν Βαρβάρων ἔτι εὐλαβούμενος πρόσχημα κ. τ. λ.) Die Furcht vor der Rache der nachrückenden Franzosen wirkte doch wohl noch stärker.

J. Chr. 1147. Ein schreckliches Unglück raubte aber bald dem deutschen Heere eine viel größere Zahl der tapfersten Krieger, als in der blutigsten Schlacht von den Griechen hätte erschlagen werden können. 7. Sept. Als am Vorabende vor Mariä Geburt [24]) die ermüdeten Pilgerscharen, nur noch wenige Tagereisen von Constantinopel entfernt, in die schöne und weite von zwey kleinen Strömen umflossene Ebne bey Chörobaccha [25]) kamen, beschlossen der König Conrad und die Fürsten dort zu rasten und das Geburtsfest der heil. Jungfrau in Freuden und Andacht zu begehen; denn dieses Land hatte Ueberfluß an fetter Weide für die Rosse, welche der Stärkung am meisten bedürftig waren, und für die Menschen ließ sich aus zwey nahen volkreichen Städten reichliche Lieferung von Lebensmitteln hoffen. Die Pilger freueten sich dieser Bequemlichkeiten und Vortheile; auf ihrer ganzen Heerfahrt hatten sie nicht in so herrlicher Gegend gerastet [26]). Aber schon in

24) Proxima ante nativitatem b. Mariae feria. Otto Fris. de gest. Frid. I. c. 45.

25) „Vallem quandam juxta oppidulum Cherevach dictum, campi viriditate laetam, amniculi cuiusdam medio decursu conspicuam attingimus.“ Otto Fris. l. c. Es ist die Ebne bey dem oft in den byzantinischen Schriftstellern genannten Orte Choerobaccha (Χοιροβάκχα), welche nach Cinnamus (S. 41.) zwischen den beyden Flüssen Athyras (jetzt gewöhnlich: Aqua dolce) und Melas (jetzt Gere Sui) nicht weit von Constantinopel liegt. Cinnam. S. 41. „Diese Gegend, sagt Cinnamus, liegt abschüssig (ὑπτιάζει) und ist reich an Kräutern, besonders zur Nahrung für die Pferde.“ „Es durchfließt, sagt Nicetas (S. 43.), diese Ebne ein weder tiefer noch breiter Fluß, mit Namen Melas. Im Sommer hat er wenig Wasser, so daß er dann zu einem schlammigen Graben wird, weil das Land, welches er durchfließt, nicht sandig, sondern fett ist und tiefe Furchen beym Pflügen gibt. Im Winter aber, oder wenn Platzregen einbrechen, wächst er zum großen Fluß an..... verwüstet das benachbarte Land, reißt die Arbeit der Ackerleute hinweg, hindert die Reisenden an der Fortsetzung ihres Weges u. s. w.“ Odo von Deuil nennt diese Gegend: „pratum fluviolo quodam vel torrente irriguum et mari contiguo terminatum!“

26) „Fateor, toto expeditionis

der ersten Nacht wurde ihre Freude in großes Leid verkehrt. J. Chr. 1147.
Denn um die Zeit der Nachtmette fiel ein sanfter Regen, welcher plötzlich, als eben die Geistlichen von dem nächtlichen Dienste in ihre Betten zurückgekehrt waren, in den heftigsten Platzregen überging; zu gleicher Zeit wurde das Thal von einem fürchterlichen Wasserstrom, der sich von dem Gebirge nach einem Wolkenbruch herabstürzte, überschwemmt, die beyden noch am Tage so kleinen und seichten Flüsse schwollen mit unbegreiflicher Schnelligkeit und traten ungestüm über ihre Ufer; ein schrecklicher Sturmwind stürzte die Zelte um und riß sie fort mit dem Wasserstrom in das nahe Meer, noch ehe die Wallbrüder ihr Lager verlassen und von der Betäubung des Schlafes sich ermuntern konnten. Schauderfoll war die Verwirrung, welche noch durch die dichte Dunkelheit der Nacht vermehrt ward, und klägliches Angstgeschrey erfüllte die Luft. Die Ritter und wer sonst ein Roß hatte, suchte sich mit dessen Hülfe durch die Wasserfluth und die angeschwollenen Ströme zu retten, wenige hatten Ruhe und Fassung genug, zweckmäßige Mittel der Rettung zu wählen, viele stürzten sich in der Verwirrung in die brausenden Ströme und ertranken, andere hingen sich angstvoll an diejenigen, welche durch Fertigkeit im Schwimmen sich retten konnten, und zogen sie mit sich in den Tod [27].

tempore numquam laetiora habuimus tabernacula, numquam, quantum ad sensus judicium, maiorem ambitum occupaverant tentoria." Otto Fris. l. c.

27) „Ecce circa vigiliam matutinam nubecula quaedam parva exorta imbrem mitem produxit, quem subito tantus pluviarum ventorumque impetuosus turbo subsecutus est, ut concussis et solutis, seu ad terram dejectis tabernaculis, gravissime qui post matutinorum laudes lectis nos receperamus, excitaret: clamor totum vicinum replens aërem attollitur. Amniculus enim, an ex refluxione proximi maris imbriumve multitudine, an ex cataractis ruptis in coelo, ex supernae majestatis ultio-

J. Chr. 1147. Wenige retteten sich außer denen, welchen es gelang, zu dem Lager der Herzoge Friedrich von Schwaben und Welf, welches seitwärts am Abhange eines Berges durch seine höhere Lage mehr gesichert war, zu fliehen. Dahin rettete sich auch der Bischoff Otto von Freysingen, welcher von diesem schaudervollen Unglück in der Lebensbeschreibung seines Neffen, des Herzogs Friedrich, ausführlichen Bericht
8. Sept. hinterlassen, und feyerte am andern Tage in Betrübniß und

ne, tantum intumuerat, ex tumoreque praeter morem inundaverat, ut totum cooperiret exercitum ..... Quantum vero damnum tam in personis quam in rebus ad tam longam viam necessariis exercitus noster ibi acceperit, dicere non oportet." Otto Fris. l. c. Die wahre Ursache dieser furchtbaren Ueberschwemmung berichtet Odo von Deuil (S. 30): „Dum igitur ibidem fixis tentoriis (Imperator) pernoctaret, erupit pluvia super eis quidem (sicut audivimus) modica, sed in montibus tanta abundantia, ut eos potius raperet quam aspergeret. Torrens enim tumidus et rapidus tentoria sibi obvia et quidquid continebat, involvens et rapiens in mare vicinum praecipitavit et ipsorum multa millia submersit." So hatte es auch der Priester Helmold von rückkehrenden Pilgern vernommen, Chron. Slavor. c. 60. (Leibnit. Scriptt. Brunsv. T. II. S. 588): „Appropinquante nocte audita sunt in montis supercilio fragor tonitruum sonitusque tempestatis: tum ecce noctis medio, nescio an nubium eruptione vel quo eventu, torrens ille auctior erumpens, quicquid vallis humilius habuit in hominibus et jumentis, in momento eluit et in mare projecit." Nicht minder furchtbar schildert Cinnamus (S. 41.) die Wirkungen der Fluth: „Ὄμβρου γὰρ ἐξαισίου καταῤῥαγέντος ἀθρόον, οἱ τὸν χῶρον ἐκεῖνον παραῤῥέοντες ποταμοὶ, ὧν ὁ μὲν Μέλας, ἅτερος δὲ Ἀθύρας πρὸς τῶν ἐγχωρίων ὠνόμασται, πολλῷ τοῦ συνήθους μᾶλλον ἀνοιδήσαντες μέτρου, ἐπὶ πλεῖστόν τε τοῦ πεδίου προχυθέντες, πολύ τι μέρος τοῦ Ἀλαμανῶν στρατεύματος, αὐτοῖς ἵπποις καὶ ὅπλοις, καὶ αὐταῖς παρέσυραν ταῖς σκηναῖς, ἐπὶ θάλασσάν τε ἀπὸ γῆς ἐξέπτυσαν φέροντες." Eben so Nicetas S. 43. „Τότε τοιγαροῦν οὗτος ὁ χειμάῤῥους ἐξ ὑετοῦ πολὺς καὶ κατακλύζων φανεὶς, καὶ νυκτὸς ἐκ τοῦ αἰφνηδὸν ὑπερπλημμύρας, ὡς εἴπερ αὐτῷ οἱ καταῤῥάκται ἀνεῴγεισαν οὐρανοῦ, ἀπάγει τῆς παρεμβολῆς τῶν Ἀλαμανῶν οὐ μόνον ὅπλα καὶ ἵππεια φάραλα καὶ ἐσθήματα καὶ εἴ τι ἕτερον αὐτοῖς ἐσκευαγώγει τὰ ὑποζύγια ἀλλὰ καὶ ἵππους καὶ ὀρέας καὶ ἄνδρας ἱπποκορυστάς."

Traurigkeit das Fest der heiligen Jungfrau, welches er in J. Chr. 1147.
Fröhlichkeit zu begehen gehofft hatte [28]). Schmerzlich war den frommen und tugendhaften Männern im Heere dies Unglück auch darum, weil nicht nur die Griechen es als die Strafe Gottes für die Ruchlosigkeit und Eidbrüchigkeit der Deutschen betrachteten, sondern auch sie selbst nicht zweifelten, daß die Sünden und Laster vieler gottloser Wallfahrer solches furchtbares göttliches Strafgericht über sie gebracht hätten [29]).

Nicht lange nach jener schrecklichen Nacht schlossen sich die lothringischen Wallfahrer, welche von dem französischen Heere sich getrennt hatten und diesem vorangezogen waren, dem Heere ihres Königs Conrad an [30]); so daß das deutsche Pilgerheer doch in stattlicher Zahl vor Constantinopel erschien.

Was während des Aufenthaltes der deutschen Wallfahrer bey Byzanz geschah, wird von den deutschen Zeitbüchern so mangelhaft berichtet, daß über die einzelnen Ereignisse, deren die griechischen und französischen erwähnen,

28) „Aliqui ergo de nobis in tentoria Friderici ducis, quae sola ab hac perniciosa clade penitus illaesa manebant, nos transtulimus, ibique sacra Missarum solennia audientes, non cum gaudio, sed cum multa amaritudine cordis, nostrorum luctum et gemitum audientes, Gaudeamus cecinimus."

29) „Divinam id animadversionem potius quam naturalem inundationem esse considerantes, amplius attoniti fuimus." Otto Fris. „Ἔντα τι δυστύχημα λόγου κρεῖσσον αὐτοῖς ξυνενεχθῆναι λέγεται, ἐξ οὗπερ ἄν τις εἰκότως στοχάσαιτο μηνίσαι τὸ θεῖον αὐτοῖς, τούς τε ὅρκους ἠδικηκόσι, καὶ πολλῇ ἐς τοὺς ὁμοθρήσκους αὐτοῖς καὶ μηδὲν ἠδικηκότας ἀνθρώπους ἀπανθρωπίᾳ κεχρημένοις." Cinnam.

30) „Nam Lotharingorum legio, sagt Otto von Freysingen, als er das Unglück bey Choerobaccha zu berichten anhebt, nondum se nobis junxerat." Daß sie aber schon mit den Deutschen vereinigt waren, als diese bey Constantinopel standen, wissen wir durch Odo von Deuil. S. unten Anm. 37.

J. Chr. 1147. kein sicheres Urtheil möglich ist. Der Bischoff Otto von Freysingen, welcher nur in der Lebensbeschreibung des Herzogs und nachmaligen Kaisers Friedrich von dieser unglücklichen Wallfahrt berichtet, schweigt fast über alle Unfälle, welche seit dem Unglück bey Choerobaccha das deutsche Heer trafen, und entschuldigt die Unvollständigkeit seiner Berichte damit, daß er als Lebensbeschreiber seines Neffen sich vorgesetzt habe, nicht ein Trauerspiel, sondern eine fröhliche Geschichte zu schreiben [31]). Die griechischen Bücher klagen über die Hoffahrt des Königs Conrad, welche durch jene göttliche Strafe so wenig gedemüthigt worden, als der Ungestüm seines Volks gebändigt; der deutsche König soll, als kaiserliche Botschafter ihm, da er gen Constantinopel anzog, entgegenkamen und ihn zur Unterredung mit dem Kaiser Manuel in die kaiserliche Pfalz einluden, begehrt haben, der Kaiser selbst solle ihm außerhalb der Stadt entgegenkommen [32]).

Von der Wildheit und Unbändigkeit und dem ungefügen Wesen, zugleich auch von der Unbeholfenheit und Dummheit der Deutschen waren die wunderlichsten Schilderungen unter dem Volke der Hauptstadt verbreitet. Die Einwohner von Constantinopel erwarteten daher nichts gewisser, als einen unbändigen und ungeschickten Angriff auf die außerhalb der Stadt aufgestellten griechischen Truppen von den vorbeyziehenden ungefügen Riesen, und vieles Volk, selbst viele Weiber, hatten sich auf den Mauern versammelt, um den leichten Sieg der griechischen Klugheit, Geschicklichkeit und Behendigkeit über die deutsche Wildheit und Unbeholfenheit,

31) „Nos qui non hac vice tragoediam sed jocundam proposuimus scribere historiam, aliis vel aliis hoc dicendum relinquimus." De gest. Fr. I. c. 44.

32) Cinnam. S. 42.

gleich wie einen Kampf mit wilden Thieren, zur Belustigung J. Chr. 1147.
zu schauen und sich an dem wunderlichen fremdartigen Anblick der Barbaren zu weiden. Aber gleichwohl waren aus ängstlicher Besorgniß nicht bloß die äußern Festungswerke, sondern selbst die innern Mauern der Stadt mit einer zahlreichen Miliz besetzt. Als nun die Deutschen ruhig und in trefflicher Ordnung vorüberzogen und über die Brücke am Ausflusse des Bathyssus in den Meerbusen [33]) nach der Vorstadt Pera [34]) sich begaben, konnte das griechische Volk die Täuschung seiner Erwartung sich nur erklären theils aus dem dumpfen Erstaunen der Deutschen über die Pracht und Festigkeit der großen Stadt und die Sicherheit und Furchtlosigkeit der unermeßlichen auf der Mauer versammelten Volksmenge, theils selbst aus der Furcht vor der großen Menge und stattlichen Rüstung des griechischen Heers [35]).

33) Cinnamus beschreibt die Lage dieser Brücke (S. 42.) sehr genau: Indem das schwarze Meer rechts einen ziemlich tiefen Meerbusen bildet (ἀποῤῥοήν τινα ποιούμενος), geht es gleichsam gegen Westen zurück und verschafft dadurch den Byzantiern einen länglichen Hafen. Ein Fluß aber (der Bathyssus, jetzt Scheatschana), welcher weiter oben fließt, durchströmt die dortigen Ebnen und ergießt sich nicht weit von Constantinopel in den Meerbusen an seiner Spitze, gerade an dem Orte, wo die Brücke gebauet ist.

34) Damals gewöhnlicher Pikridium genannt.

35) „Als Conrad sich in dem Philopation befand, schauete er von dort den Umfang der Stadt. Die Höhe der Thürme und die Tiefe des Grabens, welcher um die Stadt lief, setzten ihn in großes Erstaunen. Als er aber die Menge von Weibern und das müßige unbewaffnete Volk auf den Vormauern (ἐπὶ τῶν προπυργίων) stehen sah; — denn alle diejenigen, welche des Krieges Mühseligkeiten zu schmecken gewohnt waren, bewachten entweder die innern Mauern oder standen vor den Außenwerken (πρὸ τοῦ περιβόλου) und erwarteten den ersten Angriff (χειρῶν ἀρχὴν) der Deutschen — als er alles dieses sah, da merkte er, daß diese Stadt — wie es denn auch wirklich war — durch ihren Ueberfluß an Macht furchtlos wäre, ging schnell über die Brücke, welche über den nahe gelegenen Meerfluß,

J. Chr. 1147. Zu Pera nahmen die deutschen Pilger dieselbigen Wohnungen ein, wo vor funfzig Jahren das begeisterte Heer des Herzogs Gottfried mit gleichem Groll gegen die Griechen, als diese Pilger die Gelegenheit zur Rache erwartet hatten [36]).

Erst wenige Tage hatte das deutsche Heer in Pera verweilt, als schon zwischen dem Könige Conrad und seinen Fürsten und dem Kaiser Manuel dieselbigen Streitigkeiten entstanden, wie zwischen den Helden der ersten Kreuzfahrt und dem Kaiser Alexius, über die Weise, wie der König Conrad in die Stadt zur Unterredung mit dem Kaiser einziehen solle, worin der deutsche König durchaus nicht nach dem Willen des Kaisers sich fügen wollte [37]). Auch über

wie man ihn immer nennen könnte, gebauet war, und begab sich in die der Stadt Byzanz gegenüber liegende Vorstadt Pikridium (Pera)." Cinnam. a. a. O.

36) S. Th. I. S. 113. Wie sich überhaupt die spätern Kreuzfahrer gern so viel möglich nach dem Muster der Helden des ersten Kreuzzugs richteten, so wählte vielleicht Conrad diesen Aufenthalt deswegen, weil dort der Herzog Gottfried gelagert gewesen.

37) Die Schriftsteller sind sehr kurz über diese Händel. Daß sie aber ganz dieselben waren, welche Alexius mit den Heerführern der ersten Kreuzheere hatte, sieht man deutlich aus folgenden Aeußerungen: „Alius eorum ingredi civitatem, alius egredi timuit aut noluit et neuter pro altero mores suos aut fastus consuetudinem temperavit." Odo de Diog. „Ὁ πυθόμενος βασιλεὺς (nämlich das Unglück bey Chörobacha), ἐλέῳ τε τῷ εἰς τοὺς ἀνθρώπους τὴν ψυχὴν πεπονθὼς, ἄνδρας τῶν ἐπὶ δόξης παραμυθησομένους Κοῤῥάδῳ τὴν συμφορὰν ἔστελλε, μετεπέμπετό τε αὐτὸν ὡς λόγου τι κοινωνήσῃ, καὶ περὶ μεγάλων αὐτῷ συνδιασκέψαιτο. Ὁ δὲ καὶ εἰσέτι μηδαμῇ καθυφεῖναι θέλων τοῦ γαύρου, ὑπαντᾷν αὐτῷ ἐς Βυζάντιον προάγοντι τὸν Αὐτοκράτορα ἠξίου, τοιούτων τέ τινων ἄλλων ὁμιλίαν τὴν ἑαυτοῦ σταθμώμενος ἦν. Ἐφ᾽ οἷς ὁ Βασιλεὺς ἀλαζονείαν ὅρον οὐκ ἔχουσαν αὐτοῦ καταγνοὺς, τοῦ λοιποῦ περιεῖδε. Cinnam. Selbst eine Stelle des Arnold von Lübeck, obgleich sie falsche Thatsachen, wie es scheint, enthält, spricht von ähnlichen Rangstreitigkeiten, Chron. Slav. Lib. II. c 10. (Leibnit. Script. Brunsvic. T. II. S. 635.) „Est quaedam detestabilis consuetudo Regi Graecorum .... ut osculum salutationis nulli offerat, sed

die Ausschweifungen, welche von den deutschen Pilgern auf dem Durchzuge geübt worden, erhob sich ein Briefwechsel nicht ohne Erbitterung von beyden Seiten. Der König Conrad brachte in einem Schreiben an den Kaiser Manuel keine andre Entschuldigung wegen der von seinem Volke verübten Gewaltthätigkeiten, worüber die Griechen klagten, vor, als daß solcher Frevel ohne sein Wissen vom ungestümen unbändigen Volke, das vom Heere getrennt im Lande herumgefahren, verübt worden, und daß wohl niemals ein zahlreiches Heer durch fremdes Land ganz ohne alle Beschädigung der Bewohner gezogen. Der Kaiser Manuel antwortete auf dieses Schreiben mit bitterm Hohn und Spott: er habe bisher mit großer Mühe den Ungestüm seines Volks gebändigt und von den Wallfahrern jeden Schaden abzuwenden gesucht, um nicht in den bösen Ruf zu kommen, als verletze er das Recht der Gastfreyheit; aber wenn dem Könige Conrad, als einem weisen und verständigen Herrn, solche Frechheit nicht sündhaft dünke, so werde auch er sich die Mühe sparen, die Wildheit der Ruchlosen seines Volks zu zügeln; und wenn dann die Wallfahrer künftig über Beschädigung klagten, mit der Ausrede sich entschuldigen, welche der König Conrad ihn gelehrt [38]). J. Chr. 1147.

quicunque faciem eius videre meretur, incurvatus eius genua osculatur. Quod Conradus Rex ob honorem Romani imperii omnino detestebatur. Cumque Rex Graecorum in hoc consensisset, ut osculum ei porrigeret, ipso tamen sedente, nec hoc Conrado placuit; tandem sapientiores ex utraque parte hoc consilium dederunt, ut in equis se viderent, et ita ex parilitate convenientes sedendo se et osculando salutarent. Quod et factum est. S. unten Anm. 62. Auch die Briefe, welche zwischen Manuel und Conrad gewechselt wurden, führen auf ähnliche Streitigkeiten, und die Schlacht mag dadurch veranlaßt seyn, daß der Kaiser die Zufuhr der Lebensmittel zu ihnen eben so verwehrte, wie einst Alexius in gleichem Falle.

38) So berichtet von diesem Briefwechsel Cinnamus.

J. Chr. 1147. Die Erbitterung gegen den griechischen Kaiser und sein Volk, welche dieser Briefwechsel bey den Pilgerfürsten gestärkt hatte, theilte sich auch dem Heere mit, und wenn nun die Griechen, was wenigstens sehr wahrscheinlich ist, den deutschen Pilgern eben so, wie ehemals den Heerscharen des Herzogs Gottfried, den Markt der Lebensmittel verweigerten oder erschwerten, so war ein Ausbruch jener Erbitterung unvermeidlich. Plötzlich brachen eines Tages ungestüme deutsche Wallfahrer in den außerhalb der Stadt gelegenen kaiserlichen Park, Philopation genannt, plünderten und zerstörten die Lusthäuser und Gartenthürme, tödteten oder verjagten das dort gehegte Wild und stifteten in diesem durch die herrlichsten Anlagen jeder Art, Wasserleitungen und Teiche gezierten Garten [39]) die schrecklichste Verwüstung [40]).

39) „Erat ante urbem murorum ambitus spatiosus et speciosus, multimodam venationem includens, conductus etiam aquarum et stagna continens. Inerant etiam quaedam fossa et concava, quae loco nemorum animalibus praebebant latibula. In amoenitate illa quaedam palatia nimia ambitione fulgebant, quae Imperatores ad jucunditatem vernorum temporum sibi fundaverant..... Imperiale palatium et singulare, quod muris supereminet urbis, istum sub se habet locum et inhabitantium in eo fovet aspectum." Odo de Diog. p. 31. Dies ist die deutlichste Beschreibung dieses prachtvollen Parks, welcher vor dem goldnen Thore lag. Den Namen Philopation will Cinnamus (S. 49) entweder vom Lustwandeln (φίλος und πατεῖν) oder von dem dichten Laube (φύλλοις) der Bäume und der Ueppigkeit des Grases (πόα) ableiten; denn es war ein von Bäumen beschatteter Ort, der überall den Anblick eines grünen Teppichs darbot (ἀμφιλαφὴς γὰρ ὁ χῶρος καὶ ἐπίχλοον ἁπανταχῇ φέρει τὸ πρόσωπον); was als Probe seines etymologischen Geschmacks angeführt werden mag. Andere Beschreibungen des Philopation hat Du Cange zusammengestellt ad Villehard. N. 93 und ad Niceph. Bryen. N. 7. S. 217.

40) Die byzantinischen Schriftsteller erwähnen dieser Verwüstung des Philopation nicht; Cinnamus erzählt zwar, daß der König Conrad im Philopation, als er bey Constantinopel vorbey nach Pera zog, verweilt habe, berichtet aber nichts von

Der Kaiser Manuel, welcher solchen Gräuel aus seiner kaiserlichen Pfalz selbst schauen konnte, ließ sogleich eine große Schar von schwer und leicht bewaffneten Reutern, Petschenegen, Komanen und türkischen und römischen Bogenschützen in Schlachtordnung nach dem Philopation ziehen, und durch diese wurden in kurzer Zeit viele des ruchlosen Volks erschlagen, die übrigen verjagt. König Conrad soll so wenig auf die Zucht und Ordnung seines Heers geachtet haben, daß er nach der Erzählung der Griechen von jenem Frevel im Philopation und dessen verderblichen Folgen die erste Nachricht durch einen Brief des Kaisers Manuel erhielt. In diesem Briefe hielt der Kaiser dem deutschen Könige aufs neue die Nothwendigkeit strenger Zucht in seinem verwilderten Heere vor. Conrad antwortete auf dieses Schreiben mit Drohungen, welche wenig bey den Griechen wirkten, weil sie wohl sahen, daß der deutsche König nicht die Festigkeit, Entschlossenheit und Kraft hatte, wodurch ihnen Gottfried von Bouillon, Boemund, die Balduine, so furchtbar geworden waren. Selbst als Conrad, bereitwillig, sein Heer nach Asien überzuführen, um fernern Streitigkeiten mit den Griechen auszuweichen, für sich das eigene kaiserliche Prachtschiff und andre kaiserliche Schiffe für sein Heer begehrte,

J. Chr. 1147.

einer Verwüstung desselben. Dagegen erzählt Odo von Deuil diese Verwüstung des Philopation, aber nicht die Schlacht, von welcher Cinnamus Nachricht gibt. Ich habe es gewagt, so wie im Text geschehen, diese beyden Schriftsteller zu vereinigen, und dies um so eher, da Cinnamus weder die besondre Veranlassung zu der Schlacht zwischen den Griechen und Deutschen, noch die Gegend bey Constantinopel, wo sie geschah, angibt. Bey dem Aufenthalt des Königs Conrad selbst im Philopation wurde dieser Park gewiß nicht verwüstet; denn eine solche Verwüstung würde, da die griechischen Truppen aus der Stadt ausgerückt waren, schon damals ein Gefecht veranlaßt haben, und sie würde dann auf keinen Fall von Cinnamus verschwiegen worden seyn.

J. Chr. 1147. mit hinzugefügter Drohung, daß er im Frühling Constantinopel belagern und berennen werde, falls der Kaiser solches Begehren nicht erfülle, so blieb auch diese Drohung ohne Wirkung, der Kaiser Manuel verweigerte in einem ruhmredigen Briefe die Gewährung jener Forderung, und König Conrad führte sein Heer nach Asien über auf den Schiffen, welche erhalten werden konnten, ohne auf das kaiserliche Prachtschiff und andere kaiserliche Schiffe weiter Anspruch zu machen [41]). Die lothringischen Fürsten, welche sich bey Constantinopel von den Deutschen wieder getrennt hatten, weil ihnen die Derbheit der deutschen Ritter mißfiel, baten hierauf um die Erlaubniß, in ihren Wohnungen zu Pera bleiben zu dürfen, um die Ankunft des französischen Pilgerheeres zu erwarten; die Griechen verweigerten ihnen aber diese Erlaubniß unter dem Vorwande, daß ein Vertrag mit dem Könige Conrad sie verpflichte, keinen von seinem Heere diesseits des Hellespont zu dulden, und zwangen sie durch die Vorenthaltung der Lebensmittel, den Deutschen nach Asien nachzufolgen [42]).

41) Wir wissen alles dieses nur aus den einseitigen Erzählungen der beyden byzantinischen Schriftsteller Cinnamus und Nicetas. So viel geht aber doch immer daraus hervor, daß damals nicht geschehen seyn kann, was Wilhelm von Tyrus geschehen läßt, Lib. XVI. 19: „Inde (Constantinopoli) cum domino Manuele, Constantinopolitano Imperatore, habito familiarius colloquio, transcursis feriis quae ad recreationem exercituum et quietem post tot labores videbantur necessariae, transito Hellesponto ..... in Bithynia castrametantur universae legiones.“ Auch Adam von Bremen in der oben Anm. 37. angeführten Stelle läßt eine Unterredung der beyden Monarchen Statt finden. Wahrscheinlich verwechseln diese Schriftsteller die Zeiten. Denn einige Monate später kam es zur Versöhnung zwischen ihnen und dann auch zur Unterredung. S. Kap. VII. Anm. 34.

42) „Venerandus Mettensis Episcopus et frater ejus Renaldus Comes de Monçon et Tullensis Episcopus Alemannos non ferentes cum copioso exercitu adventum pacifici

Die Botschafter des Königs Ludwig von Frankreich, J. Chr. 1147.
welche schon aus Deutschland, wie oben berichtet worden, nach Constantinopel voraus gesandt worden, waren Zeugen aller dieser Mißhelligkeiten zwischen den Griechen und den Deutschen. Wenn sie aber auch nicht geneigt waren, die deutschen Wallfahrer in Schutz zu nehmen, sondern ihren Ungestüm und ihr ungefüges Wesen als die Ursachen ihres Mißgeschicks und der ihnen von den Griechen widerfahrnen Widerwärtigkeiten betrachteten; so wurde wider sie selbst, bald nach der Ueberfahrt des deutschen Heers, so treulos das Recht der Gastfreundschaft verletzt, daß es sichtbar wurde, wie wenig redlich das griechische Volk es auch mit den französischen Wallfahrern meinte. Denn eine Schar Franzosen, welche dem Heere ihres Königs vorangezogen und mit den Deutschen nach Constantinopel gekommen war, obwohl es ihnen auf die Verwendung der französischen Gesandten von dem Kaiser gestattet worden, in ihren Wohnungen diesseits des Hellespont ihren König zu erwarten, wurde plötzlich und ohne alle Ursache so ungestüm von einer überlegenen Zahl Petschenegen und Komanen angegriffen, daß sie hinter ihre auf einer benachbarten Anhöhe gestellten Wagenburg zu fliehen genöthigt waren. Auf die Klage der französischen Botschafter wurde zwar von dem Kaiser, welcher heilig und theuer versicherte, daß jener Angriff der

Principis (d. i. des Königs Ludwig) exspectabant. Sed Graeci, quibus poterant injuriis et maxime fori subtractione illos transfretare cogebant, dicentes, se pactum cum Imperatore firmasse, quod nullum suorum ibi permitterent remanere. Regii vero nuncii, qui adhuc in urbe morabantur, hoc audientes et verum esse credentes, litem illam tali pacto terminarunt, ut illi transmearent et forum idoneum in aliam partem exspectantes haberent." Odo de Diog. Diese Pilger, welche nicht gern mit den Deutschen sich zusammenhielten, waren, wie man sieht, aus dem französischen Lothringen.

J. Chr. 1147. französischen Wallfahrer ohne sein Wissen geschehen, ihnen ein andrer Lagerplatz dicht unter der kaiserlichen Pfalz selbst angewiesen; aber auf dem Wege dahin wurden sie gleichwohl wieder von den wilden Petschenegen und Komanen mit großer Gewalt angefallen, und die französischen Kreuzritter, welche in Constantinopel waren, Eberhard von Breteuil, Manasse von Bugues, der Truchseß Anselm von Flandern und andre, ritten eiligst wohlgerüstet aus der Stadt, um ihren bedrängten und zum Theil schon in Verwirrung fliehenden Genossen im Kampfe beyzustehen [43]). Mittlerweile erlangten es endlich der Großmeister der Templer Eberhard und die beyden französischen Botschafter Erchembald von Bouillon und der Canzler Bartholomäus vom Kaiser Manuel, welcher wiederum sich hoch und theuer vermaß, auch von dieser fernern Beschädigung der Wallfahrer nichts zu wissen, daß durch wirksame Anordnung die französische Schar gegen den Ungestüm jenes heidnischen Kriegsvolks gesichert wurde. Wurde nun auch der Unwille und die Erbitterung der französischen Heere wider die Griechen durch die Reichlichkeit und Wohlfeilheit der Lebensmittel, welche jenen französischen Wallfahrern in ihren neuen Wohnungen geliefert wurden, einigermaßen besänftigt, so entzündete sich doch ihr Zorn vornehmlich wider den tückischen Kaiser Manuel aufs neue, als sie vernahmen, daß trotz des Versprechens, welches er vor Kurzem ihrem Könige gegeben, mit ihm wider die Heiden zu streiten, gerade damals von ihm ein zwölfjähriger

43) Odo von Deuil will nicht gern zugeben, daß die französischen Pilger in diesem Kampfe den kürzern zogen, man erkennt es aber doch in seinen Worten, so unbestimmt es auch angedeutet ist: „Illi autem celeriter et viriliter revertentes et persequentibus locumque suum occupantibus animose restiterunt. Ibi multi pedites ut expeditius fugerent, suarum rerum projicientes aliqua perdiderunt.“

Anstandfriede mit den Türken in Kleinasien geschlossen J. Chr. 1147.
worden [44]).

Während alles dieses zu Constantinopel geschah, zogen der König Ludwig und sein Heer heran, mit nicht geringerer Erbitterung wider die Griechen, als das deutsche Heer; alle französischen Wallfahrer waren einverstanden, daß die Griechen das tückevollste und treuloseste Volk der Erde sey, welches selbst den Bruch des heiligsten Eides nicht scheuete, falls damit etwas für das römische Reich zu gewinnen wäre [45]). Denn auch alle französischen Wallfahrer, welche von ihren Scharen getrennt sich verweilten, oder auf Nebenwegen im Lande herumzogen, wurden durch die leichten petschenegischen und komanischen Reuter und Bogenschützen ohne Schonung getödtet [46]), und selbst die Leute, welche der Bischoff Gottfried von Langres und der Graf von Varennes nach Constantinopel voraussandten, um Waffen zu kaufen und mancherley Bedürfnisse für die weitere Heerfahrt zu besorgen, wurden von jenen unbändigen, zuchtlosen Scharen ausgeplündert, zum Theil verwundet und einige selbst getödtet [47]). Was aber die französischen Wallfahrer und besonders die Geistlichen unter ihnen am meisten erbitterte, war der Abscheu der Griechen vor den katholischen

44) „Qui Regi scripserat ad debellandas gentes incredulas secum ire et se de illis novam et gloriosam victoriam habuisse, certum erat cum eisdem inducias duodecim annorum firmasse.“ Odo de Diog. Bey den byzantinischen Schriftstellern findet sich indeß keine Erwähnung eines damals von dem Kaiser Manuel mit den Türken geschlossenen Waffenstillstandes.

45) „Generalis eorum est sententia, non imputari perjurium, quod fit propter sacrum imperium.“ Odo de Diog. S. 35.

46) „Pincenatorum et Comanorum... qui etiam in desertis Bogariae per insidias de nostris plurimos occiderunt.“ Odo de Diog. Lib. III. S. 32.

47) Id. S. 34.

J. Chr. 1147. Priestern und ihren gottesdienstlichen Handlungen. So oft ein französischer Priester in einer Capelle, wie denn fast jeder vornehme griechische Herr eine solche und meistens mit Marmor, schönen Lampen und trefflichen Gemälden köstlich verziert in seinem Palast und Landhause hatte, oder an dem Altar einer Kirche die Messe oder eine andre gottesdienstliche Handlung gefeyert hatte, so wurde die Capelle oder Kirche, als sey sie durch ein Gräuel verunreinigt, wieder geheiligt durch mühsames Waschen und mancherley Weihungsgebräuche. Die französischen Geistlichen hörten sogar, daß die gotteslästerlichen griechischen Priester über die Ehe eines katholischen Christen nicht den Segen sprächen, bevor sie ihn nicht aufs neue getauft [48]).

Die Franzosen wußten aber ihren Grimm gegen die Griechen besser zu verbergen, als die Deutschen, wohl bedenkend, daß Rache, wenn sie auch stark genug wären, sie zu üben, gleichwohl ihnen selbst den meisten Schaden brächte [49]).

48) „Esset, sagt Odo v. Deuil (S. 34), hoc (nämlich die Ermordung und Ausplünderung der Pilger) forsitan tolerabile et poterat dici, mala quae pertulimus, malis quae fecimus meruisse, nisi blasphemia jungeretur. Nam si nostri Sacerdotes Missas super eorum altaria celebrabant, quasi essent profanata, lustrando et abluendo postea expiabant. Habent omnes divites capellas proprias, picturis, marmore et lampadibus sic ornatas, ut unusquisque eorum merito diceret, Domine dilexi decorum domus tuae, si lampas in eis orthodoxae fidei coruscaret. Sed, proh nefas! audivimus scelus eorum morte luendum, quia quotiescunque nostrorum connubia contrahunt, antequam conveniant, eum qui Romano more baptizatus est, rebaptizant. Alias haereses eorum novimus et de more sacrificii et de processione Spiritus Sancti. His enim de causis nostrorum incurrerant odium, exierat namque inter laicos etiam error eorum. Ob hoc judicabantur non esse Christiani, caedesque illorum ducebant pro nihilo et a praedis et rapinis difficilius poterant revocari."

49) „Ex quo enim terram ipsius intravimus, suorum latrocinia, quia (i. e. quamquam) viribus erant impares, perpessi sumus." Odo de Diog.

Der König Ludwig betrug sich gegen die beyden vornehmen J. Chr. 1147.
Griechen, welche auch ihn, wie den König Conrad, an der Gränze des Kaiserthums empfingen, mit solcher Feinheit und Artigkeit, daß die Griechen die rechtliche und friedliche Sinnesart des französischen Königs eben so sehr priesen, als sie das trotzige und rauhe Wesen des deutschen Königs schmähten; wiewohl es ihnen sehr zweifelhaft schien, ob jene Feinheit und Artigkeit angeboren oder nur Wirkung der guten Lehre wäre, welche sich der König Ludwig aus den Begegnissen des ungestümen deutschen Heeres entnommen [50]). So wenigen Glauben der König Ludwig den Versicherungen der Freundschaft beymaß, welche in den kaiserlichen Briefen, deren viele ihm gebracht wurden, und obwohl ihm die schmeichelnde und kriechende Höflichkeit der Neurömer mit jeder Erscheinung einer byzantinischen Gesandtschaft widerlicher wurde, so verbarg er dennoch diesen Ueberdruß so künstlich und schien so vielen Werth auf die Ehrenbezeugungen und Lobsprüche der kaiserlichen Briefe zu legen, daß der Kaiser Manuel dadurch beruhigt, ohne alle Besorgniß und Furcht seiner Ankunft entgegensah. Auch die Königin Eleenora wechselte mit der Kaiserin Irene Briefe, und obgleich der Schwulst und die rednerische Ueberladenheit der Briefe der Kaiserin den Franzosen noch mehr mißfiel, als das Uebermaß der Höflichkeit und Schmeicheley in den Schreiben des Kaisers [51]), so nützte dieser Brief-

50) „*Εἴτε δὲ ἐκ τῶν Κοῤῥάδῳ συμπεπτοκότων ἤδη σωφρονισθεὶς, εἴτε καὶ φύσει τοιοῦτον τῷ ἀνθρώπῳ τὸ ἦθος ἦν, λέγειν αὐτὸς οὐδαμῇ ἔχω· πλείονος δ' οὖν διὰ ταῦτα τῆς Βασιλέως παραπολαύων διετέλει δεξιώσεως.*“ Cinnam. S. 46.

51) „Tunc Graeci penitus frangebantur in feminas, omne virile robur et verborum et animi deponentes.“ Odo de Diog. S. 35. Diese Worte zeigen übrigens deutlich, daß jene Briefe nicht von der Kaiserin selbst geschrieben, also nur Ceremonielbriefe waren, welche eben

J. Chr. 1147. wechsel den Franzosen doch nicht wenig dadurch, daß er bey dem Kaiser Manuel die gute Meinung von ihren bessern und feinern Sitten bestärkte. Darum erlitt auch das französische Heer, außer jener oben gedachten Beschädigung durch die Komanen und Petschenegen, auf seinem Durchzuge durch Bulgarien und Romanien keine andre Widerwärtigkeit, als so viel die nothwendige Folge des vorangegangenen Durchzugs der Deutschen war. Denn die vielen auf den Wegen noch umherliegenden unbegrabenen Leichname der erschlagenen Deutschen verpesteten die Luft und erregten unausstehlichen Ekel, und die Bewohner des flachen Landes hatten aus Furcht, daß die Franzosen nicht minder ungestüm und unbändig seyn möchten, als die Deutschen, ihre Wohnungen verlassen und sich in Gebirgen und Wäldern verborgen, und alles Vieh und alle Lebensmittel mit sich hinweggenommen, so daß in vielen Orten es an Lebensmitteln gebrach. Der den König Ludwig begleitende Botschafter des Kaisers Manuel [52]) bestrebte sich aber mit redlichem Eifer das Volk des Landes zu beruhigen, er stiftete Frieden, wenn einzelne Pilger oder auch einzelne Heerhaufen Gewaltthätigkeit geübt oder Beleidigungen empfangen hatten [53]), und versorgte, so viel er vermochte, nicht nur den König und sein Gefolge, sondern auch das ganze übrige Heer mit ihrer Nothdurft. Zwar suchte der Kaiser Manuel auch den König Ludwig zu bewegen, daß er sein Heer auf dem kürzesten Wege von Adrianopel nach Sestus zur Ueberfahrt über den Hellespont

so von Staatsschreibern aufgesetzt waren, als die Briefe des Kaisers.

52) „Dux Hesternensis, cognatus Imperatoris, in via Regi semper adhaerens.“ Odo de Diog. S. 29. Ob dieser einer von den Anm. 10. genannten beyden Gesandten gewesen, wage ich nicht zu bestimmen.

53) „Pacem indigenis et ex parte forum fecit exhiberi peregrinis.“ Odo de Diog.

führen möge, er ließ aber nicht weiter in ihn dringen, als der König mit Festigkeit erklärte, keinen andern Weg nehmen zu wollen, als den, auf welchem alle französische Wallfahrer bisher durch das Kaiserthum gezogen [54]). Die Griechen ahneten nicht, wie gefährliche Absichten gegen ihr Reich viele französische Herren unter dem äußern Schein der Mäßigung und Artigkeit verbargen und wie feindselige Berathung in dem Kriegsrathe des Königs Ludwig, als das französische Heer nur noch Eine Tagereise von Constantinopel entfernt war, gepflogen wurde. Denn als die von dem Könige vorausgeschickten Botschafter dem Heere entgegenkamen und berichteten, was der bey Constantinopel mit Einwilligung des Kaisers der Ankunft ihres Königs harrenden französischen Pilgerschar von den Griechen begegnet, da riethen viele Barone, solche wider ihre Brüder verübte Ruchlosigkeit zum Vorwande für einen offenen Krieg wider die Griechen zu nehmen, sogleich umzukehren, das reiche Land, so sie durchzogen, mit seinen Städten und Burgen zu erobern, mit dem Könige Roger von Sicilien ein Bündniß zu schließen, und dann im nächsten Frühling Constantinopel von der Landseite zu berennen, während eine sicilische Flotte die Stadt zur See bedrängte. Mit so vieler Wärme und Beredsamkeit sie diesen Rath empfahlen, und so einleuchtend es den meisten Pilgerfürsten des französischen Heers schien, daß die heiligen Heerfahrten der lateinischen Christen wider die Heiden in Asien nimmer gelingen könnten, so lange die Griechen in Byzanz herrschten, deren heimtückische boshafte

J. Chr. 1147.

54) „Caeterum multo studio consulendo laborabant ut Rex ab Andronopoli ad S. Georgium de Sisto gressum diverteret et ibi celerius et utilius transfretaret. Rex autem noluit incipere quod Francos audiebat numquam fecisse." Odo de Diog. l. c.

J. Chr. 1147. Gleißnerey und unter dem Schein der Freundschaft und christlichen Verbrüderung versteckte Feindseligkeit den Pilgerheeren viel verderblicher und zerstörender wären, als der offene Krieg wider die Türken; so hörte der König Ludwig gleichwohl nicht auf ihren Rath, sondern blieb dem Worte getreu, welches er dem Kaiser Manuel in mehrern Briefen gegeben [55]).

4. Oct. Das französische Heer erschien vor Constantinopel in weit mehr stattlicher Haltung, als das deutsche; denn weder an Mannschaft noch Gepäck hatte es auf seinem bisherigen Wege viel eingebüßt [56]). Vor allem erstaunten die Griechen über die große Zahl der edeln Frauen bey diesem Heer und deren köstliche Kleidung, reichen Schmuck und zahlreiches Gefolge, es schien ihnen wunderbar, daß diese Frauen ungeachtet aller Pracht ihres Anzugs ein männliches kriegerisches Ansehen behaupteten [57]); sehr wunderlich, unschicklich und unanständig aber schien es dem an Anstand mehr als strenge Sitten gewöhnten Volke der Hauptstadt, daß die französischen Damen wie die Männer ritten mit übergeschla-

55) „Sed vae nobis, sagt Odo (S. 35), immo petri Apostoli subditis omnibus, quod non praevaluerunt voces eorum.“ So dachten ohne Zweifel mehrere unter den Pilgern. Das Schicksal von Constantinopel im Jahre 1203 ist wieder ein Beyspiel, daß das, was immer und immer wieder besprochen wird, doch am Ende zur Ausführung kommt, wenn auch noch so viel entgegengewirkt wird.

56) „Usque Constantinopolin cum omni prosperitate et gaudio die sabbati ante festum S. Dionysii, Domino ducente, pervenimus.“ Ep. Lud. ad Suger. in Suger. Epp. in Recueil etc. T. XV. S. 488.

57) „Ὅλως ἀρσενικὸν ἔβλεπον καὶ ὑπὲρ τὰς Ἀμαζόνας ἠῤῥένωντο.“ Nicet. Lib. I. S. 41. Nicetas redet zwar so allgemein, daß diese Beschreibung eben so gut auf deutsche als französische Frauen bezogen werden kann. Aber da bey dem deutschen Heere ohne Zweifel bey weitem nicht so viele edle Frauen waren, als bey dem französischen, herbeygezogen durch das Beyspiel der Königin Eleenora, so läßt sich wohl nicht zweifeln, daß Nicetas französische Damen vorzugsweise im Sinne hat.

. Am meisten Eine Frau zeichnete sich aus J. Chr. 1147.
hes und kräftiges Ansehen, und die Pracht
d Schmucks, besonders den reichgestickten
des, so daß die Griechen sie wegen dieses
Goldfüßige nannten, und wegen ihres
ns mit der berühmten Amazonenkönigin
chen [59]).

)lich der Kaiser Manuel den König Conrad
lufenthaltes bey Constantinopel behandelt,
:müht, dem französischen Könige alle Ehre
zu erweisen, damit die ganze Christenheit
daß die Kränkungen, über welche die Deut-
und ihr König klagten, nur die Folge ihrer
usgelassenheit gewesen. Die Geistlichkeit
Hauptstadt zogen dem französischen Könige
hn zur Unterredung mit dem Kaiser in die
)rten ihn mit großen Ehren in die Stadt;
} war dagegen gefällig genug, nur wenige
zu nehmen, um der Aengstlichkeit der Grie-
[60]). Am Thore der Hofburg empfing der
König, umarmte ihn freundlich und ver-
te ihn in das kaiserliche Gemach, wo beyde
r an Alter sich fast gleich [61]), aber sehr
)prache, Sitten und Kleidung, durch Doll-

ἐφιππάζουσαι
οὐ συμβάδην
ι ἀλλὰ περι-
τοχουμέναι."

eicht war diese
igin Eleenora

60) „Rex eius timori compatiens et petitioni obediens cum paucis suorum intravit." Odo de Diog.

61) „Erant fere coaevi et aequales." Odo de Diog.

J. Chr. 1147. metscher eine lange Unterredung hielten [62]). Sie schieden von einander als Brüder [63]) und mit den wärmsten Versicherungen gegenseitiger Freundschaft, und die Geistlichkeit und der Adel geleiteten den König eben so in seine Herberge, als sie ihn zur kaiserlichen Hofburg geführt hatten. Gern gestattete der Kaiser nicht nur, daß König Ludwig seine Wohnung in dem Park Philopation nahm [64]), wo die französischen Wallfahrer mit eignen Augen die von den Deutschen gestiftete Verwüstung sahen, sondern auch, daß das ganze französische Heer in seinen Herbergen vor Constantinopel die Ankunft der Pilger erwartete, welche zu Worms sich von dem Könige Ludwig getrennt und den Weg durch Italien gewählt hatten, und nun, nachdem sie von Brundusium nach Dyrrachium über das Meer gefahren, im Anzuge waren.

An Anlaß zu gerechten Klagen auch über den Ungestüm, Uebermuth und Muthwillen der Franzosen fehlte es den Griechen gleichwohl nicht. Weil es an Holz gebrach, denn kein Wald war in der Nähe, so hieben die Wallfahrer nicht nur die Oelbäume und andre Fruchtbäume ab, sondern riss

62) Bemerkenswerth ist der Widerspruch über die Art, wie die beyden Monarchen zusammen gesessen zwischen Odo von Deuil und Cinnamus. Du Cange als Franzose entscheidet unbedenklich zu Gunsten des erstern (in Notis ad Cinn. S. 442); wir wagen keine Entscheidung. „Positis duobus sedilibus pariter subsederunt." Odo de Diog. Nach Cinnamus saß der Kaiser auf einem erhabenen Sitze (ἐπὶ τοῦ μετεώρου καθῆστο), für den König Ludwig war ein niedriger Sessel, Sellium genannt, (χθαμαλή τις ἕδρα, ἣν σέλλιον Ῥωμαΐζοντες ὀνομάζουσιν ἄνθρωποι) hingestellt worden. Cinnam. S. 46.

63) „Post haec sicut fratres ab invicem discesserunt." Odo de Diog.

64) „Regem foras ad palatium, in quo erat hospitatus, imperii Nobiles conduxerunt." Odo de Diog. „Τότε μὲν ἐς τὸ πρὸ τοῦ περιβόλου ἀπηλλάττετο προαστεῖον, ὃ Φιλοπάτιον... ὠνόμασται τοῖς πολλοῖς." Cinnam.

sen selbst Häuser außerhalb der Stadt nieder, und verbrann- J. Chr. 1147.
ten das Holz zu ihrer Erwärmung oder zur Bereitung der Speisen; manche übten dieselbe und ähnliche Ungebühr nicht aus Noth, sondern aus Muthwillen oder in der Trunkenheit. Der König Ludwig strafte, wo es möglich war, die Beschädigung der Griechen an den Thätern mit der härtesten Strafe, oftmals mit Abschneidung der Hände, Ohren oder Füße [65]); aber jede muthwillige Ausschweifung und jeden Frevel zu strafen war unmöglich, weil deren zu viele und nicht selten von ganzen Scharen begangen wurden. Dennoch blieb mehrere Tage das gute Vernehmen zwischen den Franzosen und Griechen ungestört und die Höflichkeit und Gefälligkeit der beyden Monarchen gegen einander unverändert, der Markt der Lebensmittel für die Pilger war gefüllt, und alles wurde zu billigem Preise verkauft; auch wurde einzelnen Wallbrüdern, welche die prächtige Stadt zu sehen und ihre schönen Kirchen und die darin bewahrten Gebeine der Heiligen und andere treffliche Reliquien andächtig zu betrachten wünschten, der Eingang in Constantinopel gern gestattet, nur nicht zahlreichen Haufen, und die Verständigen im Heere mißbilligten diese Vorsicht keinesweges [66]). Den König Ludwig führte der Kaiser Manuel selbst zu allen Merkwürdigkeiten und Heiligthümern der Hauptstadt, zeigte ihm besonders die Grabtücher unsers Herrn und die Kleider der

65) „Faciebat eis Rex aures, manus et pedes saepius obtruncare, nec sic poterat eorum vesaniam refrenare. Immo erat necessarium alterum e duobus vel multa millia simul occidere vel eorum mala plurima tolerare." Odo de Diog. p. 38.

66) „Nec imputabatur eis, si portas urbis obserabant, quia multos eorum domus et oliveta combusserant, vel penuria nemorum vel insolentia et ebrietate stultorum." Odo de Diog.

J. Chr. 1147. heil. Jungfrau in der Kirche unsrer lieben Frauen am Blachernenpalast und bewirthete an diesem Tage den König und sein Gefolge in der Hofburg mit großer Pracht und Ergötz-
9. Oct. lichkeit aller Sinne [67]). Als das Fest des heil. Dionysius einfiel, welches auch die Griechen begingen, sandte der Kaiser einige griechische Geistliche und verschnittene Sänger in kostbarer und glänzender Kleidung, mit Wachsstöcken, zu dem Könige, um in seiner Capelle durch ihren künstlichen Gesang die Feyer des Festes zu verherrlichen, und ihr künstlicher und trefflicher Gesang, besonders die wohltönende Mischung der männlichen Stimmen mit den hellen Stimmen der Verschnittenen, ergötzte die französischen Wallfahrer eben so sehr, als ihr geschmackvolles Mienen- und Geberdenspiel [68]).

Als aber der Aufenthalt des französischen Heers vor Constantinopel sich verlängerte, so gebrauchten die Griechen dieselben Mittel, die Ueberfahrt der Franzosen über die Meerenge zu beschleunigen, womit sie schon oftmals die

67) „Rex quoque duce Imperatore loca sancta visitavit et revertens cum eo victus precum instantia comedit. Convivium illud sicut gloriosos convivas habuit, sic apparatu mirifico, dapum deliciis, voluptuosis jocorum plausibus, aures et os et oculos satiavit.“ Odo de Diog. „Ὀλίγῳ δὲ ὕστερον καὶ ἐς τὰ πρὸς νῶτον (leg. νότον) τῆς πόλεως σὺν τῷ βασιλεῖ ἦλθεν ἀνάκτορα, ἱστορήσων ὅσα τε ἐνταῦθα θαύματος ἄξια, καὶ τοῖς ἐπὶ τὸν τῇδε νεὼν ἐντευξόμενος ἱεροῖς, φημὶ δὴ ὅσα τῷ σωτηρίῳ Χριστοῦ πελάσαντα σώματι, Χριστιανοῖς ἐστι φυλακτήρια.“ Cinnam. Ueber die Reliquien in dieser Kirche s. Ducang. ad Annam Comn. S. 329 flgd.

68) „Illi quidem a nostris clericis verborum et organi genere dissidebant, sed suavi modulatione placebant. Voces enim mixtae, robustior cum gracili, eunucha videlicet cum virili (erant enim eunuchi multi eorum) Francorum animos demulcebant. Gestu etiam corporis decenti et modesto, plausu manuum et inflexione articulorum jocunditatem visibus offerebant.“ Odo de Diog. S. 39.

Pilgerheere aus der Nähe von Byzanz entfernt hatten. Nicht J. Chr. 1147.
nur wurden die Lebensmittel kärger geliefert, um den Franzosen den Aufenthalt bey Constantinopel beschwerlich zu machen, sondern, um auch ihren Ehrgeiz und ihre Eifersucht gegen den Kriegsruhm der Deutschen aufzuregen, wurden zu gleicher Zeit falsche Nachrichten verbreitet von einem glänzenden Siege der Deutschen über die Türken in einer blutigen Schlacht, in welcher vierzehn tausend Türken erschlagen seyn sollten, und wie die reiche Stadt Iconium von den Heiden verlassen und von den Deutschen ohne Schwertschlag eingenommen und geplündert, auch der Kaiser schon von dem deutschen Könige eingeladen worden, mehrere von ihm in Asien eroberte Städte in Besitz zu nehmen. Diese Gerüchte, so unwahrscheinlich sie waren, blieben nicht ohne die von den Griechen beabsichtigte Wirkung. Die französischen Wallfahrer, einige gequält von Neid über den Ruhm der Deutschen, andere gepeinigt von der Besorgniß, daß ihnen kaum eine geringe Nachlese der Beute übrig gelassen werden möchte, murrten über den langen Aufenthalt des Königs bey Constantinopel, und verlangten zuletzt so hastig und ungestüm von ihren Fürsten die Ueberfahrt nach Asien, daß, ehe die erwarteten Pilger ankamen, der König Ludwig und seine Fürsten, der Hitze ihres Volkes nachgebend, das Heer eiligst über den Hellespont führten, schon am sechs- 20. Oct.
zehnten Tage nach ihrer Ankunft vor Byzanz. Schiffe wurden von dem Kaiser Manuel, auf das erste Ansuchen des Königs, unverzüglich und in Menge zur Ueberfahrt geliefert [69]).

Die Griechen hatten Ursache sich zu freuen, daß ihnen solches gelungen. Denn dieselbigen französischen Herren,

69) Odo de Diog. a. a. O.

J. Chr. 1147. welche schon auf dem Wege nach Constantinopel mit so vieler Heftigkeit und Erbitterung für den Krieg wider die Griechen geredet hatten, brachten auch im Lager vor Constantinopel immer wieder die allen Pilgern wohlbekannte Rede des hochberühmten Pilgerfürsten Boemund in Anregung, daß für die Beschirmer des Kreuzes und heiligen Grabes kein Heil sey, so lange nicht katholische Christen in Byzanz und Griechenland herrschten, und daß durch die Eroberung von Constantinopel das ganze Kaiserthum erobert sey; denn sobald das Haupt in ihrer Gewalt sey, so würden die übrigen Glieder ihnen von selbst zufallen [70]. Besonders eifrig bemühte sich der Bischoff Gottfried von Langres, die Pilger von der Nützlichkeit, Nothwendigkeit und Rechtmäßigkeit der Eroberung von Constantinopel zu überzeugen. Um alle Zweifel und Bedenklichkeiten zu zerstreuen, schilderte er mit donnernden Worten die Verworfenheit des griechischen Volks, und mit frommem Ingrimm die gotteslästerliche Ketzerey der griechischen Afterkirche, welche fälschlich eine christliche heiße, ohne es zu seyn; er erinnerte an die Treulosigkeit, welche die ersten Jerusalemfahrer sowohl als alle nachfolgenden von diesem heuchlerischen Volke erfahren, und unterstützte seine wahrscheinliche Vermuthung, daß es ihrem Heere nicht besser ergehen werde, mit nicht sehr bestreitbaren Gründen; er gedachte mit Unwillen und Zorn des Kriegs, welchen der Kaiser Kalojohannes wider das Fürstenthum Antiochien ohne

70) „Iste vero qui nunc regnat, haeres quaestus et criminis, sicut jura ecclesiarum sibi retinet et alia quae pater impie conquisivit, sic caeteris inhiat, quae ipse (Joannes) concupivit: et jam principibus extorsit hominium, et erigens altare contra altare, Patriarcha Petri despecto, in urbe statuit suum. Sic vestri judicii, utrum illi parcere debeatis, quo regnante cruci Christi et sepulchro nihil tutum, quo destructo nihil contrarium." So läßt Odo von Deuil den Bischoff von Langres reden.

irgend einen gerechten Anlaß erhoben, und des beständigen J. Chr. 1147. Verkehrs, welchen der damalige Kaiser Manuel, der Erbe aller Tücke und Bosheit seiner Vorfahren, mit den Türken und Saracenen zum Schaden der katholischen Christen in Syrien unterhalte [71]). Er gewann sehr viele Pilger für seine Meinung, weil nicht nur seine Gründe überzeugten, sondern auch die Hoffnung, die unermeßlich reiche Stadt zu plündern, lockte, und die Eroberung nicht schwierig zu seyn schien, sowohl wegen der Feigheit des Volks als der Baufälligkeit der Mauer, wovon ein großer Theil vor den Augen der Wallfahrer zusammenstürzte, und selbst der Möglichkeit, die Stadt ohne Bestürmung und Berennung durch Wassermangel zur Uebergabe zu zwingen; denn jener Sturz der Mauer hatte die Röhren der unterirdischen Wasserleitung, durch welche die Stadt mit Wasser versorgt wurde, offenbart, so daß es leicht schien, das Wasser der Stadt abzuschneiden [72]). Gleichwohl siegte auch damals die Meinung derer, welche die Handlungen des Kaisers Manuel in Schutz nahmen und selbst den Krieg des Kaisers Johannes wider das Fürstenthum Antiochien, wenn auch nicht rechtfertigten, doch entschuldigten, und es den Pilgern eindringlich ans Herz legten, daß sie das heilige Kreuz nicht genommen, um wider Christen, über deren Rechtgläubigkeit oder Irrgläubigkeit wenigstens den Laien unter ihnen das Gericht nicht gebühre [73]), zu streiten, sondern um an das heilige Grab zu wallfahren und für die Ehre Gottes und des Heilandes die Heiden zu bekämpfen; daß nur dieses Gelübde die Geneh-

71) Odo de Diog. S. 39—40.

72) „Muros fragiles, quorum magna pars ante nostros corruit, inertem populum, sine mora vel labore ruptis conductibus dulces aquas posse subtrahi, comprobabat.“ Odo de Diog.

73) „De fide eorum non possumus judicare, legis ignari.“ Odo de Diog.

J. Chr. 1147. migung des apostolischen Vaters erhalten habe, und die Hoffnung unermeßlicher Beute aus einer christlichen Stadt oder andern irdischen Vortheils katholischen Christen nicht hoch genug zu achten sey, um dafür ein heiliges Gelübde zu brechen oder den schuldigen Gehorsam gegen das Oberhaupt der Kirche zu verletzen. Hätte aber der Aufenthalt des französischen Pilgerheeres bey Constantinopel noch länger gewährt, wie leicht hätte es geschehen können, daß der Bischoff von Langres und die ihm Gleichgesinnten ihre Absichten und Wünsche durchgesetzt, zumal bey der nur mühsam unterdrückten Erbitterung der meisten französischen Wallfahrer wider die Griechen, welche durch den kleinsten Anlaß wieder aufgeregt werden konnte; wie leicht hätten sie selbst den König Ludwig zuletzt umstimmen können, so sehr er auch durch die Höflichkeit, Gefälligkeit und Schmeicheley des Kaisers Manuel gewonnen [74]), die Griechen sowohl als ihren Kaiser gegen die Anklagen seiner Barone und Paladine damals noch in Schutz nahm!

Sobald die Franzosen jenseit der Meerenge waren, so wurde die Bosheit und Tücke der Griechen offenbar [75]); aber auch von den Wallfahrern wurde ihnen ein mehr als

74) „Ab hac civitate, schrieb der König Ludwig an den Abt Suger (Suger. Epp. in Recueil T. XV. S. 438), ... scripsimus vobis, universa de nobis laeta et prospera annunciantes.“ Dieser Brief ward gerade unter den Zurüstungen des Königs zur Ueberfahrt und während der Ueberfahrt seines Heers nach Asien geschrieben. Auch in einem spätern Briefe an denselben Abt, welcher aus Antiochien geschrieben ist, rühmt der König die damalige ehrenvolle Aufnahme in Constantinopel: „Ibi ab Imperatore gaudenter honorificeque suscepti“ etc. Recueil T. XV. S. 496.

75) „Suas dissimulabant injurias post Brachii transitum exigendas.“ Odo de Diog. S. 38. „Habent illi locum, quem exspectaverant et audent detegere quae cogitaverant.“ Id S. 41.

scheinbarer Vorwand für plötzliche Umänderung ihres Betragens gegeben. Denn als viele reiche griechische Kaufleute, welche dem Heere nach der Küste von Asien gefolgt waren, längs dem Ufer des Meers ihre zum Theil sehr kostbaren Waaren ausgelegt hatten, und die reichen Wallfahrer fleißig kauften, da fanden sich auch solche leichtfertige Pilger ein, welche, unvermögend, die von Gold, Silber, Edelgesteinen funkelnden Kostbarkeiten zu bezahlen, gleichwohl unwiderstehliche Begierde nach ihrem Besitze trugen. Ein ruchloser flandrischer Mann streckte zuerst nach einer kostbaren Waare seine Hand aus, und als er mit lautem Geschrey seinen Raub zeigte, so folgten seinem Beyspiele viele andre, und raubten, was ihnen am meisten gefiel; das Getümmel und Getöse wurde allgemein, die Buden und Tische wurden umgestürzt, die Waaren zur Erde geworfen, und eine allgemeine wilde und ungestüme Plünderung begann, wie in einem eroberten Lager oder einer erstürmten Stadt. Die Kaufleute flohen auf die Schiffe, welche Speise von der jenseitigen Küste herübergebracht hatten, die Schiffer stießen unverzüglich vom Ufer ab und führten auch die Pilger, welche gerade auf den Schiffen waren, mit sich nach Constantinopel, wo sie, obgleich unschuldig, ausgeplündert, unbarmherzig mit Schlägen mißhandelt und in Kerker geworfen wurden, so wie alle Franzosen, welche in der Hauptstadt zurückgeblieben waren. J. Chr. 1147.

Zwar forderte der König Ludwig, sobald er diesen von den ruchlosen Wallfahrern verübten Frevel vernahm, von dem Grafen von Flandern den Mann, welcher ihn angestiftet, ließ ihn an der Küste im Angesicht der Mauern von Constantinopel an einem Galgen aufhenken, verkündigte das Gebot, daß jedermann das Geraubte zu dem Bischoff von

J. Chr. 1147. Langres bringen sollte, unter Androhung der schwersten Strafe gegen die Uebertreter, lud die Beraubten ein, in das Lager zu kommen und das Ihrige wieder an sich zu nehmen, und befriedigte, wiewohl sie weit mehr forderten, als sie verloren hatten, doch alle ihre Forderungen. Gleichwohl fanden der Bischoff Arnulf von Lizieux und der königliche Canzler Bartholomäus, welche nach Constantinopel gesandt wurden, die Freylassung der unschuldig eingekerkerten Wallfahrer und die Wiedereröffnung des Markts der Lebensmittel bey dem Kaiser Manuel nachzusuchen, die schnödeste Aufnahme. Einen ganzen Tag vom Morgen bis zum Abend und selbst die Nacht erwarteten sie in der kaiserlichen Hofburg vergeblich, vor den Kaiser geführt zu werden, ohne daß ihnen irgend eine Erquickung oder Zeitvertreib dargeboten wurde, als ihre eigene Unterhaltung unter sich und das Beschauen der Bilder und Verzierungen, womit die Säle des Palastes, in welchen sie sich befanden, geziert waren. Erst in der Frühe des andern Tages, um die dritte Stunde, als sie durch Hunger, Durst und Wachen ermüdet waren, wurden sie vor den Kaiser geführt [76]), welcher jetzt seine tückische boshafte Gesinnung gegen die französischen Wallfahrer gar nicht mehr verbarg; und nur mit vieler Mühe erlangten die französischen Gesandten die Gewährung ihres Gesuchs. Der Kaiser entließ sie mit der stolzen Erklärung, daß er unverzüglich durch einige Abgeordnete dem Könige von Frankreich seine fernere Willensmeinung eröffnen werde.

76) „Illo die fuit alter alteri pro solatio, intuitus picturarum pro cibo et instanti nocte marmoreum pavimentum pro culcitra vel lecto. Sequenti vero die cum profanus ille citra tertiam surrexisset, vocati veniunt ante illum sobrii et insomnes." Odo de Dieg. p. 43.

Diese Eröffnung verschob der Kaiser Manuel mit türkischer Schlauheit so lange, bis die von dem Könige Ludwig erwarteten Pilger unter dem Grafen von Maurienne und dem Markgrafen von Montferrat bey Constantinopel angekommen waren. Denn diese, von ihren an der asiatischen Küste gelagerten Brüdern durch die Meerenge getrennt, waren nunmehr ganz in der Gewalt des Kaisers und dienten ihm als Geisel für die Willfährigkeit des Königs Ludwig und seiner Barone, jede Forderung und jedes Gebot zu erfüllen. Die kaiserlichen Boten, welche in dem französischen Lager erschienen, thaten drey Forderungen kund, von deren Erfüllung es abhängig seyn sollte, ob der Kaiser den Wallbrüdern für ihren Weg durch Kleinasien Wegweiser geben und sie, so weit ihre Straße durch griechisches Land führte, mit Lebensmitteln versorgen würde. Erstlich sollten die Paladine des französischen Königs und alle vornehme Barone seines Heeres dem Kaiser den Eid der Treue schwören, gleich wie die frühern Kreuzfahrer; zweytens sollte der König Ludwig eine Blutsfreundin, welche in der Begleitung der Königin Eleonora war, einem Verwandten des kaiserlichen Hauses zur Gemahlin geben; drittens sollten der König und die vornehmsten französischen Barone persönlich wieder nach Constantinopel kommen, die Barone, um dort den Eid der Treue dem Kaiser zu leisten, der König Ludwig aber, um Friede dem griechischen Reiche zu geloben und das Versprechen der Freundschaft dagegen vom Kaiser zu empfangen. Während der Unterhandlungen wurden nur spärlich Lebensmittel den Wallfahrern aus Constantinopel zugebracht, so daß sie genöthigt waren, ihre für den Zug durch das Land der Türken gesammelten Vorräthe aufzuzehren, wodurch sie noch abhängiger von den Griechen wurden. Ueberhaupt war

J. Chr. 1147.

J. Chr. 1147. alles so wohl berechnet worden, daß die französischen Herren, so ungestüm sie auch anfangs sich gebehrdeten, doch zuletzt in der Hauptsache dem Willen des Kaisers sich fügten. Zwar stellte der Bischoff von Langres mit gewöhnlichem Eifer den Baronen vor, wie unwürdig es derer, welche an ihrem Könige einen so edeln und trefflichen Herrn hätten, wäre, Männer eines Fürsten zu werden, welcher ihr Knecht hätte werden müssen, wenn sie seinem Rathe gefolgt wären; er wiederholte alle seine frühern bittern Anklagen der Bosheit und hinterlistigen Tücke des Kaisers Manuel. Aber es siegte auch jetzt wieder über seine allzuungestüme Leidenschaftlichkeit die sanftere Meinung derer, welche bedacht, den Frieden mit den Griechen zu erhalten, den verlangten Leheneid zu leisten riethen, den Baronen vorstellend, daß ja niemanden das Lehenrecht untersagte, Mann zweyer Herren zu seyn, falls man nicht zur Feindschaft gegen den Einen oder andern derselben sich verpflichtete, und daß es ihnen unter den dermaligen Umständen mehr ehrenvoll als schimpflich wäre, dem Kaiser Manuel den Leheneid zu leisten, welcher nur aus Furcht vor ihrer Macht und Tapferkeit begehrt würde. Sehr einleuchtend und überzeugend erinnerten sie an die Nothwendigkeit und Unentbehrlichkeit griechischer Führer in einem ihnen allen völlig unbekannten Lande und des ungehinderten Markts der Lebensmittel [77]). Die Barone beschlossen also, den Eid der Treue dem Kaiser zu leisten und auch der König Ludwig war zur persönlichen Zusammenkunft mit dem Kaiser bereit, als die Griechen nicht, wie anfangs, darauf bestanden, daß die Zusammenkunft zu Constantinopel geschehen sollte, und ein nahe gelegenes Schloß an der asiatischen Küste dazu in Vorschlag brachten. Nur die geforderte Ver-

77) Nach Odo von Deuil. S. 45.

mählung der königlichen Prinzeß mit dem griechischen Herrn J. Chr. 1147.
wurde nicht bewilligt, weil die französischen Paladine diese Verbindung so sehr verabscheuten, daß Graf Robert von Perche, des Königs Ludwig Bruder, schon im Anfange der Unterhandlung mit der Prinzeß, um welche geworben wurde, heimlich nach Nicomedien entwich; und die Griechen standen zuletzt von diesem Begehren ab.

26. Oct. Am Sonntage vor Simon Judä begab sich König Ludwig mit seinen vornehmsten Baronen nach dem zur Unterredung mit dem Kaiser Manuel bestimmten Schlosse, und sah bald, daß der ränkevolle griechische Selbstherrscher noch in anderer Absicht diese Zusammenkunft begehrt hatte, als der von seinen Botschaftern angegebenen. Denn der Kaiser gab sich ungemein viele Mühe, den König zu einem Bündniß wider den König Roger von Sicilien, welcher damals das griechische Reich hart bedrängte, zu bewegen, und versprach ihm unermeßliche Schätze für die Gewährung dieses Wunsches. Als aber der König Ludwig durch diese Verheißungen sich nicht irre führen ließ [78]), so wurde nur der verabredete Vertrag geschlossen, welchen hernach die Griechen mit so schändlicher Treulosigkeit brachen. Die französischen Barone schwuren dem Kaiser den Eid der Treue und gelobten, keiner dem griechischen Reiche angehörigen Stadt sich zu bemächtigen [79]). Der Kaiser Manuel versprach dagegen, dem Kö-

78) „Tunc temporis Rex Rogerius Apuliensis illum importune et feliciter impugnabat et locis plurimis expugnabat. Contra quem si Regem nostrum sibi sociare potuisset, omnem illi thesaurorum copiam effudisset. Sed cum eum nequiret ad hoc flectere vel assidua prece vel incredibili promissione, de supra dictis alter alteri mutuo sese foedere sociavit." Odo de Diog. S. 46.

79) Also nach Odo von Deuil. Cinnamus läßt den Eid von den Baronen schon geleistet werden, bevor sie nach der asiatischen Küste

J. Chr. 1147. nig Ludwig zwey vornehme und kundige Männer zu senden, welche den Zug des französischen Heeres auf den sichersten und bequemsten Straßen durch Kleinasien leiten sollten, die Wallfahrer mit Lebensmitteln so viel möglich zu versorgen, und es nicht als Frevel den Wallfahrern anzurechnen, wenn sie, wo der Markt etwa nicht versehen seyn sollte, mit Gewalt ihre Nothdurft raubten, oder solche Städte und Burgen, welche ihnen ihre Märkte versagten, ausplünderten, falls sie nur nicht die ausgeplünderten Plätze in ihrem Besitze behalten wollten [80]). Der König Ludwig und seine Barone schieden, nachdem dieser Vertrag aufgerichtet worden, von dem Kaiser Manuel und seinem Hofgesinde mit friedlicher und freundlicher Gesinnung [81]), und sehr erfreuet über die reichen und kostbaren Geschenke, womit sie beym Abschiede von dem tückischen, bübischen und heuchlerischen Kaiser beschenkt wurden; der Kaiser Manuel kehrte, froh des gelungenen Kunststücks, wodurch die leichtgläubigen Wallfahrer berückt waren, alsbald in seine Hauptstadt zu-

übergingen. Es scheint auch aus der in der Anm. 70. angeführten Stelle des Odo von Deuil hervorzugehen, daß wenigstens ein Theil der französischen Paladine schon damals den Lehenseid dem Kaiser leisteten.

80) „Ubi autem forum competens deesset, praedationes castrorum et urbium captiones sine querela toleraret, si sumptis spoliis terra illi vacua remaneret." Odo de Diog. S. 46.

81) Der König Ludwig war bis dahin mit seiner Fahrt und auch mit der Aufnahme bey dem Kaiser Manuel recht wohl zufrieden: „Ex quo regni nostri fines excessimus, schrieb er von Antiochien aus an den Abt Suger von St. Denys, bene prosperavit nobis Dominus viam nostram et usque Constantinopolin sanos et incolumes nos cum magna laetitia et incolumitate totius exercitus miseratio divina perduxit. Ibi vero ab Imperatore gaudenter honorificeque suscepti, cum aliquantulum immorassemus pro his quae necessaria visa fuerant apparandis, transfretavimus ad brachium" Epp. Suger. 39. (ap. Duchesn. p. 504. Rec. des histor. T. XV. p. 495. 496).

rück. Denn alle Anstalten waren von ihm getroffen wor- J. Chr. 1147.
den, die herrlichen abendländischen Pilgerheere durch den
schändlichsten Verrath und mit der boshaftesten Untreue,
noch ehe sie Syrien erreichen könnten, also zu verderben,
daß er von ihrer Rückkehr wenig oder nichts besorgen
dürfte. An demselben Tage, an welchem er in der Unterredung mit dem Könige Ludwig so freundliche und günstige Gesinnung für die heilige Heerfahrt der katholischen
Christen heuchelte, wurden von ihm die deutschen Wallfahrer auf die schändlichste und verruchteste Weise den
Türken verrathen.

Siebentes Kapitel.

J. Chr. 1147. Voll Eifer, froher Hoffnung und brennender Kampflust erhoben sich nach der Rückkehr des Königs und der Barone mit großem Getöse die stattlichen französischen Scharen aus ihrem Lager und zogen gen Nicomedien, wo sie in mit Dornsträuchen und Gebüsch bewachsenen Trümmern die Spuren ehemaliger Herrlichkeit und den sprechendsten Beweis von der Trägheit und Sorglosigkeit der damaligen Herren dieses schönen Landes sahen [1]). Dort pflogen der König und seine Paladine bedächtlichen Rath über die Wahl des Weges durch Kleinasien. Denn drey Straßen führten von Nicomedien nach Antiochien [2]). Die kürzeste Straße, auf welcher die ersten Wallfahrer unter Herzog Gottfried und seinen Mitfürsten gezogen waren, führte in zwölf Tagereisen nach Iconium, dem Sitze des türkischen Fürsten von Kleinasien, und von dort bedurfte ein Heer nur noch fünf Tage, um die Gränze des Fürstenthums Antiochien zu erreichen. Aber dieser Weg war nicht nur sehr gefahrvoll, weil er fast nur durch türkisches Land führte, sondern in der schon vorgerückten Jahreszeit auch sehr beschwerlich, weil die hohen Gebirge, welche überstiegen werden mußten, schon mit tie-

1) „Nicomedia .... quae sentibus et dumis consita ruinis sublimibus antiquam sui gloriam et praesentium dominorum probat inertiam." Odo de Diog. Lib. V. S. 48.

2) Id. ibid.

sem Schnee bedeckt waren. Eine zweyte Straße führte längs der Meerküste, zwar auf großem Umwege und durch viele Krümmungen, aber ohne Gefährlichkeit und selbst ohne andre Hindernisse, als diejenigen, welche im Winter durch das Anschwellen der an der Küste sich in das Meer ergießenden Ströme entstehen konnten; und in den vielen bevölkerten und reichen Handelsstädten, welche diese Straße berührte, als Smyrna, Ephesus, Laodicea, durften die Wallbrüder hoffen, überflüssig mit Speise versorgt zu werden, wenn die Griechen redlich und getreulich ihr gegebenes Wort erfüllen wollten. Eine dritte Straße führte über Philadelphia in dem alten Lydien in der Mitte zwischen jenen beyden Straßen, nicht so gerade als die erstere und nicht auf so großem Umwege als die zweyte, ohne Gefährlichkeiten und Hindernisse, war aber, weil sie nur durch armes und unfruchtbares Land führte, einem Heere nicht anzurathen, welches nicht reichlich mit aller Nothdurft versehen war. J. Chr. 1147.

Im Rathe der französischen Pilgerfürsten wurden noch die Vortheile und Nachtheile dieser drey Straßen erwogen und noch war kein Entschluß gefaßt worden, als schon die traurige Kunde von dem jämmerlichen Untergange eines großen Theils des deutschen Heeres gebracht, und bald hernach durch einige deutsche Fürsten, welche als Botschafter des Königs Conrad zu dem Könige Ludwig kamen, bestätigt wurde.

Schon zu Nicomedien kam unter die deutschen Wallbrüder Hader und Zwiespalt eben wegen der Wahl des Weges durch Kleinasien, welche auch unter den Franzosen so streitig war. Der König Conrad im Vertrauen auf die Zahl und Tapferkeit seiner Scharen bestand darauf, den Weg des

J. Chr. 1147. Herzogs Gottfried durch das türkische Land über Philomelium und Iconium zu nehmen, andere beharrten gleich sehr hartnäckig bey der Meinung, den zwar längern, aber weniger gefährlichen und mühvollen Weg längs der Meerküste vorzuziehen, und ihre ganze Macht für den Kampf wider den furchtbaren und gewaltigen Nureddin zu sparen. Das Heer theilte sich, als keine Partey von ihrer Meinung weichen wollte; der König Conrad zog mit den Fürsten, welche seiner Meinung anhingen, gen Iconium, und die übrigen deutschen Pilgerfürsten erkohren den Bischoff Otto von Freysingen, des Königs Bruder, zu ihrem Heerführer, und erwählten den Weg gen Ephesus [3]).

Keine Tücke, keine Bosheit blieben von den Griechen ungeübt, gegen das Heer des Königs Conrad eben so wenig als gegen das Heer des Bischoffs Otto [4]). Die Wallfahrer, welche in der Hoffnung größerer Bequemlichkeit und Sicherheit den längern Weg gewählt hatten, wurden auf das

3) Id. S. 32. „Venit Conradus Nicomediam, ubi sui, oborto scandalo, schisma fecerunt. Imperator tetendit Iconium, frater autem ejus Otto Frisingensis Episcopus et nobiles multi cum eo maritima tenuerunt." Id. S. 49. Alemanni, qui nos praecesserant, facto schismate, plures cum Imperatore ad sinistram partem, sinisto auspicio, per Iconium tetenderunt; reliqui vero cum fratre illius ad dexteram versi sunt, consequentes omnia sinistrorsum. Cf. Lib. VI. S. 62. Es ist bemerkenswerth, daß der Bischoff Otto v. Freysingen das vollkommenste Stillschweigen über alles beobachtet, was ihm seit dem Abzug von Constantinopel begegnete. Vgl. Kap. VI. Anm. 31.

4) Wilhelm von Tyrus (XVI. 21.) meint, daß der alte Groll der Griechen gegen die Deutschen, wegen des von den deutschen Königen angenommenen römischen Kaisertitels, sehr vielen Antheil an dem tückischen Verfahren des Kaisers Manuel gegen den König Conrad und sein Heer gehabt habe. So auch der ungenannte Verfasser der Gesta Ludovici VII. bey du Chesne, SS. rer. Gallic. T. IV. S. 396, welcher fast durchgehends in Worten und Gedanken mit Wilhelm von Tyrus übereinstimmt.

grausamste getäuscht. In keine der griechischen Städte, welche ihre Straße berührte, wurden sie eingelassen, und entweder mit Lebensmitteln gar nicht versorgt, oder wo Lebensmittel ihnen verkauft wurden, im Handel ohne Scham und Zurückhaltung übervortheilt; für vieles Geld wurde ihnen kärgliche Speise nur von den Mauern der Städte an Stricken herabgelassen, und nicht eher, als bis sie das Geld hinaufgeschickt, und mancher bübische Grieche zog an seinem Seile das Geld eines armen hungrigen Wallbruders hinauf und ging dann, während dieser vergeblich die verheißene Speise erwartete, voll Freude über den geübten Betrug und mit Hohngelächter über das Jammern und Klagen oder das Schreyen und Schimpfen des unglücklichen Betrogenen davon [5]. Viele Wallfahrer wurden, und zwar auf Geheiß des bübischen Kaisers, wie selbst viele Griechen behaupteten [6], J. Chr. 1147.

5) Was Nicetas (S. 44.) selbst erzählt. Zwar heißt es zuerst: „Der Kaiser hatte für ihre Nothdurft gesorgt, und Lebensmittel für Geld käuflich voran auf ihren Weg gebracht." Aber damit stimmt nicht wohl überein, wenn es weiter heißt: „Die Einwohner der Städte hatten die Thore verschlossen und gestatteten den Franken nicht, ihre Märkte zu besuchen, sondern hingen Stricke an ihren Mauern herab, womit sie zuerst das Geld heraufzogen, und dafür von Brod oder andern Lebensmitteln herabließen so viel, als ihnen gut dünkte, ohne Rücksicht auf Billigkeit und Rechtlichkeit. Die Franken riefen daher das allsehende Auge Gottes an wider sie, als solche, welche falsches Maß und Gewicht gebrauchten und sich ihrer als Fremdlinge nicht erbarmten, noch mit ihnen handelten als mit Glaubensgenossen, sondern vielmehr ihnen aus dem Munde nähmen, was zur Erhaltung des Leibes nothwendig sey. Manche Einwohner jener Städte aber, welche noch boshafter waren und an Unmenschlichkeit Gefallen hatten, ließen ihnen auch wohl gar nichts herab, sondern zogen das Silber oder Gold hinauf, steckten es ein, gingen davon und ließen sich dann nicht wieder auf der Mauer sehen." Die erstere Stelle mag sich mehr auf das französische Heer, die letztere auf das Heer des Bischoffs Otto beziehen.

6) Dieser tückischen Bosheit erwähnen nicht einmal die lateinischen Schriftsteller, außer dem einzigen Chronicon Sithiense des Johannes Iperius (in Martene Thesaurus anecdotorum 1. III. S. 643). Aber Nicetas (S. 45) verschweigt sie

J. Chr. 1147. durch Mehl, welchem Kalk zugemischt worden, vergiftet. Die einzelnen Wallbrüder wurden ohne Unterlaß von zudringlichen griechischen Werbern verfolgt, welche, die Noth und Verzweiflung der Hungernden benutzend, durch allerley List, betrügliche Verheißungen, schlaue und heuchlerische Ueberredung sie ihrem heiligen Gelübde abwendig machten und in die Dienste des griechischen Kaisers lockten [7]. Griechische leichtbewaffnete Truppen waren beständig dem Heere zur Seite und ließen keine Gelegenheit, den Wallbrüdern mit Hinterlist und tückischer Bosheit zu schaden, unbenutzt, besonders wo es im Verborgenen und ohne Furcht vor Rache geschehen konnte, und in den Hohlwegen und engen Pässen der Gebirge wurden viele treffliche Wallbrüder von ihren Geschossen meuchelmörderisch getödtet [8]. Die Wegweiser, welche einige kaiserliche Statthalter in betrügerischer Gefäl-

nicht und erwähnt selbst der sehr verbreiteten Meinung, daß solche Grausamkeit von dem Kaiser Manuel selbst geboten worden: „Εἰσὶ δὲ οἳ καὶ τοῖς ἀλφίτοις ἐμφύροντες τίτανον, ἐποίουν τὰ σῖτα ὀλέθρια, τοῦτο δὲ εἰ μὲν ἀληθῶς ὁ βασιλεὺς ἐπέταττεν, ὡς ἐλέγετο, ἀκριβῶς οὐκ ἴσημι.“ Unter den morgenländischen Geschichtschreibern redet Abulfaradsch (Syr. Chron. S. 334.) davon: „diejenigen von den Franken, welche entrannen, kehrten zurück an die Küste des schwarzen Meeres. Die Griechen mischten Kalk unter das Mehl und gaben davon den Franken zu essen; diejenigen, welche davon aßen, starben haufenweise“ In diesem Zusammenhange scheint die Erzählung des Abulfaradsch zu sagen, daß jene boshafte Tücke nur gegen die armen und unglücklichen Flüchtlinge aus Lykaonien geübt worden, was freylich nur um so schändlicher war.

7) Dies berichtet Cinnamus selbst als ein sehr preiswürdiges Werk der kaiserlichen Klugheit, S. 45.

8) Auch die Anordnung dieses unwürdigen und schändlichen Verfahrens, welches, wie wir durch Odo von Deuil wissen (s. unten Anm. 27), mit Recht die Erbitterung der Kreuzfahrer wider die Griechen aufs höchste steigerte, legt Nicetas ohne Scheu dem Kaiser Manuel selbst bey, a. a. O.: „ἐν μέν τοι τοῖς τῶν χωρίων ἐπικαίροις καὶ ταῖς τῶν παρόδων στεναῖς λόχοι παρὰ Ῥωμαίων ἐφίζανον, δόξαν οὕτω τῷ Μανουήλ, καὶ οὐκ ὀλίγους ἐκ τῶν στρατοπέδων κατέκαινον.“

ligkeit den Fürsten sandten, führten boshaft das Heer in die Irre, und der tückische verrätherische Statthalter von Laodicea ließ sogar die Schar des tapfern deutschen Grafen Bernhard zu einem Hinterhalt der Türken leiten, und theilte, nachdem die meisten dieser Wallbrüder jämmerlich erschlagen worden, mit den Heiden die Beute [9]. Durch solche boshafte Tücke der Griechen wurde dieses treffliche Heer größtentheils vernichtet und nur ein geringer Theil erreichte die Gränze von Syrien. J. Chr. 1147.

Noch viel schrecklicher war aber das Schicksal des Heeres, welches unter dem Könige Conrad selbst gen Iconium zog. Nicht nur solche Tücke, wodurch über das Heer des Bischoffs Otto so viel Ungemach kam, wurde gegen dieses Heer geübt, sondern noch viel schlimmere und boshaftere. Zuerst riethen die Führer, welche der Kaiser Manuel selbst dem Könige Manuel sandte [10], den deutschen Pilgerfürsten, für sich und ihre Scharen nur auf acht Tage Speise mit sich zu nehmen, vorgebend, daß sie nicht mehr Zeit bedürften, um Iconium zu erreichen; dann führten sie auf Irrwegen das Heer nicht durch das fruchtbare und bequemere Land von Lycaonien, sondern in die Wüsten und Gebirge von

9) Odo de Diog. Lib. VI. S. 61. 62.

10) Cinnamus nennt (S. 45.) als den zu diesem schändlichen Geschäft und zu einer besondern Unterhandlung von dem Kaiser Manuel Erkohrnen, den Akoluthus (d. i. Hauptmann der Waräger) Stephanus. Wenn aber jene andre Unterhandlung nichts anders betroffen hätte, als entweder ein Bündniß beyder Monarchen gegen alle und jede Feinde des Einen oder Andern, oder ein besonderes Bündniß wider die Türken, wie Cinnamus behauptet, so wäre es nicht ganz begreiflich, warum dieser Antrag so schlechte Aufnahme fand. Glaublicher möchte es daher seyn, daß der Antrag nicht sehr verschieden war von demjenigen, welcher von dem Kaiser dem Könige Ludwig gemacht wurde. S. das vorige Kapitel am Ende.

J. Chr. 1147. Cappadocien. Als durch dreytägigen Hunger ermüdet die armen Pilger in einem engen, von hohen Bergen und steilen Felsen eingeschlossenen Thale sich gelagert hatten, und die heidnischen Scharen in der Nähe waren, welchen der verrätherische und betrügerische Kaiser Manuel selbst von dem Anzuge der Christen Nachricht gegeben [11]), da entwichen sie plötzlich in der Nacht und gingen über zu den Türken.

Unter den Pilgern entstand große Bekümmerniß, als die Entweichung der griechischen Führer kund wurde, wiewohl sie noch nichts von der Nähe der Feinde wußten; denn erst die Hälfte des Weges nach Iconium war zurückgelegt und die gefahrvollere Hälfte stand ihnen noch bevor. Die Fürsten hielten sogleich einen Rath, aber noch war kein Beschluß gefaßt worden, als das Geschrey entstand, daß auf allen Bergen türkische Scharen gesehen würden. Da merkten die Wallbrüder den schändlichen Verrath, welcher von
26. Oct. den Griechen an ihnen geübt worden. Es war der Tag, an welchem die Deutschen verrathen wurden, derselbe Tag, an welchem der Kaiser Manuel in seiner letzten Unterredung mit dem Könige von Frankreich so friedfertige Gesinnung für die Wallfahrer und so vieles Wohlgefallen an ihrem heiligen Werke geheuchelt hatte, und die große Sonnenfinsterniß, welche in der Mittagsstunde dieses Tages sich ereignete, deuteten die Wallfahrer auf diesen treulosen Verrath, als habe Gott im Zorn über die boshaften Tücken der Griechen das Sonnenlicht zur Hälfte den Menschen entzogen [12]). Es geschah

11) „Dasselbe (wie die Griechen) thaten auch die Türken wider die Deutschen, indem Manuel sie durch Briefe antrieb und aufregte zum Kampfe.“ Nicetas a. a. O.

12) „Illo die Sol vidit scelus quod ferre non potuit, sed ne videretur illud aequare proditioni dominicae, servivit mundo dimidius, et dimidius se abscondidit.“ Odo de

dieser Verrath in der Nähe von Dorylaeum [13]), nahe der Wahlstatt, wo der Herzog Gottfried und die andern Helden des ersten Kreuzzugs so rühmlich wider die Heiden gestritten hatten [14]). J. Chr. 1147.

Die Verzweiflung der Wallbrüder war schrecklich; denn vorwärts zu ziehen und zurückzukehren war gleich sehr gefährlich, und in jedem Fall mußte der Paß mit Gewalt von den Türkenscharen, von welchen sie ringsum eingeschlossen waren, erzwungen werden. Nach vieler und langer Berathung beschlossen der König Conrad und seine Fürsten, auf einer Seitenstraße durch die Gebirge von Lycaonien nach

Diog. IV. S. 47. Auf gleiche Weise deutet diese Sonnenfinsterniß auch der Chronographus Saxo (Leibnit. Accessiones historicae S. 298) an, ad a. 1147: Eodem anno V Kal. Nov. eclipsis solis ferme die medio horribili caligine mundum obtexit adeo, ut circulus in modum falcis videretur ipsum, qui eo tempore fundebatur humani generis sanguinem designans. Nam a Rege Constantinopolitano quasi benigne suscepti sunt sed subdolo seducti ..... qui cum cupiditate divitiarum seu gloriae seu victoriae civitatem quandam paganorum ditissimam (nämlich Iconium) aggredi conarentur, a Rege Graecorum per loca deserta et avia abducti XVIII dierum fame ac siti paene omnis multitudo interiit." Diese Sonnenfinsterniß fiel auf den 26. Oct. S. Chronologie des eclipses ad a. 1147 in l'Art de verifier les dates.

13) „Μέχρι μὲν οὖν Μελαγγείων καὶ Δορυλαίου πόλεως οὐδὲν ἄχρι Ἀλαμανοῖς ὑπηντίαζεν." Cinnam. S. 45. Des Verrathes der Wegweiser erwähnen die griechischen Geschichtschreiber nicht, so offenherzig und billigend sie sonst die tückische Verrätherey des griechischen Hofes gegen die Kreuzfahrer berichten. Bemerkenswerth ist auch, daß der König Conrad in dem Briefe an den Abt Wibald von Stablo und Corvey, in welchem er sein und seines Heeres Unglück erzählt (Ep. Wibaldi 80), ganz davon schweigt, ja sogar die Theilnahme des Kaisers Manuel an seinem Schicksale rühmt, und dasselbe nur von dem Mangel an Nahrung für die Rosse ableitet. Es darf aber nicht vergessen werden, daß dieser Brief aus Constantinopel geschrieben ist, als Conrad durch die Schmeicheleyen der Griechen wieder besänftigt seyn konnte.

14) S. Gesch. der Kreuzz. Th. I. S. 154.

L 2

J. Chr. 1147. Nicäa zurückzukehren, und dann dem Bischoff Otto von Freysingen auf der Straße an der Meeresküste nachzufolgen. Wie konnten aber die deutschen Fürsten meinen, daß es einem Heere, dessen Ritter und Rosse so schwer gewappnet und so unbehülflich waren, und welches durch eine so große Zahl theils schlecht gerüsteten, theils ganz ungerüsteten und nur mit Pilgerstab und Pilgertasche versehenen Fußvolks belästigt wurde [15]), möglich seyn werde, durch ein gebirgiges Land, ohne alle Kenntniß der Wege und Straßen und unter der beständigen Verfolgung von zahllosen Scharen leichter türkischer Reuterey aus allen Landschaften des türkischen Reichs, welche unter einem kriegserfahrnen Feldherrn [16]), dem Fürsten von Iconium, sich versammelt hatten, wohlbehalten hindurchzukommen. So kam in wenigen Tagen auf diesem schrecklichen Rückzuge der größte Theil des deutschen Heeres jämmerlich um, ohne daß diesen stolzen Kriegern nur die Ehre des Kampfes wider die Heiden zu Theil ward. Denn die Türken mieden klüglich Schlachten und Gefechte, um ohne Verlust zu siegen. Die Rosse fielen von den Pfeilen der überall lauernden Türken oder durch Hunger und Ermattung; die Kräfte der Menschen erlagen durch die Schlechtigkeit der Nahrung und die Länge der Tagereisen. Das Fleisch der umgekommenen

15) „Plangenda nimis est, sagt daher Odo von Deuil (S. 51) sehr verständig, nostra juventus agilis, quae saepius extracto gladio, vervecum pelles habens pro scuto, dum velociter et audacter currit in hostem, in medio itinere offendit mortem volantem. Dum Papa sanctus accipitres et canes prohibuit armisque militum et vestibus modum imposuit, sicut jussit sapienter et utiliter, sic qui ejus imperio non consensit, stulte et inutiliter; sed aeque utinam pedites instruxisset, retentisque debilibus fortibus quibusque pro pera gladiuin et pro baculo arcum dedisset!“

16) Cinnamus nennt seinen Namen: Mablanes (Μαμπλάνης), Nicetas: Pablanes (Παμπλάνης), Wilhelm von Tyrus (XVI. 22): Paramun

Pferde war in diesem öden Gebirge die einzige Nahrung der Wallbrüder. Da verloren die kühnsten und frömmsten Ritter den Muth und das Vertrauen zu Gott, und die weidlichsten Kämpfer ließen sich wie schüchternes, furchtsames Wild von den Heiden ohne Widerstand mit Schwertern und Pfeilen tödten. Am längsten harrte im Kampfe der tapfere und fromme Graf Bernhard von Plözke aus; er hielt mit seiner wohlgewaffneten Ritterschar die Nachhut und wehrte kräftig die Türken ab; aber eines Tages, nachdem auch diese Schar ihre Rosse verloren hatte, wurden der Graf Bernhard und alle seine tapfern Heergesellen von den türkischen Bogenschützen aus der Ferne getödtet [17]). Da verzweifelten auch diejenigen, welche bis dahin noch ihren Muth aufrecht erhalten, jeder suchte fliehend, auf welche Weise er es vermochte, Nicäa zu erreichen, und keine Schar war mehr geschlossen. Der König Conrad kam, von zwey Pfeilen verwundet [18]), und in sehr geringer Begleitung nach Nicäa, und kaum der zehnte Theil seines prächtigen Heers sammelte sich in kläglichem Zustande nach und nach wieder um ihn [19]). Alles kostbare Geräth, alle Schätze und Köstlichkeiten, das unermeßliche Rüstzeug und Heergeräth, welche dieses Heer mit sich geführt, waren die Beute der Heiden geworden.

J. Chr. 1147.

17) Odo de Diog. V. S. 51. Chronogr. Saxo a. a. O. S. 299.

18) Odo de Diog. S. 52.

19) „De septuaginta millibus loricatorum equitum et de tanta pedestrium turbarum (leg. turmarum) manu, quorum (leg. quarum) infinitus erat numerus, vix, ut asserunt qui praesentes fuerunt, decima pars evasit, aliis fame, aliis gladio interemtis, nonnullis etiam vinculis hostium mancipatis.“ Wilh. Tyr. XVI. 22. Nach Odo von Deuil (S. 52) starben noch von denen, welche die Küste wirklich erreichten und nach Deutschland heimkehren wollten, 30000 Mann vor Hunger, im Angesicht von Constantinopel, weil die Griechen säumten, ihnen Lebensmittel zu reichen und Schiffe zur Ueberfahrt zu gestatten.

J. Chr. 1147. Auch dieses Unglück der deutschen Wallfahrer bewog die tückischen Griechen nicht zum Mitleiden, sondern der heuchlerische und verschmitzte Kaiser Manuel benutzte mit verruchter Schlauheit dieses Unglück zur Erreichung seiner boshaften Plane. Denn auf sein Gebot verkauften die Griechen diesen ermatteten und ausgehungerten Wallfahrern Lebensmittel nicht für Geld, sondern nur für Waffen, und wer von den Deutschen irgend etwas zum Verkaufe den Griechen anbot, erhielt nur falsches Geld, welches auf ausdrückliche Anordnung des Kaisers für den Handel mit den Wallfahrern geprägt worden [20]). Es gelang ihm, durch diese tückische List von aller Besorgniß wegen der Rückkehr der erbitterten deutschen Scharen sehr bald sich zu befreyen. Die meisten derer, welche dem Tode durch Hunger und die Geschosse der Heiden entgangen waren, kamen, nachdem sie ihre Waffen in der Noth verkauft, nach Constantinopel und kehrten, unvermögend, sich von neuem zu bewaffnen, meistens einzeln und wehrlos in ihre Heimath zurück, ohne weiter an die Erfüllung ihres heiligen Gelübdes zu denken.

Mit der schrecklichen Kunde [21]) von solcher Vernichtung des deutschen Pilgerheers kamen in das Lager der französi-

20) „Ibi (sc. Nicaeae) currunt ad escas famelici, quas, sicut in tali necessitate poterant, nimium caras vendebant Graeci, spatas et loricas requirentes, non aurum, ut penitus nudarent exercitum.“ Odo de Diog. a. a. O. „Das war aber unzweifelhafter Beschluß des Kaisers und vollkommen gegründet, daß falsches Silber zu Geld geprägt und dieses Geld denen aus dem italienischen (d. i. deutschen) Heere gegeben wurde, welche irgend etwas verkaufen wollten.“ Nicetas S. 45.

21) Diese schreckliche Kunde müßte desto heftiger den König Ludwig erschreckt haben, wenn es gegründet wäre, was Wilhelm von Tyrus (XVI. 21) berichtet, daß die griechischen Wegweiser, nachdem sie den König Conrad schändlich verlassen, sich in das französische Lager begeben und dem Könige Ludwig die lügenhafte Nachricht von einem großen Siege der Deutschen über die Türken und der Erstürmung von Iconium gebracht hätten. Obwohl Wilh. von Tyrus ganz gute Absichten für diese

schen Wallfahrer am See von Nicäa Herzog Friedrich von Schwaben und andere Botschafter des Königs Conrad, welche für ihren hülflosen Herrn um Hülfe und Beystand bey dem Könige von Frankreich warben. Der König Ludwig, von innigster Betrübniß über solches Mißgeschick bewegt, säumte nicht zu dem Könige Conrad sich zu begeben, um ihn zu trösten und seine Bereitwilligkeit zu allem Beystande zu versichern [22]). Er vernahm von ihm mit Betrübniß und Jammer die Erzählung der von ihm und seinem Volke erduldeten Leiden, und es rührte ihn die fromme Ergebung des Königs Conrad, welcher nicht auf Gott zürnte, sondern sein Mißgeschick nur seiner und seines Volkes Thorheit zuschrieb. Ludwig beschloß auf seinen Rath, von den drey Straßen, welche durch Kleinasien führten, keine der beyden von den deutschen Wallfahrern zu ihrem Unglück genommenen Straßen zu wählen, sondern den dritten Weg, welcher über Philadelphia und Smyrna führte. Die beyden

J. Chr. 1147.

Lüge zu entdecken weiß (die Gesandten hätten nämlich, meint er, entweder dadurch den König Ludwig in dieselbe Falle locken gewollt, oder ihn doch wenigstens abzuhalten gesucht, den Deutschen beyzustehen, oder endlich der Rache der Franzosen ausweichen gewollt, welche nicht ausgeblieben seyn würde, falls ihr Verrath bekannt geworden wäre); so glauben wir doch, daß Irrthum oder Verwechslung bey dieser Erzählung obwaltet. Denn wie läßt es sich denken, daß Odo von Deuil, welcher immer um den König von Frankreich war, diesen argen Schelmstreich der Griechen unerwähnt gelassen hätte, wenn er wirklich geschehen wäre?

22) Odo de Diog. S. 52. 53. Wilh. Tyr. XVI. 25. Nach der Erzählung dieses Schriftstellers hat der Herzog Friedrich von Schwaben nicht bloß um Hülfe und Beystand, sondern auch darum ausdrücklich, daß der König Ludwig selbst zu ihrem Könige sich begeben möge: „rogantes, ut occurrat obviam subsequenti.“ Der König Conrad rühmt es dagegen in einem Schreiben an den Abt Wibald, daß der französische König in sein Lager gekommen sey, ohne seine Einladung abzuwarten. Ep. Wibaldi 80: „Rex Francorum ad tentoria nostra, nobis nescientibus, supervenit.“

J. Chr. 1147. Könige wurden eins, daß das französische Heer bey der Burg Lopadium [23]) der deutschen Pilger warten sollte. Denn der König Conrad wollte von Nicäa dem Könige Ludwig unverweilt nachziehen, sobald die deutschen Wallbrüder, welche bey ihm geblieben waren, sich mit ihrer Nothdurft versehen, und die slavonischen Pilger, welche unter den Herzogen Wladislaus von Böhmen und Boleslaus von Polen im Anzuge waren, sich mit ihm vereinigt hätten [24]).

Dieses gute Vernehmen zwischen den Königen Conrad und Ludwig erfüllte die Griechen zwar mit nicht geringer Besorgniß; aber schon war Manuel mit sich eins über die Mittel zur Vernichtung sowohl der wenigen Ueberbleibsel des deutschen Heeres, als des noch so stattlich gerüsteten und noch nicht ganz muthlosen französischen Heeres, welche zwar langsam, aber doch sicher zum Ziele führten. Schon auf dem Wege von Nicäa nach Lopadium wurden die Deutschen von den leichten griechischen Reutern und Bogenschützen ohne Aufhören verfolgt und ungestüm beunruhigt, verwundet, ausgeplündert, getödtet, so daß der König Conrad endlich durch vorausgeschickte Boten den König Ludwig um Beystand ersuchte; worauf der Connetable und Graf von Soissons, Ivo von Nielle, mit einer auserlesenen Ritterschaft den Deutschen entgegengeschickt wurde und mit leich-

23) „Ad castrum quod Lupar (leg. Lupad) dicitur." Odo de Diog. S. 53.

24) Daß diese erst so spät nachkamen, wissen wir durch Cinnamus (S. 47): Als die Alemannen nach Nicäa kamen, so schlossen sie sich an die Franzosen, welche weiter zogen, an, und an die andern Könige, welche gleichfalls große Heere führten. Einer davon war der Beherrscher des Volkes der Tzechen (d. i. der Böhmen), welchen Conrad selbst zum König ernannt hatte. Der andere herrschte über die Lechen (Polen), ein scythisches Volk, welches mit den westlichen Hunnen zusammengränzt.

ter Mühe die Griechen verjagte [25]). Der Anblick des Elends und der Muthlosigkeit der sonst so trotzigen Deutschen, als sie endlich in das Lager des Königs von Frankreich einzogen, erweichte alle Gefühlvollen unter den französischen Pilgern zu Thränen [26]); in dem ganzen Heere wurde der Haß gegen die tückischen und allen Wallbrüdern feindseligen Griechen von neuem entflammt, und die Wallbrüder trösteten sich wegen alles Leides, welches sie von den Griechen erfahren, mit der Hoffnung, daß die Zeit schwerer Rache einst erscheinen werde [27]). Mit Freundlichkeit empfing der König Ludwig den deutschen König; er überließ dem Könige Conrad, nach seinem Wunsche, nicht nur alle lothringische Scharen unter dem Bischoff von Metz, sondern auch die italienischen unter dem Grafen von Maurienne und dem Markgrafen von Montferrat, gab ihm für sein königliches Zelt einen Platz in J. Chr. 1147.

25) Odo de Diog. S. 54. 55.

26) „Heu, ruft Odo von Deuil aus, quam miseranda fortuna, Saxones Batavosque truces et alios Alemannos, quos in antiquis historiis legimus quondam Romanam fortitudinem timuisse, nunc dolis Graecorum inertium tam miserabiliter interiisse!"

27) „Habebunt, sagt Odo von Deuil S. 54, gentes utraeque (die Deutschen und Franzosen), quod semper defleant, si filii mortes parentum non vindicant. Dat autem nobis, qui pertulimus Graecorum scelera, divina justitia spem vindictae et quod nostrae gentes non solent verecundas injurias diu ferre. His interim moestos animos consolamur et ut sciant posteri Graecorum dolosa facinora, nostra infortunia persequemur." Das boshafte und schändliche Verfahren gegen die deutschen Kreuzfahrer hatte also nicht den Erfolg, welchen der Kaiser Manuel nach der Behauptung des Nicetas (S. 45) sich davon versprach: „Mit einem Worte, es fehlte keine schlimme Behandlung irgend einer Art, welche der Kaiser nicht ihnen zufügte oder durch andre zufügen ließ, damit es ihnen und ihren Nachkommen zum unvergänglichen Denkmal dienen und einen Samen zur Furcht ausstreuen möchte, welcher ihnen das Eindringen in das römische Land verleidete." Diese Worte enthalten zugleich die Beglaubigung für alle die bittern und gerechten Klagen des Odo von Deuil und der andern Schriftsteller dieser Zeit über die Schändlichkeiten der Griechen und ihres Kaisers.

J. Chr. 1147. der Nähe des seinigen, und erbot sich, wie der König Conrad selbst in einem Briefe an den Abt Wibald von Corvey rühmt, ihn mit Geld und jedem andern Bedürfniß zu unterstützen [28]). Nicht minder freundlich und gefällig waren die französischen Barone sowohl gegen den König Conrad, als seine Fürsten.

Die Wirkungen der ruchlosen Treulosigkeit des griechischen Kaisers fühlten die Franzosen schon auf den ersten Tagereisen in Asien, nur an wenigen Orten wurden sie dem Vertrage gemäß mit Speise versorgt, aber so lange sie in reichem Lande waren, machten sie von der im Vertrage ihnen gestatteten Berechtigung, zu rauben, was sie bedurften, wo es ihnen nicht freywillig dargeboten wurde, Gebrauch. Kaum waren sie aber nach der Vereinigung mit dem Könige Conrad eine Tagereise jenseit Lopadium vorgerückt, als sie merkten, daß sie in ein Land kamen, wo wenig zu rauben war. Alle wurden von der heftigsten Furcht vor Hunger und Mangel ergriffen, vor allen der König Conrad, welcher dem französischen Könige wieder alle Schrecklichkeiten schilderte, die über sein Heer, welches die ganze Heidenschaft zu überwinden vermocht und nur keine Waffen gegen den Hunger gehabt hätte, durch Hunger und Mangel gekommen wären. Er rieth eben so dringend, als er zuvor gerathen, diese Straße zu nehmen, sie zu verlassen und auf der sichereren Straße an der Meerküste zu ziehen; was auch unverzüglich ins Werk zu setzen beschlossen wurde. Denn Demetria, die nächste Stadt am Meere, war nicht über eine halbe Tagereise von dem Orte entfernt, wo sie mit einander

28) „Rex siquidem Francorum et omnes principes sui fideliter ac devote obsequium suum nobis obtulerunt, pecunias insuper suas et quaecumque habebant voluntati nostrae exponebant." Ep. Wib. 80.

Rath pflogen. Jedoch dieser kleine Weg war nicht ohne Gefahr und großen Verlust für die Pilger. Denn nur ein kleiner Theil des Heeres fand die richtige Straße, das übrige Heer verirrte sich in dem Gebirge, welches zu übersteigen war, und erst am dritten Tage, nachdem in schrecklich verwirrtem Herumirren in Bergschluchten und an steilen Bergen viel Gepäck und viele Lastthiere verloren worden, ergriffen die Pilger von den fliehenden Bauern eines Dorfes einen Mann, welcher sie auf die richtige und fahrbare Straße nach Demetria leitete, wo die schon dort angelangten Wallbrüder ihrer in Angst und Bekümmerniß warteten [29]). J. Chr. 1147.

Wenn schon bis dahin die französischen Wallbrüder gesehen hatten, daß von dem Kaiser Manuel alles geschehe, um sie zu verderben — denn selbst die verheißenen griechischen Führer waren vergeblich erwartet worden, und die Unkunde des Weges von Lopadium nach Demetria war ihnen schon so verderblich geworden — so wurde ihnen doch auf dem weitern Wege der schändliche Betrug des Kaisers und die boshafte Gesinnung, worin er den Vertrag mit ihnen geschlossen, noch sichtbarer. In die Städte wurden die französischen Wallfahrer eben so wenig eingelassen, als die deutschen Wallfahrer, welche der Bischoff Otto von Freysingen auf diesem Wege geführt hatte; mit Speise wurden sie nirgends hinlänglich versorgt, was ihnen dargeboten wurde, war zu so theuren Preisen, daß nur die reichen Wallbrüder sich zu versehen im Stande waren, und zu der im Vertrage ihnen gegebenen Erlaubniß zu plündern, wo die Noth es geböte, war auch auf diesem Wege keine Gelegenheit. Denn die Dörfer waren von den Bauern verlassen

29) Odo de Diog. VI. S. 55 — 58.

J. Chr. 1147. und Vieh und Lebensmittel im Gebirge und in Wäldern verborgen, und die Städte waren so fest und meistens mit starken Thürmen und doppelten Mauren so wohl beschirmt, daß die Wallbrüder es nicht versuchen mochten, sie zu brechen [30]). Die Noth der armen Wallbrüder wurde bald so groß, daß viele des geringen Volks, welchen in ihrer Heimath ohnehin das Loos der Dienstbarkeit gefallen war, in Verzweiflung das Heer verließen und sich in den Dienst griechischer Herren begaben, um nur dem Hungertode zu entgehen [31]).

Hunger und Mangel und Bosheit der Griechen waren aber nicht die einzigen Beschwerden, womit die Wallbrüder auf diesem Wege zu kämpfen hatten. Die vielen Ströme, welche dieses Land durchschnitten, erschwerten, selbst wenn sie wasserleer waren, die Fahrt, wegen der Höhe ihrer Ufer und weil über keinen Brücken führten, und jeden Tag war es zu besorgen, daß sie plötzlich durch Regen und das Schmelzen des Schnees auf den Gebirgen anschwellen, ihre Ufer übertreten und die Straße ganz ungangbar machen möchten. Drey solcher Ströme schwollen auch, als kaum die Pilger hinübergekommen waren, plötzlich zu furchtbarer Höhe an und braußten und tobten mit eben solcher Gewalt reißender Wellen, als sie vorhin sanft und ruhig geflossen, was die Frommen unter den Wallbrüdern als sichtbaren Beweis der göttlichen Gnade, welche mit ihnen wäre, und ein herrliches Wunder verehrten, gleich demjenigen herrlichen Wunder, wodurch die Wasser des rothen Meeres gebändigt worden, als die Kinder Israel trocknen Fußes

30) Id ibid.

31) „Alii, quos conditio damnaverat, servituri, levius ducebant in eorum (Graecorum) servitio remanere." Id. ibid.

mitten durch die Wassermauern zu ihrer Rechten und Linken zogen [32]). J. Chr. 1147.

Unter solchen Mühseligkeiten und Leiden bedurften die Wallbrüder fast zwey Monate, um von Lopadium über Smyrna und Pergamus nach Ephesus zu kommen, wo das Grab des heil. Evangelisten Johannes mit dem wunderbar daraus hervorquillenden Manna die frommen Pilger erfreute [33]). Zu Ephesus meldeten sich Botschafter des Kaisers Manuel bey den Königen mit Briefen, worin der Kaiser mit erheuchelter Besorglichkeit ihnen kund that, daß unermeßliche Türkenhorden sich versammelt, ihnen zu widerstehen, und Behutsamkeit und Vorsicht empfahl. Den König Conrad lud aber Manuel noch besonders mit schmeichelhafter Höflichkeit und Freundlichkeit ein, nach Byzanz zu kommen, und sich lieber an seinem kaiserlichen Hofe durch sorgfältige Pflege von den bisherigen Leiden und Mühseligkeiten zu erquicken, als ohne alle vorher genossene Ruhe neuen Gefährlichkeiten entgegenzugehen. Die Kaiserin Irene unterstützte diese Einladung ihres Gemahls bey ihrem Schwäher in einem freundlichen und liebreichen Schreiben. Denn der schlaue und listige Kaiser Manuel, da er den König von Frankreich zu verderben beschlossen, suchte die Freundschaft des Königs Conrad zu gewinnen und ihn von dem König Ludwig abwendig zu machen, so wie er vorher, so lange Conrad noch

32) „Nec praetereundum nos in hac via stupentibus indigenis contra morem tres fluvios facile transvadasse et unumquemque post nostrum transitum illico pluviis inundasse; unde habebatur pro miraculo contra solitum nobis imbres et hyemem pepercisse.“ Odo de Diog. S. 58.

33) „Ad sanctum Joannem, ubi sepulchrum ejus et manna scaturire cernitur.“ Brief des Königs Conrad an den Abt Wibald. „Ephesum..... b. Joannis sepulchrum.“ Odo de Diog. S. 59.

J. Chr. 1147. mächtig war, dem Könige Ludwig geschmeichelt hatte, nach dem Grundsatze überlegter Schlauheit, zwischen zwey gefährlichen Feinden Zwietracht zu stiften, mit dem schwächern sich zu verbinden, und mit dessen Hülfe den mächtigern zu verderben. Der König Conrad ließ sich jedoch leicht irre leiten und folgte der Einladung gern [34]), theils weil er der Ruhe und Stärkung seiner Kräfte nach so vielen Mühseligkeiten wirklich bedurfte, theils weil es ihm, als dem vornehmsten

34) Odo von Deuil spricht sehr unbefriedigend von der Rückkehr des Königs Conrad. „Alemannus poenitens quod Constantinopolitanum Imperatorem non viderat, apud eum reversus est hyemare.“ Dies ist alles, was dieser sonst so genaue Schriftsteller davon berichtet, und man sieht leicht, daß er die wahre Ursache der Trennung des Königs Conrad von dem Könige von Frankreich absichtlich und nicht ohne Verdruß verschweigt. (Auch Odo hatte noch eine ihm eigenthümliche Ursache zur Unzufriedenheit mit dem Könige Conrad. (S. unten Anm. 36.) Conrad selbst gibt in dem oftmals angeführten Briefe an den Abt Wibald seine eigene Unpäßlichkeit und die Kränklichkeit vieler aus seinem Heere als den Grund seiner Rückkehr nach Constantinopel an, wohin ihn, wie er hinzusetzt, auch der Kaiser Manuel und die Kaiserin Irene zu kommen dringend geladen, indem sie ihm und seinem Gefolge selbst das Nöthige zur Reise gegeben und für seine Heilung die Hülfe geschickter Aerzte angeboten. „Quia et nos infirmitas et multos nostrorum invaserat, recuperata sanitate procedere volebamus, sed invalescente aegritudine nequaquam ire valuimus. Rex (Ludovicus) igitur cum exercitu dolenter profectus, quantum potuit, nos praestolatus est, sed diutina infirmitas nos tenuit. Quod cum frater noster, Graecorum Imperator, audiret, vehementer indoluit et cum filia nostra dilectissima, Imperatrice, sua videlicet conjuge, ad nos praepropere descendit, liberaliter nobis et principibus nostris sua et necessaria ad iter nostrum largiens, quatenus a medicis suis citius curaremur, quasi vi Constantinopolin in palatium suum reduxit.“ Wilhelm von Tyrus schwankt zwischen verschiedenen Vermuthungen über die Ursache dieser Trennung, ohne zu entscheiden: „seu quia cum paucioribus erat qui multo plures prius secum habuerat, verecundiam sustinens, aut Francorum fastus non ferens, seu aliis latentibus causis.“ XVI. 23. Nach Cinnamus (S. 47. 48) folgte Conrad der Einladung des Kaisers Manuel aus Verdruß über den Uebermuth der Franzosen und wegen der Mißhelligkeiten zwischen den deutschen und französischen Pilgern. S. die folg. Anm. 35.

Könige der Christenheit, wehe that, mit einer so kleinen unansehnlichen Schar in dem stolzen und zahlreichen Heere des französischen Königs zu ziehen und auch schon Unwillen und Hader und mancherley Neckerey zwischen den Deutschen und Franzosen entstand [35]. Auch fingen die Franzosen an, von den Deutschen und auch dem Könige Conrad für die Dienste, welche sie ihnen erwiesen, mehr Dankbarkeit zu fordern, als diese ihnen schuldig zu seyn glaubten [36a]. J. Chr. 1147.

35) Cinnamus (S. 47) spricht zwar allein von den Neckereyen, welche damals zwischen den Franzosen und Deutschen vorfielen; aber das Verhältniß der beyden Völker zu einander sowohl als die frühern Mißhelligkeiten geben seiner Erzählung alle mögliche Glaubwürdigkeit. Die Spottrede, womit nach seinem Berichte die Deutschen von den Franzosen geneckt wurden, Putze Alemanne (*Πούτζη Ἀλαμάνε*), wird von ihm weitläuftig also erklärt: Sie beziehe sich auf die Unbeholfenheit der deutschen Ritter in der Lenkung der Schlachtrosse, worin ihnen die Franzosen eben so überlegen wären, als sie wiederum den Franzosen in der Handhabung des Schlachtschwertes. Zugleich enthalte diese Spottrede eine Erinnerung an eine Schlacht zwischen beyden Völkern, in welcher die Deutschen, die Ueberlegenheit der französischen Ritter anerkennend, von ihren Pferden abgestiegen wären und zu Fuße gefochten hätten, aber gleichwohl endlich durch einen glücklichen Angriff der französischen Ritter zu schimpflicher Flucht wären genöthigt worden, obschon sie den Franzosen an Zahl sehr überlegen gewesen. Unsere Schriftsteller berichten zwar nichts von einer solchen Schlacht; aber auch Wilhelm von Tyrus (XIV. 4.) erwähnt in der Beschreibung des Gefechtes bey Damascus jener Sitte der deutschen Ritter, in der Schlacht von den Rossen abzusitzen und zu Fuß zu fechten, worauf sich die Spottrede bezieht: „Ubi tam dominus Imperator quam sui de equis descendentes et facti pedites (sicut mos est theutonicis in summis necessitatibus bellica tractare negotia), objectis clypeis, gladiis cominus cum hostibus experiuntur.“ Du Cange, welchem die angeführte Stelle des Wilhelm von Tyrus entgangen ist, erklärt in einer Anmerkung zu dieser Stelle das Putze Alemanne durch die französischen Worte: Pousse Allemand, d. i. gehe darauf los, Deutscher. Cinnamus ist übrigens nicht sicher, ob er richtig gehört hat (*οὕτω πως ἐπὶ λέξεως ἐσχηκός*). Es ist höchst wahrscheinlich, daß die Worte gewälschtes Deutsch sind und vielleicht nichts anders als: „Fuße (zu Fuß) Allemann.“

36a) Diesen Vorwurf macht auch Odo von Deuil dem Könige Conrad. Denn der gute Mönch glaubte eine treffliche Gelegenheit gefunden zu ha-

J. Chr. 1147. Darum war der König Conrad froh dieser dargebotenen Gelegenheit, sich von den Franzosen zu trennen, und er und seine Fürsten mit ihrem Gefolge bestiegen eiligst zu Ephesus Schiffe und fuhren nach Byzanz.

Der König Ludwig aber achtete die Warnungen des Kaisers Manuel und die in dem kaiserlichen Schreiben hinzugefügte Klage über die von den Pilgern geübte Räuberey und Gewaltthätigkeit und seine Drohung mit schwerer Rache so wenig, daß er sie nicht einmal einer Beantwortung wür-
25. Dec. digte, und führte sein Heer unverweilt am Christabend in ein benachbartes fruchtbares und anmuthiges Thal [36b]), um

ben zur Geltendmachung der Rechte seines Klosters nicht nur auf die Stadt Eßlingen, sondern sogar auf die Burg Staufen in Schwaben. Aber Conrad und der Herzog Friedrich von Schwaben ließen weder durch die vertraulichen noch durch die öffentlichen Vorstellungen, welche Ludwig auf das Ansuchen des Mönches Odo ihnen machte, sich bewegen, dem Kloster St. Denys sein Recht widerfahren zu lassen, obwohl der Papst Eugen am letzten Osterfeste zu St. Denys mit dem Bannstrahle allen denen gedrohet hatte, welche jene schwäbischen Besitzungen dem Kloster vorenthielten. Odo de Diog. VI. S. 55. 56. Diese Ansprüche auf schwäbische Besitzungen schrieben sich übrigens von Fulrad, dem vierzehnten Abte von St. Denys, her, welcher aus einer adelichen Familie, wahrscheinlich im Elsaß oder in Schwaben, herstammend, unter der Regierung Carls des Großen, drey Cellen in Schwaben, nämlich zu Herbrechtingen, Ettlingen und Eßlingen, erbaute, mit den Gütern, welche er von seinem Vater ererbt, begabte, und dem Kloster St. Denys unterwarf. Es ist nicht dieses Ortes, in die Geschichte dieser Besitzungen des Klosters St. Denys einzugehen; aber wir wollen nicht unbemerkt lassen, daß das, was darüber in Cleß kirchlich-politische Landes- und Culturgeschichte von Würtemberg Th. I, S. 117. 118. vorkömmt, sehr dürftig und unbefriedigend ist, und sehr bedeutend berichtigt und vervollständigt werden kann durch die Nachrichten und Urkunden, welche sich in der Histoire de l'Abbaye de St. Denys, par Fr. Jacques Doublet (à Paris 1625) S. 707 u. flgd. und in Felibien histoire de St. Denys finden.

36b) „In valle Decervion." Odo de Diog. Ohne Zweifel ist damit die Ebne von Ephesus gemeint, nach Tournefort's (Reise nach der Levante, deutsche Uebers. Nürnb. 1777. Th. 3. S. 561) Beschreibung: „ein großes Becken, das auf allen Seiten mit Bergen umgeben ist, ausgenommen auf der Meerseite."

dort das Weihnachtsfest zu feyern. Schon an diesem Tage J. Chr. 1147.
bestanden die französischen Wallbrüder den ersten Kampf wider die Türken, welche, wie die Pilger meinten, von Griechen geführt, ihre weidenden Rosse zu rauben suchten. Männlich und unverdrossen unterwanden sich die Kreuzritter des Kampfes, erschlugen eine große Zahl der Heiden und schafften dadurch sich Ruhe für die Tage des Festes [37]).

Drey Tage ruhte das französische Heer in dem Thale bey Ephesus, und in dieser Zeit verschied Graf Guido von Panthieu, ein weidlicher und tapferer Kreuzritter, welchen die Wallbrüder mit großen Ehren in der Kirche des heil. Johannes zu Ephesus begruben [38]). Am vierten Tage erhuben sich die Pilgerscharen, nachdem sie mit Speise auf längere Zeit sich versehen, und zogen auf dem Wege gen Laodicea, nicht ohne große Furcht vor unüberwindlichen Schwierigkeiten durch Anschwellen der Flüsse von dem heftigen Regen, welcher schon das Thal bey Ephesus, während sie dort gelagert waren, überschwemmte, und dem Schnee, womit die Gebirge schon anfingen sich zu bedecken. Desto dankbarer waren nun die Pilger gegen Gott, als warme Witterung und heitere Luft ihnen ihre Fahrt erleichterten, und mit Freuden unterwanden sich die Ritter täglich des Kampfes gegen die Türken, welche unablässig das Pilgerheer umschwärmten und nach ihrer Weise im Fliehen mehr schadeten, als im Kampfe. Die christlichen Ritter beschirmten tapfer und unverdrossen die Schwachen und Wehrlosen, welchen der König weislich in der Mitte des Heers ihren Platz während des Marsches angewiesen; Eberhard von Bar, Großmeister der Templer, und die ihn begleitenden Ritter

37) Odo de Diog. S. 50.

38) Wilh. Tyr. XVI. 24.

J. Chr. 1147. seines Ordens gingen darin allen übrigen Rittern mit rühmlichem Beyspiele vor. Mancher weidliche und fromme Ritter errang in diesen täglichen Kämpfen die Krone des Märterthums. Auch der König Ludwig scheute nicht Mühseligkeiten und Gefahren; er drang oftmals in der Hitze des Kampfes mitten in die heidnischen Scharen, welche dem Heere den Weg zu verlegen oder zu erschweren suchten, würgte mit seinem Schwerte, was zu widerstehen wagte, und übernahm, wie seine Barone, wenn ihn die Reihe traf, die Vorhut oder Nachhut des Heers oder die Nachtwache, unverdrossen tragend sowohl die Kälte der Nacht, als die Hitze des Tages. Wie in den Werken des Kriegs so war er auch in christlicher Frömmigkeit und gewissenhafter Erfüllung aller Pflichten des Glaubens seinen Fürsten und Rittern Muster. So oft er sich zum Kampfe wider die Heiden waffnete, nahm er das heilige Sacrament, und wenn er aus dem Kampfe noch so ermüdet zurückgekommen war, so wohnte er doch andächtig noch der Vesper und Complete bey [39]).

Mit großer Gewalt wehrten die Türken dem Pilgerheere die Ueberfahrt über den Mäander; aber trotz ihres furchtbaren Pfeilregens und der Höhe des von ihnen besetzten Ufers wurde die Ueberfahrt von den Pilgern erzwungen, jedoch erst nach einem schweren Kampfe. Die Grafen Heinrich von Champagne, Dieterich von Flandern und Wilhelm von Macon trieben kräftig die heidnischen Scharen von dem Ufer zurück, und der König selbst rannte mit seiner trefflichen Schar wider die Türken, welche das christliche Heer im Rücken mit Pfeilwürfen beunruhigten, und verjagte sie in

39) Odo de Diog. VII. p. 77.

das Gebirge [40]). Ein vornehmer türkischer Emir wurde ergriffen, vor den König geführt, und weil er halsstarrig sein Heidenthum nicht abschwören wollte, ohne Schonung erschlagen. Viele Pilger versicherten, einen weißen Ritter gesehen zu haben, welcher in dieser Schlacht den ersten Hieb gegen die Heiden schlug und am meisten beytrug, die heidnischen Scharen zu verjagen; alle waren überzeugt, daß nur durch Gottes Wunderkraft die schwierige Ueberfahrt über diesen Fluß ihnen möglich geworden, und zwar ohne andern Verlust, als allein den des frommen Ritters Milo von Noyency, welcher im Flusse ertrank [41]). Wer bis dahin noch die Griechen entschuldigte und an ihrer Verrätherey zweifelte, wurde damals davon überzeugt. Denn der kaiserliche Statthalter zu Antiochien am Mäander öffnete seine Burg den fliehenden Türken zur Zuflucht. Die Pilger würden solche boshafte Untreue nicht ungeahndet gelassen und diese Burg gebrochen haben, wenn nicht das Abnehmen ihres Vorraths von Lebensmitteln sie gezwungen hätte, zu dem Lande der lateinischen Christen zu eilen; denn nirgends mehr wurden sie von den Griechen, welche überall mit den Türken im Bunde standen, mit Speise versorgt. J. Chr. 1147.

Die Pilger trösteten sich bey dem Mangel und den Entbehrungen, welche sie schon zu dulden hatten, mit der Hoff- 1148 Januar.

40) Id. VI. S. 59. 60. Nicetas erzählt diesen Uebergang über den Mäander sehr weitläuftig, begeht aber den Fehler, diese Thaten dem Könige Conrad und den Deutschen beyzulegen.

41) „Certe fuerunt qui dicerent, album quendam militem ante nostros ad transitum fluminis, quem non viderunt prius vel postea, se vidisse et primos ictus in proelio percussisse. In hoc ego nec fallere vellem nec falli: scio tamen quod in tali districto tam facilis et tam celebris victoria nonnisi divina virtute fuisset" etc. Odo de Diog. VI. S. 61.

M 2

J. Chr. 1148. nung, doch zu Laodicea am Lycus, wohin sie am dritten Tage nach der Ueberfahrt über den Mäander gelangten, freyen und wohlversehenen Markt der Lebensmittel zu finden; aber der Statthalter dieser Stadt, von welchem schon die Schar des deutschen Grafen Bernhard verrathen worden, was dem König Ludwig und seinen Fürsten nicht kund geworden, dachte auf nicht weniger schlimmes wider die französischen Wallfahrer. Die Stadt war gänzlich verlassen und leer, und die Einwohner mit allen ihren Vorräthen waren, theils aus Bosheit, theils aus Furcht vor der gerechten Rache der Wallbrüder, von dem tückischen Statthalter in das benachbarte Gebirge geführt worden. Mit je festerer Hoffnung die Pilger nach Laodicea gekommen waren, desto größer war ihre Verzweiflung, als sie ihre Hoffnung getäuscht sahen, und die schreckliche Kunde davon vernahmen, was durch die Bosheit des Statthalters dieser Stadt dem Heere des Bischoffs von Freysingen begegnet; keine Aussicht war nun für das Heer, sich mit Speise zu versehen, bevor sie nach Attalia kämen. In dem Kriegsrathe, wozu der König die Bischöffe und Barone berief, wußte keiner andern Rath, als die Griechen im Gebirge aufzusuchen und mit freundlicher Zuredung von ihnen Lebensmittel zu begehren, was den meisten doch unräthlich und unnütz zu seyn schien.

Voll banger Besorgnisse zog das Heer in das Gebirge, über welches der Weg von Laodicea nach Attalia führte; die Wallbrüder erblickten auf diesem Wege mit Schaudern und Entsetzen das Blut und eine große Zahl von Leichnamen der vor wenigen Tagen durch den Verrath des boshaften Statthalters von Laodicea erschlagenen deutschen

Pilger [42]), und vernahmen bald mit Gewißheit, daß die Griechen, mit den Türken vereinigt, beschlossen hatten, in den Engpässen dieses Gebirgs sie zu vertilgen. So sehr der König Ludwig bey solcher Gefahr allen Anführern der Schaaren die strengste Vorsicht und die genaueste Befolgung aller von ihm und dem Kriegsrath getroffenen Anordnungen empfahl, so brachte gleichwohl die Unbesonnenheit und ungestüme Hastigkeit zweyer Barone über das Heer großen Verlust. Die Pilger kamen zu einem hohen, steilen und felsigen Berge, welcher über einem tiefen Thalabgrund ragte, in dessen Tiefe der Fluß Lycus brauste. Weil die Griechen und Türken den Abhang des jenseitigen, durch den Abgrund getrennten, Berges mit großer Macht besetzt hielten, so hatte der König beschlossen, nicht eher denn am Morgen des andern Tages das Heer über jenen Berg zu führen, welcher selbst auch ohne Angriffe der Feinde von einem zahlreichen, mit vielem Gepäcke belasteten Heere nicht ohne Gefahr überstiegen werden konnte; sowohl damit ihm Zeit seyn möge, ohne Uebereilung den sichersten und gangbarsten Weg zu suchen, und überhaupt auf das zweckmäßigste den Uebergang anzuordnen, als auch, damit das Heer durch einen vollen Tagemarsch einen sichern Lagerplatz erreichen könne und nicht durch den frühen Einbruch der Nacht etwa gezwungen werden möchte, sich auf der Höhe des Berges oder an einem andern Orte zu lagern, wo es den Pfeilen der Türken preis gegeben sey. Darum gebot er den Grafen Gottfried von Raucon aus Guienne und Amadeus von Maurienne, welche an diesem Tage die Vorhut mit dem

J. Chr. 1148.

42) „Erant ibi montes adhuc de cruore Alemannorum madidi et parebant iidem qui eos occiderant hostes." Id. VI. S. 63.

J. Chr. 1148. königlichen Panier [43]) führten, nicht weiter als bis zum Fuße des Berges vorzurücken. Diese aber, als sie schon um Mittagszeit den Berg erreichten, achteten nicht des königlichen Gebotes, sondern zogen, als sie einen gangbaren Weg gefunden hatten, über die hohe Bergspitze und lagerten sich um die neunte Tagesstunde am jenseitigen Abhange. Dies war die Ursache von großem Unglück. Die andern Pilger, welche ihnen nachkamen, ihrem Beyspiele folgend, begannen ebenfalls den Berg zu ersteigen, wählten aber, weil der bequemere Weg schon bedeckt war, um desto schneller die Höhe zu erklimmen, andre nicht so gangbare Wege, und geriethen auf Felsenpfade, wo kaum menschliche Füße zu stehen vermochten, viel weniger die Lastthiere. Diese stürzten theils von den Felsen herab in den Abgrund, glitten theils aus und warfen in ihrem Falle die unter ihnen nachklimmenden Pilger herab von der Bahn in den Abgrund. Die Feinde, welche den Berg mit ihren Pfeilen erreichen konnten, ließen diese Noth der Wallbrüder nicht unbenutzt und überschütteten sie mit einem gewaltigen Pfeilregen; zahlreiche Scharen kamen selbst von dem jenseitigen Berge herüber, um die getrennten und aufgelösten christlichen Scharen noch mehr in der Nähe zu ängstigen. Die Verwirrung und Angst der Wallbrüder wurde schrecklich. Der Mönch Odo von Deuil, welcher uns einen treuen Bericht von den Begebenheiten dieses schrecklichen Tages überliefert hat [44]), war den bedrängten und geängstigten Scharen nahe, und eilte zum Könige, welcher die Nachhut führte, und meldete ihm, was

43) „Cum vexillo regio." Wilh. Tyr.

44) Lib. VI. S. 63 – VII. S. 66. Mit seiner Erzählung stimmt vollkommen überein, was Wilhelm von Tyrus von diesem schrecklichen Tage berichtet. XVI. 25. 26.

geschehe, und der König, ohne geringere Ritter und Bogenschützen, nur von einigen seiner Grafen und Barone begleitet, rannte unverdrossen herbey, stürzte mitten unter die zahlreichen Feinde, und sowohl der König als seine Gefährten häuften vor sich die Leichname der Erschlagenen. Diese vornehmen Fürsten waren selbst bereitwillig, ihr Leben zu opfern zur Rettung der Niedrigen des Volks; denn als die Zahl der Feinde sich immer mehrte, und die Rosse der Fürsten von den Pfeilen der Türken gefallen waren, da fuhren die gepanzerten Ritter gleichwohl fort zu Fuß unverdrossen zu kämpfen mitten in den dichten Scharen der türkischen Reuter, und während ihres tapfern Kampfes entkam das geringe Volk mit seinem Gepäck. Es starben in diesem Kampfe eines rühmlichen Todes die Grafen Wilhelm von Varennes und dessen Bruder Eberhard von Breteuil, Rainald von Tonnerre, Manasse von Bulis, Itter von Magnac, Gaucher von Montgai und viele andre von der Blüthe der französischen Ritterschaft. Selbst der König schwebte in großer Gefahr. Seines Schlachtrosses beraubt und von den Türken heftig verfolgt, erklomm er nur kaum mittelst der hervorstehenden Wurzeln eines Baums einen Felsen, wo ihn sein trefflicher Panzer schützte gegen den gewaltigen Pfeilregen und sein gutes Schwert gegen die ihm nachklimmenden Heiden, deren vielen er Hände und Kopf abhieb, bis sie endlich von ihm abließen, weil sie ihn nicht erkannten. Erst die Nacht endigte die Gefahr des Heers. Zwar kamen viele Wallbrüder, welche sich im Gebirge, zum Theil in Felsenklüften, verborgen hatten, nach angstvoll zugebrachter Nacht, am andern Tage wieder in das königliche Lager; aber gleichwohl war die Zahl derer, welche an diesem Tage die Märtyrerkrone erlangt, sehr groß. Laut forderte das Volk, daß

J. Chr. 1148.

J. Chr. 1148. der Graf von Raucon seinen Ungehorsam gegen des Königs Gebot, wodurch er die Ursache des Todes von so vielen tapfern und frommen Männern geworden, mit dem Strange büßen sollte; aber ihn rettete von der verdienten Strafe, daß der Graf von Maurienne, des Königs Oheim, mit ihm in gleicher Schuld war [45]. Der König aber, so viel er vermochte, ersetzte aus seinem Schatze jedem, was er verloren.

Seit diesem Unglückstage mehrte sich schrecklich das Ungemach des Pilgerheeres. Die Türken, durch die Niederlage der Christen kühner geworden, ängstigten das christliche Heer noch viel heftiger, als zuvor; die Kräfte der Wallbrüder ermatteten täglich mehr, denn fast nirgends fanden sie Speise oder doch nur kärgliche und schlechte, und am wenigsten Brot oder Korn, und die Rosse, welche in vielen Tagen nur mit wenigen und schlechten Kräutern gefüttert waren, versagten großentheils den Dienst. Der König Ludwig fiel in dieser Noth auf ein treffliches Mittel, das Heer gegen die Türken zu beschirmen. Er gebot allen Rittern, welche noch kräftige Rosse besaßen, mit den Templern, welche immer am tapfersten die Schwachen und Wehrlosen vertheidigten, eine Brüderschaft zur Abwehrung der das Heer umschwärmenden Türken zu errichten, also, daß alle Brüder dieser Genossenschaft mit einem feyerlichen Eide gelobten, dem Gebote der Meister, welche die Templer über sie setzen würden, im Angriff und Widerstand und Zurückweichen gehorsam zu seyn, und nicht eigenmächtig die ihnen ange-

45) „Populus omnis Gaufridum judicabat dignum suspendio ..... et forsitan regis avunculum, quem habebat in culpa socium, habuit etiam de vindicta patronum." Odo de Diog. VII. S. 66.

wiesenen Posten zu verlassen [46]). Die Templer setzten nun der französischen Brüderschaft einen weidlichen und frommen Ritter, Namens Gislebert, als Meister, und dieser vertheilte unter fünfhundert Ritter die Beschirmung des Heers, indem er einigen gebot, die Vorhut, andern die Nachhut zu halten und wiederum andern, zu den Seiten des Heers zu ziehen. Der König selbst trat in diese Brüderschaft und folgte willig, wie der geringsten Ritter einer, dem Gebote des Meisters; er führte aber die zahlreichste Schar und unterstützte damit alle diejenigen, welche in Noth und Gedränge kamen. Weil aber die Türken besonders den Nachtrab beunruhigten, so wurde außerdem verordnet, daß die letzte Schar aus Bogenschützen und den Rittern, welche ihre Rosse verloren, gebildet werden sollte, um die heidnischen Bogenschützen abzuwehren. J. Chr. 1148.

In dem ebnen Lande, in welches das Heer hernach kam, leistete diese Brüderschaft ruhmwürdige Dienste; viermal schlug sie die Feinde, welche besonders die Ueberfahrt über die Flüsse streitig machten, in die Flucht. So waren einst in einem Raume von Einer Raste zwey Flüsse zu durchwaten, deren leimiger Grund die Durchfahrt schon sehr erschwerte. Während die stärksten Männer unter den Wallbrüdern theils den Schwächern beym Durchwaten des erstern Flusses behülflich, theils bemüht waren, die durch Hunger geschwächten Lastthiere aus dem Leimgrunde des Flusses an das Ufer zu ziehen, drängten die Türken so heftig an, daß

46) „Indicitur communi consilio, ut omnes mutuam et cum illis (fratribus Templi) in hoc periculo fraternitatem statuerent, firmantes fide, dives et pauper, quod de campo non fugerent et magistris ab illis (fratribus templi) sibi traditis per omnia obedirent." Id. S. 67.

J. Chr. 1148. sie fast zu gleicher Zeit, als das letzte Christliche in den Fluß ging, einritten und dann zwey Felsenhöhen, zwischen welchen der Weg zu dem zweyten Flusse führte, zu gewinnen suchten. Es gelang ihnen aber nur, Eine der beyden Höhen zu besetzen, denn in der Besetzung der andern kamen ihnen die christlichen Ritter zuvor. Dennoch waren die Türken so kühn und übermüthig, daß sie auf dem von ihnen besetzten Felsen im Angesichte der Christen ihre Turbane ablegten, zum Zeichen, daß keine Gewalt sie zwingen werde, diesen Ort zu verlassen [47]). Da sahen einige Ritter der Brüderschaft, daß es möglich sey, zwischen den beyden Flüssen den Türken die Flucht zu verlegen und an den übermüthigen Heiden den Tod vieler tapfern und frommen Brüder zu rächen, und auf ihren Rath gab der Meister der Brüderschaft das Zeichen zur Schlacht. In der Freude über die Gelegenheit zu rühmlichem Streite vergaßen die Kreuzritter den Hunger und alles andre Ungemach, warfen in tapferm Kampfe die Heiden von der Höhe des Felsens und trieben sie an den Fluß, wo, durch den leimigen Boden an der Flucht gehindert, ihrer viele von den nacheilenden Rittern erschlagen wurden [48]).

Auch auf diesem Wege schadeten den Wallbrüdern weit mehr, als die offenbare Feindseligkeit der Türken, die Bosheit und Tücke der Griechen. Denn zwischen Laodicea und Attalia waren nicht nur alle Städte und Dörfer von Menschen und Vieh leer, sondern selbst die Viehweiden mit Feuer abgesengt. Das arme christliche Volk hatte keine andre Nahrung, als das Fleisch der gefallenen Rosse; viele Waffen,

47) „Capellos de capitibus ad pedes projiciunt, quo signo dictum est nobis praemonstrari, illos de tali loco nullo timore moveri." Id. S. 68.

48) Id. S. 67. 68.

Zelte, Kleider und andres Heergeräth, wenn die Rosse fielen, welche sie getragen, wurden von den Pilgern verbrannt, damit sie nicht den Heiden zur Beute würden; also daß alle es bereuten, nicht den Weg über Iconium gewählt zu haben, wo sie doch nur wider die offene Gewalt der Türken und nicht zugleich wider die Tücke der Griechen, welche, um nur ihre Mitchristen zu verderben, ihr eignes Land zu zerstören sich nicht scheuten, zu kämpfen gehabt hätten [49]). J. Chr. 1148.

Die Wallbrüder kamen am funfzehnten Tage seit ihrem Auszuge aus dem Thale bey Ephesus nach Attalia; aber auch dort war noch nicht das Ende ihrer Leiden. Ein Gesandter des Kaisers Manuel, welcher zu Attalia bey dem Könige Ludwig sich meldete, brachte zwar die gewöhnlichen Aufträge der kaiserlichen Botschafter, freundliche Vorwürfe und mit Drohungen vermischte Verheißungen, aber schon hielten die Griechen die Wallfahrer für so wenig furchtbar, daß sie ihre Verbindung mit den Türken nicht mehr verhehlten und jener kaiserliche Botschafter selbst gestand, seine Reise nach Attalia in eben dem türkischen Heere gemacht zu haben, wider welches die Pilger so viele blutige Kämpfe bestanden hatten. Der König Ludwig und seine Barone, selbst es fühlend, wie sehr sie in der Gewalt der Griechen wären, und wie es ihnen ganz unmöglich wäre, ohne die Unterstützung der Griechen ihren Weg fortzusetzen, wagten es nicht, den Grimm wider die Griechen, welcher in ihren Gemüthern tobte, zu äußern, und waren froh, als ihnen die Griechen Speise, wenn auch für übertriebenen Preis [50]),

49) Id. S. 69—71. Wilh. Tyr. XVI. 26.

50) „Habebant gallinam pro decem solidis et ovum unum pro sex vel quinque denariis, unum cepe vel allium pro septem vel octo, secundum grossitudinem pretio temperato; nucesque duas habebamus

J. Chr. 1148. gewährten. Denn die Pferde, wovon sie bis dahin sich genährt hatten, waren fast bis auf die nothwendigsten und unentbehrlichsten Schlachtrosse des Königs und der Fürsten aufgezehrt, und auch die Witterung, deren Heiterkeit und Wärme bis dahin den Pilgern die Ertragung ihres Ungemachs sehr erleichtert hatte, verschlimmerte sich, und heftiger Regen und Schnee fielen unter furchtbaren Gewittern herab. Viele Pilger gaben das letzte, was sie besaßen, manche ihre Waffen oder ein Pferd oder Maulthier, welches ihnen noch geblieben war, den Griechen für kärgliche und schlechte Speise hin, um nur ihr Leben zu fristen. Noch schwerer war es, Futter für die Pferde zu erhalten, nur in der Ferne waren Weiden zu finden, und dort mußten die Ritter ihre Rosse gegen die das Land beständig durchschwärmenden Türken mit gewaffneter Hand mühsam bewachen und schirmen. Also feyerten die Wallbrüder unter mancherley Bekümmernissen und Ungemach zu Attalia das Fest der
2. Febr. Reinigung Mariä.

Den Griechen wurde jedoch der Aufenthalt des Pilgerheeres in Attalia lästig, also daß sie dem Könige und den französischen Baronen Schiffe anboten, womit sie versprachen, sie und ihr Volk in drey Tagen von Hafen zu Hafen und über reiche Städte, wo es ihnen an keiner Nothdurft und Bequemlichkeit fehlen werde, nach Antiochien zu bringen. Auch der König wünschte zwar bald nach Antiochien zu kommen, weil er sah, daß längere Ruhe bey Attalia keinen Vortheil gewähre, sondern nur dazu diene, das Heer

* pro uno; quibus equus vel mula remanserant, eos pro panibus cambiebant vel more boum in macello vendebant." Odo de Diog. S. 70.

aller noch übrigen Mittel zur Erreichung seines Ziels zu J. Chr. 1148.
berauben, gleichwohl wünschte er lieber zu Lande auf dem Wege fortzuziehen, auf welchem die Helden des ersten Kreuzzugs ihre Scharen geführt, als die von den Griechen angebotenen Schiffe anzunehmen, und sich den Tücken dieses gottlosen Volks von neuem preis zu geben; denn Ludwig argwöhnte nicht ohne Grund, daß auch hinter jenem Anerbieten Bosheit und Betrug verborgen sey. In dem Rathe der Bischöffe und Barone aber, welchen der König berief, traten viele auf, stellten vor, daß dem Heere in seinem dermaligen Zustande, da kein Ritter mehr ein Pferd hätte und selbst viele vornehmere Herren ihrer Rosse beraubt wären, es unmöglich wäre, zu Lande nach Antiochien zu kommen, wozu noch wenigstens vierzig Tagereisen durch ein von vielen Flüssen durchschnittenes, meist heidnisches Land erfordert würden, und riethen dringend, die von den Griechen angebotenen Schiffe wegen eines keineswegs völlig begründeten Argwohnes nicht zu verschmähen. Der König Ludwig gab dem Wunsche der meisten seiner Barone nach, es zeigte sich aber bald, daß sein Argwohn nicht ungegründet war. Denn nicht nur forderte der Statthalter von Attalia einen ganz übertriebenen Preis für die Ueberfahrt, vier Mark Silbers für jeden Mann, um dadurch die wohlhabenden Pilger des letzten zu berauben, was sie noch gerettet hatten, sondern lieferte auch viel weniger Schiffe, als er verheißen, so daß nur den Vornehmen die Schifffahrt nach Antiochien möglich seyn konnte und das geringe Volk in der Gewalt der Griechen bleiben mußte. Die Abfahrt auch dieser Schiffe ward über fünf Wochen aufgehalten, weil kein günstiger Wind, welchen die Wallfahrer doch von der Gnade Gottes erwartet

J. Chr. 1148. hatten, sich erhob [51]). Doch hielten sich die Türken sehr ruhig und nur einmal unternahmen sie, von den Griechen aufgereizt, wie die Pilger argwöhnten [52]), einen Angriff; der König, welchem von ihrem Vorhaben Kunde hinterbracht worden, legte sich mit den Templern und allen seinen Rittern, welche noch Rosse hatten, in einen Hinterhalt und trieb die Heiden wacker zurück. Schrecklicher aber als alles andre Ungemach war eine schreckliche Seuche, welche in dem Heere zu wüthen anfing.

Der König Ludwig, nachdem er sich vergeblich bemüht, von dem Statthalter von Attalia mehr Schiffe und für billigern Preis zu erhalten, entschloß sich endlich, durch schnelle Abfahrt wenigstens sein und seiner Barone Leben zu erhalten, indem er für das zurückbleibende arme und geringe Volk möglichst sorgte. Er schloß nicht nur mit dem Statthalter von Attalia und dem Botschafter des Kaisers einen Vertrag, in welchem sie gelobten, für fünfhundert Mark Silbers die gesunden Pilger zu Lande sicher bis nach Tarsus zu geleiten, die kranken und schwachen aber in der Stadt Attalia so lange sorgfältig pflegen zu lassen, bis sie genesen wären, und dann zu Schiffe nach Antiochien zu befördern; sondern ließ auch den Grafen von Flandern und Herrn Erchembald von Bourbon mit einigen Rittern zurück, um über die Erfüllung dieses Vertrages zu wachen und diejenigen, welche zu Lande zogen, zu begleiten, beschenkte alle Zurückbleibenden, und gab den Rittern unter ihnen, so vielen er vermochte, Pferde. Dann bestiegen der König und seine

51) „Differtur ventus usque ad quinque hebdomades, quem cito sperabamus a domino.“ Id. ibid.

52) „Turci militibus equos deesse, Graecis referentibus, didicerunt, et hac usi securitate ad invadendum exercitum se unanimiter paraverunt.“ Id. ibid.

Barone die von den Griechen gelieferten Schiffe, und kamen zwar nicht ohne Gefährlichkeit, doch ohne Schaden nach Antiochien. J. Chr. 1148.

Die tückischen Griechen hielten jenen mit dem Könige Ludwig geschlossenen Vertrag nicht besser, als alle vorher geschlossene Verträge, und theilten sogar, wie von den Pilgern berichtet wurde, das von dem Könige empfangene Geld mit den Türken [53]). Vergeblich warteten die Wallbrüder auf die griechischen Truppen, welche sie geleiten und wider die Türken beschirmen sollten, der Graf von Flandern und Herr Erchembald von Bourbon mußten selbst die Heiden abwehren, welche nach der Abfahrt des Königs und der andern Barone herbeyeilten, wie zu leichter und sicherer Beute; und als die Wallbrüder auf die Erfüllung des Vertrages drangen, schützten die betrügerischen Griechen die Unsicherheit der Straßen durch die herumschwärmenden Türken und die schlimme Witterung vor, als wodurch es unmöglich gemacht werde, die Fahrt nach Tarsus so bald anzutreten, als die Hastigkeit der Wallbrüder es wollte. Noch schlimmer wurde die Lage dieser armen zurückgebliebenen Pilger, als der Graf von Flandern und Erchembald von Bourbon, im Verdruß, daß es ihnen unmöglich war, die Bosheit und Untreue der Griechen zu rächen, sie verließen und dem Könige zu Schiffe nachfolgten. Denn alsdann legten die Griechen alle Scheu ab, ihr Verkehr mit den Türken geschah ohne Hehl, und selbst innerhalb der Stadt wurden Pilger von den Pfeilen der Türken verwundet und getödtet. Es wurden den armen Wallbrüdern keine andre Wohnungen verstattet, als enge finstre Gebäude, wo Kranke und Gesunde

53) Id. S. 74 — 76.

J. Chr. 1148. mit einander vermischt waren, und keine Speise gereicht, so daß diejenigen, welche kein Geld mehr hatten, sich Nahrung zu kaufen, von dem schrecklichsten Hunger gequält wurden. Die Verheerungen der Seuche, der schrecklichen Folge des Hungers und Ungemachs, welche die Pilger bisher bestanden, wurden mit jedem Tage schrecklicher, und die Verzweiflung der Pilger stieg so hoch, daß endlich zwey Scharen von siebentausend Bewaffneten ohne Führer und ohne alle Mittel des Unterhalts aufbrachen, um nach Tarsus zu ziehen, damit sie nur dem Tode durch Hunger und Seuche in Attalia entgehen möchten. Als sie aber nach der glücklichen Ueberfahrt über einen Fluß dem Ufer eines zweyten sich näherten, fanden sie dasselbe schon besetzt von zahlreichen türkischen Scharen, welchen sie nach einem kurzen und schwachen Kampfe erlagen, also daß die meisten erschlagen oder gefangen wurden und die übrigen verzweifelnd nach Attalia zurückkehrten. Die Großmuth der tapfern Türken gegen diese armen Pilger, nachdem den Heiden durch diesen letzten Kampf die Macht ihrer Feinde ganz gebrochen schien, ist um desto ehrwürdiger, je verabscheuungswürdiger die Grausamkeit und Bosheit ist, welche die verworfenen und feigen Griechen gegen ihre unglücklichen Mitchristen übten. Denn nur der Feige ist grausam gegen den überwundenen Feind, der Tapfere ehrt auch die unglückliche Tapferkeit in dem unterliegenden Feinde. Die Türken, voll Mitleiden mit dem harten Schicksale der dürftigen und kranken Pilger, kamen zu ihnen mit Freundlichkeit und schenkten ihnen reichliche Almosen; manche tauschten selbst von ihren Waffengenossen das erbeutete Geld der Christen ein und vertheilten es wieder unter die armen Pilger. Dagegen von den Griechen wurden die armen Wallfahrer, welche, aus Noth oder von ihnen mit Gewalt gezwungen, sich in ihren Dienst begaben, mit Schlägen mißhandelt; sie empfingen selbst keinen Lohu, sondern das Wenige, was sie noch etwa von dem Ihrigen gerettet haben mochten, wurde ihnen nicht selten geraubt. Darum zogen auch mehr als drey Tausend christlicher Jünglinge es vor, selbst sich in die Knechtschaft der Türken zu überantworten und mit den zurückkehrenden türkischen Scharen in ein fernes heidnisches Land als Knechte zu ziehen; bey den Türken waren sie sicher, bessere Behandlung zu finden, als bey den Griechen, selbst ohne zur Verläugnung des christlichen Glaubens gezwungen zu werden [54]. J. Chr. 1148.

Gott rächte aber, wie die Wallbrüder meinten, unverzüglich an den Einwohnern von Attalia die Mißhandlung seines auserwählten Volkes. Denn die Seuche, welche so verheerend unter den Pilgern gewüthet, verbreitete sich mit noch größerer Heftigkeit unter die Griechen, also daß viele Häuser in Attalia ganz verödet wurden, und die übrig gebliebenen Einwohner schon darauf dachten, die verpestete Stadt gänzlich zu verlassen. Trotz der Bosheit, welche das Volk. von Attalia an den Wallfahrern geübt, und der

54) „Sanguine istorum sitis Turcorum exstincta est et dolus Graecorum in violentiam conversus est. Illi (Turci) enim reversi sunt eos videre qui remanserant et deinceps aegris et pauperibus largas eleemosynas faciebant. Graeci vero cogentes fortiores ad sua servitia loco mercedis verberabant. Quidam Turcorum a suis sociis nostras monetas emebant et inter pauperes plena manu dividebant, Graeci vero illis quibus aliquid remanserat auferebant. Vitantes igitur sibi crudeles socios fidei inter infideles sibi compatientes ibant securi, et (sicut audivimus) plus quam tria millia juvenum sunt illis recedentibus sociati. O pietas omni proditione crudelior! Dantes panem fidem tollebant, quamvis certum sit quia contenti servitio neminem negare cogebant." Id. S. 76.

J. Chr. 1148. schrecklichen Seuche, wovon es heimgesucht worden, soll der Kaiser Manuel diese Stadt um vieles Geld gebüßt haben, weil sie durch die Oeffnung ihres Marktes für die Franzosen und die Lieferung der Schiffe zur Fahrt des Königs Ludwig und seiner Barone nach Antiochien den abendländischen Wallfahrern zum Nachtheil des Reiches zu vielen Vorschub geleistet [55]).

Also waren die glänzenden Hoffnungen für Ehre und Herrlichkeit des christlichen Namens, welche durch die Wunder des heil. Bernhard und die auf seinen begeisterten Ruf versammelten tapfern und trefflich gerüsteten Scharen erweckt worden, wiederum vereitelt; und zwar vornehmlich durch die boshaften Tücken der Griechen. Von diesen herrlichen Heeren der Könige von Deutschland und Frankreich, der Blüthe der Ritterschaft fast aller Völker von Europa, einer halben Million der tapfersten Männer, kam außer den auch sehr geschwächten Scharen des Bischoffs von Freysingen nur eine kleine Zahl, und großentheils ohne Rosse, selbst zum Theil ohne Waffen, kraftlos und ermattet nach Antiochien; sehr wenige waren mit dem Könige Conrad von Ephesus nach Constantinopel zurückgekehrt. Eine unendliche Menge von Schätzen und Kostbarkeiten, womit die Fürsten und Ritter im Morgenlande zu glänzen und Christen und Heiden in Erstaunen zu setzen gedachten, wurde nicht nur den

55) „Deus autem exsecrans civitatem (!) tam districte cives eius subita morte percussit, ut multae domus in ea vacuae remanerent et vivi stupentes et timentes eam omnino relinquere cogitarent.“ (Der gute Odo denkt nicht daran, daß dieser Fluch doch erst durch die kranken Franzosen, welche die Einwohner aufgenommen, über die Stadt kam.) „Imperator quoque Deo contrarius in judicio, eo quod illa Regi forum paraverat et navigium, illam penitus auro et argento spoliavit.“ Id. l. c.

Türken [56]), sondern zum Theil auch den tückischen und treu- J. Chr. 1148.
losen Griechen zur Beute. Die wenigen Wallfahrer, welche dem Schwerte der Türken und dem Hungertode entgangen waren, kamen entweder arm, dürftig und kraftlos an das Ziel ihrer Pilgerfahrt, oder kehrten verzweiflungsvoll in ihre Heimath zurück, ohne ihr Gelübde vollbracht zu haben.

56) „Die Länder der Türken, sagt Abulfaradsch (Syr. Chron. S. 334), wurden so angefüllt von der Beute der Franken, daß man zu Melitene das Silber centnerweise wie das Bley verkaufte." Der muselmännische Geschichtschreiber Abu Jala (أبو يعلي), wie es scheint, ein Zeitgenosse dieser Begebenheiten, erzählt in Kurzem ziemlich getreulich die Ereignisse in Kleinasien also: „Im Jahre 542 kam aus Constantinopel und den Ländern der Franken und Römer und den benachbarten Gegenden die Kunde, daß die Könige der Franken, unter ihnen der Alemanne und Alphons, (welcher aber erst später kam, s. das folg. Kap.) aus ihren Ländern ausgezogen, und mit ihnen eine unzählbare Menge ihrer Fürsten, um in die Länder des Islam einzudringen. Nachdem sie ihr Land und ihre Burgen durchzogen, trachteten sie mit Begier und Eilfertigkeit dahin. Sie hatten ihre Länder ganz leer gelassen, und ihre Provinzen waren öde und verlassen von Wächtern und Vertheidigern; auch hatten sie eine unschätzbare Menge von Schätzen, Vorräthen und Rüstungen mit sich genommen. Man behauptete, ihre Zahl beliefe sich auf tausendmaltausend; andre aber behaupteten, es wären ihrer noch mehre. Sie bezwangen das Land von Constantinopel, und der König des Landes sah sich genöthigt, Schlimmes und Gutes sich von ihnen gefallen zu lassen und ganz nach ihrem Willen zu thun. Als aber solche Kunde von ihnen sich verbreitete und ihr Beginnen ruchtbar wurde, da begannen die Befehlshaber der Gränzprovinzen des Islam sich zu rüsten, um ihnen zu widerstehen, und sammelten ihre Scharen, um sie zu bekämpfen. Sie lagerten sich an den Wegen und Straßen, welche die Franken zu durchziehen hatten, um ihnen das Eindringen in die Länder des Islam zu wehren, und beunruhigten sie durch beständige Angriffe und Ueberfälle, so daß ihrer eine große Menge erschlagen wurde. Noch verderblicher aber war für sie der Mangel an Nahrung, Unterhalt und Futter für ihre Lastthiere, und die Theurung dessen, was sie noch fanden, so daß viele von ihnen durch Hunger und Krankheiten umkamen. Bis zum Ende des Jahres 542 liefen unaufhörlich Nachrichten ein von dem Verderben der Franken und dem Untergange ihrer Scharen." Diesen Bericht des Abu Jala hat Abu Schamah in seiner Geschichte des Nureddin mitgetheilt.

J. Chr. 1148. Die argwöhnischen und niedrigen Gemüther der Griechen konnten von den redlichen Absichten der Kreuzfahrer und der Ernstlichkeit ihres Gelübdes sich nicht überzeugen, sondern hielten immer den Argwohn fest, daß der abendländischen Ritterschaft das Gelübde der Wallfahrt zum heiligen Grabe nur als Vorwand diene für Absichten auf gleiche Zerstörung des östlichen römischen Reichs, als einst durch ihre Vorfahren das westliche Reich erlitten. Denn die christliche Begeisterung für den Heiland und die Ehre des christlichen Namens, welche wenigstens den größten Theil der bewaffneten Pilger erfüllte, war dem schwelgerischen, üppigen Hofe und dem versunkenen, sittenlosen Volke der Griechen unbegreiflich; daher erschienen ihnen der Uebermuth einzelner Ritter, die Eroberungssucht eines einzelnen Pilgerfürsten, wie des Fürsten Boemund, die Raublust des niedrigen und armen Volks als die sichersten Beweise boshafter Absichten der ganzen Pilgerheere gegen das römische Reich, und die stattlichen, für Gott und den Heiland begeisterten Heere der Kreuzbrüder erschienen ihnen nicht besser, als die raubsüchtigen wilden Scharen in den nicht vergessenen Zeiten der Völkerwanderung. Aber eben durch diese Aengstlichkeit wurde Byzanz wirklich bey dem Anzuge jedes Pilgerheers in die Gefahr gebracht, vor welcher die Griechen sich fürchteten, und welche ohne ihre Furcht vielleicht gar nicht vorhanden gewesen wäre. Die Arglist und Tücke des griechischen Hofes und Volkes, ihre ängstliche Ausspähung der Zahl und Rüstung der Pilgerheere, die furchtsame Nachforschung nach dem Betragen und den Gesinnungen selbst einzelner Wallfahrer, dabey die niedrige Schmeicheley der Griechen, wo sie zu schwach waren zur offenen Feindschaft, und ihr Hochmuth und Stolz gegen die Kreuzbrüder, wo sie sich überlegen glaubten, vermehrte die allgemeine Erbitterung wider die Griechen bey der ganzen abendländischen Ritterschaft mit jeder Wallfahrt. Bey einem kräftigen, argwohnlosen, aufrichtigen Betragen des byzantinischen Kaisers und seines Volks gegen die abendländischen Pilger würde nicht nur niemals große Gefahr für Constantinopel von den Kreuzfahrten entstanden, sondern die Griechen würden selbst großen Nutzen von diesen abentheuerlichen Heerfahrten haben gewinnen können; und vielleicht würde das reiche und prächtige Byzanz niemals die schmachvolle Umwandlung seines herrlichen Sophientempels in eine muselmännische Moschee gesehen haben, wenn die griechischen Kaiser die muthigen und kraftvollen Pilgerheere im Kampfe wider die Türken redlich unterstützt hätten, statt aus beschränkter und kurzsichtiger Staatsklugheit sie zu betrügen und mit schändlicher Untreue zu verrathen, wodurch sie selbst die Herrschaft der Türken in Kleinasien befestigen halfen. Wie leicht hätten die Türken allein durch die Heere der Könige Conrad und Ludwig gezwungen werden können, nicht nur ihre drohenden Lager im Angesicht von Constantinopel, sondern selbst ganz Vorderasien zu verlassen! Also beförderten die Griechen durch Lügen, Unredlichkeit und eine übermüthige, hoffärtige und falsche Klugheit selbst den Untergang ihres Reiches und die schmachvolle Sclaverey, aus welcher doch vielleicht einst diejenigen sie erlösen werden, deren Vorfahren so schändlich von ihnen verrathen wurden. J. Chr. 1148.

Achtes Kapitel.

Zu der Zeit, da der König Ludwig nach vielen überstandenen Gefährlichkeiten und Leiden nach Syrien kam, war das Reich der Christen im gelobten Lande starker Hülfe gar sehr bedürftig; und so sehr auch sein Heer durch die blutigen Kämpfe wider die Heiden und durch die schreckliche Verheerung von Hunger und Seuchen vermindert war, so erwachten gleichwohl frohe Hoffnungen. Der Muth und das fromme Vertrauen zu Gott, welche von vielen dieser Wallbrüder unter allen Mühseligkeiten und Drangsalen bewahrt worden, waren von den Muselmännern nicht minder bewundert worden, als den Christen, und von solchen tapfern und frommen Männern ließ sich vieles hoffen, um so mehr, da noch eine große Zahl der Pilger erwartet wurden, welche die Meerfahrt dem Wege zu Lande vorgezogen hatten.

Die Macht des furchtbaren Nureddin entwickelte und vergrößerte sich mit jedem Tage mehr; dieser tapfere Fürst war nicht, wie so viele der Könige und Emirs, wider welche die christlichen Ritter bis dahin gestritten hatten, kühner Krieger, sondern sehr gewandter Feldherr, geschickt die gewonnenen Siege auf das thätigste zu benutzen, und trefflicher Regent, welcher eben so sehr es verstand, die Zuneigung bezwungener Völker durch weise und gemäßigte Regierung zu gewinnen, als seine Städte und Burgen und die Gränzen seiner Herrschaft wachsam und kraftvoll zu beschirmen. Seine Heergesellen liebten und achteten ihn als den tapfersten, unerschrockensten und kühnsten im Heere, und den geschicktesten in ritterlichen Uebungen und Künsten; keiner tummelte sein Roß so geschickt, als er [1]). Die frommen Muselmänner verehrten ihn als den frommsten und eifrigsten Erfüller der Pflichten ihres Glaubens, und selbst die Christen konnten nicht verhehlen, daß Nureddin durch Gerechtigkeit und frommen Wandel nach der Weise seines Glaubens viele christliche Fürsten übertreffe [2]). Es war nicht so leicht, ihm das einmal Gewonnene wieder zu entreißen, als den heldnischen Fürsten, welche vor ihm wider die lateinischen Christen zwar mit Tapferkeit gestritten, aber wenige Klugheit bewiesen hatten. Es war ihm gelungen, die Länder fast aller kleinen Emirs zwischen dem Tigris und der syrischen Meerküste sich zu unterwerfen, und alle diese vereinzelten Herrschaften in ein großes mächtiges Reich zu vereinigen, was schon der Plan seines Vaters Zenki gewesen. Nur der Emir von Damascus behauptete noch den Namen seiner Herrschaft, war aber ebenfalls in vollkommner Abhängigkeit von Nureddin. Der Emir selbst war ein träger, unthätiger, allen Ausschweifungen der Sinnlichkeit ergebener Mann, dessen Reichsverweser Anar, zwar ein kluger, verständiger und tapferer Mann, weniges ohne den Willen und Rath

1) „Wenn Nureddin zu Pferde saß," sagt Abu Schamah, „so war es, als wäre er darauf geschaffen, er wankte nicht und schwankte nicht."

2) Also urtheilt Wilhelm von Tyrus, sein Zeitgenosse, von ihm (XX, 33): „Noradinus, maximus nominis et fidei Christianae persecutor, princeps tamen justus, vafer et providus et secundum gentis suae traditiones religiosus."

Nureddins zu thun wagte, beständig mit ihm im Bündnisse wider die Christen stand, und selbst dadurch, daß Nureddin eine seiner Töchter zur Gemahlin genommen, ihm nur noch dienstbarer geworden war. Nureddin herrschte in seinem Reiche mit unbeschränkter Gewalt, wiewohl er noch immer sich begnügte mit dem bescheidnen Namen eines Athabek oder Reichsverwesers für den weichlichen und trägen Prinzen des Geschlechtes der Seldschuken, welchem das Fürstenthum Mosul zum Erbtheil gegeben worden. Daß Nureddin seinem Bruder Saifeddin nach einem heftigen Erbfolgekriege wieder durch Vertrag die Stadt Mosul und den größten Theil des Landes jenseit des Euphrats, jedoch in großer Abhängigkeit, überließ, und seinen Sitz in Haleb nahm [5]), ängstigte die Fürsten des Kreuzes und ließ sie furchtbare Pläne gegen ihre Herrschaft ahnen. Und wie durften die Christen des gelobten Landes hoffen, ihm widerstehen zu können? Seine Horden waren durch beständige Kriege geübt und durch Gewohnheit des Sieges kühn und muthig, des Kampfes wider die Kreuzritter gewohnt und kundig der Weise sie zu besiegen; ihnen erschienen die geharnischten und gepanzerten Ritter mit ihren großen Schlachtschwertern und ihrer ungeheuern Körperkraft nicht mehr so furchtbar und unüberwindlich, als den Muselmännern, welche zuerst wider sie gekämpft hatten.

So fest vereinigt die Macht Nureddins war, so abgespannt war damals die Verbindung der christlichen Fürstenthümer in Syrien. Die kurzsichtige Selbstsucht, welche früherhin die muselmännischen Fürsten zu großer Förderung aller Unternehmungen der Wallfahrer beherrscht, war zu

5) Ebn al Athir (Not. et Extr.) S. 556.

dieser Zeit eben so herrschend unter den christlichen Pilgerfürsten, also daß die Hoffnung eines augenblicklichen Vortheils, oft selbst niedrige Rachsucht oder Neid und Eifersucht sie verleiten konnte zu verrätherischen Verbindungen mit den Heiden wider ihre Glaubensbrüder.

So kräftig das Reich Nureddins regiert wurde, so sehr war die Herrschaft der Christen in Verwirrung und Zerrüttung. Das Königreich Jerusalem war in der Gewalt eines Weibes, zwar von männlichem Sinne, aber auch von unmäßiger Herrschsucht; und weil die Königin Melisende, zwar nicht wider die Satzungen des Reiches [4]), aber doch wider die Wünsche der meisten Barone, ihren neunzehnjährigen Sohn Balduin noch immer von der Regierung entfernt hielt, so war wenig Bereitwilligkeit, ihre Gebote, wenn sie auch zum Nutzen des Reiches dienen mochten, zu erfüllen. Der Fürst Raimund von Antiochien, ein leidenschaftlicher und heftiger Mann, welcher vornehmlich im Zorn kein Maß und Ziel hielt [5]), hatte durch Härte und rauhen Ungestüm, wie die Geistlichkeit, so die Ritter und das Volk wider sich erbittert, und niemand zog unter seinem Banner in die Schlacht mit Freudigkeit und Vertrauen. Der Graf Raimund von Tripolis, mit kurzsichtigem Eigennutz nur auf seinen Vortheil bedacht, nicht minder als einstens sein Vor-

4) Denn die Volljährigkeit des Königs von Jerusalem trat nach den Satzungen erst mit zurückgelegtem fünf und zwanzigsten Jahre ein. S. Gesch. der Kreuzz. Th. I. S. 331.

5) „Erat inter caeteros quos patiebatur animi defectus, animo praeceps, in agendis impetuosus, in ira modi nescius, rationis expers.“ Wilh. Tyr. XIV. 21. Die letzten Worte drückt eine französische Uebersetzung der Geschichte des Wilhelm von Tyrus sehr kräftig also aus: „d'une telle colère que lorsqu'il etait courrouce, il n'y avoit en lui ni rime ni raison.“ Michaud Hist. des Crois. T. II. S. 173.

fahr Graf Raimund der erste, war mehr bemüht, seine Herrschaft und Besitzungen zu erweitern, als die gemeinschaftlichen Unternehmungen der Pilgerfürsten zu befördern. Auch der Graf Joscelin bestrebte sich nicht durch Eifer für das heilige Grab und durch Tapferkeit und Frömmigkeit seine Fahrlässigkeit und seinen Leichtsinn, wodurch die Grafschaft Edessa, das Bollwerk der christlichen Herrschaft im Morgenlande, verlorengegangen war, gut zu machen.

Ueberhaupt waren die lateinischen Christen, welche im gelobten Lande sich niedergelassen hatten, sehr entartet von der Tapferkeit und Frömmigkeit ihrer Vorfahren. Sie waren nach und nach heimisch geworden in diesem entfernten Lande; langer Aufenthalt, Verwandtschaften und Familienverbindungen knüpften schon manchen Wallbruder fester an dies Land, und ein freundliches Verhältniß hatte allmälig selbst zwischen den syrischen und lateinischen Christen sich gebildet. Denn mancher französische, deutsche oder englische Pilger lebte in der Ehe mit einem armenischen oder syrischen Weibe, mancher selbst mit einem muselmännischen, welches zum christlichen Glauben sich gewendet; und wem es im gelobten Lande wohl ging, der beredete auch seine heimgebliebenen Verwandten, ihm nachzufolgen; also sammelte sich zu einem solchen nicht selten seine ganze Sippschaft. Auch die Sprache trennte nicht mehr so stark als ehemals die katholischen Christen von den syrischen; denn den letztern war besonders die französische Sprache, welche von den meisten Wallfahrern, so nach dem heiligen Lande kamen [6]), geredet wurde, so

6) Nicht bloß von den französischen, sondern auch von englischen und deutschen. S. oben die Stelle aus den Monodiis des Abt Guibert, Gesch. der Kreuzz. B. III. Kap. II. Anm. 19 S. 42.

geläufig geworden, als die Abendländer in Syrien mit der Landessprache sich bekannt gemacht hatten, und viele Ritter redeten die arabische Sprache. Sehr viele Wallbrüder, welche in der abendländischen Heimath arm und dürftig gewesen, hatten im gelobten Lande selbst Reichthümer und große Besitzungen erworben; und mancher Baron, welcher im Abendlande über wenige arme Leibeigene geboten, war in Syrien Herr einer Stadt oder Burg. Darum zog die Hoffnung, dasselbe zu erlangen, was so vielen Pilgern zugefallen, damals mehre aus den Abendländern nach dem gelobten Lande, als die fromme Sehnsucht nach dem heiligen Grabe und den heiligen Fluthen des Jordan oder reine uneigennützige Begeisterung für die Erweiterung der Herrschaft des christlichen Glaubens und den Sieg des Christenthums über den muselmännischen Lügenglauben. Viele katholische Christen, welche in Syrien wohnten, waren schon dort geboren worden, und besaßen Haus, Hof und Aecker oder Weinberge, welche sie von ihren Vätern ererbt hatten [7]).

7) Sehr merkwürdig sind die Betrachtungen, welche Fulcher von Chartres noch vor diesen Zeiten schon anstellt, Hist. Hieros. in Du Chesne SS. rer. Franc. T. IV. S. 879: Considera et mente recogita, quomodo tempore in nostro transvertit Deus Occidentem in Orientem. Nam qui fuimus Occidentales, nunc facti sumus Orientales. Qui fuit Romanus aut Francus, hac in terra factus est Galilaeus aut Palaestinus. Qui fuit Remensis aut Carnotensis, nunc efficitur Tyrius aut Antiochenus. Jam obliti sumus nativitatis nostrae loca. Jam nobis pluribus vel sunt ignota vel etiam inaudita. Hic jam possedit domos proprias et familias, quasi jure hereditario et paterno, ille vero jam duxit uxorem, non tamen compatriotam sed et Syram aut Armenam et interdum Saracenam, baptismi autem gratiam adeptam. Alius habet apud se tam socerum quam nurum, seu generum suum sive privignum, neene vitricum. Nec deest huic nepos seu pronepos. Hic potitur vineis, ille culturis. Diversarum linguarum coutuntur alternatim eloquio et obsequio alterutri. Lingua diversa jam communis facta utrique

Unter solchen Umständen trachteten damals die Kreuzritter meist nur nach ruhigem Besitze ihrer Güter und Erwerbungen und unterwanden sich des Kampfes wider die Heiden nicht mehr so bereitwillig, als ihre Vorfahren [8]), suchten nicht mehr Kämpfe und Abentheuer, und nahmen nur die Waffen, wenn des Königs oder seines Stellvertreters Aufgebot sie zur Beschirmung der Gränzen rief, und auch dann nicht mit Freudigkeit, sondern nur um die Strafe versäumter Lehenpflicht zu vermeiden; sie liebten den friedlichen Verkehr mit den Saracenen und nichts war ihnen angenehmer, als Waffenstillstand. Nur die Ritter der geistlichen Orden, des heil. Johannes, so wie des Tempels, bewahrten den Sinn der alten Kreuzritter, mieden nicht die Gelegenheit zum Kampfe wider die Heiden, und schirmten, wie Gelübde und Regel ihnen geboten, thätig und unverdrossen die Pilger auf den Gottesfahrten zu den heiligen Stätten.

nationi fit nota et jungit fides quibus est ignota progenies. Scriptum quippe est: Leo et bos comedit paleas. Qui erat alienigena, nunc est quasi indigena, et qui inquilinus est, utique quasi incola factus. Nos nostri sequuntur de die in diem propinqui et parentes, quaecumque possederant omnino relinquentes nec etiam volentes. Qui enim illic erant inopes, hic facit eos Deus locupletes. Qui habuerunt nummos paucos, hic possident bisantios innumeros: et qui non habuerant villam, hic Deo donante jam possident urbem. Quare ergo reverteretur in Occidentem, qui hic invenit taliter Orientem! Nec vult eos Deus penuria affici, qui cum crucibus suis devoverunt eum sequi, immo denique assequi. Percipitis igitur esse hic miraculum immensum, in universo mundo valde stupendum!“

8) „Tempore praeterito, cum illi viri venerabiles, zelo ducti divino, ardore fidei interius succensi, primum ad Orientales partes descenderunt, erant bellicis assueti disciplinis, proeliis exercitati, usum armorum habentes familiarem. Populus vero Orientalis (d. i. die Lateiner im Orient) econtrario, longa pace dissolutus, rei militaris expers, inexercitatus legibus proeliorum, vacatione gaudebat.“ Wilh. Tyr. XXI. 7.

Im Allgemeinen hatte die Versetzung der Europäer aus den rauhern Gegenden des Abendlandes, wo nur Fleiß, Anstrengung und sorgfältiger Anbau des Bodens den Unterhalt sichern, in das Land, wo Milch und Honig fließt, eine schnelle und wunderbare Entartung der meisten zur Folge, und der Name eines Pullanen, womit man die in Syrien von abendländischen, besonders französischen Aeltern Gebornen bezeichnete, erinnerte an die äußerste Weichlichkeit, Unmännlichkeit, Betrüglichkeit, Arglist, Schalkheit, überhaupt die schlimmsten Sitten. Die Pullanen nahmen nach der Beschreibung eines glaubwürdigen Zeugen, des Bischoffs Jacob von Ptolemais [9]), alle Schwächen, Fehler und Laster der Morgenländer an, kleideten sich weichlich und üppig, und selbst ängstliche saracenische Eifersucht trat an die Stelle französischer Achtung, Ehrfurcht und Artigkeit gegen die Damen; wenn sie ihren Weibern erlaubten, ein Bad zu besuchen, so geschah es nicht anders, als unter der strengsten Aufsicht, und viele verschlossen ihre Weiber ganz in den Häusern, verstatteten ihnen höchstens, einmal im Jahre einer Bittfahrt beyzuwohnen, und versagten ihnen selbst den Besuch der Kirche. Die Wohlhabenden unter den Pullanen ließen in ihren Häusern an Altären, welche neben den Betten ihrer Weiber angebracht waren, die Messe feyern, und aus Geiz meistens nur durch arme und unwissende Priester, welche für eine geringe Gabe ihre Dienste verkauften, damit den Weibern kein Vorwand würde, ihre Zimmer zu verlassen. Die Weiber suchten dagegen mit allen Künsten,

9) Hist. Hieros. Lib. I. cap. 72. Jacob von Vitry war im Anfange des dreyzehnten Jahrhunderts Bischoff zu Akka oder Ptolemais. Diese Schilderung hat auch der Venetianer Marino Sanudo in seine Secreta fidelium crucis übergetragen, Lib. III. Pars III. cap. 2. 5.

welche in den Harems und Serails der Muselmänner die Erfindungskraft des Verdrusses und Mißmuthes ersinnt, ihre Männer zu hintergehen und zu täuschen, und verschafften sich, je argwöhnischer und ängstlicher ihre Treue bewacht wurde, desto begieriger verbotenen Genuß. Darum klagte auch der rechtschaffene und fromme Erzbischoff Wilhelm von Tyrus [10]), nicht lange nach diesen Zeiten, also: „Statt unsrer Väter, welche fromme und gottesfürchtige Männer waren, sind verworfene und verruchte Söhne geboren, Uebertreter des christlichen Glaubens, schlimmer als diejenigen, welche zu Gott, ihrem Herrn, sprachen: Hebe dich von uns, wir wollen von deinen Wegen nicht wissen. Wer es unternehmen wollte, die Sitten oder vielmehr die Ungeheuer von Lastern des Volks im Morgenlande zu beschreiben, würde der Unermeßlichkeit des Stoffs erliegen und in den Verdacht kommen, Schmähungen und Lügen für Wahrheit auszugeben!"

Für die Verachtung, in welcher sie im Abendlande wegen solcher entarteten Sitten standen, rächten sich die Pullanen an den Pilgern, welche der Andacht oder des verdienstlichen Kampfes wider die Heiden wegen nach dem gelobten Lande kamen, sie übervortheilten sie auf jede Weise und thaten ihnen alles mögliche Herzeleid an, verspotteten die edlen Frohnkämpen, welche dem Heilande zu Liebe das bequeme Leben der Heimath verlassen hatten und allen Gefährlichkeiten sich preis gaben, als Thoren und alberne Schwärmer und nannten sie nicht anders, als fils Arnaud, d. i. Gimpel [11]).

10) A. a. O.

11) „Christi pugiles et pro Christo exsulantes contemtui et derisui habentes, multis injuriis et contumeliis affligunt, filios Hernaudi, tanquam fatuos et idiotas, eos appellantes." Jacob. de Vitr. l. c. Vgl. Mar.

Denn, wie vormals die katholischen Christen die Ankunft streitbarer und kampflustiger Pilger aus dem Vaterlande mit Sehnsucht erwarteten, also war damals den meisten Pullanen nichts unangenehmer, als die Ankunft eines Pilgerheeres, welches durch Bekämpfung der Heiden die träge Ruhe störte und auch sie wider ihren Willen zur Theilnahme an seinen Kämpfen nöthigte und in Gefahren brachte.

Nur die Ansiedler aus den italienischen Handelsstädten Pisa, Genua und Venedig, welche in den Seestädten des gelobten Landes sich niedergelassen hatten, wurden durch die Lebhaftigkeit des Handels, ihre Gewinnsucht und innere Parteyung in Thätigkeit erhalten und vor der Trägheit der französischen Bewohner des innern Landes bewahrt; aber auch sie führten ihre Waffen nicht gegen die Heiden, sondern gegen sich selbst, indem die Eifersucht, welche jene Handelsstädte in Italien selbst so oft entzweyte, auch in Syrien nicht selten Streit und Kampf hervorbrachte [12].

Sanut. ll. cc. Der Name fils Arnaud bezeichnete also in der Sprache der Pullanen nach jener Auslegung des Jacob von Vitry einen Gimpel. Das Wort Arnaud oder Arnaldus erklärt Du Fresne (Gloss. med. et inf. Lat. v. Arnaldus) durch: ganeo, nebulo, homo nihili, scortator (vgl. Gloss. med. et inf. Lat v. filius); und Herr J. B. B. Roquefort in seinem Glossaire de la langue Romane (Paris 1808) T. I. S. 39: debauché, mauvais sujet. Ueber das Zeitwort arnauder gibt Herr Roquefort folgende Auskunft: chercher noise, chercher dispute, quereller sans sujet, maltraiter. Ce mot est encore en usage en Picardie."

12) „Illi autem qui de Januensium, Pisanorum et Venetorum praeclaris civitatibus et de aliis Italiae partibus in Syria commorantur, quorum Patres et praedecessores de Christi inimicis gloriose triumphantes immortale nomen et aeternam coronam sibi acquisierunt, valde formidabiles existerent Saracenis, si cessante invidia et insatiabili avaritia pugnas et immortales discordias inter se non haberent. Quoniam autem frequentius et libentius contra se invicem quam contra perfidam Paganorum

Seitdem Edessa zum zweyten Mal verloren worden, war von den Christen in Syrien selten gegen die Heiden gestritten worden. Zwar wohnte der König Balduin, noch als Knabe, schon einem Heerzuge in das Land jenseit des Jordan oder das dritte Arabien bey, aber was auf diesem Zuge gelang, geschah weder durch Tapferkeit und Kühnheit, noch durch ermunterndes Vertrauen auf Gott und die wunderthätige Kraft des heiligen Kreuzes. Als im ersten Jahre der Regierung der Königin Melisende zu Jerusalem gemeldet worden, daß eine Burg im Thale Mosis am Haderwasser durch den Verrath des Volks in diesem Lande, nachdem die christlichen Wächter der Burg erschlagen worden, in die Gewalt der Türken gekommen sey, da ward die Miliz des Reiches aufgeboten, und der junge König zog mit dem Heere durch das Thal des todten Meeres und über die Gebirge des petrāischen Arabiens vor jene Burg, in welche auch das verrätherische Volk des Landes sich geflüchtet. Die Veste wurde umlagert und aus Wurfgeschütz beschossen. Als aber die Führer des Heeres wahrnahmen, daß dadurch die Heiden wenig geschreckt wurden, so wandten sie sich zu anderer Kunst, welche besser gelang. Denn da die Pilger anfingen die Oelbäume, welche dieses Land wie ein dichter Wald bedeckten, und fast die einzige Nahrungsquelle der Bewohner waren, umzuhauen und zu verbrennen, so bat das Volk in der Burg um Gnade und versprach, sie wieder dem Könige zu überantworten, wenn ihnen Verzeihung bewilligt und der türkischen Besatzung freyer Abzug gewährt würde. Nachdem

J. Chr. 1143.

gentem proeliantur, negotiationibus vero et mercimoniis plus quam Christi proeliis implicantur, laetificant et securos reddunt inimicos nostros, qui parentes eorum, viros pugnaces et strenuos quondam maxime formidabant." Jacob. de Vitr. hist. Hieros. c. 32.

solches bewilligt worden, zogen die Christen ein in die Burg, und der König, nachdem sie mit Wächtern und Lebensmitteln versehen worden, kehrte froh des glücklichen Ausgangs seiner ersten Heerfahrt wieder heim nach Jerusalem [13]). J. Chr. 1145.

Seine zweyte Heerfahrt ward nicht mit so glücklichem Erfolge gesegnet, wiewohl diese Heerfahrt durch die Tapferkeit und Ausdauer der Kreuzritter eines der rühmlichsten Abentheuer war, welche seit langer Zeit von den Christen wider die Muselmänner unternommen worden. Denn das kleine Heer des Königreichs Jerusalem ward in den ungleichen Kampf mit der vereinigten Macht des furchtbaren Nureddin und mehrerer verbündeten heidnischen Fürsten verwickelt, und bestand ihn zwar nicht mit Glück, aber auch nicht mit Schande [14]). Im März oder April 1147.

Um dieselbe Zeit, da das herrliche deutsche Pilgerheer von Regensburg auszog und das französische bey Metz sich versammelte, kam nach Jerusalem ein vornehmer türkischer Mann, wie es hieß, armenischer Abkunft, mit Namen Tuntasch [15]), Statthalter des Fürsten von Damascus über Bosra und Sarchod, zwey Städte in der Landschaft Hauranitis oder dem ersten Arabien [16]), und bat um Beystand

13) Wilh. Tyr. XVI. 6.

14) Sehr ausführlich erzählt die Geschichte dieser mühevollen Unternehmung Wilhelm von Tyrus XVI. 8 – 13. Unter den von mir benutzten morgenländischen Geschichtschreibern erwähnt ihrer Abu Schamah, durch welchen wir auch die Zeitbestimmung erhalten. Denn nach seiner Angabe hielten Nureddin und Anar nach dem Siege über die Franken zu Damascus ihren Einzug am Montage d. 27. Tage des Monats Moharrem 542, 28. Jun. 1147, am dritten Sonnabend nach dem Pfingstfeste, welches in diesem Jahre auf den 8. Jun. gefallen war.

15) So war sein Name. Wilhelm von Tyrus nennt ihn Tantais . . . nobilis quidam Turcorum satrapa . . . . . . erat porro, ut dicebatur, ex Armenorum genere.

16) „Bostrum primae Arabiae metropolis;“ „oppidum Selcath.“ Wilh. Tyr. „Bosra, sagt Abulfeda (Tab. Syr. S. 99), ist die

J. Chr. 1147. wider Anar, den Reichsverweser von Damascus, in dessen Ungnade er gefallen. Es war ein schöner wohlgewachsner Mann, sein Aeußeres verrieth große Kraft und erweckte Zutrauen; und da er sogar sich erbot, gegen angemessene Belohnung die beyden Städte, über welche er gesetzt war, den Christen zu übergeben, so schien solches Anerbieten nicht verwerflich. Denn nicht nur hatten beyde Städte sehr haltbare feste Burgen, nicht nur war Bosra eine sehr reiche Stadt, sondern der Besitz dieser beyden Städte näherte die Herrschaft der Christen bis auf zehn Tagereisen dem Sitze des großen Sultans der Türken, und Sarchod lag selbst nahe der großen Straße nach Bagdad. Nach dem Beschlusse der

älteste Stadt in der Landschaft Hauran, die Häuser sind von schwarzen Steinen gebauet und mit Dächern versehen. Sie hat einen Markt und einen Gerichtshof..... Die Burg dieser Stadt ist sehr fest gebauet nach der Weise der Burg zu Damascus, und hat mehrere Gärten. Nach Ebn Said liegt sie vier Tagereisen von Damascus und sechszehn Meilen von Sarchod." Von Sarchod berichtet Abulfeda (ib. S. 103) also: „Sarchod ist eine kleine Stadt mit einem hohen Schloß und vielen Weinbergen; sie hat kein andres Wasser, als das in Gruben und Teichen gesammelte Regenwasser, und gehört zur Landschaft Hauran. Ebn Said sagt, sie sey der Hauptort von Dschebel Bani Helal, und südlich und östlich von ihrem District sey nichts als ödes Land; der Stadt gegen Morgen ziehe die Landstraße nach Irak, welche Arrasif (d. i. die Kunststraße) genannt wird, und die Reisenden versicherten, daß man auf dieser Straße von Sarchod in ohngefähr zehn Tagen nach Bagdad komme." Vgl Schultensii Ind. geogr. in vitam Saladini vv. Bosra et Sarchadum. Eben diese Landschaft Auranitis hieß damals das erste Arabien, so wie die Landschaft, wo die Veste Karak (Petra deserti, weil man diese Veste für auf dem Platze der alten Stadt Petra gebauet hielt) lag, das zweyte oder Arabia Petracensis, und die Gegend von Schaubek oder Montroyal (Mons regalis) das dritte oder Syria Sobal, auch Terra Montis regalis genannt wurde. S. Wilh. Tyr. XVI. 6. XX. 28. Jac. de Vitr. hist. orient. cap. 96. Marini Sanuti Secreta fidel. cruc. Lib. III. Part. XIV. cap. 1. S. 244. Das hier vorkommende Bosra (Bostra der Alten, Relandi Palaestina ed. Traj. 1714. S. 665) darf übrigens nicht mit der berühmten Stadt Basra oder Bassora am Euphrat verwechselt werden.

Versammlung der Prälaten und Barone des Reichs wurde J. Chr. 1147.
darum unverzüglich die Miliz des Königreichs durch königliche Herolde aufgeboten und der Beystand Gottes für diese Unternehmung durch inbrünstiges Gebet in allen Kirchen erfleht. Nicht lange vor dem heiligen Pfingstfeste zog der junge König aus Jerusalem nach Tiberias, wo die Scharen des Reiches sich sammelten. Auch das heilige Kreuz wurde dahin getragen, um durch seine Wunderkraft den Gläubigen den Sieg zu verleihen.

Aber auch damals war es sichtbar, daß die Pilgerfürsten lieber ohne Gefahr durch Unterhandlungen gewinnen wollten, als durch gefahrvollen, aber auch rühmlichen Kampf. Zwar war es löblich, daß sie das Gebiet des Königs von Damascus, mit welchem sie noch im Waffenstillstande waren, nicht ohne Absagebrief und förmliche Kriegsankündigung mit feindlicher Gewalt überziehen wollten; aber anstatt unverzüglich nach dieser Ankündigung die Heiden anzugreifen, verloren sie einen ganzen Monat, während die vollständig versammelten Scharen an der Jordanbrücke, nahe dem Einflusse des Stroms in den See von Tiberias gelagert, sehnsuchtsvoll und ungeduldig das Gebot der Fürsten zum Aufbruch erwarteten, mit Unterhandlungen, welche Anar nicht ohne Schlauheit in die Länge zog, und vernahmen selbst gern sein Anerbieten, ihnen die Kosten ihrer Rüstung wieder zu erstatten, wenn sie von dem Kriege wider ihn abstehen wollten; wodurch sie ihm Zeit gaben, seine Scharen zu sammeln und zu bewaffnen und seine Bundsgenossen zum Beystande zu mahnen. Ja, die Barone waren selbst nicht abgeneigt, den Tuntasch, welcher auf ihre Treue sich verlassen, unrühmlich der Rache seiner Feinde preis zu geben; denn sie verlangten

J. Chr. 1147. in der letzten Botschaft, wodurch sie seine Anträge annahmen, nur von Anar, den Tuntasch damals sicher und ungefährdet in seine Städte wieder einführen zu dürfen, möchte dann auch hernach, wer Gewalt über ihn hätte, mit ihm wegen des beabsichtigten Verrathes nach den Gesetzen seines Volks verfahren [17]); indem sie meinten, dadurch ihres Wortes gegen ihn los und ledig zu werden und ihre Ehre zu verwahren. Als aber das geringe Volk solches vernahm, da tobte es, von gerechtem Unwillen ergriffen, auf das heftigste, bedrohte die Fürsten und Ritter, vornehmlich den königlichen Ritter Bernhard Vacher [18]), einen sonst frommen, tapfern und im Kriege sehr erfahrnen Mann, welcher jene Botschaft der Barone an den Reichsverweser Anar bestellt hatte, und dessen Mitbotschafter, und verlangte nun mit desto größerm Ungestüm gen Bosra zu ziehen, damit eine so wichtige Stadt, für welche es nicht zu viel sey, Gut und Blut zu opfern, unter christliche Herrschaft gebracht würde. Solchem Ungestüm endlich nachgebend, führten die Fürsten das Heer gen Bosra, als schon die günstige Zeit verflossen war. Denn kaum waren sie durch die Höhle Roob [19]) in die Ebne, wo

17) „Sufficiet autem nobis, dies erklärten die Barone dem Reichsverweser Anar, ut in urbem, quam nostro deseruit intuitu, eum introducere sine difficultate liceat: postquam autem in suum se receperit municipium, tractet eum dominus suus patriis legibus et secundum merita sua eidem praemia largiatur.“ Wilh. Tyr. Welcher Muselmann mochte sich hernach mit Rittern, welche so leichtsinnig ihren Freund preis geben wollten, einlassen wollen?

18) Er trug schon im J. 1138 dem Könige Fulco das Panier vor, während der Belagerung einer Höhle jenseit des Jordan. S. Gesch. der Kreuzz. Th. II. S. 683.

19) „Cavea Roob.“ Wilh. Tyr. Es wird damit, wie es scheint, ein Engpaß bezeichnet, der in der Nähe oder bey einer Höhle vorbeyführte, wie geschlossen werden kann aus den Worten XVI. 9: „transita cavea Roob in planiciem pervenerunt,“ und XVI. 12: „Ainardus, videns quod Rex cum suis exercitibus

damals alljährlich eine große von vielen Kaufleuten aus Arabien und andern morgenländischen Landschaften besuchte Messe gehalten wurde [20]), gekommen, als sie so zahlreiche heidnische Scharen wahrnahmen, daß viele derer, welche zuvor mit Ungestüm verlangt hatten, gen Bosra zu ziehen, dadurch geschreckt, gern zu ihren Wohnungen zurückgekehrt wären. Jedoch um der Schmach eines feigen Rückzugs, welche die alten Kreuzritter beständig mehr als den Tod gescheuet, zu entgehen, riethen viele, zum Kampfe unverweilt zu waffnen; es wurde aber der Rath derer befolgt, J. Chr. 1147.

versus praedictam vallem (caveam Roob) properabat, missis nunciis offert, quod si ei bonum videretur, trans caveam ei faceret honeste prandium praeparari." Oder es ist eine Höhle, welche sich durch den ganzen Berg zog und einen Durchgang bildete. Denn diese Gegend hat, wie schon Strabo erzählt (ed. Almelov. S. 1096) Höhlen (τραχῶνες, bey den Arabern maakel), von welchen Eine viertausend Menschen faßt. Daher heißt auch dieses Land bey den Alten Trachonitis oder das Höhlenland. Diese sehr wahrscheinliche Erklärung des Namens gibt schon Wilhelm von Tyrus: „Videtur autem nobis a Traconibus dicta. Tracones enim dicuntur occulti et subterranei meatus, quibus illa regio abundat: nam paene universus illius regionis populus in speluncis et cavernis habitat." So viel ist gewiß, daß es ein Paß in dem Gebirge des ehemaligen Landes Gilead, überhaupt in dem Gebirge war, welches östlich die Ebne des Jordan umschließt, und sehr wahrscheinlich ist es wenigstens, daß der Name von dem alten Flecken Roob geblieben ist, dessen Eusebius erwähnt, als vier Meilen von Bethsan oder Scythopolis gelegen, Relandi Palaest. S. 974. Vielleicht ist die Höhle Roob dieselbe Höhle, welche der König Fulco im J. 1138 mit Hülfe des Grafen Dieterich von Flandern und Elsaß eroberte. S. Gesch. der Kreuzz. Th. II. S. 683 — 684.

20) „In planiciem quae dicitur Medan, ubi singulis annis Arabum et aliorum Orientalium populorum solent nundinae convenire solennes." Wilh. Tyr. XVI. 9. Diese Ebne lag also am Fuß des Gebirges von Gilead auf dem Wege nach Adraa. Wir finden sonst keine Erwähnung dieser großen Messe. Meidan (ein Wort persischen Ursprungs) ist übrigens im Morgenlande der Name jedes großen öffentlichen Platzes, wo Messen und Märkte und die öffentlichen Spiele und Wettrennen gehalten werden.

J. Chr. 1147. welche riethen, durch Ruhe und Schlaf die vom Marsch ermüdeten Kräfte zuvor zu stärken und den Kampf bis zum andern Morgen zu verschieben, dann aber mit Gewalt den Weg nach Bosra zu erzwingen. Die Heiden gönnten ihnen aber keine Ruhe in der Nacht, sondern hielten sie in steter Unruhe und Besorgniß, das christliche Lager mit Geschrey und Getöse umschwärmend und mit Angriff und Ueberfall drohend. Sobald es tagte, setzten sich die christlichen Streiter wohlgeschart in Bewegung, zwar unter banger Ahnung schwerer und mühvoller Tage, aber doch nicht so große Mühseligkeiten fürchtend, als ihrer warteten. Sie konnten nur mit dem Schwerte den Weg durch die andrängenden türkischen Scharen sich öffnen und den Widerstand der Heiden dadurch brechen, daß sie in fest geschlossenen Scharen zogen, und keiner die ihm angewiesene Stelle verließ; was so wie das beständige Kämpfen in der Hitze dieser Tage um desto beschwerlicher war, da sie in diesem Lande nicht einmal trinkbares Wasser fanden. Denn diese Gegend, im Alterthum Trachonitis genannt, hat keine Wasserquellen und überhaupt sonst kein Wasser, als welches während des Winters in Gruben gesammelt wird, und das Wasser in diesen Gruben war durch todte Heuschrecken, welche nicht lange vorher, als ein schrecklich verheerender Heuschreckenzug über das Land kam, darein gefallen, nicht nur verunreinigt, sondern selbst untrinkbar gemacht worden. Zu großem Troste waren dem armen Fußvolke in dieser schrecklichen Noth und Beschwerlichkeit die Ritter, indem sie von ihren Rossen stiegen, um die Fußknechte zu beschirmen und zu vertheidigen, und die ganz ermüdeten selbst auf ihren Rücken aus den gefährlichen Orten hinwegtrugen [21]). Es wurden ohne Unterlaß so

21) „Tanta equitibus erat pedestrium turmarum cura, ut ipsi de

viele Pfeile von den Heiden gegen die Christen geschleudert, J. Chr. 1147.
daß ihre Menge nichts anderm, denn dem Regen oder Hagel verglichen werden konnte; zwar ließen auch die Christen sich nicht träge finden mit ihrem Geschoß, aber ihre Pfeile trafen auf die zerstreuten türkischen Reuter nicht so sicher, als die türkischen auf ihre dichten Scharen. Unter solchen großen Beschwerlichkeiten kam das christliche Heer am ersten Tage nach der Stadt Adra [22]), damals gewöhnlich die Stadt Bernhard's von Etampes genannt, wo die armen Christen die Hoffnung, Ruhe und Erquickung, besonders trinkbares Wasser zu finden, auf schreckliche Weise getäuscht sahen. Denn das Volk des Landes, welches mit den Heiden in Freundschaft war, hielt sich mit allen seinen Vorräthen in den unzugänglichen unterirdischen Höhlen, in welchen die meisten Bewohner dieses Landes wohnten, verborgen; und weil die Wassergruben meistens in Verbindung mit diesen Höhlen standen, so konnten die Christen nicht einmal ihren lechzenden Durst stillen, indem die Seile der Wassereimer, welche sie in die Wassergruben hinabließen, von den Bewohnern der Höhlen abgeschnitten wurden, so daß sie vergeblich sich bemühten, Wasser hervorzuholen [23]). In den drey fol-

equis descendentes, communicato cum eis labore, fessis pro vehiculo se exhibentes, itineris molestiam redderent leviorem." Wilh. Tyr.

22) „Locus, qui antiquo Adratum dicitur vocabulo, nunc autem vulgari appellatione dicitur civitas Bernardi de Stampis." Wilh. Tyr. XVI. 10. Es ist die Stadt Adraa, 25 Meilen von Bosra oder Bostra entfernt nach Eusebius, Relandi Palaest. S. 547.

23) „Ubi adjunctis illius loci incolis ad hostium numerum, major nostris accessit molestia: ubi etiam de cisternis, quarum ora videbant patentia et sine difficultate haurire aquas se posse nostri arbitrarentur, demissas situlas non sine damno amittebant. Nam qui intus latebant in cavernis subterraneis (S. Anm. 19), funes praecidentes quibus hauriendi adligata erant instrumenta, funes remittebant decurtatos et spe potus

J. Chr. 1147. genden Tagen stiegen ihre Mühseligkeiten noch höher, indem die Zahl der Feinde beständig sich eben so sehr vermehrte, als die Zahl der Christen sich minderte, indem nicht nur viele von den Geschossen der Heiden fielen oder unter dem Hunger und den Beschwerlichkeiten erlagen, sondern viele aus Muthlosigkeit ihre Scharen verließen, sich bey dem Gepäck unter den Pferden und andern Lastthieren verbargen, oder durch heimliches Ausreißen das Sichere zu gewinnen suchten. Endlich am Abende des vierten Tages erblickten sie die Stadt Bosra.

Aber auch dann war das Ende ihrer Leiden noch nicht gekommen, vielmehr warteten ihrer noch größere. Alle harrten mit Sehnsucht des kommenden Tages, an welchem sie hofften in Bosra einzuziehen und Ruhe und Erquickung zu finden; mit dieser Hoffnung trösteten sie sich in der Unruhe und Sorge der Nacht, als die Heiden immerwährend um das Lager tosten und mit Ueberfall drohten. Plötzlich aber wandelte sich diese tröstende Hoffnung in die bitterste Verzweifung, als ein Bote aus Bosra, welcher sich durch die feindlichen Scharen geschlichen, die schreckliche Kunde brachte, daß das Weib des Tuntasch schon den Damascenern sowohl die Stadt als die Veste geöffnet habe; also daß lautes Wehklagen in dem christlichen Lager erhoben wurde, und mehre Barone heimlich dem Könige riethen, das Roß des Ritters Johann Goman, welches für das schnellste im ganzen Heere galt, unverweilt zu besteigen und in der Dunkelheit der Nacht mit dem heiligen Kreuze zu entfliehen. Denn niemand glaubte mehr, dem Tode oder schmählicher Knechtschaft entgehen zu können. Der jugendliche König aber ver-

exclusos ad majus compellebant sitis dispendium, dum in hauriendis aquis frustra diutius laborabant." Wilh. Tyr.

warf mit Unwillen solchen Rath. Mit Unmuth, Angst und Schauder vernahmen die christlichen Kämpfer noch in der Nacht den Ruf des Herolds, wodurch die Fürsten kund thaten, daß in der Frühe des kommenden Tages der Rückzug geschehen sollte. J. Chr. 1147.

Als der Tag anbrach, sahen die Christen die Zahl ihrer Feinde, welchen zu widerstehen sie schon zuvor zu schwach gewesen, gar sehr vermehrt. Denn der furchtbare Nureddin und der Reichsverweser Anar waren mit zahlreichen und trefflich gerüsteten Scharen in der Nacht bey Bosra angekommen. Beyde Fürsten hatten sich zuerst vor Sarchod gelagert und waren dort einige Tage mit Unterhandlungen hingehalten worden; als ihnen aber der Anzug des Königs Balduin und der Miliz des Reiches Jerusalem gegen Bosra gemeldet worden, so waren sie eiligst herbeygekommen, um den Christen zu widerstehen; und durch ihre Macht und Drohungen geschreckt, hatte das Weib des Tuntasch die Stadt dem Reichsverweser Anar geöffnet [24].

24) „Reddita terris die, ecce Noradinus in auxilium soceri vocatus, infinita secum trahens Turcorum agmina, ab urbe praedicta (Bosra) veniens, ad hostium sese adjungit cohortes." Wilh. Tyr. XVI. 10. Die Ankunft von Nureddin hatte also die Uebergabe von Bosra an Anar entschieden. Sehr übereinstimmend und zugleich erläuternd ist die Erzählung des Abu Schamah: „Im Anfange des Jahres 542 zog Nureddin nach Sarchod mit einem so wohlgerüsteten und zahlreichen Heere, als man sonst noch niemals gesehen. Als nun sich beyde Heere (die Heere Nureddins und des Königs von Damascus) vereinigt, so schickten die von Sarchod Botschafter an sie und baten um Waffenstillstand auf einige Tage und verhießen die Uebergabe des Platzes; was aber alles nur geschah, um die beyden Fürsten zu hintergehen und Zeit zu gewinnen bis zur Ankunft des Heers der Franken. Aber Gott fügte es, daß ein Mann ankam, welcher meldete, daß die Franken sich versammelt und Ritter und Fußknechte zusammenberufen hätten, und nun in eiligem Zuge gegen Bosra kämen, welches von einem ansehnlichen Theile des (muselmännischen) Heers umlagert war. Sogleich brach

J. Chr. 1147. Noch schrecklicher, als die Mühseligkeiten und Gefahren des Zugs nach Bosra, waren die Leiden und Beschwerlichkeiten des Rückzugs. Sobald die christlichen Scharen sich in Bewegung setzten, stürmten die Heiden in zahllosen Schwärmen und mit schrecklichem Geschrey wider sie an und verlegten ihnen den Weg. Den Christen aber gab die Verzweiflung eben so sehr große Kraft, also daß sie mit Gewalt die dichten feindlichen Scharen durchbrachen, als die Größe der Gefahr ihre Erfindungskraft und List spannte. Damit die Heiden nicht wahrnehmen möchten, wie viele der christlichen Streiter durch ihre Geschosse getödtet oder zu fernerm Kampfe untauglich gemacht würden, so wurden nicht nur die meisten Kranken und Verwundeten genöthigt, aufrecht auf Rossen zu sitzen und gezogene Schwerter in ihren Händen zu halten, sondern selbst die Todten wurden in aufrechter Stellung auf Pferde oder Cameele gebunden [25]. Aber auch die Türken ließen keine Art von List und Kunst ungebraucht, wozu die Gelegenheit sich darbot. Als ein heftiger Wind entstand und gegen die Kreuzfahrer blies, zündeten sie die hohen trockenen Disteln und das Gebüsch, so wie das Senf-

das Heer auf und zog gegen Bosra, wo die Franken mittlerweile schon vor den Muselmännern angekommen waren und nun sich mitten zwischen diesen und der Stadt befanden. Es kam zum Handgemenge, und die Ungläubigen flohen. Moineddin aber bekam Bosra wieder in seine Gewalt und kehrte dann vor die Stadt Sarchod zurück, welche gleichfalls sich wieder ihm ergab."

25) „Erat autem nostris indictum publice, ut defunctorum corpora camelis et aliis animalibus ad sarcinas deputatis imponerent, ne, nostrorum considerata strage, redderentur fortiores inimici; debiles quoque et saucios jumentis imponi mandatur, ne omnino nostrorum aliquis aut mortuus aut debilis crederetur." Diese List soll bey den Türken große Wirkung hervorgebracht haben: „populum judicant ferreum, qui tot tamque continua possint tam perseveranter sustinere dispendia." Wilh. Tyr.

kraut [26]), welches in diesem Lande häufig wuchs, an, also daß Rauch, Flamme, Feuerfunken durch den Wind den Christen ins Gesicht getrieben wurden; was die Christen in größere Noth brachte, als der heftigste Pfeilregen. Denn die Glut des Feuers, welche so heftig war, daß von dem Rauche das ganze christliche Heer, gleich wie Schmiede von der Feuerglut der Esse, geschwärzt wurde [27]), verbunden mit der schrecklichen Hitze des Tages lähmte alle Kräfte. Ueber solche List der Heiden siegten aber die Christen, wie sie glaubten, durch Gottes wunderbare Hülfe. J. Chr. 1147.

Denn in dieser Noth wandte sich das christliche Volk mit gläubigem Vertrauen an den Erzbischoff Robert von Nazareth, welcher das heilige Kreuz trug, und flehte zu ihm, damit er durch Gebet zu Gott und die Wunderkraft des heiligen Holzes, welches ihre Väter so oft vom Tode und Verderben errettet, es befreyte aus der Noth, welche sie nicht länger zu ertragen vermöchten. Da erhob der fromme Erzbischoff das heilige Kreuz und kehrte es gegen die Feuerglut, inbrünstig zu Gott betend für das arme Volk; und augenblicklich soll die Allmacht Gottes sich offenbart haben. Denn der Wind wandte sich plötzlich, und blies auf das heftigste den Heiden entgegen, so daß alles Ungemach, welches sie den Christen bereitet, dann wider sie selbst gekehrt wurde. Da gaben sie, erschreckt durch solches Wunder, den Christen einige Zeit Ruhe [28]).

26) „Synapis sylva." Wilh. Tyr.

27) „Erat totus populus in modum fabrorum officinas exercentium, vento agitante fuliginem, tam facie quam toto corporis habitu, nigredine factus decolor." Wilh. Tyr.

28) „Stupent hostes novitate miraculi et singularem reputant Christianorum fidem, quae tam praesens possit a domino Deo suo pro votis impetrare beneficium." Id.

J. Chr. 1148. Jedoch bald wurde wiederum die Noth der Christen so groß, als zuvor, so daß die Fürsten, in der Besorgniß, das Volk werde nicht länger ausdauern können, beschlossen, einen Botschafter an den Reichsverweser Anar zu senden, mit demüthiger Bitte um Frieden und ungefährdeten Rückzug. Dazu wurde, weil sonst niemand im Heere der arabischen Sprache kundig war, ein Ritter ausersehen, welcher im Verdacht stand, einst bey einer ihm übertragenen Botschaft seine christlichen Brüder an die Heiden verrathen zu haben, was Gelegenheit gab zu einem wunderbaren göttlichen Strafgerichte, welches alle Christen erschütterte. Der Ritter, als ihm diese Botschaft nicht ohne Zeichen des Mißtrauens in seine Treue übertragen wurde, vermaß sich hoch und theuer, daß unverdient ein so schlimmer Argwohn auf ihm laste, und rief selbst, wie viele versicherten, Gott an, daß ihn, noch ehe er die Botschaft an Anar ausgerichtet, ein feindliches Geschoß treffen möchte, falls er dennoch eines solchen Verbrechens schuldig wäre. Kaum hatte er seine Schar verlassen, um sich zu Anar zu begeben, so tödtete ihn ein türkischer Pfeil.

Einmal wurde das christliche Heer aus großer Gefahr und Noth durch die Kühnheit und glückliche Verwegenheit eines saracenischen Mannes im Gefolge des Tuntasch errettet. Als an einem engen Orte die Christen von arabischen Reutern, welche, von vier tapfern Söhnen eines vornehmen arabischen Fürsten [29]) geführt, ihnen beständig zur Seite waren, besonders hart bedrängt wurden, da trieb jener saracenische Mann sein Roß muthig an, rannte mit vorge-

29) „Illustris et eximii Arabum satrapae filii, qui dictus est Merel." Id.

haltener Lanze mitten in die arabische Schar wider einen der Brüder und hieb ihn mit seinem Schwerte so kräftig, daß er todt zu Boden fiel; worauf er unversehrt zu den Christen zurückkehrte. Denn dieser saracenische Mann glaubte sich nicht gebunden durch das Gesetz der Fürsten, welches allen christlichen Streitern verbot, die ihnen angewiesenen Stellen in ihren Scharen zu verlassen. Unter die Saracenen ward aber durch den Tod jenes arabischen Fürsten solche Verwirrung und Bestürzung gebracht, daß sie sich entscharten, um den Leichnam des Erschlagenen zusammenliefen und das christliche Heer mittlerweile ruhig und ungefährdet aus dem engen Paß in die weite Ebne ziehen ließen. Alle christliche Streiter bewunderten die verwegene Waffenthat des saracenischen Mannes, wodurch ihnen so unerwartete Rettung geworden, und die Fürsten verziehen ihm, als einem Fremdling, gern die Uebertretung ihres Gebotes [30]). J. Chr. 1147.

Der Reichsverweser Anar aber, sobald das Heer das Gebiet des Fürstenthums Damascus verlassen hatte, suchte die Erneuerung der Freundschaft mit den christlichen Fürsten. Als das Kreuzesheer nach mehrern beschwerlichen Tagen wieder zur Höhle Roob kam, da meldeten sich Boten des Reichsverwesers Anar, wodurch er den Fürsten entbot, daß er an der andern Seite der Höhle einen reichlichen Vorrath von Speise bereit halte, um sie und ihr Heer reichlich und wür-

30) Es war eine wohl angebrachte Großmuth, welche die Barone gegen ihn übten: „Cognito quod vir alienigena, et cui legem propositam licebat ignorare, eo maxime quod, linguae commercium non habens, edictum publicum non intellexerat, licet contra rei militaris disciplinam egisse non dubitaretur, juris ignaro clementer indulgent, viri factum amplectentes non tam ratione quam eventu commendabile." Id.

J. Chr. 1147. dig zu bewirthen, weil er wußte, wie lange sie Hunger und Entbehrung erduldet. Die Fürsten aber, in der Besorgniß, es möchte unter dieser Einladung der böse und tückische Anschlag verborgen seyn, sie in den Engpaß der Höhle Roob zu locken und dort zu vertilgen, wählten den längern und beschwerlichern Weg über das Gebirge, obwohl niemand im Heere diesen Weg kannte. Damals soll aber wieder ein Göttliches Wunder der Unkunde der Christen geholfen haben. Denn es erschien ein geharnischter Mann auf einem weißen Rosse, ein rothes Panier führend und mit einem Kleide, dessen Aermel nur bis zum Ellbogen reichten, angethan, welcher immer vor ihnen herzog, und nicht nur die besten Straßen und Richtwege, sondern auch die bequemsten Lagerstätten und die Plätze, wo trinkbares Wasser zu finden, zeigte, also daß sie auf diesem längern Wege schon in drey Tagen nach Gadara, einer Stadt der Landschaft Dekapolis, kamen, da sie vorher auf dem kürzern Wege von Bosra nach der Höhle Roob fünf Tage verwandt. Viele christliche Männer bezeugten [31]), mit eignen Augen gesehen zu haben, wie jener geharnischte Mann Abends, wenn das Lager von dem Heere bereitet wurde, verschwand, und Morgens, wenn die Scharen sich erhoben, wieder erschien. Also glaubten die Christen in Syrien sich noch durch Gottes Gnade vorzüglich begünstigt zu der Zeit, da sie derselben ganz unwürdig waren. Noch bey Gadara, wo das heidnische und christliche Land zusammengränzte, stürmten die Ungläubigen mit großer Gewalt wider die hintersten Scha-

31) Dem Erzbischoff Wilhelm von Tyrus (XVI. 13.) wurde dieses Wunder noch von mehrern derer erzählt, welche selbst es gesehen: „asserunt autem unanimiter, quibus illius facti adhuc plenior famulatur memoria" etc.

ren des christlichen Heers; aber durch die Hitze des Tages J. Chr. 1147.
ermattet und durch Rauch und Feuerglut, welche von den Christen erregt wurden, gehindert, ließen sie endlich vom Kampfe ab, und das christliche Heer brachte bey Gadara die erste ruhige Nacht zu. Am andern Tage kamen die christlichen Kämpfer nach Tiberias, und zogen von dort ungestört mit dem heiligen Kreuze nach Jerusalem, wo sie mit desto größerer Freude empfangen wurden, als alle in der heiligen Stadt zurückgebliebenen Christen an der Rückkehr des Heeres sowohl als des heiligen Kreuzes schon verzweifelt hatten [32]). Sie rühmten sich, nachdem sie der Gefahr entronnen, mit Uebermuth, daß bey keiner Heerfahrt, so lange die Christen wider die Heiden gestritten, solche Tapferkeit, Ausdaurung und Klugheit bewiesen worden, als von ihnen [33]). Tuntasch begab sich aus Unvorsichtigkeit wieder nach Damascus, wurde dort des Gesichts beraubt und starb in Armuth und Dürftigkeit [34]). Sein

32) „Gavisus est populus, qui remanserat, reverso ad se populo, dicens: Mortuus fuerat et revixit, perierat et inventus est.“ Id.

33) „Non habet, sagt selbst Wilhelm von Tyrus, praesentium hominum memoria, quod Latinorum tempore, in toto Oriente, absque manifesta hostium victoria tam periculosa fuerit expeditio.“

34) Dies Ende des Tuntasch wird ganz übereinstimmend von Wilhelm von Tyrus und Abu Schamah erzählt; nur in der Erzählung von der Art, wie er in die Gewalt seiner Feinde kam, und von der Ursache seiner Blendung weichen diese Schriftsteller von einander ab. Denn so erzählt Wilhelm von Tyrus: „Postmodum vero idem nobilis homo, ab Ainardo vocatus verbis pacificis in dolo, quasi sub specie reconciliationis, male nimis tractatus est: nam oculis erutis, in summa egestate et miseria, vitam miserabiliter infelicem finire coactus est.“ So aber Abu Schamah: „Zu derselben Zeit (nämlich des Einzugs des Anar und des Nureddin in Damascus) kam Tuntasch, welcher aus Sarchod zu den Franken übergegangen war, aus Unverstand und Thorheit nach Damascus, ohne sich irgend einen Vertrag oder

J. Chr. 1147. Schicksal mußte wohl die muselmännischen Fürsten oder rebellischen Emirs abschrecken, den Schutz der christlichen Fürsten wider ihre Glaubensgenossen oder ungerechte Oberherren zu suchen, wodurch die Christen in den ersten Zeiten ihrer Herrschaft in Syrien so manche wichtige Stadt und Burg gewonnen hatten.

Gnaden- und Sicherheitsbrief ausgewirkt zu haben, in der Meinung, daß man ihn für sein böses Thun und seinen Abfall vom Islam noch belohnen werde; aber er kam bald zur richtigen Einsicht. Denn sein Bruder Chatlach, welchen er der Augen beraubt hatte, erhob wider ihn eine Klage, worauf über beyde ein Gericht der Fakih's und Kadi's gehalten wurde. Dieses erkannte auf die Wiedervergeltung, so daß dem Tuntasch jetzt eben so die Augen geraubt wurden, wie er sie vorher seinem Bruder geraubt hatte. Dann wurde er entlassen und ihm verstattet, in seinem Hause zu Damascus zu wohnen."

Neuntes Kapitel.

Welche gegenseitige Eifersucht und selbstsüchtige Gesinnung unter den Kreuzesfürsten in Syrien herrschten, ward der König Ludwig von Frankreich sehr bald gewahr. Der Fürst Raimund von Antiochien empfing ihn, als er die Gränze seines Fürstenthums betrat, mit großen Ehrenbezeugungen, indem er selbst mit der Geistlichkeit und den weltlichen Baronen seines Landes ihm entgegenzog, und sorgte in Antiochien sowohl für die Erquickung als Erheiterung des Königs und seines ganzen Gefolges mit Eifer und Freygebigkeit; jeder empfing alles, dessen er bedurfte, reichlich, und Feste folgten auf Feste. Aber diese Gefälligkeit und Freundlichkeit des Fürsten Raimund floß nicht aus wahrer christlicher Theilnahme an den harten Leiden der französischen Pilger, sondern aus derselben eigennützigen Absicht, in welcher er den König schon vor dessen Auszuge aus Frankreich, sobald er vernommen, daß von demselben die Gottesfahrt gelobt worden, mit einer Gesandtschaft und köstlichen Geschenken geehrt hatte. Er wollte den König Ludwig und dessen Barone durch seine Gefälligkeit und Freundlichkeit zu desto größerer Dankbarkeit gegen sich verpflichten, je willkommner ihnen nach so schmerzlichen Entbehrungen und so großem Ungemach die Ergötzlichkeiten des üppigen antiochischen Hofes waren; und hoffte dann ohne Mühe den französischen

J. Chr. 1148.

Februar 1148.

J. Chr. 1148. König zu vermögen, daß er, bevor er nach Jerusalem zöge, ihm hölfe, durch die Eroberung von Haleb, Cäsarea und einigen andern benachbarten Städten sein Fürstenthum zu erweitern. Dieser Hoffnung überließ sich der eitle und heftige Fürst Raimund mit desto größerer Sicherheit, als er auch auf die Fürsprache der Königin Eleenora rechnete; denn sie war seine Nichte, des Grafen Wilhelm von Poitou, seines Bruders, älteste Tochter. Darum ließ er es an nichts mangeln, was der sinnlichen und gefallsüchtigen Königin und den sie begleitenden Frauen den Aufenthalt in Antiochien angenehm machen konnte, und es gelang ihm damit so wohl, daß Frau Eleenora ihrem Gemahl anlag, noch länger in Antiochien zu bleiben und den Plan ihres Oheims, so viel sie vermochte, beförderte, um ihren Aufenthalt in dem angenehmen und lebhaften Antiochien zu verlängern [1]). Allein, wiewohl zuerst Fürst Raimund in vertrautem Gespräche den König von der Wichtigkeit und Leichtigkeit dieser Unternehmung zu überzeugen suchte, hernach alle seine Gründe in einer feyerlichen Versammlung, welcher außer dem Könige Ludwig alle sowohl französischen als antiochischen Barone beywohnten, mit der großen ihm zu Gebote stehenden Gewalt der Beredsamkeit [2]) wiederholte, so vermochte er doch nichts über die fromme Sehnsucht des Königs Ludwig nach

1) „Dum Antiochiae Rex moraretur ad naufragi exercitus reliquias consolandas, fovendas et reparandas, Alienordis Regina uxor ejus, fraude patrui sui, Principis Antiochiae, decepta (was nur von listigen Zuredungen zu verstehen ist), remanere voluit (vorläufig nur, damit der König die Wünsche ihres Oheims erfülle); sperabat enim Princeps in mora Regis Franciae de Turcis ibi propinquis victoriam obtinere." Chron. Guil. de Nangis l. c.

2) Wilh. Tyr. XVI. 27. „Erat dominus Raimundus ..... verbo et affabilitate commendabilis, tota sui habitudine venustam Principis eximii praetendens elegantiam." Id. XIV. 21.

dem Grabe des Heilandes, welche allen Gründen nicht weniger denn allen Lockungen mit siegreicher Kraft widerstand. J. Chr. 1148.

Der leidenschaftliche Fürst Raimund, als er seine Hoffnung getäuscht sah, ergrimmte um desto heftiger, je unfehlbarer sie ihm vorhin geschienen, rüstete sich wider den König Ludwig als seinen Feind, fest entschlossen, ihm alles mögliche Herzeleid zuzufügen [3]), und der Leichtsinn der Königin Eleenora und ihr eheliches Verhältniß mit ihrem Gemahl gaben ihm eine leichte Gelegenheit, den König Ludwig auf das schmerzlichste zu kränken. Denn die leichtfertige Königin war mit der frommen Strenge und Keuschheit ihres Gemahls so unzufrieden [4]), daß sie, wie viele behaupteten, schon damals nach der Ehe mit dem schönen, liebenswürdigen und sinnlichen Herzog Heinrich von der Normandie trachtete [5]); und lästig war ihr außerdem des Königs ängstliche Eifersucht, welche allein die Ursache davon war, daß er sie gezwungen hatte, das Kreuz zu nehmen und die Gefahren und schweren Mühseligkeiten der Pilgerfahrt mit ihm zu theilen [6]). Die Eifersucht des Königs war während des Aufenthaltes in Antiochien durch die übertriebene Gefallsucht, welcher die Königin sich ohne Zurückhaltung überließ, und durch ihre unvorsichtige, sehr verdächtige Vertraulichkeit mit verschiedenen Rittern von neuem auf das heftigste entflammt wor-

3) „Mutato studio Regis vias abominari et ei praestruere patenter insidias et in eius laesionem armari coepit." Wilh. Tyr. XVI. 27.

4) „Illa maxime moribus regiis offensa et causante se Monacho non Regi nupsisse." Wilh. Neubrig. de reb. Anglic. L. I. 31.

5) „Dicitur etiam quod in ipso Regis Francorum conjugio ad Ducis Normannici nuptias, suis magis congruas moribus, aspiraverit atque ideo praeoptaverit procuraveritque dissidium." Wilh. Neubr. l. c.

6) S. Kap. V. Anm. 25.

J. Chr. 1148. den; Frau Eleenora brachte sich sogar in den Verdacht eines sträflichen Verkehrs mit einem jungen Türken [7]. Darum wurde es dem Fürsten Raimund nicht schwer, die Königin zu vermögen, daß sie nicht nur die Auflösung ihrer Ehe mit dem Könige Ludwig unter dem Vorwande naher Blutsfreundschaft forderte, sondern selbst mit ihrem tückischen und ränkevollen Oheim den Plan beredete zu ihrer Entführung mit List oder Gewalt auf den Fall, daß ihr Gemahl nicht gutwillig sie von sich lassen würde [8]. Als dem König

7) Wir lassen es dahin gestellt seyn, in wiefern dieser Verdacht gegründet war. Dieser Liebeshandel wurde am meisten in den Romanen benutzt, und um der Geschichte mehr Reiz zu geben, wurde sogar Saladin selbst zum Geliebten der Königin Eleenora. Uebrigens möchten sich wohl wenige durch den Beweis, welchen der ehrliche Belleforest gegen die Wahrheit dieser Erzählung führt, überzeugen lassen. 'Les grandes Annales et Histoire generale de France par François de Belle-Forest, Tom. I. Paris 1579. pag. 510: Au reste quoy qu'on la blasme de folles amours, si ne sçauroy-ie croire qu'elle se fut amourachée (comme quelques uns disent) d'un des Satrapes de Turquie que jamais elle n'avoit veu, et moins puis-ie recevoir qu'elle se mit onc en devoir d'aller vers luy par mer, ny qu'elle fut recousse par quelque chevalier François: car ce seroit l'accuser de la plus effrontée paillardise qu'on ouyt jamais parler de femme la plus lascive qui jamais fut au monde. Au reste quant à ce qu'on dit que Saudebreuil Seigneur de Sanzay ayat fait le voyage d'outre mer avec le Roy, comme estant issu du sang ancien de Comtes de Poitou, et par ainsi parent de la Royne, comme en une escarmouche il fut pris des Turcs, la Royne escrivit au Satrape de le delivrer en sa faveur, ce qu'il feit sans en recevoir rançon aucun: suppose que cela soit vray, si estce que cela ne fait point foy de la forfaiture pretenduë d'Elenor avec ce Mahometan, ny du soupçon si estrange du Roy, que pour cela il se resolut que luy de retour, il la repudieroit comme femme impudique: entant que ces courtoisies se pratiquent assez entre Princes et Princesses sans qu'il y ayt aucune raison d'y soupçonner vilennie.

8) „Uxorem eius in id ipsum consentientem, quae una erat de fatuis mulieribus, aut violenter aut occultis machinationibus, ab eo rapere proposuit." Id. ibid. Es ist dies nicht so zu verstehen, als wenn Raimund selbst eine Liebschaft mit Eleenora angesponnen.

Ludwig solches Einverständniß seiner Gemahlin mit ihrem Oheim kund wurde, verließ er nach langem Aufenthalt die Stadt Antiochien heimlich [9]) wie ein Flüchtling, indem er seine untreue Gattin zwang, ihm zu folgen. J. Chr. 1148. Im Junius.

Auch außer dem Fürsten Raimund wurden viele andre im gelobten Lande, welche es redlich mit der Sache der Christen meinten, dem Könige Ludwig abhold; weil sie es ihm als kurzsichtigen Eigensinn oder gar Beweis von bösem Willen verargten, daß er den Vorstellungen des Fürsten von Antiochien von der Möglichkeit, Nützlichkeit und Nothwendigkeit der Eroberung von Cäsarea und Haleb kein Gehör gegeben [10]). Allerdings wäre die Erwerbung dieser beyden Städte, falls ihre Eroberung möglich gewesen wäre, nicht nur dem Fürsten von Antiochien nützlich gewesen, sondern diese Städte würden durch ihre Lage feste Bollwerke auch für das Königreich Jerusalem geworden seyn und den Verlust von Edessa ersetzt haben; und wie nothwendig für die Sicherheit des ganzen christlichen Landes in Syrien war es, den furchtbaren Nureddin aus Haleb zu entfernen, wo er nicht lange vorher seinen Sitz genommen!

Dies widerspricht auch einer frühern Aeußerung des Erzbischoffs Wilhelm über den Fürsten Raimund: „conjugalis integritatis, postquam duxit uxorem, sollicitus custos.“ Lib. XIV. 21. Wozu Raimund damals seine Nichte vermochte, wird deutlich genug in der Chronik des Wilhelm von Nangis (in d'Achery Spicileg. T. III.) erzählt, ad a. 1149: „Cumque Rex pararet eam exinde (ab Antiochia) avellere, ipsa parentelae mentionem faciens, dixit illicitum esse ut diutius commanerent, quia cognatio inter eos in quarto gradu vertebatur,“ etc.

9) „Urbe Antiochena clam cum suis egressus est.“ Wilh. Tyr.

10) „Sunt qui Regi haec ad nimiam imputant malitiam et ei dicunt digne pro meritis accidisse, quod tanti viri et de se suisque bene meriti preces non admiserit: praesertim cum constanter asseverent, quod facile unam vel plures ex praenominatis urbibus, si ad id dare operam voluisset, obtinere potuisset.“ Wilh. Tyr. l. c.

J. Chr. 1148. In Tripolis sah der König Ludwig wiederum einen Beweis des Neides und der Eifersucht der Pilgerfürsten wider einander. Der Patriarch Fulcher von Jerusalem kam dort als Abgesandter der Königin Melisende zu dem Könige, um ihn in ihrem Namen um Beschleunigung seiner Ankunft in der heiligen Stadt Jerusalem zu bitten. Denn die Königin von Jerusalem fürchtete, der König möge, zum Nachtheile des Königreiches, sich durch den Grafen von Tripolis, welcher ihm nahe verwandt war, zu irgend einer für diesen Fürsten nützlichen Unternehmung verleiten lassen oder gar mit dem Fürsten von Antiochien sich versöhnen und dann dessen Plan ausführen helfen. Diese Besorgniß war eitel; denn der König wurde von der brennendsten Sehnsucht getrieben, sich mit den Pilgern zu vereinigen, welche schon im Reiche Jerusalem versammelt waren [11]).

April 1148. Als der König Ludwig noch in Antiochien weilte, vernahm man mit Entsetzen die Kunde von einer schrecklichen Frevelthat, wodurch in den Gemüthern vieler frommen Christen die letzte Hoffnung auf den Segen Gottes für die Unternehmungen dieser Pilger vernichtet wurde. Unter den Pilgern, welche erst im Frühling des Jahrs 1148 zur See nach dem gelobten Lande kamen und in dem Hafen von Ptolemais landeten, war auch der Graf Alfons von Toulouse und St. Gilles, ein redlicher und frommer Herr, Sohn des alten berühmten Jerusalemfahrers Raimund. Ihn begleitete auch sein Sohn Raimund und ein zahlreiches Heer war mit ihnen; so daß alle Christen viel von ihnen erwarteten [12]).

11) Id. XVI. 29.

12) Wilhelm von Tyrus (XVI. 28), sonst so beredt in Lobederhebungen der meisten Pilgerfürsten, spricht so gar wenig zum Lobe des Grafen Alfons, und läßt ihm wenig mehr, als die Ehre, von einem trefflichen und berühmten Vater abzustammen:

Aber auf dem Wege von Ptolemais nach Jerusalem starb Graf Alfons zu Cäsarea durch Gift, und viele vermutheten, was später sich zu bestätigen schien, daß dieser Meuchelmord von dem Grafen von Tripolis und der Königin Melisende angestiftet worden, weil sie besorgten, daß Alfons sein Recht auf die Stadt Tripolis und noch andere oftmals bestrittene Ansprüche seines Vaters wieder geltend zu machen suchen möchte [13]. J. Chr. 1148.

Es kamen nach und nach sehr viele Pilger, welche die Meerfahrt dem Wege zu Lande vorgezogen, und zum Theil auf ihrer Fahrt mit rühmlichen Thaten die Stadt Lissabon in Portugal der Gewalt der Saracenen zu entreißen geholfen hatten, in den Häfen von Tyrus, Sarepta, Sidon und Ptolemais an, und beeilten sich früh genug, Jerusalem zu erreichen, um am Palmsonntage in die heilige Stadt einzuziehen, und sich dabey des demüthigen Einzuges des Sohnes Gottes andachtsvoll zu erinnern, den Leidenstag und das

„vir suis egregius titulis, sed patris pia clarior memoria;" auch die Christen in Jerusalem hätten seine Ankunft nur deswegen mit Sehnsucht erwartet, weil sie gehofft, „quod faustum et felix omen patris adveniens Regno esset illaturus." (S. die folgende Anmerkung.)

13) Sehr vorsichtig berichtet Wilhelm von Tyrus von dieser Mordthat: „Anfossus.... apud Caesaream..., paucis postquam appulit diebus, porrecto ut dicitur veneno, sed auctore tanti sceleris incerto, vitam finivit." Nach einer Sage klagt Wilhelm von Nangis, zwar erst ein Schriftsteller des dreyzehnten Jahrhunderts (ad a. 1148), die Königin Melisende als die angebliche Anstifterin dieser Mordthat an: „Hildefonsus, Comes S. Aegidii, in magno navali exercitu Palaestinae applicans, cum magnum quid facturus speraretur, dolo, ut ajunt quidam, reginae Jerosolymorum, male potionatus apud Caesaream Palaestinae urbem moritur." Es ist aber, da hernach der Graf Raimund von Tripolis sich mit der Königin Melisende zur Verfolgung und selbst zur Ueberlieferung des Sohns von Alfons zur Gefangenschaft an die Türken vereinigte, nicht unwahrscheinlich, daß auch er nicht ohne Antheil an der Vergiftung war. S. unten B. IV. Kap. I.

J. Chr. 1148. Fest der Auferstehung des Heilandes dort zu feyern und an diesen heiligen Tagen die Stätten zu besuchen, wo die herrlichen Werke Gottes geschahen, deren Andenken an diesen Tagen die Christenheit begeht. Auch der König Conrad, die Herzoge Welf, Friedrich von Schwaben, Berthold von Andechs und andre deutsche Fürsten, welche ihren König begleitet, nachdem sie an dem Hofe des Kaisers Manuel den Winter in Annehmlichkeit zugebracht hatten [14], und durch
11.—18. April. Feste und Ergötzlichkeiten erheitert worden, kamen in der Osterwoche in dem Hafen von Ptolemais an [15], wohin eine griechische Flotte sie in großen Ehren brachte. Wenige Tage hernach hielt der König Conrad, in Begleitung dieser Fürsten, und von dem Könige Balduin, dem Patriarchen, der ganzen Geistlichkeit und Gemeinde von Jerusalem unter Absingung geistlicher Lobgesänge eingeholt, seinen feyerlichen Einzug in die heilige Stadt, und nahm seine Wohnung in der Burg der Templer [16]. So fanden sich die deutschen Pilger beysammen; der deutsche König und die Fürsten, welche ihn nach Constantinopel begleitet hatten, waren wieder vereinigt mit dem ehrwürdigen und gelehrten Bischoff Otto von Freysingen, des Königs Bruder, dem Herzoge Heinrich von Oesterreich und vielen andern vornehmen sowohl deutschen als italienischen, zum Theil dem Könige Conrad durch Blutsfreundschaft verwandten Fürsten; und

14) „(Imperator) tantum nobis honoris exhibens, quantum ulli unquam praedecessori nostro exhibitum esse audivimus." Ep. Conr. cit.

15) Wilh. Tyr. l. c. Der König Conrad gedachte, einer Aeußerung in einem Briefe an den Abt Wibald, den er noch in Constantinopel schrieb, zufolge, damals am Sonntage Reminiscere (14. März 1148) von dort abzureisen. Ep. Wibaldi 80.

16) Wilh. Tyr. l. c. Otto Frising. de gestis Frid. I. 58. S. Anm. 17.

wie viele schmerzliche Erinnerungen an Thorheit, Uebermuth und Unglück, so wie an den Tod und das Verderben so vieler tapfern Freunde und frommen Heergesellen theilten sie mit einander! J. Chr. 1148.

Der König Conrad, nachdem er wenige Tage in Jerusalem geruht, wallfahrtete nicht nur zu allen heiligen Stätten in und außer der heiligen Stadt, sondern durchreiste auch das ganze Königreich Jerusalem, besuchte Samarien und vornehmlich die Seehäfen, um die streitbaren Wallbrüder, welche ankamen oder zur Rückkehr sich anschickten, besonders die Ritter, durch Zureden und Versprechungen in Syrien zurückzuhalten, und mit Geld und Verheißung reichlichen Soldes zu vermögen, daß sie an der Heerfahrt wider die Heiden Antheil nehmen möchten [17]). Denn die meisten der Wallbrüder, welche ankamen, sobald sie ihr Gebet auf dem heiligen Grabe verrichtet und die andern heiligen Stätten des gelobten Landes besucht hatten, beeilten sich, das gelobte Land wieder zu verlassen, ungewillet in eine Unternehmung sich einzulassen, von welcher sie kein Gedeihen hofften. Der feste Glaube an den Beystand Gottes und Christi im Streite wider die Heiden, durch welchen vormals oft so große Wunder geschahen, wie konnte er in den Gemüthern von Pilgern seyn, von welchen so viele durch Bos-

17) „Rex per aliquot dies in palatio Templariorum .... manens et sancta ubique loca peragrans per Samariam ad Galilaeam Ptolemaidem rediit, omnes adventantes quos poterat, milites pecunia ad remanendum inducens. Convenerat enim cum rege illius terrae et Patriarcha militibusque templi circa proximum Julium, in Syriam ad expugnationem Damasci exercitum ducere. Qua de re multa large dispersa pecunia militem quem tunc poterat, colligit. Rex etiam Franciae Ludovicus idem pro posse suo sectans, de Antiochia reversus apud Tyrum manebat." Otto Fris. l. c. Vgl. unten Anm. 31. die Stelle aus Abu Schamah.

J. Chr. 1148. heit, Gottlosigkeit und mancherley Verbrechen der göttlichen Gnade sich unwürdig gemacht hatten! Den frommen und redlichen Christen war außerdem die prunkende Prachtliebe und eitle Ueppigkeit, welchen die Könige und Fürsten troß der Leiden ihres Volks fröhnten, ärgerlich. Selbst, als die Könige Conrad und Ludwig zum ersten Male im heiligen Lande zusammentrafen, wetteiferten sie mit einander in eitler Pracht, anstatt in Demuth Gott für ihre Rettung aus so großen Leiden und Gefahren zu danken und seine Hülfe für ihre fernern Unternehmungen anzuflehen [18]). Denn am
24. Jun. St. Johannistag, als Conrad zu Ptolemais erfuhr, daß der König von Frankreich von Antiochien nach Tyrus gekommen wäre, und dort zu verweilen gedächte, so lud er ihn zu gemeinschaftlicher Berathung wegen der Angelegenheiten des heiligen Landes, worauf sie eine glänzende Zusammenkunft hielten zwischen Tyrus und Ptolemais, an einem angenehmen mit Palmbäumen bewachsnen Orte. Auch der König Ludwig gab sich zu Tyrus viele Mühe, die Pilger, welche dort anlandeten oder von ihrer Wallfahrt zurückkamen, um sich wieder einzuschiffen, zur Theilnahme an der Heerfahrt wider die Heiden zu bewegen. Aber die meisten der streitbaren Männer, welche sich entschlossen, Theil an diesem Kampfe zu nehmen, wurden dazu viel weniger durch Eifer für den Ruhm und die Ehre des Christenthums vermocht, als durch den verheißenen reichlichen Sold.

Als auch der König von Frankreich seinen feyerlichen

18) „Non tamen ex tot et tantis attritionibus fastus inter eos regalis decoctus conquieverat. Unde quem et proventum et eventum haec quoque Damascena sortita fuerit expeditio, alias et fortassis ab aliis dicenda erunt." So drückt sich darüber selbst der Bischoff Otto von Freysingen, des Königs Conrad Bruder, aus.

Einzug in die heilige Stadt gehalten [19]), und alle diejeni- J. Chr. 1148.
gen, welche für den Heiland wider die Heiden zu streiten beschlossen hatten, am heiligen Grabe versammelt waren, da mangelte nicht minder denn zuvor die Eintracht. Sehr verschieden waren die Meinungen, als die Frage entstand, wo die Heiden bekämpft werden sollten. Weil die Schmach, welche zu Edessa durch Zenki und Nureddin dem christlichen Namen geschehen, die abendländischen Pilger zum Gelübde der Gottesfahrt bewogen [20]), so wollten der König Conrad und viele andre Pilgerfürsten über den Euphrat ziehen und Edessa wieder erobern. Die christlichen Fürsten in Syrien fanden diese Unternehmung nicht ausführbar, weil Edessa nicht überwältigt und noch weniger behauptet werden könnte, ohne viele andre Vesten und Burgen, welche in Nureddins Gewalt wären, zu brechen; und dazu schien ihnen die Macht der versammelten Heere nicht hinreichend. Aber auch diese Fürsten waren nicht Eines Sinnes. Denn einige unter ihnen riethen, die reiche, ganz von christlichem Lande umschlossene Handelsstadt Askalon zu erobern, den wichtigsten Waffenplatz der ägyptischen Saracenen und die Vormauer ihres Reichs, weil diese Eroberung nicht nur eine unermeßliche Beute gewähren, sondern auch den christlichen Scharen den Weg in das von Parteyen zerrüttete ägyptische Reich öffnen würde. Andre wollten die Trägheit des Königs von Damascus und die Eifersucht des Reichsverwesers Anar gegen die täglich wachsende Macht Nureddins benutzen, um

19) Der König Ludwig kann nicht eher als gegen Ende des Monats Junius oder im Anfang des Julius nach Jerusalem gekommen seyn. Denn um Johannistag hielt er seine erste Zusammenkunft mit dem Könige Conrad zwischen Tyrus und Ptolemais. Otto Fris. l. c.

20) „Deo auctore Jerosolymae novum exercitum collecturi et Rohas processuri." Ep. Conr. cit.

J. Chr. 1148. Damascus zu überwältigen, damit nicht diese dem christlichen Reiche so gefährliche Stadt in die Gewalt Nureddins fiele, was mit vielem Grunde zu befürchten war, da schon Zenki nach ihrem Besitze getrachtet; auch wollte diese Partey durch die Eroberung von Damascus gründlich die Schmach tilgen, welche durch das mißlungene Unternehmen wider Bosra auf die Christen gebracht worden [21]).

Im Jul. 1148. Um zwischen solchen streitenden Meinungen und Wünschen zu wählen, begaben sich die beyden in Jerusalem anwesenden fremden Könige, alle andre Pilgerfürsten, sowohl die geistlichen als die Laienfürsten, mit dem Könige von Jerusalem, den geistlichen und weltlichen Baronen des Königreichs und den Großmeistern der beyden geistlichen Ritterorden [22]) nach Ptolemais zu gemeinsamer Berathung.

21) Auch die Muselmänner wußten es recht gut, mit wie vielen Schwierigkeiten sich die Pilgerfürsten endlich zu Einer Meinung vereinigten: „Von allen Seiten,“ so erzählt Abu Schamah, „verbreiteten sich die Nachrichten von der Ankunft fränkischer Schiffe in den Häfen der syrischen Seeküste, zu Tyrus und Ptolemais, wo sich die neu ankommenden Pilger mit denen vereinigten, welche schon dort waren. Man sagte, daß nach dem Abgange derer, welche durch Schwert, Hunger und Krankheiten umgekommen waren, ihre Zahl mehr als hundert Tausend betrug. Sie zogen alle nach Jerusalem, von wo dann mancher, nachdem er seine Wallfahrt vollbracht, zu Meer nach Hause zurückkehrte. Auch außer vielem Volke waren von ihren Fürsten verschiedene durch Krankheiten umgekommen, der Alemanne aber, der mächtigste ihrer Fürsten, war dem Tode entgangen. Sie konnten aber lange sich nicht vereinigen, welches Land der Gläubigen sie angreifen wollten, bis sie dann endlich eins wurden, gegen Damascus zu ziehen.“

22) Es waren zu Ptolemais anwesend, so viel Wilhelm von Tyrus (XVI. 1.) nennt: 1) mit dem Könige Conrad von Pfaffenfürsten: die Bischöffe Otto von Freysingen, des Königs Bruder, Stephan von Metz, Heinrich von Toul, des Grafen Dieterich von Flandern Bruder, und Theotinus, ein geborner Deutscher, Bischoff von Portua, welcher als päpstlicher Legat den König auf diesem Pilgerzuge begleitete; von Laienfürsten: die Herzoge Heinrich von Oesterreich, des Königs Bruder,

Dort kamen sie, zwar nach einigem Streite, jedoch bald überein, die Stadt Damascus zu belagern; denn schon, ehe die Berathung angefangen ward, war der König Conrad für diese Unternehmung durch den König von Jerusalem, den Patriarchen und die Tempelherren gewonnen worden [23]. J. Chr. 1148.

Auch bey dieser Versammlung blieb die Spannung der christlichen Fürsten in Syrien wider einander und wi-

Welf von Bayern, Friedrich von Schwaben, des Königs Neffe, die Markgrafen Hermann von Verona und Wilhelm von Montferrat, des Königs Schwestersohn, Berthold von Andechs und Graf Guido von Blandreda. 2) mit dem Könige Ludwig, von Bischöffen: Gottfried von Langres, Arnulf von Lizieux (ein gelehrter, beredter und sehr verständiger Prälat, von welchem sich einige merkwürdige Briefe erhalten haben. Die wichtigsten dieser Briefe sind zusammengedruckt in Recueil des Histor. des Gaules et de la Fr. T. XVI. S. 655 flgd. wo Herr Brial auch eine kurze Nachricht über diesen Prälaten gegeben hat. Vgl. Gesch. der Kreuzz. B. III. Kap. V. Anm. 30.) und Guido von Florenz, welcher als päpstlicher Legat den König begleitete; von weltlichen Herren: Heinrich, Graf von Troyes, Sohn des Grafen Thibaut des ältern, Graf Dieterich von Flandern, Graf Ivo von Soissons. 3) von Prälaten und Herren des Reichs Jerusalem, außer dem Könige: der Patriarch Fulcher, die Erzbischöffe von Cäsarea und Nazareth, die Bischöffe von Ptolemais, Sidon, Berytus, Paneas und Bethlehem, die Großmeister Robert der Templer und Raimund der Hospitaliter, der Connetable Manasses, die Herren Philipp von Neapolis, Helinand von Tiberias, Gerhard von Sidon, Walther von Cäsarea, Veit von Berytus, Henfred de Torono, Balian der ältere, und Payens, Herr des Landes jenseit des Jordan (dominus regionis quae est trans Jordanem). Der Fürst von Antiochien und der Graf von Tripolis kommen also nicht in diesem Verzeichniß vor, und sie werden gewiß nicht von Wilhelm von Tyrus unter den vielen andern anwesenden deutschen, französischen und syrischen Herren gerechnet, deren Namen er nicht nennt (quorum nomina vel titulos non tenemus.... quorum nomina prolixitatem vitantes studiose praeterimus.... de quibus per singula longum nimis esset enumerare).

23) Otto Fris. a. a. O. S. oben Anm. 20.

J. Chr. 1148. der die fremden Pilger nicht unbemerkt. Wiewohl die Stadt Ptolemais als in der Mitte des christlichen Landes allen bequem gelegen, zum Ort der Zusammenkunft gewählt worden, so erschienen zu dieser wichtigen Berathung weder der Fürst von Antiochien und der Graf Joscelin, noch selbst der von Ptolemais nicht sehr entfernte Graf von Tripolis. Sie wurden aber von den versammelten Königen und Fürsten beschieden, sich mit ihren Scharen bey Tiberias einzufinden, wo das große christliche Heer sich versammeln sollte, zur Heerfahrt gen Damascus.

Zehntes Kapitel.

Mit prächtigen, schön gerüsteten Scharen zogen drey Könige und viele berühmte Fürsten des Abendlandes und Morgenlandes in der Hitze des Heumonates [1]) nach Tiberias. Man sah an ihren schönen und glänzenden Rüstungen und der Pracht ihres Lagers keine Spur mehr der Trübsale und Leiden, welche viele in diesem Heere erduldet, und die rauschende Fröhlichkeit, wovon das Lager ertönte, ließ keiner schmerzlichen Erinnerung an den Tod und jämmerlichen Untergang so manches unglücklichen Wallbruders Raum. Auch der Patriarch Fulcher von Jerusalem gesellte sich zu ihnen mit dem heiligen Kreuze. J. Chr. 1148.

Nachdem die Könige den Aufbruch geboten, zog dies stattliche Heer mit andächtiger Erinnerung an die wundervolle Bekehrung des Apostels der Heiden auf dem Wege, auf welchem der heilige Paulus noch als Saul gen Damascus fuhr mit Dräuen und Morden wider die Jünger Jesu.

1) Die chronologische Angabe bey Wilhelm von Tyrus (XIX, 2,) daß am 25. May 1147 das Heer gegen Damascus aufgebrochen sey, ist falsch. Denn damals war der König Ludwig von Frankreich noch nicht einmal zu Jerusalem angekommen. Daß die chronologischen Angaben des Bischoffs Otto von Freysingen (s. Kap. IX. Anm. 17) die richtigen sind, erhellt aus Abulfeda (T. III. S. 506) und Abu Schamah, nach welchen die Christen am 6. Tage des Rabia al awwal 543 (25. Jul. 1148) vor Damascus ankamen.

J. Chr. 1148. Aber sehr verschieden waren die Gesinnungen, von welchen die Fürsten beseelt waren. Die abendländischen Pilgerfürsten waren voll redlichen Eifers und heißer Kampflust; die christlichen Fürsten des Morgenlandes aber voll böser Tücke und gewogener den Heiden, als ihren christlichen Brüdern aus dem Abendlande. Denn sie hatten erfahren, daß die beyden fremden Könige nicht so geneigt waren, die Stadt Damascus, falls Gott sie in ihre Hand gäbe, den Pullanen zu überantworten, als vielmehr der Obhut eines der tapfern Pilgerfürsten, welche mit ihnen gekommen, anzuvertrauen [2]. Mit solchen verschiedenen Gesinnungen pflogen die Fürsten zu Cäsarea Philippi oder Paneas [3]) Kriegsrath wegen der Anordnung der Belagerung von Damascus und erfrugen von Kundigen die Lage der Stadt.

Das Heer überstieg dann die Gebirge des Hermon und Antilibanon, und schauete zuerst bey dem Dorfe Daria [4])

2) Der über diese Vorfälle mit ungemeiner Vorsicht und Zurückhaltung berichtende Wilhelm von Tyrus (XVII. 7.) kann es doch nicht verbergen, daß besonders der Fürst Raimund von Antiochien sich nicht umsonst bemüht hatte, bey den Fürsten und Baronen des Königreichs Jerusalem Argwohn und Mißtrauen gegen die fremden Pilger zu erregen, aus Verdruß über die Abgeneigtheit des Königs von Frankreich, seine Absichten und Wünsche zu befördern: „Alii dicunt, Principem Antiochenum indignatum, quod Rex Franciae ita ab eo divertisset et beneficiorum suorum immemor, in nullo eum juvisset, quibusdam mandasse in exercitu principibus et obtinuisse, quatenus eius gratia efficeret, ne conatus eius finem sortiretur optatum; et ut ita procurarent, ut infecto negocio redire cogeretur inglorius." Man sieht auf jeden Fall aus dieser Aeußerung, daß die Gesinnung, mit welcher viele Barone von Jerusalem zu dieser Heerfahrt auszogen, nicht die redlichste war.

3) Paneas war seit dem Jahre 1134 in der Gewalt der Christen.

4) „Apud vicum, cui nomen Daria est....... ab urbe quatuor aut quinque distantes milliaribus, unde et totam civitatem cum adjacente regione de plano dabatur intueri." Wilh. Tyr XIX. 2. Von dem Dorfe Daria findet sich sonst keine Erwähnung. Es ist entweder das Dorf Mixa, dessen Abu Schamah erwähnt (s. Beylage II.), oder ein anderes nahe dabey gelegenes.

in die weite, fruchtbare und herrliche Ebne, worin, vier J. Chr. 1148.
Rasten von seinem Lager entfernt, die stolze, mit stattlichen Thürmen und großen Palästen prangende Stadt liegt, welche die Streiter Christi mit Gottes und des heil. Kreuzes Hülfe bekämpfen wollten. Dort, nicht fern von dem Orte, wo den Apostel Paulus plötzlich das Licht vom Himmel umleuchtete, ordneten die Fürsten ihre Scharen und verfügten die Ordnung des Heeres. Den Scharen des Reiches Jerusalem, weil sowohl von ihnen die meiste Kenntniß des Landes zu erwarten stand [5]), als auch von ihrem Reiche aus die Heerfahrt geschah, ward der vorderste Platz im Heere zugestanden, der König Ludwig von Frankreich zog mit den französischen Pilgerscharen in der Mitte, und die deutschen Scharen des Königs Conrad bildeten die hinterste Schlachtordnung. Also stieg das Pilgerheer wohlgeschart in die Ebne 25. Jul.
herab.

Der Reichsverweser Anar hatte, sobald die Kunde von dem Anzuge der Christen zu ihm gekommen war, keine Sorgfalt gespart, um die trefflichsten Anstalten zur Vertheidigung dieser durch ihre Umgebungen sowohl als ihre natürliche Lage sehr geschützten Stadt anzuordnen. Schon damals, wie noch jetzt, erstreckten sich, der Stadt zu schöner Zierde und trefflichem Schutze, zahllose Gärten, welche mit vielen Fruchtbäumen bepflanzt und mit Lustwäldern geziert, zum Theil dichten Forsten glichen, durch die ganze Ebne, ostwärts und nordwärts, vier bis fünf Rasten weit, bis an den Fuß des Gebirges, von welchem das christliche Heer

6) Wilhelm von Tyrus gibt nur diesen Grund davon an (XIX. 5.): „eo maxime quod locorum peritiam ejus cohortes dicebantur habere." Aber der letztere Grund wurde ohne Zweifel gleichfalls berücksichtigt, wie es die Gewohnheit gebot.

J. Chr. 1148. herabstieg [6]). Zwar führte in der Mitte dieser Gärten eine breite Straße nach Damascus [7]); aber die unzähligen engen Nebenwege, welche zwischen den hohen aus über einander gelegten Erdziegeln gebauten Mauern dieser Gärten [8]) nach allen Richtungen hinliefen, gaben den Feinden sichere Schlupfwinkel und begünstigten Hinterhalt und Ueberfall. Alle diese Vortheile waren sorgfältig von den Heiden benutzt. Hinter jeder Gartenmauer waren Männer verborgen, welche durch kleine Oeffnungen die Christen, welche sich ihnen nähe̱rten, mit schrecklicher Schnelligkeit mit ihren Lanzen erstachen, ehe sie den Angriff gewahrten, und die Gebüsche und Lustwälder sowohl als die Sommerpaläste, Thürme und Lusthäuser der Gärten waren von Bogenschützen angefüllt [9]).

6) „Est autem civitas ab occidentali parte, unde nostris erat accessus, et a septemtrionali parte pomoeriis obsita longe lateque instar condensorum nemorum et opacarum sylvarum, ita ut ultra quinque aut amplius milliaria versus Libanum protendantur." Wilh. Tyr. l. c. „Die Stadt liegt westwärts (ostwärts) in der Ebne nicht über zwey Meilen (lieues) von dem Ort entfernt, wo der Fluß Barrady zwischen den Bergen herabkömmt. Die Gärten von Damascus erstrecken sich fast bis hieher." Maundrell in Paulus Samml. von Reisebeschr. Th. I. S. 152. Alle Reisebeschreiber rühmen die Gärten um Damascus als eine herrliche Zierde der Stadt.

7) „Et publicam volentibus transire viam reddebant eminus sagittis valde periculosam." Wilh. Tyr.

8) „Pomoeria . . . . clausa sunt muro, licet luteo." Wilh. Tyr. „Die Gartenmauern sind ganz besonders gebauet, nämlich aus großen Erdschollen, die wie Ziegel geformt und an der Sonne getrocknet werden. Jedes Stück ist sechs Fuß lang, ohngefähr drey breit und anderthalb Fuß dick. Aus zwey Reihen solcher Steine, auf der hohen Seite eine über die andre gesetzt, bildet man wohlfeil und geschwind eine, in diesem trocknen Lande dauerhafte Mauer." Maundrell S. 154.

9) „Erant praeterea intra ipsa pomoeriorum septa domus eminentes ac excelsae, quas viris pugnaturis communierant." Wilh. Tyr. „Die Gärten sind voll von Fruchtbäumen, welche das Wasser des Barrady frisch erhält und mit Thürmchen, Pyramiden und Sommerhäusern verziert, die zur Verschönerung der Aussicht viel beytragen." Maundrell.

Denn nicht nur die Miliz von Damascus war zur Vertheidigung der Stadt ausgezogen, sondern überhaupt alle streitbaren Männer hatten sich gewaffnet zum Kampfe wider die Christen; und wer nicht im offnen Kampfe zu streiten vermochte, hatte sich in den Thurm seines Gartens begeben, wo er so viele Christen, als möglich, mit Pfeilen aus der Ferne zu tödten sich bemühte. Selbst die Scheichs und Mönche waren mit Schwertern und Bogen und Pfeilen ausgezogen, um an dem Siege der Muselmänner über die Christen Antheil zu haben oder als Märtyrer für Allah und den Propheten zu sterben. Alle Brunnen und Wassergräben waren verschüttet und aus allen umliegenden Dörfern alle Nahrung für Menschen und Thiere hinweggebracht [10]). J. Chr. 1148.

Die christlichen Fürsten hatten in dem Kriegsrathe bey Paneas beschlossen, die Stadt von der Abendseite zu belagern, und der Gärten sich zu bemächtigen, welche ihnen nicht nur Früchte mancherley Art, sondern auch frisches und gesundes Wasser gewähren konnten, weil der wasserreiche Fluß Barrady, im Alterthume Chrysorrhoas genannt, und dessen beyde Nebenströme, welche an dem Ausgange des Thals, in welches das christliche Heer herabstieg, von dem Hauptstrome sich trennen, in einer unendlichen Menge von nach allen Richtungen geleiteten Canälen fast alle dort liegende Gärten bewässerten [11]). Darum ver-

10) Berichte des Ebn Ferat und des Ebn Dschusi, Beyl. II.

11) „Fluvius a promontorio descendens vicino in superioribus illius regionis partibus canalibus exceptus, ut inde liberius per plana posset deduci, per diversas subiectae regionis partes ad agrorum sterilitatem foecundandam dirigitur. Quod vero residuum est, quia copiosas habet aquas, ex utraque ripa pomoeria nutrit, arboribus consita fructiferis, juxtaque civitatis murum Orientem versus labitur.“ Wilh. Tyr. „Der Strom, sobald er zwischen den Bergen her-

J. Chr. 1148. ließen die christlichen Scharen, sobald sie in die Ebne von Damascus kamen, ohne Verzug die große Straße, begaben sich unverzagt auf die Nebenwege, brachen unerschrocken in die Gärten ein, und obwohl viele tapfere christliche Männer durch die Pfeile und Lanzen der Heiden getödtet wurden, so gelang es ihnen doch zuletzt, alle in den Gärten verborgenen Heiden zu erschlagen, oder zu fangen oder in die Flucht nach der Stadt zu treiben und Herren der Gärten zu werden [12]).

Bald aber erhob sich ein noch härterer Kampf, als in der Nähe des schönen Lustortes Rabua [13]) die Christen sich der Ufer des Flusses zu bemächtigen suchten, um sich und ihre Rosse nach den Anstrengungen des heißen und mühevollen Tages zu erfrischen [14]). Denn die tapfersten damascenischen Scharen hielten die Ufer besetzt. Dort waren der Reichsverweser Anar selbst, der Emir Ejub, Vater des

vorkömmt und in die Ebne fließt, theilt sich in drey Arme, von welchen der stärkste und mittelste gerade gegen Damascus durch ein großes und offnes Feld hinläuft und alle Cisternen und Brunnen der Stadt mit Wasser versorgt. Die andern beyden, die ich für ein Werk der Kunst halte, schlängeln sich einer zur rechten, der andre zur linken Hand, zwischen den Gärten hin und werden durch kleine Gräben in alle Gärten geleitet. Es ist kein Garten, in dem nicht ein kleiner Strom liefe, der nicht allein zum Wässern derselben dient, sondern auch Brunnen und reizende Wasserwerke hinlänglich mit Wasser versorgt." Maundrell, S. 152. 153.

12) S. die arabischen Berichte, Beyl. II.

13) „Zu den angenehmsten Orten dieses Thals gehört Ar-Rabua, was eine Höhle ist in dem Thale gegen Westen, wo sich die Ströme theilen. In dieser Höhle soll die Wiege Jesu gewesen seyn, über welchem Friede sey." Abulfeda Tab. Syr. S. 100. 101.

14) „Nostri ad relevandam sitim, quam ex laboris difficultate et ex pulveris nube densa equorum hominumque pedibus agitati collegerant, ad fluvium, quem vicinum audierant, properantes" etc. Wilh. Tyr. XVII. 4. Denn die Canäle und Wasserleitungen in den Gärten waren verschüttet worden. S. Beylage II.

großen Salaheddin und Stifter des berühmten Geschlechts der Ejubiden, damals einer der vornehmsten Emirs der Miliz von Damascus [15]), mit seinen tapfern Söhnen, und viele andre durch Tapferkeit berühmte türkische Heerführer. Schahinschah, der älteste der Söhne des Ejub, fiel in dem Getümmel dieser Schlacht, nahe dem Thore der Stadt, als Märtyrer für seinen Glauben; auch der eilfjährige Salaheddin [16]), späterhin der furchtbarste aller muselmännischen Kämpfer, welcher das Blut seines Bruders schwer an den Christen rächte, sah diesen blutigen Kampf. Vor allen stritt der Reichsverweser Anar selbst mit großer Tapferkeit, den muthigsten christlichen Kämpfern überall entgegentretend, wo die Gefahr am dringendsten schien. Darum arbeitete die Miliz des Königreichs Jerusalem, welche als die vorderste Schlachtordnung zuerst dem Flusse sich näherte, vergeblich wider die Heiden, welche, so heftig sie auch anstürmte, ihren Lanzen und Schwertern nicht wichen [17]), bis endlich der König Conrad, unwillig über den Verzug und die entstandene Stockung im Vorrücken, mitten durch die französischen Scharen mit seiner Reuterey auf den Kampfplatz sprengte. Unverzüglich, wie es damals von den deutschen Rittern in gefährlichem Kampfe nicht selten zu geschehen pflegte [18]), stiegen der König selbst und alle seine Ritter von

J. Chr. 1148.

15) Abulfedae Ann. mosl. T. III. S. 618. Nodschmeddin Ejub war nämlich vorher in dem Dienste des Zenki gewesen, und von ihm als Statthalter von Baalbek eingesetzt worden. Nach dessen Tode übergab er diese Stadt im J. 541 d. H. J. Chr. 1146 dem Fürsten von Damascus, welcher sie belagerte, und begab sich in dessen Dienst. Abulf. a. a. O. und S. 500.

16) Er war im Jahre 532 d. H. J. Chr. 1137 — 1138 zu Takrit in Mesopotamien geboren. Bohaed. Vita Sal. S. 3. Wahrscheinlich war es der erste Kampf wider die Christen, den er sah.

17) S. die arabischen Berichte, Beyl. II.

18) S. oben.

J. Chr. 1148. ihren Schlachtrossen, und drangen zu Fuß wider die Feinde; sie schonten keines Heiden, erschlugen alle, welche widerstanden, und der König Conrad soll zum Erstaunen der Christen und zum Schrecken der Heiden mit seinem Schlachtschwerte einem gepanzerten Heiden den Kopf zugleich mit der linken Schulter und dem linken Arm in Einem gewaltigen Hiebe abgehauen haben [19]. Es obsiegte die Tapferkeit der Christen; nachdem viele Heiden, und selbst zwey ihrer vornehmsten Priester erschlagen worden [20], wichen die übrigen und überließen den Fluß den Christen. Worauf die tapfern christlichen Streiter, nachdem sie sich und die Rosse erfrischt, in den Gärten sich lagerten, ganz nahe den Mauern der Stadt [21].

In Damascus entstand nach diesem ersten Siege der Christen große Verwirrung und Verzagtheit. Die Weiber, Greise und Kinder thaten Buße in der Asche, damit Gott die Sünde des muselmännischen Volkes tilgen möge; der von dem Chalifen Osman geschriebene Coran wurde in der Mitte der großen Moschee ausgesetzt, und alles Volk versammelte sich um dieses heilige Buch zu inbrünstigem Gebete zu Gott um Hülfe wider das gewaltige christliche Heer. Die Straßen, welche nach der Seite führten, wo die Christen gelagert waren, wurden mit großen Balken verlegt, damit die Kreuzfahrer, wenn sie in die Stadt eindrängen,

19) „In quo congressu domini Imperatoris factum saeculis memorabile dicitur accidisse: nam uni de resistentibus, viriliter et strenue dimicanti, quamvis loricato, uno ictu caput, collum, cum sinistro humero et brachio cohaerente, simulque partem subjecti lateris dicitur amputasse." Wilh. Tyr. XVII. 4. Der Begeisterung und Ueberspannung ist allerdings vieles möglich, was niemand im natürlichen Zustande vermag. Auch das Gewicht und die Schärfe des Schlachtschwertes muß in Anschlag gebracht werden.

20) S. Beyl. II.

21) Ebendas. Wilh. Tyr. a. a. O.

dadurch so lange möchten aufgehalten werden, bis das J. Chr. 1148.
muselmännische Volk nach der entgegengesetzten Seite entfliehen könnte [22]). Denn die Heiden fürchteten, die Wallbrüder möchten mit gleicher Kühnheit und gleichem Eifer, als die Pilger der antiochischen Wallfahrt [23]), ohne Verzug zum Sturme wider die Stadt schreiten. Doch solche Kampflust und solcher Eifer war nicht in diesen Wallbrüdern.

Schon in der ersten Nacht, welche so angstvoll für die Damascener begann, wandelte sich die Verzagtheit der Heiden in Zuversicht, weil die Christen nichts anders unternahmen, als daß sie in den Gärten die Bäume umhieben und daraus ein Bollwerk für ihr Lager bereiteten. Darum zog voll Verdruß über diese Zerstörung der schönen Gärten schon
am andern Morgen die damascenische Miliz wieder aus und 26. Jul.
bot zuversichtlich den Christen den Kampf an. Es wurde vom Morgen bis zum Abend auf das heißeste gestritten; dieses Mal siegte die christliche Tapferkeit nicht, und es wurde selbst der Priester, welcher das heilige Kreuz trug, getödtet, was die Christen in große Angst und Verwirrung brachte. Die Heiden behaupteten ihren Stand und lagerten sich den Christen gegenüber, als diese in ihr verschanztes Lager zurückkehrten [24]).

In der zweyten Nacht wandelte sich die Hoffnung der Christen in Mißmuth. Aus allen Landschaften des damascenischen Reichs zogen die aufgebotenen streitbaren Männer, vornehmlich treffliche Bogenschützen, herbey, um mit Anar für die Befreyung der Hauptstadt zu streiten, und die Chri-

22) Wilh. Tyr. XVII. 5. Bericht des Ebn Dschusi Beyl. II.

23) S. Kap. V.

24) S. die arab. Berichte, Beyl. II., besonders den Bericht des Abu Jali.

J. Chr. 1148. sten vernahmen mit Entsetzen, wie in der Nacht das Lager der Heiden, über welche sie schon am verflossenen Tage nichts vermocht hatten, immer mehr sich füllte. Am folgenden Tage, an welchem die Christen keinen Angriff wagten, und Anar sich ruhig hielt, um die Ankunft aller Verstärkungen zu erwarten, wuchs das damascenische Heer bis auf hundert und dreyßig Tausend Streiter [25]). Je mehr aber die Zahl und Zuversicht der Heiden sich stärkte, je mehr offenbarte sich die bis dahin noch einigermaßen verborgen gehaltene Zwietracht und Spannung unter den Christen. Denn die Fürsten des Reiches Jerusalem, welche mit Gewißheit vernahmen, daß der Graf Dieterich von Flandern sich bey den fremden Königen sehr ernstlich um das künftige Fürstenthum Damascus bewärbe und vielen Eingang fände, um dessen Hoffnung zu zerstören, unterhielten und nährten, so viel sie vermochten, die mißmuthige Stimmung der fremden Pilger.

28. Jul. Als am vierten Tage die zahlreichen damascenischen Scharen muthig und kampflustig gegen das christliche Lager anzogen, da blieben die christlichen Streiter hinter den Verschanzungen ihres befestigten Lagers, und nur einzelne Ritter wagten sich hervor, wenn Gelegenheit zu siegreichem Kampfe mit einzelnen Heiden sich darbot. Nachdem Anar lange Zeit vergeblich den christlichen Königen die Schlacht angeboten, kehrte er in sein Lager zurück, weil es ihm un-

25) Denn wahrscheinlich erst nach der Ankunft der Verstärkungen fand sich diese Zahl beysammen, welche von Ebn Dschusi und Abulfaradsch angegeben werden. S. Beylage II. Auch Wilhelm von Tyrus deutet (XVII. 6.) die Verstärkung der Damascener an: „hostes multo fortius eadem loca ingressi .... sagittariorum imminentes manum infinitam.“

möglich schien, das verschanzte Lager der Christen zu überwältigen [26]). J. Chr. 1148.

In dieser mißmuthigen Stimmung waren die Pilger, als zuerst Boten des Athabek Saifeddin, Fürsten von Mosul und Bruders des furchtbaren Nureddin, zu den Königen kamen, mit drohenden Worten den Anzug von zwanzig tausend tapfern Streitern aus Mosul ankündigten, und die Christen aufforderten, unverzüglich von Damascus abzulassen, wofern sie nicht die schwere Rache des Athabek fühlen wollten. Bald hernach erschienen Botschafter des Reichsverwesers Anar, welche gleichfalls die Kunde von dem Anzuge des Heers von Mosul brachten und freundlich den Pilgerfürsten vorstellten, wie eitel und unnütz alles ihr Beginnen gegen eine so große Macht wäre. Denn Anar war selbst in eine große Verlegenheit gerathen, aus welcher ihn nur der baldige Abzug des christlichen Heers befreyen konnte. Als Saifeddin von Anar, da die Gefahr über ihn einbrach, zu Hülfe gerufen, aus seinem Lager bey Emessa dem Reichsverweser seine baldige Ankunft melden ließ, forderte er zugleich die Ueberantwortung der Stadt Damascus an seine

26) Von den Begebenheiten des vierten Tages geben eben so, als von der Schlacht des zweyten Tages bloß die arabischen Schriftsteller Nachricht. Es ist auffallend, daß der sonst so genaue Wilhelm von Tyrus nichts davon erwähnt. Nach den Nachrichten bey Ebn Dschusi und Ebn Abi Thaii (Beyl. II.) sollen die Christen muthlos geworden seyn dadurch, daß (wahrscheinlich in dem Gefechte am zweyten Tage nach der Ankunft des christlichen Heers) der Priester getödtet wurde, welcher das heilige Kreuz trug. Davon findet sich zwar auch nichts bey Wilhelm v. Tyrus; aber seine Nachrichten über die Belagerung von Damascus sind überhaupt ungemein unvollständig, und man sieht wohl, daß der fromme Erzbischoff sich beeilte, von diesen Begebenheiten, welche den syrischen Christen so große Unehre und so großen Nachtheil brachten, sich zu trennen. Darum haben wir auch kein Bedenken getragen, die Nachricht von dem Falle jenes Priesters in die Erzählung aufzunehmen.

J. Chr. 1148. Truppen und Einen seiner Befehlshaber, was den Reichsverweser in große Furcht und Angst brachte, weil er besorgte, der Athabek möge diese Gelegenheit benutzen wollen, sich des Reichs von Damascus zu bemächtigen, wiewohl Saifeddin gelobte, die Stadt mit seinen Truppen nur so lange besetzt halten zu wollen, bis die Christen abgezogen wären [27]). Es sandte also Anar an die beyden fremden christlichen Könige jene Botschafter, in der Hoffnung, das christliche Heer durch jene Nachricht und freundliche Vorstellungen zu baldigem Abzuge zu bewegen und dadurch den Beystand des Athabek Saifeddin sich entbehrlich zu machen. Die beyden fremden Könige und ihre Fürsten aber, weil sie auf die Festigkeit ihres verschanzten Lagers sich verließen, und es ihnen an Lebensmitteln nicht sehr gebrach, wollten in der Nähe so zahlreicher Feinde nicht der Gefahr eines übereilten Rückzugs sich preis geben, sondern waren entschlossen, im Vertrauen auf Gottes Hülfe, den Kampf fortzusetzen und die glorreiche Märtyrerkrone einer schimpflichen Flucht vorzuziehen.

Wirksamer waren aber heimliche Anträge, welche der Reichsverweser Anar den Fürsten und Baronen des Königreichs Jerusalem machte, indem er ihnen vieles Gold bot [28]), wenn sie den Plan der fremden Pilger vereiteln wollten [29]).

27) Bericht des Ebn al-Athir, Beyl. II.

28) Nach Ebn al-Athir versprach Anar ihnen die Stadt Paneas, und übergab sie ihnen auch nach dem Abzuge von Damascus. Dies ist aber unrichtig; denn Paneas war schon seit dem Jahre 1134 in der Gewalt der Christen. S. Gesch. der Kreuzz. Th. II. S. 684 — 690.

29) „Qui autem fuerint, sagt Wilhelm von Tyrus (XVII. 7), tam detestabilis ministri sceleris, varia multorum nihilominus fuit opinio, sed mihi pro certo compertum non est.“ Abulfaradsch (Beyl. II.) nennt den König von Jerusalem und den Grafen von Tripolis als solche, welche Geld von Anar angenommen; aber der König von Jerusalem war noch zu jung, als daß es der Mühe hätte verlohnen können, ihn zu gewinnen, und ob der Graf von Tripolis Antheil an

Jene thaten gern für Gold, was sie schon aus boshafter Eifersucht wider die fremden Pilger nicht abgeneigt waren zu thun, und verriethen ihre Brüder, gleich wie einst der Verräther Judas seinen Herrn und Meister. Mit verruchter Heucheley und Schalkheit, als ob nur der Eifer für die Sache Gottes sie bewöge, riethen sie den fremden Königen und ihren Fürsten, das feste Lager, wo es ihnen an Wasser nicht gebrach und auch wenigstens nicht an Früchten aus den Gärten, zu verlassen, und nach der andern Seite der Stadt ihre Scharen zu führen, indem sie vorgaben, daß dort die Mauer, nur aus ungebrannten Erdziegeln aufgebaut und weder durch den Fluß noch einen Wall geschützt, so leicht erobert werden könnte, daß es nicht einmal des Belagerungszeuges bedürfte. Die fremden Könige und ihre Fürsten, allzu leichtgläubig [30]), trauten ihren verrätherischen Worten und verließen den Ort, welchen sie mit so vieler Arbeit und dem Tode so vieler tapfern Streiter errungen

J. Chr. 1148.

dieser Heerfahrt nahm, ist zweifelhaft. Denn Wilhelm von Tyrus, dessen Nachrichten hier freylich, wie wir schon oben bemerkten, sehr unvollständig sind, nennt ihn nicht. Der englische Mönch Radulph Coggeshale, der zur Zeit von Richard Löwenherz lebte, schiebt in seiner Chronik (ad a. 1147) die Schuld auf die Templer: „Sed jam cum capienda esset civitas, ab obsidione moti sunt per fratres militiae Templi, qui, ut dicitur, pecuniam a Noradino acceperunt.“ Die Nachricht des Abulfaradsch mag wohl die richtigste seyn, daß mehrere syrische christliche Fürsten mit dem Sündengelde zur Verrätherey sich erkaufen ließen.

30) Wie leichtsinnig war es doch gehandelt, eine trefflich geschützte Stellung zu verlassen, ohne sichere und genaue Erkundigung über die Stellung einzuziehen, welche man einnehmen wollte. Indeß ist es nicht unwahrscheinlich, daß eben durch die für die Christen nachtheilige Schlacht, die Nachricht von den angekommenen bedeutenden Verstärkungen der Damascener, endlich durch die Botschaft des Saifeddin, lauter Ereignisse, welche Wilhelm von Tyrus verschweigt, die beyden fremden Könige zum wenigsten bereitwilliger gemacht wurden, dem falschen Rathe der Syrer ihre Ohren zu leihen.

J. Chr. 1148. hatten, um ihr Lager nach der südlichen und östlichen Seite der Stadt zu verlegen, wo kein Wasser, keine Speise und nichts anders war, als ausgeleerte Häuser und verlassene Dörfer [31]).

Die Könige Conrad und Ludwig merkten bald den schändlichen Verrath, welcher an ihnen geübt worden: denn die Mauern an jenen Seiten waren nicht so schwach, als ihnen die Verräther vorgespiegelt, so daß viele Zeit und nicht geringe Arbeit würde erfordert worden seyn, um sie zu brechen; und wenn auch die Wallfahrer troß der unermeßlichen Zahl der Heiden, welche in ihrer Nähe sich versammelt hatten, diese langwierige Arbeit hätten unternehmen wollen, so waren sie doch nur auf wenige Tage mit Speise versehen. Ihr erster vortheilhafter Lagerplatz aber, welchen sie so übereilt verlassen hatten, war nicht wieder zu erlangen: denn die Damascener, als die Christen abgezogen waren, hatten schleunigst der Gärten wieder sich bemächtigt, sie mit zahllosen Bogenschützen besetzt und alle Zugänge mit großen Balken verlegt [32]). Darum blieb den Pilgern nichts übrig, als ein schimpflicher und verderblicher Rückzug.

51) „Naves, schrieb Conrad an den Abt Wibald (ep. Wib. 127. S. 299), intravimus, peractis omnibus, quae in partibus illis vel Deus voluit vel populi terrae permiserunt. De hominibus enim dicimus, cum Damascum communi consilio venissemus et castra ante portam civitatis cum magno nostrorum discrimine locassemus, etiam prope esset, ut civitas caperetur, traditio a quibus minime cavimus, in hunc modum facta est, quod ipsi in eo loco civitatem inexpugnabilem asserebant et ex industria in aliam partem, ubi nec aqua exercitui suppetebat, nec accessus alicui patebat, nos ducebant; (ganz auf dieselbe Weise wird dieser Verrath von Wilhelm von Tyrus berichtet) et ita omnes in indignationem pariter et in dolorem conversi infecto negotio redierunt."

52) Wilh. Tyr. XVII. 6.

Die beyden mächtigsten Könige der Christenheit und so viele stolze und weidliche Ritter brachen mitten in der Nacht auf und suchten unbemerkt den Heiden zu entkommen. Aber noch ehe der Tag graute, eilten die damascenischen Reuter ihnen nach, erschlugen der Pilger, welche ermattet durch Hunger und die Eile der Flucht weniger an Widerstand als ihre Rettung dachten, eine große Zahl und gewannen eine unermeßliche Beute an Kostbarkeiten und Schätzen aller Art, welche die eitlen und prachtliebenden Wallfahrer mit sich geführt [33]. J. Chr. 1148.

Im Uebrigen waren die verrätherischen syrischen Fürsten auf verdiente Weise hintergangen worden: denn alle Goldstücke, welche sie für ihren schändlichen Verrath empfangen, waren falsch, nur von Kupfer und mit nachgemachtem ägyptischen Golde künstlich überzogen, zum Beweise, wie Anar selbst diese Verräther verachtete. Viele fromme und leichtgläubige Christen aber bildeten sich ein, daß die Goldstücke des Anar durch ein göttliches Wunder, zur Strafe des von Christen an Christen geübten schändlichen Verrathes, in falsches Gold verwandelt worden [34].

Welcher Schmerz konnte größer seyn, als der Schmerz der von Damascus zurückkehrenden Pilger, welche statt des herrlichen Namens und rühmlichen Andenkens, welche sie sich zu stiften gedacht, nur Schmach und den bittersten Verdruß gewannen! Um die Schande der Rückkehr ohne Vollbringung irgend eines nützlichen Werkes für das heilige Land von sich abzuwenden, besprachen König Conrad und König Ludwig zwar noch in dem Lager vor Damascus mit

33) Bericht des Abu Jali, Beylage II.

34) S. Abulfaradsch in Beyl. II. und daselbst Anm. 16.

J. Chr. 1148. den syrischen christlichen Fürsten, obwohl ihr Verrath ihnen schon kund geworden, die Belagerung von Ascalon, und erhielten von ihnen das Versprechen, dazu redlich und mit allen Kräften zu helfen. Aber auch diese Unternehmung gereichte so wenig dem christlichen Namen zur Ehre, daß der redliche Erzbischoff Wilhelm von Tyrus davon nicht ausführlich berichten mochte. Der König Conrad schrieb an seinen Freund, den Abt Wibald von Corvey: „Wir kamen vor Ascalon an, der Verabredung getreu, fanden aber fast niemanden von den lateinischen Christen, und nachdem wir fast acht Tage lang sie erwartet, kehrten wir zurück, zum zweyten Mal von ihnen hintergangen“ 35).

Da säumten die deutschen Fürsten nicht länger, das Land zu verlassen, wo am Grabe des Erlösers von Christen für Geld die Ehre und der Ruhm des christlichen Namens so schändlich verrathen worden. Der Herzog Welf bestieg zu Ptolemais ein Schiff, welches ihn nach Apulien brachte, und von dort eilte er zu seinen Stammgütern. Der König Conrad und sein Bruder, der Bischoff Otto von Freysingen,
8 Sept. fuhren von dort am Tage Mariä Geburt 36) ab nach Constantinopel mit dem königlichen Canzler Arnulf, dem Bischoff Ortlieb von Basel, den Herzogen Friedrich von Schwaben und Heinrich von Bayern und vielen andern geistlichen und

35) Ep. Wib. cit. Wilhelm von Tyrus (XVII. 7.) spricht nur sehr räthselhaft davon: „Sed post multa huiusmodi verba etiam praedictus conceptus passus est abortum et dum adhuc ordiretur, succisus. Iratus enim Dominus omnes eorum conatus videbatur evacuare.“ Durch den Brief des Königs Conrad wird erklärt, was die Chronik des Nicolaus von Amiens (geboren, wie er selbst erzählt, im J. 1147), eines Fortsetzers des Siegebert von Gemblours, sehr kurz erzählt: „Iterum obsident Ascalonam sed iterata fraude turbati desistunt.“ Script. rer. Gall. et Francic. T. XIV. S. [illegible].

36) Ep. Wib. cit.

Laienfürsten. Als diese Fürsten zu Constantinopel vernahmen, daß der Kaiser Manuel und seine Gemahlin Irene zu Thessalonich damals ihren Hof hielten, so begaben sie sich dahin und ruhten dort von ihren Mühseligkeiten [37]. Der Herzog Friedrich kam durch die Bulgarey und Ungarn bald nach dem Osterfeste in sein Herzogthum Schwaben, wo er, strenges Recht übend, mehrere Dienstmannen, welche in seiner Abwesenheit den Landfrieden gebrochen hatten, mit dem Strange strafte. Der König Conrad fuhr aus einem illyrischen Hafen zur See nach Pola in Histerreich und ritt von dort über Aquileja nach Salzburg, wo er mit seinem Sohne, dem Könige Heinrich und den angesehensten deutschen Reichsfürsten, nach der Weise der deutschen Könige, das Pfingstfest in Pracht und Herrlichkeit feyerte.

J. Chr. 1148.

J. Chr. 1149. Im April.

Auch die meisten französischen Wallbrüder eilten schon zur Zeit der herbstlichen Meerfahrt in ihr Vaterland. Der König Ludwig aber und einige französische Barone verweilten länger in Jerusalem, jedoch in großer Abgeschiedenheit von den verrätherischen Baronen des Reichs Jerusalem [38], feyerten noch am heiligen Grabe das Osterfest und schaueten das Wunder des heiligen Feuers in der Kirche der Auferstehung. Im Frühlinge kehrte auch der französische König mit seinen Baronen nicht ohne Schmerz und Traurigkeit zurück, nachdem ihn der Abt Suger von St. Denys in

37) Otto Fris. de gest. Frid. Lib. I. c. 59. Des Aufenthalts des Königs Conrad in Thessalonich auf seiner Rückkehr erwähnt auch Cinnamus. S. Rer. ab Alexio I. etc. gest. S. 551.

38) „Qui (Conrad und Ludwig) deinceps quamdiu in Oriente moram fecerunt, nostrorum principum vias omnes suspectas habebant et eorum merito tanquam suspecta nimis declinabant consilia, circa regni negotia tepidos se exhibentes." Wilh. Tyr. XVII. 6.

J. Chr. 1148. vielen eindringenden Briefen zur Rückkehr ermahnt hatte, weil der schon im Herbste zurückgekehrte Prinz Robert nach der königlichen Krone trachtete und großen Anhang gewann, und weil der Abt selbst der Reichsverwaltung, welche großen Neid und viele Mißgunst wider ihn erweckte, entledigt zu werden wünschte [39]). Den König Ludwig verfolgte auch auf der Heimkehr ein widriges Schicksal. Von griechischen Schiffen, welche wegen des Kriegs zwischen dem Kaiser Manuel und dem Herzoge Roger von Sicilien im mittelländischen Meere kreuzten, wurde das Schiff, auf welchem er mit seinen Baronen fuhr, genommen und die Errettung von der Schmach, als Gefangener vor den tückischen und boshaften Kaiser Manuel geführt zu werden, verdankte Ludwig nur dem tapfern sicilischen Admiral Georg. Denn der Admiral Georg, mit seiner Flotte von einer kühnen Seefahrt nach dem Meere von Constantinopel, auf welcher er selbst den Griechen zum Hohn und mit stolzem Uebermuth den kaiserlichen Palast mit vergoldeten Pfeilen beschossen hatte, zurückkehrend, stieß auf die griechischen Schiffe, welche den gefangenen König Ludwig mit den französischen Baronen nach Constantinopel führen wollten, und befreyete ihn aus ihrer Gewalt [40]). Ludwig fand sein Reich durch des Abtes

59) Vita Sugerii a Wilhelmo, San-Dionysiano, scripta im Recueil des Histor. de la France T. XII. S. 108.

40) Andreae Danduli Chronic. in Murator. SS. rer. Ital. T. XII. S. 282. Roberti de Monte Appendix ad Chronogr. Siegeb. (in Pistor. SS. rer. Germ. ed. Struve, T. I.) ad a. 1149. Historia Francorum (von einem ungenannten Schriftsteller des zwölften Jahrhunderts) im Recueil des Hist. T. XII. S. 116. Cinnamus berichtet, der König Ludwig VII. sey mitten in die sicilische Flotte während eines Seegefechts derselben mit der griechischen gerathen, und der Gefangenschaft nur dadurch entgangen, daß er die Flagge eines Schiffes von den Bundsgenossen der Griechen (also eines venetianischen Schiffes) aufgesteckt. S. Rer. ab Alex. I. etc. gestar. Libri IV. S. 551. 553. 559.

Suger Treue, Klugheit und Thätigkeit zwar beruhigt; aber J. Chr. 1148.
dadurch, daß er seine Gemahlin Eleenora wegen der zu Antiochien wider ihn begangenen Untreue verstieß und die großen Länder in Frankreich, welche sie ihm zugebracht, ihrem nachherigen Gemahl, dem Herzoge Heinrich von Anjou, nachmaligem Herzoge von der Normandie und Könige von England, mit welchem Eleenora schon damals im Einverständniß war, preisgab, bereitete er seinen Nachfolgern und seinem Volke großes Ungemach, also daß man in Frankreich noch in späten Zeiten an diese unglückliche Meerfahrt mit Trauer und Unmuth dachte.

Eilftes Kapitel.

J. Chr. 1147. Nicht glorreicher waren die Thaten des großen und stattlich gerüsteten Heeres, welches in dem Herzogthum Sachsen sich sammelte, um die heidnischen Wenden jenseit der Niederelbe zu bekämpfen. Der Erzbischoff Albero von Hamburg und alle Sächsischen Bischöffe, der jugendliche Herzog Heinrich von Sachsen, der Markgraf Albert von Salzwedel, Conrad Graf von Wittin und Markgraf von Meissen, Graf Adolf von Schaumburg und Holstein und viele andere sächsische Grafen und Herren hatten die Blüthe der sächsischen Ritterschaft und viele kampflustige Pilger versammelt [1]). Zu ihnen gesellten sich Herzog Conrad von Zähringen und alle schwäbische Wallbrüder, welche die Gefahren und Mühseligkeiten der weiten Wallfahrt scheuten und die Begeisterung für das heilige Grab nicht theilten. Die beiden dänischen Prinzen, welche damals mit einander um den Thron von Dänemark stritten, als zu ihnen das Aufgebot des Pabstes an die Christen zur Bewaffnung wider die Heiden [2]) und die Kunde gelangte, daß die sächsischen Fürsten sich vorgenommen, die heidnischen Wenden mit Gewalt zur Annahme des Chri

1) Diese Fürsten nennt Helmold Chron. Slav. c. 62. in Leibnit. SS. Brunsvic. T. II. S. 583.

2) Saxo Grammat. L. XIV. S. 367. ed. Klotz. Die Dänen wurden nach seiner Versicherung nur zum Kriege wider die heidnischen Slaven aufgefordert: „Singulae Catholicorum provinciae confinem sibi Barbariam incessere jubebantur."

stenthums zu zwingen, schlossen einen Stillstand und gaben sich gegenseitig Geiseln, um ebenfalls die Waffen, welche sie bisher wider einander geführt, gegen die Wenden zu kehren [3]), und boten ihren Beystand den Sachsen an zur Bezwingung jenes räuberischen Volks, welches die dänischen Küsten nicht seltener plünderte und verwüstete als die Sächsischen Gränzländer. Von Sueno wurden die Seeländer, welche ihn als König anerkannten, und von Kanut die Jütländer aufgeboten, das Kreuz wider die Wenden zu nehmen. J. Chr. 1147.

Diese Wallbrüder hätten große Thaten wider die Wenden vollbringen, und sie nicht nur zur Annahme des Christenthums, sondern auch zur Unterwerfung unter die Herrschaft der Deutschen zwingen können, wenn ein wahrer Eifer sie beseelt hätte. Sie waren aber mit ihrer Rüstung noch nicht einmal dann fertig, als schon die nach dem Morgenlande fahrenden Heere durch Ungarn zogen, und säumten so lange, daß die Wenden, welchen nicht verborgen blieb, was wider sie bereitet wurde, an der Küste der Ostsee ein festes Schloß Dubin zum Schutz ihres Landes bauen konnten, und es ihnen selbst gelang, Mißmuth und sogar Zwietracht unter den Christen zu stiften, noch ehe die Heerfahrt begonnen wurde. Die Wenden versuchten zuerst, den Grafen Adolf von Schaumburg und Holstein zu gewinnen, wiewohl er nicht lange vorher mit seinen siegreichen Schaaren ihnen die Landschaft Wagrien entrissen hatte; und Niclot, Herzog der Obotriten, mit welchem der Graf nicht

3) „Kanutus ac Sueno, invicem obsidibus datis depositisque inimicitiarum exercitiis, rei melius gerendae gratia pacem pro tempore statuunt, revocatumque a suis visceribus ferrum ad sacrorum vindictam convertunt." Saxo Gram. l. c.

J. Chr. 1147. lange vor dem Aufgebot zur Kreuzfahrt Frieden und Bündniß aufgerichtet [4]), ließ ihn um eine Unterredung ersuchen. Als der Graf aus Furcht vor seinen Mitfürsten diese Unterredung verweigerte, da waffneten sich in größter Eile fast alle Wenden, vornehmlich die Obotriten. Zwar ließ der Herzog Niclot dem Grafen Adolf zuvor den Frieden auffagen, aber seine Boten kamen erst am Tage vor dem feindlichen Einbruch nach Segeberg, dem Wohnsitze Adolf's, und fanden den Grafen nicht einmal daselbst. Darum kam die Wendische Flotte, welche die Trave hinaufgefahren, 26. Jun. nach St. Johanns- und St. Pauls-Tage in der Dunkelheit der Nacht so unerwartet vor der durch den Grafen Adolf nicht lange zuvor zum Schutze des Landes Wagrien wiedergebauten Stadt Lübeck an, daß die Burgmänner in der Burg erst durch das Geräusch der Ruder und das Getöse des Kriegsvolkes die Ankunft eines feindlichen Heeres gewahr wurden. Das Volk in der Stadt war gerade in dieser Nacht so sehr berauscht [5]), und der Lärm der Lustbarkeit, wovon die Stadt erhallte, so groß, daß niemand, auch nicht die Vorsteher der Bürgerschaft der Warnung inne wurden, welche die Burgmänner ihnen zusandten. Die Kaufleute und Schiffer ließen daher die Waaren in den beladenen Schiffen, und konnten sie den Feinden späterhin nicht anders entziehen, als dadurch, daß sie mit den Schiffen sie verbrannten. Während die Wendische Flotte vor Lübeck liegen blieb, die Stadt im Schrekken hielt und die Burg zwey Tage lang beschoß, zogen einzelne Heerhaufen im Wagrischen Lande herum, verwüsteten alles Land unterhalb der Trave, wo nur die Stadt Eutin durch

4) Helmold. c. 57. S. 586.

5) „Populus multa potatione ebrius," Helmold. c. 63. S. 587. Wahrscheinlich war irgend ein besonderes Fest gefeyert worden, wovon aber nichts berichtet wird.

ihre Wälle und Mauern beschirmt, verschont blieb, plünderten Segeberg und verbraunten den reichen Flecken Dargun. J. Chr. 1147. Hundert Frisische Anbauer aber in dem Flecken Süsel, ermuntert durch einen frommen und unerschrockenen Priester, wehrten sich gegen drei Tausend Wenden und trieben sie von dannen. Bis Graf Adolf herbeykam um die räuberischen Wenden zu verjagen, hatten diese Zeit genug, alle Beute in Sicherheit zu bringen. Es gieng das Gerücht, daß auch dort Verrath von Christen wider Christen obgewaltet; daß nehmlich von den Holsteinern, welche auf die Einladung des Grafen Adolf in dem verödeten Lande Wagrien nach der Eroberung desselben sich angebauet, aus Neid und Mißgunst über die Vorrechte, welche der Graf den gleichfalls dahin gerufenen Holländischen, Frisischen und Westfälischen Anbauern verliehen, die Wenden zu diesem Einbruch aufgefordert worden [6]); und es war sehr auffallend, daß in Wagrien alle die von Holsteinern bewohnten Dörfer und Marken verschont blieben, diejenigen Dörfer aber, welche Graf Adolf Holländern, Frisen und Westfalen eingeräumt hatte, schrecklich verwüstet wurden, so daß die Wenden die Gränzen dabey genau beachteten.

Erst als die Kunde von dieser gräulichen Verwüstung des Wagrischen Landes sich in Sachsen und Westfalen verbreitet hatte, erhoben sich die Kreuzfahrer und zogen in zwey großen Heerhaufen über die Elbe in das Wendische Land.

6) „Pepercerunt viris Holzatensibus, qui habitant ultra Travenam ad occidentalem plagam Sigeberg substiteruntque in agris oppidi Cuzalinae et non adjecerunt ultra progredi ..... Sermo fuit eo tempore omnium ore protritus, quosdam Holzatensium hoc perturbationis malum conflasse propter odium advenarum, quos Comes late congregaverat ad incolendam terram. Unde etiam communis jacturae soli Holzati extorres inventi sunt." Helm. c. 64. S. 589.

J. Chr. 1147. Die süddeutschen Kreuzfahrer erstaunten nicht wenig über die ihnen ganz fremde Natur und Beschaffenheit dieses sumpfigen und mit Landseen angefüllten Landes, wo die Menschen nur spärlich in zerstreuten Hütten wohnten und nirgends solche stattliche Burgen und bevölkerte Städte und Dörfer als in Schwaben angetroffen wurden [7]). Der eine Heerhaufe lagerte sich vor der Burg Demmin an dem Penefluß, der andere vor der neu erbauten Veste Dubin [8]) an der Seeküste. Die Dänen kamen zur See und schlossen sich denen an, von welchen Dubin umlagert war.

Ganz auf dieselbe Weise wurde diese Unternehmung vereitelt als die Belagerung von Damascus. Denn gleichwie vor Damascus die Syrischen Fürsten nicht redlich mit den fremden Pilgerfürsten handelten, also hemmten auch in dem heiligen Kriege wider die Wenden die sächsischen Kreuzfürsten den Eifer der andern. Nur für eine kurze Weile, als vor Dubin viele Dänen von den ausgefallenen Wenden erschlagen, und viele Schiffe von der den Belagerten zur Hülfe gekommenen Rugischen Flotte genommen waren [9]), ergriff Rachsucht alle Gemüther und trieb die Kreuzfahrer zu eifriger Förderung der Belagerung beider umlagerten Wendischen Sädte. Bald aber gedachten die Dienstmän-

7) „Quo (i. e. trans flumen Alba) cum pervenissent, invenerunt terram inviam et valde aquosam et paludibus plenam, habitatores vero illius terrae non simul commorantes, sed dispersos ita, ut non facile inveniri possent." Chron. Petershusan. (in den Monum. res Alemann. illustr. T. I.) Lib. V. §. 17. S. 384.

8) Dubin lag an dem Wismarschen Meerbusen nicht weit von dem Schlosse Mecklenburg. S. die Charte (Slavia borealis) in Behr rer. Mcklenb. L. VIII. zu S. 53. Demmin ist die noch jetzt vorhandene Stadt dieses Namens in Pommern.

9) Saxo Grammaticus, der sonst von diesem Kreuzzuge der Dänen sehr unvollständig, und von den Ursachen, welche die Vereitelung des Unternehmens bewirkten, gar nichts berichtet, beschreibt den Kampf mit den Rugiern allein mit einiger Ausführlichkeit, a. a. O. S. 398.

ner des Herzogs Heinrich und des Markgrafen Albrecht, J. Chr. 1147.
daß es ihren Herren nicht zum Vortheil gereiche, das Land zu verwüsten und das Volk zu vertilgen, wovon ihnen so reicher Zins alljährlich zufließe [10]). Sie hinderten daher auf jegliche Weise die Belagerung und hintertrieben, wenn ein Sieg von den Christen gewonnen worden, die Verfolgung der Wenden so lange, bis alle Kreuzfahrer des unnützen Abmühens überdrüssig, den Wenden Frieden gaben unter der Bedingung, daß sie alle gefangenen Dänen frey gäben und sich als Christen taufen ließen.

Also trennte sich auch dieses schöne Heer, ohne ein Werk von Dauer und großem Nutzen bewirkt zu haben. Denn die Wenden in Dubin und Demmin ließen sich zwar taufen, kehrten aber bald wieder zum Dienste ihrer Volksgötzen zurück, verwüsteten wieder, wie zuvor, das Dänische Land und schleppten von Neuem Gefangene hinweg in ihre Dienstbarkeit.

10) „Dixerunt satellites Ducis nostri (Saxoniae) et Adalberti Marchionis ad invicem: Nonne terra quam devastamus, terra nostra est? Et populus, quem expugnamus, populus noster est? ..... Nonne haec jactura redundat in dominos nostros? Coeperunt ergo a die illa facere in exercitu tergiversationes et obsidionem multiplicatis induciis alleviare. Quoties enim in congressu vincebantur Slavi, retinebatur exercitus, ne fugitantes insequerentur et ne castro potirentur." Helm. c. 65. S. 790. Anselm von Gembloure (ein Schriftsteller aus dem Anfange des 13. Jahrh.) beschuldigt in seiner Chronik die Sächsischen Pilger desselben Verbrechens, welches von den syrischen Pilgerfürsten vor Damascus begangen wurde: „Cum jam ad arma ex utraque parte ventum fuisset, Teutonici, accepta pecunia, vendiderunt Danos coeptoque proelio se subtrahentes, multa millia Danorum occidit Slavorum gladius." Ad a. 1148. in Pistor. Scriptt. rer. germ. ed. Struv. T. I. S. 963.

Zwölftes Kapitel.

J. Chr. 1147. Die einzige ruhmwürdige Waffenthat dieses großen Kreuzzugs wurde von einer zahlreichen Pilgerflotte vollbracht, welche auf ihrer Fahrt nach Syrien an der Küste von Portugal landete und dem Könige dieses Reichs, Alfons von Burgund, half, die Stadt Lissabon, die einzige Stadt in Portugal, welche noch in der Gewalt der Saracenen war, zu überwältigen [1]). Die Flotte bestand aus zweyhundert

1) Die ausführlichsten Nachrichten von den Thaten dieser Kreuzfahrer finden sich in zwey Briefen, wovon der Eine von einem flamländischen Priester Arnulf, der selbst das Kreuz gepredigt und der Eroberung von Lissabon beywohnte, an den Bischoff Milo von Terouenne gerichtet (abgedr. in Edm. Martene et Urs. Durand Collect. ampliss. T. I. S. 800-803), der andere von dem deutschen Mönch Dedekind (Dodechin) aus Oberlahnstein, ebenfalls Augenzeugen, an den Abt Cuno vom Kloster des heil. Dasybodus zu Oberlahnstein geschrieben ist. Den letztern Brief hat Dedekind in seine Chronik, welche Fortsetzung der Chronik des Marianus Scotus ist, eingerückt; in der gedruckten Ausgabe dieser Chronik (in Pistor. Script. rer. Germ. ed. Struv. T. I. S. 676.) findet sich aber nur ein unvollständiger Auszug daraus; vollständig ist der Brief selbst aus der Handschrift des Marianus Scotus und seiner Fortsetzer in der Bibliothek des St. Bartholomäusstiftes zu Frankfurt am Main, mitgetheilt in Phil. Wilh. Gercken Reisen durch Schwaben u. s. w. Th. IV. S. 386-391. Beide Briefe sind einander so ähnlich, daß sie aus Einer Quelle geflossen seyn müssen. Es ist nicht unwahrscheinlich, daß mehrere es bequem fanden, einen von ihnen für richtig anerkannten Bericht, den einer oder der andre der Mitpilger aufgesetzt hatte für seine Freunde im Vaterlande, sich anzueignen, und ihn dann unter ihren Namen, mit einigen Aenderun-

Englischen und Flandrischen Schiffen, unter der Anführung J. Chr. 1147.
des Niederländischen Grafen Arnulf von Arschot, welchen sich viele von der Stadt Cöln am Rhein in der Osterwoche abgefahrne [2]) Schiffe mit deutschen Pilgern aus den Weser=

gen und Zusätzen, welche etwa für nöthig oder nützlich geachtet wurden, an ihre Freunde in der Heimath zu senden. Also beide, sowohl Dederkind als Arnulf, könnten den wesentlichen Inhalt ihrer Briefe aus einem dritten ursprünglichen Briefe entlehnt haben. Die beiden genannten Briefe weichen übrigens zumeist bloß im Ausdruck von einander ab, und in vielen Nahmen; nur die Eingänge sind ganz verschieden, und am Ende des Flamländischen Briefes ist ein Zusatz, welcher die Thaten desjenigen Theils von dem Heere, zu welchem Arnulf gehörte, bey der wirklichen Erstürmung der Stadt betrifft, was die eben aufgestellte Vermuthung sehr bekräftigt. Wir vergleichen einige Stellen aus beiden Briefen, wodurch sich ihr Verhältniß zu einander wird erkennen lassen: Ep. Dod. „Inde exeuntes feria VI ante Penthecost in portum Galicie, qui Thamare dicitur, venimus, qui portus a S. Jacobo octo miliaribus distat. Ad cujus venerabile corpus in vigilia penthecostes venientes sanctam solempnitatem cum magna hylaritate celebravimus.“ Ep. Arn. „Inde exeuntes VI feria ante Pentecosten in portum Galiciae qui Fambre dicitur, appulimus, qui portus a S. Jacobo octo miliaribus distat. Ad cuius venerabile sepulchrum in vigilia Pentecostes venientes, sanctam solemnitatem cum magna hilaritate celebravimus.“ So ist das Verhältniß durchgängig, im Ganzen ist der Ausdruck des Priesters Arnulf weitschweifiger; kürzer und körniger drückt sich der deutsche Mönch aus. Einige wenige kurze Andeutungen des letztern sind von dem erstern weiter ausgeführt. Vergl. die folgenden Anmerkungen. In der folgenden Stelle aus der Erzählung von einer Niederlage, welche die Christen erlitten, erscheint die aufrichtige Wahrheitsliebe des deutschen Mönchs, welcher ohne Scheu, was geschehen, berichtet und auch den Saracenen ihren Ruhm ungeschmälert läßt, in einem merkwürdigen Gegensatz gegen die Unredlichkeit des Flamländers, welcher der Wahrheit sich möglichst zu entwinden und die Schuld des Verlustes der Christen auf ungünstigen Wind zu bringen sucht. Ep. Dod. „Quae omnia (das Belagerungszeug, die Thürme u. s. w.) circa assumptionem B. Mariae admoventes cum magno nostrorum detrimento a Saracenis repulsi sumus.“ Ep. Arn. „Haec in inventione b. Stephani protomartyris (3. August) admoventes, vento contrario repulsi nec non et magnellis quodammodo laesi, naves retraximus.“

2) „Navalis exercitus Colonia et aliis civitatibus Rheni conflatus, praeterea litore fluminis Wiserae.“ Helmold. c. 61. S. 538.

J. Chr. 1147. gegenden, Westfalen und den Rheinischen Ländern angeschlossen hatten [3]).

Zerstreuet durch einen sehr heftigen Sturm, welcher am Himmelfahrtstage auf dem Meere tobte, erreichten diese Schiffe, einige diesen, andre jenen Hafen der Gallicischen und Portugiesischen Küste. Als funfzig Schiffe, unter welchen auch mehrere deutsche waren, in einem Hafen nicht weit von St. Jago in Gallicien landeten, so begaben sich die Pilger, welche auf diesen Schiffen gekommen waren, zu den Gebeinen des heiligen Apostels Jakob und feyerten zu St. Jago das Pfingstfest [4]). Sobald der König Alfons die Ankunft dieser tapfern Männer in seinem Reiche vernahm, so ließ er ihnen entbieten, ob sie nicht als Männer, welche das Gelübde gethan, für Gott wider die Heiden zu streiten, mit ihm die Stadt Lissabon, welche allein noch in diesem Lande in der Gewalt der Saracenen wäre, belagern wollten, und ließ auch nicht unerinnert, welche unermeßliche Beute durch die Eroberung dieser reichen Stadt in ihre Hände fallen würde. Dieser Antrag gefiel sehr wohl den Pilgern. Die Flotte, nachdem sie in der Mündung des Duroflusses sich wieder gesammelt, legte sich am Vorabende
28. Jun. vor Petri und Pauli vor die Stadt. Viele Pilger verließen auch die Schiffe und umlagerten mit dem Könige Alfons und den Portugiesen die Landseite, die Engländer lagerten sich gegen Abend und an der Morgenseite die Flamländer.
1. Jul. Schon am dritten Tage der Belagerung wurden die Vorstädte erstürmt [5]). Dann aber war ein ganzer Monat er-

3) Sie landeten nach zwey und zwanzigtägiger Fahrt (vom 26. April bis 18. May) in einem Englischen Hafen, welchen Dedekind Derchinuse, Arnulf Tredemunde nennt.

4) S. Anm. 1.

5) „Kal. Jul. suburbana ejus divina adjuti potenter (leg. potentia) cepimus." Dod.

forderlich, um die Thürme und Fallbrücken und anderes J. Chr. 1147.
Belagerungszeug zu erbauen, und mittlerweile rüsteten sich
auch die Heiden. Mehr als zweymal hundert Tausend Saracenische Männer sollen damals in Lissabon gewesen seyn [6]).
Furchtbar war der Widerstand, welchen die Saracenen entgegenstellten, und diese Belagerung eine der schwierigsten,
welche von Wallfahrern unternommen wurden. Als am
Tage Petri Kettenfeyer zwey Thürme und die auf den Schif- 1. Aug.
fen erbauten Fallbrücken an die Mauer gebracht wurden,
so stürmten die Saracenen sogleich mit großer Gewalt aus
der Stadt, trieben die Christlichen Männer zurück, verbrannten den einen von den Engländern erbauten Thurm an
der westlichen Seite, und auch das Gerüst, welches zum
Untergraben der Mauer dienen sollte, wobey selbst der Meister umkam, welcher es erbauet. Die Christen aber, obgleich die Arbeit eines ganzen Monats dadurch vereitelt worden, wurden nicht mißmuthig. Der König Alfons betrieb
unverdrossen die Untergrabung der Mauer, trotz der heftigsten Bemühungen der Saracenen, dies Werk zu stören.
Besonders am Michaelis-Tage wurde zwischen den Sara- 29. Sept.
cenen und den Portugiesen an der Grube auf das heftigste
gestritten von der dritten Tagesstunde bis zum Abende, die
Christen aber behaupteten ihren Stand, und verlegten selbst
den Saracenen den Weg, so daß wenige von denen, welche
diesen Ausfall unternommen, wieder in die Stadt zurückkamen [7]). Der Mangel an Lebensmitteln wurde indeß in der
Stadt so groß, daß selbst die Hunde und Katzen verzehrt

6) „Consummata est haec divina non humana victoria in ducentis mille et quingentis viris Saracenorum.“ Ep. Arn. Dedekind hat diese Angabe nicht.

7) Ep. Arn. Dedekind ist hier unvollständiger.

J. Chr. 1147. wurden. Gleichwohl, als in der Nacht vor St. Gallus die Mauer in einer Länge von zweyhundert Fuß durch die Untergräber niedergeworfen wurde, und die Christlichen Streiter durch das Getöse der fallenden Mauer geweckt, in wohlgeordneten Schaaren anstürmten, vertheidigten die Saracenen sich so tapfer, daß die Belagerer nicht durch die Oeffnung zu dringen vermochten, und schon am andern Morgen stand an der Stelle der niedergeworfenen Mauer ein fester Erdwall von der Höhe eines Mannes, mit einer aus starken Balken und Hausthüren treflich gezimmerten Brustwehr versehen, noch in jener Nacht erbauet, so sehr sich auch die Christen bemüht hatten, die Saracenen durch Pfeile sowohl als durch die Wurfwerke von dieser Arbeit zu vertreiben. Auch als die Christen gegen dieses neue Werk stürmten, wurden sie mit großem Verluste von den Saracenen zurückgetrieben, was den Muth und die Zuversicht der Christen sehr schwächte. Indeß hatte aber ein geschickter Baumeister aus Pisa für den König Alfons in vier Wochen einen neuen Thurm, welcher viel höher als der von den Saracenen verbrannte war, erbauet. Als dieser Thurm, welcher hoch über die Mauer der Stadt hervorragte und mit Ochsenfellen gegen das Feuer trefflich geschützt war, an die Mauer gebracht wurde, während die deutschen Pilger [8]) gegen den Erdwall über der niedergeworfenen Mauer gewaltig anstürmten, und als selbst der Versuch den Thurm zu verbrennen, nachdem schon die Spanier durch die Pfeile und Wurfmaschinen der Saracenen geschreckt, ihn verlassen hatten, durch die herbeygeeilten deutschen und flamländischen

8) Lotharingi bey Arnulf, der hier vollständiger ist als Dodekind. Es werden ohne Zweifel darunter vornehmlich Pilger aus den Rheinländern verstanden.

Pilger vereitelt wurde; da verzweifelten endlich die Sara- J. Chr. 1147.
cenen und baten um Frieden. Ihr Kadi [9]) schloß mit den Christen den Vertrag, daß allen Saracenen der freye und ungefährdete Abzug gestattet werden sollte, jedoch mit Zurücklassung der Waffen und alles übrigen Heergeräths so wie auch aller ihrer Haabe.

Am Tage der heiligen Ursula [10]) wurde dieser herrliche 21. Oct.
Sieg gewonnen. Die Stadt wurde dem Könige Alfons übergeben, die ganze unermeßliche Beute unter den tapfern Wallfahrern getheilt. Diese ruhten in Lissabon bis zum Hornung, und setzten dann froh und vergnügt die Fahrt nach Syrien fort [11]).

9) Alchaida princeps eorum. Ep. Arn.

10) Dedekind ist überzeugt, daß die Christen auch nur durch den Beystand der Eilf Tausend Jungfrauen diesen Sieg gewannen, und führt zum Beweise der Wahrheit seiner Meinung an, daß an dem Abend dieses Tages auf dem Orte, wo diese Märtyrerinnen begraben lagen, brennende Lichter von vielen gesehen worden.

11) Ep. Dodech. Der Mönch Albericus von Troisfontaines (Chron. in Leibnit. acc. hist., S. 317.) berichtet noch, daß man diese Meerfahrt gewöhnlich die Meerfahrt von Sedelia (d. i. Attalia) genannt habe, und zwar deswegen, weil die Wallfahrer hernach zu Attalia einige Zeit verweilt, um von Constantinopel dahin kommende Pilger in ihre Schiffe aufzunehmen. Vielleicht wurde das Heer des Bischoffs Otto von Freysingen oder ein Theil des französischen Heers durch diese Seefahrer nach Palästina gebracht. Sehr unglaublich ist es aber, was Albericus ferner behauptet, daß ein König von Norwegen unter den Wallfahrern, welche Lissabon erobern halfen, gewesen. Wie konnte einer der drey Halbbrüder, Sigurd, Ingo und Eystein, Söhne des Harald Gyllechrist, unter welche damals Norwegen getheilt war, und welche sich einander zu verdrängen suchten, es wagen, sein Reich zu verlassen? Auch erwähnen die Norwegischen Chroniken nichts von einer Pilgerfahrt eines dieser Könige. Indeß mögen Scandinavische Seefahrer dieser Meerfahrt immerhin beygewohnt haben; das Stillschweigen der übrigen Nachrichten berechtigt nicht, es zu läugnen.

Dreyzehntes Kapitel.

Die von dem heil. Bernhard gepredigte und mit so großen Anstrengungen begonnene Wallfahrt hatte also keine andre Folgen, als allgemeine Betrübniß in allen Ländern der katholischen Kirche, — denn wenige Familien waren nicht dadurch in Trauer versetzt worden — und allgemeinen Widerwillen gegen solche Unternehmungen, an denen Gott, wie alle jetzt zu erkennen glaubten, kein Wohlgefallen habe. Selbst der allgemeine Friede in der abendländischen Christenheit, welcher die erste und allerdings erfreuliche Wirkung des allgemeinen Eifers für das heilige Grab gewesen, war sehr bald gestört worden, und mitten unter der allgemeinen Trauer über den Untergang der herrlichen Heere wütheten wiederum die Fehden wie zuvor [1]). Gegen den Abt Bernhard aber wurde überall im Abendlande ein großes Geschrey erhoben, weil er mit so großer Sicherheit den Beystand Gottes und herrliche Früchte von dieser Heerfahrt verheißen hatte. Viele seiner Zeitgenossen verläumdeten ihn als einen

1) „Igitur, berichtet Otto von Freysingen (de gest. Frid. Lib. I. c. 42), non solum ex Romano imperio, sed etiam ex vicinis regnis, i. e. Occidentali Francia, Anglia, Pannonia, innumeris populis ac nationibus, hac expeditionis fama ad sumendam crucem commotis, repente sic totus pene Occidens siluit, ut non solum bella movere, sed et arma quempiam in publico portare nefas haberetur.“ Also war es im Anfange der Heerfahrt. Als aber der Herzog Friedrich nach Schwaben zurückkam, fand er Landfriedensbrecher genug zu bestrafen. S. ib. c. 59. oben Kap. X. Anm. Ueber gleichen Ungestüm in Frankreich in dieser Zeit klagt der heilige Bernhard Ep. 357.

Lügenpropheten, welcher durch falsche Vorspiegelung eines göttlichen Berufs, das Kreuz zu predigen, und täuschende Wunder das Volk verführt und ins Unglück gelockt hätte [2]). Wenige waren gerecht genug, zu bedenken, daß die Ermahnungen des frommen Abtes zur Eintracht, Gottesfurcht, Mäßigkeit und Enthaltsamkeit von diesen Wallbrüdern wenig berücksichtigt worden, sondern daß Unfrieden, Ruchlosigkeit, Ueppigkeit und Schwelgerey in diesem Heere geherrscht, und daß selbst die Verfolgungen des boshaften Kaisers Manuel von ihnen selbst durch ihr ungestümes Wesen und ihre Zügellosigkeit zum Theil verschuldet worden [3]). Den heiligen Bernhard selbst betrübte der traurige Ausgang dieses Unternehmens, in so fern als die glänzende Hoffnung, durch diese Wallfahrt den göttlichen Namen verherrlicht und die Herrschaft der christlichen Kirche erweitert zu sehen, vereitelt war, weit mehr, als ihn die Verunehrung seines Namens durch harte und ungerechte Urtheile schmerzte.

Manche seiner Zeitgenossen trösteten ihn durch freundliche Briefe, und gelehrte Prälaten boten alle Kunst der Be-

2) „Wegen der Predigten für die Fahrt nach Jerusalem,“ sagt der Mönch Gaufried, der Lebensbeschreiber des heil. Bernhard, „nahm die Einfalt oder Bosheit einiger Menschen an ihm ein Aergerniß, als ein schlimmer Ausgang erfolgte.“ Vita S. Bern. Lib. IV. c. 4.

3) So urtheilt Wilhelm von Newbridge, Rer. Anglic. Lib. I. c. 20.: „Legimus olim numerosissimum Domini exercitum unius hominis etiam occulte peccantis scelere ita inquinatum et favore divino nudatum, ut enervus et languidus appareret. Consultus Dominus respondit populum anathemate pollutum esse et adiecit: Anathema in medio tui est, Israel, non poteris stare adversus hostes tuos, donec deleatur ex te qui hoc contaminatus est scelere. (Ios. VII. 10—13.) Porro in nostro illo exercitu tanta tam contra Christianam quam contra castrensem etiam disciplinam mala increverant, ut mirum non sit, quod eis tanquam pollutis et immundis favor nequaquam divinus arriserit. Castra enim a castratione dicuntur luxuriae; at castra illa nostra casta non erant.“ etc.

redsamkeit und Vernunft auf, zur Stärkung seiner Ueberzeugung, daß, so schlimm auch der Ausgang dieser Unternehmung menschlichen Augen erschiene, er gleichwohl der beste wäre, weil Gott ihn beschlossen, und nicht daran gezweifelt werden könnte, daß Gott die Leiber der gottlosen Wallfahrer durch Schwert der Türken, Hunger und Pestilenz nur in der heilsamen und gnädigen Absicht vernichtet hätte, ihre unsterblichen Seelen mit den schlimmern Qualen der ewigen Höllenstrafen verschonen zu können. Auch der Bischoff Otto von Freysingen, welcher selbst so viele Gefährlichkeiten auf dieser unglücklichen Heerfahrt ertragen, tröstete sich mit der Betrachtung, daß durch sie, obwohl sie ihres Ziels verfehlt und viel leibliches Ungemach herbeygeführt hatte, doch auch das Heil vieler Seelen befördert worden [4]). Der apostolische Vater Eugen tröstete den König Conrad mit den Worten der Schrift, daß der Herr denjenigen züchtige, welchen er liebe, und diejenigen befreye, welche auf ihn vertrauen [5]). Des Abtes Bernhard Freunde predigten dem Volke, daß diejenigen viel beklagenswerther wären, welche nach ihrer Rückkehr wieder in ihre vorigen Sünden zurückgefallen wären, als diejenigen, welche durch den Tod in Syrien ihre Sünden abgebüßt hätten und in die Unmöglichkeit gesetzt wären, weiter zu sündigen. Sie erinnerten daran, daß der heil. Bernhard nicht freywillig und aus eignem Antrieb das Kreuz gepredigt habe, sondern auf Verlangen des Königs von Frankreich und auf Geheiß des apostolischen Vaters Eugen. Sie erzählten von Wundern, durch welche Gott schon nach dem

4) Der Bischoff Otto war selbst zu solcher Gemüthsruhe gelangt, daß er sich erst durch eine subtile dialectische Untersuchung den Weg zu diesem Ergebniß bahnte. De gest. Frid. I. Lib. I. c. 60.

5) Epist. Eugenii Papae ad Conr. Romanor. regem ib. c. 61.

Untergange des Heers dem frommen Abte sein Wohlgefallen an seinem Thun zu erkennen gegeben [6]). Der Abt Johannes von Casa-Maria versicherte sogar den Abt Bernhard, daß die Schutzheiligen seines Klosters, die heiligen Apostel Johannes und Paulus, erschienen wären und die Absichten, in welchen Gott auch den Tod der frommen Wallbrüder, welche auf dieser Heerfahrt umgekommen, zugelassen, eröffnet hätten, daß nämlich sie Sühnopfer gewesen für die Sünden vieler gefallenen Engel, welche dadurch wieder zur Seligkeit und göttlichen Gnade gelangt wären [7]).

6) Alle diese Gründe führt Gaufried in der Anm. 2. angeführten Stelle auf, und erzählt folgendes Wunder zur vollkommensten Rechtfertigung seines Abtes. Zu der Zeit, da die erste Kunde von dem jämmerlichen Untergange des Pilgerheeres sich in Frankreich verbreitete, brachte ein Mann seinen blinden Sohn zu dem heil. Bernhard, mit der Bitte, dem Knaben durch sein Gebet zu Gott und das Auflegen seiner Hand das verlorne Gesicht wieder zu erwirken. Nach vielem Widerstreben legte der fromme Mann seine Hand auf den Knaben, zu Gott betend, daß, wenn das Wort jener Kreuzpredigt von Gott ausgegangen wäre, und der heil. Geist ihm in seinen Reden beygestanden, Gott solches dadurch bekräftigen möge, daß er dem Knaben das Gesicht verliehe. Alsbald rief der Knabe aus: „Was soll ich thun, ich sehe ja!“ Worauf alle umstehenden Mönche und Laien ein lautes Geschrey erhoben.

7) Also tröstete er (Ep. Bern. 386. ed. Mab.) in einem Schreiben vom J. 1150 den heil. Bernhard: „Es ist mir gesagt, theuerster Vater, daß ihr euch über jene Sache, welche nicht so gelungen ist, wie ihr vielleicht wolltet, (ich meine die Fahrt nach Jerusalem) gar sehr betrübt; weil dadurch die Kirche Gottes, oder Gottes Ruhm nicht so gewachsen ist, als ihr es wünschtet. Darum will ich demüthig euch vortragen, was Gott, wie ich meine, mir ins Herz gab, als ich lange darüber nachdachte; wie denn Gott oft einem geringen gezeigt hat, was er einem großen und mit vielen Gaben ausgerüsteten nicht zu sehen vergönnt; so gab auch Jethro, ein Fremder, einst dem heil. Moses, welcher mit Gott von Angesicht zu Angesicht redete, einen guten Rath. Ich meine also, der allmächtige Gott hat gleichwohl große Früchte durch diese Fahrt bewirkt, wenn auch nicht in der Weise, als die Fahrenden selbst es meinten. Wenn sie das, was sie begonnen, gerecht und fromm, als es Christen geziemt, fortgeführt hätten, so würde Gott mit ihnen gewesen seyn und große Früchte durch sie bewirkt haben. Weil sie aber zum Bösen abgefallen sind, und

Zu seinen Freunden redete der heil. Bernhard oft in vertraulichen Zuschriften zwar mit frommer Ergebung in den Willen Gottes, aber auch mit Unwillen und Abscheu über die Sünden der Fürsten und Ritter sowohl als der geringen Leute, welche auf dieser Wallfahrt gewesen, und am schmerzlichsten bekümmerte ihn, daß selbst die zurückgekehrten durch das harte göttliche Strafgericht, wovon sie Zeugen gewesen waren, sich nicht hatten bessern lassen. „Wehe
J. Chr. 1153. unsern Fürsten!“ schrieb er noch vier Jahre nach der Rückkehr der Wallfahrer an seinen Oheim, den Tempelherrn Andreas: „in dem Lande des Herrn haben sie nichts Gutes gethan und in ihren eignen Ländern, wohin sie so schnell zurückgekommen sind, üben sie unglaubliche Bosheit und haben kein Erbarmen mit der Bedrängniß Josephs. Sie sind fähig, Böses zu thun, nicht aber Gutes. Jedoch wir

solches Gott, welcher der Stifter dieser Fahrt war, schon voraus wußte, so benutzte er, damit seine Vorsehung nicht den Zweck ihrer Anordnung verfehlen möchte, ihre Bosheit zu seiner Gnade und schickte ihnen Verfolgungen und Trübsal, damit sie dadurch geläutert zum Reiche Gottes gelangen könnten. Viele, welche zurückkamen, haben uns auch gebeichtet, daß sie viele dort sterben gesehen, welche erklärten, gern zu sterben und nicht wieder heimkehren zu wollen, damit sie nicht zu ihren Sünden zurückfallen möchten. Damit dir aber das, was ich sage, nicht zweifelhaft bleiben möge, so eröffne ich dir, als meinem geistlichen Vater in Bekenntniß, daß die Schutzheiligen unsers Ortes, die heil. Johannes und Paulus, oftmals uns heimgesucht haben, welche, als ich sie wegen dieser Sache befragen ließ, also geantwortet haben: es sey eine große Menge gefallener Engel wegen derer, welche dort gestorben sind, wieder eingesetzt worden. Das wißt aber, daß sie eurer sehr eingedenk waren und euer Ende als bald kommend verkündigten. Weil also diese Sache, zwar nicht nach der Menschen Wunsch, aber doch nach Gottes Vorsatz, wohl von Statten gegangen; so geziemt es eurer Klugheit, sich deswegen in demjenigen zu trösten, dessen Ruhm ihr einzig sucht und wünscht. Denn deswegen hat er in dieser Sache euch die Gnade ertheilt zu ermahnen und zu wirken, weil er das Gute, welches er dadurch hervorbringen würde, vorhersah. Er vollende daher glücklich euren Lauf und lasse uns mit euch seine Herrlichkeit schauen.“

hegen die Zuversicht, daß Gott sein Volk nicht verstoßen und sein Erbtheil nicht verlassen wird. Die Rechte des Herrn wird Herrliches wirken, und sein Arm seinem Volke helfen, damit alle erkennen mögen, daß es besser ist, auf Gott zu vertrauen, als auf Fürsten" [8]).

In seiner beredten Schrift über die Betrachtung, in welcher er seinem geistlichen Sohne, dem Papste Eugenius, sowohl die Pflichten eines Nachfolgers von St. Petrus mit vieler Freymüthigkeit vorhält, als seine Ansichten von Gott und göttlichen Dingen mit aller Kraft und Salbung seiner Beredsamkeit vorträgt, vertheidigt sich der heil. Bernhard mit besonderm Eifer gegen die Anschuldigungen seiner Verläumder [9]). „Wie sind doch, schreibt er mit Betrübniß, die Füße derer zerschmettert, welche Frieden verkündigten und Heil. Wir sprachen: Frieden, und es ist kein Frieden; wir verhießen Heil, und siehe! es ist Verwirrung. Als hätten wir in solchem Werke mit Unbedachtsamkeit gehandelt oder Leichtsinn. Und gleichwohl sind wir darin nicht gelaufen ins Unsichere, sondern auf dein Geheiß oder vielmehr auf Gottes Geheiß durch dich." Er tröstet sich mit dem Beyspiele Mosis, welcher das jüdische Volk, weil es halsstarrig war und ungehorsam gegen Gottes Gebote, nicht in das bessere Land brachte, wohin er es zu führen verheißen, wiewohl er alles that auf Gottes Geheiß und seine göttliche Sendung durch herrliche Wunder bekräftigt ward. Er freuet sich, daß Gott ihn würdig gefunden, ihn gleichsam als Schild den giftigen Verleumdungen seines eignen Namens entgegen zu halten. „Es ist mir das geringste, gerichtet zu werden von denen, welche das Gute böse und das Böse gut

8) Ep. Bern. 288. ed. Mab.

9) De Consider. ad Eugen. Pap. Lib. II. cap. 1.

heißen, das Licht in Finsterniß und die Finsterniß in Licht kehren. Denn so eines von beyden geschehen soll, so will ich lieber, daß die Menschen wider mich als wider Gott murren. Heil mir, so Gott mich für würdig achtet, sein Schild zu seyn, und gern laß ich die lästernden Zungen der Spötter und die vergifteten Pfeile der Gotteslästerer mich treffen, wenn sie nur nicht zu Gott gelangen. O möchte ich mich doch jenes Wortes (Ps. 69, 8) rühmen können: Um deinetwillen trage ich Schmach, mein Angesicht ist voller Schande. Ich achte es als meinen Ruhm, wie Christus sagen zu dürfen: Die Schmach derer, welche dich schmähen, fällt auf mich."

Gleichwohl erlosch nicht in dem Gemüthe des heiligen Bernhard die brennende Sehnsucht, das Werk, welches über ihn so vielen Kummer gebracht, zu wiederholen; und niemals wich von ihm die Hoffnung, daß ein neuer Versuch, in Frömmigkeit und wahrem Vertrauen auf Gott unternommen, mit glücklicherm Erfolge werde belohnt werden. Seinen Wünschen und Hoffnungen kam damals die Gesinnung des Abtes Suger von St. Denys entgegen; denn eben so sehr, als den frommen Bernhard die Verdunkelung der Herrlichkeit Gottes durch die letzte Wallfahrt betrübte, schmerzte den weltlich gesinnten Suger die Schmach, welche dadurch über den französischen Namen in allen nahen und fernen Landen gekommen [10]); und in den

10) „Per dies itaque singulos vir illustris angebatur animo, quod ex illa peregrinationis via nulla virtutis parerent vestigia; indigne etiam ferebat, quod ex tanta Francorum militia, alii quidem vel ferro vel fame miserabiliter cecidissent, alios vero reverti vidisset inglorios. Unde satis erat sollicitus, ne huius infortunii occasione Christiani nominis in Oriente deperiret gloria et loca sancta infidelibus conculcanda traderentur." Willelmi San-Dionysiani

Jahren der Altersschwäche war sein Wunsch, die Wiederholung der Wallfahrt durch die Franzosen zu bewirken, so heftig, als in den Jahren seiner Jugendkraft seine Abneigung von solcher gefährlichen Unternehmung. Als daher klägliche Briefe aus dem Morgenlande [11]) den jämmerlichen Tod des Fürsten Raimund von Antiochien und die Gefahr, in welcher die Stadt Antiochien schwebte, meldeten [12]); als der Papst Eugen die Bitten der morgenländischen Christen um schnelle Hülfe kräftigst allen frommen Geistlichen und Laien nachdrücklichst empfahl: da vereinigten sich Bernhard und Suger zu gemeinschaftlichem eifrigen Bestreben, die Franzosen zu einer neuen großen Wallfahrt zu begeistern; besonders aber war wiederum Bernhard mit dem regsten Eifer wirksam, überall zu der Gottesfahrt beredend, ermunternd, erweckend. Damals aber fiel der Same seines Wortes auf unfruchtbares Land. Die Fürsten und Ritter, noch der unsäglichen Mühseligkeiten und des schlimmen Ausgangs der vorigen Wallfahrt eingedenk, vernahmen mit Kälte und Gleichgültigkeit seine begeisterte Aufforderung zum Kampfe für Gott; und selbst die Bischöffe verschlossen ihre Ohren seiner Rede; wiewohl auf einer zahlreichen Versammlung von geistlichen und weltlichen Fürsten zu Laon der König Ludwig VII. die Absicht des Abtes Suger lobte und empfahl. Umsonst ermahnten Suger und Bernhard J. Chr. 1151.

vita Sugerii (in Bouquet Recueil des histor. de la France T. XII.) S. 110. Wie viel sanfter und gottesfürchtiger waren doch die Klagen des heil. Bernhard und seiner Freunde über den schlimmen Ausgang der Wallfahrt.

11) „A Rege Hierosolymorum vel Patriarcha Antiocheno." ibid. l. c.

12) Ibid. l. c. Vgl. Wilh. Tyr. l. XVII. cap. 10. F. Wilken Commentat. de bell. cruc. ex Abulf. historia S. 92. und unten Buch IV. Kap. I. Der Fürst Raimund wurde nach Wilhelm von Tyrus (c. 9.) am 27. Jun. 1148 erschlagen.

die französischen Prälaten der großen Versammlung zu Chartres, wohin auf den dritten Sonntag nach Ostern des Jahrs 1151 die Erzbischöffe, Bischöffe und Aebte vieler Länder zur Berathung über das fromme Werk geladen waren, beyzuwohnen. „Es geziemt sich," schrieb der heilige Bernhard an den Abt Peter den Ehrwürdigen von Clugny [13]), „daß ihr der morgenländischen Kirche, eurer und aller Gläubigen Mutter, je größer eure Würde ist, je größeres Mitleiden beweiset, besonders da sie so sehr betrübt ist und in so großer Gefahr schwebt. Möchten wir," fährt hernach Bernhard mit Innigkeit fort, „zu Chartres mit eurer Gegenwart beglückt werden. Denn weil dieses Wort großes Rathes von großen Männern bedarf, so werdet ihr Gott einen angenehmen Dienst erweisen, wenn ihr seine Sache nicht euch fremd achtet, sondern den Eifer eurer Liebe in Glück und in Trübsal erweiset. Denn ihr wißt es, liebreicher Vater, daß ein Freund sich in der Noth bewährt." Eben so sehnsuchtsvoll bat der Abt Suger den Abt Peter von Clugny und viele Erzbischöffe und Bischöffe, der Versammlung zu Chartres sich nicht zu entziehen [14]); aber die meisten entschuldigten sich mit gesuchten Vorwänden [15]). Und selbst der Papst Eugen, welcher Anfangs zu diesem heiligen Unternehmen

13) Ep. 364. ed. Mab.

14) In dem Briefe, welchen Suger an den Abt Peter schrieb (Biblioth. Cluniac. col. 918. Rec. des Hist. de la Fr. T. XV. S. 523.), war auch ein Schreiben an den Erzbischoff Humbert von Lyon enthalten, und daß Suger auch den Erzbischoff von Bordeaux und den Bischoff von Rennes in eignen Schreiben sehr dringend eingeladen, wissen wir aus deren Antwortschreiben.

15) Der Erzbischoff von Lyon entschuldigt sich (Recueil etc. a. a. O.) damit, daß er so lange nicht kommen könnte, als der Erzbischoff von Sens dem Stuhle von Lyon den Primat der gallischen Kirche streitig machte; auch hinderte ihn die Krankheit des Abtes von St. Justus; denn da dieser im Besitze aller Vesten und Burgen der Kirche von Lyon wäre, so dürfte er seinen Stuhl nicht verlassen, damit nicht, im Falle der Abt stürbe,

mit Wärme ermuntert hatte, ließ in seinem Eifer nach; und Bernhard mußte ihn ermahnen, doch nicht in der Liebe für den Heiland zu erkalten [16]). Gleichwohl verließ den heil. Bernhard die Hoffnung, die Wallfahrt zu Stande zu bringen, so wenig, daß er die zu Chartres auf ihn gefallene Wahl zum Heerführer dieser Wallfahrt annahm, von Got-

jene Vesten und Burgen in die Hände schlecht gesinnter und raubsüchtiger Menschen fielen. Der Erzbischoff von Bordeaux (a. a. O.) entschuldigt sich mit Unväßlichkeit und der Verbindlichkeit, einer von dem Herrn Dieterich Galeran zur Befestigung des Landfriedens nach St. Jean d' Angely angesagten Landsprache beyzuwohnen. Doch scheint er sich späterhin auf den Weg nach Chartres gemacht zu haben; denn in einem zweyten Schreiben (a. a. O.) berichtet er dem Abte, daß er durch eine Krankheit, welche ihn zu Fontainebleau überfallen, gehindert werde, seine Reise fortzusetzen. Der Bischoff Alanus von Rennes verspricht (a. a. O. S. 523) zwar, zu kommen, bittet aber doch um einige Frist, um zuvor wegen dringender Geschäfte nach Nantes reisen zu können.

16) Ep. 256 ed. Mab. Mabillon setzt diesen Brief in das Jahr 1146, als noch auf den großen Kreuzzug der Könige von Deutschland und Frankreich sich beziehend; was die Lebensbeschreiber des heil. Bernhard zu der irrigen Behauptung geführt hat, daß der fromme Abt schon für jene große Kreuzfahrt zum obersten Heerführer ernannt worden sey. Damals wurde aber keine Versammlung zu Chartres gehalten, sondern erst im J. 1151, wie wir aus den (Anm. 14. 15) angeführten Briefen des Abtes Suger wissen. Auch wurden ja die Verhandlungen zu Chartres veranlaßt durch eine Begebenheit in Syrien, welche erst im J. 1148 sich ereignete. Ohnehin wie unwahrscheinlich ist es, daß die Thorheit und Albernheit so weit sollten getrieben seyn, den Abt Bernhard zum obersten Feldhauptmann einer Heerfahrt, an deren Spitze die beyden vornehmsten Könige der Christenheit standen, zu ernennen! Nach der Histoire littéraire de la France T. XIII. S. 142. was mir erst zu Gesicht kam, nachdem diese Abhandlung schon niedergeschrieben worden, hat schon Hr. Brial in einer dem franz. Institute am 29. August 1806 vorgelesenen Abhandlung diesen Irrthum ausführlich widerlegt. Indeß wird von dem Herrn Brial, wie man aus der angeführten Stelle der Hist. litt. sieht, die Versammlung zu Chartres in das Jahr 1150 gesetzt, was aber schon deswegen nicht richtig seyn kann, weil die Idee eines Kreuzzugs in dem Abt Suger nach der Erzählung seines Biographen kurz vor seinem Tode zur Reife kam, sein Tod aber nach den sichersten Nachrichten in den Anfang des Jahrs 1152 fällt. S. Recueil des Histor. de la Fr. T. XII. S. 113. Anm. a.

tes wunderbarer Hülfe die Kraft und Fähigkeiten für dieses Amt, welche er noch nicht in sich fühlte, erwartend. „Ich habe," schrieb er in jenem Ermahnungsbriefe an den Papst Eugen IV., „bey einem Weisen gelesen: das ist kein tapferer Mann, welchem in der Gefahr der Muth nicht wächst. Ich aber sage: der Gläubige muß noch mehr Vertrauen gewinnen unter den Plagen." Er hoffte selbst, daß Gott eben darum, weil er die frühere Heerfahrt so wenig gesegnet, um desto herrlicher seine Allmacht und die Liebe zu seinem auserwählten Volke offenbaren würde. „Warum verlierst du," spricht er zum Papst Eugen, „o Freund des Bräutigams, die Zuversicht, als ob nicht Christus als ein weiser und gütiger Bräutigam den guten Wein bis jetzt hätte aufsparen können! Wer weiß, ob nicht Gott sich umwendet und verzeiht und Segen hinter sich zurückläßt! Und fürwahr, also pflegt Gott zu handeln und zu richten. So oft den Sterblichen großes Heil widerfuhr, wie großes Uebel ging nicht vorher! Um von den übrigen nicht zu reden, ging nicht der einzigen und überschwenglichen Wohlthat unserer Erlösung der Tod des Heilandes voran?"

Nach diesen Worten meldet der heilige Bernhard dem Papste Eugen die auf ihn gefallene Wahl zum Heerführer dieser Wallfahrt folgendermaßen: „Ihr werdet, so ich nicht irre, bereits jenes Wort vernommen haben, daß man mich (ich wundere mich selbst, wie man dazu gekommen) gleichsam zum Heerführer und Obersten der Ritterschaft erkohren. Davon haltet euch überzeugt, daß solches weder nach meinem Rathe, noch nach meinem Willen geschehen, ja daß es selbst in meinen Kräften, so viel ich solche zu ermessen vermag, nicht sey, solchem Amte vorzustehen. Denn wer bin ich, daß ich möge Scharen ordnen und vor Bewaffneten einherziehn?

Und was ist fremder meinem Berufe, auch wenn ich dazu der Kräfte und Geschicklichkeit nicht ermangelte? Doch davon darf ich eure Weisheit nicht erst belehren, ihr wißt es selbst. Nur darum bitte ich euch, um jener Liebe willen, womit ihr besonders mir verpflichtet seyd, daß ihr mich dem Willen der Menschen nicht preisgebt, sondern, wie es euch besonders obliegt, den göttlichen Rathschluß erforschen und euch dafür bemühen wollt, daß es also geschehe, als es der Wille im Himmel ist."

Der Abt Suger, auch als auf einer dritten Versammlung [17]) die Ermahnung zur Kreuzfahrt nicht mehr Eingang denn zuvor gefunden, beschloß endlich allein mit einer ansehnlichen Schar, welche er auf seine Kosten auszurüsten und zu unterhalten gesonnen war, nach dem heiligen Lande zu wallfahrten und wider die Heiden zu streiten. In der Stille machte er große Anstalten, und sandte durch Vermittlung der Tempelherren große Summen, welche er mit eignem Schweiße und großer Mühe erworben und aus den Einkünften seiner Abtey sich erspart hatte, nach dem gelobten Lande, zwar unter dem Vorwande, damit andre Streiter für Gott zu unterstützen, eigentlich aber, um damit die Bedürfnisse des Heers zu bestreiten, womit er selbst nach dem gelobten Lande zu ziehen dachte. Ehe er aber dazu gelangte, diese mühevolle Fahrt beginnen zu können, verkündigte ihm die Schwäche und Kraftlosigkeit seines Körpers den nahen Tod, so daß er nur noch einem tapfern und edeln französischen Herrn die Ausführung seines Gelübdes mit den von ihm bereiteten großen Mitteln zu übertragen vermochte.

17) „Quod cum frustra tertio attentasset, accepto gustu formidinis et ignaviae illorum" etc. Willelmi San-Dionys. vita Sugerii l. c. Der erste Versuch geschah ohne Zweifel zu Laon, der zweyte zu Chartres; wo die dritte Versammlung gehalten wurde, ist unbekannt.

13. Jan. 1152. Dann entnahm ihn Gott durch einen sanften Tod großen Gefahren und Mühseligkeiten [18]). Niemand aber gedachte nach des Abtes Tode weiter der von ihm und Bernhard gepredigten Wallfahrt; und die Fürsten und Ritter spotteten der Thorheit und des Unverstandes dieser alterschwachen Geistlichen, welche in kindischer Einfalt gemeint, eine Heerfahrt vollbringen zu können, zu welcher die Tapferkeit und Klugheit der trefflichsten Fürsten des Abendlandes nicht ausgereicht hatte.

Dem heiligen Bernhard schmerzte tief die Vereitelung des frommen Plans, wofür er mit so brennendem Eifer gearbeitet; aber seine Jünger und Freunde sahen ihre Ueberzeugung, daß ihr Meister auf Gottes Antrieb für die Gottesfahrt geredet, durch die Zeit seines Todes bestätigt.
20. Aug. 1153. Denn in derselben Woche, in welcher die Seele des frommen Abtes zu Gott zurückkehrte, ward die wichtige und reiche Stadt Askalon, für deren Eroberung die Christen so lange vergeblich gearbeitet, der Schlüssel zu Aegypten, von dem König Balduin und den Fürsten des Königreichs Jerusalem mit Hülfe von einigen Scharen streitbarer Wallbrüder erobert, mehr, wie Bernhards Freunde sagten, durch Gottes Hülfe als durch Tapferkeit und Geschicklichkeit [19]).

18) Wilhelmi San-Dionys. vita Sugerii S. 110 sq.

19) „Illud etiam jucunde satis credimus considerasse nonnullos, quod eadem hebdomada, qua felicissima anima ejus carne soluta est, ecclesia Jerosolymitana magnifico satis fuerit munere consolata, sicut saepius noverant illum promisisse. Siquidem capta est Ascalon illa munitissima, paucis a sancta civitate milliariis distans et periculose instans calcaneo ejus. Adversus hanc quinquaginta annis et eo amplius nihil profecerant Christiani laborantes; nam et tunc non humana virtute capta est, sed divina.“ Gaufr. vita S. Bern. Lib. IV. c. 4. §. 11.

Verbesserungen.

S. 198 Z. 4 und 5 von unten l. allein kühner Krieger, sondern auch sehr gewandter Feldherr u. s. w.

S. 226 Z. 2 l. hälfe.

Beylagen

zur

Geschichte der Kreuzzüge.

Dritter Band.

I.

(Zu S. 60 u. flgd.)

Nachrichten über die im Jahr 1146 in Deutschland erhobene Judenverfolgung, aus der Chronik des Joseph Ben Jehoschua Ben Meïr.

Joseph Ben Jehoschua Ben Meïr ist der Verfasser einer merkwürdigen Chronik, welche bis jetzt wenig bekannt geworden ist, weil davon, wenigstens so viel ich weiß, noch keine Uebersetzung in eine neue lebende Sprache, sondern nur die hebräische Urschrift zweymal gedruckt worden ist, (zuerst in Venedig im J. 1554. 8., dann zu Amsterdam durch Salomo Joseph Proops 1730. 8.) und beyde Ausgaben, vornehmlich die erstere, zu den seltenen Büchern gehören. Die letztere Ausgabe, welche ich selbst besitze, hat folgenden Titel: ספר דברי הימים למלכי צרפת ומלכי בית אוטומאן התוגר שחיבר רבי יוסף בן יהושע בן מאיר הכהן הספרדי ובו ספורי כל מלחמות ומאורעות המעשיות שאירעו במלכות אדום וישמעאל מעת היתה לגוי ונמצא בו גזירות וגליות בני עמינו שהיו במלכות צרפת ספרד ושאר מדינות ה׳ יגן עלינו d. i. Chronik der Könige von Frankreich und der ottomanischen Großfürsten, von dem gelehrten Rabbi Joseph Ben Jehoschua Ben Meir, dem Priester, aus Spanien, worin berichtet wird von allen Kriegen und Ereignissen und Begebenheiten, so geschehen in den Reichen von Edom und Ismael, seit sie zum Volke geworden. Auch sind darin erzählt alle Verfolgungen und Wanderungen der Söhne unserer Völker in den Reichen von Frankreich und Spanien und den übrigen Ländern. Der Herr beschirme uns.

Die Chronik reicht bis zum Jahre 1554; sie ist zwar nicht von mancherley Irrthümern frey, enthält aber auch vieles Merkwürdige und sonst nicht Bekannte. Der Styl und Ton der Erzählung läßt sich aus der Probe, welche hier mitgetheilt wird, erkennen. Der Priester Joseph erzählt im Tone, oft selbst mit den Worten und Ausdrücken des alten Testaments; der Verfasser der Bücher der Könige würde ihn gern als seinen Fortsetzer angenommen haben. Den Nachrichten über die Judenverfolgung im J. 1146 liegt, wie Joseph selbst bemerkt, der Aufsatz eines deutschen Juden zum Grunde, welcher als dreyzehnjähriger Knabe an der Angst und Noth seines Volkes Antheil nahm. Diese Nachrichten scheinen großentheils wörtlich aus jenem Aufsatze genommen zu seyn: denn Joseph unterscheidet diesen Abschnitt sehr bestimmt und sorgfältig von seiner eignen Erzählung durch den Uebergang, womit er sich zu dem Berichte von den Schicksalen der Kreuzfahrer auf dem Wege nach Jerusalem wendet: „Es spricht Joseph der Priester" u. s. w.

Unser Verfasser gibt von der Zeit seiner Geburt und von seiner Herkunft folgende Nachricht: „Zu derselbigen Zeit in dem Jahre 5257, welches ist das Jahr 1496, am zwanzigsten Tage des Monats December, welcher ist der Monath Tebeth, bin ich, Joseph, der Sohn Josua's, geboren, aus dem Geschlechte der Priester, welche aus Spanien sind ausgetrieben worden, in dem Lande Provence zu Avignon an dem Fluß Rhone. Von dannen hat mich mein Vater hinweggeführt, als ich fünf Jahre alt war; und wir haben gewohnt in dem Gebiete der Stadt Genua bis auf diesen Tag." (Amsterd. Ausgabe, Bl. אב. b.)

Litterärische Nachweisungen über die Handschriften und Ausgaben dieser Chronik finden sich in I. C. Wolfii Biblioth.

Hebr. T. I. no. 897. p. 533. no. 916. p. 542. T. II. no. 897. p. 853.

Die folgende Stelle steht Bl. יז u. flgd. Zur Uebertragung ins Deutsche hat mir eine handschriftliche deutsche Uebersetzung von dem ehemal. Consistorialrath und Stadtpfarrer Johann Jacob Rabe zu Ansbach (dem Uebersetzer der Mischnah) nicht unwichtige Dienste geleistet, wiewohl ich häufig mich veranlaßt gesehen habe, von ihr abzuweichen, was auch einige Male in den Anmerkungen unter dem Texte bemerklich gemacht worden. Jene handschriftliche Uebersetzung geht nur bis zum Jahre 1509 und umfaßt noch nicht die Hälfte der Urschrift. Den Gebrauch derselben verdanke ich der gütigen Mittheilung Sr. Excellenz, des badischen Herrn Staatsministers, Freyherrn von Gemmingen.

Es geschah, als Edessa war erobert worden, daß die Abendländer vernahmen, wie die Türken in das Land Juda und Syrien gekommen seyen und wie alle guten Aecker und die Städte, welche die Unbeschnittenen erobert, von ihnen verwüstet und die junge Mannschaft mit der Schärfe des Schwertes erwürgt worden. Als solches der Papst Eugenius gehört hatte, da sandte er Priester zu allen Königen der Völker und ließ ihnen sagen: „Die Kinder sind gekommen bis an die Geburt [1]) und niemand nimmt es zu Herzen. Nun, wohlan, laßt uns hinziehen in das Land Israel und dasselbe unterjochen und die Türken vertilgen, so daß sie kein Volk mehr bleiben und ihres Namens fürder nicht gedacht werde.“ Auch zog der Priester Sanct Bernhard aus

1) Sprichwörtliche Redensart für: „Die Noth ist am höchsten,“ genommen aus Jes. 67, 3 und 2 Buch d. Kön. 19, 3. Eigentlich bedeuten die Worte: „Die Kinder sind gekommen bis an den Muttermund.“

Clairvaux von Land zu Land und von Stadt zu Stadt, und predigte vor ihren Ohren von der Noth und dem Elend, so die Unbeschnittenen betroffen im Lande Canaan. Und es geschah, als er zu Speyer war, da nahm ihn der Kaiser Conrad mit beyden Händen und hob ihn zu sich hinauf, weil er befürchtete, es möchten ihn die Leute des Landes, welche zu seiner Predigt sich versammelt hatten, zertreten; denn es waren ihrer mehr als Heuschrecken. Es gehorchte aber der Kaiser und es gehorchte das Volk des Landes, und sie erboten sich nach Jerusalem zu ziehen. Damals wurden Conrad der Kaiser und Ludwig, König von Frankreich, mit einander eins, nach Jerusalem zu ziehen mit starker Hand, und befestigten ein Kreuz auf ihren Kleidern zum Zeichen. Sie erhoben sich dann zum Auszug im Monate May des Jahrs 1146, welches ist der zweyte Monat des Jahrs der Schöpfung 4906.

Auch dieses Jahr war für das Haus Jacob eine Zeit der Trübsal und Noth. Wüst und verwüstet wurde es und ausgeraubt, es wankten die Kniee, Schmerz tobte in den Lenden und ihr Angesicht erblaßte [2]). Denn es kam der Priester Rudolph nach Deutschland, das Land auszuforschen und diejenigen, so sich verbindlich gemacht, nach Jerusalem zu ziehen, mit dem Aufzug und Einschlag [3]) zu bezeichnen. Dieser sann auf Bosheit wider die Juden [4]), welche aus den vorigen Verfolgungen noch gerettet waren, und sprach

2) Genommen aus Nahum 2, xx.

3) Verächtlicher Ausdruck für das aus gewebtem Zeuge gemachte Zeichen des Kreuzes.

4) Es steht im Texte וידבר על־ יהודים תיעה, was Rabe übersetzt: „Derselbe redete zu den Juden Irrsal." Es ist aber von ihm die Präpos. על mit אל verwechselt worden, und תיעה erfordert hier einen stärkern Ausdruck als Irrsal.

in seinem Herzen: es ist Zeit zu handeln und zu reden wider das Volk, welches nicht Witwe ist [5]), es zu verderben, erwürgen und vertilgen. Er zog immer herum und schrie im Namen seines Gottes, man solle nach Jerusalem ziehen, und überall, wohin er kam, verführte er die Hunde, indem er sprach: Rächt unsern Gott an seinen Feinden, welche hier bey uns sind, und dann wollen wir ausziehen. Als dieses die Juden vernahmen, da ward ihr Herz zaghaft, Zittern ergriff sie und Angst, wie eine Gebärende [5a]), es blieb kein Muth in ihnen vor dem Grimm des Wüterichs, welcher entschlossen war, sie zu verderben. Da riefen sie also zu Gott: O Herr, siehe, noch sind nicht funfzig Jahre, so viel als ein Jubeljahr ausmacht, verflossen, seitdem unser Blut vergossen worden wie Wasser, zur Heiligung deines großen, starken und furchtbaren Namens, an dem Tage des großen Würgens [6]). Willst denn du, o Herr, uns ewig verstoßen? Und was willst du thun um deines großen Namens willen? Soll Ein Mal über das andere Mal Trübsal sich erheben? Da hörte der Herr ihr Seufzen, gedachte seines Bundes, wendete sich zu ihnen und erbarmte sich ihrer nach seiner großen Barmherzigkeit. Er sandte nach jenem Belial den Abt Sanct Bernhard aus Clairvaux, einer Stadt in Frankreich. Dieser predigte nach ihrer Weise und sprach: Kommt, laßt uns ziehen gen Zion zum Grabe unsers Messias [7]), aber hütet euch, daß ihr mit den Juden nicht anders denn freundlich redet [8]); wer sie antastet, das ist eben

5) Genommen aus Jer. 51, 6.

5a) Ps. 48, 7.

6) D. i. der Judenverfolgung im J. 1096. S. Th. I. S. 97.

7) Rabbi Joseph hütet sich übrigens wohl, obschon er die Worte des heil. Bernhard direct anführt, zu sagen: unsers Messias משיחנו; er läßt sich lieber eine grammatische Unrichtigkeit zu Schulden kommen und schreibt: „ihres Messias“ משיחם.

8) Genommen aus 1 B. Mos. 31, 29.

so viel, als tastete er den Augapfel Jesu an, denn sie sind sein Bein und Fleisch. Rudolph, mein Jünger, hat nicht recht geredet, denn von ihnen wird gesagt in den Psalmen (58, 12): erwürge sie nicht, daß es mein Volk nicht vergesse.

Sie gehorchten seiner Stimme, denn er galt viel unter ihnen; und ließen ab von der Gluth ihres Zorns und thaten den Juden kein Böses, was sie zu thun beschlossen hatten. Sanct Bernhard nahm kein Lösegeld von den Juden; denn er hatte von Herzen Gutes für Israel geredet. Ich preise dich, o Herr; denn du bist zwar zornig gewesen wider mich, aber dein Zorn hat sich gewendet und du tröstest mich, indem du uns etwas übrig gelassen auf Erden und von ihnen viele Entronnene am Leben erhalten hast an diesem Tage. Denn hätte die Barmherzigkeit des Herrn nicht jenen Priester gesandt, so wäre von ihnen kein Erretteter und Entronnener übrig geblieben. Gelobet sey, der erlöset und errettet. Amen. In andern Gegenden gaben die Juden ihr Silber und Gold hin, um ihr Leben zu retten, und verweigerten nichts, was von ihnen gefordert wurde. So rettete sie der Herr.

Es geschah aber im Monat Elul, als der Priester Rudolph, den Gott verfolgen und zerschmettern möge, nach Cöln kam, daß der Rabbi Simeon ausging aus der Stadt, um nach seiner Stadt Tarbers [9]) zurückzukehren; denn dort wohnte er. Da begegneten ihm einige böse Leute von den Bekreuzten und drangen in ihn, daß er sich mit dem Wasser beflecken sollte. Als er aber ihnen nicht Folge leistete, kam ein Volk frechen Blickes, das nicht den Greis achtete [10]), hieb ihm den Kopf ab und steckte denselben auf den Gipfel

9) טרברש. 10) Aus 5 B. Mos. 28, 50.

eines Daches, und sein Leichnam blieb liegen, wie der Mist auf dem Felde [11]), und niemand war, der ihn begrub. Die Juden, da sie solches vernahmen, erschraken und entsetzten sich über die Maßen und sprachen; Die Tage der Heimsuchung sind gekommen, es sind gekommen die Tage der Vergeltung, es ist ausgegangen der Zorn und die Plage hat begonnen, voll ist unsre Zeit, gekommen unser Ende. Wir sprechen, es ist aus mit uns [12]). Auch weinte das Volk über die Maßen. Es begaben sich aber die Vorsteher der Gemeinde zu dem Fürsten der Stadt und machten ihm Vorstellungen, wodurch sie es erlangten, daß man ihnen das Haupt des Gerechten und seinen Leichnam zurückgab; und sie begruben ihn in ihren Gräbern.

Zu derselben Zeit ward auch die Jüdin Minah, da sie von Speyer ausgegangen war, ergriffen; die Ohren wurden ihr abgeschnitten und die Daumen ihrer Hände, auch ward sie mit Schlägen mißhandelt, weil sie dem Heiligen, ihrem Schöpfer, treu blieb [13]). Also wurde Juda erniedrigt in diesen schlimmen Tagen.

Es erhuben aber die Kinder Israel ihre Augen, und siehe! eine große Macht solcher, welche sich dem Baal verschworen hatten [13a]), zog ihnen nach, und sie fürchteten sich und es wurde ihnen sehr angst. Da erhuben sie ihre Augen zu den Bergen, auf welchen Vesten waren, und ein jeglicher bat seinen Bekannten, welcher einen Thurm oder

11) Aus Jer. 9, 21.

12) Zusammengesetzt aus Hos. 9, 7. 4 B. Mos. 17, 11. Klagl. Jerem. 4, 18. Ezech. 37, 11.

13) ויתגו שכמה לסבול על קדוש יוצרה d. i. sie gaben ihren Schultern zu tragen um des Heiligen, ihres Schöpfers, willen.

13a) d. i. solcher, welcher den Kreuzzug gelobt. S. unten Anm. 27.

eine Burg hatte, ihn wohnen zu lassen in den Felsenritzen und den Steinklüften, um sich dort verborgen zu halten, bis der Zorn vorüber wäre. Sie verließen ihre Häuser nach dem Laubhüttenfest des Jahrs 4907 und begaben sich zu den Vesten, wo sie blieben, bis die Kriegsleute abgezogen waren. Dann kehrten sie wieder in ihre Wohnungen zurück.

Die Juden, welche zu Cöln wohnten, gaben dem Bischoff alles, was er forderte, und dafür überließ er ihnen das sehr feste Schloß Falkenburg, und ließ selbst die Wächter der Burg ausziehn, so daß kein Fremder unter den Juden daselbst war; diese hatten aber ihre Häuser und ihre Güter dem Bischoff zum Pfand gegeben. Als solches kund geworden, verfolgte man sie nicht weiter. Auch zu den andern Juden, welche in andere Burgen geflohen, sagten sie nichts weiter von diesem Tage an und fürder, der Name des Herrn sey gelobt in Ewigkeit. Eleasar, der Levite, hat alles dieses beschrieben in seinem Aufsatz: denn er war unter denen, welche in jene Burg eingelassen waren und unter seinen mütterlichen Verwandten, damals dreyzehn Jahre alt. Auch die Juden, welche in den Ländern des Königs (von Frankreich) waren, retteten sich jeglicher mit seinen Verwandten und Freunden in die Häuser seiner Bekannten oder in Schlösser und Vesten, und blieben daselbst, bis der Zorn vorübergegangen war.

Zu jener Zeit, da die Juden auf dem Schlosse Falkenburg sich aufhielten, da wohnte unten am Berge ein jüdischer Mann, welcher zwey Söhne hatte, wovon der Eine Abraham und der andere Samuel hieß. Als diese durch ihre Jugend sich verleiten ließen, den Berg hinanzugehen, um diejenigen zu sehen, welche zu dem Berge hinaufstiegen, so erschlug sie beyde ein ruchloser Mann, der ihnen begegnete, und ging dann seines Weges. Zwey Jünglinge, welche den Berg herabkamen, sahen sie todt liegen, zerrissen ihre Kleider und gaben dem Vater davon Nachricht. Dieser weinte und klagte viele Tage um seine Söhne, suchte und fand endlich ihren Mörder. Als man nun dem Bischoff Geschenke gegeben, so ließ dieser dem Mörder die Augen ausstechen, also daß er nach drey Tagen starb. So mögen alle deine Feinde umkommen, Herr.

Gegen zwey Juden, welche aus Mainz zur Zeit der Weinlese ausgingen, wovon der Eine Isaak und der andere Juda hieß, erhob sich ein Volk frechen Blickes und erwürgte sie. Dann gingen die Mörder in Schanden davon und kamen nicht wieder in ihr Haus; der Fürst (Erzbischoff von Mainz) aber spähete allen nach, welche zu ihnen gehörten [14].

Es war zu Mainz ein starker und handfester Mann [15], mit Namen Samuel, Sohn des Isaak. Diesen überfielen die Feinde auf der Reise zwischen Worms und Mainz, und erschlugen ihn; aber auch er erschlug ihrer drey, ehe er starb.

Drey hebräische Männer, welche im Flecken Bacharach wohnten, waren auf das Schloß mit ihren Weibern und

14) So scheinen die dunkeln Worte: וילך (גוי עז פנים) למחרפות ולא שב עוד לביתו ויבקש השר לכל אשר לו verstanden werden zu müssen. Rabe übersetzt also: „Darauf ging er (wer?) mit Schanden fort und kam nicht wieder in sein Haus. Der Fürst aber zog alles ein (diese Bedeutung hat בקש nicht), was er hatte.“ Der von uns angenommene Sinn stimmt auch mit dem Betragen des Erzbischoffs Heinrich von Mainz in diesen Händeln, wie es auch sonst bekannt ist, vollkommen zusammen. S. oben S. 61.

15) איש גבור חיל.

Kindern geflohen, und nachdem sie dort lange Zeit sich aufgehalten, stiegen sie am fünften Tage des dritten Monates herab. Da erhoben sich wider sie diejenigen, welche sich dem Baal verschworen, und drangen in sie und sprachen zu ihnen: Kommt mit uns, damit wir Ein Volk seyen. Sie aber gehorchten ihnen nicht und wollten sich nicht mit dem hoffärtigen Wasser beflecken. Die Namen dieser Männer waren: Eljakim Nedort, der Sohn Mosis, Abraham, der Sohn Samuels, Kalonymus, der Sohn Mardochai's. Als Kalonymus sogar ihren Abgott anspie, tödteten sie ihn. Die beyden andern verbargen sich unter den Betten im Hause, wo sie sich mit ihren Schwertern erstachen; sie wurden zu Mainz begraben. Der Herr wird es sehen und richten. In diesen schlimmen Tagen gab kein König dem Volke Israel Recht; denn auch der Kaiser Conrad war unter denen, welche sich verschworen, nach Jerusalem zu ziehen.

Viele andere Juden wurden auch wirklich genöthigt, sich mit dem Wasser zu beflecken, sie wandten sich aber hernach wieder zu dem Heiligen von Israel, wie zuvor. Eine Jüdin zu Aschaffenburg aber, Gotthilde mit Namen, als sie ergriffen ward, weigerte sich standhaft, sich (durch die Taufe) zu besudeln, und wurde deshalb in dem Flusse ersäuft, für den Heiligen, ihren Schöpfer. Gedenke ihrer zum Guten, mein Gott.

In dieser Zeit flohen alle Juden in Deutschland, der Eine hierhin, der andere dorthin, auf Felsen und Schlösser, um sich vom Tode zu retten. Nur die Gemeine von Würzburg blieb in ihren Wohnungen und dachte nicht daran zu fliehen. Am 22. Tage des zwölften Monates im Jahr 4907 traten einige dort auf und gaben auch den dortigen Juden schändliche Dinge Schuld, um einen Vorwand zu haben, sie anzufallen. Sie sprachen: Wir haben im Flusse einen Christen [16]) gefunden, welchen ihr getödtet und ins Wasser geworfen habt. Er ist aber dadurch geheiligt worden [17]), und siehe! er thut Wunder. Da machten sich die Irrgläubigen auf und auch der Pöbel und schlugen die Juden todt, so daß sie keine Nachlese übrig ließen. Damals wurde Rabbi Isaak über seinem Buche ermordet und mit ihm 21 Seelen. Einem hebräischen Knaben, welcher als Schüler bey ihm war, schlugen sie 20 Wunden, er starb aber erst nach Ablauf eines ganzen Jahrs. Dessen Schwester führten sie in ein Haus ihres Irrthums, und als sie auf ihren Abgott spie, so wurde sie geschlagen und verwundet mit Steinen und Fäusten, so daß sie ohnmächtig wurde und nur noch ein Schritt zwischen ihr und dem Tode war. Hierauf schlugen und verwundeten sie das Mädchen mit Wasser [18]) und legten sie auf einen Marmorstein, sie aber erwachte nicht aus ihrem Schlafe und regte nicht Hand noch Fuß. So verstellte sie sich listiglich bis zur Nacht, damit sie meinen möchten, der Geist sey von ihr gewichen und sie sey todt. Um Mitternacht kam eine Christin [19]) und trug sie in ihr Haus. Denn diese erbarmte sich ihrer und verbarg sie, um sie zu retten und ihrem Bruder wiederzugeben. Die übrigen Juden flüchteten sich in die Häuser ihrer Bekannten und begaben sich am andern Tage auf das Schloß Stolpon [20]), wo

16) גוי.

17) Es steht im Texte: ויקדש בנו, was Rabe übersetzt, wie es auch heißt: „Sein Sohn aber ist heilig.“ Daß aber Rabe an diesen Worten Anstoß nahm, erhellt daraus, daß er die hebräischen Wörter an den Rand seiner Uebersetzung geschrieben. Ohne Zweifel ist וַיִּקָּדֵשׁ בָּם (aus 4 B. Mos. 20, 13) zu lesen.

18) D. h. sie tauften sie.

19) גּוֹיָה.

20) שטולפון.

sie blieben, bis der Zorn vorüber war. Gepriesen sey der Herr, welcher ihnen Rettung verlieh. Am Morgen gebot der Bischoff, die Todten, welche in der Plage umgekommen, zu sammeln, und sie legten auf Wagen die besten Stücke, Lenden und Schultern [21]) und Finger der Hände und alles, was sonst von ihnen gefunden wurde, und begruben sie in seinem Garten. Diesen Garten kaufte hernach von ihm Rabbi Rechakiah und sein Weib Judith, und er ist noch der Begräbnißplatz der Juden.

Auch in Böhmen wurden an 150 Menschen ermordet. In Soli [22]) wurden eben so viele erwürgt, weil sie sich weigerten, ihre Ehre (d. i. ihren wahren Gott) zu vertauschen gegen den, welcher nichts vermag. Als in Kärnthen plötzlich der Zerstörer sich wider sie erhob, so versammelten sich alle Juden in Einem Hof, und zwey rüstige streitbare Jünglinge, Söhne Eines Mannes, standen für ihr Leben und schlugen die Feinde, also daß sie nichts über sie vermochten. Indeß kamen aber die Feinde während des Kampfes von hinten mitten in den Hof und erschlugen alle, so daß keiner entrann. Auch der große Rabbi Peter und der Rabbi Jakob aus Mido wurden getödtet, als sie ausgegangen waren, um einen Vorsteher zu begraben.

Am siebenten Tage des dritten Monates versammelten sich die Irrgläubigen zu Mido [23]) in Frankreich und drangen in das Haus des Rabbi Jakob [24]). Sie raubten all sein Habe und zerrissen das Gesetzbuch unsers Gottes vor

21) Aus Ezech. 24, 4.

22) סולי. Welche Stadt damit gemeint werde, ist mir unbekannt.

23) מידו. Wahrscheinlich wird damit Metz gemeint.

24) Welcher also verschieden ist von dem oben genannten Rabbi Jakob.

seinen Augen in Stücke. Dann ergriffen sie ihn und führten ihn auf das Feld, wo sie harte Worte zu ihm redeten und schon sich beriethen, ihn zu tödten. Sie schlugen ihn auf den Kopf und sprachen: Du bist ein angesehener Mann unter den Israeliten, darum wollen wir an dir unsern Gott rächen; so wie ihr ihm gethan, so soll es dir auf dein Haupt vergolten werden. Beynahe wäre seine Seele zur Ruhe gekommen [25]), wenn nicht die Barmherzigkeit Gottes, welche nimmer aufhört, sich seiner angenommen hätte. Denn Gott fügte es, daß ein mächtiger Fürst über das Feld zog. Dieser nahm den Rabbi, welcher ihn um Hülfe anrief, auf sein Pferd und redete den Irrgläubigen zu, indem er sprach: Ueberlaßt ihn mir, daß ich mit ihm rede, vielleicht läßt er sich willig finden; wo nicht, so will ich morgen ihn euch zurückgeben. Sie gehorchten seiner Stimme, und so wurde der Rabbi durch Gottes Schonung aus ihrer Hand gerettet; der Name des Herrn sey gepriesen. Amen!

Wir haben zwar nicht vernommen, daß in den übrigen Ländern von Frankreich die Juden erwürgt oder gequält worden; aber doch zog das Volk hinab zu den Thoren [26]). Denn der König Ludwig gebot und ließ in seinem ganzen Königreich ausrufen: Jeder, wer geneigt ist, mit mir zu ziehen gen Jerusalem zum Kampf, der soll frey seyn von allen Schulden, so er den Juden schuldig ist. So wurde Israel gar sehr bedrückt.

25) D. i. beynahe wäre er wirklich umgebracht worden.

26) Aus dem Liede der Deborah, B. der Richter 5, 11. Nach der von Rabbi Joseph angenommenen Erklärung heißen diese Worte so viel als: das Volk gerieth in die größte Bedrängniß und Erniedrigung, wie ein Volk, das aus seiner vom Feinde eroberten Stadt auszieht.

In England rettete der Herr die Juden durch die Hand des Königs Heinrich (denn eines Königs Herz ist in Gottes Hand) und ihm gab der Herr es in den Sinn, sie zu retten. Er nahm nichts, keinen Schuhriemen von ihnen, der Name des Herrn sey ewig gelobt, Amen. Auch diejenigen, welche in diesem Jahre genöthigt worden waren, sich zu beflecken, fanden Barmherzigkeit bey einem Priester. Dieser führte sie nicht für Silber und nicht für Geschenke nach Frankreich, wo sie blieben, bis sich der Grimm der Irrgläubigen wider sie legte. Dann bekehrten sie sich wieder zu dem Herrn. Gedenke, o mein Gott, dieses Priesters im Guten.

Endlich zogen die Kriegsmänner, welche durch Gelübde sich verpflichtet [27]), aus; aber die meisten von ihnen starben auf dem Wege, durch das Meer, durch Pest und Schwert, durch Hunger und Durst und Mangel an allem. Keiner von ihnen sah seine Heimath wieder; die Juden in Deutschland aber kamen wieder zum erwünschten Ufer [28]) und wohnten wieder in ihren Städten und Häusern wie vorher, seit dem funfzehnten Tage des fünften Monates im Jahre 4907, und blieben darin bis auf diesen Tag.

Nach diesem spricht der Priester Joseph [29]): Nun will ich wieder erzählen, was den Kreuzbrüdern, so nach

27) הנצמדים, d. i. solche, die sich verschworen haben, was im A. T. in verächtlichem Sinne von solchen gebraucht wird, die sich der Abgötterey ergeben, z. B. הנצמדים לבעל פעור, 4 B. Mos. 25, 5. Eben daher ist auch der Ausdruck für die Kreuzfahrer genommen, der hin und wieder bey Joseph Ben Meir vorkömmt: הנצמדים לבעל, die sich dem Baal verschworen.

28) Aus Ps. 107, 30.

29) S. oben die einleitenden Bemerkungen.

Jerusalem zogen, begegnete, und alle Mühseligkeiten, welche auf dem Wege ihnen zustießen, auf daß die Kinder Israel merken, daß der Herr ein Gott der Rache ist und daß der Gott der Rache jenen erschienen zum Unheil, nicht zum Guten, und daß der Herr sein Volk Israel an ihnen gerochen. Darum will ich dich, o Herr! preisen unter den Völkern und deinem Namen lobsingen!

II.

(Zu Seite 240).

Erzählungen arabischer Chroniken von der Belagerung der Stadt Damascus durch die Christen im J. 1148.

Von Abu Schamah in der Geschichte Nureddin's mitgetheilte Berichte.

Als Moineddin erfahren (so berichtet Abu Jali), daß sich die Könige der Franken nach langem Streite dazu vereinigt hatten, die Stadt Damascus zu belagern, so rüstete er sich, ihnen zu widerstehen. Sie kamen mit mehr als funfzig Tausenden gegen die Stadt, näherten sich von der Seite, welche dadurch bekannt ist, daß von daher die Heere immer gekommen sind [1]), und wandten sich in eiligem Zuge nach dem Wasser. Sie kamen nämlich von Misa [2]) her, dort hatten sie ihr Lager gehabt der Nähe des Wassers wegen. Hierauf rückten sie gegen die Stadt an mit Reu-
23 Jul. 1148. terey und Fußvolk am Sabbath, dem sechsten Tage des

1) المنزلة المعروفة بنزول العساكر فيها.

2) المزة. Büsching erwähnt dieses Dorfes als des ersten westlichen zum Paschalik Damascus gehörigen Ortes. Erdbeschreibung von Asien S. 370.

Monats Rabia al-awwal (543). Die Muselmänner aber waren vor ihnen in großer Angst. Als es nun zu heftigem Kampfe zwischen beyden Heeren kam, indem alle Scharen, die türkischen und die, welche aus den verschiedenen Kreisen des Landes herbeygekommen, und alle jungen streitbaren Männer der Stadt, und alle, welche sich dem heiligen Kampfe geweiht, Vornehme und Geringe ohne Unterschied, sich versammelt hatten, so siegten gleichwohl die Ungläubigen über die Muselmänner durch ihre Ueberzahl, bemächtigten sich des Wassers, verbreiteten sich in den Gärten, schlugen darin ihre Zelte auf, näherten sich der Stadt, und gewannen einen Platz, den noch niemals ein Heer gewonnen, weder in den alten noch neuern Zeiten. Es starb an diesem Tage den Märtyrertod der Imam Jussuf Alfendulabi von der Secte der Malekiten, nicht weit von dem Orte Rabua [3]), am Flusse, weil er hartnäckig den Feinden widerstand und nicht vor ihnen fliehen wollte, indem er den Geboten Gottes in seinem heiligen Buche gehorsam war: „wir haben verkauft [4]) und sie gekauft." Auf gleiche Weise starb auch Abdorrahman Alchalchuli, der Mönch.

Bericht des Emir Osamah Ebn Monkads von derselben Begebenheit in seinem Buche, Al-Jtibar (d. i. die Belehrung durch Beyspiele): Zu dem Könige der Alemannen, nachdem dieser in Syrien angekommen, sammelten sich alle syrischen Franken, und sie zogen hierauf gegen Damascus. Die Miliz und die Einwohner von Damascus gingen aus der Stadt, um wider sie zu streiten, und unter ihnen auch der Fakih Alfendulabi und der Scheich

3) الربوة S. Kap. X. Anm. 13

4) Nämlich an Gott unsre Seele, damit ihr Gott das ewige Leben verleihe. S. unten Anm. 10.

Abdorrahman Alchalchuli, der Mönch, welche zu den trefflichsten unter den Muselmännern gehörten. Als sie sich den Feinden näherten, so sprach der Scheich Abdorrahman: „Sind das die Römer?“ Der Fakih antwortete: „ja.“ „Wie lange, fragte jener weiter, wollen wir wider sie stehen?“ worauf dieser zur Antwort gab: „So lange, als es in Gottes geheimnißvollem Rathe beschlossen.“ Sie gingen dann den Feinden entgegen und stritten so lange, bis sie auf derselben Stätte beyde getödtet wurden.

Abu Jali berichtet ferner folgendes: Die Franken begannen unverzüglich in den Gärten die Bäume niederzuhauen und sich zu verschanzen, auch zerstörten sie die Brükken [5]). Mit solchen Dingen brachten sie die Nacht hin. Als aber die Leute in der Stadt sahen, was geschehen war, und solches sie schreckte und ihnen äußerst schmerzlich war,
26. Jul. 1148. so zogen sie am Morgen des folgenden Sonntages wieder aus der Stadt und begannen aufs neue den Kampf mit den Feinden. Dieses Mal waren die Muselmänner den Christen überlegen, und tödteten und verwundeten ihrer viele. Besonders unterwand sich der Emir Moineddin auf rühmliche Weise der Mühseligkeit und Gefahr, und gab Beweise von Tapferkeit, Unverdrossenheit und Unerschrockenheit, wie noch keiner sonst gesehen; er war nicht träge im Kampfe gegen sie und ließ nicht davon ab, sie anzugreifen. Es hörte das Rad des Kampfes zwischen den Muselmännern und der Reuterey der Ungläubigen nicht auf zu rollen, bis sich die Sonne zum Untergange neigte und die Nacht sich

5) Es steht in der Handschrift: وهدّوا الغظاتر. Ich habe nach der Vermuthung übersetzt, daß القناطر zu lesen sey.

näherte. Dann verlangten alle nach Ruhe und jeder begab sich an seinen Ort. Die Miliz lagerte sich den Christen gegenüber, die Einwohner der Stadt übernachteten auf ihren Mauern, um diese zu beschirmen und zu behüten, weil ihnen die Feinde so nahe waren.

Mittlerweile aber rückten auf die ausgesandten Briefe an die Statthalter der Landschaften um Hülfe und Beystand, Scharen der Turkomanen heran und das Fußvolk der Landschaften zog herbey. Als diese sich am andern Morgen mit den Muselmännern aus Damascus vereinigt hatten, da zogen sie insgesammt gegen die Franken an; denn alle Furcht 27. Jul.
und Muthlosigkeit war von ihnen gewichen. Sie blieben ruhig im Angesicht der Franken stehen und warfen Pfeile zwischen sie, und wohin ein Pfeil in das Lager der Feinde fiel, da wurde ein Ritter oder Fußknecht oder Pferd oder Camcel verwundet. An eben diesem Tage kam noch aus der Landschaft Bokaa [6]) und andern Landschaften vieles Fußvolk, nämlich Bogenschützen, an, welche ihrer trefflichen Ausrüstung wegen für doppelt so viel an der Zahl gelten konnten. Noch an diesem Tage wurde jeder Abtheilung der Truppen ihr Platz im Heere angewiesen.

In der Frühe des Dienstages rückten sie aus, umzogen 28. Jul.
das feindliche Lager, welches durch die Bäume und Gärten gedeckt war, und beunruhigten die Feinde mit Pfeilen und Steinen. Aber die Franken waren muthlos und furchtsam und scheueten den Kampf und keiner kam hervor. Darum gingen auch von den Muselmännern wenige so weit vor, daß es zum Kampfe mit dem Schwerte oder der Lanze kom-

6) D. i. dem Thale des Libanon, worin die Stadt Baalbek liegt.

men konnte, weil man fürchtete, die Feinde möchten einen Hinterhalt gelegt haben oder mit andrer List umgehen. Die Muselmänner sahen endlich ein, daß es unmöglich sey, die Feinde anzugreifen. Uebrigens hatte keiner sich ihrem Lager genähert, welcher nicht durch einen Pfeil oder einen Lanzenstoß umgekommen war. Denn unter den Feinden waren viele kühne und kampflustige Männer, welche ihre Heerführer, deren sehr viele waren, um die Erlaubniß gebeten hatten, diejenigen Muselmänner tödten zu dürfen, welche sie zu überwinden vermöchten [7]).

Als aber hierauf die Franken vernahmen, wie das muselmännische Heer verstärkt worden, und daß in ihrem Rücken muselmännische Scharen herbeyzögen, so verzweifelten sie gänzlich, hielten ihr Verderben und ihren Untergang für unvermeidlich, und beschlossen in dem Rath, welchen sie pflogen, eiligst abzuziehen, als welches das einzige Mittel wäre, aus der Schlinge zu kommen, in welche sie gerathen.
29. Jul. Sie zogen also am Mittwoch vor Tagesanbruch ab. Sobald aber die Muselmänner ihren Abzug erfuhren, so eilten sie noch am Morgen dieses Tages ihnen nach, und beunruhigten ihre hintersten Scharen mit Pfeilen, und tödteten ihrer Männer, Rosse und Lastthiere eine große Zahl, und die Beute und Schätze, welche sie auf ihrer Straße fanden, von den getödteten Männern und Lastthieren zurückgelassen, waren unermeßlich und unzählbar, und überall fand man

7) Es ist in dieser Stelle einige Dunkelheit, weil die Muselmänner und die Franken, welche einander entgegengesetzt werden, in dem Original nicht bestimmt unterschieden sind, sondern die Rede in dem Pronomen der dritten Person des Pluralis oder den Zeitwörtern ohne Nennung des Subjects fortläuft, so daß die Unterscheidung nur aus dem Zusammenhange errathen werden kann.

Leichname getödteter Franken. Noch in der Nacht vor ihrem Abzuge verwüsteten sie mit Feuer den Ort Rabua und die Capelle Mamdudiah.

Als das Volk von Damascus die frohe Nachricht von jenen glücklichen Ereignissen erhalten, da dankte es Gott für die Gnade, womit er das Vertrauen belohnt, welches sie ihm in den Tagen dieser Noth bewiesen. Gott sey für alles dieses Preis und Dank!

Nachdem also Damascus schon befreyet worden, kam Nureddin zu Moineddin bey einem Dorfe im Gebiete von Damascus, um der Stadt beyzustehen.

Bericht des Ebn al-Athir. Es kam der König der Alemannen aus dem Lande der Franken mit einem unzählbaren Heere nach Syrien, und nachdem sich mit ihm die syrischen Franken vereinigt, so zogen sie gemeinschaftlich gen Damascus und umlagerten die Stadt. Der König der Alemannen zweifelte gar nicht daran, Herr der Stadt zu werden, wegen der Menge von Truppen, womit er sie angriff. Denn dieses Volk der Alemannen ist dasjenige unter den Franken, welches am zahlreichsten ist und das größte Land bewohnt; auch hat der König dieses Volkes die zahlreichsten und bestgerüsteten Scharen, obwohl ein andrer der fränkischen Könige vornehmer und gewaltiger ist [8]).

8) وهذا النوع من الفرنج هو اكثرهم عددا واوسعهم بلادا وملكهم اكثر عَدَدًا وعُدَدًا وإنْ كان غير ملكهم اشرف عندهم واعظم مَحَلًّا. Unter diesem vornehmern und gewaltigern Könige

Zu der Zeit, da von den Franken Damascus belagert ward, hieß der Fürst dieser Stadt Modschireddin Abek ben Mohammed, ben Buri ben Togthekin, welcher aber keine Gewalt hatte; sondern die Regierung war in den Händen eines Mamlucken von seinem Großvater Togthekin, des Moineddin Anar [9]), eines verständigen, frommen, standhaften und tugendhaften Mannes, welcher als Reichsverweser die Gerechtigkeitspflege, überhaupt die bürgerliche Gewalt und den Befehl über die Miliz vereinigte. Als nun die Franken gegen die Stadt anzogen, so rückte die Miliz aus (denn Anar hatte Truppen gesammelt und die Stadt in Vertheidigungsstand gesetzt), um die Feinde zu bekämpfen.

Unter denen, welche aus der Stadt auszogen, war der Scheich Hodschateddin Abu 'l-Hedschadsch Jussuf ben Dsunasch al-Fendulabi aus Afrika (Magrab), von der Schule der Malekiten zu Damascus, ein sehr angesehener und gottesfürchtiger Scheich. Als Moineddin ihn zu Fuß wandeln sah, begab er sich zu ihm, grüßte ihn und sprach: „Ehrwürdiger Scheich, dir ist solches erlassen, wir wollen schon

versteht Ebn al-Athir entweder den römischen Kaiser, oder, was mir noch wahrscheinlicher ist, den Papst. Denn schwerlich unterschied Ebn al-Athir den römischen König von dem Kaiser. Bekanntlich gab es damals keinen römischen Kaiser, weil Conrad III, da er die Römerfahrt nicht gemacht, von dem Papste nicht gekrönt worden und also nur römischer König war.

9) معين الدين أنر. Anlangend den Namen أنر, welchen die Chroniken, oder vielmehr die Abschriften derselben von einander ab; denn andre schreiben أتز, أنز und أنر. Daß die letzte Schreibung die richtige ist, geht wohl daraus hervor, daß dieser Fürst von den abendländischen gleichzeitigen Schriftstellern Ainardus genannt wird. S. Commentat. de bellor. cruciat. ex Abulf. historia (Gotting. 1798. 4.) S. 80. Anm. f.

an deiner Statt streiten, du hast für den Kampf keine Kraft." Er aber sprach: „ich habe verkauft und kaufe nun, und will weder selbst meinen Kauf brechen, noch durch andre ihn lösen lassen;" womit er auf das Wort Gottes im Coran [10]) hindeutete, nach welchem Gott von den Gläubigen ihre Seelen und ihre Güter gekauft hat, dafür, daß er ihnen das Paradies verhießen. Dann ging er vorwärts und stritt wider die Franken so lange, bis er als Märtyrer fiel.

Die Franken aber gewannen den Sieg, drangen vor und bemächtigten sich des grünen Meidan [11]), weil die Damascener zu schwach waren, sie abzuwehren. Hierauf sandte aber Moineddin unverzüglich an Saifeddin, den Bruder des Nureddin, that ihm die Gefährlichkeit seiner Lage kund und bat ihn um Hülfe und Beystand. Dieser sammelte auch sogleich seine Truppen und kam mit ihnen eiligst nach Emessa, woher er dem Moineddin folgendes melden ließ: „Ich bin jetzt hier und mit mir alle Waffenfähigen aus meinem Lande; aber so wir die Franken angreifen, so lange Damascus nicht in der Gewalt meiner Befehlshaber und Truppen ist, so bleibt im Falle eines Unglücks oder einer Niederlage für uns wegen der Entfernung unsers Landes gar keine Rettung, und nichts hindert

10) Sure 9, V. 112. „Fürwahr, Gott hat von den Gläubigen ihre Seele und Güter damit gekauft, daß er ihnen das Paradies verleiht. Sie sollen nun streiten für Gott, tödten und getödtet werden. Es bleibt ihnen die wahrhafte Verheißung im Gesetz, Evangelium und Coran; denn wer erfüllt wohl treuer seine Verheißung, als Gott? Freuet euch eures Verkaufs, den ihr geschlossen; denn das ist der große Gewinn."

11) ميدان الاخضر. Dieselbe Ebne, welche noch in neuen Zeiten das Siegesfeld heißt. Bericht des Missionairs in Paulus Sammlung von Reisebeschr. Th. IV. S. 80.

dann die Franken mehr, sich der Stadt Damascus und noch andrer Plätze zu bemächtigen. Darum, wenn du willst, daß ich wider die Franken streiten soll, so übergib die Stadt einem Manne, auf den ich vertraue. Ich schwöre dir dagegen, daß ich der Stadt mich nicht bemächtigen will, wenn wir den Sieg gewinnen [12]), auch nicht länger, als bis der Feind abgezogen seyn wird, darin bleiben und dann sogleich in mein Land zurückkehren werde." Auf diese Forderung zögerte Moineddin, sich zu erklären, bis er sähe, was von den Franken weiter geschähe. Mittlerweile schickte Saifeddin zu den fremden Franken, und ließ ihnen, um sie zu schrecken, melden, daß er sie angreifen würde, wenn sie nicht abzögen. Moineddin sandte gleichfalls zu ihnen und ließ ihnen sagen: „der König des Morgenlandes (d. i. von Mesopotamien) ist angekommen und mit ihm eine solche Menge von Truppen, daß ihr nichts wider sie vermögen werdet; wofern ihr jetzt nicht abzieht, so übergebe ich ihm die Stadt, und das wird euch nicht zum Nutzen gereichen." Auch schickte er zu den syrischen Franken und flößte ihnen Besorgnisse ein gegen die fremden Franken [13]), indem er ihnen sagen ließ: „Ihr bringt über euch Eines von zwey gleich schlimmen Dingen; wenn jene Fremden Damascus bezwingen, so werden sie euch das Land nicht lassen, welches ihr jetzt besitzt; wenn ich aber Damascus dem Saifeddin übergebe, so wißt, daß ihr nicht im Stande seyn wer-

12) الفرنج الغربا.

13) Durchaus unrichtig und falsch hat Deguignes in seinem Auszuge aus Ebn al-Athir (Notices et Extraits des Mss. de la Bibl. du Roy, T. I. S. 537) diese Stelle mitgetheilt: De son côté, Moineddin fit courir le bruit que le sultan de l'Orient s'avançoit avec ses nombreuses armees; en même tems il ecrivit aux Francs de Syrie, afin de leur inspirer de la crainte et de la jalousie contre ces Francs etrangers."

det, gegen ihn Jerusalem zu behaupten." Zugleich versprach er, Paneas ihnen zu überantworten, wenn sie den König der Alemannen zum Abzug von Damascus bewegen könnten. Sie gingen diesen Vertrag ein, weil sie wußten, daß er sein Wort gewissenhaft hielt, erfüllten den König der Alemannen mit Furcht vor dem Saifeddin, seinem zahlreichen Heere und den nachkommenden Verstärkungen, und stellten ihm ihre Gefahr, alle ihre Besitzungen in Palästina zu verlieren, wenn Saifeddin Herr von Damascus werde, als so unvermeidlich und unabwendbar vor, daß er sich zum Rückzuge entschloß, worauf auch die syrischen Franken abzogen. Diesen überantwortete hierauf Moineddin seinem Versprechen gemäß die Stadt Paneas, in deren Besitz sie blieben, bis hernach Nureddin sie eroberte.

Zusatz des Hafedh Abu 'l-Kasem, ben Asaker in seiner Chronik: es erschien in einem Traumgesicht der Fakih Alfendulabi. Als man ihn fragte, wo bist du jetzt, so gab er zur Antwort: „in den Gärten Eden, mitten unter denen, welche Gott von Angesicht zu Angesicht schauen." Sein Grab ist unter den Gräbern am kleinen Thor in der Gegend der Mauer des Bethauses, und über dem Grabe ist ein grosses Denkmal, an welchem sich eine Nachricht von seinem Leben findet. Das Grabmal des Abdorrahman al-Chalchuli ist in dem Garten Schabani nach der Morgenseite. Dieser Garten liegt nämlich der Moschee Schaban, welche jetzt die Moschee Tabut heißt, gegenüber, und dort wohnte auch der Scheich, als er lebte.

* * *

Abulfeda hat in seinen Annalen (Tom. III. S. 504 — 507) weniges mehr als einen sehr unvollständigen Auszug aus der oben aus Abu Schamah's Werke mitgetheilten Nachricht des Ebn al-Athir gegeben. Mehrere merkwürdige Nachrichten finden sich in den Auszügen aus verschiedenen Chroniken, welche die jetzt aus Paris nach Wien zurückgebrachte Chronik des Ebn Ferat enthält. Herr Jourdain hat von der Stelle, welche die Belagerung von Damascus betrifft, eine freye Uebersetzung gegeben, welche von Herrn Michaud im zweyten Theile seiner Histoire des Croisades T. II. S. 477 — 484 mitgetheilt worden. Ich hebe hier daraus dasjenige aus, worin Thatsachen erzählt sind, deren die Auszüge des Abu Schamah nicht erwähnen:

1) Erzählung des Ebn Ferat. Die Damascener, als sie von der Annäherung der Franken hörten, bereiteten sich vor, ihnen entgegen zu gehen und wider sie zu streiten. Als sie alles dazu in Stand gesetzt, schrieben sie an Malek al-Adel Nureddin, Fürsten von Haleb, und andre Fürsten; auch begaben sie sich zu allen den Orten, wo Wasser war, und verschütteten die Cisternen, so daß selbst die Oeffnungen nicht zu entdecken waren. Dasselbe thaten sie mit den Brunnen.

2) Aus der Chronik des Al-Hafedh Ebn Dschusi: Es kam die Nachricht nach Bagdad, daß drey Könige der Franken zu Jerusalem angekommen, und nachdem sie dort das Gebet des Todes gebetet (d. i. auf dem heiligen Grabe ihre Andacht verrichtet), gegen Mekka hin ausgezogen seyen, alles ihrige, 700000 Dinare, unter ihre Truppen vertheilt und die Absicht hätten, die Muselmänner anzugreifen. Als nun die Muselmänner vernahmen, daß

die Franken gegen sie anzogen, so nahmen sie aus den Dörfern alles Korn und Stroh, so daß nichts darin blieb. Die Einwohner von Damascus wußten nicht, daß die Franken Absichten auf ihre Stadt hatten, und glaubten, daß sie einige nahe bey Damascus liegende Schlösser belagern wollten. Am Sonnabend, dem sechsten Tage des Rabi al-awwal, erfuhren sie nicht eher etwas von den Kreuzfahrern, als da diese schon vor den Thoren waren, sechstausend zu Roß und sechszigtausend Mann zu Fuß. Die Zahl der Muselmänner, welche zum Streite wider sie aus der Stadt zogen, betrug hundert und dreyßig Tausend. Es kamen viele Muselmänner und eine unzählbare Menge Franken um.

Am fünften Tage (seit der Ankunft der Franken) kam Gasi ben Zenki zur Hülfe des Fürsten von Damascus mit zwanzigtausend Reutern. Sein Bruder Mahmud kam nach Hamah mit einem dreymal stärkern Heere, auch die Söhne des Gasi kamen mit dreytausend Mann. Weil so viele Muselmänner getödtet worden, so war Wehklagen und Verzweiflung in der Stadt [14]), die Einwohner lagen mehrere Tage in der Asche, der von Osman gesammelte Alkoran wurde in die Mitte der großen Moschee getragen, und die Männer, Weiber und Kinder versammelten sich um dieses heillge Buch und beteten. Gott erhörte ihr Gebet, denn die Franken wichen zurück. Unter den Franken war ein

14) Herr Jourdain nimmt folgenden Sinn von diesen Worten an: „Ils tuèrent un peuple innombrable (sans doute des Francs). Les pleurs et la desolation étaient dans la ville (apparemment avant son arrivée). Ich zweifle aber nicht, daß der von mir angenommene Sinn der richtige ist. Denn Saifeddin Gasi und seine Truppen kamen ja gar nicht zum Kampfe mit den Christen, und die obigen Worte beziehen sich ohne Zweifel auf die erste für die Muselmänner unglückliche Schlacht.

Priester mit einem langen weißen Barte, auf einem Esel reitend und ein Kreuz an seinem Halse und zwey in seinen Händen tragend. Dieser schrie: „der Messias hat es mir versprochen, daß ihr Damascus einnehmen werdet,“ und die Franken drängten sich um ihn, durch ihn ermuntert, die Stadt zu erobern. Als solches die Muselmänner sahen, so griffen sie ihn, voll Eifer für den Islam, einmüthig an, tödteten ihn und seinen Esel und verbrannten seine beyden Kreuze.

3) Aus der Chronik des Jahia ben Abi Thaji: Die Franken hatten mit sich einen Priester, den sie sehr ehrten. Als dieser durch einen Pfeil getödtet worden war, so wollten sie nicht mehr fechten. Am vierten Tage erschienen die Muselmänner zum Kampfe, aber es kam nur eine kleine Zahl der Franken hervor. (Das übrige dieses Auszugs gibt im Kurzen dasselbe, was oben aus der Chronik des Abu Jali mitgetheilt worden.)

4) Aus der Chronik des Scheich Dschemaleddin Mohammed ben Salem ben Nasrallah ben Wasel aus Hamah: Damals wurde Schahinschah, der Sohn des Nodschmeddin Ajub [15]), Großvaters unsers Sultans Almalik al-Mansur, König von Hamah, bey dem Thore von Damascus, durch die Franken, welche die Stadt belagerten, getödtet und zu Alscheref außerhalb der Stadt begraben. Er hinterließ zwey Söhne, den Almalek al-Modhaffar Omar und den Azzeddin Ferochschah, Vater des Malek al-Amdsched Bahramschah, Fürsten von Baalbek.

15) S. Kap. X. Anm. 15. Noch eines dritten Bruders von Saladin, des Thuranschah, erwähnt Abulfeda, Ann. Mosl. T. IV. S. 40.

Wir schließen diese Auszüge mit der Uebersetzung des Berichtes von Abulfaradsch in seiner syrischen Chronik, S. 334. 335: „Nachdem der König der Deutschen, welcher nur mit drey Grafen (den Gefahren in Kleinasien) entronnen war, zu Jerusalem am heiligen Grabe gebetet, den Segen empfangen und einige Tage geruhet hatte, so zog er gen Damascus mit zehn Tausenden zu Roß und sechszig Tausenden zu Fuß. Der Türken und Araber daselbst waren ohngefähr hundert und dreyßig Tausend zu Fuß außer den Reutern. Als nun die Franken sahen, daß in den Türken und Arabern, ungeachtet ihrer großen Zahl, doch keine Kraft sey, so wagten sie es zuversichtlich, sich der Stadt so sehr zu nähern, daß sie an den Flüssen und mitten in den Gärten sich lagerten. Moineddin, Fürst von Damascus, welcher einsah, daß die Stadt nicht gegen sie zu retten und zu behaupten sey, sandte hierauf heimlich an den König von Jerusalem und gewann ihn durch freundliche Worte und Gold, nämlich zweyhundert tausend Dinare, welche aber sämmtlich von Erz und nur mit ägyptischem Golde vergoldet waren. Von denselben falschen Goldstücken schickte er funfzigtausend an den Grafen von Tiberias. Als sie abgezogen waren, wurde dies Geld untersucht und der Betrug entdeckt [16]). In fünf arabischen Büchern, in welchen ich Er-

16) Der lateinische Uebersetzer hat diese Stelle offenbar nicht verstanden, sondern ihren Sinn nur errathen: „De hoc auro illi quinque Arabici scriptores (welche?), quamvis diversi, silent; solus beatus Mar Michael rem narravit.“ Das ägyptische Gold, womit das Kupfer überzogen war, scheint übrigens nur nachgemachtes Gold gewesen zu seyn. Wir wissen zu wenig über den ägyptischen Kunstfleiß in dieser Zeit, um darüber zu urtheilen. Aber wie kam Anar zu so vielen falschen Goldstücken? Hatte er sie schon im Voraus machen lassen, um bey vorkommender Gelegenheit die Christen damit zu betrügen? Die Christen waren übrigens der Meinung, wenigstens die gutmüthigen unter ihnen, daß nicht

zählungen (von dieser Begebenheit) angetroffen, habe ich keine Erwähnung jenes (falschen) Goldes gefunden; nur der hochselige Mar Michael hat davon berichtet. Der König der Alemannen aber, als er die unredliche Gesinnung der andern Franken merkte, zog von Damascus ab und kehrte mit großem Verdruß heim in sein Land."

Anar sich solchen Betrug erlaubt, sondern vielmehr Gott zur Strafe des schändlichen Verrathes das von den verrätherischen Fürsten genommene echte Gold in falsches durch ein Wunder verwandelt habe: „Pro summo solent recitare miraculo, sagt Wilhelm v. Tyrus (XVII. 7.), quod postmodum tota illa male sumpta pecunia inventa est reproba et penitus inutilis."

Geschichte

der

Kreuzzüge

nach

morgenländischen und abendländischen Berichten.

Von

Dr. Friedrich Wilken,

Königl. Oberbibliothekar, Professor an der Universität und Mitgliede der Königl. Akademie der Wissenschaften zu Berlin, Correspondenten der Königl. Französ. Akademie der Inschriften und schönen Wissenschaften zu Paris.

Dritter Theil. Zweyte Abtheilung.

Viertes Buch. Die Kämpfe der Christen wider Nureddin und Saladin bis zum Verluste von Jerusalem im J. 1187.

Leipzig, 1819
bey Fr. Christ. Wilh. Vogel.

Sr. Excellenz

dem Großherzoglich Badischen Herrn Staatsminister

Herrn

Freyherrn von Reitzenstein

als Denkmal

der innigsten Dankbarkeit und Anhänglichkeit

ehrerbietigst gewidmet.

Vorrede.

Indem ich dem Publikum den Schluß des dritten Bandes der Geschichte der Kreuzzüge übergebe, kann ich die Versicherung hinzufügen, daß nunmehr dieses Werk in kurzer Zeit vollendet seyn wird. Denn von den Kreuzfahrten, welche seit dem Ende des zwölften bis zu dem Ende des dreyzehnten Jahrhunderts für die Wiedereroberung des heiligen Grabes geschahen, können nur noch die große Kreuzfahrt des Kaisers Friedrich des Ersten und der Könige Philipp August von Frankreich und Richard Löwenherz von England, dann die Stiftung des lateinischen Kaiserthums in Constantinopel, und endlich die Kreuzfahrten Ludwigs des Frommen auf eine ausführliche Behandlung Anspruch machen. Für die Kreuzfahrt des Kaisers Friedrich des Andern, welche nicht in dem frommen Sinne der alten Wallbrüder unternommen wurde, wird nicht so große Ausführlichkeit nöthig seyn, und eine noch geringere hinreichen für andere spätere Unternehmungen dieser Art, deren Triebfeder nicht die Begeisterung für das heilige Grab und die Ehre des Christenthums, sondern entweder die Gewinnsucht von Kaufleuten oder Eroberungssucht war. Auch würde es eben so wenig nützlich als erfreulich seyn, alle kleinlichen innern Händel und Zänkereyen, wodurch die wenigen, seit Saladins Eroberung im gelobten Lande einheimisch gebliebenen Abendländer ihren Untergang beschleunigten, bis in alle Einzelheiten zu verfolgen und zu erwägen. Dagegen werden dem vierten Bande noch einige kritische Abhandlungen, vornehmlich über die Quellen der Geschichte der Kreuzzüge und die von den abendländischen Fürsten im Morgenlande geprägten Münzen, und eine topographische Beschreibung von Jerusalem, nach dem Zustande dieser heiligen Stadt während der christlichen Herrschaft im Mittelalter, beygelegt werden. Auch wird die längst versprochene Charte den vierten Theil begleiten.

Berlin am 4 Julius 1819.

Inhalt.

Viertes Buch.

Die Kämpfe der Christen wider Nureddin und Saladin bis zum Verluste der heiligen Stadt Jerusalem 1187.

Erstes Kapitel.

Regierung des Königs Balduin III.

Zweytes Kapitel.

Regierung des Königs Amalrich.

Drittes Kapitel.

Regierung des Königs Balduin IV.

Viertes Kapitel.

Krönung des Königs Veit.

Fünftes Kapitel.

Verlust des heiligen Landes.

Beylagen.

Beylagen

zur

Geschichte der Kreuzzüge.

Dritter Band, zweyte Abtheilung.

Berichte des Abu Schamah über verschiedene Kämpfe Nüreddins wider die Christen.

I.

Zu S. 28.

Verhältnisse Nureddins mit dem Reiche von Damascus.

Jahr d. Fl. 546.

Aus Abu Jala: Als Nureddin vor Damascus lag, um die Stadt zu züchtigen, wegen ihrer Verbindung mit den Franken, so kam die Nachricht, daß die Franken sich sammelten, um denen von Damascus zu helfen, was alle fromme Gemüther mit Bekümmerniß und Unwillen erfüllte über solche bisher unerhörte Gottlosigkeit. Täglich aber wurde gestritten. Am 23 des Monats Safar zog das Heer Nureddins aus dieser Stellung und begab sich in die Landschaften Fadaja und Halakbaltin und Chamesain, welche der Stadt gegen über liegen, von welcher Seite, so viel man weiß, noch niemals einer sich der Stadt zu nähern gewagt hatte. Hierauf am 20. Safar begab er sich in die Gegend von Daria, weil ihm Kunde war gebracht worden von der Annäherung des Heers der Franken nach dieser Stadt; denn er wünschte gar sehr mit ihnen zu kämpfen. Das Heer Nureddins war unzählbar und an jedem Tage mehrte es sich, weil von allen Seiten und Enden Turkomanische Scharen herbeykamen. Gleichwohl aber gestattete Nureddin keinem von seinem Heere zum Streit wider einen Muselmann auszugehen; obschon das Volk der Stadt in seiner Thorheit und Verblendung den Kampf anfing, und niemals anders zurückkehrte, als mit großem Verlust. Nachdem er unter solchen Umständen lange Zeit bey Daria verweilt hatte, begab er sich in die Gegend von Awadsch *), weil das Heer der Franken dort in der Nähe war und die Absicht hatte ihn anzugreifen. Dann beschloß er nach Raidani sich zu begeben, um die Franken dorthin zu ziehen. Zugleich aber sandte er von seinem Heere eine Abtheilung von fast vier Tausend Reitern mit mehrern Anführern in das Land Hauran, weil die Franken dahin ihre Richtung genommen hatten, indem er diesen Haufen gebot, sich mit den Arabern daselbst zu vereinigen und zu wachen auf den Anzug der Franken und ob die Miliz von Damascus mit ihnen sich vereinigen würde. Es begab sich aber, daß nach seinem Abzuge gegen Awadsch das Heer der Franken (bey Damascus) ankam, am 3. des Monats Rabi al-awwal; eine große Zahl von ihnen begab sich auch in die Stadt, um zu verabreden, was ihnen Noth war. Worauf Modschireddin und der Prinz, in dessen Namen er regierte, mit ihrem Gefolge und vielen ihres Volks auszogen zu dem Könige der Franken und dessen Gefolge; sie fanden zwar bey ihm nicht die Menge und Macht, welche sie erwartet hatten, verabredeten aber doch gegen das Schloß Bosra zu ziehen, um es zu überwältigen und das Land umher zu verwüsten. Das Heer der Franken zog hierauf nach Ras al-Ma, die Miliz von Damascus aber war nicht

*) الاعوج

gerüstet wegen der Schwäche und Uneinigkeit, welche in der Stadt herrschte. Das Heer Nureddins, welches nach Haucan geschickt war, und die Araber, welche sich demselben angeschlossen hatten, zogen in das Land der Franken, um ihnen Schaden zuzufügen. Das Heer der Franken aber zog nach Hauran, um sich dort zu vertheidigen. Als Nureddin dies vernahm, begab er sich nach Ain aldscharr, was in der Landschaft Bakaa liegt, um nach Damascus zurückzukehren, und den Kampf mit den Franken und der Miliz von Damascus zu suchen. Die Franken aber, nachdem sie sich mit der Miliz von Damascus vereinigt hatten, zogen gegen Bosra, um diese Burg zu belagern und zu berennen; aber es gelang ihnen nicht, und Serchak, der Befehlshaber von Bosra, fiel mit seinem Fußvolk über sie, so daß sie mit großem Verluste abzogen. Die Miliz der Franken kehrte hierauf in ihre Heimath zurück, woher sie an Modschireddin und seinen Prinzen Abgeordnete schickten, um den Rest des ihnen verheißenen Tributs für die Abwehrung Nureddins zu fordern, indem sie sprachen: „Wenn wir ihn nicht abwehren, so zieht er nicht ab von Euch!

II.

Zu Seite 29.

Streit Nureddins mit dem Fürsten von Damascus.

J. d. Fl. 548. 549.

Aus dem Berichte des Raijis Abu Jala Al Temimi: Es kamen Nachrichten auf Nachrichten in das Land des Nureddin, als er eifrig beschäftigt war, Truppen und Turkomanen zu sammeln aus den übrigen Landschaften und Städten, um die Abgötterey und die Irrlehre zu bekämpfen, und dem Volk von Askalon zu helfen gegen die Franken, welche vor der Stadt lagen und sie schon mit Belagerungszeug sehr hart bedrängten; diese waren sehr zahlreich, und schon war die Sache auf das Aeußerste gekommen. Da begab sich Modschireddin, Fürst von Damascus, zu Nureddin mit dem auserlesensten Theile seines Heers, um ihm beyzustehen im heiligen Kampfe, am 13. des Monats Moharrem, und vereinigte sich mit ihm im nördlichen Lande. Nu ddin aber hatte sich bereits mit dem Schwerte der Burg Adslis, einer ungemein festen Burg, bemächtigt, und alle Franken und Armenier, welche darin waren, erschlagen; auch das Heer hatte viele Beute und viele Gefangene gemacht. Sie lagerten sich hierauf vor der Stadt Paneas im letzten des Monates Safar, welche von Besatzung entblößt und leicht zu erobern war. Von Askalon kamen indeß häufige dringende Bitten um Hülfe und Beystand. Gott aber hatte beschlossen, daß zwischen ihnen Entzweyung und Kampf entstehen sollte. Obwohl sie zehn Tausend Mann zu Fuß stark waren, und kein Franke auf ihren Weg kam, und kein Heer sich ihnen näherte, so ließen sie doch davon ab und begaben sich nach Alawadsch. Dann aber beschlossen sie wieder nach Paneas zurückzukehren und diese Stadt zu erobern, und auch dieses gaben sie muthlos auf ohne alle Ursache und Veranlassung und trennten sich von einander. Modschireddin begab sich, ohne an seiner Person noch seinem Heere einigen Schaden genommen zu haben, nach Damascus, wo er am 11. Rabi al-awwal ankam, Nureddin aber kehrte nach Emessa zurück mit seinem Heere.

Bald darauf kam die Nachricht von der Ankunft einer Aegyptischen Flotte bey Askalon, wodurch der Muth der Belagerten wieder aufgerichtet wurde; sie bemächtigten sich auch einer großen Zahl von fränkischen Schiffen auf dem Meere. Die Franken aber setzten die Berennung und Belagerung der Stadt und das Stürmen gegen sie vermittelst des Thurmes gleichwohl so lange fort, bis ihnen endlich das Eindringen in die Stadt von der einen Seite der Mauer möglich wurde, worauf sie die Mauer niederwarfen und in die Stadt eindrangen. Von beyden Seiten wurden zwar viele getödtet; endlich zwang aber die Noth und die Unmöglichkeit des längern Widerstandes die Muselmänner um Frieden zu bitten, welcher ihnen auch bewilligt wurde; und wer wegkommen konnte, begab sich zu Lande oder Wasser nach Aegypten und andern Gegenden. Es wird behauptet, daß in diesem Platze von Kriegsbedürfnissen und Geld und Mundvorräthen noch eine unermeßliche Menge vorhanden gewesen sey.

Man erzählt, daß die Nachricht von diesem Verluste große Betrübniß und Beängstigung überall hervorgebracht habe; aber Dank sey Gott, welcher den nicht verstößt, welcher seinen Rathschluß ~~durchdringt~~ und den nicht verwirft, an welchem sein Wort besiegelt wird, indem dieses gleichwohl erfüllt und vollbracht wird.

Jahr 549.

Aus Ebn al-Athir: In diesem Jahre bemächtigte sich Nureddin der Stadt Damascus und entriß sie ihrem bisherigen Herrn Modschireddin Abek. Was aber Nureddin bewog die Besitznahme davon zu beschleunigen, war, daß die Franken im vorigen Jahre der Stadt Askalon sich bemächtigt hatten, der festesten und schönsten Stadt von Palästina. Als die Franken die Stadt belagerten, war Nureddin sehr betrübt, daß er nicht im Stande war, sie darin zu stören, weil Damascus auf dem Wege lag und er keine andere Straße hatte, um in die Mitte des Landes der Franken einzudringen. Das Reich der Franken hatte aber sich so sehr gehoben, daß sie selbst nach dem Besitze von Damascus trachteten, und den Modschireddin hatten sie auch schon sehr geschwächt, und ließen Einbruch auf Einbruch in sein Fürstenthum folgen, und mordeten und plünderten und raubten Gefangene, und endlich kam es so weit mit den Muselmännern, daß die Franken selbst den Einwohnern der Stadt einen jährlichen Tribut auferlegten, welchen alljährlich ein fränkischer Abgeordneter, welcher nach Damascus kam, von den Einwohnern erhob. Hernach sanken die Damascener sogar so tief, daß die Franken durch einen Bevollmächtigten ihre Knechte und Mägde musterten, welche sie aus andern Christlichen Ländern hinweggeführt hatten, und diesen die Wahl ließen, bey ihren Herren zu bleiben, oder in ihre Heimath zurückzukehren. Modschireddin kam dadurch um alles Ansehen, so daß er von dem Volke selbst in der Burg mit verschiedenen Personen, unter welchen auch ein Mann war mit Namen Mowaijed eddin Ebn Sufi, eingeschlossen ward. Als die Angelegenheiten in Damaskus also standen, gerieth das Volk in Furcht und ängstigte sich wegen der Feinde. Sie wandten sich endlich im Gebet zu Gott und flehten ihn an, ihnen zu offenbaren, was sie von dieser Furcht erretten könne, und Gott erhörte ihr Gebet und beschloß sie aus ihrer Noth zu befreyen durch einen Mann, dem sie am liebsten gehorchten, und dessen Leben und Wandel sie verehrten, nemlich durch Nureddin, der wirklich war, was sein Name Malek al Adel bedeutet, nemlich ein gerechter König. Gott gab es ihm in den Sinn und ließ ihn Gefallen finden an dem Plane, Damascus zu erobern. Als nun Nureddin darüber nachdachte, so sah er wohl ein, daß wenn er die Stadt mit Gewalt und durch Berennung bezwingen wollte, ihm solches mißlingen könnte, weil ihr

Fürst, sobald er solches merkte, sich an die Franken wenden und diese zu Hülfe rufen würde.

Während der zehntägigen Belagerung schrieb Modschireddin an die Franken, und versprach ihnen Geld und die Veste Baalbek, aber ehe sie sich sammelten und herbeykamen, erhielten sie die Nachricht, daß Nureddin bereits Herr von Damascus geworden war, worauf sie heimlich und betrübt zurückkehrten.

Aus Ebn Al-Athir: Als Nureddin Herr von Damascus geworden, fürchteten sich die Franken sämmtlich vor ihm gewaltig; denn sie wußten wohl, daß er sich nicht des Kriegs gegen sie und ihre Länder enthalten würde. Darum schickte jeder Graf und Baron an ihn Botschafter und suchte sich mit ihm zu vergleichen. Auch die in Tellbascher schickten zu ihm und boten ihm die Uebergabe ihres Platzes an. Worauf Nureddin dem Emir Hassan, einem der angesehensten Emire, welchem die Stadt Mambedsch als Lehen zugetheilt war, es übertrug, die Besitznahme zu bewerkstelligen. Dieser nahm also Tellbascher in Besitz, befestigte die Burg und brachte dahin viele Schätze.

III.

Zu S. 41.

Belagerung der Burg Harem.

J. d. Fl. 551.

Aus Ebn Al-Athir: In diesem Jahre belägerte Nureddin die Burg Harem westlich von Haleb, ganz nahe bey Antiochien, und ängstigte die Einwohner gar sehr. Es war aber diese Burg eine der festesten auf der Grenze (dem Nacken) der Muselmänner. Auch sammelten sich die Franken aus der Nähe und Ferne, um sie zu vertheidigen. In der Burg aber war einer der ärgsten Satane der Franken, auf dessen Rath sie wieder sich zurückzogen. Denn dieser that ihnen kund, wie er für sich im Stande wäre, die Burg zu behaupten und zu vertheidigen, sowohl durch die Truppen, Waffen und Vorräthe, welche er besäße, als durch die Festigkeit der Burg. Er rieth ihnen dagegen, den Krieg in die Länge zu ziehen und das Schlagen zu vermeiden. Wenn ihr, sprach er, mit ihm euch einlaßt, so überwindet er euch und nimmt dann Harem. Wenn ihr aber euch vor ihm hütet, so sind wir im Stande, uns gegen ihn zu halten. Sie folgten diesem Rath und beschickten den Nureddin wegen Frieden, indem sie einen Theil des Gebiets von Harem ihm anboten. Er aber wollte unter keiner andern Bedingung Frieden bewilligen, als wenn sie ihm die Hälfte jenes Gebietes abträten, worein sie willigten. Nachdem er also den Frieden geschlossen, kehrte er heim.

IV.

Zu S. 45.

Niederlage der Christen bey der Furth Jakobs.

J. d. Fl. 552.

Aus Abbu Jala. Am 9. des ersten Dschemadi kam eine Taube herab mit einem Briefe aus dem Lager des Nureddin, welcher die Nachricht enthielt, daß Nureddin, als er vernahm, daß die Franken am See von Tiberias und Paneas gelagert waren, wider sie zog mit einem Heere aus Türken und Arabern in Eilmärschen, und als er sich ihnen näherte, ohne daß sie es gewahr wurden, und als plötzlich sie seine Paniere erblickten, welche sie schon beschatteten, so brachen sie hervor mit der Stärke der Waffen und Rosse, und theilten sich in vier Scharen und griffen die Muselmänner an. Indeß aber ritt der König Nureddin hervor und mit ihm die Tapfersten, und bedrängten sie mit Pfeilen und Lanzenstößen, bis daß ihnen die Füße wankten und Verderben und Tod über sie kam. Also gab Gott den Muselmännern den Sieg, und sie wurden Herren über die Ritter der Franken mit Tödten und Gefangennehmen, und die Schwerter durchbohrten die Männer in großer Zahl, also daß nur zehn Männer entkamen, unter denen auch ihr König gewesen seyn soll; sein Sohn aber wurde getödtet in dem Getümmel der Schlacht, ohne daß der Vater davon die Kunde erhielt. Von dem Heere der Muselmänner fehlten aber nicht mehr als zwey Männer, einer war von den wichtigen Streitern, dieser hatte vier vornehme Franken getödtet und fiel dann selbst, als sein Ziel nach dem gnädigen Beschlusse Gottes gekommen war. Der andre war ein unbekannter Fremde. Beyde starben als Märtyrer, denen Gott Belohnung und Vergeltung nicht versagte. Das Heer der Muselmänner machte große

Beute an Rossen, Waffen, Knechten und Zeltgeräth. Auch die Kirche der Franken mit ihren schönen Geräthen fiel in die Gewalt des Königs Nureddin. Es war ein entschiedener Sieg und ein herrlicher Gewinn. Die Gefangenen und die Köpfe der Erschlagenen kamen nach Damaskus am Montage, dem nachfolgenden Tage nach dem Siege. Auf jedes Kameel hätte man zwey Ritter der Franken gesetzt mit einer ausgebreiteten eroberten Fahne, und daran hingen die Felle von einer Anzahl von Köpfen der Erschlagenen mit ihren Haaren. Die vornehmen Gefangenen, die Herren von Burgen oder Landschaften saßen jeder auf einem Pferde mit Panzer und Helm gerüstet, und in der Hand eine Fahne haltend. Das Fußvolk aber ging zu drey und vier, mehr oder weniger an Einem Stricke. Eine unzählbare Menge Volks ging aus der Stadt ihnen entgegen, Greise und Jünglinge und Weiber und Knaben um zu schauen, welchen herrlichen Sieg Gott allen Muselmännern verliehen, sie dankten Gott und priesen Nureddin, der sie also beschirmte und vertheidigte, und lobten seinen Edelmuth und seine herrlichen Thaten. Nureddin begann hierauf in ihre Landschaft einzudringen, um sie zu bezwingen und zu unterjochen, mit Aufmerksamkeit und Vorsicht.

V.

Zu S. 53.

Kampf bey der hölzernen Brücke.

J. d. Fl. 553.

Es wurde die Nachricht gebracht vom Heere, daß die Franken sich gesammelt und wider das Lager bewegt hatten, worauf aber Nureddin sogleich mit dem Heere aufgebrochen war; es waren auch die beyden Heere zusammengestoßen, worauf es sich aber fügte, daß einige Führer des Heers feig wurden und die Reihen verließen. Nureddin aber blieb fest auf seinem Platze mit einer kleinen Zahl seiner tapfersten Trabanten im Angesichte der Franken. Diese aber warfen unaufhörlich Pfeile auf diese kleine Schar und tödteten ihrer und der Rosse eine große Zahl, bis sie endlich aus Furcht vor einem Hinterhalte der Muselmänner die Flucht nahmen. Also wurde Nureddin durch Gottes Hülfe und seine ungemeine und wunderbare Tapferkeit und Unerschrockenheit aus der Gewalt der Feinde befreyt und kam glücklich in sein Lager zurück. Diejenigen aber, welche davon die Ursache gewesen waren, daß er mitten zwischen die Feinde gerathen war, wurden mit Schmach bedeckt. Hierauf ging ein Theil der Franken in die Heimath zurück; ihr König aber schickte an Nureddin Boten, welche Frieden und Waffenstillstand anboten. Obwohl der König den Frieden sehr heftig wünschte und mehrere Gesandtschaften gewechselt wurden, so kam er doch nicht zu Stande. Nureddin aber kam wohlbehalten nach Damascus zurück.

Aus Abulfathach: Es kam zu uns die Nachricht, daß Nureddin ausgezogen sey zum heiligen Kriege im J. 553, Gott aber es verfügt habe, daß das Heer der Muselmänner zur Flucht gebracht wurde, und der gerechte König (Malek al-Adel) nur zurückblieb mit einem kleinen Häuflein und einer geringen Schar, stehend auf einem Hügel, welcher Tell Hobaisch hieß. Schon hatte sich das Heer der Ungläubigen so sehr genähert, daß das Fußvolk der Muselmänner sich vermischte mit dem Fußvolke der Ungläubigen. Und es stand ihnen Nureddin gegen über, das Gesicht gewendet gegen die Keblah des Gebets, inbrünstig und still also zu Gott betend: „O Herr der Knechte, mir schwachem Knechte hast du die Herrschaft gegeben über dieses Reich und dieses Regiment verliehen, ich sorgte für die Wohlfahrt deines Landes und für das Seelenheil deiner Knechte, ich gebot ihnen, was du mir gebotest, und untersagte ihnen, was du mir untersagtest, entfernte von ihnen den Irrthum und verbreitete die Kenntniß deines Glaubens in ihrem Lande, und nun fliehen die Muselmänner, und ich vermag es nicht diese Ungläubigen zurückzutreiben, die Feinde deines Glaubens und deines Propheten, und habe keine Gewalt als über dieses mein Leben, und dieses überlasse ich ihnen im Kampfe für deinen Glauben und im Streite für deinen Propheten." Da erhörte Gott sein Gebet und wandte wieder zu ihm seine Gnade, und warf in ihre Herzen den Schrecken und Irrthum, also daß sie stehen blieben auf ihren Plätzen und nicht wagten vorwärts zu gehen, indem sie glaubten, daß der gerechte König wider sie List übte, und das Heer der Muselmänner aus seinem Hinterhalt hervorbrechen und keiner von ihnen entkommen würde, wenn sie vorwärts gingen. Also blieben sie stehen und gingen nicht vorwärts wider ihn. Abulfathach sagt: wenn Gott nicht diese Furcht ihnen eingegeben hätte, so würden sie die Muselmänner zu Gefangenen gemacht haben, und es wäre nicht einer entronnen. Als nun das Heer der Ungläubigen also still stand, so traten zwey von ihnen hervor, turnten zwischen den beyden Schlachtordnungen und forderten den Tod von den Muselmännern, worauf Nureddin dem Chatlach, dem Priester des verstorbenen Emadeddin, hervorzugehen hieß gegen diese beyde. Dieser ging hervor, turnte einige Zeit zwischen ihnen beyden, dann stürzte er sich auf den einen von ihnen und erschlug ihn; hierauf turnte er wieder einige Zeit und täuschte den andern durch List, dann näherte er sich der Schlachtordnung der Ungläubigen, stürzte sich auf jenen andern und erschlug ihn ebenfalls. Worauf er wieder zur Schlachtordnung zurückkehrte.

Der Scheich David aus Jerusalem, der Diener des Grabes von unserm gebenedeyeten Propheten, berichtet über diese Begebenheit also: Der König von Jerusalem hatte mir ein Maulthier geschenkt, worauf ich an diesem Tage ritt, als ich mit dem gerechten Könige Stand hielt. Und als die Ungläubigen herbeykamen und in die Nase meines Maulthiers der Geruch von den Pferden der Ungläubigen kam, da wieherte es aus Verlangen nach den Pferden. Sie aber, als sie das Gewieher meines Maulthiers hörten, sprachen: Das ist David, der auf dem Maulthiere reitet, mit Nureddin, welcher dort Stand hält. Und wäre dabey nicht List und Hinterhalt von den Muselmännern: warum würden sie Stand halten mit einem so kleinen Häuflein und einer so geringen Schar? Dieses hielten sie für gewiß und wagten deshalb nicht sich zu nähern. Er fährt dann also fort: Alle, welche mit dem Könige waren, gingen zu ihm, küßten vor ihm die Erde und sprachen: O Herr, ihr seyd der König über alle Muselmänner in diesem Lande und in dieser Gegend, wenn nun, was Gott abwenden wolle, durch die Uebermacht der Franken ein Unfall über die Muselmänner käme, wer würde ihn bessern können? Er sprach und schwur, das würde der Scheich David können. Da ergriffen sie aber den Zügel seines Rosses wider seinen Willen und führten ihn von diesem Orte hinweg. Denn sein Wille war es nicht, diesen Ort zu verlassen. Als nun die Franken solches erfuhren, und vernahmen, daß keine List und kein Hinterhalt Statt gefunden hatte, so bemächtigte sich ihrer die heftigste Reue.

V.

Zu S. 64 flgd.

Kaiser Johann in Syrien.

J. d. Fl. 553. 554.

J. 553.

Aus Abu Jala: Es kam die Nachricht aus dem Lande von Constantinopel im Monate Dsulhadschah, daß der König von Rom ausgezogen sey mit zahlreichen Scharen, um die Provinzen und Burgen der Muselmänner anzugreifen, und nach Murudsch eldibadsch gekommen sey und dort sich gelagert, auch seine Scharen ausgesandt habe, zur Verheerung des Landes von Antiochien. Aber schon hatte ein Stamm Turkomanen über die Römer einen Sieg gewonnen, und zwar zu der Zeit, da sie viele der Schlösser und Burgen des Königs Leo von Armenien erobert hatten. Als Nureddin dieses vernahm, so sandte er sogleich an alle Befehlshaber von Provinzen und festen Städten Briefe, worin er ihnen Nachricht gab von dem, was die Römer unternommen hatten, und sie ermahnte zur Aufmerksamkeit und Wachsamkeit, so wie auch zu thätiger Rüstung zum Streit und muthigem Widerstande.

J. 554.

Aus demselben Schriftsteller: Es war von dem Könige von Rom aus dessen Lager ein Gesandter angekommen mit einem Geschenk von gestickten Kleidern und andern Dingen für Nureddin, und mit ehrenvollen Reden und Ehrenbezeugungen, und war auf gleiche Weise aufgenommen worden. Er berichtete im Namen des Kaisers, daß zwischen ihm und dem Könige der Franken Frieden und Waffenstillstand geschlossen worden sey. Gott gab aber alles von ihnen beyden gestiftete Unheil ihnen selbst zurück, und ließ sie den Lohn ihrer Treulosigkeit und Betrügerey schmecken.

Aus dems. Schriftsteller: Es kam aus dem Reiche der Römer die Nachricht, daß der Kaiser einen Zug gegen Antiochien vorhatte. Er zog hierauf gegen die Vesten der Muselmänner und kam dem Nureddin zuvor, indem er in Syrien einbrach. Das Volk dieser Gegend aber gerieth in große Furcht vor der Beschädigung durch die Römer und Franken. Er zog dann mit seinem Heere in die Gegenden von Hems, Hama und Schaisar.

Aus dems. Schriftsteller: Es wurde der Waffenstillstand, welcher zwischen Nureddin und dem Könige der Römer geschlossen war, erneuert, nach wiederholten gegenseitigen Gesandtschaften und Forderungen. Dem Könige der Römer wurde gewährt, was er suchte, nemlich die Freylassung der fränkischen Fürsten, welche in der Gefangenschaft Nureddins waren, und dies erwiederte er mit gleicher Freygebigkeit durch Geschenke an kostbaren schön gestickten Kleidern in großer Mannigfaltigkeit und Zahl, köstlichen Edelsteinen, prächtig verzierten Zelten und den schönsten Gebirgspferden. Nach diesem begab sich Nureddin wieder in sein Land, mit Ruhm und Lob verherrlicht. Denn er hatte keinen Muselmann in der zweyten Decade des ersten Dschumadi beschädigt, und alle Herzen erfreuten sich wieder nach der bisherigen Angst und Unruhe.

Aus dems. Schriftsteller: Nach diesem kam die Nachricht, daß Nureddin seinem Bruder Kotbeddin und dessen Heere, und allen den Führern und Officieren und deren Heergesellen, welche ausgezogen waren zum Streite wider die Römer und Franken, ein großes herrliches Gastmahl bereitet, und sie beschenkt hatte mit einer großen Zahl von Arabischen Hengsten und Stuten und Maulthieren, mit Ehrenkleidern aller Art und unermeßlichem Golde. Es war ein glänzender Tag durch Pracht und Herrlichkeit. Es begab sich aber an diesem Tage, daß ein Haufen von fremden Turkomanen die Sorglosigkeit der Leute, welche sich mit dem Feste beschäftigten, und die Gelegenheit zum Rauben bemerkten, und die Araber vom Stamm Samah und einige andere verjagten und ihr Vieh vertrieben. Als aber Nureddin solches vernahm, so sandte er sogleich zahlreiche Truppen ihnen nach, welche sie erreichten, ihnen abnahmen, was sie geraubt hatten, und solches den Eigenthümern zurückstellten.

Druck-

Druckfehler.

Seite 45 Zeile 3 statt Ibelim l. Ibelin, und auf gleiche Weise ist an mehrern Stellen zu verbessern.
— 49 — 6 st. Emirs l. Emiren. Ebendaselbst ist am Ende der Anmerk. 67 hinzu zu setzen: Abu Schamah.
— 59 — 8 ist das ; zu löschen.
— 86 — 19 statt Heere l. Herrn.
— 100 — 7 st. wäre l. sey.
— 120 — 7 ist nach dem Worte jedoch einzuschalten: wiederum.
— 142 ist die Zeitangabe: „März 1172" an den Anfang des Absatzes zu rücken.
— 184 — 188 ist die Jahrzahl oben am Rande der Seite 1177 zu lesen statt 1178.
— 272 Z. 4 von unt. st. Dotaim l. Dotain.
— 283 Z. 3 st. sehnlichst l. sehnlich.
— 289 Z. 20. st. Zeuge l. Zeugen.

Geschichte der Kreuzzüge.

Viertes Buch.

Die Kämpfe der Christen wider Nureddin und Salaheddin bis zum Verluste der heiligen Stadt Jerusalem im Jahre 1187.

Erstes Kapitel.

Der unglückliche Ausgang der letzten grossen Kreuzfahrt war für die Christliche Herrschaft im Morgenlande von verderblichster Wirkung. „Von diesem Tage an," also klagt der Erzbischoff Wilhelm von Tyrus, „verschlimmerte sich der Zustand der Christen; denn unsere Feinde hatten mit Schadenfreude gesehen, wie die Arbeiten unserer vornehmsten und mächtigsten Könige, welche für die stärksten Säulen des Christlichen Volkes geachtet wurden, vereitelt, ihre Macht vernichtet und ihre Herrlichkeit zu Schanden geworden waren; sie hatten diejenigen, deren Namen zuvor sie geschreckt, ungestraft verhöhnt, als sie anwesend waren. Darum stieg ihre Kühnheit und ihr Uebermuth so sehr, daß sie seitdem alles ihren Kräften zutrauten und uns viel heftiger ängstigten denn zuvor [1])." Aber selbst noch

1) Wilh. Tyr. XVII. 9.

schlimmer für die katholischen Christen in Syrien, als diese von dem Erzbischoff Wilhelm beklagte Steigerung des Uebermuths der Heiden, war die Wirkung des von den lateinischen Christen in Syrien an den deutschen und französischen Pilgern geübten Verraths auf das ganze Abendland. Mehrere Jahre vermieden die abendländischen Pilger fast gänzlich den durch treulose Verräther entweihten Boden des heiligen Landes; die wenigen, welche kamen, hielten sich fern von dem Kampfe wider die Heiden und eilten in ihre Heimath zurück, sobald sie ihre Andacht an den heiligen Stätten vollbracht hatten. Kein Kampf wurde mehr unternommen, wodurch das Reich der Christen in dem heiligen Lande befestigt, der Besitz der Grabstätte des Erlösers und aller andern den frommen Christen ehrwürdigen Oerter hätte gesichert werden mögen. Eine reiche Beute war alles, was selbst mit den tapfersten Thaten gewonnen wurde, und nur darnach trachteten auch meistens die Fürsten und Ritter des Kreuzes; jeder der Fürsten, unter welchen Unfrieden und Zwietracht nimmer aufhörten, war nur auf seinen Vortheil bedacht, wenig eingedenk der Ehre des Christlichen Namens und des gemeinsamen Nutzens. Die Pullanen sahen mit Schrecken die Annäherung des von ihnen verwirkten göttlichen Strafgerichts; ein Unglück drängte das andere, und nur selten wurde die Reihe der Unglücksfälle unterbrochen durch glückliche Waffenthaten, welche bei der Gesinnung der Fürsten und ihren gegenseitigen Verhältnissen unter sich niemals dauernde Vortheile brachten.

J. Chr. 1148. Kaum hatten die beiden fremden Könige das heilige
J. d. H. 543. Land verlassen: so verwüstete Emir Moineddin von Damascus von der Landschaft Hauran aus, wo er mit der Damascenischen Miliz, einigen Arabischen Stämmen und Turkomanischen Horden sich gelagert, das Königreich Jerusalem

so gewaltig, daß die Christen um Frieden zu bitten genö- J. Chr. 1148.
thigt waren [2]). Noch furchtbarer brach Nureddin in das
Fürstenthum Antiochien ein, erstürmte mehrere Burgen und
ängstigte vornehmlich die Stadt Apamea. Zwar überfiel
der Fürst Raimund bei dieser Stadt unvermuthet die Heiden
während der Mittagsruhe, verjagte sie und nahm ihnen
alles Heergeräth; aber bald hernach kam Nureddin wieder
mit einem noch zahlreicheren Heere und gewann einen entscheidenden Sieg bey Bosra, also daß wenige der Christlichen Kämpfer, welche ihm dort sich entgegenstellten, dem
Tode oder der Gefangenschaft entrannen [3]). Und als bald J. Chr. 1149.
darauf der Fürst Raimund, ein tapferer, aber auch ungestümer und unbesonnener Fürst, in unverständiger Kühnheit es wagte, mit einem kleinen Heere wider Nureddin zu
ziehen, welcher die Burg Annab zwischen Apamea und
Rugia belagerte: so gelang es ihm zwar, den Athabek zum
Abzuge zu bewegen, weil dieser einen Hinterhalt besorgte;
sobald Nureddin aber von der Tollkühnheit des Christlichen
Fürsten unterrichtet war, kehrte er ohne Verzug mit seinen
furchtbaren Schaaren zurück; und am Morgen des Tages 29. Jun.
Petri und Pauli sah Raimund sich plötzlich von dem
Türkischen Heere also umringt, daß kein andres Mittel
der Rettung war, als siegreicher Kampf. Sogleich ordnete
der Fürst seine Schaaren, und griff die Türken muthig
an; aber seine Leute, in welchen wenig Muth und Vertrauen war, verließen ihn bald und flohen in Verwirrung,
und der Fürst fiel nach ritterlichem Kampfe an dem Orte,
welcher der gemauerte Brunnen hieß. Mit ihm starb
den Märtyrertod an diesem Tage auch des Grafen von
Edessa Eidam, Rainald von Maresch, und viele tapfere

2) Abu Schamah b. J. 543. 3) Id. l. c.

J. Chr. 1149. Ritter. Des Fürsten Rumpf wurde hernach auf dem Wahlplatz gefunden und zu Antiochien in der Kirche des heil. Petrus beygesetzt [4]). Das Haupt und die Hände des erschlagenen Pilgerfürsten waren von den Türken abgeschnitten, und von Nureddin als Zeichen seines Siegs zum Chalifen nach Bagdad geschickt worden [5]). Der Fürst Raimund hinterließ seine Wittwe Constantia mit zwey unmündigen Knaben und zwey unerwachsenen Töchtern.

Eine furchtbare Verwüstung des Landes war die Folge dieses Unglücks. Nureddin zog bis an die Mauern von Antiochien und zeigte dieser Stadt seine furchtbaren Schaaren, er führte diese selbst bis an die Meeresküste und nahm von dem Meere, das bis dahin die Christen beherrschten, Besitz, indem er in dessen Wellen vor den Augen seiner Krieger sich badete [6]). Dann kehrte er um, und brach das feste Schloß Harem und mehrere Burgen, welche den Musel-

4) Die Schilderung, welche Wilhelm von Tyrus bey Gelegenheit des Todes von Raimund von diesem Fürsten entwirft (XVII. 9.): „vir magnanimus, rei militaris experientissimus, hostibus supra modum formidabilis, parum tamen felix," wird ganz von Abu Schamah bestätigt: „Dieser Verfluchte war einer der ausgezeichnetsten unter den Franken durch Ritterlichkeit, Stärke, Kraft, Leibesgröße, Furchtbarkeit, Gewaltthätigkeit und Vollkommenheit im Bösen." Die Zeitrechnung des Wilhelm von Tyrus von dieser Begebenheit stimmt nicht überein mit den Angaben der morgenländischen Schriftsteller. Diese setzen sie einmüthig in das J. 544 d. H. also 1149 der christl. Zeitr. Comment. de bell. cruc. ex Abulf. hist. S. 92. Weil aber der von Abu Schamah bezeichnete Tag der Schlacht, nemlich der 21. Safer, genau zusammentrifft mit dem Tage Petri und Pauli, welchen Wilhelm von Tyrus nennt; so darf man um so weniger Bedenken tragen, die Angabe der morgenländischen Schriftsteller, welche im Ganzen in der Chronologie sehr genau sind, für richtiger zu halten.

5) Wilh. Tyr. XVII. 10. „Der verfluchte Prinz, ihr Oberhaupt," sagt Abu Schamah, „wurde gefunden erschlagen unter seinen Trabanten und Kämpfern, und erkannt; sein Haupt wurde abgeschnitten und zu Nureddin gebracht."

6) Wilh. Tyr. a. a. O.

männern bis dahin großen Schaden gebracht, und nöthigte J. Chr. 1149.
auch die Stadt Apamea zur Uebergabe [7]). 25. Jul.

Den Christen in Antiochien blieb nichts anders übrig, als Friedensunterhandlungen anzubieten. Zwar rüstete der Patriarch Aimerich, welcher die Regierung des Fürstenthums übernahm, auf eigne Kosten eine ansehnliche Schaar aus, und der König von Jerusalem eilte, sobald er des Fürsten Tod vernommen, zum Schutz des Landes herbey; aber ihr Versuch zur Wiedereroberung des von Nureddin gewonnenen Landes schlug fehl [8]), und sie waren froh, als Nureddin, welcher vor des Königs von Jerusalem Ankunft die Uebergabe der Stadt Antiochien gefordert hatte, nunmehr einen Anstandfrieden unter billiger Bestimmung der Gränzen des beyderseitigen Gebietes gewährte [9]).

Selbst der Fürst von Iconium, welcher seit langer Zeit keinen Kampf wider die Christen gewagt, brach, die Verwirrung in dem Fürstenthum Antiochien durch den Tod des Fürsten benutzend, in das Christliche Land am Euphrat und belagerte selbst die Veste Tellbascher, wo der Graf Joscelin mit seiner ganzen Familie sich befand; und der Graf, obwohl der König von Jerusalem ihm den Connetable Honfroy mit sechzig Lanzen zu Hülfe sandte, hielt es für gerathen, von dem Türkischen Fürsten mit zwölf ritterlichen Rüstungen und der Freilassung aller aus dessen Lande hinweggeführten Muselmänner den Frieden zu erkaufen [10]).

Bald aber kam über dieses Land noch größeres Unge- J. Chr. 1150.
mach. Denn der Graf Joscelin gerieth in die Gefangen-

7) Wilh. Tyr. a. a. O. Abu Schamah b. J. 544. Der letztere hat die chronologische Bestimmung: 18 Rabi al awwal. Abulfeda setzt die Eroberung dieser Stadt in das folgende Jahr 545.

8) Wilh. Tyr. a. a. O.

9) „Alles, was nahe bey Haleb lag, wurde an Nureddin, was aber nahe bey Antiochien war, den Franken überlassen." Abu Schamah.

10) Wilh. Tyr. a. a. O.

J. Chr. 1150. schaft Nureddins, aus welcher er nimmer befreyt wurde. Die Ursache dieses Unglücks war folgende. Als einstens der Graf Joscelin über Nureddin, welcher in sein Land eingebrochen, einen Sieg gewann, befand sich des Athabeken Waffenträger mit der ganzen Rüstung seines Herrn unter den Gefangenen. Worauf Joscelin im Uebermuthe wegen dieses Siegs diese Rüstung an den Fürsten Masud von Ikonium, Nureddins Schwiegervater, sandte, mit der Meldung, er hoffe ihm bald noch herrlichere Siegeszeichen zu senden. Dieser Uebermuth entflammte Nureddins Gemüth zur heftigsten Rachsucht, und zur Vollstrekkung seiner Rache half ihm eine Turkomanische Horde, welcher er tausend Goldstücke verhieß, wenn sie ihm den verhaßten fränkischen Grafen todt oder lebendig liefern würde. Diese stellten dem Grafen Joscelin so lange nach, bis sie
3. Mai. ihn auf der Straße nach Antiochien, wohin er auf die Einladung des Patriarchen zog, von seinem Gefolge getrennt, antrafen und sich seiner bemächtigten. Einige der Turkomanen waren zwar nicht abgeneigt, dem Grafen für das Lösegeld, welches er ihnen bot, die Freyheit zu geben; aber ehe sie des Handels einig wurden, kamen schon die Türken aus Haleb, wohin die Turkomanen gemeldet was geschehen, und bemächtigten sich des Gefangenen. Neun Jahre lebte Joscelin in der schmählichen Gefangenschaft der Heiden [11].

11) Es ist merkwürdig, daß die Art der Gefangennehmung des Grafen Joscelin fast von jedem Schriftsteller, welcher ihrer gedenkt, auf eigenthümliche Weise erzählt wird. Nach Wilhelm von Tyrus (XVII. 11.) wurde er von Räubern in der Nacht auf der Reise nach Antiochien, wohin er sich auf die Einladung des Patriarchen begab, gefangen genommen, als er sich wegen eines natürlichen Bedürfnisses mit einem Knechte, welcher sein Pferd hielt, von seinen Begleitern entfernt hatte. Damit stimmt auch die Erzählung des Abulfaradsch (Chron. Syr. S. 337) zusammen; nur versichert dieser, daß die zweyhundert trotzigen und hoch-

Unter allen diesen Unglücksfällen blieb immer Eifersucht und Spannung unter den Christlichen Fürsten in Syrien, und keiner half dem andern redlich in der Noth; nur der König Balduin machte eine Ausnahme; er war, seit er J. Chr. 1150.

fahrenden Ritter, welche den Grafen begleitet, vor wenigen Turkomanen die Flucht ergriffen und ihren Herrn im Stich ließen. Nach Abulfeda (Annal. T. III. S. 516) traf dieses Unglück den Joscelin auf der Jagd. Noch abweichender ist die Erzählung des Abu Schamah: „Es begab sich, daß Joscelin auszog mit seiner Miliz und auf einen Haufen Turkomanen stieß, welchen er ihr Gepäck und Gefangene abnahm. Als aber Joscelin mit einer gefangenen Frau, welche ihm besonders gefiel, allein unter einen Baum sich begeben hatte, so überfielen ihn die Turkomanen, und wiewohl er zu Pferde stieg, um sich zu vertheidigen, so nahmen sie ihn doch gefangen. Es gelang ihm zwar, die Turkomanen dadurch, daß er ihnen Geld bot, zu vermögen, daß sie beschlossen, seine Gefangennehmung dem Nureddin zu verhehlen, und er hatte auch schon einen Mann ausgesandt, um das Geld zu holen; aber mittlerweile begab sich ein Turkoman zu Nureddin's Statthalter in Haleb und benachrichtigte diesen von allem, was geschehen. Worauf der Statthalter sogleich mit ihm eine Schaar aussandte, um den Grafen Joscelin mit Gewalt den Turkomanen abzunehmen. Nureddin war damals in Emessa.“ Dieser Unterhandlungen Joscelins mit den Turkomanen erwähnt auch Abulfeda. Die Schilderungen des Charakters von Joscelin, welche Wilhelm von Tyrus (a. a. O.) und die morgenländischen Schriftsteller bey Gelegenheit seines Todes entworfen, sind wiederum einander völlig entgegengesetzt. (Vgl. Gesch. d. Kreuzz. Th. II. S. 601. Anm. 17.) Denn eben der Graf Joscelin, welcher nach Abulfeda Klugheit mit Tapferkeit verband, war nach der Schilderung des Erzbischoffs ein von seinen tapfern Vorfahren ganz entarteter Mann, allen Ausschweifungen ergeben, und unfolgsam gegen jeden verständigen Rath. Daß aber dieses Urtheil des Erzbischoffs, wenn auch nicht völlig grundlos, doch auch nicht ganz unbefangen ist, erhellt aus der Erzählung des Abulfaradsch (Chron. Syr. a. a. O.), nach welcher Joscelin alle Marter, womit Nureddin ihn zur Verläugnung seines Glaubens zu zwingen versuchte, standhaft ertrug, und stets reuig bekannte: daß er alle Leiden und Qualen, die ihm Gott auferlege, verdient habe durch seine Sünden, besonders durch die Ausplünderung des Klosters des Barsuma. Die Nachricht von der Gefangennehmung des Grafen kam, dem Berichte des Abu Jala (bey Abu Schamah) zufolge, nach Haleb am 6. Moharrem 545 = 5. Mai 1150. Ohne Zweifel war in der verwichenen Nacht dem Grafen dieses Unglück begegnet. Uebrigens starb Joscelin, nach der Angabe des Abulfaradsch, (Chron. Syr. S. 349.) im Gefängniß, in vollkommener Bereuung seiner Sünden im Jahre der Griechen 1469 = J. Chr. 1158.

J. Chr. 1150. zu kräftigem Alter gelangt, stets wachsam und gerüstet zum Streit, und zur Beschirmung der Länder, welche ihrer Fürsten beraubt waren. Dadurch gewann er auch die Achtung Nureddins in eben dem Maße, als andere Kreuzesfürsten dessen Verachtung. Ueberhaupt zeichnete Balduin nicht nur vor den entarteten Fürsten von Syrien, sondern vor allen Fürsten seiner Zeit sich ruhmvoll aus, und er war würdig, ein Reich von größerm Umfange und besserer Verfassung zu regieren, als das Reich Jerusalem war. Muthig und unerschrocken war er in Schlachten und Gefahren, verständig und weise im Rath, gerecht, billig, und von aller Habsucht fern, und, Fehltritte des jugendlichen Alters abgerechnet, keusch und züchtig, Feind der Trunkenheit und Unmäßigkeit; — dies sind die rühmlichsten der Lobsprüche, womit ihn seine Zeitgenossen ehren. Er war nicht, wie sonst die Fürsten jener Zeit, nur zum Krieg und zu ritterlichen Uebungen erzogen, sondern auch sein Geist war sorgfältig gebildet. Keiner im Reiche Jerusalem war des Gewohnheitsrechts dieses Reiches so kundig als er; daher auch oft die ältern Fürsten in zweifelhaften Fällen ihn befragten, und niemals unbefriedigt blieben [12]). Er las und forschte besonders gern in alten Geschichten, und über die Thaten der Könige und Fürsten der Vorzeit, und hörte mit großem Vergnügen die Reden und Belehrungen gelehrter Männer. Der Geistlichkeit bewies er stets hohe Achtung, selbst in seiner Jugend [13]). Seine Unterhaltung

12) „Iuris consuetudinarii, quo Regnum regebatur Orientale, plenam habebat experientiam: ita ut in rebus dubiis etiam seniores Regni principes ejus consulerent experientiam et consulti pectoris eruditionem mirarentur.“ Wilh. Tyr. XVI, 2.

13) „Quodque in ea aetate rarissime solet contingere, etiam in adolescentia sua erat Deum timens et ad ecclesiasticas institutiones et ecclesiarum praelatos omnimodam habens reverentiam.“ Id.

J. Chr. 1150.

war ungemein angenehm, seine Laune stets heiter, und dadurch gewann er alle Gemüther eben so sehr, als durch seine Freygebigkeit. Die schöne Gestalt seines großen wohlgebauten Körpers, sein blondes Haar, seine würdevolle Haltung gaben ihm ein wahrhaft königliches Ansehen.

Der König Balduin säumte auch damals nicht, nach Antiochien zu ziehen, als zu ihm die Nachricht gekommen war von der Gefangenschaft des Grafen Joscelin, und wie der Fürst von Ikonium in das Christliche Land am Euphrat eingebrochen war, und fast alle Burgen, welche um seine Gränzen lagen, von den Besatzungen waren geräumt worden, und auch Nureddin mehrerer Vesten der Grafschaft Joscelins sich bemächtigt hatte [14]; aber er trug bey der Unmöglichkeit, dieses Land gegen den mächtigen Nureddin zu beschirmen, nicht lange Bedenken, das Begehren des Kaisers Manuel von Byzanz zu erfüllen, welcher durch eine zu Antiochien befindliche Griechische Gesandtschaft ihn aufforderte, gegen einen Jahrgehalt für die Gemahlin und Kinder Joscelins, was von dessen Grafschaft noch übrig wäre, an das Griechische Kaiserthum zurückzugeben. Auch standen schon Griechische Truppen an der Gränze bereit, um das abgetretene Land zu besetzen. Worauf der König und der Graf von Tripolis mit ihren Reisigen an den Euphrat zogen, um die Gräfin und ihre Kinder aus der Veste Tellbascher, und aus dieser und den andern Burgen am Euphrat die lateinischen Christen

14) Wilh. Tyr. XVII. 15. Nach der Erzählung des Abulfaradsch (Chron. Syr. S. 338.) riefen den Sultan von Ikonium die Einwohner der Stadt Chischum, welche die Franken bewogen hatten, ihre Stadt zu verlassen, und nach Aintab abzuziehen. Der Sultan bemächtigte sich aber nicht nur der Stadt Chischum, sondern auch der Vesten Marasch, Raban, Farseman und Baith Hesne. Als er auch Tellbascher einnehmen wollte, da kam Nureddin, und er überließ diesem jenen Ort, und gab ihm seine Tochter zur Gemahlin.

J. Chr. 1150. nach Antiochien zu führen; was ihnen zwar gelang, jedoch nicht ohne Schaden durch Nureddin, welcher sie stets verfolgte [15].

Die Griechen aber vermochten nicht, sich in dem Besitze dieses Landes zu behaupten. Noch ehe der Sommer dieses Jahres abgelaufen war, hatte Nureddin alle Burgen, welche ihnen überantwortet worden, erobert und mit zahlreichen Besatzungen versehen.

J. Chr. 1152. Den König bewog zur Abtretung der Grafschaft am Euphrat auch die Lage seines eignen Landes. Zwar seit mehrern Jahren wurde das Reich Jerusalem von den Heiden gar nicht beunruhigt; denn mit den Damascenern waren die Christen in Bündniß und Freundschaft, und das Reich der Chalifen in Aegypten erschlaffte immer mehr. Die Christen konnten daher ungehindert den bequemsten Theil der alten zerstörten Stadt Gaza wieder aufbauen und daraus eine Veste bilden, welche den Tempelherren als Lehen ertheilt, und von diesen mit Tapferkeit behauptet, den Zugang zu Ascalon von der südlichen Seite sperrte [16]; so daß dieser Stadt, welche auch schon von andern Christlichen Burgen umgeben war, keine andere Verbindung mit Aegypten blieb, als von der Seite des Meeres. Aber desto heftiger brach Unfrieden und Feindschaft unter den Christen selbst aus. Die meisten Barone des Reichs, wie wir schon oben berichtet, ertrugen schon seit längerer Zeit

15) Wilh. Tyr. XVII. 16. Die morgenländischen Schriftsteller erwähnen zweyer damals vorgefallenen Kämpfe zwischen dem Könige und dem Atabek Nureddin, bey Daluk und Tellbascher. Abulfed. ann. mosl. ad a. 545. Abu Schamah zu dies. J.; und nach deren Erzählung wurden diese Gefechte dadurch veranlaßt, daß der König jene beyden Vesten gegen Nureddin zu beschützen suchte.

16) Wilh. Tyr. XVII. 12. Auch Abu Schamah erwähnt der Wiederherstellung von Gaza beym J. 544 (1149 oder 1150).

nur mit großem Widerwillen die Herrschaft der Königin Melissende, und mit noch größerm Widerwillen den großen Einfluß ihres Vetters Manasse, welchen sie, nachdem er kaum ins Reich gekommen, zu der wichtigen Stelle des Connetable erhoben hatte. Der Neid und die Eifersucht, welche durch diese schnelle Erhebung eines Fremden erregt worden, entzündeten sich noch heftiger, als der Connetable nach dem Tode seiner ersten Gemahlin mit Helius, der Wittwe Balian des Aeltern, Herrn von Ibelin, sich vermählte, und dadurch die Güter erwarb, welche seine Gemahlin sowohl von diesem ihren ersten Gemahl, als von ihrem Vater, Balduin Herrn von Rama, ererbt hatte [17]). Manche, welche sich von ihm zurückgesetzt, oder in ihren Rechten beeinträchtigt glaubten, beschuldigten ihn auch des Uebermuths und Mißbrauchs der großen Macht, welche sein Amt, als Haupt der ganzen Ritterschaft des Reichs, und seine großen und wichtigen Besitzungen ihm gaben. Der König Balduin selbst war nicht ohne Verdruß über die Abhängigkeit, in welcher seine Mutter ihn erhielt, und die Gewalt ihres Günstlings, und gab daher sehr leicht Gehör den unzufriedenen Baronen, welche ihn aufforderten, sich in den Besitz der ihm gebührenden Gewalt zu setzen; er verlangte also, da er sein ein und zwanzigstes Jahr erreicht, die Krönung [18]). Zwar wagte es die Königin nicht, die Erfüllung dieser Forderung dem Könige zu verweigern; aber alle erfahrnen und verständigen Männer sahen es

J. Chr. 1152.

17) Lignages d' Outremer cap. 25. vgl. c. 4. Daß sie von den Gütern ihres ersten Gemahls wenigstens die Burg Mirabel ererbt und ihrem zweyten Gemahl zugebracht hatte, erhellet aus Wilh. Tyr. XVII. 14.

18) Wenn die Angabe des Marino Sanuto (S. Gesch. der Kreuzz. Th. I. S. 351) völlig richtig ist, so konnte der König die Krönung nicht eher als nach zurückgelegtem fünf und zwanzigsten Jahre mit vollem Rechte fordern.

J. Chr. 1152. vorher, daß die Königin nicht gutwillig des Reichs sich begeben würde, zumal da noch immer ein großer Theil der Barone ihr und dem Connetable Manasse sehr ergeben war; und riethen daher dem Könige, seine Mutter mit sich krönen zu lassen. Besonders der Patriarch von Jerusalem bemühte sich eifrigst, dieses Mittel zur Erhaltung des Friedens und der Eintracht im Reiche zu empfehlen. Auch schien der König es zu genehmigen, und auf das nächste Osterfest wurde die gemeinschaftliche Krönung verabredet. Gleichwohl täuschte der König die Hoffnung der Friedestifter. Er wußte einen Vorwand zu finden, die Krönung an dem bestimmten Tage auszusetzen, und am andern Tage nahm er ganz unerwartet allein in der Kirche der Auferstehung die königliche Krone, und zeigte damit geschmückt sich dem Volke.

Es wurde aber bald sichtbar, daß der Rath derjenigen, welche dem König gerathen hatten, seine Mutter zu schonen, sehr verständig gewesen war; denn dem König wurde es doch unmöglich, ohne gewaltsame Mittel sich in dem alleinigen Besitze des Reichs zu behaupten. Auch konnte die Königin Melissende ihre Ansprüche auf das Reich wenigstens mit der Verfügung ihres Vaters Balduin, durch welche ihr verstorbener Gemahl Fulco das Reich empfangen, rechtfertigen[19]; denn Balduin der Andere hatte auf dem Sterbebette nicht bloß ihrem Gemahl Fulco, sondern gemeinschaftlich mit diesem ihr und ihrem Sohne das Reich übertragen. Der König sah sich daher genöthigt, seiner Mutter einen Vergleich anzubieten, worüber bald nach dem Osterfest in einer Versammlung der Barone des Reichs, welcher auch zwey französische Pilger, Graf Ivo von Soissons und Walther

19) „Regni curam et plenam eis tradidit potestatem." Willh. Tyr. XIII. 28. vgl. Gesch. der Kreuzz. Th. II. S. 597.

von Falkenberg, Burgvogt von St. Aldemar, beiwohnten, J. Chr. 1152.
unterhandelt wurde. Nach vielfältigen Unterhandlungen kamen sie endlich überein, daß zwischen Mutter und Sohn das Reich, so viel möglich, gleichmäßig getheilt und dem Könige die Wahl zwischen beyden Theilen, welche würden bestimmt werden, überlassen werden sollte. Worauf der König die Städte Tyrus und Ptolemais mit ihren Sprengeln für sich nahm, und Jerusalem und Neapolis mit deren Kreisen seiner Mutter überließ. Diese beyden Theile waren so sehr von einander getrennt, daß der König seiner Ritterschaft einen eigenen Connetable, Honfroy von Toron, einen stattlichen Ritter und Herrn eines ansehnlichen Gebiets in dem Erzstift Tyrus auf den Phönicischen Gebirgen, vorsetzte.

Aber nur für wenige Monate stiftete dieser Vertrag Ruhe und Frieden. Denn bald, auf den steten Antrieb der Feinde der Königin und des Connetable Manasse, suchte der König Vorwand, den mit seiner Mutter aufgerichteten Vertrag zu brechen, und wer mochte leugnen, daß diese Theilung der an sich nicht bedeutenden Macht des Reichs sehr nachtheilig war der Sicherheit der Christlichen Herrschaft im Morgenlande? Der König säumte nicht lange, seine Absichten auszuführen, als die meisten Barone der Königin die Lehentreue gegen sie brachen und ihm sich unterwarfen. Nur wenige Barone, außer dem Grafen Amalrich von Joppe und dessen noch sehr jugendlichem Sohne, dem Grafen Philipp von Neapel und Rohard dem ältern, blieben der Königin treu. Sobald aber Melissende die Absichten ihres Sohnes wahrnahm, empfahl sie die Stadt Neapel, wo sie bisher sich aufgehalten, einigen ihrer Getreuen, und begab sich nach Jerusalem. Unverzüglich lagerte sich nun der König mit seiner Ritterschaft zuerst vor Mirabel, einer

J. Chr. 1152. Burg des Connetable Manasse, bezwang sie nach heftiger Berennung und nöthigte den Connetable, welcher selbst in der Burg war, zu dem eidlichen Versprechen, das Königreich Jerusalem und das ganze Christliche Land jenseit des Meeres unverzüglich zu verlassen und stets zu melden. Dann erbrach er auch die Stadt Neapolis und zog unverweilt vor Jerusalem, worauf die Königin Melissende, ungewiß der Treue und Ergebenheit der Bürger von Jerusalem, sich in die Burg begab. Eifrigst bemühte sich der Patriarch Fulcher, von der heiligen Stadt den empörenden Anblick des Kampfes zwischen Mutter und Sohn abzuwenden. Er ging, begleitet von den angesehensten und frömmsten Geistlichen seiner Kirche dem Könige entgegen, und suchte ihn durch Bitten und Vorstellungen zu bewegen, seine Mutter nicht in dem Besitze dessen, was ihr der aufgerichtete Vertrag zusicherte, zu stören. Aber Balduin gab den Vorstellungen und Bitten des ehrwürdigen Patriarchen kein Gehör, und lagerte sich vor der Stadt, welche ihm bald von den Bürgern geöffnet wurde. Hierauf sahen nun die Christen am Grabe des Erlösers mehrere Tage den sündlichen Kampf zwischen Mutter und Sohn; denn Balduin begann sogleich die Berennung der Burg mit aller Gewalt, die Getreuen der Königin vertheidigten die Burg mit Tapferkeit, und vieles Blut floß von beyden Seiten, bis endlich ein neuer Vertrag vermittelt wurde, durch welchen die Stadt Jerusalem dem Könige zufiel, und nur die Stadt Neapolis der Königin blieb. Durch diesen Vertrag war zwar der äußere Frieden wieder hergestellt; aber nicht die Eintracht. Die Erbitterung der Königin und ihrer Partey gegen den König blieb vielmehr so heftig, daß keiner der Barone der Königin zu dem Zuge des Königs an den Euphrat nach des Grafen Joscelins Gefangennehmung sich einfand, obgleich Balduin sie alle einzeln zu der Heerfolge aufgeboten hatte [20]). J. Chr. 1152.

Mit allen diesen Unglücksfällen und Widerwärtigkeiten war das Maß der Leiden, wodurch die abendländischen Christen in Syrien für ihre Sünden von Gott sich gestraft sahen, noch nicht erfüllt. Die Gefahren, welche die Christlichen Länder in Syrien täglich mehr und mehr bedrängten, bewogen den König, die gesammten Christlichen Fürsten und Herrn zu gemeinsamer Berathung über die Wiederherstellung der Eintracht unter den Christen in Tripolis zu versammeln. Aber auch in dieser Versammlung zeigten sich mit empörender Heftigkeit alle schädlichen Leidenschaften und die unversöhnliche Feindseligkeit, welche unter diesen Christen herrschten, und es wurde daher nichts beschlossen, was zur Wohlfahrt des Landes dienen mochte. Vergeblich wurde der Fürstin Constantia von Antiochien gerathen, sich mit einem der tapfern französischen Ritter zu vermählen, welche damals als Pilger im heiligen Lande waren, und in des Königs Heerdiensten standen, dem Grafen von Soissons, oder dem Burgvogt von St. Aldemar, oder Radulph von Merlo, alle gleich sehr geschickt, das Fürstenthum zu beschirmen. Der König und alle einsichtsvolle Männer des heiligen Landes wünschten die baldige Vermählung der Fürstin mit einem abendländischen Herrn, vornehmlich auch, um die Pläne des Kaisers Manuel auf das Fürstenthum Antiochien zu vereiteln. Denn schon hatte er um die Hand der Fürstin geworben, für den bejahrten, kränklichen Cäsar Johann, und dieser war nach Antiochien gekommen, um selbst diese Werbung zu er-

20) Sehr weitläuftig berichtet Wilhelm von Tyrus von diesen Streitigkeiten, XVII, 13—15. Mit wenigen Worten, aber mit Bestimmung der Chronologie (J. d. Griechen 1464, J. d. H. 547) gedenkt ihrer Abulfaradsch. Chron. Syr. S. 341.

J. Chr. 1152. neuern [21]). Wenn auch die Antiochischen Barone, die Absichten des Kaisers merkend, standhaft einer solchen Verbindung, zu welcher die Fürstin ohnehin sich nicht geneigt fühlte, widersprochen hatten, und dadurch die Absicht des Kaisers Manuel vorerst vereitelt war, wie sehr war doch zu besorgen, daß diese Werbung auf eine solche Weise von diesem mächtigen Kaiser wiederholt würde, daß ihr nicht mehr auszuweichen war? Die leichtsinnige Fürstin aber, welche das freye Leben, das sie seit ihres Gemahls Tode führte, liebte und die Beschränkungen der Ehe scheute, wies allen guten Rath von sich, und der Patriarch von Antiochien, welcher nicht geneigt war, die Herrschaft, die er in Ermangelung eines Fürsten über das Land sich angemaßt, aufzugeben, nährte solchen Widerwillen. Eben so wenig gelang es, den gestörten ehelichen Frieden zwischen dem Grafen Raimund von Tripolis und seiner Gemahlin, der Königin Melissende Schwester, wieder herzustellen, wiewohl die Königin hauptsächlich in dieser Absicht in Tripolis sich eingefunden hatte; und Melissende beschloß daher, ihre Schwester von ihrem Gemahl zu trennen und mit sich nach Neapolis zu nehmen.

Als mit mancherley gegenseitigem Unwillen die Fürsten und Herren des heiligen Landes sich eben getrennt hatten, wurden sie von Neuem durch ein schreckliches Unglück erschüttert. Denn der Graf Raimund von Tripolis, welcher mit mehrern andern tapfern Rittern die Fürstin Constantia auf

21) Cinnam. S. 69. 70. 103. Nach der letzten Stelle des Cinnamus hatte die Fürstin auf die erste Werbung Geneigtheit geäußert, sie nahm aber, als Johannes selbst kam, ihre erste Aeußerung zurück (μεταβαλοῦσα). Uebrigens heißt dieser Cäsar in der ersten Stelle Johannes, und in der letztern Rogerius; in der erstern wird noch hinzugefügt, er sey sogleich, nachdem er von Antiochien zurückgekommen, wegen seiner Kränklichkeit Mönch geworden.

ihrer Rückkehr nach Antiochien einen Theil des Weges be- J. Chr. 1152.
gleitet hatte, wurde, als er zurückkam, von Assasinen auf die frechste Weise im Thore der Stadt Tripolis, zwischen der Vormauer und der Mauer, überfallen und jämmerlich erschlagen, und mit ihm auch der oben genannte Rudolph von Merlo und einer von dessen Rittern. Der König Balduin spielte eben im Bretspiel, als die Stadt plötzlich von Waffengetümmel und Mordgeschrey bewegt ward; denn das Volk, als sich die Kunde von dieser frechen Ermordung des Grafen verbreitet hatte, war zu den Waffen gerannt und mordete in blinder Wuth ohne Unterschied alle Morgenländer, welche in der Stadt angetroffen wurden.

Weil Raimund, der einzige Sohn des ermordeten Grafen, kaum zwölf Jahr alt war, so mußte nun auch die Grafschaft Tripolis der schwachen Hand eines Weibes übergeben werden. Der König Balduin ließ die Gräfin von Tripolis, welche kurz vor der jämmerlichen Ermordung ihres Gemahls mit ihrer Schwester, der Königin, aus Tripolis abgezogen war, durch Eilboten zurückrufen, und von den Baronen des Landes ihr und ihrem Sohn Raimund, so wie ihrer noch jüngern Tochter Melissende, huldigen[22]).

Von dem Reiche Jerusalem selbst aber wurde nicht 1152.
lange hernach eine Gefahr, welche, als sie sich nahte, mit nicht geringer Furcht alle Gemüther erfüllt hatte, unerwartet leicht abgewandt. Husameddin Timurtasch, Fürst von Maredin, und seine Brüder, Nachkommen der Söhne Ortoks, welchen kurz vor der Ankunft der abendländischen Christen im gelobten Lande die Chalifen von Aegypten die Stadt Jerusalem entrissen hatten, glaubten nach den man-

22) Wilh. Tyr. XVII. 19. Dieser Ermordung des Grafen von Tripolis finden wir von keinem andern Schriftsteller gedacht; daher vermögen wir auch nicht, die Zeit, wo sie geschehen, näher zu bestimmen.

J. Chr. 1152. cherley Unglücksfällen, welche die Franken betroffen, und bey deren innerer Zwietracht die günstige Zeit gefunden zu haben, das alte Besitzthum ihrer Väter wieder zu erobern [23]); sie Im November kamen mit zahlreichen Schaaren über Damascus [24]) in das Reich, und lagerten sich vor der heiligen Stadt auf dem Oelberge. Zwar fürchteten die Christen weniger für Jerusalem, denn diese Stadt war wohl befestigt; aber desto besorgter waren sie für andere minder feste Städte. Darum hatte auch der größte Theil der Ritterschaft des Reichs bey Neapolis sich gelagert, um diese offne Stadt zu beschirmen. Als aber die Ritter, welche in Jerusalem zurückgeblieben waren, das Lager der Heiden auf dem Oelberge erblickten, da ergriff sie Zorn und Unwillen über solche Entweihung 22 Nov. jener heiligen Stätte; sie fielen sogleich aus der Stadt und griffen mit so furchtbarer Gewalt die Heiden an, daß diese nach kurzem Widerstande in großer Verwirrung die Flucht ergriffen. Aber nur sehr wenige entgingen dem Schwerde, weil die Schwierigkeiten des Wegs, der von Jerusalem über Jericho an den Jordan durch felsiges und gebirgiges Land führte, schnelle Flucht unmöglich machten, und auch von Neapolis die übrige Ritterschaft, als sie diesen herrli-

23) Nach Wilhelm von Tyrus (XVII. 20), welcher auch hier einzige ursprüngliche Quelle ist, unternahmen mehrere Brüder diesen Zug, und zwar auf Antrieb ihrer Mutter (hortante matre et eorum improperante ignaviam, quod tam diu ab hereditate avita se paterentur esse extorres). Daß von diesem Schriftsteller unter den Hiaroquin das Geschlecht Ortok's verstanden wird, beweist die Beschreibung: quorum sancta civitas, antequam a Christianis liberaretur, dicitur fuisse hereditas. In dem Auszuge des Oliverius aus der Geschichte des Wilhelm von Tyrus (Ecc. corp. script. med. aevi Tom. II. S. 1374) wird dieser Nahme ausgesprochen: Harioquin. Vielleicht ist Harioquin zu lesen, was der Pluralis des patronymischen Adjectivs von Ortok seyn würde.

24) Wo ihnen nach dem Berichte des Erzbischoffs Wilhelm gerathen wurde, von diesem Unternehmen abzustehen.

chen Sieg vernommen hatte, zur Verfolgung herbey- geeilt war. J. Chr. 1152.

Dieser unerwartete Sieg gab den Rittern des Reichs Jerusalem wiederum den Muth und die Zuversicht ihrer Vorfahren, also daß sie beschlossen, den Kampf mit den Heiden zu suchen, was seit vielen Jahren nicht geschehen. Es zog also die sämmtliche Ritterschaft des Reichs gen Askalon, um die Gärten und Felder dieser Stadt zu verwüsten, des blutigen Streites gewärtig. Aber wider ihre Erwartung flohen die Saracenen in die Stadt, und keiner kam wieder hervor, um die Beschädigung des Landes zu hindern.

Eober. v. Askalon.

Diese Furchtsamkeit der Heiden erweckte in dem König Balduin den kühnen Gedanken, die Stadt Askalon, die festeste Stadt in Syrien, zu belagern, und die Christen sahen wiederum, daß fester Zuversicht auf Gottes Hülfe und unermüdeter Anstrengung durch geringe Mittel das Schwerste gelingt. Unverzüglich sandte der König Boten durch das Reich, die Barone zum Heerdienste zu mahnen, und willig folgten alle seiner Mahnung; es erschienen der Patriarch Fulcher von Jerusalem, die Erzbischöffe Peter von Tyrus, Balduin von Cäsarea und Robert von Nazareth, die Bischöffe Friedrich von Ptolemais und Gerhard von Bethlehem und mehrere Aebte, der Großmeister der Templer Bernhard von Tremelai und Raimund, Großmeister der Hospitaliter, der Connetable Honfroy, die Herren Hugo von Ibelin, Philipp von Neapolis, Simon von Tiberias, Moritz von Montroyal; alle mit wohlgerüsteten Schaaren. Die anwesenden Pilger aus dem Abendlande, der Burgvogt Walther von St. Aldemar und Rainald von Chatillon schlossen in des Königs Heergefolge den tapfern Kreuzbrüdern auch in diesem Beginnen

J. Chr. 1152. sich an. Das heilige Kreuz wurde mitgenommen, um im Kampfe, wie so oft, den Muth und das Vertrauen der Frohnkämpen zu stärken. Alle waren von solcher Zuversicht erfüllt, daß sie mit einem feyerlichen Eide einander sich gelobten, nicht eher von der Berennung dieser Stadt abzulassen, als bis sie erobert worden. Mit solcher zuversichtlichen Hoffnung lagerte das königliche Heer sich um die Stadt
24. Jan. 1153. Askalon, am Tage vor St. Pauli Bekehrung.

Ob zwar diese Stadt schon durch die Burgen, welche auf allen sie umgebenden Höhen von den Christen erbauet worden, seit längerer Zeit sehr bedrängt wurde, und von dem damals durch innere Zwietracht und Empörungen zerrütteten Reiche der Chalifen in Aegypten nicht so kräftige Unterstützung wie ehemals erwartet werden konnte: so gehörte gleichwohl dieses Unternehmen zu den schwierigsten, denen die Kreuzfahrer jemals sich unterwanden, vornehmlich in den damaligen Verhältnissen der Christlichen Herrschaft in Syrien. Die Lage der Stadt[25]), zwar in einer sandigen und nicht für den Ackerbau, aber doch für Weinbau und Obstbau ziemlich ergiebigen Ebene, war vielfach begünstigt. Sie lag ziemlich niedrig in einem Halbkreise am Meere, also daß ihr von der Seeseite es an Zufuhr und Unterstützung nicht gänzlich gebrechen konnte, so lange die Kreuzfahrer sich nicht der Herrschaft über das Meer bemächtigt hatten. Und selbst die Ermangelung eines Hafens, ja selbst eines Ankerplatzes für Schiffe, diente der Stadt zum Schutze; denn das Meer war bey Askalon so stürmisch und die Anfahrt so schwierig, daß man kaum anders, als bey sehr stiller Luft der Küste sich nähern konnte. Von allen Seiten war Askalon mit trefflichen, sehr festen Mauern, welche auf künstlich aufge-

25) Eine sehr genaue und sorgfältige Beschreibung der Lage von Askalon gibt Wilhelm von Tyrus XVII. 22.

worfenen Wällen standen, vielen Thürmen und stattlichen Vormauern versehen; vier Thore, eines von der Meeresküste und drey von der Landseite, führten in die Stadt. Den Mangel an Quellwasser ersetzten viele Brunnen und Cisternen, deren einige selbst innerhalb der Mauern waren. Die Morgenländer nannten diese Stadt wegen ihrer Festigkeit und Schönheit die Braut von Syrien [26]). Auch war sie mit Lebensmitteln dazumal reichlich versehen, und ihre tapfere und kriegerische Besatzung war an Zahl zweimal stärker als das Christliche Heer, welches sie belagerte. J. Chr. 1153.

In den ersten zwey Monaten der Belagerung geschah nichts Entscheidendes, wiewohl täglich zu Lande von den Christen wider die Saracenen gestritten wurde, und Gerhard von Sidon mit funfzehn Kriegsschiffen auch von der Seeseite der Stadt vielen Abbruch that. Die Saracenen behüteten die Mauern mit Thätigkeit und Unverdrossenheit bey Tag und Nacht; und damit die Dunkelheit der Nacht den Belagerern nicht Gelegenheit zum Ueberfall gäbe, so brannte, so lange die Nacht währte, auf den Mauern und den Thürmen rings um die Stadt eine unermeßliche Menge von Oellampen in gläsernen Laternen und verbreiteten eine Klarheit, wie am Tage [27]). Den Christen gebrach es an Belagerungszeug, weil weder unter ihnen geschickte Kriegsbaumeister sich fanden, noch Bauholz vorhanden war. Erst seitdem nach Ostern der König viele der Pilger, welche gekommen waren, um das Fest im gelobten Lande zu feyern,

26) Köhler ad Abulf. Tab. Syr. S. 78. Auch Abu Schamah (beim J. 549) nennt sie „eine schöne und feste Stadt in Palästina.“

27) Erant autem et in circuitu murorum et turrium in propugnaculis locatae vitreae lampades opercula habentes vitrea, ignem qui oleo fovebatur infuso conservantes, ex quibus moenia circuire volentibus lumen tanquam de die ministrabatur. Wilh. Tyr. XVII. 23.

J. Chr. 1153. bewogen hatte, an dem Kampfe wider die Heiden Theil zu nehmen, wurde die Belagerung mit größerer Kraft geführt. Denn durch diese Pilger wurde nicht nur die Zahl der Streiter zu Lande und zur See bedeutend vermehrt, sondern unter ihnen waren auch geschickte Baumeister, welche es verstanden, Thürme und Wurfmaschinen zu erbauen, und durch die Schiffe, welche diese Pilger dem Könige überließen, wurde das nöthige Holz dazu gewonnen. Mit unverdrossenem Muth wurde sogleich ein gewaltiger Thurm gleich einer großen Burg errichtet und unter großem Geschrey an die Mauer gebracht, auch vieles andere nöthige Belagerungszeug in kurzer Frist erbauet und damit die Stadt auf das heftigste geängstigt, also daß die Saracenen, besonders wegen des gewaltigen Schießens aus dem großen Thurm, welcher die ganze Stadt beherrschte, nicht mehr in den Straßen sicher wandeln konnten. Zwar nöthigte die Aegyptische Flotte, welche siebzig Kriegsschiffe stark den Askaloniten im sechsten Monate der Belagerung zu Hülfe kam, die ungleich weniger zahlreiche Christliche Flotte zum Rückzug, und die Ausfälle der Belagerten wurden seit der Ankunft der Verstärkung, welche jene Flotte ihnen gebracht, viel häufiger; aber die Christen ließen nicht nach in Arbeit und Kampf, und überwanden meistens die Muselmänner in den häufigen Gefechten. Endlich, im achten Monate der Belagerung, brachte ein Beginnen, wodurch die Saracenen den Christen großen Schaden zu
August 1153. thun gedachten, ihnen selbst größern Nachtheil. Denn als sie in einer Nacht auf der Mauer eine ungeheure Menge Holz angezündet, und dessen Flamme noch durch Oel und Pech verstärkt hatten, um den großen Thurm der Christen anzuzünden, so erhob sich plötzlich, als eben die Flammen aufgelodert, ein heftiger

Ostwind [28]), welcher, die ganze Nacht fortdauernd, die Flamme von dem Thurme abwehrte und nach der Mauer trieb; und durch die fürchterliche Heftigkeit der Glut wurde die Mauer so sehr beschädigt, daß der ganze Raum zwischen zwey Thürmen einstürzte. Nur durch diesen Sturz der Mauer, nicht durch das Feuer der Heiden, wurde der Christliche Thurm heftig beschädigt. J. Chr. 1153.

Daß dieses glückliche Ereigniß gleichwohl den Christen nicht nur keinen Gewinn, sondern großen Schaden brachte, verschuldeten die Templer durch schnöde Gier nach Raub, welche aber auch ihnen selbst verderblich wurde. Denn Bernhard, der Templer Großmeister, als er mit einer Zahl von Rittern seines Ordens durch die Oeffnung der Mauer in die Stadt eingedrungen war, ließ alle andere abwehren, welche ihm zu folgen bereit waren, um die reiche Beute in der Stadt allein zu gewinnen, weil, nach der alten Gewohnheit der Kreuzfahrer, in eroberten Städten jeder behielt was er erbeutete [29]). Die Saracenen in Askalon, welche anfangs, in der Meinung, daß das ganze Christliche Heer eindränge, gewichen waren, erneuerten, als sie wahrnahmen, daß nur wenige Ritter sich in die Stadt gewagt hatten, den Kampf, schlossen die Templer ein und erschlugen sie alle, worauf sie die Leichname auf der Mauer aufhingen, den Christen zum Hohn. Auch die Oeffnung der Mauer wurde von den Saracenen ohne Verzug mit ungeheuern Balken wieder verschlossen.

28) Igne igitur immisso, affuit nobis manifeste divina clementia: nam statim invalescente incendio, suscitatus est ventus ab Oriente vehemens, qui totas incendii vires in murum civitatis flatu vehementi contorsit. Wilh. Tyr. XVII. 27.

29) Nam in violenter effractis urbibus id hactenus apud nos pro lege obtinuit consuetudo, ut quod quisque ingrediens sibi rapit, id sibi et haeredibus suis perpetuo jure possideat. Id. l. c.

J. Chr. 1153. Diese unerwartete Täuschung einer fast untrüglichen Hoffnung warf den Muth der Kreuzbrüder so sehr nieder, daß der König Balduin und fast alle Layenfürsten es für nothwendig erachteten, die Belagerung aufzuheben; zumal da durch achtmonatliche Anstrengung alle Mittel erschöpft, mehrere Fürsten verwundet, einige selbst getödtet, die Kräfte aller Streiter ermattet waren, und selbst Geld und Holz mangelte, um einen neuen Thurm zu erbauen, anstatt des durch den Einsturz der Mauer zertrümmerten. In dem Kriegsrathe, welchen am dritten Tage nach diesem Unfalle König Balduin in seinem Zelte vor dem heiligen Kreuze [30]) hielt, riethen nur der Großmeister des Hospitals Raimund mit seinen Ordensbrüdern, der Patriarch Fulcher und die übrigen Bischöffe, nicht von dem angefangenen Werke abzulassen und auf Gottes Hülfe zu hoffen; und besonders der Patriarch von Jerusalem trug diese Meinung so beredt und mit so zuversichtlicher Ueberzeugung vor, daß alle dadurch hingerissen einmüthig beschlossen [31]), ungesäumt die Stadt noch

30) Coram posita vivifica cruce. Id. c. 28.

31) Ziemlich übereinstimmend mit diesen aus Wilhelm von Tyrus (c. 27. 28) gezogenen Nachrichten berichtet von diesen Ereignissen Abulfaradsch in der syrischen Chronik S. 342. „Der König errichtete wider diese Stadt einen hölzernen Thurm und Maschinen. Als er nun damit die Mauern durchbrochen, so drangen durch die Oeffnung 400 Templer ein; aber alle diese wurden von den Arabern getödtet, weil deren 20000 wohl gewaffnete hinter der Oeffnung standen. Darüber betrübte sich der König so sehr, daß er im Begriffe war, die Belagerung aufzuheben; aber ein kriegerischer Mann hielt ihn davon ab." Abu Schamah berichtet ebenfalls sehr genau über den Fall von Askalon also: „Die Ankunft einer Aegyptischen Flotte bey Askalon richtete den Muth der Belagerten zwar wieder auf, auch nahm sie eine große Zahl Fränkischer Schiffe auf dem Meere; aber gleichwohl setzten die Franken die Berennung der Stadt und das Beschießen aus einem großen Thurme so lange fort, bis ihnen das Eindringen in die Stadt von der Einen Seite der Mauer möglich wurde. Worauf sie die Mauer niederwarfen und in die Stadt eindrangen. Von beiden Seiten zwar wurden viele getödtet, endlich aber zwang

heftiger als bisher zu bestürmen. Ohne Verzug riefen die Hörner und Drommeten und die Stimmen der Herolde das Christliche Volk zu den Waffen, und muthig schaarte sich das Heer zum Kampfe. Auch die Saracenen, den Kampf nicht scheuend, kamen in zahlreichen Schaaren aus der Stadt. In dieser Schlacht stritten die Christen mit der Tapferkeit der alten Kreuzfahrer wider die viel zahlreichern Heiden; und obwohl auch diese tapfer kämpften, so obsiegten doch endlich die Christen. J. Chr. 1153.

Durch diese Niederlage wurde um so mehr der Muth der Askaloniten gebrochen, als sie von allen muselmännischen Fürsten sich verlassen sahen. Denn vergeblich hatten sie Nureddin sowohl, als den König von Damascus um Hülfe gebeten. Das Volk verlangte die Befreyung von dem Ungemach der Belagerung so heftig von den Kriegsobersten, daß diese Botschafter an den König Balduin abfertigten und ihm anboten, die Stadt zu räumen, unter der Bedingung freyen Abzugs mit aller fahrenden Habe und sichern Geleits bis AlArisch. Die Christlichen Fürsten weinten Freudenthränen, als sie diese unerwartete Botschaft vernahmen, und erhoben lobpreisend ihre Hände zum Himmel. Der König Balduin bewilligte ohne Bedenken den Saracenen jene Bedingungen und bestimmte nur noch, daß die Stadt binnen drey Tagen geräumt werde. Nachdem dieser Vertrag von dem Könige, einigen Baronen und den Abgeordneten der Askaloniten beschworen, von den letztern auch die verlangten Geisseln dem Könige gestellt worden: so begaben sich einige Ritter in die Stadt und pflanzten die königlichen Banner

die Noth und die Unmöglichkeit längern Widerstandes die Muselmänner um Frieden zu bitten, welcher ihnen auch gewährt wurde; und wer wegkommen konnte, begab sich zu Lande oder Wasser nach Aegypten oder andern Ländern.]"

J. Chr. 1153. auf die höchsten Thürme. Als das Heer deren Wimpel erblickte, so erhob es ein lautes Freudengeschrey, und sang einmüthig die Worte des Psalmes: Gepriesen sey der Gott unserer Väter, welcher diejenigen, die auf ihn hoffen, nicht verläßt; gepriesen sey sein heiliger Name, denn wunderbare Dinge haben wir gesehen.

Schon in zwey Tagen war Askalon von den Heiden geräumt, und das Christliche Heer hielt mit dem
22. Aug. heiligen Kreuze seinen feyerlichen Einzug, unter fröhlichem Lobgesange zu Ehren Gottes. Das heilige Kreuz wurde in der schönsten Kirche niedergelegt, welche entweiht durch den Saracenischen Afterdienst, nunmehr von dem Patriarchen wieder eingesegnet und dem heil. Apostel Paulus geweiht wurde; und dort wurde für einen so herrlichen Sieg, den Gott seinem Volke verliehen, ein Dankfest begangen. Eine so große Menge von Lebensmitteln wurde noch in der Stadt gefunden, daß dadurch das Ungemach des Mißwachses, welches das heilige Land in diesem Jahre heimsuchte, nicht wenig vermindert wurde[32]). Die aus Askalon weggezogenen Saracenen aber, als die Christliche Begleitung sie verlassen, überfiel heimtückisch mit seiner Horde ein Türke, der im Kriegsdienst in der eroberten Stadt gewesen und mit den übrigen Muselmännern ausgezogen war, und beraubte sie aller ihrer Habe.

Unter mancherley Streitigkeiten wurden die kirchlichen Angelegenheiten von Askalon geordnet. Der Bischoff von Bethlehem widersprach, als der Patriarch Fulcher den

32) Wilh. Tyr. XVIII. 1. „Quod nisi fuisset frumenti copia, quae in urbe Ascalonitana, ea devicta, inventa est, fame regionem oppugnante, populus pene deperisset universus." Abu Schamah b. J. 548: „Es wird behauptet, daß in diesem Platze (Askalon nach der Eroberung) von Kriegsbedürfnissen und Geld und Mundvorräthen eine unermeßliche Menge gewesen."

Stiftsherrn Absalom vom heil. Grabe zu Jerusalem zum Bischoff einsetzte und ihm ein Kapitel zuordnete, indem er behauptete, daß die Kirche von Askalon mit allem Zubehör seinem Sprengel angehöre; und er erlangte auch späterhin von dem päpstlichen Stuhle die Aufhebung des neuen Bisthums und die Anerkennung seiner Ansprüche. Während die Geistlichen um die kirchlichen Anordnungen stritten, theilte der König Balduin das Land umher als Lehen aus, theils als Belohnung des Verdienstes, theils für Geld; denn eine große Strecke Landes, welche wegen der ununterbrochenen Kämpfe zwischen den Christen und Askaloniten seit funfzig Jahren unbebaut gelegen, wurde wieder für den Anbau gewonnen. Daher auch seit der Eroberung dieser Stadt ein solcher Ueberfluß von Lebensmitteln im Reiche Jerusalem war, als niemals zuvor. Die Grafschaft von Askalon verlieh hierauf der König seinem jüngern Bruder Amalrich Grafen von Joppe [33]). J. Chr. 1153.

Die Freude über diese Eroberung wurde aber nicht wenig dadurch getrübt, daß nicht lange nach die-

33) Die genaue Zeitbestimmung der Eroberung von Askalon ist nicht ohne Schwierigkeit. Wilhelm von Tyrus (c. 30) setzt die Einnahme der Stadt in das Jahr 1154; die Arabischen Schriftsteller in das J. 548 (dessen erster Tag auf den 28 März 1153 fällt). Ein syrischer Geschichtschreiber, Mar Michael, setzte sie, wie Abulfaradsch (Chron. Syr. S. 342) erzählt, in das vorhergehende Jahr (also 1153). Wir tragen kein Bedenken, die Angabe der Arabischen Schriftsteller für die richtigere zu halten, 1. weil diese überhaupt viel genauer in den Zeitbestimmungen sind, als Wilhelm von Tyrus; 2. weil die Zahl 1154 leicht durch die Abschreiber statt der richtigern Bestimmung in den Text gebracht seyn kann; 3. weil die Belagerung von Askalon, welche nur acht Monat währte, unmittelbar nach dem verunglückten Versuche der Ortokischen Fürsten auf das Reich Jerusalem, welchen Wilhelm von Tyrus selbst (XVII. 20. 21) in das Jahr 1152 setzt, angefangen wurde; 4. weil auch andere Abendländische Chroniken das J. 1153 angeben, z. B. die Chronik des Bischoffs Sicard von Cremona (Murat. SS. rer. Ital. VII. S. 599) Vgl. Gesch. d. Kreuzz. Th. III. 1. S. 282.

n. Chr. 1154. sem glücklichen Ereigniß das Reich von Damascus in die Gewalt des furchtbaren Nureddin kam.

Der Fall von Askalon erweckte in Nureddin nicht geringe Bekümmerniß; denn die Macht der Christen war dadurch von Neuem nicht wenig gestärkt worden, und bey dem Besitze dieser Stadt erleichterte ihnen der zerrüttete Zustand von Aegypten nicht wenig das Eindringen in dieses Land. Noch besorgter war er um Damascus. Denn seitdem dieses Reich in den schwachen Händen des Modschireddin Abek war, hatten die Christen über dasselbe, obgleich bey sehr geschwächter Macht, viel größere Gewalt, als in ihrer blühendsten Zeit, da Anardort mit kräftigem Arm regierte. Modschireddin ertrug mit feiger Geduld jede Beschädigung, welche die Christen seinem Lande zufügten, er zahlte willig dem Könige von Jerusalem Schazzung, und betrachtete bey allem diesem Ungemach die Christlichen Kreuzesfürsten als seine getreuen Beschützer gegen Nureddin; er wehrte selbst den Turkomanen, welche in der Bekämpfung der Christen unverdrossen fortfuhren, in der Nähe seiner Gränzen die Feindseligkeiten gegen das Christliche Land, so viel er vermochte, und nahm ihnen mehrere Male gewaltsam den gemachten Raub ab. Als Nureddin im J. 1151 gegen Damascus zog, um das unnatürliche Bündniß zwischen Muselmännern und Christen mit schwerer Rache zu ahnden, ward er durch die vereinigte Macht des Christlichen Reiches Jerusalem und der Muselmänner von Damascus zum Rückzuge genöthigt, worauf die Christen und Muselmänner gemeinschaftlich Bosra, wiewohl vergeblich belagerten [34]). Mit noch größerm Unwillen ward Nureddin erfüllt gegen diesen schwachen Fürsten [35]), als dieser ihn

34) Abu Schamah beim J. 546. S. Beylage.

35) Wilhelm von Tyrus selbst (XVII. 26) nennt ihn „hominem dissolu-

selbst durch allerley Hindernisse abhielt, der Stadt Askalon J. Chr. 1154.
zu rechter Zeit zu helfen. Zwar fand sich Modschireddin mit
dem auserlesenen Theil seiner Miliz zur verabredeten Zeit ein, 9 April 1153.
als ihn Nureddin aufgefordert, mit ihm dem von den Christen bedrängten Askalon zu helfen, aber mit so weniger Neigung zum Kampfe wider die Christen, daß, nachdem sechs Wochen vergebliche Berathungen gepflegt worden, Nureddin sich genöthigt sah, von der Heerfahrt nach Askalon und der Rettung dieser Stadt abzustehen; und eben so wenig ließ sich Modschireddin zu einer ernstlichen Berennung der damals fast ganz von Vertheidigern entblößten Stadt Paneas bewegen. Zwar lagerten sich beyde Fürsten mit ihrem Heere, welches allein zehn Tausend Streiter zu Fuß zählte, vor dieser Stadt; aber wiewohl kein Christ kam, um sie zu bekämpfen, so blieb der Fürst von Damascus in derselben Abneigung vom Kampfe gegen die Christen, also daß Nureddin auch von diesem Beginnen ablassen mußte [36]. Ja Modschireddin weigerte sich selbst, dem Heer des Athabeken den friedlichen Durchzug gen Askalon durch sein Land zu gestatten, welches der einzige Weg war, auf welchem Nureddin dahin ohne Schaden gelangen konnte [37].

Zu allem diesen kam noch, daß nach diesen Vorfällen der schwache Fürst von Damascus sich immer mehr zu der schmählichsten Dienstbarkeit unter dem Reiche von Jerusalem erniedrigte. Nicht nur kam allen Muselmännern zu

tum et inutilem" und „virum impotentem, qui pro sua debilitate nostris erat obnoxius eatenus ut tanquam subjectus annua tributa persolveret." Ueber diesen jährlichen Zins s. unten.

36) Wilhelm von Tyrus erwähnt dieses Versuchs auf Paneas XVII. 26; setzt ihn aber nach dem Falle von Damascus, und läßt auch diese Begebenheit während der Belagerung von Askalon sich ereignen. Es findet aber offenbar in dieser Angabe ein Irrthum Statt, wovon besonders die genauen Nachrichten des Abu Schamah über diese Ereignisse überzeugen.

37) Abu Schamah S. Beylage.

J. Chr. 1154. empfindlicher Kränkung ein Bevollmächtigter des Königs von Jerusalem nach Damascus, um selbst die Schatzung von dem Volke zu erheben, sondern es wurde selbst den Christen gestattet, die Knechte und Mägde daselbst zu mustern, um zu sehen, ob darunter solche sich befänden, welche aus Christlichen Ländern hinweggeführt worden und ihnen die Freyheit zu geben, in ihre Heimath zurückzukehren, falls sie nicht bey ihren Herren bleiben wollten. Es war unter solchen Umständen nicht unwahrscheinlich, daß die Christen ihre Hände selbst nach dem Besitze von Damascus ausstrecken würden. Das Muselmännische Volk dieser Stadt aber sehnte sich nach der Befreyung aus so schimpflicher Unterthänigkeit und Bedrängniß. Solche Gesinnung ließ Nureddin nicht unbenutzt, um so weniger, als er aus Furcht vor den Christen es nicht wagte, Damascus mit offener Gewalt anzugreifen. Nachdem er eine hinreichende Zahl der Einwohner und Soldaten zu dem Versprechen bewogen, sich ihm willig zu unterwerfen, erschien er mit seinem tapfern Heere vor der Stadt [38]); das

38) Abulfaradsch in seiner Syrischen Chronik (S. 344) läßt den Nureddin durch folgendes schlaue Verfahren in den Besitz von Damascus kommen: „Im J. 549 entriß Nureddin die Stadt Damascus dem Modschireddin mit Gewalt, nachdem er zuvor zwischen ihm und seinen Emirs Zwietracht gestiftet hatte. Denn er schrieb an ihn heimliche Briefe solchen Inhaltes: Hüte dich vor der Treulosigkeit, dieses und jenes: denn sie lassen es mir ohne Aufhören anbieten, Damascus mir zu übergeben, ich aber bin nicht gesonnen von den Franken abzulassen und wider Muselmänner zu streiten. Nachdem er nun durch solche Künste diesen Unglücklichen verführt hatte, einen seiner Emirs nach dem andern zu tödten, und er überzeugt war, daß keiner mehr in Damascus war, der ihm widerstehen konnte: so kam er vor die Stadt und nahm sie mit Gewalt. Dem Modschireddin gab er einige Dörfer im Gebiete von Emessa und schickte ihn dahin. Nureddin erwies aber den Damascenern viel Gutes, und sie freuten sich seiner Herrschaft, weil er im Stande war den Franken zu widerstehen." Mit der Erzählung des Abu Schamah stimmen vollkommen überein Abulfeda b. J. 549 und Wilhelm von

J. Chr. 1154.

östliche Thor derselben wurde ihm sogleich geöffnet, und während Nureddin einzog, floh Modschireddin auf die Burg. Zwar sandte der Fürst sogleich Botschafter an den König von Jerusalem und bat gegen Nureddin, welcher ohne Verzug die Burg zu berennen angefangen hatte, um Beystand, wofür er die Stadt Baalbek als Belohnung anbot; aber ehe die Christen ihm zu Hülfe kommen konnten, übergab er die Burg an Nureddin nach zehntägiger Belagerung, froh, daß ihm der mächtige Athabek die Stadt Emessa als Entschädigung versprach. Als aber Nureddin diese Verheißung nicht erfüllte, und ihm für Emessa die Stadt Bales anbot, so zog er vor, aller Entschädigung zu entsagen und begab sich nach Bagdad, wo er in Dunkelheit seine Tage beschloß.

Der Fall von Damascus erregte große Besorgniß bey den Christen, welche leicht voraussehen konnten, daß der unermüdliche Nureddin, welcher durch die Eroberung dieses Reichs der Grenznachbar des Reichs Jerusalem geworden war, solche Vermehrung seiner Macht nicht unbenutzt lassen werde, zum Schaden der Christen; ihre Besorgnisse wurden noch ängstlicher, als er selbst seinen gewöhnlichen Sitz nach Damascus verlegte, und dort die Hauptkraft seines mächtigen Reichs vereinigte. Darum bemühten sich die Christlichen Fürsten des Reichs Jerusalem einen Waffenstillstand zu erlangen von diesem furchtbaren Feinde der Christen, um wenigstens für einige Zeit ihrem Lande die Ruhe zu sichern [39]). Nureddin willigte gern in ihre

Tyrus a. a. O., der letztere nur nicht in Hinsicht der Zeitbestimmung (s. Anm. 36). Vgl. Ebn al Athir in den Notic. et Extraits T. I. S. 560.

39) „Nam pro viro impotente... ... durior nobis oppositus est adversarius.“ Wilh. Tyr. a. a. O. „Als Nureddin Herr von Damascus geworden war, fürchteten sich alle Franken vor ihm gewaltig; denn sie wußten wohl, daß er des Kriegs gegen sie und ihre Länder sich nicht enthalten werde. Darum sandte jeder

J. Chr. 1154. Anträge, weil auch er der Ruhe bedurfte, um seine neue Herrschaft in Damascus zu befestigen; und darum ließ er selbst noch zwey Jahre dem Könige von Jerusalem die jährliche Schatzung von acht Tausend Tyrischen Denaren zahlen, welche ihm Modschireddin bewilligt hatte [40]).

Unter den Christen erhob sich aber während solcher Waffenruhe bald wiederum Zwietracht und Unfrieden von mancher Art. Zuerst in dem Fürstenthum Antiochien. Die leichtsinnige Fürstin Constantia, Wittwe des Fürsten Raimund, hatte endlich ganz unerwartet [41]) den französischen Ritter Rainald von Chatillon zu ihrem Gemahl erkohren, und ihn aus dem Lager vor Askalon, wo er in des Königs Solde diente, zu sich berufen; nachdem sie mehrere vornehme Fürsten, welche um ihre Hand geworben hatten, oder ihr angetragen worden, aus Abneigung gegen den Zwang des ehelichen Lebens, verschmäht hatte. Sie hatte nicht nur die griechischen Herrn abgewiesen, welche ihr nach einander von dem Kaiser Manuel angetragen worden, um auf solche Weise das Fürstenthum Antiochien an das Griechische Reich zu bringen, sondern auch selbst die angesehenen und tapfern französischen Fürsten, welche der König Balduin in redlicher Absicht für des Landes Wohl ihr vorgeschlagen hatte [42]).

Graf und Baron an ihn Botschafter und suchte sich mit ihm zu vergleichen." Ebn al Athir bey Abu Schamah J. 549.

40) Sie wurde erst im J. d. H. 551 Chr. 1156 durch Vertrag zwischen dem Könige von Jerusalem und Nureddin aufgehoben. Abu Schamah b. dies. J. S. unten.

41) „Rainaldum quendam stipendiarium militem sibi occulte in maritum elegit." Und weiter unten: „non sine multorum admiratione quod tam praeclara, potens et illustris foemina et tam excellentis uxor viri, militi quasi gregario nubere dignaretur." Wilh. Tyr. XVII. 26. Nach Cinnamus (S. 103) geschah es aber κοινῇ τῶν Ἀντιοχέων βουλῇ. Indeß kann diese öffentliche Berathung erst Statt gefunden haben, nachdem Rainald, welcher, wie Wilhelm von Tyrus erzählt, sogleich wieder zum Heere vor Askalon kam, um den König mit dem heimlich gefaßten Entschluß der Fürstin bekannt zu machen, die königliche Genehmigung erlangt hatte.

42) S. oben S. 13. Cinnamus glaubt (S. 103), die Fürstin Con-

Kaum hatte Rainald, nach des Königs Einwilligung in seine Verbindung mit Constantia, die fürstliche Gewalt in Antiochien erlangt, als er gegen den Patriarchen nicht nur die empörendsten Gewaltthätigkeiten, sondern selbst unmenschliche Grausamkeit zu üben anfing. Dazu trieb ihn eine wilde Rachsucht, welche durch gekränkte Eitelkeit erregt worden war, und die Unbesonnenheit und stürmische Tollkühnheit seines Sinnes, wodurch er später das Verderben der Christen im heiligen Lande veranlaßte. Denn der Patriarch, welcher aus dem Besitze seiner bisherigen Gewalt im Fürstenthum Antiochien sich plötzlich durch den neuen Gemahl der Fürstin verdrängt sah, ergoß seinen Unwillen über diesen Emporkömmling, der seine Erhebung aus der Niedrigkeit blos der Sinnlichkeit eines Weibes verdankte, ohne Scheu und auf sehr bittere Weise öffentlich und in vertraulichen Gesprächen. Als dieses dem Fürsten Rainald durch Ohrenbläser hinterbracht worden, ließ er den Patriarchen nicht nur greifen und gefangen auf die Burg führen, sondern unterwarf ihn selbst einer mit teuflischer Bosheit ausgesonnenen Marter. Denn er ließ dem bejahrten Manne, den hohes Alter und die Heiligkeit des Amtes wenigstens ehrwürdig machten, den Kopf mit Honig bestreichen, und also den kränklichen und schwachen Greis an einem heißen Sommertage der brennendsten Hitze der Sonne ausstellen, ohne irgend eine Bedeckung und mit dem gemessensten Verbote für jedermann, die Wespen, Fliegen und anderes Ungeziefer, die schrecklichste Plage in den heißen

J. Chr. 1154.

stantia sey zu der Vermählung mit Rainald blos durch die Werbung des Kaisers für den Cäsar Rogerius bewogen worden; allein diese Werbung fällt schon ins J. 1151, also vor der Berathung zu Tripolis (s. oben S. 16), auf welcher man die Fürstin zu einer zweiten Heirath zu bewegen suchte, und es ist sehr wahrscheinlich, daß jene Berathung durch die Werbung des Kaisers veranlaßt wurde.

J. Chr. 1154. Gegenden des Morgenlandes, von ihm abzuwehren [43]. Der König Balduin, als er solchen ruchlosen Frevel vernahm, säumte nicht, zwey angesehene Geistliche, den Bischoff Friedrich von Ptolemais und seinen Kanzler, Radulf, nach Antiochien mit einem ernstlichen Abmahnungsschreiben zu senden; aber sie vermochten nicht, den übermüthigen Sinn und die Rachsucht des Fürsten Rainald zu mildern, und erlangten nur mit Mühe die Freylassung des Patriarchen

43) „Quodque satis videtur abominabile, sacerdotem longaevum, Petri Apostolorum principis successorem, virum aegrotativum et pene perpetuo infirmantem, nudo capite et melle delibuto, per diem aestivum in sole ferventissimo compulit sedere, nemine contra solis importunitatem praebente remedium, vel gratia pietatis muscas abigente." Wilh. Tyr. XVIII. 1. Von noch grausamern Mißhandlungen spricht Cinnamus (S. 105), übrigens eine ganz andere Ursache derselben angebend, nemlich die Weigerung des Patriarchen, das Geld zu bezahlen, welches der Fürst zum Behufe der Unternehmung auf Cypern, wovon weiter unten die Rede seyn wird, von ihm forderte. Es läßt sich dieses aber sehr leicht mit der Erzählung des Wilhelm von Tyrus in Einklang bringen, so wie überhaupt der ganze Hergang der Sache, wie Cinnamus ihn berichtet, sehr der Sinnesart eines solchen Ritters, als Rainald von Chatillon war, angemessen ist: „Als Rainald, im Bewußtseyn seiner äußersten Armuth, einen Angriff auf Cypern beschlossen, so nahm er den Patriarchen gefangen und verlangte von ihm Geld; denn er wußte, daß es ihm daran nicht fehlte (statt ἀπορίᾳ ist, wie der Zusammenhang lehrt, εὐπορίᾳ zu lesen). Als er sich aber dessen weigerte, so ließ er dem Manne die Kleider ausziehn, peitschte ihn zuerst heftig, dann ließ er die Wunden mit Honig bestreichen, und zwar in der Mitte des Sommers an der Sonne trocknen, also daß die Wespen, Bienen, Fliegen und andere blutsaugende Thiere auf den ganzen nackten Körper sich setzten und das Blut aussogen. Als nun der Patriarch, durch diese Marter entkräftet, seinen ganzen Reichthum hergab, so war Rainald besänftigt, ließ ihm seine gewöhnlichen Kleider wieder anlegen und führte ihn zu Roß durch die Stadt, indem er selbst zu Fuß ging und den von dem Sattel herabhängenden Riem in seiner Hand hielt." Daß übrigens Gelderpressung bei diesem Handel im Spiele war, erhellt auch aus dem Schlusse der Erzählung des Wilhelm von Tyrus: „Ille autem visis nunciis et regiis perlectis apicibus, postquam eum multis affecerat contumeliis, remisit liberum, bonis etiam, quae ab eo et suis violenter rapuerat, plene restitutis."

und die Zurückgabe dessen, was ihm und seinen Freunden J. Chr. 1154.
von dem Fürsten war geraubt worden; worauf der Patriarch das Fürstenthum verließ und sich in das Königreich Jerusalem begab, wo er noch mehrere Jahre lebte, sehr geachtet und geehrt von dem Könige, der Königin Melissende und allen Prälaten des Reichs [44]).

Auch im Reiche Jerusalem ereigneten sich in dem nächsten 1155.
Jahre, nachdem mit Hunger und Mangel das heilige Land heimgesucht worden, die ärgerlichsten Auftritte, sogar in der Nähe des heiligen Ortes, wo die fromme Christenheit den Platz des Leidens und die Grabstätte des Erlösers verehrte. Zwischen dem Hospital St. Johannis und den Bischöffen des heiligen Landes erhob sich nemlich über die Befreyung von dem Zehnten und andere Freyheiten, welche das Hospital der Verleihung des Papstes Paschalis des Andern verdankte [45]), die Prälaten aber länger anzuerkennen sich weigerten, der heftigste Streit, also daß die Ritter des Hospitals sich unterfingen, die Bischöffe mit

44) Cinnamus a. a. O. berichtet, der Patriarch habe, nachdem er die vorhin erzählten Mißhandlungen erfahren, dem Kaiser mehrere Male angeboten, den Fürsten Rginald ihm auszuliefern, Manuel aber habe aus Großmuth diese Anerbietungen nicht angenommen, weil er durch Kampf siegen wollte und nicht durch Hinterlist (πολέμῳ γὰρ μᾶλλον ἢ δόλῳ περιγενέσθαι ἤθελε). Uebrigens geschahen diese Anerbietungen nicht durch den Patriarchen, welcher, wie wir durch Wilhelm von Tyrus wissen, Antiochien verließ, sondern vielleicht durch seine zurückgebliebenen Anhänger; wir zweifeln aber nicht, daß der Kaiser Manuel, wenn er der Ausführbarkeit dieser Anerbietungen sicher gewesen wäre, bey dieser Gelegenheit eben so leicht, wie bey andern, seiner Großmuth untreu geworden seyn würde.

45) S. Gesch. der Kreuzz. Th. II. S. 642. „Huius mali, sagt Wilhelm von Tyrus (XVIII. 3.), primitivam originem Romana ecclesia, licet fortasse nesciens nec multo ponderans libramine, quid ab ea peteretur, diligenter considerantibus videtur intulisse: nam locum praedictum a domini Patriarchae Hierosolymitani jurisdictione, cui diu et merito subjacuerat, emancipavit indebite."

J. Chr. 1155. jeder Art von Feindseligkeit zu verfolgen, und sich jeder Handlung der bischöfflichen Gewalt, so viel sie vermochten, widersetzten. Zwar kennen wir diesen Streit nur aus der Erzählung des Erzbischoffs Wilhelm von Tyrus, der schon wegen der Verhältnisse seines Amtes nicht wohl auf der Seite des Ordens stehen konnte; aber Wilhelm ist ein viel zu ruhiger und redlicher Erzähler, als daß wir eine Entstellung oder Verfälschung der Thatsachen dieses Streites, und eine ungerechte Beschuldigung der Hospitaliter zu argwöhnen Ursache haben könnten. Da nach und nach der Orden der Hospitaliter überall im heiligen Lande Güter erworben und Häuser gegründet hatte, so waren nur wenige Städte von ärgerlichen Auftritten frey. War einer von seinem Bischoffe mit dem Bann belegt, so bot man ihm in der Kirche des Hospitals das heilige Sacrament, und starb ein Gebannter, so gaben ihm die Hospitaliter die heilige Wegzehrung und das Begräbniß in geweihter Erde. War über irgend einen Ort der Fluch von einem Bischoff ausgesprochen, so erschallte gleichfalls von dem Thurme der Capelle oder Kirche des Hospitalhauses das Geläute, und die Hospitaliter zogen selbst von dem gerechten Fluche eines Bischoffs Gewinn, indem alle fromme Gaben, welche sonst den andern Kirchen dargebracht wurden, nunmehr ihnen zuflossen. Am ärgerlichsten wurde aber dieser Streit in Jerusalem selbst zwischen dem Patriarchen Fulcher und dem Großmeister Raimund. Denn dieser ließ nicht nur, um den Patriarchen, welcher den Zehnten von ihm forderte, und seine geistliche Gerichtsbarkeit über die Glieder und Besitzungen des Hospitals zu behaupten suchte, zu höhnen, vor der Kirche des heiligen Grabes mehrere hohe und prächtige Gebäude aufführen, wodurch er zugleich das einfache Gebäude dieser heiligen Kirche verspottete; sondern auch, so oft der Patriarch in diesem Tempel auftrat, um das Volk zu ermahnen, oder Ablaß der Sünden anzukündigen, ließ der Großmeister alle Glocken des benachbarten Hospitals so gewaltig anschlagen, daß niemand die Rede, ob auch der ehrwürdige Prälat noch so sehr seine Stimme anstrengte, vernehmen konnte. Als der Patriarch ihm über solchen Frevel Vorstellungen machen ließ, antwortete der Großmeister mit Drohungen, welche auch alsobald ins Werk zu setzen er sich nicht scheute. Denn eines Tages, als viele Christen in der Kirche des heiligen Grabes versammelt waren, drangen die Hospitaliter bewaffnet in dieselbe ein, wie in eine Räuberhöhle, und schossen Pfeile unter die Gläubigen. Man sammelte diese Geschosse und hing sie, zur ewigen Schmach der ruchlosen Ritter, zusammengebunden an dem Calvarienberge auf, dem Orte des Leidens Christi, wo sie noch in spätern Jahren gesehen wurden [46]). J. Chr. 1155.

Um solchem Aergernisse ein Ende zu machen, beschlossen mehrere Prälaten des heiligen Landes, selbst nach Rom sich zu begeben, um bey dem Papste Hadrian IV, über den Uebermuth der Hospitaliter zu klagen, und um Abstellung ihrer Klagen gegen diesen Ritterorden zu bitten. Der alte fast hundertjährige Patriarch von Jerusalem unternahm selbst diese beschwerliche Reise; ihn begleiteten der Erzbischoff von Tyrus und die Bischöffe von Ptolemais, Sidon, Cäsarea, Lidda, Sebastia und Tiberias. Zur ungünstigsten Zeit kamen die Bischöffe nach Italien. Das Land war von heftigen Kriegen bewegt, welche zum Theil der Papst selbst entzündet hatte, und Hadrian schon deswegen wenig aufgelegt, die Angelegenheiten des heiligen Landes zu Herzen zu nehmen. Gegen den von dem Papst gebannten König Wilhelm

46) „Quas postmodum collectas et redactas in manipulum ante locum Calvariae, ubi crucifixus est Dominus, fune dependentes et nos ipsi vidimus et alii infiniti.“ Id. ibid.

J. Chr. 1155. von Sicilien standen dessen Barone in den Waffen und bekriegten ihn mit dem Beystande eines griechischen Heeres. Im Norden von Italien stand der Kaiser Friedrich, der nach Italien gekommen war, um mit gewaffneter Hand die Rechte des Reichs geltend zu machen, und nur dadurch, daß ihn die meisten seiner Streiter, nach Ablauf ihrer Dienstzeit, verließen, bewogen wurde, auf die Rückkehr nach Deutschland zu denken. Mit Mühe gelangten die Prälaten aus dem Hafen von Hydrunt, wo sie gelandet, durch die überall herumschwärmenden Kriegsscharen zum Kaiser Friedrich, der noch zu Ancona verweilte, um von ihm die Empfehlung ihrer Angelegenheit bey Hadrian IV. zu erbitten. Mit noch größeren Schwierigkeiten gelangten sie zum Papste, der, wie die Prälaten meinten, schon von den Hospitalitern, welche ihnen vorangeeilt waren, nicht nur von ihrem Anliegen unterrichtet, sondern selbst mit Geld gewonnen [47]), sie geflissentlich mied; denn als sie nach Narni kamen, wo Hadrian bis dahin verweilt, erfuhren sie, daß der Papst sich nach Rom begeben, und als sie sich unverzüglich dahin begaben, hatte er auch bereits Rom verlassen, und erst nach mehreren Tagen brachten sie durch fleißige Erkundigung in Erfahrung, daß er zu Ferentina sich aufhalte. Dort trafen sie ihn zwar, und der Patriarch ließ es an Thätigkeit in der Besorgung seiner Angelegenheit nicht fehlen; er verherrlichte mit seinen ehrwürdigen Begleitern jede öffentliche Feyer und bewies dem Papst und den Cardinälen jede Art von Ehrerbietung; aber die Bischöffe bemerkten bald, daß der Apostolische Vater und fast sein ganzer

47) „Nam muneribus infinitis corruptus in partem Hospitalariorum dicebatur se dedisse proclivem qui jam ad eum multo ante pervenerant." Id. c. 7.

Hof[48]) nur den Hospitalitern Gehör gaben. Sie sahen, ungeachtet des kaiserlichen Empfehlungsschreibens, das sie dem Papste überbracht, sich überall zurückgesetzt und selbst zurückgestoßen, und die öffentlichen Verhandlungen, in welchen beyde Parteyen ihre Gründe gegen einander vorbrachten, überzeugten sie so sehr von der Unmöglichkeit, eine gerechte Entscheidung ihrer Sache von einem so verderbten Hofe zu erhalten, daß sie beschlossen, ungesäumt die Rückkehr nach dem heiligen Lande anzutreten. Seit dieser Zeit stieg der Uebermuth der Hospitaliter noch höher. J. Chr. 1155.

Ueberhaupt, so tapfer auch die Ritter der geistlichen Orden gegen die Heiden stritten, und so unverkennbare Verdienste sie sich besonders durch die Beschirmung der wehrlosen Pilger erwarben: so läßt sich doch nicht läugnen, daß eben diese Ritter fast von allem Unfrieden, der im heiligen Lande obwaltete, wenn auch nicht immer die Stifter, doch wenigstens sehr thätige Theilnehmer waren, durch Habsucht und schnöde Gier nach Beute sich nicht selten zur Verläugnung ihrer Pflichten verleiten ließen, und selbst den Christlichen Namen bey den Heiden schändeten. Zu eben dieser Zeit, wo zwischen den Bischöffen und den Hospitalitern jener ärgerliche Streit noch fortdauerte, gaben die Templer auf die empörendste Weise es kund, daß ihnen Geld höher sey, als die Erfüllung ihrer heiligsten Pflichten. Denn sie verkauften den Nasireddin, den Sohn des nach Vereitlung seiner Pläne aus Aegypten entwichenen Vezirs

48) „De tanta autem Cardinalium turba vix reperti sunt duo vel tres, dominus videlicet Octavianus, dominus Ioannes de S. Martino, qui eiusdem domini Patriarchae, dum esset Tyrensis Archiepiscopus, Archidiaconus fuerat, qui Christum sequentes, ejus ministrum in causa sua pie vellent vovere. Alii omnes abeuntes post munera, secuti sunt vias Balaham, filii Bosor." Id. c. 8.

J. Chr. 1155. Abbas, einen tapfern und bey den Saracenen sehr geachteten Mann [49]), welcher mit einer unermeßlichen Beute in ihre Gefangenschaft gerathen, die Anfangsgründe des Christenthums mit großem Fleiße und inniger Ueberzeugung erlernt, und selbst schon die lateinische Sprache sich zu eigen gemacht hatte, auf die verruchteste Weise seinen und seines Vaters Feinden für sechzig Tausend Goldstücke, und sahen es an, daß er in einen eisernen Käfig gesperrt auf einem

49) Die Gefangennehmung des Nasireddin erzählt der Arabische Geschichtschreiber Abu Jala, bey Abu Schamah zum J. 549 (1154) also: Wir vernahmen, daß der Emir Fareseddin Talaja Ebn Rasenk, einer der vornehmsten ägyptischen Emire, und damals abwesend von Aegypten, als er die dortigen Ereignisse vernommen, (nehmlich die Ermordung des Chalifen), in große Bestürzung gerathen sey, und sogleich Truppen gesammelt habe, um nach Aegypten zurückzukehren. Sobald aber der Vezir Abbas davon die Kunde erhielt, hielt er es für unmöglich, gegen dessen Ueberlegenheit sich zu behaupten, und beschloß mit allen seinen Angehörigen und Schätzen aus Aegypten zu fliehen. In der Gegend von Askalon stieß er auf eine Schaar fränkischer Reiter, welche er anfangs nicht achtete, wegen deren geringen Zahl und der großen Anzahl seiner Begleiter. Als aber die Franken wirklich den Angriff machten, wurden seine Begleiter zaghaft, und er und sein jüngerer Sohn retteten sich durch schimpfliche Flucht; der ältere aber, welcher den Adel Ebn Assalar getödtet, fiel in die Gefangenschaft der Franken mit seinem Sohn, seinem Harem, allen seinen Schätzen und Sclaven. Die Flüchtlinge standen von Hunger und Durst schrecklich aus, eine große Zahl Menschen und Thiere kam dadurch um; und viele dieser flüchtigen Reiter des Abbas wurden auch noch auf der Flucht von den Franken ereilt und erschlagen. Diejenigen aber, welche sich gerettet, kamen in dem erbärmlichsten Zustande, durch Entbehrung und Nacktheit, nach Damascus in den letzten Tagen des Rabi al-awwal (ohngefähr der Mitte des Junius)." Etwas abweichend, doch im Ganzen sehr übereinstimmend, sagt Wilhelm von Tyrus (XVIII. 7): „Nostri audito ejus transitu casu, praestruentes insidias, in eis more nocere volentium absque strepitu latebant. Ille ex improviso in praedictas irruens insidias, primis congressionibus est confossus letaliter, ibique statim gladio vitam finivit. Erat autem nobili viro nomen Habeis; filius vero ejus Nosereddinus et omnis omnino familia et universae illae divitiae, quas secum ex Aegypto detulerant, in manus hostium tradita sunt." Von den Händeln in Aegypten, welche die Flucht des Abbas veranlaßten, wird weiter unten die Rede seyn.

Kameele nach Aegypten hinweggeführt wurde, wo er hernach mit den grausamsten Martern zu Tode gepeinigt wurde [50]). J. Chr. 1155.

Den König Balduin selbst aber verleiteten nicht lange hernach böse Rathgeber, denen der jugendliche Fürst oftmals Gehör gab, so wie Schulden und Geldnoth, zum treulosen Bruche des eben erneuerten Waffenstillstandes mit Nureddin. Denn nachdem Nureddin von neuem, zwar vergeblich die Burg Harem berennt, aber die Christen doch zur Abtretung eines Theils des umliegenden Landes genöthigt hatte, und die Christen, welche in das Land des Athabeken eingebrochen [51]), von den Truppen von Aleppo zurückgewiesen waren: so schloß der König mit Nureddin einen jährigen Waffenstillstand vom Christmonat 1156 [52]) an, und verzichtete auf die Schatzung, welche er bisher aus Damascus gezogen. Kaum war dieser Waffenstillstand abgeschlossen, als Balduin Arabische und Turkomanische Horden, welchen er selbst mit ihren zahlreichen Rossen und andern Lastthieren in dem Walde von Paneas den Aufenthalt gestattet, plötzlich mit schändlicher Treulosigkeit überfiel, die Männer, welche im Vertrauen auf das königliche Wort ohne Wehr und Waffen waren, erschlug und ihr sämmtliches Vieh raubte, dessen eine so grosse Menge war, daß bey der Theilung selbst jedem gemeinen Knecht, der an diesem Raubzuge Theil genommen, mehrere Rosse zufielen. Die Christen verabscheuten diese ruchlose Treulosigkeit nicht minder als die Heiden, und betrachteten die Unglücksfälle der folgenden Jahre als Gottes gerechte Strafe für solche Frevelthat [53]). 1157. Jan. 1157.

50) Wilh. Tyr. a. a. O.

51) S. Beylage.

52) Vom Monat Schawal des J. 551. Abu Schamah b. dies. J.

53) Also berichtet davon Abu Schamah: Schon in den ersten zehn Tagen des Monats Dsulhadscha (14-24 Jan. 1157) brachen die Franken ihr Versprechen und was in dem Waffenstillstande und Vertrage war bestimmt worden, weil eine grosse Zahl von Franken zur See angekommen und ihre Macht

J. Chr. 1157. 3. Mai. Nureddin begann ohne Verzug den Krieg wider die Christen mit großer Heftigkeit. Sein Emir Asadeddin siegte mit Hülfe einer großen Zahl tapferer Turkomanen, welche in seinen Dienst getreten, am Euphrat über die Kreuzritter und nahm ihnen große Beute ab [54]. Als bald hernach die Hospitaliter, denen der Connetable Honfroy mit Genehmigung des Königs die Hälfte der Stadt Paneas, welche er allein nicht mehr zu vertheidigen sich getraute, abgetreten hatte, in diese von heidnischem Gebiete umschlossene Stadt Mannschaft, Waffen und Vorräthe zu bringen suchten: so griff der Emir Nasireddin sie an und überwand sie, ungeachtet der Connetable Honfroy aus Paneas ihnen zu Hülfe kam, in einer blutigen Schlacht, nahm ihnen ihre Rosse, Kameele und alle ihre Waffen und Vorräthe, und schickte die Gefangenen und die

dadurch gewachsen war (Abu Schamah scheint die Ankunft des Grafen Dietrich von Flandern im Sinn zu haben, welche aber erst später erfolgte). Sie brachen also in das Land Alschoara bey Paneas (in sylva quae Pancadensi adjacet civitati et ab ea hodie cognomen ducit vulgare, nam antiquitus tam quae ad Septentrionem quam quae ad Austrum protenditur. . . omnis sylva Saltus Libani dicebatur; Wilh. Tyr. XIII. 11); wo gerade sehr viele Kriegsrosse und Weidepferde, so wie auch Arbeits- und Zugpferde, auch viele Araber und Bauern versammelt waren, um zu weiden, im Vertrauen auf den Waffenstillstand. Darum waren sie auch nicht im Stande sich zu vertheidigen. Die Franken aber hatten die Gelegenheit wohl erspäht und trieben alles weg, was sie fanden, und plünderten die Leute aus, und schleppten auch viele Turkomanen und andere gefangen hinweg. Und gewannen auf solche Weise eine sehr große Beute. Gott aber der Gerechte sorgte dafür, daß ihnen solche Treulosigkeit vergolten wurde, durch das, was im folgenden Jahre geschah." Mit denselben Worten drückt Wilhelm von Tyrus (a. a. O.) seinen edlen Unwillen aus: „Sed Justus retributor Dominus, Deus ultionum, non diu passus est, nos tam turpibus emolumentis laetari; sed significans, quod etiam *infidelibus fidei tenor observandus sit illibatus*, in nostram confusionem et commissi criminis poenam adducens cum eo ultionem, pro omnibus peccatis nostris reddidit duplicia et multiplicato foenore, intulit confusionem sicut in sequentibus dicetur."

54) Abu Schamah ad a. 552.

Köpfe der erschlagenen Christen nach Damascus[55]). Nureddin aber, welcher zu Baalbek war, befahl, alle diese Gefangenen, zur Rache der von den Christen verübten Wortbrüchigkeit, ohne Erbarmen zu tödten. Worauf er beschloß, die Stadt Paneas zu berennen, zumal da die Hospitaliter, geschreckt durch die Niederlage und den Verlust, welchen sie erlitten, die Stadt Paneas wieder in die Hände des Connetable Honfroy zurück- J. Chr. 1157.

55) „Am 15 des Rabi al-awwal kam nach Damascus der fröhliche Botschafter von dem siegreichen Heere bey Ras al-ma; denn Nasireddin, der oberste Emir, als er vernahm, daß die Franken in die Landschaft von Paneas in großer Zahl gekommen waren, nemlich 700 Ritter außer dem Fußvolk, eilte unverzüglich dahin und erreichte sie, bevor sie nach Paneas gelangten; die Miliz dieser Stadt war aber bereits zu ihnen herausgezogen. Dann legte er die tapfersten Türken in einen Hinterhalt und griff sie an. Im Anfange des Gefechtes wurden zwar die Muselmänner zurückgeworfen; als aber die Türken aus dem Hinterhalte hervorbrachen, da verlieh Gott den Muselmännern vollkommnen Sieg, also daß nur wenige der Feinde entrannen, und alle entweder getödtet, oder verwundet, oder ausgeplündert, oder gefangen wurden. Von Pferden, Waffen und Vorräthen, Leichnamen und Köpfen der Erschlagenen fiel eine ungeheure Menge in die Hände der Muselmänner. .... Die Gefangenen und die Köpfe der Erschlagenen, so wie die eroberten Vorräthe wurden nach Damascus gebracht, und vieles Volk versammelte sich, sie zu sehen; es war ein festlicher Tag. Einen Theil der Gefangenen schickte der Emir zu Nureddin nach Baalbek, welcher befahl, ihnen ohne Barmherzigkeit die Köpfe abzuschlagen." Abu Jala bey Abu Schamah. Sehr übereinstimmend Wilhelm von Tyrus (XVIII. 12): „Factum est autem, postquam praedicti fratres civitatem inde suam pro parte susceperunt, ut congregatis alimentorum, armorum, virorum copiis, locum certa die diligentius communire curarent: collectoque maximo ad propositum sufficiente camelorum et omnimodorum animalium ad sarcinas deportandorum comitatu, simul et militia quae omnem illam expeditionem violenter in urbem introducerent, ad locum accedebant, urbem ad multa sequentia tempora necessariis communituri. Dumque proficiscendo cum omnibus impedimentis suis urbi appropinquarent, ecce hostes, eorum aduentu praecognito, eis occurrentes, instantes gladiis, caesis ex eis quam pluribus, agmen dissolvunt, caeteris autem fuga vitae et saluti consulentibus, sarcinas occupant: qui effugere nequeunt, hostium instantia praeventi, aut gladiis intereunt, aut vinculis mancipantur."

J. Chr. 1157. gegeben hatten. Zwar gelang es Nureddin nicht, die Burg zu erobern, wiewohl er die Stadt erstürmte und verbrannte; denn er hob die Berennung der Burg auf, als der König Balduin ihr zu Hülfe kam. Aber er gewann über den König einen Sieg, wie ihn noch nie die Heiden über die Kreuzesritter gewonnen hatten. Denn Balduin, nachdem er die zerstörte Stadt Paneas und ihre Mauer in großer Schnelligkeit wieder erbaut hatte, war so unvorsichtig, sich nicht zu erkundigen, wohin Nureddin sich gewandt, und kehrte in der Meinung, daß das Heer der Ungläubigen weit entfernt wäre, nur von der Ritterschaft begleitet, nach Tiberias zurück, und auf dem Wege verließen ihn noch Philipp von Neapel und mehrere andere Barone. Auch waren sie so sicher, daß sie in ihrem nächtlichen Lager am Salzsee [56]) jede Vorsicht vernachlässigten. Nureddin aber hatte sich mit seinen Scharen in dem Walde von Paneas verborgen, um die Gelegenheit zu erspähen, und die Fahrlässigkeit der Ritter blieb ihm nicht lange verborgen. Worauf er herbeyeilte, über den Jordan seine Scharen führte und sich an der Furth Jakobs im Hinterhalt lagerte, da wo der König und die Ritter in der Frühe des Tages über den Fluß zu gehen

18. Jun. 1157. dachten. Als nun die Ritter unter heitern und frohen Gesprächen herbeyritten, da brachen plötzlich die Türken aus ihrem Hinterhalt und brachten Tod und Verderben über die Ritter, ehe sie zum Kampfe sich zu scharen vermochten. Der König Balduin rettete sich durch die Flucht nach Saphed im benachbarten Gebirge, aber wenige vermochten ihm zu folgen [57]). Das ganze Feldgeräth und selbst des Königs

56) „Secus lacum, cui nomen Melcha." Wilh. Tyr. XVIII. 13. „Am See von Tiberias und Paneas." Abu Schamah.

57) „(Rex) cum summis periculis hostes nunc a dextris, nunc a sinistris, equi, cui insidebat, beneficio declinans, in castrum cui

Kapelle wurde den Heiden zur Beute. Es fielen in die Gefangenschaft der Heiden Bertrand von Blanquefort, Großmeister der Templer, Hugo von Ibelin, Odo von St. Amand, des Königs Marschall, und viele andere. Viele tapfere und vornehme Ritter wurden jämmerlich, fast ohne Kampf erschlagen; sie aber entgingen durch den Tod der Schmach, welche die Gefangenen erfuhren. Denn diese wurden in schimpflichem Gepränge in Damascus eingeführt, dem Pöbel zur Schau, die vornehmen Ritter mit Panzer und Helm gerüstet auf ihren Rossen, jeder sein Panier haltend, die gemeinen Ritter, je zwey und zwey auf einem Kameel und ausgebreitete Fahnen tragend, an welchen Häute von den Köpfen der Erschlagenen mit den Haaren befestigt waren, die Knechte je drey und drey, oder vier und vier mit einem Stricke zusammen gebunden [58]). Ungeachtet solches schrecklichen Unglücks sammelte doch der König in kurzer Zeit wiederum eine stattliche Schar von Rittern, und zog mit ihnen der von Nureddin aufs Neue belagerten Stadt Paneas zu Hülfe; und als er sich unfern von der Stadt bey dem Neuen Schloß mit dem Fürsten von Antiochien und dem Grafen von Tripolis, welche gleichfalls aufgeboten worden, J. Chr. 1157.

Sephet nomen, quod in eodem monte situm erat, vix et cum multa difficultate se recepit." Wilh. Tyr. Ganz übereinstimmend Abu Schamah beim J. 553, wo er nachträglich noch aus Abu Jala über dies Ereigniß folgende Nachricht gibt: „Salaheddin, Fürst von Emessa, berichtet darüber Folgendes: Als die Turkomanen zu uns kamen, so waren etwa tausend Gefangene bey ihnen, so viel kamen allein nach Emessa; der König von Jerusalem aber war in eine kleine Burg geflohen, aus welcher er hernach unter dem Schutze der Nacht seine Flucht weiter fortsetzte."

58) S. den Bericht des Abu Jala über dieses Ereigniß in der Beyl. Vollkommen übereinstimmend ist damit die Erzählung des Wilhelm von Tyrus XVIII, 14; auch selbst in der Chronologie; denn der 9. des ersten Dschemadi 553 fällt gerade auf den 18 Junius (XIII. Cal. Iul.) 1157, welchen Wilhelm von Tyrus als den Tag dieses Unglücks angibt.

J. Chr. 1157. vereinigt hatte, ließ Nureddin, welcher den Kampf überall vermied, wo er nicht des Sieges ganz gewiß war, von der Belagerung ab.

In diesen schlimmen Zeiten erfüllte die Christen des heil. Landes mit neuem Muthe die Ankunft des Grafen Dietrich von Flandern, welcher zum dritten Male als Pilger ins heilige Land kam, dieses Mal begleitet von seiner Gemahlin Sibylle, der Schwester der Königin Melissende, und vierhundert Rittern. Ihre Ankunft war um so erfreulicher, weil Dietrich einer der vornehmsten Fürsten der zweyten großen Pilgerfahrt unter den Königen Conrad III. und Ludwig VII. gewesen war [59]). Denn seine neue Wallfahrt schien ein untrügliches Zeichen der Versöhnung des gerechten Grolls der katholischen Christen des Abendlandes gegen die morgenländischen zu seyn, wegen des bey der Belagerung von Damascus verübten Verraths. Darum wurde auch Dietrich mit sehr großen Ehren im gelobten Lande empfangen, und sein Rath in den wichtigsten Angelegenheiten gehört. Nicht ohne seinen Rath wurde der König Balduin, der zum männlichen Alter längst gelangt, und sich noch immer nicht zur Vermählung hatte entschließen wollen, bewogen, bey dem Kaiser Manuel durch eine Gesandtschaft [60]) um eine Prinzessin des kaiserlichen Geschlechtes zu werben. Die Gesandtschaft erlangte die Gewährung ihrer Werbung; denn die dreyzehnjährige schöne Theodora, die Nichte des Kaisers, Tochter seines Bruders Isaak, kam mit einem Schatze

59) S. Gesch. d. Kreuzz. Th. II. S. 681. Th. III. Abth. 1. S. 95. 249. Ueber diese dritte Wallfahrt handelt, außer Wilhelm von Tyrus (XVIII. 16. 59.), das Magnum Chronicon Belgicum (in Pistor. Script. rer. Germ, ed. Struve T. III. S. 188. cf. Alberici Chronic. (in Leibnit. Access. hist.) S. 329.

60) Sie bestand aus dem Bischoff Attard von Nazareth, welcher auf der Reise starb, dem Connetable Honfroy, Joscelin Pessel und Wilhelm de Burls. Wilh. Tyr. XVIII. 16. 20.

usend Goldstücken [61]) und einer herrlichen J. Chr. 1157.
baren Geräthen im Herbstmonat dieses Jah-
und wurde dem Könige durch den Patriar-
n Antiochien angetraut; denn der Patriarch
usalem war indeß gestorben, und sein er-
ger Amalrich hatte noch nicht von dem
ze zu Rom die Bestätigung und das Pallium
ür so große Schätze, welche Theodora ihrem
te, verhieß ihr der König auf den Fall
e Stadt Akka mit ihrem Kreise als Leib-

nd diese Gesandten ihre Werbung in Byzanz
ossen die Fürsten des heiligen Landes, mit
es Grafen Dietrich und der tapfern Männer,
t waren, eine für die Christliche Herrschaft in
Waffenthat zu unternehmen, deren Gelingen sich
il gerade durch ein gewaltiges Erdbeben damals
n mehrerer syrischen Städte und Burgen zer-
Die ganze Christliche Macht versammelte sich
losses der Kurden, und zog dann vor die
). Weil aber diese Stadt sehr hartnäckig
d Nureddin mit seinen Scharen sich nä-

llibus Hyperpe-
r. XVIII. 22. S.
perum.
XVIII. 19. 20. 22.
ieses Erdbebens
schen Schriftstel-
g; es gedenken
amah und Abul-
und Abufaradsch

anis partibus in
appellatur La
partibus di-

versis, convenerunt unanimes." Wilh. Tyr. XVIII. 17. „Albakeia unter dem Schlosse der Kurden." Abulfed. Ann. mosl. T. III. S. 588. Das Schloß der Kurden lag in der Mitte des Wegs von Tripolis nach Emessa, von beyden Städten eine Tagereise entfernt. Abulfed. Tab. Syr. ed. Köhler S. 102. Schult. ind. geogr. ad Bohad. vitam Saladini v. Curdorum castrum. F. Wilken comment. de bellor. cruciat. ex Abulf. historia. S. 102.

J. Chr. 1157. herte[65]), so ward auf des Fürsten Rainald Rath die Belagerung aufgehoben, und alle Fürsten begaben sich nach An-
Octbr. 1157. tiochien zu gemeinsamen Berathungen. Als dort noch immer nicht nicht die Meinungen über eine andere Unternehmung sich vereinigt hatten, hörten die Fürsten, daß Nureddin in seinem Lager bey Sarmin und Annab in eine gefährliche Krankheit gefallen und überall in seiner Herrschaft Verwirrung und Unfrieden, und unter seinen Soldaten Unordnung und Ungehorsam ausgebrochen sey. Denn wirklich, obwohl Nureddin sich in einer Sänfte nach der Burg von Aleppo tragen ließ[66]), hatte doch selbst in dieser Stadt sich Unfrieden erhoben, weil sich das Gerücht verbreitete, der Fürst sey gestorben. Als dem Einzuge des Mirmiran, welcher, diesem Gerüchte trauend, nach der Verordnung seines Bruders für den Fall des Todes von Nureddin, die Gewalt an sich nehmen wollte, der Befehlshaber der Burg sich widersetzte, erbrach das junge Volk von Aleppo mit Gewalt die Thore und rief den Nasereddin zum Fürsten

65) Wie wir aus Abu Schamah wissen. „Nureddin eilte herbey und wehrte den Franken, sich in den Besitz der zerstörten Schlösser und Burgen zu setzen. Auch zog er aus Emessa, Cäsarea (Schaisar), Kafartab und Hama diejenigen, welche dem Verderben entgangen waren, an sich, und theils von Einwohnern dieser Burgen, theils von Turkomanen sammelte sich zu ihm ein zahlreiches Heer. Mit diesem lagerte er sich den Franken in der Nähe von Antiochien gegenüber, und engte sie so ein, daß keiner von ihnen herauskommen konnte, um die Muselmänner zu beschädigen." Durch Wilhelm von Tyrus (XVIII. 17.) erfahren wir nicht die Gründe, mit welchen der Fürst Raimund seinen Rath unterstützte.

66) „Ipse autem in lectica, quasi membris officia negantibus, per manus fidelium suorum usque Halapiam delatus est." Wilh. Tyr. l. c. „Hernach wurde die Krankheit so heftig, daß Nureddin sich in einer Sänfte nach Haleb tragen ließ." Abu Schamah. Aus eben diesem Schriftsteller erfahren wir die Zeit der Krankheit des Nureddin, nemlich im Ramadan 552 (6 Oct. — 4 Nov. 1157). Abulfeda erwähnt dieser Krankheit erst beym J. 554, wie verschiedene andere morgenländische Chroniken. Abu Schamah bemerkt aber bey diesem letztern Jahre, daß in demselben Nureddin zum zweyten Mal krank gewesen sey, und zwar zu Damascus.

aus, und solcher Ungestüm dauerte, bis das Volk davon Gewißheit erhielt, daß Nureddin noch lebte [67]). J. Chr. 1157.

Unverzüglich, als sie jene Kunde vernommen, beschlossen die Christlichen Fürsten die Stadt Cäsara am Orontes, welche unmittelbar nach dem Erdbeben [68]) Nureddin erst ihren bisherigen Emirs [69]) entrissen und von Neuem befestigt hatte, zu belagern. Auch der Armenische Fürst Toros

67) „Eodem tempore Noradini frater, Mirmiram, audito fratris defectu, credensque eum in fata concessisse; Halapiam pervenit eamque tradentibus civibus sine difficultate obtinuit: dumque circa praesidium vehementius instaret ut ei traderetur, cognito, quia frater ejus adhuc viveret, solutis agminibus ab urbe discessit." Wilh. Tyr. XVIII. 19. „Als Nasreteddin (bey Abulfeda: Mirmiran) nach Haleb kam, so verschloß ihm Madscheddin, der Befehlshaber der Burg, die Thore und weigerte sich, ihn anzuerkennen. Da erhoben sich aber die jungen Männer von Haleb und sprachen: „Das ist unser Herr und König nach seinem Bruder, und drangen bewaffnet gegen das Thor und zerbrachen die Riegel. Worauf Nasreteddin mit seinen Gefährten einzog und dort blieb. Die jungen Leute hörten aber nicht auf gegen den Befehlshaber der Burg zu klagen, zu schimpfen und zu drohen, so wie bey dem Nasreteddin allerley mit Ungestüm zu fordern, unter andern, die Genehmigung des von ihnen gegebenen Befehls öffentlich zu rufen: „Glück von Mohammed über die herrlichste Begebenheit und die frohste Kunde," was er ihnen auch bewilligte, indem er zugleich freundliche Wort und Verheissungen nicht spatte. Als er aber in seinen Palast sich begeben, da sandte der Befehlshaber der Burg zu ihm und den Aleppensern und ließ ihnen sagen: Nureddin ist noch am Leben, und was geschehen ist, das hätte füglich unterbleiben können. Weil sie aber dem Befehlshaber nicht glaubten, so begab sich einer auf das Schloß, um selbst Nureddin lebendig zu sehen, und dann zu berichten, was er spräche und was zu ihm gesprochen würde. Nureddin äußerte nachsichtsvoll sich also: Ich verzeihe den Jünglingen diesen Fehltritt und will sie nicht strafen wegen solches Vergehens, sie haben nur die Befestigung der Herrschaft meines Bruders und Erben beabsichtigt." Abu Schamah.

68) Nach der übertriebenen Erzählung des Abulfaradsch (Chron. Syr. S. 348) wurde zu Cäsara niemand gerettet als eine Frau und ein Verschnittener. Der Zerstörung dieser Stadt durch ein Erdbeben erwähnen übrigens ausdrücklich Abulfeda und die von Abu Schamah mitgetheilten Berichte verschiedener Chroniken.

69) Aus dem Geschlechte Monkads. S. Abulfed. Ann. mosl. T. III. S. 547. u. f., wo ausführliche Nachricht über dieses Geschlecht gegeben wird.

J. Chr. 1157. wurde zur Theilnahme eingeladen [70]), und in zahlreichen wohlgerüsteten Scharen lagerte sich das Christliche Heer vor dieser Stadt; jedem Fürsten ward nach sorgfältiger Berathung sein Stand angewiesen, und mit großer Thätigkeit die Berennung begonnen. Der Widerstand der Einwohner, meistens Handelsleute und des Krieges ungewohnt, war so schwach, daß nach wenigen Tagen die Thore erbrochen wurden, und der untere Theil dieser an dem Abhange eines Hügels erbauten Stadt in die Gewalt der Christen kam, und auch die Burg, welche auf der Höhe lag, nicht lange widerstehen zu können schien. Da vereitelte aber die Selbstsucht der Fürsten auch die Frucht dieser Unternehmung. Denn es erhob sich ein Streit über den Besitz der Stadt. Der Graf Dietrich von Flandern, der noch immer den alten heftigen Wunsch nach dem Besitze eines Fürstenthums im gelobten Lande nährte, hatte der Belagerung dieser Stadt besonders deswegen eifrigst sich angenommen, weil er hoffte, daß ihm das Fürstenthum dieser Stadt niemand streitig machen würde; und auch der König Balduin war geneigt, seinen Wunsch zu erfüllen, weil kein anderer der anwesenden Fürsten diese Stadt so kräftig behaupten konnte, als der reiche und mächtige Graf von Flandern. Der Fürst Rainald von Antiochien wollte zwar eben so wenig dem Grafen Dietrich diese Stadt mißgönnen, verlangte aber, daß Dietrich, weil Cäsara zum Sprengel des Patriarchen von Antiochien seit uralten Zeiten gehörte, die Stadt vom Fürstenthume Antiochien zu Lehen nähme. Der Graf Dietrich, wohl geneigt, des Königs Lehenmann zu werden, erklärte, daß er niemals so tief sich erniedrigen werde, dem Fürsten Rainald, als damaligem Verweser des Fürstenthums Antio-

70) Wilh. Tyr. XVIII. 17.

chien, oder dem Knaben Boemund den Leheneid zu leisten [71]). J. Chr. 1157.
Dieser Streit erbitterte endlich die Gemüther so sehr, daß die Berennung der Burg aufgegeben wurde, und die trefflichen Christlichen Scharen die eroberte Stadt Cäsara, mit der reichen Beute, welche sie in der Stadt gefunden, sich begnügend, verließen und nach Antiochien zurückkehrten [72]).

Doch war die Gelegenheit zu günstig, als daß der König Balduin und die andern Fürsten der Abentheuer sich hätten enthalten mögen; und ermunternd zur eifrigen Bekämpfung der Heiden war auch die frohe Nachricht, von der glücklichen Wiedereroberung einer nicht lange zuvor durch Fahrlässigkeit verlornen ungemein festen Höhle jenseits des Jordan, durch Balduin von Yssel [73]), den Verweser des Reichs in des Königs Abwesenheit. Die Christlichen Scharen zogen also um die Zeit des Weihnachtsfestes von Antiochien aus, und umlagerten das feste Schloß Harem [74]), welches neun Jahre zuvor, J. Chr. 1158.

71) Wilh. Tyr. XVIII. 18.

72) Orta ergo peccatis nostris exigentibus, super hujusmodi quaestione, inter Principes controversia, neglecto negotio, quod utile plurimum et ad obtinendum facile imminebat, suffarcinati spoliis et praeda usque ad satietatem onusti, Antiochiam cum suis legionibus reversi sunt." Wilh. Tyr. Ganz anders Abu Schamah: „Die Franken ließen diese Krankheit des Nureddin nicht unbenutzt, sie überfielen Schaisar, bemächtigten sich der Stadt und tödteten, plünderten und schleppten Gefangene hinweg. Da sammelte sich aber von verschiedenen Seiten eine starke Schar Ismaelitischer Männer und andrer, welche die Franken angriff, ihrer viele tödtete und sie aus Schaisar vertrieb."

73) Balduinus de Insula. Wilh. Tyr. XVIII. 19. Es ist sehr wahrscheinlich, daß diese wiedereroberte Höhle die mehrere Male in der Geschichte der Kreuzzüge vorkommende Höhle Roob war. S. Gesch. der Kreuzzüge Th. III. S. 232. Anm. 19.

74) Wilhelm von Tyrus (a. a. O.) sagt blos im Allgemeinen: „castrum urbi Antiochiae vicinum, vix ab ea distans milliaribus duodecim, praedictae urbi damnosum valde et cujus larga in suburbanis, quae vulgo casalia appellant, potestas et jurisdictio erat." Daß dies Harem war, erhellt aus der Nachricht des Abu Schamah; auch ist die Chronologie ganz zusammen stimmend; denn

J. Chr. 1158. nach des Fürsten Raimund von Antiochien jämmerlichem Tode, von Nureddin den Christen war entrissen worden, und berennten es heftig und unermüdet, und als im zweiten Monate der Belagerung der Burghauptmann durch einen aus einer Wurfmaschine der Christen geschleuderten Stein zerschmettert war, so übergab die Besatzung, nach ausbedungenem freyen Abzuge, die wichtige Burg, welche von dem Könige dem Fürstenthum Antiochien zurückgegeben wurde. Hierauf durchzogen die Christlichen Scharen mehrere Gegenden des feindlichen Landes, und gewannen überall sehr große Beute [75].

Zur dauerhaften Befestigung der wankenden Christlichen Herrschaft in Syrien konnte die Niedergeschlagenheit der Muselmänner wegen der Krankheit Nureddins nicht benutzt werden, und der König Balduin sah sich genöthigt, in das Reich Jerusalem zurückzukehren; denn die Aegyptier waren eingebrochen, hatten das Land bey Gaza und Askalon verwüstet und die Christen, welche sie zu vertreiben suchten, überwunden, auch hatte eine Aegyptische Flotte viele Christliche Schiffe an der Syrischen Küste erobert; und Nureddin, welcher nach seiner Wiederherstellung nach Damascus sich begeben hatte, rüstete sich mächtig zum Kriege. Nicht lange hernach brach auch wirklich Schirkuh mit zahlreichen Horden von Turkomanen in das Land von Sidon, und überwand

nach Wilhelm von Tyrus wurde die Burg am Weihnachtstage (in die Nativitatis Dominicae) umlagert und zwey Monate lang berennt; nach Abu Schamah verbreitete sich im Anfange des Moharrem 553, dessen erster Tag auf den 1 Febr. 1158 fiel, das Gerücht von der Eroberung der Burg Harem durch die Franken. Auch einige abendländische Chroniken erwähnen ausdrücklich der damaligen Eroberung der Burg Harem (Harenc), z. B. Magn. Chron. Belg. S. 188. Alberici Chron., S. 330.

75) Abu Schamah. Nach den bereits erwähnten Berichten der großen Niederländischen Chronik und des Albericus wurde auch noch die Stadt Apamea mit Hülfe des Grafen Dietrich erobert.

die dortige Miliz, und Nureddin selbst umlagerte und ängstigte das feste Bergschloß Sueta. Der König Balduin, immer zum Kampfe bereit, eilte mit dem Grafen Dietrich von Flandern ungesäumt der Burg zu Hülfe, und auch Nureddin vermied dieses Mal nicht den Kampf, sondern stellte bey der hölzernen Brücke, da, wo der Jordan aus dem See von Tiberias ausfließt [76]), den Christlichen Streitern sich entgegen. Diese schaarten sich in der Frühe des Tages voll Muth und mit festem Vertrauen auf Gott und dem heiligem Kreuze, welches in dem königlichen Zelte der König Balduin und die Fürsten andächtig angebetet [77]), ehe sie die Scharen zu den Waffen riefen. Der Erzbischoff Petrus von Tyrus trug das heilige Kreuz den Frohnkämpen vor, und mit Begeisterung für den Heiland stürzten die Christlichen Streiter auf die Heiden. Ein herrlicher Sieg wurde dieses Mal den Christen zu Theil; die Horden Nureddins wichen der gewaltigen Kraft [78]), mit welcher der tapfere König Balduin und die andern Fürsten mit ihrer Ritterschaft wider sie stürmten, und den Heiden wurde alles reichlich vergolten, was ein Jahr zuvor die Christen von ihnen erfahren; bald stand Nureddin, verlassen von seinen Scharen, auf einem Hügel, nur umgeben von einem kleinen tapfern Haufen, und wäre den Christlichen Rittern es kund geworden, wie verlassen Nureddin war, und hätten sie ihren Vortheil vollkommen benutzt, so wäre dieser furcht-

J. Chr. 1158.

15. Jul

76) „In loco cui nomen Puthaha.“ Wilh. Tyr. XVIII. 21.

77) „In castra convocatis summo diluculo Principibus, adorato suppliciter vivificae crucis ligno.“ Wilh. Tyr.

78) Nach Wilhelm von Tyrus stritten die Scharen Nureddins auch an diesem Tage mit großer Tapferkeit (constantissime et imperterrite); Abu Schamah (s. Beylage) schiebt die Schuld des Unfalls, welcher den Nureddin traf, auf die Feigheit einiger Emirs.

J. Chr. 1158. bare Feind der Christen aus diesem Kampfe nicht entronnen [79].

Die Christlichen Fürsten, nach ihrer gewohnten Weise, begnügten sich mit der Freude über die gelungene Waffenthat und kehrten zurück auf ihre Burgen, und der Graf Dietrich, nachdem seine Gattin Sibylla im Kloster St. Lazarus zu Bethanien sich dem gottseligen Leben geweiht [80]), verließ das heilige Land nach zweyjährigem Aufenthalt. Es gelang dem König Balduin nicht einmal, einen vortheilhaften Waffenstillstand, den er anbot, mit Nureddin zu schließen [81]).

Die Heerfahrt des Kaisers Manuel nach Syrien. J. Chr. 1159.

Kaum war nach so vielen blutigen Kämpfen eine kurze Ruhe eingetreten, als die Nachricht von dem Anzuge des Kaisers Manuel mit einem zahlreichen Heere gegen die Gränze von Syrien die heftigste Bewegung unter Christen und Heiden hervorbrachte. Nureddin ward genöthigt, von den Rittern des Kreuzes, zu deren Bekämpfung er sich mächtig rüstete, seine Aufmerksamkeit zu wenden auf die Beschirmung seiner nördlichen Gränzen gegen die Griechen, und noch mehr fürchteten die Christlichen Fürsten in Syrien die Ankunft des Kaisers.

Der Kaiser Manuel, welcher durch seine persönliche Tapferkeit und durch die fast ununterbrochenen Kriege, welche er bald an der Donau, bald in Italien, bald in Asien, zum Theil in eigner Person führte, den kriegerischen Namen der Griechen wieder zu Ehren gebracht hatte, kam nach Asien, um eine Freventhat des Fürsten Rainald von Antiochien zu rächen, welche die Waffengenossen des Fürsten

79) S. die Erzählungen, welche Abu Schamah mittheilt, in der Beilage.

80) Magn. Chron. Belg. a. a. O. Schon im J. 1159 war Sibylle Aebtissin dieses Klosters. Wilh. Tyr. XVIII. 27.

81) Abu Schamah.

nicht weniger als die Griechen mit Abscheu erfüllt hatte [82]). J. Chr. 1159. Mitten im Frieden hatte, zwey Jahre zuvor, der Fürst Rainald plötzlich die Insel Cypern mit einer Flotte angegriffen, den Statthalter, des Kaisers Neffen, gefangen hinweggeführt, die grausamsten Verwüstungen und Plünderungen geübt, Kirchen und Klöster beraubt, und die Gott geweihten Jungfrauen der Schändung und jeder Mißhandlung seiner Raubgenossen preis gegeben. Die abendländischen Christen in Syrien verabscheuten diese Frevelthat um so mehr, da ihnen die Einwohner von Cypern bisher mit Billigkeit und Freundlichkeit Lebensmittel und alle Bedürf-

82) Wilhelm von Tyrus (XVIII. 10) nennt diese Plünderung von Cypern ein piaculare flagitium, eine abominandam invasionem, ein maleficium. Abulfaradsch (Chron. Syr. S. 348) erzählt davon also: „Im J. d. Griechen 1468 (Chr. 1157) überfiel der Fürst von Antiochien die Insel Cypern, welche den Griechen unterworfen war, und plünderte die ganze Insel und raubte Menschen, Schafe, Ochsen, Pferde und allerley kostbares Geräth. Nachdem nun alles dieses an die Küste geschleppt worden, so lösten zwar die gefangenen Cyprier sich und ihr Vieh dadurch, daß sie den Franken Geld versprachen; die geraubten Geräthe aber nahmen die Franken alle mit sich, und führten auch den Bischoff und die Aebte der Klöster und die angesehensten Einwohner nach Antiochien als Geisel, bis das Geld bezahlt worden.“ „Dieser Renaldus, sagt Cinnamus (S. 103), als ihn der Kaiser auf sein Bitten nicht vor sich ließ, sondern mit vielen Drohungen schreckte, glaubte Geld (zur Rüstung gegen des Kaisers Feindseligkeiten) zu bedürfen, und begann deshalb folgendes: Er baute sich Schiffe, fuhr gegen Cypern und verschaffte sich durch Seeräuberey sehr reichliche Schätze. Zwar zuerst trieben ihn zurück Johannes, des Kaisers Brudersohn, damals Statthalter der Insel, und Michael Branas und die übrigen, welchen die Hütung des Landes anvertraut war, und fügten ihm vielen Schaden zu. Als aber Branas und mit ihm auch Johannes ihn zu rasch und mit Unbesonnenheit bis Leukosia verfolgten, so fielen beyde in die Gefangenschaft des Renald.“ Mit dieser Erzählung stimmt sehr wohl zusammen, was Wilhelm von Tyrus (a. a. O.) berichtet: „Erant autem insulani a quibusdam de nostris diligenter praemoniti: unde et de tota insula vires contraxerant quales quales: sed ingrediens praedictus Princeps Rainaldus eorum statim fudit exercitum et eorum eatenus contrivit copias, ut deinceps nec unus inveniretur qui contra eum manum auderet erigere.“

J. Chr. 1159. nisse und Bequemlichkeiten verkauft hatten, welche ihre Insel hervorbrachte [83]). Außerdem erforderten auch die Ereignisse in Cilicien und Isaurien des Kaisers Aufmerksamkeit.

Schon seit längerer Zeit hatte sich in diesen Ländern aus den Städten und Landschaften, welche die Griechen den von den Christen auf ihrem Durchzuge zu der ersten großen Wallfahrt überwundenen Türken entrissen hatten, ein kleines Fürstenthum gebildet, welches, begünstigt durch den Verfall des Reichs der seldschukischen Türken, besonders ihrer Herrschaft in Kleinasien, und durch die gebirgige und unzugängliche Natur des Landes, so wie durch die Verwirrungen und Verlegenheiten des griechischen Kaiserthums immer mehr Festigkeit gewann. Die Statthalter, welche dieser Provinz vorgesetzt waren, im Vertrauen auf ihre Entfernung von dem kaiserlichen Sitze, kümmerten sich wenig um des Kaisers Befehle, die Statthalterschaft blieb in derselben Familie, und die Statthalter von Cilicien waren daher in der That längst unabhängig gewesen, als Torus, der vom Berge genannt, der dritte Statthalter dieser Provinz seit ihrer Wiedereroberung, dem Kaiser Manuel öffentlich den Gehorsam aufkündigte [84]). Dies Fürsten-

83) „Cyprum insulam .... Regno nostro utilem et amicam semper." Wilh Tyr.

84) Die meisten Nachrichten über diese Armenischen Fürsten geben Abulfaradsch in der syrischen Chronik und Cinnamus. Als der erste Griechische Statthalter von Cilicien wird von Abulfaradsch Toros genannt, dem im J. 1130 sein Bruder Leo folgte (S. 308); schon dieser verweigerte dem griechischen Reiche den Gehorsam, wurde aber von dem Kaiser Johannes, welcher in eigner Person mit einem großen Heere nach Cilicien kam, bezwungen und gefangen nach Constantinopel geführt. (S. Rer. ab Alexio et rel. Comnenis gest. Lib. IV. c. 3. S. 502 sq. Gesch. der Kreuzz. II. S. 643 u. f.) Erst im J. 1143, nachdem Leo in der Gefangenschaft zu Constantinopel gestorben war, entwich dessen Sohn Torus (Τερόζης), kam zu Fuß und in der größten

thum in Cilicien, dessen Hauptort die Stadt Sis war, J. Chr. 1159. erhielt den Namen Armenien, weil seine Beherrscher, welchen späterhin die deutschen Kaiser Heinrich VI. und Otto IV. den königlichen Titel verliehen, Armenischer Abkunft waren [85]). Es umfaßte zur Zeit seiner größten Blüthe ein Land, welches, vier Meilen von Antiochien bey der Burg Gastim anhebend, sechzehn Tagereisen in der Länge, und zwey in der Breite sich erstreckte, und außer der Hauptstadt die wichtigen Städte Tarsus, Mamistra, Adana, Marasch, Anavarza, Mopsvestia und andere umfaßte [86]). Der Kaiser Manuel hatte den Plänen des herrschsüchtigen Statthalters, so viel möglich, von jeher entgegen gewirkt. So lange ihm selbst seine übrigen Kriege die Heerfahrt nach Cilicien nicht erlaubten, sandte er zuerst seinen Vetter, den leichtsinnigen und tollkühnen Andronikus, mit einem Heere aus, um den widerspenstigen Statthalter zum Gehorsam zurückzubringen; und als dieser durch Unbesonnenheit und Unachtsamkeit bey der Belagerung von Mopsvestia von

Dürftigkeit nach Cilicien, fand aber dort so großen Anhang, daß er sich des väterlichen Fürstenthums bemächtigen konnte. Chron. Syr. S. 335. Eben dieser Torus wird in den Lignages d'Outremer (c. 5.) als der erste Herr dieses Fürstenthums angeführt: „Thoros de la Montaigne fu Sire d'Armenie et mourut sans heir (im J. 1168) et eschent Ermenie au Melih son frère." Vgl. Chron. Syr. S. 358.

85) „Leo de Montanis .... quem nostris diebus Henricus, gloriosus Romanorum Imperator, qui semper Rempublicam et Romanorum Imperium augere laboravit, regem constituit et coronavit, unde postmodum Rex Hormeniae est appellatus et deinceps terram suam a Romano Imperio recipere consuevit; cujus nepotem (Ruppinum) Otto Imperator ad petitionem Leonis senioris regis coronavit." Willebrandi ab Oldenburg (Stiftsherrn zu Hildesheim, Neffe des Grafen Wilbrand von Hallermund, welcher zur Zeit des Kaisers Otto IV., also in der letzten Hälfte des 13 Jahrhunderts, mit dem Großmeister des deutschen Ordens, Herrmann von Salza, dieses Land durchreiste) Itinerarium terrae sanctae in Leonis Allatii Symmictis S. 134. Vgl. Lign. d'Outremer a. a. O.

86) Willebr. ab Oldenb. a. a. O.

J. Chr. 1159. dem thätigen und raschen Torus sich eine schwere Niederlag zugezogen hatte [87]), so bekriegte er den immer mehr sein Herrschaft ausbreitenden Fürsten mit den Waffen des Fürste Rainald von Antiochien, welcher eben daher, daß von den Kaiser die für diesen Krieg versprochenen Hülfsgelder ihn nicht zur bestimmten Zeit ausgezahlt worden, den Vorwan zu der erzählten frevelhaften Plünderung der Insel Cyper genommen hatte. [88]).

Die Ankunft des Kaisers erweckte unter den Christliche Fürsten in Syrien um desto größere Furcht, weil der Für Torus, unvorbereitet für solchen Angriff, die Flucht in di Gebirge ergriffen und sein Land dem Kaiser preis gegebe hatte. Keiner der Christlichen Fürsten fühlte sich mächti genug, dem Kaiser zu wehren, falls er die alten Ansprüch des römischen Reichs auf die von ihnen nur mit Mühe gege die Türken behaupteten Länder von Syrien mit allen damal ihm zu Gebote stehenden Kräften geltend machen wollt Der König Balduin, obwohl dem Kaiser verschwägert, b mühte sich sorgfältig um seine Gunst und ließ ihn durch ein Gesandtschaft ehrerbietig um die Vergünstigung, vor ihr zu erscheinen, bitten, welche nicht ohne Schwierigkeit b willigt ward [89]). Vor allen aber gerieth der Fürst Rainal

87) Cinnam. S. 70. Abulf. Chron. Syr. ad a. 548 (Chr. 1154.) S. 342.

88) Wilh. Tyr. XVIII. 10.

89) Ganz im Style eines Hofiournals erzählt Cinnamus (S. 107): „Als der Kaiser vernahm, daß der König ankam, so schickte er ihm nach verschiedenen Orten vornehme Männer entgegen, und zwar so, daß immer ein Vornehmerer folgte, zuletzt Ehegemahle seiner Nichten, um ihn zu empfangen und ihm die gebühren de Ehre zu erweisen, bis er endl zum Kaiser kam. So ehrte der Kai diesen Mann auf eine Weise, wel der Würde des Thrones Davids a gemessen war." Vgl. die folg. An Nach Wilhelm von Tyrus (XVI 24) ließ der König von Antiochi aus durch den der Griechisch Sprache kundigen Abt des Temp Gaufried und den Ritter Joscel Pessel dem Kaiser seinen Besuch melden, worauf von Seiten d Kaisers der Apokrisiarius mit ein

in große Angst vor der gerechten Rache des Kaisers, wegen des wider Cypern geübten ruchlosen Frevels. J. Chr. 1159.

Das Verhältniß, in welches der Fürst Rainald sich zu dem Könige Balduin und zu seinen andern Mitfürsten gestellt hatte, machte seine Lage noch viel peinlicher, und er scheute deshalb den Schritt, des Königs Fürsprache nachzusuchen, fast eben so sehr als des Kaisers Rache; und nicht ohne Grund [90]; argwöhnte Rainald, ~~daß~~ Balduin seine

Einladungsschreiben bey dem Könige erschien. Als sich der König dem kaiserlichen Lager näherte, kamen ihm zwey kaiserliche Neffen, Johannes Protosebastus und Alexius Protostrator, entgegen (qui inter illustres sacri palatii primum obtinebant locum) und führten ihn zur kaiserlichen Herberge.

90) „Balduin, König von Palästina, sagt Cinnamus (S. 106), sandte an den Kaiser, und bat um die Erlaubniß vor ihm zu erscheinen, indem er behauptete, über wichtige Gegenstände mit ihm unterhandeln zu müssen. Dies war aber nur Vorwand. Denn er trachtete nach dem ihm benachbarten Antiochischen Lande, und weil er auf keine andre Weise dazu zu gelangen vermochte, so rieth er dem Kaiser, bevor er wußte, was mit Rainald vorgegangen, den Fürsten Rainald auf keine Weise zuzulassen; damit entweder, wenn Rainald weggeschafft, die Antiochier ihm zur Knechtschaft sich unterwerfen möchten als solche, welche ihm ihre Rettung verdankten; oder auch, wenn sie sowohl seine als des Rainald Herrschaft von sich wiesen, sie gleichwohl in seiner Gewalt (nemlich als des Oberlehnsherrn) seyn möchten. Nachdem er einen solchen Rath gegeben hatte, kam er nach Antiochien, und trug den Antiochiern vor, was ihnen räthlich und wie er ihrer Wohlfahrt willen nach Antiochien gekommen sey, und wie großen Dank er von ihnen verdient habe. Worauf er mit ihrer Einstimmung von Neuem um eine Unterredung ansuchte. Der Kaiser, welcher die Absichten des Mannes kannte, verweigerte ihm anfangs die Unterredung unter dem Vorwande, daß er mitten unter kriegerischen Beschäftigungen ihn nicht mit gebührender Ehre und Aufmerksamkeit empfangen könnte. Als er aber in den Kaiser dringen ließ und täglich sein Ansuchen wiederholte, so willigte der Kaiser ein und hieß ihn kommen." Wenn solche Einflüsterungen von dem Könige Balduin geschahen, so durfte Wilhelm von Tyrus (XVIII. 23.) sich nicht darüber wundern quod (Princeps Antiochenus) nec Domini Regis, quem tamen in proximum venturum sperabat, vellet exspectare praesentiam: cum tamen certo certius nosse poterat, ejus interventione et studio et maxime novae affinitatis gratia in causa praedicta longe meliores se inventurum conditiones.

J. Chr. 1159. Versöhnung mit dem Kaiser mehr zu erschweren, als zu erleichtern trachte. Denn der König wie die andern Fürsten in Syrien mißgönnten ihm, als einem Manne von nicht fürstlichem Geblüte, den Besitz des Fürstenthums Antiochien, und trachteten vielleicht selbst nach diesem Lande. Diese Lage vermochte den Fürsten Rainald zu Schritten, wodurch er nicht nur auf sich unvertilgbaren Schimpf und selbst die Verachtung der Griechen lud, sondern die ganze Abendländische Ritterschaft schändete. Nachdem die Versuche, durch demüthige Gesandtschaften und die Fürsprache einiger durch Schmeicheley gewonnener Griechischen Höflinge, Verzeihung von dem Kaiser Manuel zu erlangen [91]), mißlungen waren: so begab er sich mit dem Bischoff Gerhard von Laodicea und einigen seiner Hausritter nach Mamistra in Cilicien, wo das Kaiserliche Lager war, und unterwarf sich dort mit seiner Begleitung der schimpflichsten Abbitte. Der Fürst, der Bischoff und die hoffärtigen Ritter aus Antiochien zogen durch die Straßen der Stadt Mamistra zur kaiserlichen Herberge in solchem Aufzuge: Ihre Häupter und Füße waren entblößt, die Aerme bedeckt mit wollenen Ermeln, welche nur bis zum Ellbogen reichten, um den Hals ein Strick, der Fürst Rainald trug außerdem ein entblößtes Schwert. Als sie des kaiserlichen Thrones, welcher in der kaiserlichen Wohnung errichtet war, ansichtig wurden, stand der ganze Zug still, alle fielen auf die Knie und erbaten mit den demüthigsten Gebehrden die Erlaubniß des

91) „Obtenta prius quorundam familiarium Domini Imperatoris gratia qui verbi hujus interpretes discurrebant." Wilh. Tyr. Ἐπὶ δὲ τῶν γνησιωτάτων αὐτῷ (τῷ βασιλεῖ) τινὰς πέμποντες (Γερίζης καὶ Ρενάλδος) ἱκέτευον ἱλάσασθαι σφίσι τὸν βασιλέα. ὡς δ' ἀπετύγχανον τοῦ σκοποῦ κ. τ. λ. Cinnam. p. 104. Der Kaiser wies, nach der Erzählung des Cinnamus, selbst das Anerbieten des Fürsten Raimund zurück, die Burg von Antiochien den kaiserlichen Truppen zu räumen.

Zutritts. Als der Kaiser diese nach einiger Zögerung er- J. Chr. 1159.
theilt, so überreichte ihm der Fürst Rainald knieend sein Schwert und erwartete in demüthiger Stellung die Wiederaufnahme zu des Kaisers Huld und Gnade [92]).

Nicht lange nach dieser Demüthigung des Fürsten Rainald kam auch der König Balduin nach Mamistra und fand freundliche und ehrenvolle Aufnahme. Er ward nebst seinem Gefolge mit herrlichen und kostbaren Geschenken [93]) erfreut, und wußte durch kluges und verständiges Betragen die Gunst und das Vertrauen des Kaisers so sehr zu gewinnen [94]), daß es ihm gelang, dem Fürsten Torus, welcher bisher den Christen viele nützliche Dienste geleistet, Verzei-

92) Sehr übereinstimmend erzählen diese für die Ritterschaft des Kreuzes schimpflichen Auftritte Wilhelm von Tyrus a. a. O. und Cinnamus S. 105.

93) Für die damalige Schätzung des Geldes ist folgende Aeußerung des Wilhelm von Tyrus merkwürdig (XVIII. 24): Audivimus a quibusdam omni exceptione majoribus et fide dignis, quod exceptis illis, quae ejus consortibus prodiga liberalitate contulerat, quae infinita credebantur, soli Domino regi viginti duo millia Hyperperorum (eine Goldmünze von einem Ducaten ohngefähren Werths) et tria millia marcarum argenti examinatissimi, exceptis vestibus et holosericis et vasis pretiosis, dicebatur largitus." Mit Geringerm konnte der Kaiser wohl nicht einen König beschenken, der ihm verschwägert und des Geldes für die Vertheidigung seines Landes gar sehr bedürftig war. Gleichwohl nennt Wilhelm von Tyrus diese Geschenke „immensam munerum liberalitatem."

94) Nur im Anfange stieß er sehr an gegen das ängstliche Byzantinische Ceremoniel: „Der Mann, durch die ihm wiederfahrne Ehre übermüthig geworden, und getrieben durch die ihm angeborne Hoffarth, als er geleitet von dem kaiserlichen Trabanten (ῥαβδοῦχοι) und einigen vornehmen Römern in den kaiserlichen Hof gekommen war, stieg von dem Pferde ab an dem Orte, wo es nur der Kaiser zu thun pflegte. Als der Kaiser daraus seinen Uebermuth kennen lernte, so unterließ er manche Ehrenbezeugungen, welche er ihm zugedacht hatte; auch ließ er ihm deswegen, wenn er mit ihm sich unterredete, einen ganz niedrigen Sessel hinstellen (ἕδραν τινὰ χθαμαλήν). Er kam aber oft mit ihm zusammen und zog ihn an seine Tafel." Cinnam. S. 107. Humanissime ab eo salutatus et ad osculum pacis erectus, secus Imperatorem in sede honesta, humiliore tamen, locatus est." Wilh. Tyr. XVIII. 24.

J. Chr. 1159. hung zu erwirken. Der Armenische Fürst, indem er einige seiner Burgen in Cilicien und Isaurien an das Römische Reich zurückgab, empfing die übrigen, gegen die Leistung der Huldigung, von dem Kaiser als Lehen [95]). Auch als der Kaiser nach beendigter Anordnung der Angelegenheiten in Cilicien nach Antiochien kam, dauerte solche Freundschaft fort zwischen ihm und dem König Balduin. Feyerlich zog der Kaiser ein in die Stadt, umgeben von seiner Waragischen Leibwache, geschmückt mit allen Zeichen der kaiserlichen Würde, eingeholt sowohl von dem Könige, welcher unbewaffnet neben ihm ritt, als von dessen Bruder, dem Grafen Amalrich von Joppe und Askalon, dem Fürsten Rainald und der ganzen dort versammelten Geistlichkeit und Ritterschaft. Doch war der Kaiser nicht ohne Besorgniß vor Meuchelmord, zumal da die Franken, um ihn von Antiochien abzuhalten, den Verdacht einer gegen sein Leben angesponnenen Verschwörung geäußert hatten. Darum war der Kaiser bey seinem Einzuge gerüstet mit zwey Panzern und einem dichten Waffenrock. Gleichwohl sprang Manuel, als er vor der Stiftskirche St Peter, wohin der Zug zuerst ging, ankam, mit der größten Behendigkeit von seinem Rosse, und schwang sich, nach vollbrachter Andacht, wieder auf dasselbe, mit gleicher Leichtigkeit. Dann begab sich der ganze feyerliche Zug in den fürstlichen Palast, wo der Kaiser seine Herberge nahm. Feste folgten auf Feste, Vergnügungen auf Vergnügungen

95) Εἶτα Βαλδουΐνου καὶ περὶ αὐτοῦ τὸν βασιλέα ἱκετεύσαντος, ἦλθε κἀκεῖνος ἐν τῷ Ῥωμαίων στρατοπέδῳ ἱκέτης ἐλεεινός. Βασιλεὺς δὲ αὐτὸν προσηκάμενος, δούλοις τε τῶν Ῥωμαίων ἐνέγραψε. Cinn. p. 107. 108. „Vocatoque Toroso et praesente constituto resignatis praesidiis, quae dominus Imperator reposcebat, in gratiam eum restituit pleniorem ita ut fidelitatem ligiam, per ejusdem domini Regis interventionem antequam ad propria reverteretur, manualiter eidem exhiberet." Wilh. Tyr. l. c.

in einem feyerlichen Kampfspiel zeigte Manuel den fränkischen J. Chr. 1159. Rittern seine Geschicklichkeit im Lanzenbrechen und die gewaltige Kraft seines Körpers. Und als der König auf einer Jagd in den benachbarten Forsten, auf welcher er den Kaiser begleitete, durch einen unglücklichen Sturz vom Pferde den Arm brach, ließ Manuel diese Gelegenheit nicht unbenutzt, seine Geschicklichkeit in der Wundarzneykunst, die er mit großem Fleiße sich erworben, und wodurch er die Bewunderung der Griechen gewonnen, auch den Abendländern kund zu thun. Er selbst, zum großen Befremden der Abendländischen Ritter, legte dem König, niedergelassen auf die Knie, Verband und Schiene an, und war für des Königs Heilung und Pflege wie ein Wundarzt besorgt. Gar sehr aber mißfiel es den fränkischen Rittern, daß der fremde Kaiser in den acht Tagen, die er in Antiochien zubrachte, alle Rechte eines Oberlehnsherrn übend, selbst der Rechtspflege sich anmaßte und die Gerichte durch Römische Richter hegen ließ [96]).

Der Kaiser Manuel begnügte sich aber damit, daß er auf solche Weise die Anerkennung der Hoheit des Römischen Reichs von den Christlichen Fürsten in Syrien erlangt hatte, und überließ den Rittern des Kreuzes die gefahrvolle und mühsame Vertheidigung dieses Landes gegen die furchtbare Macht Nureddins.

96) Vgl. über diesen Aufenthalt des Kaisers zu Antiochien Rer. ab Alexio et rel. Comn. gestar. Lib. IV. S. 583. Cinnamus behauptet, daß während dieses Aufenthaltes des Kaisers in Antiochien ein Vertrag aufgerichtet worden, in welchem der Fürst Rainald nicht nur sich verbindlich machte, dem Kaiser eine Anzahl von Reisigen (welche durch des Königs Balduin Fürsprache um etwas gemindert wurde) zu seinen Asiatischen Kriegen zu stellen, sondern ihm auch die Ernennung oder Bestätigung des Patriarchen von Antiochien überließ, wozu immer ein Geistlicher aus Byzanz berufen werden sollte.

J. Chr. 1159. Anstatt, wie sein Vorfahre im Reich, Johannes der Schöne, gemeinschaftlich mit der fränkischen Ritterschaft einen Kampf wider die Heiden zu wagen, zog der sonst so kriegslustige Kaiser es vor, mit Nureddin um Waffenstillstand zu unterhandeln, und durch Unterhandlungen die Freyheit der in Nureddins Gefangenschaft befindlichen Christen zu erwirken. Denn aus den westlichen Provinzen des Byzantinischen Reichs wurden beunruhigende Nachrichten von mancherley Bewegungen der dortigen unbezwungenen Völkerschaften gemeldet, und von dem leichtsinnigen Andronikus, der wegen seiner Fahrlässigkeit in dem Kriege wider den Fürsten Torus zum Gefängniß verurtheilt worden, aber aus demselben entsprungen war, wurde allerley Ungebühr befürchtet. Zwar zog der Kaiser in großem Gepränge und mit einem ansehnlichen Belagerungszeug von Antiochien aus und rückte mit seinen zahlreichen Scharen einige Tagemärsche auf dem Wege von Aleppo vor [97]; aber zu derselben Zeit begab sich ein kaiserlicher Gesandter mit Geschenken an gestickten Gewändern und andern kostbaren Dingen in das Lager des Athabek Nureddin, bot Waffenstillstand an und forderte die Freylassung der gefangenen Christen [98]). Als Nureddin beydes bewilligte, so erneuerte der Kaiser Manuel seine Freygebigkeit. Eine zweite kaiserliche Gesandtschaft brachte Geschenke von reich gestickten Gewän-

97) Wilh. Tyr. XVIII. 25 „In eo loco qui vulgo vocatur vadum Balenae substitit."

98) Abu Schamah (s. Beyl.). Dessen Angabe wird auch von Wilhelm von Tyrus bestätigt. „Inde missis nunciis ad Noradinum, qui forte Halapiae tunc erat etc." Cinnamus aber (S. 109) läßt es nicht auf seinen Kaiser kommen, daß er den Türken den Frieden angetragen, sondern behauptet, Nureddin habe, sobald er nur den Anzug des Kaisers vernommen, den Großmeister der Templer und Bertrand (den natürlichen Sohn des Grafen von St. Gilles, s. Wilh. Tyr) in Freyheit gesetzt und dem Griechischen Heere entgegen geschickt um den Kampf abzuwenden.

dern in großer Zahl und Mannichfaltigkeit, köstlichen Edelsteinen, prachtvoll verzierten Zelten und schönen Gebirgspferden [99]. Also erhielten mehrere Tausend gefangene Christen die Freyheit, unter ihnen Bertrand, Großmeister der Templer, Hugo von Ibelim und alle andere Christlichen Ritter, welche seit zwey Jahren, nehmlich seit dem unglücklichen Tage am todten Meere, in den Banden der Heiden gewesen [100]. Als der Kaiser mit seinem Heere Syrien verlassen hatte, so bewirthete Nureddin, um die Befreyung aus der Gefahr zu feyern, seinen Bruder Kotbeddin und alle die Emire, welche sich mit ihm zum Kampfe wider den griechischen Kaiser gerüstet, mit einem herrlichen Mahle und beschenkte sie reichlich mit Arabischen Rossen und Maulthieren und Gold [101]. Nicht weniger froh waren die Christlichen Fürsten über den Abzug des Kaisers. J. Chr. 1159.

Der König Balduin aber verstattete sich nicht lange Ruhe; sondern, während Nureddin in Kleinasien dem Sultan von Iconium mehrere Städte und Burgen entriß [102], brach er in das Land von Damascus, und verwüstete und verbrannte die Dörfer und Felder bis an die Thore der Stadt [103], bis Nodschmeddin J. Chr. 1160.

99) Abu Schamah.

100) Wilh. Tyr. a. a. O. Der Gefangenen waren nach der Angabe des Cinnamus sechs Tausend. Nach eben diesem Schriftsteller versprach Nureddin dem Kaiser sogar Hülfsvölker für seine asiatischen Kriege.

101) Abu Schamah. Es ist also nicht übertrieben die Versicherung Wilhelms von Tyrus (XVIII. 27), Nureddin sey gewesen laetus admodum de Imperatoris discessu, cujus adventus magnum, praesentia majorem ei terrorem incusserat.

102) „Noradinus .... occasionem se arbitratus reperisse, qualem a multis retro temporibus desideraverat, convocata ex universis finibus suis militia in terram Soldani Iconiensis quam sibi habebat conterminam, expeditiones dirigit et urbem Mares, simul et oppida Cressum et Behetselim in suam satagit redigere potestatem." Wilh. Tyr. a. a. O. Bey den morgenländischen Geschichtschreibern finden wir dieses Kriegs keine Erwähnung.

103) „Ab Offro, primae Arabiae famosa metropoli usque Damascum." Wilh. Tyr.

J. Chr. 1160. Ejub, Vater Salaheddins, damaliger Statthalter von Damascus, durch vier Tausend Goldstücke, die Freylassung von sechs gefangenen Christlichen Rittern und reiche Geschenke an des Königs Ritterschaft einen Waffenstillstand auf drey Monate erkaufte[104]). Als dieser Stillstand abgelaufen, erneuerte der König die Verwüstung des Landes von Damascus, und gewann große Beute und viele Gefangene.

Einen sehr traurigen Ausgang nahm dagegen ein Zug, welchen der Fürst Rainald von Antiochien zu eben dieser Zeit gleichfalls der Beute willen unternahm in das Land der ehemaligen Grafschaft Joscelins, wo nur von wenigen Türken, wie ihm ausgesandte Kundschafter gemeldet, die Burgen besetzt gehalten wurden, und die syrischen und armenischen Christen, welche in offnen Oertern wohnten und das Land bauten, zahlreiche Viehheerden besaßen. Der Fürst Rainald, es nicht scheuend, Christen zu berauben[105]), sammelte zwar in diesem Lande eine große Beute, aber er brachte sie nicht nach Antiochien, und er selbst büßte schwer für diesen Raub. Denn Madschdeddin[106]), Nureddins Statthalter von Haleb, säumte nicht, als er solches
Nov. 1160. vernommen, mit seiner Miliz zwischen Maresch und Cressum auf dem Wege des Fürsten sich zu lagern, und als der tollkühne Rainald es versuchte, in ungleichem Kampfe die ruchlose Beute zu behaupten, statt sie fahren zu lassen und

104) „Negemedinus .... tanquam vir providus et instantia pericula a se quaerens propellere, oblatis quatuor millibus aureorum, pacem trium mensium postulat et multiplicatis sibi data pecunia intercessoribus, impetrat postulatam, datis insuper sex gregariis militibus quos in vinculis detinebat.“

105) „Sed populus, cujus haec erant, populus fidelis erat.“ Wilh. Tyr. XVIII 28.

106) „Megedinus.“ Wilh. Tyr. Abu Schamah gedenkt dieses Madschdeddin (Ruhm der Religion), als Befehlshabers der Burg von Aleppo bey Gelegenheit des Aufstandes, welchen im J. 552 d. Fl. das Gerücht von Nureddin's Tode veranlaßt hatte.

durch schnelle Flucht der Uebermacht sich zu entziehen, fiel J. Chr. 1160
er nach kurzem, unrühmlichem Kampfe [107]) in die Gefangenschaft der Heiden und wurde in schimpflichem Aufzuge [108]) gefesselt nach Aleppo geführt.

Diese schreckliche Kunde wurde dem König Balduin gebracht, zu einer Zeit, da ihn kirchliche Händel stark beschäftigten. Denn als durch zwiespältige Wahl der Cardinäle der römischen Kirche zwey Päpste waren erkohren worden, Alexander und Victor IV, so kam der Cardinal Johannes als Legat des erstern mit einigen Genuesern in dem Hafen von Biblus an, und forderte Anerkennung und Aufnahme. Schon wurde das kleine Reich Jerusalem von der Gefahr einer Kirchenspaltung bedroht, wie in den abendländischen Reichen ausgebrochen; weil unter den Prälaten des heiligen Landes beyde Päpste eifrige Anhänger hatten. Mit vorsichtiger Klugheit rieth daher der König Balduin den Prälaten, sich nicht voreilig für den einen oder andern dieser Päpste zu erklären, da in so großer Entfernung von Rom über diese Angelegenheit ihnen vollständige Kenntniß mangle, sondern ruhig die Entwickelung des Handels abzuwarten. Er rieth, da ohnehin die Kirche von Jerusalem keines Legaten bedürfe, der nur die Kirchen und Klöster mit allerley Ausgaben beschweren und durch Erpressungen

107) „Nostri, etsi prima facie animum visi sunt habuisse, novissime tamen mente consternati terga dederunt, fugam dimissis spoliis eligentes." Wilh. Tyr.

108) „Compedibus religatus Halapiam cum aliis concaptivis, spectaculum factus populis infidelibus, cum summa ignominia deductus est." Wilh. Tyr. Ueber die Zeit und den Ort der Gefangennehmung des Fürsten Rainald, deren keiner als Quelle für die Geschichte dieser Zeit geltender Schriftsteller, außer dem Erzbischoff von Tyrus, erwähnt, bemerkt dieser Schriftsteller: „Factum est hoc anno regni domini Balduini decimo octavo (1160) mense Novembri, nono Kal. Dec., inter Cressum et Mares, in loco qui dicitur Cummi."

J. Chr. 1160. ausplündern würde [109]), dem Cardinal Johannes unter keiner andern Bedingung den Eingang in das Reich zu gestatten, als wenn er mit Entäußerung aller andern Ansprüche, nur als Pilger die heiligen Stätten zu besuchen und in der nächsten großen Meerfahrt heimzukehren gelobte. Die Prälaten folgten aber nicht diesem verständigen Rathe, sondern erkannten den Cardinal Johann als Legaten des Papstes Alexander an, was vielen von ihnen hernach sehr lästig und nachtheilig wurde.

Wegen dieser und anderer Angelegenheiten des Reichs konnte der König Balduin in Antiochien, wohin er mit ansehnlicher Ritterschaft schleunig sich begeben, nicht länger verweilen, als unumgänglich nöthig war, um die Vertheidigung und Regierung des Fürstenthums zu ordnen; und nachdem er dem Patriarchen die Regierung übertragen und der Fürstin anständige Einkünfte angewiesen hatte, kehrte er ohne Verzug nach der heiligen Stadt zurück [110]).

J. Chr. 1161. Bald darauf erschien eine glänzende Gesandtschaft des Kaisers Manuel von Byzanz in Jerusalem; an ihrer Spitze stand Johannes Contostephanus, ein naher Verwandter des Kaisers [111]). Sie überbrachte dem Könige ein Schreiben mit einer goldenen Bulle, worin der Kaiser Manuel kund that, daß er nach dem Tode seiner Gemahlin Irene, welche ihm nur eine Tochter geboren, mit einer der Basen des

109) „Allegabat etiam et dictorum suorum causam subjungebat et rationem, dicens: Schisma recens est, necdum orbi innotuit, uter eorum causam foveat potiorem; periculosum autem esse in re dubia partem sibi ex sententia deligere et de re incerta diffinitivam praecipitare sententiam. Praeterea nec Legato opus esse in Regno, qui Ecclesias, et Monasteria gravet impensis, extorsionibus attenuet. Wilh. Tyr. XVIII. 29.

110) Wilh. Tyr. XVIII. 30.

111) S. über diese Werbung Rer. ab Alex. I. etc. gestarum Lib. IV, c. 18. S. 889 sq.

Königs sich zu vermählen wünsche, und begehrte entweder Melusine, des Grafen von Tripolis Schwester, oder Maria von Antiochien, des Fürsten Raimund Tochter. Diese Werbung, so ehrenvoll und vortheilhaft sie schien, brachte wiederum allerley Mißbehagen unter die Fürsten von Syrien. J. Chr. 1161.

Die kaiserliche Gesandtschaft begab sich auf Anrathen des Königs Balduin und seiner Barone zuerst nach Tripolis; die Gräfin Melusine, sobald es kund geworden, daß eine solche Werbung geschehen sollte, war von ihrem Bruder und allen Verwandten mit allerley köstlichem Schmuck, und den herrlichsten goldenen und silbernen Geräthen auf das reichlichste ausgestattet worden [112]). Sowohl diese Ausstattung erhielt den Beyfall des alles mit ängstlicher Genauigkeit erforschenden Gesandten, als ihre Gestalt und Körperbau, welche auf das genaueste besichtigt wurden [113]), und die Vermählung wurde verabredet. Bald aber bereuten die Gesandten diese Verabredung. Die junge Gräfin, als sie kaum das Schiff bestiegen, wurde von einer so heftigen Krankheit befallen, daß sie wieder an das Land gebracht werden

112) „Praeparantur interea virgini tanto culmini destinatae, a matre et amita, fratre et amicis omnibus, immensorum sumptuum ornamenta, et modum nescientia, supra vires Regias, murenulae (goldene Halsketten), inaures, spintheres (wahrscheinlich Armspangen) et periscelides, annuli, torques et coronae ex auro purissimo, vasa quoque argentea immensi ponderis et magnitudinis, inauditae (leg. inaudita) ad usum coquinae, escarum et potuum et lavacrorum obsequium praeparantur, exceptis frenis, sellis, et ut breviter dicatur, omnimoda supellectile.“ Wilh. Tyr. XVIII. 31.

113) „Rimantur interea de moribus puellae, de occultarum corporis partium dispositione.“ Wilh. Tyr. Damit scheint allerdings eine solche Untersuchung verstanden zu werden, als zu Froissart's Zeit in Frankreich üblich war: „Il est d'usage en France, quelque Dame ou fille de haut seigneur que ce soit, qu'el convint qu'elle soit regardée toute nue par les Dames, pour savoir s'elle est propre et formée pour porter enfans.“ Froissart Chronique Tom. II. ch. 162.

J. Chr. 1161. mußte. Die Gesandten waren zwar anfangs geneigt, die Genesung der Gräfin abzuwarten; aber stets wurde diese durch Rückfälle unterbrochen, und besonders heftig wurde die Krankheit, so oft die Gräfin das Schiff wieder bestieg. Dadurch geschah es, daß alle ihre Reize zerstört wurden. Außerdem kam auch den Gesandten zu Ohren, daß die Aechtheit der Geburt der kaiserlichen Braut, wegen des zwischen ihren Eltern obwaltenden Mißverständnisses, keinesweges außer allem Zweifel sey [114]). Die griechische Gesandtschaft suchte sich nun nach ihrer Weise Rath zu schaffen in dieser Verlegenheit. Johannes Contostephanus begab sich in eine der Kirchen von Tripolis und erforschte, wie er meinte, den Willen Gottes durch Aufschlagen der heiligen Schrift. Als nun sein Blick sogleich auf die Worte (Matth. 22, 8.) fiel: „die Hochzeit ist zwar bereit, aber die Gäste sinds nicht werth;" so säumte er nicht lange, mit seiner Begleitung Tripolis zu verlassen [115]).

Dieses Verfahren der griechischen Gesandtschaft erbitterte um desto mehr, als überhaupt ihr zweydeutiges Betragen während ihrer Anwesenheit in Tripolis Unwillen unter den lateinischen Fürsten erweckt hatte. Denn diese sobald sie die Sinnesänderung der Griechen gemerkt, hatten von den Gesandten eine bestimmte Erklärung darüber gefordert, ob die Verlobung der Gräfin Melusine mit dem Kaiser Manuel in Gültigkeit bleiben, oder, falls sie widerrufen würde, dem Grafen Raimund Ersatz der aufgewand-

114) Ueber dieses Mißverständniß zwischen den Eltern der Gräfin Melusine s. oben S. 16.

115) Cinnam. S. 121. Wilhelm von Tyrus meldet nichts von der Krankheit der Gräfin. Nach der Beschreibung des Cinnamus scheinen die Zufälle epileptisch gewesen zu seyn: „Wenn sie sich ins Bett gelegt hatte, so schauderte ihr Körper und wurde heftigst geschüttelt; dann folgte Fieber, Bleichsucht und Auszehrung."

ten Kosten zu Theil werden sollte. Der Graf hatte nemlich nicht nur zwölf Galeren ausgerüstet zur Begleitung seiner Schwester nach Constantinopel; sondern ihm war auch zu sehr großer Last der Aufenthalt so vieler Ritter und Herren, welche sich zu Tripolis eingefunden, um die Abreise der Gräfin abzuwarten, und ganz oder großentheils von ihm bewirthet wurden. Fast ein ganzes Jahr dauerte diese Ungewißheit. Die Gesandten wichen jeder Erklärung aus, und der König Balduin erhielt erst kurz vor ihrer Abreise die Gewißheit davon, daß der Kaiser die Verlobung mit der Gräfin Melusine widerrufe, durch den Ritter Otto von Riesberg, welchen er an den Kaiser gesandt, um von ihm selbst bestimmte Erklärung zu fordern [116]. Der Graf von Tripolis aber, um wegen dieser Schmach und Beleidigung, welche ihm widerfahren, sich zu rächen, überließ seine Galeren wilden Seeräubern unter der Bedingung, die Seeküsten und Inseln des Griechischen Kaiserthums auf das grausamste zu verwüsten, ohne weder des Geschlechts und des Alters, noch der Kirchen und Klöster zu schonen. Diese aber thaten nicht blos, was ihnen der Graf geboten, sondern übten auf dem Meere Seeräuberey ohne Unterschied und plünderten selbst die Waller, welche nach dem heiligen Lande fuhren, oder von dort zurückkehrten [117]. J. Chr. 1161.

Als der König von Jerusalem, nachdem die Versammlung der Fürsten und Ritterschaft zu Tripolis sich getrennt, nach Antiochien kam, fand er dort eine andere Griechische Gesandtschaft [118] in Unterhandlungen mit der Fürstin Constantia, wegen ihrer jüngern Tochter, der schönen Prin-

116) Wilh. Tyr.

117) Wilh. Tyr. XVIII. 33.

118) Wilhelm von Tyrus (XVIII. 31) sagt: „eosdem nuncios Imperatoris reperit, quos a Tripoli credebat abiisse.“ Es waren aber andere Gesandte, an deren Spitze der Akoluthus Basilius Kamaterus stand. Cinnam. S. 182.

J. Chr. 1161. zessin Maria, welche nunmehr der Kaiser Manuel zur Gemahlin begehrte. Höchst ungern sah der König diese Vermählung; denn es ließ sich nicht ohne Grund besorgen, daß der Griechische Kaiser einstens darauf Ansprüche auf das Fürstenthum Antiochien gründen würde; und auch die Zurücksetzung der Gräfin von Tripolis hatte ihn sehr empört gegen die Griechen. Nur mit Widerwillen nahm er daher sich dieser Unterhandlungen an. Als endlich die Verlobung verabredet worden, erschienen drey kaiserliche Botschafter, an deren Spitze Alexius Bryennius, Sohn der Prinzessin Anna Comnena [119]), stand, und führten die Prinzessin Maria in großem Gepränge nach Constantinopel, wo sie wegen ihrer Schönheit allgemeine Bewunderung erweckte, späterhin aber, nach ihres Gemahls Tode, von dem grausamen Andronicus nach lügenhaften Anschuldigungen zum Tode verurtheilt wurde.

Der König Balduin war, nachdem diese Angelegenheit zu Ende gebracht worden, mit der Wiederherstellung des Schlosses an der eisernen Brücke über den Orontes und andern nützlichen Anstalten für das Fürstenthum Antiochien beschäftigt, als Barak, der saracenische Leibarzt des Grafen von Tripolis, ihm vergiftete Pillen gab, welche sogleich eine unheilbare Krankheit bewirkten, an welcher langsam des Königs Kräfte verschwanden. Denn es war seine Sitte, jedes Jahr, wenn der Winter sich näherte, seinen Körper durch Arzney zu reinigen [120]), und eine solche Arzney hatte er von dem mörderischen Leibarzt begehrt, durch dessen Frevel er für die thörigte Sitte der Christlichen Fürsten in Syrien büßte, welche,

119) Mit ihm waren noch der Sebastus Nicephorus Bryennius und der Statthalter (Eparch) von Constantinopel Alexius, ein Verwandter des Kaisers. Cinn. l. c.

120) „Ante ingruentem hyemem, prout consueverat, pharmaco uti volens." Wilh. Tyr. XVIII. 34.

wie der redliche Erzbischoff Wilhelm von Tyrus versichert, J. Chr. 1161.
vornehmlich durch die Weiber eingeführt worden, nur Syrischen, Jüdischen oder Saracenischen, meist unwissenden oder boshaften Aerzten die Gesundheit ihres Leibes anzuvertrauen [121]). Mit krankem Körper verließ Balduin Antiochien, vergeblich erwartete er mehrere Monate zu Tripolis seine Genesung, und zu Berytus gab er am Tage der 10 Febr. 1162.
heil. Scholastica, im zwanzigsten Jahre seines Reichs, und dem drey und dreyßigsten seines Lebens, den Geist auf [122]), nachdem er auf seinem Sterbebette vor den versammelten Prälaten und Fürsten des Reichs seinen Bruder Amalrich zum Nachfolger ernannt hatte [123]).

Viele erinnerten sich mit Wehmuth einer Rede des Königs, welche die Ahnung verrathen, daß er frühzeitig und kinderlos sterben werde. Denn als zwey Jahre vor seinem Tode bey der Taufe des jungen Sohnes von seinem Bruder Amalrich, dessen Pathe der König war, er im Scherze gefragt wurde, was er seinem jungen Neffen schenke, hatte er in heiterer Laune geantwortet: das Reich Jerusalem [124]).

121) Nostri enim Orientales principes, maxime id efficientibus mulieribus, spreta nostrorum Latinorum physica et medendi modo, solis Iudaeis, Samaritanis, Syris et Sarracenis fidem habentes, eorum curae se subjiciunt imprudenter et eis se commendant, physicarum rationum prorsus ignaris." Wilh. Tyr. Daß jene Pillen wirklich vergiftet waren, wurde nach der Versicherung eben dieses Schriftstellers hernach zu Tripolis erprobt an einer Hündin, welcher in einem Stücke Brod eine derselben gegeben wurde.

122) „Obiit anno ab inc. Domini 1162, Regni ejus anno vigesimo, quarto Id. Febr. aetatis vero XXXIII." Wilh. Tyr.

123) „Ecclesiarum praelatos, simul et Regni principes ad se cum omni celeritate praecipit evocari. .... Obiit...., liberis non exstantibus, fratre Regni herede instituto." Wilh. Tyr. Denn es stand dem Könige von Jerusalem überhaupt das Recht zu, seinen Nachfolger zu ernennen. Gesch. d. Kreuzz. I. S. 314.

124). Wilh. Tyr. XVIII. 29.

J. Chr. 1162. Sein Tod erregte die allgemeinste Betrübniß nicht nur bey den Franken, sondern auch bey seinen syrischen Unterthanen, und Weinen und Wehklagen war in allen Städten, durch welche seine Leiche nach Jerusalem geführt wurde. Denn alle liebten seine Milde und Freundlichkeit, und achteten seine umfassenden Einsichten, seine unverbrüchliche Gerechtigkeit und unermüdliche Thätigkeit. Selbst Nureddin vernahm nicht ohne Theilnahme den Tod des tapfern Königs, und denen, welche ihn aufforderten, die Niedergeschlagenheit der Christen nicht unbenutzt zu lassen, soll er geantwortet haben: man muß Mitleid mit ihnen haben und ihrem Schmerze nachsehen; denn sie haben einen Fürsten verloren, der seines Gleichen auf der Welt nicht hatte [125]).

15 Sept. 1161. Wenige Monate zuvor hatte Melissende, des Königs Mutter, an einer langwierigen Krankheit zu Neapolis ihr Leben geendet [126]).

125) „Compatiendum est et humane indulgendum justo eorum dolori: eo quod principem amiserint, qualem reliquus hodie non habet orbis." Wilh. Tyr. XVIII. 34.

126) Wilh. Tyr. XVIII. 27. 34. Ihre Krankheit und völlige Entkräftung begann bald nach dem Abzuge des Kaisers Manuel, also etwa im Anfange des Jahrs 1160.

Zweites Kapitel.

Gemäß der Verfügung des Königs Balduin, jedoch nicht J. Chr. 1162.
ohne Schwierigkeit, kam Amalrich in den Besitz der königlichen Gewalt; denn viele der weltlichen Barone waren ihm entgegen. Nur der Zuneigung der Prälaten und besonders dem Eifer, womit der Patriarch Aimerich von Jerusalem seiner Sache sich annahm, verdankte er den Thron. Denn der Patriarch
berief schon am achten Tage nach Balduin's Tode, bevor die 17 Febr. 1162.
Gegenparten hinreichende Stärke erlangen konnte, die Prälaten und weltlichen Barone in die Kirche des heiligen Grabes, und setzte dem Grafen von Joppe und Askalon die königliche Krone auf [1]).

Auch Amalrich war nicht unwürdig des königlichen Namens, wiewohl seinem verstorbenen Bruder an Anlagen und Tugenden keineswegs gleich. So sehr Balduin III. die Liebe und das Vertrauen seiner Unterthanen sich zu erwerben gewußt hatte: eben so sehr erweckte Amalrich Unzufriedenheit und Mißtrauen. Die Geistlichkeit, ungeachtet seiner Regelmäßigkeit in Erfüllung aller Pflichten des äußern Gottesdienstes und seiner Genauigkeit in Entrichtung des

1) Die Gründe, aus welchen die Ernennung des Königs Amalrich in Anspruch genommen wurde, werden von Wilhelm von Tyrus (XIX. 1.) nicht angeführt. Uebrigens wird von diesem Schriftsteller die acht Tage nach des Königs Balduin Ableben geschehene Krönung des Königs Amalrich in das Jahr 1163 gesetzt, da doch der Tod seines Vorgängers in das Jahr 1162 gefallen seyn soll. Das Versehen ist wahrscheinlich auf Rechnung des Abschreibers zu setzen.

J. Chr. 1162. Zehnten an die Kirche, beschuldigte ihn doch ungerechter Erpressungen gegen Kirchen und Klöster, und überhaupt einer solchen unbegränzten Habsucht, daß ihm selbst die Gerechtigkeit feil gewesen seyn soll; und die Ritterschaft und das Volk waren ihm eben so wenig gewogen. Sein kaltes, verschlossenes, zurückhaltendes Wesen, zum Theil die Folge seiner Unbeholfenheit in der Rede, war um desto befremdlicher nach der Leutseligkeit und Liebenswürdigkeit seines Bruders. Dazu kam, daß Amalrich die Fehler, welchen Balduin nur in seiner Jugend sich überlassen, niemals ablegte; und noch in dem Alter, in welchem Leichtsinn nicht mehr Verzeihung findet, leichtfertig den Frieden mancher Ehen störte. Sonst war er tapfer und rüstig zum Streit, ausdauernd in Arbeit und Mühe, ungeachtet der Ungelenkigkeit seines schwammigen unförmlichen Körpers. Er liebte kein Spiel, weder Gaukelspiel noch Bretspiel; die Jagd mit Falken und Reihern war seine liebste Erholung [2]). Des Rechts und der Gewohnheiten, nach welchen sein Reich regiert wurde, war er nicht weniger kundig, als sein Bruder Balduin [3]); überhaupt so lernbegierig, daß er keine Gelegenheit versäumte, sich zu unterrichten, sehr emsig in mancherley Schriften las, vornehmlich Geschichtbüchern, und bey solchen, welche aus entfernten Gegenden kamen, sich fleißig erkundigte nach den Sitten und Gebräuchen der Völker, welche sie gesehn. Was er einmal vernommen, bewahrte er treu in dem glückli-

2) „Pinguis erat supra modum, ita ut more foemineo mammillas haberet, cingulotenus prominentes: caeteras autem corporis partes manu traxerat natura laetior benigniore, ut non solum mediam praetenderent venustatem, verum quadam gauderent formae praerogativa." Wilh. Tyr. XIX. 3.

3) „In jure consuetudinario, quo regebatur regnum, subtilis plurimum et nulli secundus: imo qui regni principes et mentis acumine et discretionis praeiret sinceritate universos." Id. XIX. 2.

i, welches ihm die Natur verliehen. Nicht J. Chr. 1163.
er auch durch spitzfindige Fragen die Gottes-
rlegenheit, wie einst, als er in der Pfalz zu
r krank lag, den Erzbischoff Wilhelm durch
es außer den Aussprüchen der heiligen
dere Beweise für die Auferstehung der Todten
verständige Männer tadelten an ihm vor-
inbedingte Vertrauen, welches er in seine
ie Verwalter seiner Gefälle setzte, welche
gewinnen gewußt hatten; also daß er von
nal Rechenschaft über die ihnen anvertrauten
Diese Fahrlässigkeit machte seinen Unter-
e und Strenge noch empfindlicher, womit
euern eintrieb; was er mit der Behauptung
aß die Wohlfahrt und Sicherheit des Reichs
nne, wenn nicht der König reich sey und
Fälle, in welchen die Nothdurft des Reichs
Thrones Geldaufwand erfordere. Niemand
den Vorwurf machen, daß er in solchen Fällen
te [5]). Nichts aber erbitterte die Gemüther
der Barone, so sehr gegen ihn, als daß er
hmen, aber leichtfertigen, streitsüchtigen und
anzösischen Ritter aus der Grafschaft von
pagne, Milo von Plancy, sein ganzes un-
trauen und übertriebene Begünstigung ge-
hn nicht nur zum Seneschall des Reichs

fand diesen Be-
htigkeit Gottes,
könnte, wenn
Welt nicht ein
lchem den guten
ischen vollständi-
dem Bösen die
gebührende Strafe zu Theil würde. Amalrich fand sich dadurch völlig beruhigt. Wilh. Tyr. XIX. 3.

5) „Nam in regni necessitatibus nec expensas parcebat nec proprii corporis fatigatione revocabatur." Id. XIX. 2.

J. Chr. 1162. erhob, sondern auch ihm nach dem Tode des jüngern Honfroy dessen Wittwe Stephania, Tochter des Herrn Philipp von Neapolis, zur Gemahlin gab, wodurch ihm die wichtige Burg Montroyal mit dem umliegenden Lande Syria Sobal zufiel [6]).

Bey dieser Stimmung des Adels und Volkes gegen ihn bemühte er sich desto sorgfältiger, die Zuneigung der Prälaten sich zu erhalten, und bewies sich gleich im Anfange seiner Regierung ihnen dankbar dadurch, daß er ihren Ermahnungen Gehör gab, wegen der Unrechtmäßigkeit der Ehe, in welcher er mit Agnes, Tochter des jüngern Grafen Joscelin, lebte. Er unterwarf sich willig und folgsam der Untersuchung, welche der päpstliche Cardinal Legat Johannes und der Patriarch anstellten, und als diese nach eidlicher Abhörung der beyderseitigen Verwandten fanden, daß eine Verwandtschaft im vierten Grade obwaltete, so zögerte der König nicht, von seiner Gattin sich zu trennen. Doch wurden die beyden Kinder, welche sie ihm geboren, Sibylle und Balduin, für rechtmäßig erklärt [7]). Agnes hatte hernach noch einmal

6) Wilh. Tyr. XXI. 4. Der Erzbischoff nennt ihn an einer andern Stelle (XX. 10) „virum quidem secundum carnem nobilem, sed moribus degenerem, neque Deum timentem, neque ad hominem habentem reverentiam." Dieses Urtheil wiederholt er auch in der erstern Stelle: „Erat homo incircumspectus, superbus quoque et arrogans, verborum inutilium prodigus, et de se plus aequo praesumens."

7) „Quaesivimus sane nos postea diligenter, tanquam circa talia curiosi, quoto consanguinitatis gradu se contingerent: quia nondum de scholis redieramus, sed trans mare adhuc circa liberalium artium detinebamur studia, quando Hierosolymis haec facta sunt. Et tandem invenimus per dominam Stephaniam, Abbatissam Ecclesiae Mariae maioris quae Hierosolymis ante Sepulchrum domini sita est, quae domini Joscelini senioris, Comitis Edessani, filia fuit ex sorore domini Rogerii, filii Richardi Antiocheni Principis, religiosam et nobilem carne et moribus foeminam, jam natu grandaevam sed memoriter haec tenentem quod eorum generatio sic erat etc." Wilh. Tyr. XIX. 4. Nemlich beyde waren

J. Chr. 1162.

das Schicksal, wegen verbotenen Grades der Verwandtschaft geschieden zu werden. Sie vermählte sich nach ihrer Trennung von dem Könige Amalrich mit Herrn Hugo von Ibelim und lebte mit diesem in ungestörter Ehe bis zu dessen Tode, dann verband sie sich mit Rainald von Sidon; dieser aber trennte sich von ihr auf Verlangen seines Vaters, wegen obwaltender Blutsfreundschaft [8]). Auch der König Amalrich war sogleich bedacht auf seine Wiedervermählung. Er sandte unverzüglich den Erzbischoff Hernes von Cäsarea und seinen Mundschenk Otto von St. Amand nach Constantinopel, um sich von dem Kaiser Manuel eine Gemahlin zu erbitten, welche ihm, wie er hoffte, eine reiche Aussteuer zubringen würde, wie Theodora seinem verstorbenen Bruder; erst nach zwey Jahren kam diese Gesandtschaft nach dem Hafen von Tyrus zurück, und brachte Maria, Tochter des Protosebastus Johannes, eines kaiserlichen Neffen, welcher der König mit dem Patriarchen von Jerusalem entgegen zog nach Tyrus, wo, nachdem alle Prälaten und Barone des Reichs dahin beschieden worden, das Beylager mit herrlichen Festlichkeiten vollzogen wurde [9]).

Die Aufmerksamkeit des Königs Amalrich wurde sogleich vom Anfange seiner Regierung an auf Aegypten gerichtet; denn in diesem Lande fing eine Macht sich zu bilden an, welche den Christen bald sehr furchtbar wurde, und

dadurch verwandt, daß sie von dem Könige Balduin II und dem ältern Grafen Joscelin, welche Söhne zweyer Schwestern waren, also abstammten:

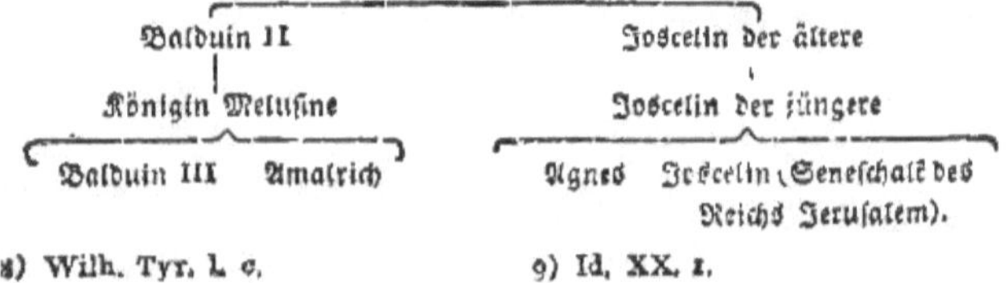

8) Wilh. Tyr. l. c.

9) Id. XX. 1.

J. Chr. 1162. zuletzt selbst den Lohn so vieler Mühe und Arbeit und den Preis so vieler bestandenen Gefahren, das heilige Grab des Erlösers, ihnen entriß.

Mit Recht hatten vom Anfange der heiligen Kriege an mehrere Männer, welche in die Zukunft zu blicken vermochten, zur Eroberung von Aegypten gerathen, als dem sichersten Mittel, die Herrschaft der katholischen Christen in Syrien zu befestigen. Denn sie meinten, daß allein Aegypten als ein an sich reiches und fruchtbares Land und der Sitz eines wichtigen und ergiebigen Handels, die Mittel darbieten könne, um das an sich arme Land von Syrien mit Nachdruck zu vertheidigen. Auch ist die Lage der beyden Küsten von Syrien und Aegypten so beschaffen, daß sie sich gegenseitig bedrohen, wenn sie nicht einer Herrschaft unterworfen sind. Die Christen hatten auch bisher durch mehr als funfzigjährige Erfahrung erkannt, daß ohne den Besitz von Aegypten und den Hülfsmitteln, welche dieses Land darbot, Syrien nicht lange mehr behauptet werden konnte. Selbst in der Zeit, wo die Aegyptische Macht durch innere Unruhen zerrüttet und sogar Askalon schon in der Gewalt der Christen war, verwüsteten Aegyptische Flotten die Syrische Küste, verbrannten oder raubten die Schiffe in den Häfen und stellten auf offner See den Pilgern nach [10]).

10) Z. B. nicht lange nach der Ermordung des Chalifen Dafer und dem innern Kampfe der Vezire Abbas und Maleck as-Saleh (im J. d. Fl. 550 Ch. 1155), wie Abu Schamah mit diesen Worten berichtet: „Abu Jala erzählt: Es erschien eine Aegyptische Flotte, unter Anführung eines tapfern und im Seewesen sehr erfahrnen Mannes, welcher mit Seeleuten, so der fränkischen Sprache kundig waren, seine Schiffe bemannt, auch diesen Seeleuten fränkische Kleider gegeben hatte. Er spähete zuerst die Lagerplätze und Wege der römischen Flotte aus und erkundigte sich, was sie begönnen. Dann fuhr er nach dem Hafen von Tyrus, weil ihm gemeldet worden, daß dort eine große Römische Flotte sey mit vieler Mannschaft und vielen Gütern. Es gelang ihm auch, der Schiffe und ihrer Ladung sich zu bemächtigen, worauf er die Mannschaft

er Zeit, da die begeisterten Pilger der ersten J. Chr. 1162.
Belagerung von Jerusalem zu beginnen im
riethen, wie von uns gemeldet worden,
nner, die heilige Stadt vorbeyzuziehen und
Chalifen in Aegypten anzugreifen, weil,
Macht zerstört worden, auch Jerusalem und
nals ihm unterworfenen Syrischen Städte
n selbst zufallen würden [11]). Der tapfere
er Erste unternahm hernach, als die Christli-
Syrien befestigt zu seyn schien, einen Zug
mit dem Vorhaben, das reiche Babylon,
halifen, zu erobern; und fand auf diesem
r seinen Tod [12]). Zu keiner Zeit schien
Unternehmen gewissern Erfolg zu verheißen,
der Regierung des Königs Amalrich, da
Gewalt der Christen, und das Reich des
pten durch innere Unruhen heftiger als jemals

längerer Zeit war alle Gewalt in Aegypten
der Vezire, und selbst das äußere Ansehen
r so gesunken, daß jene obersten Beamten
Titel Sultan, d. i. Herrscher, beygelegt
hnehin kamen mehrere der letzten Chalifen
s in unmündigem Alter auf den Thron, und

hiffe verbrannte.
fuhr er weiter,
viele Pilgerschif-
en Mannschaft,
Gefangenen und
. Also kehrte er
aube und einer
Gefangenen nach

11) Gesch. der Kreuzz. Th. I. S. 269.

12) Ebendas. Th. II. S. 409. fgd.

13) Bohaed. Vita Sal. S. 30. f. Anm. 15. Wilh. Tyr. XIX. 5. „Regni illius procurator, qui lingua eorum Soldanus dicitur.“

F

J. Chr. 1162. starben durch Gift oder Schwert, ehe sie zu dem Alter der Mündigkeit gelangten. Dem Chalifen blieb höchstens die Achtung, welche ihm die Heiligkeit seines Priesterthums und seine Abstammung von dem Propheten Mohammed und Ali verliehen; und auch um diese Achtung brachten mehrere sich durch schändliche Laster und unmännliche Feigheit [14]).

Ein solcher Schattenfürst ohne Achtung und Ansehen war auch der Chalif Aded, der eilfte Beherrscher von Aegypten aus dem Geschlechte Ali's. Während er unter den Weibern seines Harem in allen Lüsten schwelgte, ging die Gewalt des Vezirs aus einer Hand in die andere, je nachdem das Glück der Waffen, oder die Neigung der Soldaten
J. Chr. 1163. wechselte. Nicht lange nachdem der König Amalrich den Thron von Jerusalem bestiegen hatte, wurde der Sultan Schaver, welcher wenige Jahre zuvor mit Gewalt der Waffen dem Vezir Adel, dem Sohne des Vezir Nazik, dessen Sklav er einst gewesen, Amt, Würde und Leben entrissen hatte, aus dem Besitze seiner Herrschaft vertrieben durch Dargam; und auch dieser hatte, wie sein Gegner, aus der Sklaverey nach und nach zu solcher Gewalt sich erhoben. Für Schaver blieb nichts übrig, als aus Aegypten zu fliehen, und jeden Gedanken des Widerstandes aufzugeben, weil alle Truppen, ihrer Gewohnheit gemäß, sich demjenigen anschlossen, welchen das Glück begünstigte [15]).

14) Der Chalife Dafer wurde von seinem Vezir ermordet, weil er dessen Sohn zu seinen unnatürlichen Lüsten mißbrauchte.

15) „Es war dies die Weise der Aegypter: sobald ein Gewalthaber überwunden und nicht mehr vermögend war, seinen Platz zu behaupten, und sie von seinem Unvermögen überzeugt waren, so erkannten sie ihren Ueberwinder als ihren Herrn an und unterwarfen sich ihm willig. Denn ihre Hauptstärke lag in dem Heere ihres Vezirs, den sie Sultan nennen." Bohaed. a. a. O.

Schon diese Bewegungen ließ der König Amalrich nicht unbeachtet, er zog unverzüglich mit einer stattlichen Ritterschaft nach Aegypten, um den jährlichen Zins zu fordern, welcher ehemals von dem Sultan Adel seinem Bruder verheißen worden, und überwand bey Pelusium den Sultan Dargam in einer blutigen Schlacht; also daß dieser genöthigt war, in die Stadt Pelusium zu fliehen, und das Land durch die Durchstechung der Dämme des Nils gegen die Christliche Macht zu schirmen [16]). J. Chr. 1163.

Bald aber wurden die Ereignisse in Aegypten viel bedeutender und wichtiger. Der flüchtige Schaver hatte während des Kampfes zwischen seinem Gegner und den Christen an den Hof Nureddin's sich begeben und diesen mächtigen Fürsten um Hülfe angerufen. Nureddin kannte die Wichtigkeit von Aegypten zu wohl, als daß er die Gelegenheit hätte versäumen mögen, sich Einfluß in die innern Angelegenheiten dieses Landes zu verschaffen, und dadurch die Eroberung desselben vorzubereiten. Sein tapferer Feldherr Schirkuh führte daher auf sein Geheiß mit einem Heer den Schaver nach Aegypten, und verlor zwar eine Schlacht gegen Dargam; als aber dieser bald hernach von dem Pfeile eines Meuchelmörders aus seinen eignen Leuten fiel, so zog Schaver in Kahiro als Sieger ein und gründete seine Herrschaft durch ein furchtbares Blutgericht über alle Anhänger seines Feindes [17]). Die Absichten, welche Nureddin hatte,

16) Wilh. Tyr. 19. 5. Die andern Schriftsteller erwähnen dieses Zugs nicht.

17) „Sauar et Siraconus .... cum Soldano Dargan hostiliter congressi, primo conflictu inferiores et graviter prostrati: antequam secundo eadem lege convenirent, saepe dictus Dargan a quodam ex suis clam sagitta percussus, suis lugendus interiit." Wilh. Tyr. XIX. 7. Nach Abulfeda (Ann. mosl. T. III. S. 590) siegte Schirkuh über Dargam in einer Schlacht bey dem Grabmale der Nafisa (aus dem Geschlechte der Chalifen von Aegypten); aber weder Abulfeda noch Bohaeddin erzählen die Ermordung des Sultans

J. Chr. 1163. indem er ihm Hülfe leistete, konnten aber nicht verborgen seyn; denn Schirkuh blieb auch nach der Wiedereinsetzung von Schaver mit seinen Scharen an der ägyptischen Gränze, und hielt selbst Pelusium, den Schlüssel von Aegypten, und die Veste Scharakiah besetzt [18]), unter dem Vorwande, den Sultan Schaver dadurch zur Erfüllung des Vertrages zu zwingen, wodurch er Nureddin den dritten Theil aller reinen jährlichen Einkünfte von Aegypten zugesichert hatte [19]).

Schon auf diesem Zuge des Schirkuh wurden alle Unternehmungen geleitet durch Saladin, dessen Name bald den Christen eben so ehrwürdig als furchtbar wurde. Wer möchte läugnen, daß der aufstrebende Sinn dieses Mannes schon damals die

Dargam. Renaudot dagegen berichtet sie nicht abweichend von Wilhelm von Tyrus aus arabischen Nachrichten (Hist. patr. Alex. S. 524). In der Zeitbestimmung dieser Begebenheiten sind jene beyden arabischen Schriftsteller nicht übereinstimmend. Abulfeda setzt diesen Zug des Schirkuh in das Jahr d. Fl. 559; Bohaeddin 558.

18) Wilh. Tyr. a. a. O. Abulf. Ann. mosl. T. III. S. 592. Wenn die Nachricht des Sojuthi gegründet ist, so forderte der Chalife von Bagdad schon unmittelbar nach der Ermordung des Chalifen Dafer (s. Anm. 14) den Nureddin auf, sich zum Herrn von Aegypten zu machen. Eine Handschrift des Werkes von Sojuthi über Aegypten ist durch das Diezische Vermächtniß Eigenthum der Königl. Bibliothek zu Berlin geworden; es ist überschrieben: Kitab hosn almohadereh fi achbar misr walkahirah (Abriß der Geschichte von Misr und Kairo), führt die Geschichte bis zum Jahr 843 d. Fl., und enthält außer den historischen Nachrichten auch eine Beschreibung des Landes und biographische Nachrichten von Schriftstellern und andern merkwürdigen Männern in Aegypten, mit vielen untermischten Stellen aus Dichtern, welche sich auf die erwähnten Gegenstände beziehen. In der Geschichte Saladins werden Ebn Alathir und Abu Schamah oft als Quelle genannt, für die spätern Zeiten Makrizi, außer ihnen aber auch andere berühmte Schriftsteller.

19) Diesen Vorwand führt Abulfeda an. Aber Bohaeddin, ohne der Besetzung von Pelusium und Scharakia zu erwähnen, drückt sich (S. 31) also aus: „Schirkuh kehrte zurück aus Aegypten mit der Begierde nach dem Besitze dieses Landes im Herzen; denn er hatte gesehen, daß es ohne streitbare Männer war, und die Verwaltung daselbst ohne Ordnung und Sinn geführt wurde.“

kühne Hoffnung trug, einst in Aegypten für sich eine unabhängige Herrschaft zu gründen, was von den unkriegerischen Einwohnern des Landes und den zügellosen verwilderten Scharen des Sultans nicht bedeutend erschwert werden konnte, sobald er die Truppen, welche Nureddin unter seinen Befehl gestellt, gewonnen hatte und es wagen durfte, der Ungnade seines Herrn zu trotzen. J. Chr. 1163.

Das Geschlecht, zu welchem Saladin gehörte, war von sehr niedriger Stufe bereits zu solcher Würde gestiegen, daß ein solcher Plan auch einem weniger kühnen Sinne nicht unerreichbar scheinen konnte, zumal in einem Morgenländischen Reiche, wo dem tapfern und glücklichen Krieger der Weg zum Thron so leicht sich öffnet.

Ejub [20]), der Vater Saladins, gehörte zu einer Horde der Kurden, eines den Türken verwandten Volkes, wovon viele tapfere und kriegslustige Männer, nach dem Beyspiele der Türken, aus ihren fernen Weideplätzen sich in die Provinzen des Chalifats begeben hatten, um, wie die Gelegenheit sich darböte, vom Schwerte zu leben. Ejub trat in die Dienste des Sultans von Bagdad, und Bihrus, Statthalter von Bagdad und dem Arabischen Irak, verlieh ihm die Statthalterschaft der Stadt Takrit am Tigris, wo ihm im J. 1137 sein Sohn Joseph, hernach als Herrscher Salaheddin genannt, geboren wurde [21]). Dort fand er Gelegenheit, dem Athabek Zenki, der an dem Erbfolgekriege in dem Geschlechte der Seldschucken nach dem Tode des Sultans Mahmud thätigen Antheil nahm, einen wichtigen Dienst zu leisten, indem er dem flüchtigen Athabek nach einer verlornen

20) D. i. Hiob. Der Vater des Ejub hieß Schady, und gehörte zu dem Stamme Ravadiah. Ejub und Schirkuh wurden zu Duin geboren. Bohaed. l. c.

21) J. d. Fl. 532. Bohaed. S. 3. Marin hist. de Saladin T. I. S. 90. Der Name Salaheddin bedeutet bekanntlich „das Heil des Glaubens."

J. Chr. 1163. Schlacht die Schiffe verschaffte, zum Uebergange über den Fluß. Als nun nicht lange hernach sein Bruder Asadeddin Schirkuh in der Hitze eines Streites mit seinem Schwerte einen Gerichtsbeamten durchbohrte, und deshalb Bihrus beyde Brüder aus Takrit verwies: so nahm Zenki gern nicht nur den Ejub mit allen seinen Söhnen, sondern auch den Schirkuh in seinen Dienst [22]), und Ejub erhielt die Statthalterschaft von Baalbek. Nach dem Tode des Zenki aber sah er sich genöthigt, diese Stadt dem Fürsten von Damascus, welcher sie mit zahlreichen Scharen umlagerte, zu überantworten, worauf beyde Brüder in den Dienst dieses Fürsten traten. Auch dort wurde ihnen hohe Würde zu Theil; Ejub insbesondere wurde in der Statthalterschaft von Baalbek bestätigt. Sie stritten im Dienste ihres neuen Herrn tapfer, als die Könige der Deutschen und Franzosen mit ihren Heeren Damascus umlagerten, und in dem ersten Kampfe wider die Belagerer fiel der älteste Sohn des Ejub. Aber ungeachtet der wichtigen Dienste, welche sie dem Reiche von Damascus leisteten, blieben sie dem Sohne ihres ehemaligen Herrn noch immer gewogen; sie erleichterten daher dem Athabek Nureddin nicht wenig die Ueberwältigung von Damascus, und wurden dafür glänzend belohnt, Schirkuh mit den Städten Rahabah und Emessa, Ejub mit der Statthalterschaft von Damascus, beyde mit der Berechtigung, sich in Gegenwart ihres Herrn niederzusetzen, ohne seine Erlaubniß zu erwarten. Die tapfern Kurden nahmen hierauf an den meisten Kämpfen Antheil, welche seit dieser Zeit Nureddin wider die Christen bestand, und ermunterten die muselmännischen Kämpfer durch ihr Beyspiel zu tapferm Streite [23]); Schirkuh, wiewohl klein

22) S. oben B. II. S. 620; wo die unrichtige Erzählung zu verbessern ist, als ob Schirkuh und Saladin allein in den Dienst des Athabek getreten. Marin S. 90.

23) Als Statthalter von Baalbek noch

von Körper und stark beleibt, wich keinem andern Krieger J. Chr. 1163. an Ausdauer in Mühseligkeiten, Entbehrungen und Beschwerden [24]). Er drang überall unverdrossen in die feindlichen Scharen, wo der Kampf am heißesten war, und in der Schlacht bey Annak, in welcher der Fürst Raimund von Antiochien umkam, erschlug er mit eigner Hand den fränkischen Mann, welcher das Kreuz vortrug [25]). Daher achtete ihn Nureddin als den vorzüglichsten seiner Emire, und übertrug ihm während seiner gefährlichen Krankheit den Befehl über alle Truppen, und im Falle seines Todes die Vollstreckung seines letzten Willens [26]).

Bis zu dem ersten Zuge Schirkuh's nach Aegypten war aber unter allen Gliedern dieses tapfern Geschlechts keiner weniger bekannt, als Saladin. Sein Name wird bey keinem der frühern Kämpfe genannt, welche sein Vater, seine Brüder und sein Oheim bestanden, und von seiner Jugendzeit überhaupt hat sein beredter und genauer Lebensbeschreiber, Bohaeddin, nichts anders überliefert, als daß er seine Jugend bey seinem Vater zugebracht, zu Mosul, Baalbek und Damascus [27]), und in allen Wissenschaften der Araber, vornemlich der

im Dienste des Fürsten von Damascus sandte Ejub, nach dem Berichte des Abu Schamah, seinen Sohn Schamseddaulah den Christen entgegen, welche in die Landschaft Bakaa eindrangen, im J. 549 d. Fl. (Chr. 1154). Es kam aber nicht zum Kampfe, weil eine so große Menge Schnee fiel, daß die Christen dadurch zum Rückzuge genöthigt wurden. Schamseddaulah fügte ihnen aber auf ihrem Rückzuge vielen Schaden zu. Späterhin, im J. 551 (Chr. 1159), begleitete er, nach der Erzählung desselben Schriftstellers, mit allen seinen Söhnen, seinen Bruder Schirkuh, als dieser von Nureddin ausgesandt wurde mit einigen Scharen, um das Land von Sidon zu beunruhigen. Vgl. Marin S. 98.

24) Also beschreibt sein Aeusseres Wilhelm von Tyrus (XIX. 5): „Erat homo jam senior, pusillus statura, pinguis multum et corpulentior. .... in altero oculorum habens albuginem, laboris patientissimus sed et sitim et famem aequanimiter tolerans supra id quod aetas illa soleat sustinere.“

25) Abu Schamah b. J. 543.

26) Ders. b. J. 552.

27) Bohaed. S. 2.

J. Chr. 1163. Kunde der alten Geschichten fleißig unterrichtet, vor allem aber in den Lehren des Islam sorgfältig unterwiesen, auch zur strengen Beobachtung aller Pflichten eines Muselmanns gewöhnt worden [28]). Saladin vermied lange jede Gelegenheit öffentlich zu handeln, lebte nur in Vergnügungen und Gelagen, und schien, so wie jeder andern Anstrengung abhold, also besonders dem Kriege, wodurch er doch hernach einen so weltberühmten Namen sich gründete. Ungern entschloß sich Saladin, diesem ungezwungenen Leben zu entsagen, und nur die gemessenen Befehle Nureddins vermochten ihn, seinen Oheim auf seiner Aegyptischen Heerfahrt zu begleiten, Erst in diesen Unternehmungen tritt Saladin auf den Schauplatz der Geschichte, aber sogleich als gereifter Mann und selbst als Rathgeber des erfahrnen Schirkuh.

Ueber wenige große Männer ist das Zeugniß der Zeitgenossen so übereinstimmend, als über Saladin. Die Christen, welche er so unverdrossen und meistens so glücklich bekämpfte, und die Muselmänner, welche durch seine Tapferkeit sich so kräftig geschirmt und die Ehre ihres Glaubens verherrlicht sahen, priesen einmüthig ihn als einen eben so edelmüthigen als tapfern Krieger, und der ritterlichste der Könige, Richard Löwenherz, achtete ihn selbst der Ritterschaft würdig. Wenn die Muselmänner seinen Eifer für die ächte Lehre ihres Propheten, und seine Gewissenhaftigkeit in Erfüllung aller Pflichten seines Glaubens mit begeisterten Lobpreisungen verherrlichten: so erkennen die Christen, welche gegen ihn stritten, seine Redlichkeit und Treue an, so wie seine menschenfreundliche Milde gegen die gefangenen Feinde; und diese Milde verleugnete Saladin nur einige Male, als die Christen durch Grausamkeit gegen gefangene

28) Id. l. c. und S. 23.

Muselmänner, oder durch Wortbrüchigkeit seinen Zorn J. Chr. 1163.
gereizt hatten [29]).

Der Aegyptische Sultan Schaver, als er die Absichten Schirkuh's und seines Neffen merkte, säumte nicht, zum Widerstande, so viel er vermochte, sich zu rüsten, und sandte eiligst Gesandte an den König Amalrich, um ihm die Erneuerung des von Dargam mit ihm geschlossenen Bündnisses, selbst noch unter vortheilhaftern Bedingungen anzubieten, falls die Christen ihm getreulich wider Schirkuh beystehen wollten. Unbedenklich nahm Amalrich diesen Antrag an, und in kurzer Zeit standen unter ihm und dem Connetable Honfroy die Christlichen Scharen, und die Aegyptischen unter Schaver vereinigt vor Pelusium, und hielten die Emire Schirkuh und Saladin mit ihren Truppen eingeschlossen [30]).

Den König Amalrich riefen aber bald eigne, durch Unbesonnenheit und Fahrlässigkeit der Ritter des Kreuzes veranlaßte Gefahren in sein Reich zurück. Zwar war es einer tapfern Christlichen Schar gelungen, Nureddin und sein Herr, welches er gegen Tripolis zu führen gedachte, unter dem Schlosse der Kurden zu überfallen und das Heer zu zerstreuen. Die Muselmänner ruhten an dem Mittage eines heißen Tages unbesorgt in ihren Zelten, als sie plötzlich die Kreuze der Christen jenseit des Berges, auf welchem das Schloß liegt, erblickten. Kein Widerstand war mehr möglich, die Christen verfolgten mit Heftigkeit die fliehenden Muselmänner, und drangen mordend und wüthend mit Blitzesschnelligkeit bis zum Zelte Nureddins, welchem kaum Zeit blieb, ohne Ober-

29) Wilhelm von Tyrus nennt ihn (XX. 12.) „virum acris ingenii, armis strenuum et supra modum liberalem."

30) Guil. Tyr. XIX. 7. Abulfed. Ann. III. S. 592. Bohaeddin erwähnt nicht dieser Einschließung des Schirkuh in Pelusium, so wie überhaupt seine Nachrichten von diesen ersten Thaten Saladins sehr kurz und ungenügend sind.

J. Chr. 1163. gewand aus der Hinterthür seines Zeltes zu entrinnen und auf ein Roß sich zu schwingen. Und hätte nicht ein Kurdischer Mann schnell genug das Seil abgehauen, an welchem dieses Roß gebunden war, so wäre der furchtbare Nureddin ohne Schwertstreich in die Gefangenschaft der Christen gefallen [31]). Die Führer bey dieser glücklichen Waffenthat waren Gilbert de Laci, Procurator des Tempelhauses zu Tripolis, Robert Mansel und zwey vornehme Pilger aus Guienne, Gottfried Martel, Bruder des Grafen von Angoulesme, und Hugo von Linizy der ältere, welche auf der Rückkehr von der Wallfahrt zum heiligen Grabe begriffen waren, als sich die Gelegenheit zu so herrlicher Waffenthat ihnen darbot [32]).

Aber davon zogen die Christen nach ihrer Weise keinen andern Gewinn, als das belohnende Gefühl einer glücklich vollbrachten That; sie ließen ihren furchtbaren Feind, welcher geschworen hatte, nicht eher den Schatten hinter der Wand eines Hauses zu suchen, als bis er die an jenem unglücklichen Tage erschlagenen Muselmänner gerächt, ungestört sein Heer ordnen und mit den verlornen Bedürfnissen wieder versehn, auch neue Scharen
J. Chr. 1164. an sich ziehn. Und nach wenig Monaten umschloß schon Nureddin mit einem zahlreichen Heere die Burg Harem [33]), welche erst fünf Jahre zuvor durch die Tapferkeit des Königs Balduin aus der Gewalt Nureddins war entrissen worden. Nureddin trachtete besonders damals nach dem Wiederbesitze dieser wichtigen und der Stadt Alep-

31) Abu Schamah ad a. 558. Abulfeda S. 588—590. Ziemlich übereinstimmend erzählt Wilhelm von Tyrus (XIX. 8): „Ille vero relicto gladio et omissis impedimentis universis, nudus altero pede, jumento insidens, confusus nimium et de vita desperans, vix fuga elapsus, nostrorum manus evasit."

32) Wilh. Tyr. l. c.

33) Wilh. Tyr. XIX. 9. Abulf. Ann. mosl. S.

po sehr lästigen Burg, weil er dadurch ihres Burghauptmanns los zu werden hoffte, eines der tapfersten Kreuzritter, welcher nicht nur keine Gelegenheit verabsäumte, den Heiden zu schaden, sondern auch die Unternehmungen der andern Christlichen Ritter durch klugen Rath leitete [34]. J. Chr. 1164.

Die Christlichen Fürsten, welche ebenfalls nicht geringen Werth auf den Besitz dieser Burg legten, sammelten eiligst ihre Ritterschaft und zogen der Burg zu Hülfe, vornehmlich der jugendliche Fürst Boemund der dritte von Antiochien, dessen Fürstenthume die Burg Harem angehörte, und mit ihm Graf Raimund der jüngere von Tripolis, Joscelin, der Sohn des letzten Grafen von Edessa und die vorhin genannten tapfern Pilger aus Guienne. Auch der Armenische Fürst Toros und Calaman, Statthalter des Kaisers von Byzanz in Cilicien, vereinigten ihre Scharen mit den Kreuzrittern. Wohlgemuth und wohlgeschart zog dieses zahlreiche Heer zum Kampfe aus; aber Leichtsinn und hoffärtige Verachtung der Feinde brachten es ins Verderben. Denn als Nureddin bey der Annäherung so zahlreicher Scharen aus Vorsicht von der Berennung der Burg abließ und sich zurückzog: so unternahmen es die Wallbrüder, wider den verständigen Rath des Fürsten Toros, die abziehenden Heiden mit Ungestüm zu verfolgen. Bald darauf entscharten sie sich, bethört von dem Wahne, als ob Nureddin aus Feigheit fliehe, suchten einzeln Beute und Gefangene zu gewinnen, und geriethen aus Unvorsichtigkeit in ein durch Sümpfe eingeengtes Land. Als nun ihnen ganz unerwartet die Heiden im Rückzuge anhielten und in wohlbestellter Ordnung wider sie rannten, so wurden alle eben so muthlos und feige, als sie zuvor kühn und übermüthig gewesen. Niemand dachte an Kampf, der

34) Nach Abu Schamah.

J. Chr. 1164. Fürst Toros rettete sich zu rechter Zeit durch die Flucht, und
alle lateinischen Fürsten zogen schimpfliche Gefangenschaft
der glorreichen Märtyrerpalme vor, und wurden in schimpflichem Aufzuge nach Aleppo geschleppt. Worauf Nureddin
nicht nur nach wenigen Tagen durch gewaltige Berennung
11 Aug. 1164. die Burg Harem erstürmte, sondern auch die wichtige Stadt
16 Oct. 1164. Paneas so heftig berennte, daß sie nach kurzem Widerstande von
Walther von Quesnet, welchen der Connetable Honfroy zu
seinem Statthalter während seiner Abwesenheit angeordnet
hatte, durch Vertrag ihm übergeben wurde; wiewohl viele
behaupten, daß Walther nicht durch Unmöglichkeit der Vertheidigung, sondern, gemeinschaftlich mit Roger, Stiftsherrn der Kirche von Paneas, deren Bischoff gleichfalls
abwesend war, von den Heiden durch Geld zu dieser Uebergabe vermocht worden [35]).

Diese Unglücksfälle bewogen den König zur schnellen Rückkehr in sein Reich. Er schloß unverzüglich mit Schirkuh Frieden, und gestattete ihm und seinem Heere, nach dreymonatlicher Einschließung, freyen und sichern Abzug aus Belbeis; und die Aegypter bezahlten dem Emir Schirkuh eine ansehnliche Geldsumme. Mitten durch das aufgestellte Heer der Christen und Aegypter zog Schirkuh mit seiner Schar, er selbst schloß den Zug mit erhobener Streitaxt. Ein Christlicher

35) Will. Tyr. XIX. 9. 10. Die Angaben dieses Schriftstellers von den Monaten, in welchen diese Begebenheiten vorfielen, stimmen mit den Angaben des Abulfeda (T. III. S. 592) überein, nicht aber die Angabe der Jahre; denn Harem soll nach dem Erzbischoff Wilhelm im J. 1165, Paneas im J. 1167 von Nureddin erobert worden seyn. Allein man sieht aus dem Zusammenhange seiner Erzählung sehr leicht, daß wenigstens die letztere Zahl durchaus fehlerhaft ist; und wir tragen kein Bedenken, diese Begebenheiten beyde, der Angabe des Abulfeda zufolge, in das J. 1164 zu setzen, sowohl deswegen, weil alles während der Einschließung von Pelusium geschah, als auch, weil Wilhelm von Tyrus selbst ausdrücklich sagt, die Burg Harem sey im zweyten Jahre der Regierung des Königs Amalrich verloren worden.

Ritter näherte sich ihm mit der Frage: „Wozu solche Anstalt? Fürchtet ihr, daß der Vertrag uns nicht heilig sey?“ „Den würdet ihr nicht zu brechen wagen,“ antwortete Schirkuh mit Ruhe, und setzte seinen Weg fort [36]). Der König Amalrich aber begab sich unverweilt nach Tripolis und Antiochien mit dem Grafen Dietrich von Flandern, der mitten unter diesen Unfällen mit einer zwar kleinen, aber auserlesenen Ritterschaft zum vierten Mal ins heilige Land als Pilger gekommen war, zu großer Erheiterung der durch so harte Schickungen gebeugten Christen [37]). Der König ordnete besonders mit großem Fleiße die Angelegenheiten des Fürstenthums Antiochien, und bemühte sich für die Befreyung der gefangenen Fürsten und Ritter. Auch erwirkte er ganz unerwartet in kurzer Zeit die Freylassung [38]) des Fürsten Boemund; worauf dieser nicht säumte, die Geisel zu lösen, welche er für das ihm auferlegte Lösegeld dem Nureddin gestellt hatte, und sich nach Constantinopel begab zum Kaiser Manuel, dem Gemahle seiner Schwester Maria, von welchem er mit großen Ehren empfangen und mit herrlichen Geschenken beehrt wurde. Des Grafen Rai- J. Chr. 1164.

36) Die Nachricht über den Vertrag mit Schirkuh und dessen Abzug aus Pelusium hat Marin (I. S. 114. 115), wie es scheint, aus Ebn al-Athir mitgetheilt.

37) „Cujus tanta laetitia suscepit adventum omnis populus ut quasi post immoderatum solis ardorem auram gratissimam et praesens remedium videretur suscepisse.“ Wilh. Tyr. XIX. 10.

38) Wilhelm von Tyrus (XIX. 11) nimmt zwey Ursachen an, durch welche Nureddin zu der schnellen Entlassung des Fürsten Boemund vermocht worden. Einmal habe er besorgt, durch die Verwendung des Kaisers Manuel zu der unentgeltlichen Freylassung des Fürsten sich genöthigt zu sehen, und um dieser Verwendung zuvorzukommen, nicht gesäumt, das angebotene Lösegeld anzunehmen; dann aber auch habe ihn dazu seine geringe Meinung von Boemund bewogen. Nureddin habe besorgt, daß, wenn er diesen wenig versprechenden jungen Fürsten länger in seiner Gefangenschaft behielte, die Antiochier leicht darauf fallen könnten, sich einen tüchtigern Fürsten zu wählen, welcher ihm dann mehr zu schaffen machen würde, als jener.

J. Chr. 1164. mund von Tripolis Erlösung aber vermochte der König nicht zu erwirken; erst nach achtjährigem schwerem Gefängniß löste sich der Graf mit achzig Tausend Goldstücken [39]).

Aber nur wo Amalrich selbst war, konnte er den Muth der Christen aufrichten, und der Feigheit und dem Verrathe wehren. Noch in Antiochien kam zu ihm die Kunde, daß eine wichtige und fast unbezwingliche Burg im Lande von Sidon, welche den Christen oftmals als Zuflucht wider die Feinde gedient hatte, an Nureddin verrathen worden und deren ganze Besatzung zu den Heiden übergegangen sey; nur der Burghauptmann war ergriffen und zu Sidon mit dem Strange bestraft worden. Bald darauf vernahm der König, daß eine andere feste Burg in Arabien jenseit des Jordans, welche der Behütung der Templer anvertraut war, von den Ungläubigen umlagert werde; er eilte zu Hülfe, aber ehe er dahin gelangte, ward ihm gemeldet, daß auch diese Burg den Heiden verrathen worden. Diesen feigen Verrath büßten zwölf der Schuldigsten nach des Königs Spruche am Galgen [40]).

Alle diese Unfälle lenkten des Königs Aufmerksamkeit von Aegypten nicht ab, zumal da Nureddin durch mancherley innere Angelegenheiten seines Reichs gehindert wurde, seine Vortheile zu verfolgen, vielmehr wurde die Verbindung mit Aegypten sorgfältig unterhalten. Bald aber verbrei-

39) Wilh. Tyr. XX. 30.

40) Wilh. Tyr. XIX. 11. Abulf. T. III. S. 620. Commentat. de bellor. cruc. ex Abulf. hist. S. 108. Wilhelm von Tyrus setzt ihren Verlust in das dritte Regierungsjahr des Königs Amalrich, also 1165. Uebrigens ist es wohl irrig, daß Wilhelm von Tyrus jene beyden Burgen an Schirkuh verrathen werden läßt; denn dieser Emir kam, wie Bohaeddin berichtet, erst im Monat Dsulkada 561, also im September oder October 1166 aus Aegypten zurück. Die erstere jener beyden Burgen nennt Wilhelm Cavea de Tyrum, beyde beschreibt er als Höhlen (speluncas).

tete sich die Nachricht, daß Schirkuh ein furchtbares Heer J. Chr. 1164.
zum neuen Zuge nach Aegypten sammle, und daß der Chalif zu Bagdad, auf des kurdischen Emirs, der selbst zu ihm sich begeben, Antrieb, alle Muselmänner aufgefordert habe, zur Zerstörung der Herrschaft der Afterchalifen in Aegypten sich zu bewaffnen [41]). Die Muselmänner, gereizt durch den Lohn im Paradiese, welchen der Chalif ihnen verhieß, und getrieben durch erbitterten Haß gegen die ketzerischen Aegypter, versammelten sich in großer Zahl in dem Lager des Schirkuh. Aber Saladin begleitete nur mit Widerwillen seinen Oheim auf dieser Heerfahrt [42]). Bald vernahmen auch die Christen, daß Schirkuh mit diesem großen Heere und vielem Gepäck ausgezogen sey und sich gegen die Arabische Wüste gewendet habe, durch welche einst die Kinder Israel zogen. Der König Amalrich säumte nicht, mit der ganzen Ritterschaft des Reichs sich bey Cadesbarne in dieser Wüste zu lagern, um Schirkuh zu erwarten. Als er aber vernahm, daß dieser auf einer andern Straße ziehe, kehrte er eiligst in sein Reich zurück.

Sogleich aber erging an alle Lehenmänner des Reichs J. Chr. 1167.
Jerusalem das Aufgebot, sich schnell zu bewaffnen und mit ihrer ganzen waffenfähigen Mannschaft sich bey Askalon zu versammeln, und noch vor Ablauf des Wintermonats 1167 zog das Heer aus über Al-Arisch und kam in Eilmärschen vor Belbeis. Der Vezir Schaver erschrack nicht wenig über das Einrücken des Christlichen Heers und fürchtete feindliche Absichten; denn ihm war von dem An-

41) Wilh. Tyr. XIX, 12. Vgl. oben Anm. 17.

42) Bohaëd. S. 32. Die einfache Erzählung dieses Schriftstellers umschreibt Marin (hist. de Sal. I, 111) als guter Franzose also: „Ce Jeune Musulman livré aux plaisirs et préférant les douceurs d'une vie tranquille au désir d'acquérir de la gloire, refusa longtemps, et fut enfin obligé de suivre les ordres de son maître."

J. Chr. 1167. zuge Schirkuh's nichts kund geworden [43]). Erst als er durch ausgesandte Kundschafter vernahm, daß Schirkuh schon bis Attasi vorgedrungen sey, öffnete er dankbar und froh den Christen das Land, und Amalrich führte seine Scharen längs dem Nilfluß von Belbeis bis nach dem Sitze des Chalifen, Misr oder Babylon, und lagerte sich am rechten Ufer des Flusses jener Hauptstadt gegenüber [44]).

Bald darauf näherte sich auch Schirkuh, welcher zwar auf dem Zuge durch die Wüste in einem heftigen Sturm und Gewitter viele Cameele und alle Lebensmittel, welche sie trugen, verloren hatte, aber gleichwohl noch ein stattliches Heer führte. Es wurde beschlossen, ihm unverzüglich entgegen zu ziehen und wider ihn zu streiten, damit nicht nach dem Uebergange über den Nil, wozu Schirkuh sich schon anschickte, die Unmöglichkeit zu fliehen die Heiden zur Tapferkeit zwänge. Ehe aber das vereinigte Christliche und Aegyptische Heer ihn erreichte, hatte Schirkuh schon mit seinen Scharen am westlichen Ufer des Flusses sich ge-

43) Wilh. Tyr. XIX. 13. Boh. S. 31. Abulfed. S. 603.

44) Wilhelm von Tyrus gibt bey dieser Gelegenheit (XIX. 14) Nachricht von der Entstehung der Stadt Misr, welche von den Abendländern im Mittelalter auch Babylonien genannt wurde. Er meint, da im Alterthume kein Aegyptisches Babylon erwähnt werde, so müsse es wohl nicht nur nach den Pharaonen und Ptolomäern, sondern selbst nach der Römer Zeiten erbaut worden seyn, eben so wie Kahira, welches im J. 361 nach Mohammed von Johar, dem Vezir Mehezedinallah, Fürsten von Africa, gegründet worden. Denn die Meinung derer, welche Misr (Macer) für das alte Memphis hielten, sey nicht wahrscheinlich, weil die Ueberbleibsel von dieser alten Stadt noch in einiger Entfernung von Misr gesehen würden. Der Erzbischoff verweiset zuletzt auf die Nachrichten, welche er über alles dieses in seiner Morgenländischen Geschichte (historia principum orientalium) gegeben. Dieses Werk, welches Wilhelm auf Begehren des Königs Amalrich aus arabischen Werken, welche ihm der König selbst verschafft hatte, zusammensetzte, (XIX. 20) ist aber bis jetzt noch in keiner Bibliothek entdeckt worden.

lagert und Dschiseh besetzt, die berühmte Stadt der Pyra- J. Chr. 1167.
miden [45]).

Der Sultan Schaver, welcher nicht mehr zweifelte an der Absicht Schirkuh's, ihn und den Chalifen zu vernichten, trug den Christen einen neuen Vertrag an, und bot dem Könige Amalrich vierhundert Tausend Goldstücke, wovon er die Hälfte sogleich zu bezahlen sich erbot, wenn der König von Jerusalem dagegen sich anheischig machen wollte, Aegypten mit seinem Heere nicht zu verlassen, bevor nicht Schirkuh mit seinen Scharen aus dem Lande vertrieben worden. Unter diesen Bedingungen wurde der Vertrag abgeschlossen, der König Amalrich beschwor ihn redlich, und Hugo von Cäsarea und der Templer Gaufred begaben sich, von dem Sultan Schaver geführt, in die Stadt Kahira, um den Eid des Chalifen zu empfangen, weil dem Könige Amalrich der Schwur des Vezirs nicht genügte [46]).

Nur die dringende Gefahr nöthigte den Chalifen, diese Forderung zu erfüllen und Christlichen Männern es zu verstatten, sich seiner geheiligten Person zu nähern, zu welcher selbst den Muselmännern nicht leicht der Zutritt vergönnt ward. Die Gesandten wußten aber nicht Worte zu finden, um den Reichthum und die Pracht und Herrlichkeit zu schildern, welche sie im Kasr oder dem Palast des Chalifen zu Kahira [47]) gesehen. Nicht nur ward ihr Erstaunen erregt durch die ungeheure Zahl der Wachen, womit der Palast besetzt war, besonders der Mohrischen Leibwache und deren seltsame

45) Wilh. Tyr. XIX. 15. Abulfed. Ann. a. a. O.

46) „Non enim sufficiens videbatur, si in eo Soldanus se solus obligaret.“ Wilh. Tyr. XIX. 16.

47) „Palatium quod lingua eorum Cascere dicitur.“ Wilh. Tyr. XIX. 17. So nennt auch Abulfeda den Palast der Chalifen. Ann. T. III. S. 624.

J. Chr. 1167. Rüstung und Bewaffnung [48]), und die ungewohnte Weise, wie sie den Sultan, wenn er sich ihnen näherte, begrüßten; sondern noch mehr durch die Menge der in mehreren Theilen des Palastes gehegten verschiedenartigsten wunderbarsten Vögel und vierfüßigen Thiere, welche sie bisher nur für erträumte Gebilde der Mahler und Dichter gehalten hatten; durch die Springbrunnen und kühlenden Wasserbehälter, und überhaupt die vielfältigen Mittel einer den abendländischen Rittern unbekannten Bequemlichkeit und der verfeinerten Genüsse, welche die Weichlichkeit des Morgenlandes ersonnen. Von einer zahlreichen Schar Trabanten mit gewaltigem Waffengetöse begleitet führte der Sultan Schaver sie zum Palast; durch lange dunkle Gänge, deren Eingänge von Mohren bewacht wurden, kamen sie zu einem innern Hof. Das Innere der prächtigen Säulengänge, welche diesen Hof einschlossen, war mit den herrlichsten Kunstgebilden geziert, der Fußboden mit allerley Kunstwerk ausgelegt, und die Säulen selbst von schönem Marmor künstlich gearbeitet. In der Mitte des Hofes sahen sie Teiche und Springbrunnen klaren Wassers, und Vögel des prachtvollsten Gefieders und des lieblichsten Gesanges, jeder nach seiner Weise gehalten und genährt. Von dort durch die Vornehmsten der Verschnittenen weiter geführt, kamen sie zu einem andern noch prachtvollern Hofe, wo sie eine Menge noch nie von ihnen gesehener vierfüßigen Thiere erblickten, jedes ebenfalls seiner Natur gemäß gepflegt [49]). Wiederum durch mehrere auf

48) Dieser zahlreichen Mohrischen Leibwache des Aegyptischen Chalifen erwähnt auch Abulfeda a. a. O. Ihr Oberster führte den Ehrentitel: Mutamen al-Chalafat, d. i. Schutzwart des Chalifats; sie blieb dem Chalifen auch gegen Saladin treu; daher sie von diesem aufgelöst und ihr Oberster getödtet wurde.

49) „Hic quadrupedum stupenda varietas, qualem pictorum solet manus lasciva depingere, qualem solet poetica licentia mentiri aut somniantis animus visionibus ima-

die mannichfaltigste Weise gezierte Gebäude und Plätze J. Chr. 1167.
gelangten sie endlich an einen prachtvollen Bau, wo die größere Zahl von Bewaffneten und Dienern, so wie deren prunkvollere Rüstung und Kleidung und überhaupt die regere Bewegung, ihnen die Nähe des Chalifen verkündigte. Der Sultan führte sie in einen Saal, dessen Pracht alles übertraf, was sie bewunderungsvoll bisher gesehen. Die Mitte des Saals theilte ein seidener Vorhang mit Perlen und Gold auf das kostbarste geschmückt. Zweymal warf sich der Sultan nach diesem prachtvollen Vorhange hin auf den Boden, und als er das dritte Mal sich niedergeworfen, legte er das Schwert ab, das von seiner Schulter herabhing. Worauf mit bewundernswürdiger Schnelligkeit der Vorhang sich zusammenrollte, und die erstaunten Gesandten den Chalifen Aladed erblickten, einen jungen Mann von schönem stattlichem Wuchse, mit verhülltem Angesicht und in reicher Kleidung auf einem goldenen Thron sitzend, nur von wenigen Hofdienern und Verschnittenen umgeben. Hierauf nahte sich der Sultan dem Throne, und nachdem er knieend die Füße des Herrschers geküßt, trug er das Verlangen der Gesandten in kurzen und ehrerbietigen Worten vor, worauf unter denen, welche um den Thron des Chalifen standen, ein heftiges Gemurmel der Unzufriedenheit sich erhob, über ein solches unerhörtes Begehren. Der Chalife aber antwortete mit freundlichen Worten und reichte, jedoch nicht ohne Widerstreben [50]), Herrn Hugo von Cäsarea seine Rechte zum Schwure, aber verhüllt. Noch größer aber

ginari nocturnis, qualem Orientis et Austri solent dioeceses ministrare, Occidens autem videre numquam, audire vero rarius consuevit. Videbatur procul dubio, quod ex iis locis Solinus noster Polyhistoris sui deduxerit historiam." Wilh. Tyr. l. c.

50) „Invitus nimium." Id. XIX, 18.

J. Chr. 1167. wurde das Staunen der Aegyptischen Hofdiener, und noch lauter ihre Unzufriedenheit, als Hugo freymüthig und dreist forderte, daß der Chalife seine Rechte enthüllt ihm reiche; indem er erklärte, daß bey einem Vertrage nichts verhüllt und versteckt seyn müsse, sondern alles offen und frey, und darum würden auch die Christen nicht meinen, daß des Chalifen Absicht redlich wäre, wenn er mit verhüllter Rechte schwöre. Der Chalife fügte sich, zwar mit heftigem Widerstreben [51]), auch dieser Forderung, reichte mit lächelndem Blicke seine entblößte Rechte dem fränkischen Ritter, welcher sie mit Treuherzigkeit ergriff, und leistete den Schwur mit den Worten, welche von Hugo bestimmt waren [52]). Dann wurde die Christliche Gesandtschaft mit kostbaren Geschenken entlassen.

Nach dieser Erneuerung des Vertrags schickten sich der König Amalrich und seine Ritterschaft an zu heftigem Kampfe wider Schirkuh. Auch zwey Söhne des Sultans Schaver [53]) schlossen sich mit zahlreichen Aegyptischen Scharen der Christlichen Ritterschaft an. Weil aber die Rückkehr der beyden Ritter aus der Stadt sich allzusehr verspätet hatte, und schon der Tag sich neigte, als sie zurückkamen, so wurde der Uebergang über den Nil auf den folgenden Tag verschoben. Diese Zögerung war der Sache Schavers sehr nachtheilig. Denn in der Nacht rückte Schirkuh mit seinem Heere vor, und lagerte sich den Christen gegenüber unfern von Kahira, also daß

51) „Invitus plurimum et quasi majestati detrahens." Id. ibid.

52) „Eundem Hugonem pactorum formam determinantem eisdem pene syllabis sequens." Id. Ibid. Es wird nicht gemeldet, ob Hugo selbst der Arabischen Sprache so sehr mächtig war, oder ob er dabey eines Dollmetschers sich bediente.

53) Wilhelm von Tyrus (XIX. 21. 22) nennt ihre Namen: Chemel und Mahada; des erstern (Kamel) erwähnt auch Abulfeda (Ann. mosl. ad a. 564. S. 610).

ihnen der Uebergang über den Fluß unmöglich war. Ueberhaupt fühlte Amalrich bald, daß er wider einen trefflichen Feldherrn stritt. Denn alle Unternehmungen Schirkuh's waren trefflich berechnet, um die Feinde zu lähmen, und durch künstliche Bewegungen und schnelle Märsche seiner zahlreichen und beweglichen Reiterey hielt er stets seine Gegner in Spannung und ermüdete ihre Kraft. Zwar ließ der König von Jerusalem ohne Verzug eine Schiffbrücke beginnen, und mit hölzernen Thürmen und allerley Wurfzeuge wohl versehen [54]; aber es war unmöglich, sie über die Mitte des Flusses zu führen. Und weil auch Schirkuh nicht vorrückte, um nicht den Rücken seines Heeres den Feinden preis zu geben: so standen beyde Heere länger als Einen Monat an beyden Ufern des Flusses unthätig einander gegenüber, bis endlich über den Besitz einer beyden Heeren nahe liegenden Nilinsel ein Kampf sich entzündete. Denn als Schirkuh diese Insel hatte besetzen lassen, sandte der König Amalrich den Ritter Milo von Planci und den Emir Kamel, den einen der Söhne des Sultans Schaver, aus, um die Türken zu vertreiben, was auch, zwar nach hartem Kampfe, gelang; worauf die Christen sich in dem Besitze dieser Insel behaupteten. Aber erst dann wurde der Krieg lebhafter, als der Connetable Honfroy von Toron und Herr Philipp von Neapel aus dem Reiche mit ihren tapfern Scharen zu dem Könige kamen. Nach sorgfältiger Berathung wurde im Kriegsrathe der Ritter beschlossen, um die erste Nacht- J. Chr. 1167.

54) Wilhelm von Tyrus (XIX. 21) beschreibt den Bau dieser Schiffbrücke also: Comportatis igitur navibus et trabibus palmaceis, qualis illa regio consuevit habere, dominus Rex pontem praecipit ordinari: jungebantur naves binae defixisque anchoris reddebantur stabiles; desuperque trabibus ordinatis terra supponebatur; demum turribus ligneis, machinis supererectis, armabantur."

J. Chr. 1167. wache in der Dunkelheit der Nacht und mit möglichster Stille von den Feinden unbemerkt alle vorhandenen Schiffe den Nil herabzuführen, und längs dem Ufer des Flusses auch die Scharen bis zur Scheidung der Nilarme [55]) bey Mahalle, kaum acht Rasten von dem Lagerplatze des Christlichen Heers, ziehn zu lassen, dort den Uebergang über den Fluß zu machen und noch in der Nacht den Feinden plötzlich in den Rücken zu fallen. Mit frohem Muthe wurde dieser Plan ausgeführt; schon in der folgenden Nacht wurde die Insel Mahalle besetzt, und nur ein gewaltiger Sturm, welcher sich plötzlich erhob, hinderte den Uebergang auf das andere Ufer; doch lagerten sich in dem Nilarm, welcher die Christen davon trennte, die Schiffe, bereit zur Ueberfahrt der Scharen, sobald die eingetretene Ruhe des Stroms es erlauben würde.

Schirkuh wurde aber nicht in Verlegenheit gesetzt, als er am andern Morgen den Abzug der Christen bemerkte; nur ein Theil des Christlichen Heers war unter Hugo von Ibelim und dem Emir Kamel zurückgeblieben zum Schutze von Kahira sowohl, als zur Bewachung und Vollendung der angefangenen Schiffbrücke [56]).

55) „Insula haec, unde nobis sermo est, apud eos Mahaleth dicitur, bonis omnibus copiosior et gleba ubere lactissima, ex divisione fluentorum Nili fit: ibi enim dividitur fluvius, partes quas ab invicem separat usque ad mare non recepturus." Wilh. Tyr. XIX. 22. Diese Insel, welche durch die Scheidung des Nils und zwey kleine aus den beyden Hauptarmen des Flusses gegeneinander spitz zulaufende Nebenarme gebildet wird, ist ganz jener Beschreibung gemäß abgebildet worden auf der Charte bey Norden (Pl. XXVI. b.). Etwas anders erscheint sie auf der Charte von Denon (Pl. 7.), nehmlich als gebildet im Nil kurz vor der Scheidung. Mit dem Namen Mahalle finde ich übrigens diese Insel nirgends bezeichnet.

56) Wilhelm von Tyrus ist in Hinsicht des Zurückbleibens von Hugo von Ibelim mit sich selbst im Widerspruch. XIX. 21. läßt er ihn zurückbleiben, als das übrige Heer nach Mahalle zieht, und im folgenden Capitel von Mahalle nach Kahira zurückgesandt werden. Die erstere Erzählung ist ohne Zweifel die wahrscheinlichere.

Ohne Verzug zog nun auch der kurdische Emir an dem Nil J. Chr. 1167.
herab und lagerte sich den Christen gegenüber, doch in einiger Entfernung vom Strome. Die Christlichen Ritter waren fest entschlossen, am andern Morgen auch im Angesichte der Heiden den Uebergang über den Fluß zu erzwingen und den Kampf mit ihnen zu bestehen. Aber Schirkuh brach in der Nacht wieder auf und zog zurück am Strome aufwärts, den Weg nach Oberägypten nehmend. Worauf die Christen, genöthigt, dem Türkischen Heere zu folgen, nicht säumten, über den Fluß zu setzen.

Diese rasche Verfolgung des Schirkuh gewann indeß den Christlichen Rittern so sehr das Vertrauen des Sultans Schaver, daß nicht nur der Heerabtheilung, welche unter Hugo von Ibelim bey Kahira zurückgeblieben war, die Bewachung der Thürme und Mauern der Hauptstadt von Aegypten anvertraut, sondern selbst den einzelnen fränkischen Rittern der freye Eintritt in das Schloß des Chalifen gestattet wurde [57]).

Der König Amalrich setzte indeß rasch die Verfolgung des Türkischen Heeres fort, da die gegen Süden immer mehr sich beengende Breite des Landes über den Weg, welchen die Feinde genommen, keinen Zweifel gestattete [58]). Um dem Heere des Schirkuh die Rückkehr über den Fluß zu wehren, ließ er den Ritter Gerhard von Pugi und den zweyten Sohn des Sultans Schaver mit einer stattlichen

57) „Tunc revelata sunt nostris illa Sancta Sanctorum a seculis abscondita; et stupenda prius et paucis familiaria patuerunt arcana." Wilh. Tyr. XIX. 22. Die Erzählung des Wilhelm von Tyrus von der Besetzung von Kahira wird auch bestätigt durch Bohaeddin (S. 31), welcher als Bedingung des Vertrags zwischen den Franken und Schaver angibt, „daß die erstern völlige Gewalt im Lande haben sollten."

58) Ipsa regionis forma certum dabat insequentibus de hostium itinere argumentum. Wilh. Tyr. l. c.

J. Chr. 1167. Schar über den Fluß zurückkehren und am rechten Ufer ziehen; er selbst eilte mit der Ritterschaft den Heiden nach, und auch das Fußvolk von Joscelin von Samosata, einem wackern Ritter, geführt, folgte mit möglicher Schnelligkeit. Am Sonnabend vor dem Sonntage Lätare [59]) meldete die Vorwache, die Heiden seyen in der Nähe und des Kampfes gewärtig.

Voll Muth ordnete sich die Christliche Ritterschaft zum Streite gegen die Heiden mit sehr ungleichen Kräften. Denn zufolge den Berichten der Christlichen Schriftsteller [60]) zählte Schirkuh's Heer zwölf Tausend Türkische Reiter, darunter neun Tausend gepanzerte und drey Tausend Bogenschützen, und zehn oder eilf Tausend mit Lanzen bewaffnete Araber. Dagegen bestand das Christliche Heer nur aus drey hundert und vier und siebzig Helmen und etwa vier oder fünf Tausend Fußknechten und einer Schar Turkopulen; auf den Beystand der Aegyptischen Truppen, welche sich den Christen angeschlossen, war wenig zu rechnen, und das

59) Nach Wilhelm von Tyrus (XIX. 23) sollen die Christen schon am vierten Tage der Verfolgung das Heer des Schirkuh erreicht haben. Dieses war aber wohl schwerlich möglich, da von der Scheidung des Nilarms der Ort Babein, wo die Schlacht vorfiel, fast 30 geographische Meilen entfernt ist.

60) Wilh. Tyr. XIX. 24; 30. In der letztern Stelle gibt Wilhelm von Tyrus die Zahl der Ritter zu 600 an; es ist aber zu bemerken, daß zu den Christen Verstärkung aus Syrien kam, als sie die Belagerung von Alexandrien unternahmen (c. 27). Nach dem Berichte des Abulfeda (S. 602) erhielt Schirkuh von Nureddin nur tausend Reiter. Vgl. Marin. hist. de Sal. I. S. 126. Abulfaradsch (Chron. Syr. S. 367) gibt die Zahl der Truppen des Schirkuh an zu 2000 Reitern. Es ist aber nicht unglaublich, daß die Zahl des Wilhelm von Tyrus gleichwohl von der Wahrheit sich nicht sehr entfernt, indem in Folge des Aufgebots vom Chalifen von Bagdad viele Freywillige, sowohl Türken als Araber, an Schirkuh sich angeschlossen haben konnten. Die Arabischen Schriftsteller mögen auch von ihrer Seite nicht ganz Unrecht haben, indem sie die Aegyptischen Truppen mitzählten, welche sich mit den Christen vereinigt hatten.

Fußvolk war noch weit entfernt. Die Muselmännischen Zeitbücher melden dagegen, daß die Macht des Emir Schirkuh an Zahl bey weitem geringer gewesen, als die Christliche, und rühmen es als eine bewundernswürdige Heldenthat dieses Emirs, daß er mit tausend Reitern den Kampf gegen eine so große Uebermacht unternommen und den Sieg davon getragen habe. Die Emire des Türkischen Heers, als bey Annäherung der Christen Schirkuh sie zum Kriegsrathe versammelt hatte, waren auch nicht der Meinung, einen Kampf zu wagen, sondern riethen, ohne Verzug auf das andere Ufer zu gehen und die große Beute, welche sie gewonnen, nach Syrien in Sicherheit zu bringen, weil ihr völliger Untergang die unausbleibliche Folge einer verlornen Schlacht in diesem Lande seyn würde, wo alle Einwohner mit Haß und Feindschaft wider sie erfüllt wären. Da trat aber der Emir Scharfeddin Bargusch auf, ein kühner und kampflustiger Jüngling und sprach: „Glaubt ihr, daß Nureddin euch in dem Besitze eurer Würden und eurer Güter lassen werde, wenn ihr zurückkehrt, ohne den Kampf gewagt zu haben. Wer die Gefahr fürchtet, der säume nicht, den Dienst des Königs zu verlassen, und entweder als Bauer den Acker zu pflügen, oder den Weibern im Frauenhause sich beyzugesellen.“ Diese nachdrücklich gesprochenen Worte weckten den Muth der Emire; Schirkuh trat der Meinung des kühnen Jünglings bey, Saladin ebenfalls, und nach und nach alle übrige. Es wurde beschlossen, der Schlacht nicht auszuweichen [61]). J. Chr. 1167.

Bey dem Engpasse Babein [62]), unfern von Oschmunein und den Ruinen des alten prachtvollen Hermopolis,

61) Abulfarag. Chron. Syr. p. 356. 357. de Guignes hist. des Huns T. II. P. II. S. 126. Marin hist. de Sal. I. S. 123. 124.

62) D. i. die beyden Pforten. „Nomen loco Beben quod interpretatur portae; eo quod inter colles oppositos transitus arcetur.“

J. Chr. 1167. und nahe der großen Sandwüste, auf einem unebenen, von vielen Sandhügeln und ziemlich starken Vertiefungen durchschnittenen Boden [63]) begann der Kampf. Schirkuh hatte eine treffliche Stellung inne; sein Heer hielt mehrere der Hügel besetzt, deren Höhen wegen des lockern Sandes, woraus sie bestanden, die Christlichen Ritter nur mit großer Mühe erreichen konnten. Die Königliche Schar, von dem Könige von Jerusalem selbst geführt, überwand jedoch mit Muth und Kraft alle Schwierigkeiten, und stürmte zuerst an gegen die mittlere Schlachtordnung des türkischen Heeres, wo sie meinte, daß Schirkuh selbst streite; und die Türken wichen. Die Christlichen Ritter ahndeten nicht die Kriegslist, wodurch Schirkuh sie täuschte. Denn unterrichtet von ihrem Kampfplan, hatte er in die mittlere Schlachtordnung, um ihr den Schein großer Zahl zu geben, alle Knechte gestellt, und diese Schlachtordnung seinem Neffen Saladin übertragen, mit dem Befehle, nach kurzem Widerstande den Christen, welche ihre Hauptkraft gegen ihn richten würden, zu weichen; und der hügelichte Boden des Kampfplatzes selbst

Wilh. Tyr. XIX. 24. Eben so wird auch der Ort der Schlacht von Bohaeddin in der Ueberschrift des zweyten Capitels genannt, S. 31. S. über die Lage dieses Orts Hartmanns Erdbeschreibung von Aegypten S. 1040. Abulfeda nennt den Ort Abvan, der ebenfalls in der Nähe von Oschmunein liegt. S. Ind. geogr. ad calc. vit. Salad. s. h. v. Wilhelm von Tyrus berichtet, daß einige auch diese Schlacht nach der Stadt Monia (Lamonia) benannt, was aber nicht richtig sey, weil diese Stadt zehn Meilen von dem Schlachtfelde entfernt liege. Es ist diese die Stadt Monia, welche bey den Arabischen Geographen durch den Zusatz Bani Chasib oder Ali Chasib von den andern Aegyptischen Städten dieses Namens unterschieden wird, und nach Abulfeda eine starke Tagereise von Oschmunein entfernt ist. Abulfed. Aegyptus ed. Mich. S. 21. Denon (S. 112) nennt sie Mynyeh und beschreibt sie als eine sehr angenehme Stadt.

63) „Erat locus, in quo committendum erat, in confinio cultae terrae et solitudinis, locus inaequalis, arenarum collibus vallibusque mediis interpolatus.“ Wilh. Tyr. l. c.

begünstigte solche List [64]). Als die Hauptschar des Christlichen Heers in der Hitze der Verfolgung zwischen die Hügel gerathen und von dem übrigen Heere getrennt war, griff Schirkuh mit der auserlesenen Reiterey die Flügel der Christen an, welche bald in Verwirrung geriethen. Am unrühmlichsten stritt die Schar des Herrn Hugo von Cäsarea, welche sich in schimpflicher Flucht auflöste; Hugo selbst wurde gefangen mit seinem treuen Heergesellen Arnulf von Turvassal; Eustachius Cholet aus Pontus [65]) und Hugo von Creona, ein edler Ritter aus Sicilien, wurden erschlagen; der Bischoff Radulph von Bethlehem, des Königs Canzler, schwer verwundet. Fast das ganze Gepäck des Christlichen Heeres wurde geplündert [66]). Am Abende sammelte der König Amalrich mit Mühe die Flüchtlinge zu seinem Panier und trat am andern Tage den Rückzug gegen Kahira an, mit langsamen Schritte im Angesichte der Feinde unter den von ihnen besetzten Hügeln. Bey der Stadt Monia trafen auch die Scharen des Ritters Gerhard von Pagi und des Emirs Mahada mit dem Könige zusammen; dort wurde auch das Fußvolk erwartet, welches erst J. Chr. 1167.

64) Diese Kriegslist erzählt ausführlich Abulfaradsch in der syrischen Chronik S. 357 wahrscheinlich nach Ebn al-Athir, aus welchem seine ganze Erzählung über diesen zweyten Zug des Emir Schirkuh genommen zu seyn scheint. Auch De Guignes (hist. des Huns a. a. O.) und Marin (hist. de Sal. I. S. 125) benutzten diesen Arabischen Schriftsteller und erzählen ganz gleichlautend mit Abulfaradsch von dieser Schlacht. Es ist auffallend, daß auch nach der Niederlage die Kreuzfahrer von dieser Kriegslist nichts merkten. Denn Wilhelm von Tyrus erzählt ganz treuherzig, daß es dem König Amalrich zwar gelungen sey, die mittlere von Schirkuh geführte Schlachtordnung des Türkischen Heeres zurückzuwerfen, daß aber durch die Feigheit der Schar des Hugo von Cäsarea, welche gegen Saladin gestritten, der Sieg wieder verloren worden.

65) „Eustachius Cholet, de regione Ponti." Wilh. Tyr. Er gehörte wahrscheinlich zu den Turkopulen.

66) „Erat anceps proelium et nunc ii, nunc illi fiebant superiores, ignari quid alibi ageretur. Utrique alibi reputant se victores,

J. Chr. 1167. nach drey Tagen ankam. Hierauf lagerten sich die Christen wieder an ihrer Schiffbrücke bey Kahira, und nach angestellter Heerschau wurde gefunden, daß hundert Ritter in der Schlacht bey Babein gefallen waren: Schirkuh, getreu seinem Plane, die Christen durch stete Märsche zu ermüden, zog aus Oberägypten am Rande der Lybischen Wüste eiligst gegen Alexandrien, und diese wichtige und reiche Stadt kam ohne Schwertstreich in seine Gewalt [67].

Der König Amalrich säumte auch jetzt nicht, den Feinden zu folgen. Er lagerte sich mit seinem kleinen Heere am Canal von Alexandrien bey Damanhur [68], und ließ das Land und die Wüste, von welcher Alexandrien umgeben ist, fleißig durchstreifen; und auch die Schiffe folgten ihm dahin und besetzten den Canal. Kaum waren einen Monat lang die Straßen nach Alexandrien gehemmt gewesen; so entstanden in dieser volkreichen Stadt, welche nur aus dem übrigen Lande von Aegypten, und vornehmlich vermittelst jenes Canals mit Lebensmitteln versorgt wird [69], Mangel und Hungersnoth.

alibi victos." Wilh. Tyr. Der Sieg war doch nicht so unentschieden, wie nicht nur aus der Erzählung der morgenländischen Schriftsteller (s. besonders Abulfaradsch a. a. O.) sondern auch aus dem eigenen Berichte des Wilhelm von Tyrus sich ergibt.

67) „Cui protinus Alexandrini urbem tradunt " Wilh. Tyr. XIX, 25.

68) „Inter locum qui dicitur Toroge et Demenehut . . . qui locus ab Alexandria distat octo miliaribus." Wilh. Tyr. l. c. Forskål rechnete die Entfernung der Stadt Damanhur von Alexandrien für den dritten Theil des Weges von Kahira nach Alexandrien. S. Hartmanns Erdbeschreibung von Aegypten S. 713. 735. Die Charte von Niederägypten bey Denon dagegen (Pl. 7) bestätigt ziemlich die Angabe des Erzbischoffs Wilhelm.

69) „Alexandria ex se alimentorum non habet copiam, nec frugum quippiam, nisi quantum sibi ex superioribus partibus Aegypti navigio ministratur." Wilh. Tyr. l. c. (Vgl. c. 27) „Diese durch eine Wüste isolirte Stadt wird von den Aegyptern fast wie eine fremde Stadt betrachtet; man kann alles cultivirte Land Aegyptens besitzen, ohne dieser Stadt zu bedürfen, die auf ihrer Seite ohne das Wasser des Nils und die Lebensmittel Aegyptens nur schwerlich bestehen könnte." Reynier über Aegypten nach der Schlacht bey Heliopolis (deutsche Uebers. Berlin 1802. 8.) S. 21.

'chte Schirkuh die Wachsamkeit der Kreuz- J. Chr. 1167.
nachdem er seinem Neffen Saladin die
Alexandrien übertragen, kehrte er mit dem
in nächtlichen Märschen, von dem König
essen Ritterschaft unbemerkt, fast auf dem-
uf welchem er nach Alexandrien gekommen,
ick nach Oberägypten, drang verwüstend und
is in die Nähe der herrlichen Denkmäler
und Pracht des alten Theben, und bela-
vergeblich, die noch in ihren Trümmern
us [70]), im Alterthume Klein-Apollinopolis

Amalrich ließ sich verleiten, auch dieser Be-
rdischen Emirs zu folgen. Als er aber bey
men, bewog ihn der Zuspruch eines ange-
'chen Emirs, von der unnützen Verfolgung
Reiterey nachzulassen und die Kraft sei-
die Wiedereroberung von Alexandrien zu

vereinigte Christlich-Aegyptische Heer lagerte May 1167.
thoren von Alexandrien und die Flotte fuhr

itineribus per
tamen nostram
lit in superio-
Wilh. Tyr. l.
riores Aegypti
perveniensque
expugnare ci-
quod non pro-
28. Ueber die
von dem alten
adt Kus s. De-
Pl. 80. Edri-
rtmann (Goet-
1.

71) Es versicherte, wie Wilhelm von Tyrus a. a. O. berichtet, dieser Aegyptische Mann, mit Namen Benecarselle, er habe unter den vornehmen Einwohnern von Alexandrien viele Verwandte, welche sich bemühen würden, diese Stadt wieder in die Gewalt des Chalifen von Aegypten zu bringen, sobald sich vor ihren Thoren das vereinigte Aegyptisch-Christliche Heer zeigen würde. Diese Versicherung bewog den König, die Belagerung von Alexandrien zu versuchen.

J. Chr. 1167. auf dem Canal so nahe an die Stadt als möglich. Auch von den in Syrien zurückgebliebenen Christen, als es kund wurde, daß der König die reiche Handelsstadt Alexandrien umlagere, kamen viele auf Schiffen herbey, um nicht ohne Antheil an der erwarteten Beute zu bleiben; selbst der Erzbischoff Friedrich von Tyrus, der aber bald erkrankte und zurückzukehren genöthigt war. Von den Mastbäumen der Schiffe und anderm Holzwerke wurde schnell ein großer Belagerungsthurm erbaut, und eine große Zahl von Wurfmaschinen. Der Sultan Schaver kam selbst in das Lager und ermunterte sowohl die Streitenden als die Werkmeister der Maschinen durch freygebige Geschenke, und tröstete die Verwundeten durch Belohnungen. Ohne Unterlaß wurde die Stadt beschossen. Am meisten schmerzte die Alexandriner die von den Kreuzfahrern geübte meistens muthwillige Verwüstung der schönen Gärten, welche ihre Stadt umgaben. Saladin aber und seine Türken beschränkten sich auf bloße Vertheidigung der Mauern, und unternahmen nur selten Ausfälle, weil ihre Zahl gering war und der Beystand der Einwohner, welche als Kaufleute weder den Krieg liebten, noch der Waffen sehr kundig waren, nicht zuverlässig. Zwar wurde Mangel aller Art in Alexandrien fühlbar, und Saladin hielt nur mit Mühe den Pöbel von Alexandrien in Zaum, dessen Ungeduld je heftiger sich äußerte, je seltener und kostbarer die Lebensmittel wurden; aber auch der König Amalrich und seine Ritterschaft wurden der Belagerung müde, welche nicht so rasch zum Ziele führte, als sie erwartet hatten [72]); und beunruhigende Nachrichten aus Syrien, wo Nureddin die feste Burg Monaiterah bey

72) Die Belagerung dauerte nach der Angabe des Abulfeda drey Monate; Wilhelm von Tyrus gibt die Dauer nicht an.

Biblus gebrochen hatte, nöthigten den König Amalrich zur baldigen Rückkehr in das Reich Jerusalem [73]). J. Chr. 1167.

Sehr angenehm war daher der Christlichen Ritterschaft der Friedensantrag, welchen Schirkuh, indeß von seinem Zuge nach Oberägypten vor Kahira zurückgekommen und unterrichtet von der bedrängten Lage seines Neffen in Alexandrien, durch die in der Schlacht bey Babein gefangenen Ritter machte. Zuerst kam Arnulf von Turvassel, von Herrn Hugo von Cäsarea gesandt, um die Gesinnung der Ritter zu erkundigen [74]); und bald hernach, als dieser den König Amalrich sowohl, wie alle übrigen Christlichen Ritter geneigt gefunden, die angebotenen Bedingungen anzunehmen, erschien Hugo selbst, als Friedensbote von Schirkuh. Hierauf Aug. 1167. wurde von den Herolden im Christlichen Lager der Friede verkündigt, nach welchem Schirkuh sowohl als die Christen das ganze Aegyptische Land räumen, und die Gefangenen von beyden Seiten ohne Lösegeld zurückgegeben werden sollten. Dann wurde des Königs Panier auf dem Leuchtthurme von Alexandrien aufgepflanzt [75]), und ein freyer Verkehr begann zwischen den Christen und den Einwohnern der Stadt; die Kreuzfahrer gingen frey und ungehindert in Alexandrien umher und betrachteten mit Bewunderung

73) Bohaed. S. 32. Abulfeda setzt die Eroberung dieser Burg schon in das Jahr 561, erwähnt aber beym J. 562 zweyer anderer in diesem Jahre von Nureddin eroberter Burgen Safith und Oraiba (Ann. mosl. S. 602); wenn dies nicht etwa die oben erwähnten Höhlen sind.

74) Audito hoc verbo (Siraconi) Hugo, sicut erat vir providus et discretus, multo apud se libramine verba oblata compensans, licet utilem nostris pacis formam et tenorem foederis non dubitaret: tamen ne videretur plus libertatis propriae rapi desiderio quam, utilitati publicae hoc verborum tractatu providere, honestius judicat per alium primos tentari aditus. Hanc suam intentionem ipse nobis postmodum familiariter exposuit. Guil. Tyr XIX. 29.

75) Super hanc (turrim) victoriae signum, domini Regis vexillum, erigitur. Ib. c. 30.

J. Chr. 1167. die reiche Stadt und ihre prachtvollen Gebäude. Dann hielt Schaver mit großer Herrlichkeit und Pracht seinen Einzug, übte ein strenges Gericht über diejenigen, welche die Stadt an die Feinde verrathen hatten, und legte den Einwohnern eine schwere Schatzung auf. Saladin aber, nachdem er die Stadt verlassen, kam vertrauensvoll in das Lager der Christen, und blieb bey dem Könige Amalrich, bis er mit seinem Oheim die Rückkehr antrat, mit Achtung von den Christlichen Rittern behandelt und durch eine genügende Wache gegen jeden Ausbruch des Muthwillens oder Fanatismus geschützt [76]). Dann zahlte der Sultan Schaver dem Emir Schirkuh funfzig Tausend Goldstücke, und dieser verließ mit seinen furchtbaren Horden das Land [77]). Auch den Christen, welche ihn auf seiner Rückkehr nach Kahira begleiteten, bewilligte er wichtige Vortheile in Aegypten [78]). Am Tage des heiligen Bernhard zog die
20 Aug. Christliche Ritterschaft, froh und reich an Geld, in Askalon ein [79]).

J. Chr. 1168. Schirkuh aber hatte Aegypten verlassen mit dem festen Vorsatze, dieses Landes, dessen Verhältnisse er auf seinen beyden Heerfahrten auf das Genaueste kennen gelernt hatte,

76) Egressus Saladinus ad dominum Regem quousque iter ad redeundum arripuit, in castris mansit, dato sibi custode qui eum tractaret honeste et temerariorum ab eo propulsaret injurias. Ib. c. 31. Alexandrien wurde nach Abulfeda von Saladin geräumt am 15 Schawal 562 = 3 August 1167.

77) Die Summe wird angegeben von Ebn al Athir (de Guignes hist. des Huns a. a. O.) und Abulfaradsch (Chron. Syr. S. 337). Schirkuh kam an in Damascus nach Abulfeda am 18 Dsulkaadah 562 = 4 Sept. 1167.

78) Wilhelm von Tyrus erwähnt nichts von solchen Vortheilen. Nach den morgenländischen Schriftstellern aber blieb nicht allein eine fränkische Besatzung in Kahira zurück, sondern es wurde den Franken eine eigene Obrigkeit (ein Schehnah) daselbst gestattet und dem Könige Amalrich eine jährliche Schatzung von hundert Tausend Goldstücken zugesagt. S. Commentat. de bellor. cruciat. ex Abulf. hist. S. 111.

79) Wilh. Tyr. XIX. 31.

sich zu bemächtigen, sobald die Gelegenheit sich darbieten würde [80]); diese Gelegenheit aber ereignete sich bald, und der Eigennutz des Königs Amalrich und seiner Ritterschaft, und die leichtfertige frevelhafte Wortbrüchigkeit der abendländischen Christen in Syrien erleichterte ihm die Ausführung seiner Pläne. J. Chr. 1168.

Obwohl der Sultan Schaver die Verbindlichkeiten des mit den Christen aufgerichteten Vertrags, wie der redliche Erzbischoff von Tyrus selbst bezeugt, gewissenhaft erfüllte: so suchten doch die Christen Vorwand zum Streite; sie beschuldigten ihn ohne allen Grund, selbst ohne alle Wahrscheinlichkeit, daß er Verbindungen mit Nureddin unterhielte, also gerade seinen furchtbarsten Feind ohne Unterlaß aufforderte, ihn von der Knechtschaft der Christen zu befreyen [81]). Der König Amalrich, seine Macht überschätzend, hielt den Zeitpunkt für sehr günstig, wenn auch nicht gerade Aegypten dem Reiche Jerusalem zu unterjochen, doch wenigstens sich mit einer großen Beute zu bereichern, worauf seine beschränkte Habsucht fast allein gerichtet war. Denn bald nach seiner Rückkehr aus Aegypten kam der mächtige Graf Wilhelm von Nevers aus Frankreich, begleitet von einer zahlreichen Ritterschaft, nach dem gelobten

80) Wie Bohaeddin (S. 32) ausdrücklich versichert.

81) „Interea statim post exitum nostrum, antequam reverteremur ad propria, antequam de auxilio domini Imperatoris per nostram legationem certus fieret dominus Rex, fama publica personuit, ut dicitur, quod Sauar Sultanus Aegyptius frequentes ad Noradinum dirigebat legationes et ejus occulte implorabat subsidium . . . . Sunt qui dicant, praedicta omnia ficta fuisse et quod Sauar Soldano innocenti et nihil tale merenti, pacta et conventionum tenorem bona fide servanti contra fas et pium illatum sit bellum . . . . unde et Dominum, justum secretorum et conscientiarum arbitrum, omnem conatibus nostris subtraxisse favorem asserunt et praedictis moliminibus, justitia vacuis, prosperos negasse successus." Wilh. Tyr. XX. 5.

J. Chr. 1168. Lande, um auf eigene Kosten zum Vortheile des Reichs Jerusalem wider die Heiden zu streiten. Zwar vereitelte sein Tod dieses Vornehmen [82]; aber die Ritter, welche ihn begleitet, ließen sich leichtlich für den Dienst des Reichs gewinnen. Noch mehr aber, als eigene Habsucht, trieb den König der Rath des Großmeisters vom Hospital Gerbert Assallit, welcher durch Prachtliebe, übertriebene Freygebigkeit und das Halten einer unverhältnißmäßigen Soldmiliz seinen Orden mit schweren Schulden belastet hatte, und am leichtesten und gewissesten aus seiner Verlegenheit sich zu retten hoffte durch die Plünderung von Aegypten [83]) und die Erwerbung von Pelusium, welche er sich im Fall des glücklichen Gelingens der Unternehmung von dem Könige ausbedung.

Der König Amalrich rechnete bey einer neuen Unternehmung gegen Aegypten sehr auf den Beystand des Kaisers Manuel von Byzanz. Seit der Vermählung des Kaisers mit einer syrischen Prinzessin und des Königs mit einer griechischen, hatte sich ein sehr freundschaftliches Verhältniß zwischen dem griechischen Hofe und den Christlichen Fürsten in Syrien gebildet; und der Kaiser Manuel nahm, wie es schien, sehr lebhaften Antheil an ihren Angelegenheiten; er baute die verfallenen Klöster St. Johannis des Täufers am Jordan, und des Propheten Elias zwischen Jerusalem und Bethlehem wieder, er ließ den Stein auf dem Grabe des Erlösers mit Gold einfassen, und schmückte andere Kirchen und Klöster des gelobten Landes mit köstlichen Geschenken [84]). Darum fand auch selbst sein leicht-

82) Wilh. Tyr. XX. 8.

83) Sehr vorsichtig spricht von diesen Angelegenheiten Wilhelm von Tyrus (XX. 6), sich immer durch ein „ut ajunt" verwahrend. S. vorhin Anm. 81.

84) Io. Phocas descriptio terrae s. in Leonis Allatii Symmictis (Colon. 1653. 8.) S. 81, 32. 36.

fertiger Oheim Andronicus freundliche Aufnahme in Syrien, J. Chr. 1168. und der König Amalrich verlieh ihm die Stadt Berytus; was dieser sittenlose Mann dadurch vergalt, daß er zu großem Aergerniß der Christen mit seiner Nichte, des Königs Balduin Wittwe Theodora, welche die Einkünfte von Ptolemais als Witthum besaß, einen blutschänderischen Umgang unterhielt und sie dann sogar entführte in das Land der Heiden, zuerst nach Damascus und dann nach Bagdad [85]).

Der Kaiser Manuel ging in die Anträge des Königs von Jerusalem zu einer gemeinschaftlichen Unternehmung gegen Aegypten mit großer Bereitwilligkeit ein, zu großer Unzufriedenheit seiner Unterthanen, welchen jede andere Unternehmung viel dringender nothwendig für die Wohlfahrt des Reiches schien [86]). Und wie mochte Manuel sich überreden, daß die Kreuzfahrer redlich dafür streiten würden, dem Kaiser der Griechen, welcher so oft die Wallbrüder hintergangen, die Herrschaft über Aegypten zu verschaffen. Zwey kaiserliche Botschafter, Graf Alexander von

85) Cinnam. p. 246. Nicet. p. 92. 93. Wilh. Tyr. XX. 2. Her. ab Alexio I. etc. gest. Lib. IV. p. 598.

86) Sehr bitter wird von Nicetas (S. 102) die unzeitige Ruhmsucht des Kaisers (φιλοδοξία τις ἄκαιρος), welche ihn bewogen, die Eroberung von Aegypten zu versuchen, getadelt. Cinnamus (S. 162) berichtet, der Kaiser sey zu dieser Unternehmung durch die Meinung, daß Aegypten nicht bedeutenden Widerstand leisten würde, vermocht worden; einer Aufforderung des Königs von Jerusalem erwähnt er nicht. Cinnamus (S. 162) eignet ebenfalls dem Kaiser Manuel die Erfindung dieses Plans zu, und führt aus dem mit dem Könige von Jerusalem geschlossenen Vertrage die Bedingung an, daß Aegypten zu gleichen Theilen zwischen den Römern und Palästinern getheilt werden solle (s. unten Anm. 118). Wilhelm von Tyrus, welcher auch hier wieder sehr vorsichtig sich ausdrückt, findet es wahrscheinlicher, daß der erste Antrag zu dem Bündnisse mit dem griechischen Kaiser von dem Könige von Jerusalem gemacht worden (XX. 4): „Sunt nonnulli qui dicunt, quod super eodem facto prius fuerat (Imperator) a domino Rege per nuncios et frequentes epistolas sollicitatus, quod verisimilius est.“

J. Chr. 1168. Gravina und Michael von Hydrunt erschienen in Jerusalem, um mit dem Könige die Bedingungen des Vertrags zu verabreden, und der treffliche Geschichtschreiber des Königreichs Jerusalem, der nachmalige Erzbischoff Wilhelm von Tyrus, damaliger Archidiaconus dieser Kirche, begleitete sie auf ihrer Rückkehr, um im Namen des Königs von Jerusalem den Vertrag zu vollziehen und den erforderlichen Eid zu leisten. Der königliche Gesandte traf zwar den Kaiser nicht zu Constantinopel, aber auf der Rückkehr von einer Heerfahrt gegen die Servier bey Butella in der Provinz Pelagonien, unfern von dem Geburtsorte des Kaisers Justinian [87]); wo von beyden Seiten der Vertrag bekräftigt ward, den die syrischen Christen so wenig geneigt waren zu halten.

Den König Amalrich aber ließ seine Habsucht und Gier nach Beute nicht erwarten, bis der Kaiser Manuel ihm den versprochenen Beystand zu leisten im Stande war; sondern er begann unmittelbar nach der Rückkehr seines Gesandten noch im Herbste dieses Jahres den Krieg gegen Schaver, so ungünstig auch damals die Umstände waren. Denn sehr viele der angesehensten Ritter des Reichs mißbilligten den treulosen Friedensbruch gegen den Aegyptischen Sultan, und erwarteten mit Recht von dieser Unternehmung nichts als Nachtheil und Schaden. Der ganze Templerorden sagte sich davon los, nicht weniger aus Eifersucht gegen die Hospitaliter, da deren Großmeister als der Anstifter der Unternehmung betrachtet wurde, als aus Abscheu gegen die Wort-

87) „Post multiplices viarum labores in provincia Pelagonia, in civitate quae vulgo dicitur Butella, occurrimus, juxta illam antiquam et domini felicissimi et invictissimi et prudentis Augusti patriam, domini Justiniani civitatem, videlicet Iustinianam primam, quae vulgo hodie dicitur Acreda." Wilh. Tyr. l. c.

urch die Christen in den Augen ihrer Glau- J. Chr. 1168.
t minder, als der Heiden, sich zu schänden
n [88]). Der König und die Ritter, welche
gehorchten, brachen in Aegypten ein, nicht
nste des Heilandes geweihte Schar, sondern
jorde, erstürmten nach dreytägiger Beren-
Belbeis, nahmen dort den Neffen und 3 Nov.
des Sultans Schaver, welcher zuvor mit
rkuh gestritten hatte, gefangen, plünderten,
verbrannten die Stadt auf die unbändigste
rgten, keines Alters und Geschlechts scho-
rauf zog diese Räuberschar weiter gegen
sie ihren Vortheil vollkommen zu ermessen
ätte sie den Schrecken benutzt, den ihr un-
uch in Aegypten und die schreckliche Ver-
lusium verbreitet hatte; und ein schnelles
Kahira hätte auch diese Stadt vielleicht ohne
erstand in ihre Gewalt gebracht [90]). Aber
)absucht selbst brachte sie um allen Gewinn.
angsam rückten sie vor gegen Kahira, nur
Geldes erwartend, womit Schaver seinen
n lösen, und die Plünderung der Haupt-

ize Templi ei-
acto, aut quia
am suam vide-
gister aemulae
tor et princeps
aitus ministra-
negaverunt."

Abscheu spricht
m (XX. 6) über
erwüstung und
lsium. Der Tag
der Einnahme dieser unglücklichen Stadt war nach Wilhelm von Tyrus III Non. Novembr. = 3 November 1168, was genau zusammentrifft mit dem 1 Safer 564, den Abulfeda (S. 608) angibt. Niemals bis zu unsern Tagen hat übrigens diese Stadt sich wieder aus ihren Trümmern erhoben.

90) Einige derer, welche dieser frevelhaften Heerfahrt beywohnten, waren auch dieser Meinung, wie Wilhelm von Tyrus bezeugt (XX. 7).

J. Chr. 1168. stadt abwenden würde; und es geschahe auch wirklich ein solches Gebot sogar über ihre Erwartung [91]). Aber sie merkten nicht, daß der Sultan mit Anerbietungen nur Zeit zu gewinnen trachtete, und ahndeten nicht das Ungewitter, das wider sie sich vorbereitete.

13 Nov. Aber bange Ahndungen bemächtigten sich des Königs von Jerusalem und seiner Ritterschaft, als sie am zehnten Tage nach der Erbrechung von Belbeis, der Stadt Kahira sich nähernd, die Rauchsäule und die Flammen erblickten, welche aus der alten Stadt Misr, Kahira gegenüber, empor stiegen. Denn der Sultan Schaver hatte aus dieser offenen und unhaltbaren Stadt alle Einwohner nach Kahira führen und die öden Häuser anzünden lassen, damit die Christen sich nicht ihrer bemächtigen und daraus der Hauptstadt Schaden zufügen möchten [92]).

Viele waren auch damals der Meinung, die Stadt Kahira ohne Verzug und mit aller Gewalt zu berennen. Aber der König Amalrich, und mit ihm der leichtfertige Milo von Planci, bestand auf der Fortsetzung der Unterhandlungen mit Schaver, besonders in der Rücksicht, daß die Plünderung von Kahira, falls die Eroberung der Stadt gelänge, zwar die einzelnen Ritter und Kämpfer bereichern, dem Könige aber nicht so vortheilhaft seyn würde, als eine ansehnliche mit Unterhandlungen dem Sultan Schaver abgepreßte Geldsumme [93]). Der König von Jerusalem ließ

91) Schaver bot nach Wilhelm von Tyrus (a. a. O.) zwey Millionen Goldstücke (d. i. Byzantien, gleich ohngefähr unsern Ducaten, oder den italienischen Zechinen), nach Abulfeda (a. a. O.) nur eine Million.

92) Abulfeda l. c. Die Stadt brannte 54 Tage nach der Behauptung dieses Schriftstellers. Wilhelm von Tyrus erwähnt der Verbrennung von Misr nicht.

93) „Ut elusis militibus et caeteris, qui ad praedam manus et animos intenderant, universum tanti laboris emolumentum in Regis fiscum videretur introducere. Ex-

undert Tausend Goldstücke, welche Schaver J. Chr. 1168.
segeld für seinen Sohn und Neffen bezahlte,
ie übrige Summe zwey zarte Knaben aus
schaft als Geisel stellte, bewegen, nicht nur
fangenen frey zu geben, sondern sich mit
urückzuziehen bis zum Balsamgarten bey
r Heliopolis [94]), fünf bis sechs Rasten von
)dem dort acht Tage lang die Christliche
Bezahlung des gebotenen Geldes erwartend,
zum andern mit allerley Vorwand von den
stet worden, erscholl plötzlich die schreckende
rkuh ziehe herbey durch die Wüste mit einem
eere.

ver, empört und geschreckt durch die freche
s Königs und der Ritter von Jerusalem,
ossen, Nureddin aufzufordern zur Hülfe, so
eine solche Hülfe war. Der Chalife Aded
:eddin angefleht um Beystand gegen die
inem Schreiben Haare seiner Weiber bey-
Herz des mächtigen türkischen Fürsten durch
u rühren. Seht, schrieb der Chalife dem

lenter urbibus,
olent exercitus
fructus quam
ipibus sub quo-
certis conditio-
dominis utili-
' Wilh. Tyr.

.e soluta, quasi
., circa hortum
ponit." Id. c.
m," sagt Abdol-
Egypte trad. p.
S. 20), „wird heutiges Tages nur in Aegypten angetroffen bey Ain Schems, wo man ihn baut in einem eingeschlossenen und sehr sorgfältig bewachten Ort, von einer Ausdehnung von sieben Feddans." Vgl. die ausführlichen Anmerkungen des Herrn de Sacy zu dieser Stelle S. 86. flgd. Uebrigens stimmen in der Erzählung von den Unterhandlungen, womit Schaver die Franken hinterging, Wilhelm von Tyrus und Abulfeda fast wörtlich mit einander überein.

J. Chr. 1168. türkischen Fürsten, das sind die Haare meiner Weiber, welche um eure Hülfe flehn [95]). Nureddin säumte nicht, schnell ein Heer auszurüsten mit viel größern Anstrengungen, als zu den vorigen Aegyptischen Zügen. Schirkuh empfing, außer der vollständigsten Ausstattung seines Heers mit Waffen und jedem Bedürfniß, zweimal hundert Tausend Byzantien, und sein Neffe Saladin begleitete ihn, jedoch mit großem Widerwillen; denn ihn schreckte das Andenken an die harten Mühseligkeiten und Entbehrungen, welche er in Alexandrien ertragen [96]). Jedem Reiter dieses Heers gab Nureddin zwanzig Byzantien. Das Heer bestand aus den trefflichsten Truppen; außer sechs Tausend tapfern und in manchen Kämpfen bewährten Turkomanen noch zwey Tausend Reitern, welche aus der Leibwache des Athabek ausgewählt waren, geführt von den erfahrensten und trefflichsten Emirs, alten Waffengefährten des Athabek. Aber in ganz anderer Absicht führte Schirkuh dieses Heer nach Aegypten,

95) Abulfed. S. 610. Marin hist. de Saladin I. 147 (wahrscheinlich nach Ebn al-Athir) S. Gesch. d. Kreuzz. Th. II. S. 66. Anm. 10.

96) Bohaeddin (S. 33) und Abulfeda erinnern beyde, indem sie den Widerwillen Salaheddins, seinen Oheim nach Aegypten zu begleiten, erzählen, an den Spruch des Korans: „Oftmals, was ihr verschmäht, dient euch zum Nutzen, und was ihr gern habt, ist euch zum Schaden.“ Abulfeda führt (S. 618) darüber aus Ebn al-Athir folgende eigene Aeußerung Saladins an: „Als Nureddin mir gebot nach Aegypten zu ziehen mit meinem Oheim, nachdem auch Schirkuh in seiner Gegenwart mir bereits gesagt hatte: wohlan, Joseph, rüste dich zur Fahrt; so antwortete ich: bey Gott, wenn du mir das Reich von Aegypten schenken wolltest, so zöge ich nicht hin; denn ich habe in Alexandrien ausgestanden, was ich in meinem Leben nicht vergessen werde. Schirkuh aber sprach zum Nureddin: es kann doch nicht anders seyn, als daß er mich begleite. Worauf Nureddin seinen Befehl erneuerte, ich aber bey meiner Weigerung blieb. Als gleichwohl Nureddin bey seinem Willen beharrte, so entschuldigte ich mich mit der Beschränktheit meines Vermögens. Da gab mir Nureddin alles, was ich zur Ausrüstung bedurfte, aber es war mir, als ginge ich zum Tode.“

als um dem Sultan Schaver beyzustehen wider die Ritterschaft des Kreuzes. J. Chr. 1168.

Sobald der König Amalrich die sichere Kunde erhielt von der Annäherung des Schirkuh, so zog er sich eiligst mit seinem Heere nach Belbeis zurück; von dort unternahm 24 Dec er [97]) zwar mit dem größten Theile seines Heers einen Zug in die Wüste, um den Kampf mit Schirkuh zu versuchen, vernahm aber bald, wie Schirkuh schon auf anderm Wege vorbeygezogen und dessen Heer so zahlreich wäre, daß es thörichte Vermessenheit seyn würde, mit ihm den Kampf zu wagen. Worauf beschlossen ward, auch Pelusium zu räumen [98]). Also kamen der König Amalrich und seine Ritterschaft beschämt und mit getäuschten Hoffnungen von dieser Räuberfahrt heim.

Ihre Kurzsichtigkeit hatte sie nicht die verderblichen Folgen dieses frevelhaften Unternehmens ahnden lassen, so sehr es auch begreiflich war, daß ihr Vortheil es erheischte, den Fall der Chalifen in Aegypten zu hindern, und deswegen Bündniß und Freundschaft mit ihnen redlich und treu zu erhalten, zumal nach dem Falle des Reichs von Damascus, welcher ein lehrreiches Beyspiel für die Kreuzfahrer hätte seyn sollen. Nunmehr war der Chalife von Aegypten und seine ganze Macht in die Hände Schirkuh's gegeben. Und wer konnte den Türken es verargen, wenn sie ein wichtiges Land an sich zu bringen trachteten, welches seine Beherrscher nicht mehr zu vertheidigen vermochten, und nach dessen Besitze auch die Christen so offenbar trachteten [99]).

97) „Octavo Kal. Januarias Siraccono obviam in solitudinem (Rex) exit." Wilh. Tyr. XX. 10.

98) „Altera post Kal. Jan. die, ordinatis agminibus, redeundi in Syriam iter arripiunt." Ibid.

99) Bohaeddin S. 33. „Sie verletzten alle Verträge . . . . aus Begierde nach dem Besitze dieses Landes."

J. Chr. 1168. Den Türken konnte es so wenig unbekannt seyn, als den Christen, daß von dem Besitze von Aegypten auch die Herrschaft in Syrien abhieng.

Um den Vorwand, die Macht des Aegyptischen Chalifen zu stürzen, waren Schirkuh und sein Neffe Saladin nicht lange verlegen. Zwar wurden sie, als sie bey Kahira ankamen, mit allen Ehren empfangen, und ihre Truppen
4 Jan. 1169. bestens versorgt und reichlich beschenkt; Schirkuh selbst erhielt von dem Chalifen Aded, da er ihn begrüßte, nicht nur ein kostbares Ehrenkleid, sondern auch andere herrliche Geschenke [100]). Der Sultan Schaver erschien, umgeben von seinem Hofstaate und seiner Leibwache und mit blasenden Trompetern, täglich in dem Türkischen Lager und pflog Unterhandlungen mit dem Emir Schirkuh [101]). Aber bald wurde die Anschuldigung laut, der Sultan wolle nicht nur den Verbindlichkeiten sich entziehn, welche er gegen Nureddin übernommen, und den Emir Schirkuh durch schlaue Unterhandlungen hinhalten, bis sich die Gelegenheit darbiete; seiner los zu werden, wie zuvor des Königs von Jerusalem; sondern er sey sogar mit dem boshaften Plan umgegangen, alle Emire des Türkischen Heers bey einem Gastgebote ermorden zu lassen, welchen ihm sein Sohn Kamel nur mit Mühe ausgeredet [102]).

Die kurdischen Emire untersuchten nicht lange den Grund dieser Anschuldigungen; Saladin und der Emir Azeddin Dschordik übernahmen die Bestrafung des Sul-

100) Abulfeda l. c. S. 608. Schirkuh erschien zum ersten Mal vor dem Chalifen am 4 Rabi al-achar 564 = 4 Jan. 1169.

101) „Egrediebatur ad eum Sanar Soldanus in castra quotidie cum multa gloria et maximo comitatu." Wilh. Tyr. XX. 11. „Schaver kam von Zeit zu Zeit zu Asadeddin (Schirkuh), nach der Weise der Vezire von Aegypten in großem Zuge mit Pauken, Trompeten und Fahnen." Bohaeddin S. 34.

102) Abulfeda S. 610.

tans, so wenig auch anfangs Schirkuh den Ungestüm der J. Chr. 1169. Emirs billigte [103]). Sie benutzten aber zur Ausführung ihres Plans die Wallfahrt ihres Feldherrn zu dem Grabe eines muselmännischen Heiligen [104]), während welcher Schaver nach seiner Gewohnheit in das Türkische Lager kam, um den Emir zu begrüßen; Saladin und sein Mitverschworner gingen mit einer hinlänglichen Zahl Bewaffneter dem Sultan entgegen, als ob sie von der Abwesenheit des Emirs ihn unterrichten wollten; als sie aber sich ihm genähert, so sprang plötzlich Saladin auf Schaver und warf ihn von seinem Rosse; worauf das ganze Gefolge der feigen Aegyptier die Flucht nahm. Als auf solche Weise der Sultan in ihrer Gewalt war, gaben sie dem Emir Schirkuh davon Nachricht, und erhielten, wie sie erwartet, Billigung und Lob ihrer That. Der Chalife Aded aber, als er die treulose Gefangennehmung des Sultans vernahm, war knechtisch genug, zuvorkommend selbst dessen Hinrichtung zu fordern, und, als ihm der Kopf Schavers gebracht worden [105]), den Emir Schirkuh zu seinem Vezir zu ernennen, durch eine Urkunde in so 17 Jan. ehrenvollen Ausdrücken, wie noch niemals von einem Chalifen von Aegypten ein Vezir empfangen [106]). Auch die Söhne des unglücklichen Schaveri verschwanden, so daß niemals wieder von ihnen etwas gehört wurde [107]).

103) „Salaheddin Jusef und Azeddin Dschordik und andere Emire, als sie mit einander beschlossen, den Schaver aus dem Wege zu räumen, thaten ihren Plan dem Schirkuh kund; er aber untersagte es ihnen.“ Id. S. 612.

104) Id. l. c.

105) Bohaeddin S. 34. Abulfeda l. c. Der Tag, an welchem Schirkuh Vezir von Aegypten wurde, war nach Bohaeddin 17 Rabi al-achar 564 = 17 Jan. 1169.

106) Abulfeda theilt diese Urkunde zum Theil mit. Auf der Rückseite hatte der Chalife mit eigener Hand geschrieben: „Dies ist eine Urkunde, wie noch kein Vezir erhalten“ u. s. w.

107) „Kamel, der Sohn des Schaver, begab sich nach der Ermordung seines Vaters in die Burg des Cha-

J. Chr. 1169. Schirkuh selbst genoß dieser Gewalt nicht länger als zwey Monate. Nach seinem Tode bewarben sich zwar mehrere erfahrne und tapfere Emirs seines Heers um seine Würde und Gewalt; der Chalife Aded aber zog es vor, den jugendlichen Saladin zum Vezir zu ernennen, und verlieh ihm den Ehrennamen Malek annaser, d. i. der hülfreiche König, und Saladin behauptete sich in solcher Gewalt durch Klugheit und Vorsicht, und gewann durch Freygebigkeit und Freundlichkeit, und durch die beredte und kluge Vermittlung seines Freundes, des Fakih Isa, selbst die meisten der Emirs, welche anfangs über die ihnen als ältern und versuchtern Kriegern widerfahrne Zurücksetzung ihren Verdruß und Unwillen nicht zurückhielten [108]. Seit dieser Zeit war Saladin Herr von Aegypten, er herrschte durch den Chalifen über das ganze Land und zögerte auch nicht, alle diejenigen aus dem Wege zu räumen, welchen es irgend möglich war, wider seine Gewalt sich aufzulehnen [109].

Die laute Freude der Muselmänner [110]) über diesen Gewinn, welchen sie den Christen entrissen, verwundete die

lifen, was sein letztes Beginnen war." Abulfeda a. a. O. „Quod videntes ejus filii citatis equis in Cahere se recipiunt, ante Calipham consternati et genibus provoluti pro vita supplicant. Quibus ille dicitur respondisse, ea conditione de vita sperandum, si nihil occulte cum Turcis molirentur: qui, pastorum formam statim violantes, clam per internuntios coeperunt cum Siracone de pace tractare: quod audiens Calipha utrumque jussit gladio interire" Wilh. Tyr. l. c. Diese Erzählung hat wohl wenig Wahrscheinlichkeit.

108) Abulfeda S. 620. Der Emir Aineddaulah Jaruk war der einzige, welcher Aegypten verließ und zu Nureddin zurückkehrte. Zum Theil auf diese Verhältnisse bezieht sich ohne Zweifel, was Wilhelm von Tyrus (XX. 12), als nach dem Tode des Chalifen geschehen, berichtet: „Mortuo Calipha regiam gazam et thesauros et cuncta illius domus desiderabilia pro libero diripiens arbitrio, cuncta liberaliter nimis militibus erogavit, ita ut inter paucos dies evacuatis vestiariis, ipse mutuam sumens pecuniam, gravi pondere se obligaret aeris alieni." S. unten Anm.

109) Abulfeda S. 634.

110) Abulfeda theilt (S. 614. 616) Stellen aus zwey Gedichten mit, in

Gemüther des Königs von Jerusalem und seiner Ritter um desto tiefer, je mehr sie ihrer eignen frevelhaften und unverständigen Beutegier diesen Verlust beyzumessen hatten. Die Macht Nureddins, so lange Saladin sich als seinen Statthalter in Aegypten betrug [111]), schien durch die Erwerbung dieses Landes zu einer solchen Höhe gebracht, daß für ihn die Zerstörung der Christlichen Herrschaft in Syrien nicht mehr schwer geachtet wurde. Auch ohne die unermeßlichen Hülfsmittel und Erleichterungen zum Kriege wider die Christen, welche ihm dieses Land darbot, war schon die Herrschaft über das Meer, welche er durch den Besitz von Aegypten gewonnen, den Christen höchst verderblich; kein Pilgerschiff konnte mehr mit Sicherheit zu einem syrischen Hafen gelangen. Das Christliche Land war jetzt von dem Reiche Nureddins eingeschlossen und überall den Einbrüchen der Türken offen. J. Chr. 1169.

In der Qual banger Erwartung richteten die Christen des heiligen Landes ihre Augen auf die tapfern Könige und Fürsten der Abendländischen Heimath. Der Patriarch von Jerusalem, der Erzbischoff von Cäsarea und der Bischoff von Ptolemais wurden auserkohren, als Gesandte des Reichs und der Kirche von Jerusalem die Abendländische Christenheit aufzurufen zur Hülfe des bedrängten Landes der

welchem die Erhöhung von Schirkuh zum Vezir von Aegypten besungen wurde. „Viele Könige, redet Emad Kateb in seinem Gedichte zu Schirkuh, haben mit großer Anstrengung nicht das Ziel erreicht, wohin du gelangt bist mit gemäßigtem Schritt."

111) „Salaheddin gründete dadurch anfangs seine Gewalt, daß er sich als den Statthalter Nureddins betrug. Darum nannte ihn Nureddin in seinen Briefen nicht anders, als Emir alasfahsalar, und setzte in dem Anfange derselben statt seines (vollständigen) Namens nur seinen Namenszug. Auch unterschied er ihn in diesen Briefen nicht von den übrigen Emirs, sondern es hieß: Salaheddin und die Gesammtheit sollen dieses oder jenes thun." Abulfeda S. 620.

J. Chr. 1169. Verheißung. Aber auf ihrem Thun schien kein Segen zu ruhen; denn in der ersten Nacht, nachdem sie den Hafen verlassen, zerschmetterte schon ein heftiger Sturm ihr Schiff. Darum traten an ihre Stelle der Erzbischoff Friedrich von Tyrus und der Bischoff Johann von Paneas. Aber auch die Bemühungen dieser neuen Gesandten waren wenig gesegnet. Der Bischoff von Paneas starb schon zu Paris. Der Erzbischoff von Tyrus reiste zwey Jahre hindurch von einem Hofe zum andern und fand nirgends Gehör; der Kaiser Friedrich Rothbart war erschöpft vom langen Kriege wider die Städte in Wälschland und in heftigem Streite mit dem Haupte der Kirche; die Könige von Frankreich und England waren wider einander im Kriege begriffen, Heinrich von England selbst in Mißhelligkeiten mit der Kirche durch Thomas Bequet, Erzbischoff von Canterbury, verwickelt; der König Wilhelm von Sicilien und die Grafen von Flandern, Troyes, Chartres und andere Fürsten, deren Vorfahren so gern und willig für Christum wider die Heiden gestritten hatten, ließen sich die Noth des heiligen Landes nicht zu Herzen gehen [112]). Ohnehin trauten die Fürsten nicht den Versprechungen der Pullanen, des schändlichen Verraths gedenkend, welchen diese gegen die letzten Kreuzfahrer geübt hatten, am wenigsten der König Ludwig von Frankreich, welcher selbst ihre tückische Treulosigkeit erfahren hatte.

Dieses Mißtrauen wurde leider vollkommen gerechtfertigt durch das Benehmen der syrischen Christen auf der Heerfahrt, welche sie gemeinschaftlich mit den Griechen gegen Aegypten unternahmen. Wer hätte vermuthen mögen, daß die Christen selbst in ihrer damaligen bedrängten und gefahrvollen Lage

112) Wilh. Tyr. XX. 13.

an denen, welche sie selbst zur Hülfe aufgefordert hatten, Verräther werden konnten zum Vortheil der Muselmänner! J. Chr. 1169.

Dem Bündnisse gemäß, welches zwischen dem Kaiser Manuel und dem Könige Amalrich geschlossen worden, segelte im Sommer dieses Jahres eine Flotte von mehr als zweyhundert Schiffen, worunter sechszig wohleingerichtete Frachtschiffe, mit einem zahlreichen Heere aus dem Hafen von Constantinopel, unter der Führung des Megas Ducas Andronicus Contostephanus. Der Kaiser Manuel erfüllte dieses Mal mit Redlichkeit seine Verheißungen, wie die Christen selbst anerkannten; der Befehlshaber hatte den gemessensten Befehl, in allem sich nach dem Willen des Königs von Jerusalem zu richten[113]. Die syrischen Fürsten erwiederten aber wenig diese Redlichkeit und Pünktlichkeit. Während die griechische Hauptflotte an der Küste von Cypern rastete, kam eine Abtheilung derselben an die syrische Küste, sowohl um dem König Amalrich das Auslaufen der kaiserlichen Flotte zu melden, als auf die Beschleunigung der dortigen Rüstungen zu dringen[114], und die Vorräthe und alles übrige Gepäck und Zeug der Ritterschaft von Jerusalem abzuholen. Aber von den Christen war noch nichts vorbereitet, und der König ließ unter allerley Entschuldigungen den Befehlshaber der Flotte einladen, nach Jerusalem zu kommen und seine ganze Flotte in einen syrischen Hafen zu führen, wo sie in Sicherheit die Vollendung seiner Rüstungen abwarten könnte. Während die griechische Flotte unthätig in dem Hafen von Ptolemais lag, ging die günstigste Zeit verloren; denn nicht nur konnte Saladin mit Muße sich zum Widerstande rüsten, sondern auch die sehr Jul. 1169.

113) Wie Nicetas (S. 107) ausdrücklich berichtet.

114) Nicet. p. 104. 105. Die Flotte lief am 8 Julius aus dem Hafen von Constantinopel.

J. Chr. 1169. kärgliche Ausstattung mit Geld und andern Bedürfnissen, womit der griechische Admiral nur auf drey Monate versehen war, wurde unnütz verschwendet [115]).

Endlich, im Oktober, nachdem beschlossen worden, die Stadt Damiette gemeinschaftlich zu belagern, sammelte sich das Christliche Heer bey Askalon, wo auch die griechischen Landtruppen sich eingefunden; gemeinschaftlich zogen sie auf dem Wege zu Lande gegen Damiette, während die Flotte aus dem Hafen von Ptolemais eben dahin fuhr. Unglücklicher Weise aber hatte das Meer die Küsten durchbrochen und das Land so sehr überschwemmt, daß das Heer einen
24 Okt. Umweg von mehr als zehn Rasten machen mußte [116]). Erst am neunten Tage erreichte es daher Pharamia, wo schon die Flotte seiner wartete; und von derselben über das Wasser
26 Okt. gebracht, kam es auf dem Wege [117]) längs der Meeresküste in zwey Tagen vor Damiette.

115) „Invenimus Graecos etiam in praedicto negotio non sine lata culpa fuisse. Nam cum pecuniam ad alendum tantum exercitum sufficientem se missurum firmissime promisisset dominus Imperator, in ea parte inventus est ejus sermo minus soliditatis habuisse. Ex quo enim in Aegyptum descenderant ejus Archontes, ubi etiam aliis indigentibus de imperiali magnificentia subvenire debuissent, coeperunt ipsi primi indigere et mutuam quaerere pecuniam, unde suis legionibus tam ad victum quam ad stipendia providerent, et nemo illis dabat." Wilh. Tyr. XX. 13. Daß Andronicus nur auf drey Monate mit Geld versehen war, erzählt Nicetas (S. 104) ausdrücklich, und klagt deswegen sehr über die Saumseligkeit des Königs Amalrich. Vom August an waren die drey Monate gerechnet; und der September näherte sich schon seinem Ende, als Andronicus noch zu Jerusalem war. S. unten Anm. 120.

116) Wilh. Tyr. XX. 15. Es ist in dieser Stelle ein Irrthum in der Zeitangabe. Denn es heißt, das Heer von Jerusalem sey Idibus Octobris ausgezogen und gleich darauf wird gesagt, es sey XVII Cal. Septembr. von Askalon ausgezogen. Es ist aber nach den übrigen Nachrichten nicht zweifelhaft, daß in der zweyten Stelle Cal. Novembr. gelesen werden müsse.

117) Also Wilhelm von Tyrus (XX). Nach Cinnamus (S. 163), der nur sehr unvollständige Nachricht von dieser Unternehmung gegen Aegypten

Auch vor dieser Stadt geschah alles, was nur irgend den glücklichen Erfolg der Unternehmung hindern konnte. Anstatt sogleich die Stadt zu berennen, welche zum Widerstande ganz ungerüstet war, beschlossen sie ohne Noth, die Ankunft der Flotte zu erwarten, welche durch widrige Winde zurückgehalten wurde. Als diese nach drey Tagen vor Damiette ankam, aber wegen einer gewaltigen Kette, womit der Nil gesperrt war, den Fluß nicht heraufzufahren vermochte, so rückte das Heer zwar den Mauern der Stadt näher, schob aber wiederum noch drey Tage die Berennung auf. Dadurch gewann Saladin Zeit, vor ihren Augen, ohne daß sie es zu hindern vermochten, auf dem Strome Truppen in die Stadt zu bringen; also daß eine Ueberrumpelung nicht mehr möglich war, wie zuvor. Eine förmliche Belagerung mußte nunmehr begonnen werden, und dazu hatten weder die Kreuzfahrer noch die Griechen Ausdauer und Mittel, obgleich die Kreuzfahrer selbst gestehen mußten, daß die Anführer des griechischen Heers, so oft Gelegenheit zum Kampfe war, als tapfere Männer stritten, und durch ihr rühmliches Beyspiel auch ihre Truppen zum tapfern Kampfe ermunterten [118]. Zwar wurde ein großer Thurm von sieben Stockwerken errichtet und an die Mauer gerückt, und anderes Belagerungswerkzeug gefertigt; auch fingen sie an die Mauer zu untergraben. Aber kein Werk geschah mit Muth und Vertrauen, oder mit Begeiste-

J. Chr. 1169.

gibt, kamen die Griechen früher als die Lateiner in Aegypten an, setzten sich in den Besitz von Tennis, von wo sie mehrere Streifzüge in das Land unternahmen, und zogen, als endlich das Heer von Jerusalem angekommen war, vor Damiette.

118) „Post eorum tamen magistratus Megaducas et alii viriliter et satis strenue, quoties opus erat, in acie decertabant. Unde eorum exemplo inferiores animari, plerumque etiam praeter solitum, et instabant acrius et animosius resistebant.“ Wilh. Tyr. XX. 17.

rung und dem Willen obzusiegen; darum geschah auch nichts mit Zweckmäßigkeit und nichts war wirksam [119]). Der große Thurm wurde gerade an dem Ort aufgestellt, wo nicht nur die Annäherung desselben an die Stadt wegen des Bodens am schwierigsten war, sondern auch die geringste Wirkung erwartet werden konnte, wegen der Höhe und Festigkeit der Mauer, welche an andern Orten viel niedriger und schwächer war. Daher wurde der Thurm bald ganz unnütz, als auch die Belagerten innerhalb der Mauer einen eben so hohen Thurm entgegenstellten; und die Christen fügten der Stadt keinen andern Schaden zu, als daß sie zur Freude der Heiden eine nahe an der Mauer stehende schöne Kirche, welche der Mutter Gottes

119) „Nostri vero cum instare acrius debuissent, timide gelideque coeperunt cuncta ministrare. Erant qui fraudi, erant et qui incuriae et negligentiae imputarent." Id. XX. 16. Nicetas klagt (S. 106) bitter über den König Amalrich, von dem alles geschehen, um die raschen und zweckmäßigen Anstalten des Andronicus zu hindern. „Vielleicht, so läßt er den Andronicus im Kriegsrathe der Griechischen Heerführer reden, haben auch jetzt die Aegypter Zaubermittel erfunden, welche, wirksamer als die im Alterthum, nicht nur Kummer und Traurigkeit stillen, gleich jenem, welches die Lacedämonierin (Helena) von der Gattin des Thonis empfing; sondern selbst kriegerische Männer in feige umwandeln. Einen solchen Becher scheinen die Aegypter dem Könige Amalrich gereicht zu haben, und er, nachdem er ihn bis zur Trunkenheit ausgeleert, zu einem langen Schlafe sich hingestreckt zu haben .... oder vielleicht hat er, durch Silber bezaubert, seinen Sinn geändert, und hat mit Gold sich die Ohren verstopfen lassen." Einen sehr unwahrscheinlichen Grund der Unthätigkeit der Kreuzfahrer gibt Cinnamus an (S. 168). „Zwischen dem Kaiser und den Paläſtinern war verabredet worden, als sie den gemeinschaftlichen Krieg wider die Aegypter unternahmen, daß, falls das Land erobert würde, die eine Hälfte den Römern zufallen solle, die andere den Paläſtinern. Als nun die Römer zuerst nach Aegypten gekommen waren, so schob der König in böslicher Absicht den Kampf auf, um das Land ohne Mühe an sich zu bringen, wenn die Römer die Gefahren überstanden hätten." Doch weiter unten findet Cinnamus selbst es unwahrscheinlich und meint, der König von Jerusalem sey von den Türken in Damiette mit Geld erkauft worden, die Römer zu verrathen.

geweiht war, zerstörten [120]). Als bald hernach die Griechen Mangel an Lebensmitteln litten, also daß sie nur von trocknen Nüssen und Kastanien, einige selbst nur von den weichen Spitzen der Zweige niedergehauener Palmen sich nährten [121]): theilten nicht nur die Kreuzfahrer ihnen nichts aus ihren Vorräthen mit, sondern trennten selbst ihr Lager von dem Griechischen. Die Türken, solche dargebotene Vortheile nicht unbenutzt lassend, ermüdeten die Griechen durch häufige Ausfälle [122]). Bald darauf gelang es ihnen, bey J. Chr. 1169.

120) Ganz übereinstimmend Wilh. Tyr. XX. 16. und Nicet. S. 106. Der letztere fügt noch hinzu, daß, nach der Meinung der Eingebornen des Landes, diese Kirche auf dem Platze gestanden, wo Joseph und Maria mit dem Jesuskinde auf der Flucht nach Aegypten geruhet.

121) „Den Andronicus erbarmte des Heers, welches an Lebensmitteln Mangel litt und dem Hungertode nahe war. Einige hatten wirklich keinen Obolus, um sich ihre Nahrung zu kaufen: andere empfanden darüber den heftigsten Unwillen, daß sie, indem sie keinen eignen Markt hatten, von den Leuten des Königs (von Jerusalem) für vieles Geld nur wenige Nahrungsmittel erhielten." Und weiter unten: „Er sah endlich das Heer so weit gebracht durch den Hunger, daß einige zu verbotener Nahrung griffen (d. i. wahrscheinlich die Leichname der Erschlagenen verzehrten), und alle ohne Unterschied von Würzeln sich nähren und die haarigen Spitzen (τὰς κόμας) der Palmen zur Speise sich zubereiteten." Nicet. S. 107. Wider die sonstige Gewohnheit werden diese Beschuldigungen durch die Erzählung des Wilhelm von Tyrus (XX. 17) nicht nur bestätigt, sondern selbst noch verstärkt. „Accessit praeterea miserabile quiddam, quod omnis illa quae in classe venerat Graecorum multitudo tanta coepit alimentorum inopia laborare et omnino eis panis omnibus deficeret..... Caedebatur ad usus varios sylva palmarum, castris contermina: dejectisque ad terram certatim arboribus in summo earum, unde rami habent originem, Graeci fame laborantes quaerebant quandam teneritudinem, unde ramis humor vivalis administratur, esui quodammodo habilem.... Quibusdam tamen qui non penitus erant alimonia destituti, avellanae passae et siccae castaneae contra famis importunitatem solatia ministrabant. Nostris autem panis et varii generis alimentorum non deerat sufficientia: sed cogitantes de crastino sacculis parcebant, timentes ne si ipsi cibos non habentibus incaute dividerent, aliquando et ipsis deficeret."

122) Nicetas erzählt (S. 106) von mehreren Kämpfen, welche die Griechen glücklich wider die Perser bestanden.

J 2

J. Chr. 1169. einem starken Südwinde, durch ein brennendes mit Pech, Harz und trocknem Holze angefülltes Fahrzeug, welches sie in der Nacht zwischen die Christliche Flotte durch den Wind treiben ließen, zehn Schiffe zu verbrennen; und die übrigen rettete nur der König Amalrich durch die Schnelligkeit und Geistesgegenwart, womit er zweckmäßige Maßregeln anordnete [123]). Zu eben dieser Zeit verbreitete sich die Kunde von dem Anzuge eines Heers, welches Nureddin zur Unterstützung Saladins sende, und von drohenden Bewegungen des Athabek gegen mehrere Gegenden des Reichs Jerusalem, besonders gegen die Burg Karak an der Gränze von Arabien. Der gewaltige Regen, welcher zu eben dieser Zeit begann, und selbst alle Vorräthe zerstörte, indem dagegen die Zelte der Vornehmen so wenig als die Hütten der Geringen Schutz gewährten [124]), vollendete die Abneigung gegen die Fortsetzung der Belagerung, und die allgemeine Stimme forderte Frieden und Rückzug. Die Griechen verbrannten, blos auf das Gerücht von dem Abschluß des Vertrags mit den Heiden, ihr Belagerungszeug [125]), und allgemein war der Jubel, als nach der Mitte des zweyten Monats der Belagerung [126]) die Herolde den Frieden

123) Dieser Verbrennung der Schiffe und der Bemühungen des Königs Amalrich, wodurch die übrige Flotte gerettet worden, erwähnt nur Wilhelm von Tyrus XX. 17.

124) Wilh. Tyr. l. c.

125) Nach der Erzählung des Nicetas (S. 109) knüpfte der König Amalrich die Unterhandlungen mit den Türken an ohne Wissen der Griechen, und verkündigte in eigner Person den Griechen den abgeschlossenen Frieden, oder vielmehr die Bereitwilligkeit der Türken, die Stadt Damiette dem Kaiser zu übergeben, in demselben Augenblicke, als Andronicus nach einem glücklichen Gefecht, das die Griechen ohne die Theilnahme der Lateiner bestanden, im Begriffe war, sich der belagerten Stadt zu bemächtigen. Worauf die griechischen Soldaten sich nicht abhalten ließen, ihr Belagerungszeug zu verbrennen. Der Tag, an welchem dieses geschah, war der vierte des Christmonats.

126) Funfzig Tage dauerte die Belagerung nach Abulfeda (Tom. III. S. 626) und Nicetas (S. 107).

verkündigten und ein freyer Verkehr mit der Stadt begann. Unverzüglich wurde der Rückzug angetreten, mit dem bittern Gefühle eigner Schuld an dem Mißlingen der Unternehmung. Der Befehlshaber der Griechen begleitete den König Amalrich nach Jerusalem und kehrte von dort zu Lande zurück. Von seinen Schiffen erreichten nur wenige den Hafen von Constantinopel wieder; die meisten zertrümmerte ein heftiger Sturm, bald nachdem sie die Küste von Aegypten verlassen hatten [127]). J. Chr. 1169. Decbr.

Bange Ahnungen mußten sich der Gemüther aller einsichtsvollen Männer unter den Christen bemächtigen, welche die Lage des Christlichen Reichs in Syrien richtig zu würdigen verstanden. Die Furcht vor der Tapferkeit der Ritter, welche ehemals mitten unter mächtigen Reichen und zahlreichen kriegerischen Heeren dem Throne von Jerusalem Festigkeit gegeben hatte, war gänzlich verschwunden. Mehr als einmal hatten die Ritter des Kreuzes den Heiden bewiesen, daß die Begierde nach Geld in ihnen mächtiger sey, als das Gefühl der Pflicht, welche ihr heiliges Gelübde ihnen auflegte. Von der Begeisterung der alten Kreuzfahrer war bey wenigen kaum noch eine schwache Spur vorhanden. Dagegen wuchs die Zuversicht der Heiden täglich durch das Gefühl der Uebermacht; jeder Sieg, den sie gewannen, und jeder Vortheil, welchen sie den Kreuzfahrern entrissen, erwärmte ihre Begeisterung. Das Christliche Reich verdankte unter solchen Umständen seine Fort-

127) Nicet. l. c. Cinnam. l. c. Wilh. Tyr. XX. 13. Der erste dieser Schriftsteller versichert indeß, daß Saladin durch eine Gesandtschaft, Geschenke und die Abtretung der von dem Kaiser geforderten Schatzung sich den Frieden mit dem römischen Reiche zu sichern gesucht habe. Was auch wohl geschehen seyn mag. Am 20 December (XII. Cal. Ian.) kamen nach Wilhelm von Tyrus die Kreuzfahrer wieder in Askalon an.

J. Chr. 1170. dauer mehr dem innern Unfrieden unter den Heiden, als der eignen Kraft der Christen.

Erdbeb. in Syrien u. Phönicien. Die Waffenruhe in Syrien, welche verschiedene Heerzüge Nureddins in die Länder am Euphrat und nach Kleinasien den Christen verliehen hatten, wurde durch ein schreckliches Unglück verlängert, welches sie wohl als die Strafe Gottes für ihre Treulosigkeit und Wortbrüchigkeit hätten betrachten mögen, wenn es nicht das Land der Heiden eben so wohl als das Christliche betroffen hätte. Schreckliche Erdbeben erschütterten zuerst im Junius, dann während der drey folgenden Monate die Länder von Syrien und Phönicien; kein Tag verging ohne mehrmalige furchtbare Erderschütterungen [128]. Antiochien wurde fast gänzlich zerstört, die Mauern und Thürme fielen ein, und selbst die Kirchen wurden so beschädigt, daß viele Jahre erfordert wurden, um
24 Jun. sie wieder herzustellen [129]. Die Stadt Tripolis wurde mit solcher Heftigkeit zertrümmert, daß nur sehr wenige ihrer Einwohner ihr Leben aus den zusammenstürzenden Häusern retteten [130]. Gabulim und Ladicea sanken in Trümmern. Eine zahllose Menge von Menschen fand überall den Tod in dem Sturze der Häuser [131]. Zu Tyrus wurden einige

128) „Tribus aut quatuor mensibus vel etiam eo amplius ter aut quater vel plerumque saepius vel in die vel in nocte sentiebatur motus ille tam formidabilis.“ Wilh Tyr. XX. 19. Auch die Morgenländischen Schriftsteller erzählen von diesem Erdbeben. Abulfeda III. 626. Boh. S. 36. Abulfar. Hist. Dyn. S. 363. 354.

129) Also Wilhelm von Tyrus. Etwas genauer Abulfaradsch: „Die große Kirche der Griechen in Antiochien stürzte ein und der Altar in der lateinischen Kirche des heil. Cosmas... Zu Antiochien wurden drey Kirchen uns erhalten, unserer lieben Jungfrau, des heil. Georg und des heil. Barsumas.“

130) „Ut vix uni de omnibus, qui intra ejus ambitum reperti sunt, salutis via pateret.“ Wilh. Tyr.

131) Doch ist es wohl nur rednerische Uebertreibung, wenn Wilhelm von Tyrus sagt: Die Einwohner der Gegenden, welche dieses Unglück traf, seyen gebracht worden ad exiguam paucitatem.

starke Thürme zerstört, doch wurden die Häuser der Einwohner wenig beschädigt. Im Lande der Heiden erfuhren Hama, Aleppo, Cäsara, Emessa und viele andere Städte nicht minder schreckliche Zerstörung. Der verwüsteten und verödeten Weiler und Burgen war im Lande der Christen und Heiden keine Zahl. Die Waffen aber ruhten unter diesem schrecklichen Unglück und in der Bangigkeit, welche alle Gemüther ergriffen hatte; die Christen so wie die Heiden dachten nur daran, die zertrümmerten Städte und Burgen wieder herzustellen und gegen den Angriff der Feinde zu schützen. Ueberall, sagt der Erzbischoff Wilhelm von Tyrus, welcher selbst dieses Unglück sah, war Trauer und überall bestattete man Leichen. Nur Jerusalem und das ganze obere Land, oder Palästina, blieben frey von dieser harten Plage. J. Chr. 1170.

Kaum hatten von diesen Schrecknissen die Gemüther sich erholt, so erscholl die Kunde, Saladin sey mit einem mächtigen Heere Türkischer Reiter im Anzuge gegen das Königreich. Dieses Heer Saladins sollte zahlreicher seyn, als irgend eines der Türkischen Heere, gegen welche die Kreuzfahrer jemals gestritten, aus vierzig Tausend Reitern bestehen, aber ohne Fußvolk seyn [132]). Der König Amalrich eilte nach Askalon, um die Vertheidigung anzuordnen, und vernahm bald, daß Saladin bey der Burg Darum gelagert sey und zwar den Weiler unter der Burg schon erstürmt habe, die von dem tapfern Burghauptmann Anselm von Paß [133]) unverdrossen vertheidigte Burg aber

132) „Dicebatur ab iis qui frequentius in Regno expeditiones viderant, quod nulla aetate tantam Turcorum multitudinem collectam audierant: reputabaturque hostium numerus, in quibus nonnisi equites erant, ad millia quadraginta." Wilh. Tyr. XX. 22.

133) Marin fügt hinzu (I. S. 177): „Nous aimons à remarquer que cet Officier ... est un des ancètres des deux Marquis de Feuquières qui ont fait tant d'honneur à la France."

J. Chr. 1170. vergeblich berenne. Der König Amalrich selbst hatte diese kleine Burg, welche kaum einen Steinwurf lang und breit war, wenige Jahre zuvor auf einer Höhe an der äußersten Gränze des Landes, fünf Rasten von der Meeresküste und vier Rasten von Gaza erbauet, sowohl zum Schutz des umliegenden Landes und der benachbarten offnen Weiler[134], als zur Erhebung des Zolls von den vorbeyziehenden Kaufleuten. Weil sie über den Trümmern eines griechischen Klosters erbaut worden, so ward sie Darum genannt, welches bedeutet, Kloster der Griechen. Angelockt durch die Sicherheit, welche diese Burg, obgleich sie nur mit vier Eckthürmen versehen und nicht durch Vormauern geschützt war, gewährte, hatten bald aus der benachbarten Gegend Bauern und Handelsleute unter derselben auch einen beträchtlichen Weiler nebst einer Kirche gegründet. Unverzüglich erging nunmehr das königliche Aufgebot an alle Barone des Reichs zur schnellen Waffnung. Aber nur wenige Fürsten gehorchten dem Aufgebote, von geistlichen Fürsten erschienen nur der Patriarch von Jerusalem mit dem heiligen Kreuzesholze und die Bischöffe von Bethlehem und Lidda, noch weniger der Layenfürsten; es waren zusammen nur zweyhundert und

134) „Suburbanorum adjacentium quae nostri casalia dicunt.“ Wilh. Tyr. XX. 20. Die im Texte angegebene Erklärung des Namens Darum wird übrigens von Wilhelm von Tyrus aufgestellt. Vgl. Ind. geogr. ad vit. Sal. v. Darunum. Nach der hier ausgezogenen Stelle des arabischen Lexicographen war Darum eine Parasange von dem Meere entfernt. Wilhelm von Tyrus gibt die Entfernung zu fünf Stadien an, was etwa nur den sechsten Theil einer Parasange ausmachen würde, wenn der Ausdruck streng zu nehmen wäre; wahrscheinlich aber ist in diese Stelle Stadium als ganz gleichbedeutend zu nehmen mit milliare. Auch Bernardus Thesaurar. (c. 128. S. 768) erwähnt der Erbauung von Darum: „(Balduinus) inde (sc. a castro Iadres) ad duas leucas castrum fundavit Ledaron in introitu Aegypti. Uebrigens ist diese Burg wahrscheinlich das jetzt noch vorhandene Castell bey der Herberge an der Gränze von Aegypten, welche jetzt Chan Junes (Büschings Asien S. 449) heißt.

funfzig Ritter und zwey Tausend Fußknechte, mit welchen J. Chr. 1170.
Amalrich von Askalon auszog gen Gaza, wo sich auch die Tempelherren ihm anschlossen, welche die Burg dieser Stadt 18 Dec.
bewachten.

Es bemächtigte sich dieses kleinen Heers am andern 19 Dec.
Tage, als es von Gaza ausgezogen war und von einer Höhe herab das weitläuftige Lager Saladins erblickte, eine solche Furcht, daß die Scharen auf das gewaltigste sich zusammendrängten und ihnen kaum eine Bewegung möglich war [135]). Die Heiden säumten nicht lange auf das heftigste wider sie zu stürmen, die Scharen aber hielten fest zusammen; allmählich stärkte sich der Muth der Christen und mit beschleunigter Bewegung erreichten sie um die sechste Stunde die bedrohte Burg, und lagerten sich um dieselbe, den Patriarchen aber mit dem heiligen Kreuze sandten sie in die Veste [136]).

Für Saladin war aber noch nicht die Zeit gekommen zum ernstlichen Kampfe wider die Christen; es genügte ihm sie zu beunruhigen, und die Tapferkeit seiner Scharen zu üben und durch Beute zu reizen [137]). Nach kleinen Gefechten brach er daher am Abende dieses Tages auf und lagerte sich

135) „Prae nimia multitudine territi coeperunt se solito arctius comprimere ita ut prae turbae densitate vix possent incedere.“ Wilh. Tyr. XX, 21.

136) Marin (hist. de Sal. I. S. 178), welchem wahrscheinlich das Bild des Regiments der streitenden Kirche zur Zeit der Ligue vorschwebt, bildet aus dieser einfachen von Wilhelm von Tyrus erzählten Thatsache sich folgendes Histörchen: „On voyoit les prêtres et les moines à cheval revêtus d'une cuirasse sur les habits sacerdotaux et tenant dans leurs mains des croix, des lances ou des masses. Une partie de cette milice sacrée, commandée par le Patriarche de Jerusalem, entra dans la citadelle.“

137) Darum gedenkt Abulfeda (S. 639) dieses Zugs nur mit diesen wenigen Worten: „In diesem Jahre (566) zog Salaheddin aus von Misr und verheerte das Land der Franken bey Askalon und Ramlah; dann kehrte er nach Misr zurück.“ Bohaeddin erwähnt dieses Zugs gar nicht.

J. Chr. 1170. 20 Dec. an dem Bache, welcher durch dieses Land in das Meer fließt [138]); aber in der Frühe des andern Tages standen seine Scharen vor Gaza. Diese erst von Balduin dem dritten wieder gebaute Stadt war zwar durch eine wohl befestigte Burg geschützt, ihre Mauern aber waren schwach und unhaltbar. Darum wollten die Einwohner, des Krieges ganz unkundige Ackerleute, die Stadt verlassen, und sich selbst mit allen ihren Weibern und Kindern und aller beweglichen Habe in die Burg flüchten. Der ungestüme und leichtfertige Ritter Milo von Planci aber, welcher als der Hauptanstifter alles auf der letzten Aegyptischen Heerfahrt über die Christen gekommenen Unheils betrachtet wurde, war auch in Gaza den Christen verderblich. Denn ohne die Mittel zur Vertheidigung der Stadt zu besitzen, zwang er mit Gewalt die armen Einwohner in der Stadt zu bleiben. Auch vermochte er fünf und sechzig Männer aus Macomeria, einem Weiler bey Jerusalem, welche dem Könige nachzogen und in Gaza übernachtet hatten, die Vertheidigung eines Thors zu übernehmen. Bald aber drangen die Heiden in die von andern Seiten weniger vertheidigte Stadt ein, erwürgten jene fünf und sechzig tapfere Streiter, und richteten ein schreckliches Blutbad an unter den Einwohnern, welchen auch nach dem Eindringen der Heiden in die Stadt die Flucht in die Burg unbarmherzig gewehrt wurde. Dann verließ Saladin wieder die verödete Stadt und wandte sich gegen Darum, wo er sein Heer in zwey Theile sonderte, wovon der eine längs dem Meere, der andere landeinwärts nach Aegypten zurückkehrte. Worauf auch der König Amalrich, nachdem er die Ausbesserung der durch die Berennung beschädigten Veste Darum angeordnet, seine Scharen zurückführte in das Reich.

138) „Torrens Aegypti." Id. XX. 20.

Kaum waren aber die Christen in ihre Heimath, so erscholl die Nachricht, daß Saladin die Stadt Ailah am rothen Meere, welche bis dahin die Christen besaßen, plötzlich zu Wasser und zu Lande überfallen, und nach kurzem Widerstande bezwungen habe [139]). J. Chr. 1167. Ende Dec.

Diese Begebenheiten erweckten in dem Könige von Jerusalem und seiner Ritterschaft große Bestürzung. Denn sie bemerkten wohl, in der Raschheit dieser Unternehmungen und der Klugheit, womit sie ausgeführt wurden, daß in dem jugendlichen Saladin sich ein viel furchtbarerer Feind wider sie erhebe, als alle diejenigen, wider welche sie bisher gestritten. Ihre Besorgnisse wurden noch ängstlicher, als wenige Monate nach der Bezwingung von Ailah der Chalife Aded von Aegypten plötzlich starb, nach dem allgemeinen Gerüchte, welches unter den Christen verbreitet war, von Saladin erschlagen [140]), und dieser sich zum Herrn von Aegypten machte, Sept. 1171.

139) Abulfeda a. a. O. Wilhelm von Tyrus erwähnt dieses Verlustes gar nicht, welcher den Christen doch wichtig seyn mußte, da sie dadurch die Verbindung mit dem rothen Meere und also die trefflichste Gelegenheit zum Gewinn, wenn auch nicht durch eignen Handel, doch durch Beraubung der handelnden Muselmänner und zur Störung des Verkehrs der Saracenen einbüßten. Ailah, zu den Zeiten des Hebräischen Reichs Elath, liegt bekanntlich größtentheils in Trümmern, und heißt jetzt Akabah. S. Büschings Asien S. 621. D'Anville memoires sur l'Egypte. S. 238.

140) „Hic primis auspiciis sui principatus ad Calipham dominum suum, ut solitam illi exhiberet reverentiam, ingressus clava, quam gestabat in manibus, dicitur eum ad terram prostratum occidisse omnemque ejus gladio transverberasse progeniém, ut ad nullum superiorem habens respectum ipse sibi et Calipha et Soldanus esset.“ Wilh. Tyr. XX. 12. Dieser Schriftsteller stellt also die Vernichtung der Alidischen Dynastie in Aegypten als eine der ersten Handlungen Saladins nach seines Oheims Schirkuh Tode vor. Er setzt diese Begebenheit der Zeit nach vor die Belagerung von Damiette durch die Griechen und Kreuzfahrer, und alle darauf folgende Ereignisse; was nach den in der Chronologie genauern morgenländischen Schriftstellern durchaus falsch ist. Ueberhaupt ist die Zeitbestimmung der meisten folgenden Begebenheiten der Regierung des Königs Amalrich bey Wilhelm

J. Chr. 1171. der Macht Nureddins trotzend mit so vieler Schlauheit als Kraft.

Eben so behutsam hatte Saladin den Sturz der Herrschaft der Chalifen, aus dem Geschlechte Ali's, vorbereitet, als seine weitern Pläne zu eigner Herrschaft. Er widersprach dem Befehle Nureddins, das Gebet für den Chalifen zu Bagdad in den Moscheen von Aegypten einzuführen, so lange, bis er sich in den Besitz der Burg und des Palastes zu Kahira gesetzt und von dem Chalifen alle diejenigen, welche für sein Ansehen zu streiten geneigt seyn konnten, entfernt und mit seinen Getreuen ihn umgeben hatte; und auch dann vollzog er den Befehl seines Gebieters erst, als die tödtliche Krankheit, in welche für ihn zu sehr gelegener Zeit der Chalife gefallen war [141]), die Höhe erreicht hatte, daß seine Genesung nicht mehr erwartet werden konnte. Nach dem Tode des Chalifen aber bemächtigte Saladin sich des ganzen in der Burg aufbewahrten unermeßlichen Schatzes, und befestigte, indem er alles Geld und alle

von Tyrus ganz unrichtig; indem (vielleicht durch Schuld der Abschreiber) die Jahre der Regierung des Königs falsch gezählt werden. Das Jahr, welches XX. 19. 20. als das siebente Jahr seiner Regierung angegeben wird, ist das neunte (1170), und was c. 24 wiederum als das siebente vorkommt, das zehnte; und so sind auch die folgenden Zahlen c. 27. 30 immer um drey weiter zu rücken; und der Einbruch Saladins, welcher (c. 29) in das nächstfolgende Jahr nach den zum achten Jahre gerechneten Ereignissen in Armenien gesetzt wird, gehört noch in dasselbe Jahr. Man erkennt auch den Irrthum schon in dem Texte des Wilhelm von Tyrus selbst, indem bis zu XX. 30 nur zehn Jahre des Königs gezählt und doch gleich darauf (c. 33) bey der Erzählung seines Todes ihm zwölf Regierungsjahre beygelegt werden. Der Mönch Albericus setzt in seiner Chronik (S. 352) den Tod des Chalifen, etwas näher der Wahrheit, in das J. 1170, obgleich er ihn mit den Worten des Wilhelm von Tyrus erzählt.

141) Abulfed. Ann. mosl. S. 634. Bohaed. S. 38. und mit ihnen ganz übereinstimmend Abulfarag. Hist. Dyn. S. Chron. Syr. S. 369. Der Chalife Aded starb am 12 Moharrem 567 = 13 Sept. 1171.

Kostbarkeiten unter seine Emirs und Soldaten vertheilte, deren Treue und Anhänglichkeit gegen sich [142]). Mit nicht geringerer Vorsicht bildete er seine Verhältnisse zu Nureddin. Es gelang ihm so sehr diesen über seine Absichten zu täuschen, daß er ohne Weigerung den Vater Saladins, Nodschmeddin Ejub, und seine ganze Familie nach Aegypten ziehen ließ. Saladin setzte auch dann noch die Verstellung so sehr fort, daß er seinem Vater die Würde und Gewalt des Vezirs, welche ihm damals nicht lange zuvor der Chalife übertragen, anbot; Ejub aber begnügte sich mit dem Amte eines Schatzmeisters unter seinem Sohne [143]). Nureddin ahnete nicht eher die wahre Gesinnung Saladins, als nach dem Tode des Chalifen Aded, da Saladin sehr nachlässig die ihm aufgetragene Berennung der fränkischen Burg Montroyal betrieb. Denn Saladin wollte diese Burg, welche die Straße von Damascus nach Aegypten beherrschte, nicht in die Gewalt Nureddins kommen lassen, damit der Athabek nicht auf den Gedanken geriethe, J. Chr. 1171.

142) Bohaed. l. c. Die Arabischen Chroniken erzählen fast unglaubliches von den unermeßlichen Reichthümern, welche in diesem Schatze aufbewahrt wurden; unter den Diamanten desselben sollen allein sieben hundert Solitairs gewesen seyn. Eine darin befindliche Stange Smaragd war über eine Spanne lang und einen Daumen dick. Die Bibliothek der Chalifen, welche Saladin ebenfalls in dem Palaste fand, soll zwey Millionen Bände enthalten haben, worunter hundert Tausend eigne Handschriften der Verfasser waren. S. Marai Gesch. der Regenten von Aegypten in Büschings Magazin f. d. neuere Hist. und Geogr. B. V. S. 394. Dasselbe wiederholt auch Sojuthi in seiner Chronik von Aegypten. Nach Abulfedas und einiger andern morgenländischen Chroniken possenhafter Erzählung war in diesem Schatze auch eine Trommel von gar wunderbarer Kraft; denn ihr Ton trieb die Blähungen ab. Saladin aber zog von dieser wohlthätigen Wirkung keinen Nutzen. Denn ein Kurde, welcher in Saladins Gegenwart darauf schlug, hatte das Unglück, ihre ihm bis dahin unbekannte Wirkung zu erfahren, und warf sie im Schrecken darüber so heftig auf den Boden, daß sie zertrümmert ward. Vgl. Reiske annotat. hist. ad Abulf. T. III. S. 764.

143) Bohaed. S. 37.

J. Chr. 1171. selbst Aegypten zu besuchen. Als damals der Athabek Vorwürfe und Drohungen nicht zurückhielt: so war Saladin zwar, durch jugendliche Raschheit verleitet, schon bereit zum offnen Kampfe; ihn vermochte aber der vorsichtige Rath seines Vaters, gelegenere Zeit abzuwarten und den Unwillen Nureddins durch einen demüthigen Brief zu beruhigen [144]. Als späterhin Saladin fernere Zurückhaltung nicht für nothwendig hielt, befreyte ihn der Tod Nureddins von der
März 1171. Nothwendigkeit des Kriegs wider seinen Herrn [145].

Unter den erneuerten und verstärkten Besorgnissen, welche jene traurigen Aussichten in die Zukunft erweckten,

144) Abulfed. III. S. 640. Abulfar. Chron. S. S. 370.

145) Eine wunderliche Fabel über die Gründung der Herrschaft Saladins in Aegypten erzählt in seiner Chronik Bernardus Thesaurarius (in Murat. SS. ital. T. VII. S. 778): Es war ein alter Gebrauch in Cairo, daß stets vor dem Palaste des Chalifen zwey gesattelte und gezäumte Pferde standen, welche regelmäßig Abends und Morgens abgelöst wurden. Als Ursache dieses Gebrauchs wurde eine Weissagung angegeben, daß ein Mann mit Namen Ali, welcher diese Rosse besteigen würde, die Herrschaft über Saracenen und Christen erlangen sollte. Saladin, welchem diese Weissagung bekannt war, bat nach dem Tode seines Oheims den Chalifen (Mulanium) um die Erlaubniß, vor ihm erscheinen zu dürfen, einen Saumsattel (sellam asinariam) als Zeichen der Unterwürfigkeit auf seinem Rücken tragend, und zwar in Begleitung einiger Männer mit Ruthen in den Händen, um das zudringliche Volk abzuwehren. Der Chalife, die Absichten des Kurden nicht ahnend, ließ sich solches gern gefallen. Saladin kroch also, seinen Saumsattel auf dem Rücken tragend, auf Händen und Füßen in Cairo ein, indem vierzig Trabanten mit Ruthen ihm folgten. Sobald er aber in den Saal des Chalifen vor den Thron war geführt worden, warf er den Saumsattel von sich und zog ein Schwert hervor, womit er den Chalifen durchbohrte. Seine Trabanten fielen hierauf über die Leibwache des Chalifen her. Während dieses geschah und die Thore der Stadt seinen Truppen geöffnet wurden, bestieg er selbst die beyden Rosse vor dem Palaste, um die Weissagung zu erfüllen; seit dieser Zeit standen keine Rosse mehr vor der Burg zu Cairo. Gegen diese Erzählung, welche übrigens als Probe der Erzählungen von Saladin, welche unter dem Volke herumgingen, gelten kann, ist außer vielen andern einzuwenden, daß Saladin gar nicht Ali hieß.

berief der König Amalrich die Fürsten des Reichs zu gemeinsamer Berathung. Von quälenden Gefühlen waren die Versammelten überwältigt. Denn wie konnte ihr Gewissen ihnen verbergen, daß sie selbst nicht nur durch Thorheit und Unverstand, sondern durch Frevelhaftigkeit und gottlose Wortbrüchigkeit gegen christliche Brüder ihre schlimme Lage großentheils verschuldet? Alle klagten bitter über die täglich wachsende Macht der Heiden; und die frommen und gottesfürchtigen unter ihnen bejammerten die täglich steigende Verderbniß und Gottlosigkeit des lateinischen Geschlechts in Syrien [146]. Keiner aber vermochte wirksame Maßregeln zu ersinnen. Alle riethen endlich zu einem neuen Versuch, durch beredte Botschafter und klägliche Briefe die Fürsten des Abendlandes zu schleuniger Hülfe des bedrängten heiligen Grabes zu bewegen. Aber von diesem Versuche erwarteten sie selbst wenig Erfolg, da der Erzbischoff Friedrich von Tyrus, welcher als Gesandter des Königs und der Barone des Reichs damals noch im Abendlande war, nirgends Gehör fand. In dieser Noth richteten einige den Blick schwacher Hoffnung zu dem Kaiser Manuel von Byzanz [147]. Aber wie ließ sich Beystand hoffen von den Griechen, gegen welche die Kreuzfahrer stets mehr Verdacht und Argwohn bewiesen hatten, als gegen die Saracenen! Nichts schien aus gutem Grunde schwieriger, als gerade von dem Kaiser Manuel Beystand und Hülfe zu erlangen, nachdem wenige Jahre zuvor in der gemeinschaftlichen Unternehmung gegen

J. Chr. 1171.

146) „Regni nostri providi principes et discreti jam penitus defecerant et in eorum loco soboles succrescebat perniciosa, quae locum tantorum virorum inutiliter occupabat et bona paterna in usus dilapidabat detestabiles.“ Wilh. Tyr. XX. 24. Ganz die gewöhnliche Klage!

147) „Quia nobis, sagt Wilhelm von Tyrus, vicinior et caeteris opulentior.“ Die Hauptrücksicht aber war, weil dieser noch keine abschlägige Antwort gegeben hatte.

J. Chr. 1171. Damiette, in welche er mit großer Mißbilligung seiner Unterthanen sich eingelassen, die Griechen von den Kreuzfahrern verrathen und dem Verderben preisgegeben worden.

Der König Amalrich, im Gefühle dieser großen Schwierigkeit, beschloß selbst in Constantinopel diesen Auftrag auszurichten. Vergeblich mahnten ihn die Fürsten davon ab, durch die Vorstellung der großen Gefahr, in welche das Reich die Entfernung des Hauptes bringen würde. „Der Herr," antwortete der König, „dessen Diener ich bin, möge sein Reich regieren, bey mir steht der Entschluß fest, zu reisen." Noch im Lenzmonate dieses Jahres [148]) fuhr also Amalrich ab mit einer Flotte von zehn Galeren, begleitet von dem Bischoff Wilhelm von Ptolemais, Herrn Garmund von Tiberias und vier andern Baronen des Reichs und einer zahlreichen Ritterschaft. Philipp von Neapel, welcher nicht lange zuvor des Großmeisterthums vom Tempel sich begeben, zog zu Lande voraus, des Königs Ankunft in Constantinopel zu melden.

Diese Meldung erregte nicht geringes Aufsehen am Hofe des Kaisers Manuel; denn bis dahin war noch niemals einer der Christlichen Könige von Jerusalem, der Besitzer des heiligen Thrones von David, in Constantinopel erschienen [149]). Daher gewährte Manuel dem Könige Amalrich eine so glänzende Aufnahme, wie nicht leicht einem fremden Fürsten an diesem stolzen Hofe zu Theil wurde. Schon in Galiopolis am Bosporus erwartete ihn sein Schwiegervater, der Protosebastus Johannes, des Kaisers Neffe,

148) „VI Id. Mart." Wilh. Tyr.

149) „Deinde gloriae suae considerans incrementum quod...... Rex Hierosolymorum, locorum venerabilium Dominicae passionis et resurrectionis defensor et advocatus ad se veniat." Wilh. Tyr.

mit einer glänzenden Begleitung. Dieser geleitete ihn, J. Chr. 1171.
weil der Wind der Seefahrt nicht günstig war, nach Heraklea, wo der König seine Flotte, welche indeß mit günstigerm Winde die Fahrt vollbracht hatte, wieder fand. Es wurde ihm gestattet, sein Schiff an der prachtvollen marmornen Treppe zu verlassen und auf deren Stufen, welche bis zum Meere hinabgingen, zu dem Palast zu steigen, welche sonst nur dem Kaiser selbst zu betreten verstattet war [150]). Eine zahlreiche Menge prächtig gekleideter Hofleute stand am Eingange des Palastes schon bereit, den König und sein Gefolge in den Saal zu führen, wo hinter einem prunkreichen Vorhange der Kaiser auf seinem Throne saß. Einige der vornehmsten Hofbeamten führten den König hinter diesen Vorhang, wo ihn der Kaiser freundlich, von seinem Throne sich erhebend [151]), begrüßte. Dann rollte der Vorhang auf, und die fränkischen Herren sahen ihren König neben dem Kaiser, der auf seinem goldenen Throne saß, ebenfalls sitzend auf einem prächtigen Sessel, doch auf einem niedrigern, als der kaiserliche Thron. Auch die Barone wurden hierauf zum Friedenskusse zugelassen, und vernahmen freundliche Worte aus dem Munde des Kaisers. Nach dieser Unterredung, welche blos auf gegenseitige Bezeugungen der Freundschaft sich

150) „Est autem in ipsa urbe, super littus maris ad Orientem prospiciens, Imperiale palatium, quod Constantinianum appellatur, introitum habens ad mare, miro et magnifico tabulato, gradus habens marmoreos usque in id ipsum mare . . . Hinc soli Augusto solet introitus patere ad superiora palatii: sed domino Regi honoris intuitu praecipui praeter communes regulas aliquid indultum est, ut ea parte ingredi permitteretur. Wilh. Tyr. XX. 25.

151) Wilhelm von Tyrus führt davon, daß diese Begrüßung hinter dem Vorhange geschah, folgenden Grund an: „quod si praesente generali curia factum fuisset, nimium visus esset Dominus Imperator suae derogasse majestati." S. oben S. 61. Anm. 94.

J. Chr. 1171. beschränkte, begab sich der König in das prachtvolle Gemach, welches in dem kaiserlichen Palaste selbst ihm bereitet worden; die Barone begaben sich in die Wohnungen der Stadt, welche in der Nähe der Burg ihnen angewiesen wurden. Feste folgten auf Feste; bewundernswürdige Tonspiele der geschicktesten Künstler, wie das Abendland keine kannte, kunstreiche, von Mädchen aufgeführte Tänze [152]), Schauspiele, Belustigungen aller Art, wie die üppige Hauptstadt und der verschwenderische Hof sie darboten, wechselten ab, um den König von Jerusalem und seine Barone zu ergötzen. Keine Merkwürdigkeit der Hauptstadt blieb unbetrachtet; zu allen Kunstwerken, zu den Schätzen, Heiligthümern und köstlichen Reliquien der Kirchen, auch solchen, welche sonst nicht der Betrachtung preisgegeben zu werden pflegten [153]), wurden sie von kundigen Führern gebracht, und eben so in alle Gemächer der kaiserlichen Paläste. Der Kaiser Manuel selbst, um durch Abwechslung diese Gäste zu erfreuen, begab sich mit dem Könige und seinen Baronen in den Palast der Blachernen, außerhalb der Hauptstadt, wo er mehrere Tage mit ihnen verweilte. Von dort unternahm Amalrich, von Wißbegierde getrieben, eine Reise längs der Küste des Bosporus bis zum Ausflusse desselben in das Mittelländische

152) „Musicorum genera instrumentorum varia et cantus admirandae suavitatis consonantiis distinctos artificialibus, choreas quoque virginum et histrionum gesticulationes admiratione dignas, servata tamen morum disciplina (Imperator) praecipit exhiberi. Sed et spectacula quoque publica, quae nos ludos theatrales vel circenses consuevimus appellare, urbanis domini Regis gratia cum multis sumptibus et solita magnificentia praecipit exhiberi.“ Wilh. Tyr.

153) „Sanctorum etiam reliquias, dispensationis quoque Domini nostri Jesu Christi argumenta preciosissima, Crucem videlicet et clavos, lanceam, spongiam, arundinem, coronam spineam, syndonem, sandalia exponi jubet.“ Wilh. Tyr.

Meer, alle Städte und Merkwürdigkeiten des Landes fleißig J. Chr. 1171.
erforschend [154]).

Auch der Erfolg der Unterhandlungen, welche Amalrich mit dem Kaiser anknüpfte, schien gegen alle Erwartung dieser glänzenden Aufnahme völlig zu entsprechen. Der Kaiser hörte aufmerksam auf den Antrag des Königs wegen einer neuen gemeinschaftlichen Unternehmung, die drohende Macht Saladins in Aegypten zu stürzen, und dieses wichtige Land einer Christlichen Herrschaft zu unterwerfen: so sehr auch der Ausgang der gemeinschaftlichen Belagerung von Damiette die Griechen von jeder Verbindung mit den Pullanen abschrecken mußte. Der Kaiser, welcher überhaupt gewagte Unternehmungen liebte und nach großem Kriegsruhm leidenschaftlich trachtete, gieng vielleicht selbst mit Ernst in das angetragene Bündniß ein. Darum wurde auch eine Urkunde darüber aufgesetzt und mit Siegel und Unterschriften von beyden Seiten feyerlich bekräftigt [155]). Und als der König und seine Barone zur Abreise sich anschickten, da erfuhren sie nicht nur des Kaisers Freygebigkeit, sondern selbst des Protosebastus Johannes und anderer Herren des griechi-

154) Wilh. Tyr. XX, 26.

155) „Tractatis necessariis, completo feliciter et pro votis negotio, pactis hinc inde ad placitam utrinque consonantiam redactis et scripto traditis utriusque bulla signato . . . ad iter (Rex) se accingit.“ Id. ibid. Von den Bedingungen des Vertrags erwähnt Wilhelm von Tyrus nichts, wiewohl er alle Nebenumstände dieser Reise des Königs Amalrich sehr ausführlich erzählt. Cinnamus spricht (S. 163) nur mit den folgenden wenigen unbestimmten Worten von diesen Verhandlungen, übrigens ganz übereinstimmend mit Wilhelm von Tyrus: „Zu dieser Zeit kam auch der König von Palästina nach Byzanz, um gewisse Wünsche dem Kaiser vorzutragen (δεησόμενος ὧν ἔχρῃζε); und als er Gewährung gefunden (τυχὼν ὧν ἐδεῖτο), gelobte er dem Kaiser, außer vielem andern, die Unterthänigkeit (ἄλλα τε πολλὰ καὶ δουλείαν).“ Nicetas erwähnt gar nicht dieser Angelegenheit. Es ist übrigens nicht unglaublich, daß in der damaligen Noth der König Amalrich sich verbindlich machte, des Kaisers Vasall zu werden, falls der versprochene Beystand ihm wirklich geleistet würde.

J. Chr. 1171. schen Hofes auf eine so herrliche Weise, daß sie alle ihre Erwartungen überstieg. Dem Könige wurde eine große Summe Geldes, viele herrliche seidene Gewänder und andere Köstlichkeiten zu Theil, und alle seine Begleiter, selbst die niedrigsten Knechte, wurden nach Stand und Würde reichlich beschenkt. Mit glänzenden Hoffnungen kehrten der König und die Ritter in das Reich zurück.

Junius

Auch diese Hoffnungen wurden getäuscht, und die von den Griechen verheißene Hülfe erschien niemals; dagegen drängten sich Unfälle von aller Art. Der Graf Stephan von Blois und Chartres, welcher nicht lange nach des Königs Rückkehr mit dem Erzbischoffe Friedrich von Tyrus nach Jerusalem kam, um des Königs Eidam zu werden, widerrief, als er den Zustand des Landes sah, seine frühere Einwilligung in den Antrag, welchen der Erzbischoff in des Königs Namen ihm gemacht. Denn der Graf war ein leichtsinniger, lebenslustiger Jüngling, der wenig geneigt war zu einem steten gefahrvollen Kampfe, durch welchen nichts zu erwerben war, als die Martyrer-Palme. Er kehrte nach einem Aufenthalt von wenigen Monaten, in welchen er durch seinen unzüchtigen Wandel allgemeines Aergerniß erregt, zu Lande zurück und fiel in Cilicien in die Hände der Räuberschar, mit welcher Malich, des Fürsten Toros Bruder, im Lande umherstreifte. Diese beraubte ihn alles dessen, was er mit sich führte, und gab ihm nur auf vieles Bitten ein schlechtes Pferd, auf welchem er seine Reise nach Constantinopel fortsetzte [156]. Bald darauf kam die Kunde, daß der Bischoff Wilhelm von Ptolemais, welchen der König mit Aufträgen an einige katholische Fürsten des Abendlandes von Constantinopel ausgesandt hatte, auf der Rückkehr zu Adrianopel

J. Chr. 1172.

156) Wilh. Tyr. XX, 27.

in der Mittagsruhe von einem Geistlichen seines Gefolges jämmerlich ermordet worden. Es blieb ungewiß, ob der Mörder im Rückfall in eine Krankheit, wovon er nicht lange zuvor genesen, also in krankhafter Raserey, diese grausenvolle That geübt, oder aus Rache wegen Beleidigungen, womit ihn und andere des Gefolges ein Kämmerer des Bischoffs ungestraft gekränkt hatte; denn der Mörder starb wenige Tage hernach unter den Ausdrücken der heftigsten Reue [157]). J. Chr. 1173.

Zu eben dieser Zeit änderten sich in Cilicien durch den Tod des Fürsten Toros die Verhältnisse sehr zum Nachtheil der syrischen Christen. Denn dessen Bruder Malich [158]), welcher bisher vom Raube gelebt, scheute sich nicht, mit Hülfe einer von Nureddin ihm gesandten Türkischen Schar, seinen Neffen Thomas, den Sohn eines lateinischen Herrn, zu verdrängen, als dieser, zwar freywillig von den Ciliciern als Fürst angenommen, durch sein Benehmen keineswegs das in ihn gesetzte Vertrauen rechtfertigte. Sobald Malich sich in dem Besitze des Fürstenthums sah, brach er alle nachbarliche Verhältnisse mit den Lateinern ab und zog sogar, obwohl

157) Id. ibid.

158) Wilhelm von Tyrus nennt ihn XX. 27. Milo und im folgenden Capitel, wo er seine Händel mit dem Könige Amalrich und dem Fürsten von Antiochien erzählt: Milier. In den lignages d'Outremer c. 3 wird er richtiger Melih genannt, und in des Abulfaradsch syrischer Chronik (S. 362. 363) kommt er unter dem Namen Malich vor. Hier wird von dem Zuge des Königs Amalrich wider ihn beym Jahre der Griechen 1481 (Chr. 1170) folgende kurze Nachricht gegeben: „Als der König von Jerusalem die Gewaltthätigkeiten vernahm, welche Malich, Fürst von Cilicien, wider die Christen übte, ergrimmte er und kam wider ihn und belagerte ihn in einer Burg. Als Malich auf das Aeusserste gebracht war, bewies er Reue und schwur dem Könige Unterthänigkeit und Aufhebung seiner Verbindung mit den Türken; worauf der König ihm Frieden gab und abzog." Die ausführlichere und sorgfältigere Erzählung des Wilhelm von Tyrus, welcher wir gefolgt sind, verdient mehr Glauben.

J. Chr. 1173. er ehemals Templer gewesen [159]), alle von diesem Orden in seinem Lande erworbenen Güter und Gefälle ein. Sämmtliche Lateinische Fürsten vereinigten sich zwar zu einer gemeinschaftlichen Heerfahrt wider ihn, aber die Natur des bergigen Landes machte ihnen nur die Verwüstung und Verbrennung der Dörfer und Saatfelder möglich; und nach wenigen Wochen, als sie zur Berennung einiger Besten sich anschickten, nöthigte den König von Jerusalem zur Rückkehr die Nachricht, daß Nureddin die Burg Petra oder Krak in Arabien berenne [160]).

Zwar hatte Nureddin, als der König nach Jerusalem kam, von dieser Unternehmung bereits abgelassen; aber nach wenigen Monaten brach Saladin mit gewaltiger Heeresmacht in Syrien ein und umlagerte die Beste Montroyal. Der König, als ihm von der Absicht Saladins frühzeitig genug Kunde zugekommen war, hatte mit dem heiligen Kreuze und seiner Ritterschaft bey Bersabee sich gelagert, um das bedrohte Land zu schützen. Er eilte, als er die Ankunft der Heiden vernahm, sogleich über Askalon nach Darum. Aber Saladin vermied eine Schlacht, sich mit der Verwüstung des Landes begnügend, und zog zurück nach Aegypten [161]). Denn ihm lag daran, die Burgen,

159) „Licet eorum frater aliquando fuisset." Wilh. Tyr.

160) Wilh. Tyr. Dieser Umlagerung von Petra erwähnt auch Abulfeda beym J. 568 (T. IV. S. 4) mit der Bemerkung, daß dieses Unternehmen deswegen mißlungen sey, weil Saladin, welcher mit den Aegyptischen Truppen den Nureddin vor Petra erwarten sollte, zwar sich eingefunden hatte, aber eiligst nach Aegypten zurückkehrte, als Nureddin sich näherte. Saladin entschuldigte sich hernach mit der gefährlichen Krankheit seines Vaters, welcher auch bald darauf starb.

161) Wilh. Tyr. XX. 29. Bohaeddin erwähnt (S. 38) einer Unternehmung Saladins gegen Petra oder Krak, welche entweder diese von Wilhelm von Tyrus erzählte, oder die in der vorigen Anmerkung erwähnte ist; versichert aber, es sey für Saladin damals unmöglich gewesen, etwas über diese feste Burg zu gewinnen. Wilhelm von Tyrus

welche am Wege nach Aegypten lagen, den Christen noch zu erhalten, weil, so lange sie in deren Gewalt waren, sie auch ihm als Schutzwehr gegen Nureddin dienten. Nach wenigen Monaten aber kam er mit einem noch viel zahlreichern Heere und erneuerte die Verwüstung desselben Landes; und der König und die Ritterschaft des Reichs vermochte nicht ihm zu wehren. Sie lagerte sich auf der Anhöhe eines Berges, welche, wegen eines reichhaltigen Brunnens zum Lagerplatze trefflich geeignet, dem Lande jenseit des Jordans nahe war, um der Gelegenheit zu einer verdienstlichen Waffenthat zu warten [162]. Diese Gelegenheit erschien aber nicht, und die Heiden brachten ihre Beute ungestört nach Aegypten [163].

J. Chr. 1172.

Jul. bis Sept. 1172.

Nicht lange hernach erfüllte eine schreckliche Frevelthat der Templer alle Bewohner des gelobten Landes mit Unwillen. Der damalige Alte vom Berge, oder Fürst der Assassinen auf dem Berge Libanon, von welchem das Gerücht schon längst verkündigt hatte, daß er dem Christlichen Glauben zugethan war, und in den heiligen Evangelien und den Apostolischen Schriften fleißig las [164], und auch sein Volk allmählig von den Irrlehren des falschen Propheten

trennt die Belagerung von Petra durch Nureddin und den erzählten Einbruch Saladins durchaus als von einander ganz unabhängige und um mehrere Monate entfernte Begebenheiten.

162) Dort war ein Dorf (viculus) mit Namen Carmel, einst der Wohnort des thörichten Nabal. Diese Höhe wurde von dem Lande jenseit des Jordan nur durch das Thal des todten Meers getrennt; und dieses Thal nennt Wilhelm von Tyrus vallis illustris. XX. 30.

163) Nur von Wilhelm von Tyrus (a. a. O.) und von keinem morgenländischen Schriftsteller finden wir dieses Zugs besonders erwähnt.

164) „Coepit habere penes se Evangeliorum libros et codicem Apostolicum." Wilh. Tyr. XX. 31.

J. Chr. 1172. entwöhnte [165]), ließ durch einen Botschafter [166]) dem Könige von Jerusalem melden, er sey bereit, sich öffentlich zum Christenthume zu bekennen, wenn die Templer die Schatzung von zwey Tausend Goldstücken, welche sie von seinen in der Nachbarschaft ihrer Burgen wohnenden Unterthanen erhoben, nachlassen wollten. Der König Amalrich willigte gern in dieses Anerbieten und erbot sich, den Templern den Verlust, welchen ihr Haus dadurch erlitt, aus seinem Schatze zu ersetzen. Als aber dieser Gesandte des Alten vom Berge in Begleitung eines königlichen Geleitsmanns heimkehrte, erschlug ihn meuchelmörderisch nahe an der Gränze des Landes der Assassinen, der Templer Walther von Mesnel, ein Mann von widerlicher Gestalt, einäugig und von ungestümen Sitten [167]). Die übrigen Templer bewiesen hernach durch ihr Betragen, daß sie nicht ohne Antheil waren an dieser Frevelthat. Denn als der König, nachdem er zu Sidon mit den Baronen des Reichs sich berathen, zwey Ritter an den dort anwesenden Großmeister der Templer, Otto von St. Amant, sandte, Genugthuung zu fordern, erklärte dieser: es sey dem Bruder Walther bereits nicht nur eine Buße auferlegt, sondern auch geboten worden, sich ohne Verzug nach Rom zum apostolischen Vater zu begeben, um dessen weitere Weisung

165) „Eodem quoque modo populum suum erudiens ab observantia illius superstitionis cessare fecit, oratoria quibus antea usi fuerant dejiciens, eorum jejunia solvens, vinum et suillas carnes suis indulgens.“ Wilh. Tyr. In den Morgenländischen Schriftstellern finden wir keines so christlich gesinnten Fürsten der Assassinen erwähnt. Man fühlt sich fast geneigt, in diesen Verhandlungen eine Ueberlistung der beschränkten Christen zu argwöhnen.

166) „Virum prudentem, in consiliis providum, eloquentem et Magistri sui doctrinam redolentem, nomine Boaldelle.“ Wilh. Tyr.

167) Vir nequam et monoculus, cujus spiritus in naribus ejus.“ Wilh. Tyr. XX. 32.

zu vernehmen; und eben deshalb verbiete er im Namen des Papstes jede Gewaltthätigkeit gegen den gedachten Bruder[168]). Der König aber, im heftigsten Grimme[169]) über solche verruchte Frevelthat und deren ruchlose Billigung, versammelte aufs Neue die Barone, und nach ihrem Rathe ließ er mit bewaffneter Macht den Mörder aus dem Tempelhofe zu Sidon schleppen und nach Tyrus ins Gefängniß führen. J. Chr. 1172.

Noch waren die heftigen Bewegungen, welche diese Händel im Reiche hervorgebracht[170]), nicht beruhigt, noch von dem Könige keine weitern Verhandlungen mit dem Templerorden, wegen ihres ungebührlichen Betragens in dieser Sache, eröffnet, als sich die Kunde verbreitete von dem Tode Nureddins, welcher starb, als er eben im Begriff war, die Waffen gegen den widerspenstigen Saladin zu kehren[171]). Der Christliche König von Jerusalem ehrte aber nicht die Traurigkeit der Muselmänner über den Tod ihres Fürsten, wie einst der Muselmann Nureddin die Betrübniß der Christen nach dem Tode des letzten Königs Balduin. Aber doch zog Amalrich von den Verwirrungen in dem Reiche Nureddins nur sehr geringen Vortheil. Er rückte zwar mit den Scharen des Reichs vor Paneas und berannte die Stadt funfzehn Tage lang; als ihm aber wider Erwarten heftiger Widerstand geleistet wurde, gewährte er den Heiden Frieden für eine Mai 1173.

168) „Inhibere ex parte domini Papae, ne in praedictum fratrem manus quis auderet iniicere violentas." Wilh. Tyr.

169) „Rex prae facti atrocitate ira et quasi insania succensus vehementer." Wilh. Tyr.

170) „Tantem verbi huius occasione paulo minus universum Regnum habuit ruinam irreparabilem sustinere." Wilh. Tyr.

171) Er starb nach Wilhelm von Tyrus (XX. 33) im Mai 1173, nach den Morgenländischen Schriftstellern am 21 Tage des zehnten Monats im Jahre 569 = 22 Mai 1173, dem 58sten Jahre seines Lebens. Abulf. Ann. T. IV. S. 14. Bohaed. S. 39.

J. Chr. 1173. Summe Geldes und die Freylassung von zwanzig gefangenen Rittern [172]).

Schon während dieser Belagerung fühlte Amalrich die Anwandlung krankhafter Gefühle, und auf der Rückkehr erkrankte er zu Tiberias an einer heftigen Ruhr. Doch setzte er, zwar hinfällig und schwach, noch zu Roß die Reise über Nazareth und Sichem fort gen Jerusalem. Dort beschleunigte die Ungeschicklichkeit der Aerzte seinen Tod [173]); und Amalrich verschied am eilften des Juliusmonates 1173, im acht und dreyßigsten Jahre seines Lebens und dem zwölften einer wenig gesegneten Regierung.

172) Nach Wilhelm von Tyrus (a. a. O.) schloß der König diesen Frieden mit der Wittwe Nureddins. Der Zusatz, welchen Marin (I. S. 236), indem er der Erzählung des Erzbischoffs folgt, sich verstattet „qui s'y étoit enfermée", steht in geradem Widerspruch mit seiner Quelle: „Quod audiens praedicti uxor principis . . . missa legatione ad dominum Regem etc." Wir finden bey den morgenländischen Geschichtschreibern nicht, daß sie sich der Regierung nach dem Tode ihres Gemahls angenommen habe.

173) Seine Krankheit beschreibt Wilhelm von Tyrus (a. a. O.) also: „Ubi (Hieros.) ingravescente valetudine febre etiam coepit vehementissime laborare, cessante physicorum artificio dysenteria. Cumque per dies aliquot ea febre supra vires affligeretur, praecepit ad se accersiri medicos Graecos, Syros et illarum nationum homines, petens instantissime ab eis, ut aliqua decoctiuncula alveum ejus solverent. Quod cum ab eis impetrare non posset, fecit ad se consequenter vocari Latinos, a quibus id ipsum exigens, adjiciens etiam ut sibi omnes rei imputaretur eventus: dederunt ergo ei decoctiunculam unam, qua sumta sine difficultate assellavit aliquoties, ita ut sibi videretur quod ei esset melius. Antequam tamen corpus medicinae violentia exhaustum sumto cibo posset reficere, febre solita recurrente in fata concessit."

Drittes Kapitel.

Der Tod Nureddins befestigte die Macht des furchtbaren Saladin zu einer Zeit, wo das Christliche Reich in Syrien in die schwachen Hände eines kranken Knaben kam. Schön am vierten Tage nach des Königs Amalrich Tode wurde 15 Jul. 1173. sein dreyzehnjähriger Sohn Balduin von dem Patriarchen Amalrich unter dem Beystande sämmtlicher Prälaten des Reichs in der Kirche des heiligen Grabes gekrönt; und über die Verwaltung des Reichs erhoben sich bald mancherley Streitigkeiten, welche unter diesem verderbten Volke, wie gewöhnlich, zu grauenvoller That führte.

Der Graf Raimund von Tripolis, welcher nicht lange zuvor aus der Gefangenschaft der Heiden zurückgekehrt war, erhob Ansprüche auf die Vormundschaft während der Minderjährigkeit des Königs, und stützte sich auf seine nahe Blutsfreundschaft mit dem königlichen Hause, auf seine Würde, als der mächtigste Lehnsmann der Krone, und auf seine Verdienste um den König Amalrich. Er kam selbst nach Jerusalem, um seine Ansprüche geltend zu machen, und führte sie vor dem König und den anwesenden Fürsten in einer Rede aus, in welcher er behauptete, daß ihm die Vormundschaft gebühre auch als billige Vergeltung, indem er zu der Zeit, da er in der Gefangenschaft von Nureddin

J. Chr. 1173. gewesen, nicht nur seinen Getreuen geboten, alle Festen und Burgen dem König Amalrich zu öffnen, sondern auch in seinem letzten Willen, welchen er damals aufgerichtet, den König Amalrich zum Erben aller seiner Länder und fahrenden Habe eingesetzt hatte, falls ihn Gott sollte in den Fesseln der Heiden umkommen lassen. Zwar begünstigten ihn alle Prälaten und unter den weltlichen Fürsten der Connetable Honfroy, Balduin von Rama und dessen Bruder Balian, so wie auch Rainald von Sidon; auch war ihm das Volk gewogen. Doch wurde Raimund vertröstet bis zur Entscheidung einer allgemeinen Reichsversammlung, welche baldigst berufen werden sollte; und kam erst durch ein Verbrechen zum Ziel, welches, jedoch vielleicht ohne sein Wissen, von seinen Freunden verübt wurde.

Sein heftigster Widersacher war nemlich der Seneschall Milo von Plancy, welcher, wohl wissend, wie sehr er bey den Pullanen verhaßt war, zwar nicht öffentlich des Reichs sich bemächtigte, sondern zum Schein die Gewalt in die Hände des Burgvogts Reard von Jerusalem, eines Mannes von niedriger Herkunft und geringer Einsicht, legte; unter dessen Namen aber regierte er selbst das Reich. Viele gaben ihm Schuld, daß er, sogar nach dem Throne trachtend, seine Freunde und Anhänger in Frankreich eingeladen habe, baldigst übers Meer zu kommen und ihm in seinem Beginnen beyzustehen, und daß diese Einladung zu überbringen, der Hauptzweck der Sendung des Balian von Joppe, eines Bruders von dem Burgvogt Reard, gewesen sey. Denn Balian war bald nach der Krönung nach dem Abendlande gesandt worden, angeblich, um an mehrere Fürsten Briefe des neuen Königs und Geschenke zu überreichen. Der Seneschall reitzte den Haß seiner Feinde noch mehr durch die

Verachtung, welche er ihnen bewies; er achtete selbst nicht die Warnungen vor ihren Mordplänen und ließ sich dadurch zu keiner Behutsamkeit, nicht einmal in seinen Reden, bewegen. Daher wurde dem wider ihn gedungenen Mördern es nicht schwer, die Gelegenheit zur Ausführung ihrer Gräuelthat zu finden; in der Dämmerung eines Tages überfielen sie ihn zu Ptolemais auf öffentlicher Straße und erschlugen ihn mit ihren Schwertern unter grausamen Mißhandlungen [1]). So fiel Milo als das Opfer der Erbitterung einer durch seine Erhebung gekränkten Partey, vielleicht auch als das Opfer seiner eigenen Unbesonnenheit. J. Chr. 1173.

Der Graf von Tripolis säumte nicht, sobald sein Widersacher gefallen, in Jerusalem, wohin die Prälaten und Barone des Reichs indeß berufen worden, sich einzufinden und auf die versprochene Entscheidung zu dringen, und nach zweytägiger Berathung wurde er durch einmüthigen Beschluß zum Verweser des Reichs ernannt, und die Reichsverwaltung in dem Capitel des heiligen Grabes ihm über-

1) Wir haben über Milo von Planey nur die einseitigen Aeußerungen des Erzbischoffs Wilhelm, und man sieht aus dessen Aeusserungen (Cap. II. Anm. 5a) deutlich genug, daß er selbst nicht zu den Gönnern des Seneschalls gehörte. Gleichwohl ist er billig genug, anzuführen, daß die Meinung keinesweges allgemein gewesen seyn, welche den Milo des eiteln Trachtens nach einem wankenden Throne beschuldigt habe; sondern daß vielmehr manche der Meinung gewesen, er sey als Opfer seiner Treue gegen den König gefallen. „Dicentibus aliis quia pro sua fidelitate, quam Domino Regi devotus exhibebat, hoc ei acciderat." XXI. 4. Diese Aeußerung begründet fast die Vermuthung, daß bey der Gegenpartey ähnliche Pläne obgewaltet. Ueberhaupt berichtet Wilhelm von Tyrus von diesen Händeln bey allem Wortreichthum doch sehr unvollständig. Wir erfahren nicht einmal, wen man für den Anstifter dieses Mordes damals gehalten; sondern Wilhelm von Tyrus sagt nur ganz kurz: „conflato adversus eum odio pertinaci subornati sunt quidam, qui vitae ejus insidias molirentur." Man sieht, der sonst so genaue Mann wagte zu der Zeit, da er die beyden letzten Bücher seiner Geschichte schrieb, noch nicht freymüthig über diesen Handel zu reden.

J. Chr. 1173. tragen; jedoch sollte dem jungen Könige der Antheil an der Regierung, und die ihm gebührende äußere Würde auch während seiner Minderjährigkeit nicht entzogen werden [2]).

Es offenbarte sich aber bald, daß von diesem Könige das Christliche Reich wenig ersprießliches zu erwarten habe. Zwar fehlten ihm nicht natürliche Anlagen des Geistes, und er machte bey seinem Lehrer, dem Canzler Wilhelm, nachmaligem Erzbischoff von Tyrus, in den Wissenschaften treffliche Fortschritte; auch in körperlicher Gewandtheit übertraf er nicht nur seinen Vater, dem er in der Gestalt des Körpers fast vollkommen glich, sondern auch seine übrigen Vorfahren, vornehmlich als Reiter [3]). Aber schon in den Knabenjahren zeigte sich bey ihm der Anfang einer der schrecklichsten Krankheiten, des Aussatzes, welche trotz allen Gegenwirkungen der Aerzte, immer heftiger sich entwickelte.

Wenige Wochen waren seit der Krönung des Königs verflossen, als schon eine betrübende Kunde nach Jerusalem
Im August od. Sept. 1174. kam. Die Unternehmung einer Flotte von zweyhundert trefflich bemannten Schiffen, welche der jugendliche König Wilhelm der Andere von Sicilien gegen Alexandrien ausgesandt [4]), verunglückte auf eine klägliche Weise. Zwar

2) „De communi omnium conniventia, in capitulo Dominici Sepulchri, traditur ei universa Regni post dominum Regem, populo acclamante, procuratio et potestas." Wilh. Tyr. XXI. 4.

3) „Erat autem juxta illius conditionem aetatis forma venusta et praeter morem majorum suorum equis admittendis regendisque aptissimus." Id. XXI. 1.

4) Wilhelm von Tyrus (XXI. 3) und Bohaeddin (c. 12. S. 41) gedenken dieser Unternehmung nur mit wenigen Worten; wir finden ihrer sonst bey keinem Schriftsteller erwähnt. Sie geschah nach Wilhelm: „hujus domini Balduini anno primo, circa Augusti initium;" nach Bohaeddin wurde die Belagerung

landete das Heer, die Belagerung wurde mit großem Ungestüm begonnen, und in heftigem Kampfe fielen viele tapfere Streiter. Aber nach wenigen Tagen, als gemeldet wurde, daß Saladin selbst im Anzuge sey, wurde das ganze Heer von so heftiger Furcht ergriffen, daß es mit Zurücklassung alles Belagerungszeuges und des Gepäcks eilfertig die Schiffe bestieg; und in der Verwirrung dieser plötzlichen Flucht wurden viele Pfaffen und Layen von den nacheilenden Heiden jämmerlich erschlagen. J. Chr. 1174.

So niederschlagend und trostlos die Lage der Christen war, so gedeihlich dagegen alles Beginnen Saladins. Ueberall kamen die Verhältnisse, sowohl in der Familie als den Staaten Nureddins, seinen Hoffnungen und Wünschen entgegen. Denn Nureddin hatte nur Einen Sohn in zartem Alter hinterlassen, den Malek as-Saleh Ismael, welcher zu Damascus als Nachfolger seines tapfern Vaters angenommen wurde, und unter dessen Namen regierte der Emir Ebn Mokaddem. Auch Saladin erkannte den Knaben

von Alexandrien angefangen am 7 Saphar 570 = 6 Sept. 1174. Außer dieser Verschiedenheit welchen diese Schriftsteller auch in einigen andern Angaben von einander ab. Wilhelm von Tyrus gibt die Zahl der Sicilischen Schiffe zu zweyhundert an, Bohaeddin zu siebenhundert von verschiedener Art, und von eben diesem Schriftsteller wird die Zahl der Streitenden auf diesen Schiffen zu 30000 angenommen. Nach dem erstern Schriftsteller war blos die Fahrlässigkeit der Anführer an dem Mißlingen dieser Unternehmung schuld, nach Bohaeddin bewirkte die Nachricht von der Ankunft Saladins solches Schrecken, daß die Kreuzfahrer sich in der größten Eilfertigkeit einschifften. Vielleicht bestand eben in der Art und Weise dieses eilfertigen Abzugs die Unvorsichtigkeit, welche der Erzbischoff den Anführern verwirft. („Ubi dum procuratores et primicerii incautius se habent, amissis ex utroque ordine quamplurimis, tam captivatis quam peremptis gladio, per moram quinque aut sex dierum quam circa urbem fecerant, confusi recesserunt.) Die Dauer der Belagerung, welche in der angeführten Stelle nur unbestimmt zu fünf oder sechs Tagen angegeben ward, bestimmt Bohaeddin zu drey Tagen.

J. Chr. 1174. anfangs als seinen Oberherrn an und ließ die ägyptischen Münzen mit dessen Namen prägen. Bald aber wurde die Unzufriedenheit der Muselmänner mit der Regierung eines Knaben, welcher nicht im Stande war, den von Nureddin geführten Streit gegen die Christen fortzusetzen, laut; auch regte sich der Neid der übrigen Emire gegen Ebn Mokaddem, und Saifeddin, Neffe Nureddins, bemächtigte sich daher ohne große Mühe, mit Hülfe der Truppen, welche er zur Zeit des Todes seines Oheims eben im Begriff war, zu diesem zu führen, aller Besitzungen desselben in Mesopotamien. Weil aber Saifeddin zu fern war, er seine Tapferkeit bis dahin im Kampfe wider die Kreuzritter nicht erprobt hatte, und ohnehin seine Herrschaft, wozu er gegen den letzten Willen seines Vaters, mit Beraubung seines ältern Bruders, sich gedrängt hatte, nicht für rechtmäßig geachtet wurde: so vereinigten sich die Wünsche vieler Muselmänner dahin, daß Saladin die Regierung wenigstens des Landes übernehmen möchte, welches sowohl den Angriffen der Christen am meisten ausgesetzt, als auch zu deren Bekämpfung am bequemsten gelegen war. Selbst Ebn Mokaddem, als er einsah, daß es ihm unmöglich seyn würde, sich gegen so viele Feinde auf die Länge zu behaupten, forderte den Sultan auf, sich in den Besitz
Oktobr. 1174. von Damascus zu setzen. Als daher Saladin vor Damascus mit sieben hundert Reitern erschien, so wurde ihm diese
Decbr. 1174. wichtige Stadt ohne Schwertstreich geöffnet [5]). Die Städte in Coelesyrien Hama und Emessa, welche den von Nureddin ihnen gesetzten zinsbaren Fürsten Fachreddin wegen seiner Grausamkeit sogleich nach dem Tode des Athabek

5) Bohaeddin S. 42. Nach Abulfeda's Bericht (Ann. T. IV. S. 16) entschloß sich Ebn Mokaddem zu diesem Schritte, als er fürchtete, gegen den Emir (Saad-ed-din) Kameschthekin, der zu Haleb der Person des jüngern Fürsten und der Regierung sich bemächtigt hatte, nicht sich be-

jagt hatten, unterwarfen sich der Macht Saladins eben so willig [6]. Doch unterwand sich Saladin der Regierung dieser Städte nur unter dem bescheidenen Namen eines Statthalters von Malek as-Saleh, und erklärte, die Rechte des Sohnes von seinem ehemaligen Herrn und Wohlthäter gegen jede Anmaßung und Gewalt schirmen zu wollen [7]. Diese Versicherung vermochte aber gleichwohl die Miliz von Aleppo nicht, ihm diese Stadt zu öffnen; sondern, bewegt durch die Thränen und Klagen des Malek as-Saleh, welcher um ihren Schutz sie anflehte, zog sie aus und schlug die kleine Schar, mit welcher Saladin auf dem Berge Guschan vor dem Thore der Stadt gelagert war, um die Uebergabe zu fordern, in die Flucht; und Kameschthekin, der Statthalter von Aleppo, bewog sogar den Senan, Scheich der Assassinen, die Vertilgung des Emirs Saladin, als eines Feindes der wahren Lehre, von der Erde, seiner meuchelmörderischen Rotte zu gebieten. Die ausgesandten Mörder aber wurden alle ergriffen und getödtet [8]. Saladin unternahm hierauf, nachdem er seine Truppen verstärkt, die förmliche Belagerung der Stadt Aleppo. J. Chr. 1174.

haupten zu können. Marin (hist. de Salad. I. S. 246 flgd.) erzählt die Verhandlungen der Emire in Damascus nach dem Tode Nureddins, wie es scheint, nach Ebn Al-Athir, sehr ausführlich; die Emire sollen zuerst dem Athabek Saifeddin das Fürstenthum von Damascus aus Furcht vor Kameschthekin wirklich angetragen und an Saladin sich erst gewandt haben, als jener Mißtrauen über die Redlichkeit ihres Anerbietens merken ließ und zögerte nach Damascus zu kommen. Die Zeit, in welcher Saladin dieser Städte sich bemächtigte, war nach Abulfeda vom Ende des Rabi-el-awwal bis zum Anfange des Dschumada al Achera = vom 30 October bis Ende Decembers 1174.

6) Wilhelm von Tyrus (XXI. 6) nennt außer diesen Städten noch Baalbek und Cäsara (Caesara quae vulgo dicitur Caesarea magna), als solche, von welchen Saladin damals sogleich als Herr anerkannt wurde. Baalbek unterwarf sich aber einige Wochen später, wie aus Abulfeda (S. 30) erhellt. Die Stadt Schaisar wird bey dieser Gelegenheit von den Morgenländischen Schriftstellern gar nicht genannt.

7) Abulf. S. 18.

8) Id. S. 20.

J. Chr. 1174. Unter den Christen entstand über diese Fortschritte des Feindes, dessen Furchtbarkeit immer deutlicher vor ihren Augen sich entwickelte, große Angst und Bekümmerniß. Die Barone des Reichs wurden eiligst nach Jerusalem berufen zu gemeinsamer Berathung; aber gefahrlose Mittel, dem Uebel zu widerstehen, ließen nicht leicht sich entdecken. Die Gesandtschaft, welche an Saladin war abgefertigt worden, um ihn durch Drohungen zum Abzuge von Aleppo zu bewegen, hatte die gewünschte Aufnahme nicht gefunden [9]). Darum blieb den Christen kein anderes Mittel, als offener Kampf; und wie mochten sie hoffen, in ihrer damaligen Kraftlosigkeit diesen Kampf mit Ruhm und Vortheil zu bestehen?

Doch wurde beschlossen, daß der Graf Raimund mit allen Truppen, sowohl des Reichs als seiner Grafschaft, an einem bequemen Orte sich lagern sollte, um der Gelegenheit
Jan. 1175. zu einer nützlichen Unternehmung zu warten. Der Graf lagerte sich also mit seinen Scharen bey der Burg Arca in seiner Grafschaft [10]).

Febr. 1175. Die Christlichen Scharen waren dort noch nicht lange versammelt gewesen, als Botschafter aus Emessa kamen und die Kreuzritter aufforderten zum Beystande gegen Saladin, welcher zwar die Stadt Emessa überwältigt, aber noch nicht der dortigen Burg [11]) sich bemächtigt hatte. Die Miliz dieser Burg, welche bis dahin dem Geschlechte Nured-

9) Dieser Gesandtschaft erwähnt Abulfaradsch in der syr. Chron. S. 374.

10) „In partibus Tripolitanis circa fines Archenses castrametatus in ea regionis parte, quae dicitur Galifa, consedit.“ Wilh. Tyr. XXI. 8.

11) Fachreddin war nicht im Besitze der Burgen, wodurch die Städte von Coelesyrien befestigt waren, gewesen; nur mit Ausnahme der Burg von Barin, welche ihm ebenfalls gehörte. Abulf. S. 18.

dins treu geblieben war, versprach dem Grafen Raimund J. Chr. 1175.
und seinen Scharen reichliche Belohnung, wenn sie gegen die ungerechte Herrschaft Saladins sie schirmen wolle. Der Graf Raimund säumte nicht, seine Scharen gegen Emessa zu führen; denn er hoffte wenigstens die in der Burg von Emessa eingeschlossenen Geisel zu befreyen, welche von ihm für sich selbst und von Rainald von Sidon für seinen Bruder Eustach gestellt worden, als Nureddin beyde aus der Gefangenschaft entließ, ehe sie ihr Lösegeld zu bezahlen vermochten. Als aber die Christlichen Scharen vor Emessa ankamen, so war zu den Heiden in der Burg die Kunde gelangt, daß ein Heer aus Mosul im Anzuge sey gegen Saladin; und weil sie glaubten, nunmehr der Hülfe der Christen nicht mehr zu bedürfen, so nahmen sie die zuvor gegebenen Verheißungen zurück [12]). Worauf die Christen unverzüglich in ihr Lager bey Arca heimzogen.

Saladin aber, als das Heer von Mosul nahe kam, ließ von der Belagerung der Stadt Aleppo ab und führte seine Scharen über Hama nach Coelesyrien, um seine dortigen Eroberungen zu sichern, ehe die Feinde kämen. Auch dieses Beginnen gelang ihm ohne Schwierigkeit. Denn nicht nur
bezwang er die Burg von Emessa nach einer Belagerung von 17 März 1175.
wenigen Tagen und unterwarf sich die Stadt Baalbek, sondern durch Honfroy von Toron, den Connetable des Reichs, welcher in verrätherischen Verbindungen mit Saladin stand, verführt [13]), schloß der Graf von Tripolis einen Vertrag,

12) So Wilhelm von Tyrus. Die Hauptursache, warum die Muselmänner ihre Verheißungen zurücknahmen, mochte wohl in dem Zustande des Christlichen Heeres liegen, welcher keinen sehr ersprießlichen Beystand hoffen ließ.

13) „Dicebatur horum omnium verborum dominus Henfredus de Torono, regius Constabularius, mediator fuisse, quae praedicto Salahadino nimiae familiaritatis affectu deuinctus arguebatur." Wilh. Tyr. XXI. 8.

L 2

J. Chr. 1175. worin er gegen die Freylassung der von ihm und dem Herrn von Sidon gegebenen Geisel sich anheischig machte, den Emir Saladin in seinem Kampfe gegen das Geschlecht Nureddins auf keine Weise hinderlich zu seyn. Nach dem Abschlusse dieses schimpflichen Vertrages hielten sich die Christen ruhig in ihrem Lager und kehrten wenige Wochen hernach zurück in ihre Städte und Burgen [14].

Mittlerweile ging Saladin muthig dem Heere von Mosul entgegen, welches von Aleppo, wo es einige Tage geruhet und die Miliz dieser Stadt mit sich vereinigt hatte, auf dem Wege von Hama wider ihn zog, geführt von Azeddin Masud, dem jüngern Bruder des Fürsten Saifeddin von Mosul. Er bereitete sich mit desto froherm Muthe zum Streite, da in dem Geschlechte Nureddins selbst in dieser Zeit des gemeinsamen entscheidenden Kampfes gegen die wachsende Macht seines Unterdrückers kein Frieden und keine Eintracht war. Emadeddin Zenki, der Fürst von Sangar, aus Feindschaft gegen seinen Bruder Saifeddin, welcher ihn aus dem Fürstenthum Mosul verdrängt, nahm keinen Antheil an dem Kampfe, um die Gunst Saladins zu gewinnen, und Saifeddin führte zu dieser Zeit, wo ein so gefährlicher Feind zu bekämpfen war, einen Theil seiner Scharen gegen Sangar und belagerte dort seinen Bruder. Gleichwohl trug Saladin Frieden und Vergleich an, und erklärte sich bereit, die eroberten Städte in Coelesyrien zu-

14) „Egressi itaque a nobis circa Kal. Januarias, Kalendis iterum Maii domum reversi sunt.“ Wilh. Tyr. l. c. Diese Zeitangabe stimmt sehr wohl zusammen mit der Chronologie bey Abulfeda und Bohaeddin. Im ersten Dschumadi 570 (= Dec. 1174) bemächtigte sich Saladin der Stadt Emessa (Boh. S. 42), am letzten Tage desselben Monats (= 27 Dec.) lagerte er sich vor Haleb (ebendas.). Am ersten Tag des Monats Radscheb (24 Febr. 1175) zieht er von Haleb ab nach Coelesyrien (Abulf. S. 20), am achten (4 März) zieht er durch Hama, am ein und zwanzigsten (17 März) erobert er die Burg von Emessa (ebendas.).

rückzugeben und den Malek as-Saleh auch fernerhin als J. Chr. 1175.
seinen Herrn anzuerkennen, wenn ihm die Statthalterschaft über Damascus bestätigt würde. Dieser Vorschlag fand aber weder bey Masud noch bey Kameschthekin Gehör; sie waren entschlossen zu schlagen. Die Heere trafen zusammen 13 April
unfern von Hama in einer hügelichten Gegend, welche Kurun Hama, d. i. die Hörner oder Hügel von Hama, genannt wird; und nach einer blutigen Schlacht gewann Saladin das Feld, plünderte das Lager der Feinde und gewann große Beute. Diesen Sieg verdankte er jedoch, wie der Erzbischoff Wilhelm von Tyrus behauptet, weniger seiner Tapferkeit, als der Treulosigkeit mehrerer Emirs des feindlichen Heers, welche für Geld ihren Fürsten in dieser Schlacht verriethen [15]). Er verfolgte hierauf die Fliehenden bis nach Aleppo, umlagerte die Stadt zum zweyten Male, und machte seine Absichten nunmehr kund ohne Scheu, indem er das Gebet in den Moscheen seiner Herrschaft nicht mehr für den Sohn Nureddins, sondern für sich selbst zu halten gebot, auch die Münzen prägen ließ mit seinem eigenen Namen und selbst den Titel Sultan oder Selbstherrscher sich beylegte [16]). Auch verwilligte er dem Fürsten Malek as-Saleh hernach nur unter der Bedingung Frieden, daß ihm die Herrschaft über Damascus und alle andere eroberte Städte bliebe, und Malek as-Saleh sich mit dem übrigen Theile des von seinem Vater ererbten Reichs begnügte. Hierauf zog Saladin von Aleppo ab und bezwang auch die Stadt

15) L. c. „Tandem deficientibus Ninivitis, proditione suorum, ut dicitur, pecunia corruptorum, victoriam obtinuit Saladinus.“ Wilhelm von Tyrus setzt die Einnahme der Burg von Emessa nach diesem Siege; ich bin der Erzählung des Bohaeddin Abulfeda gefolgt, welche das Gepräge größerer Genauigkeit trägt. Den Tag der Schlacht bemerkt Bohaeddin 9 Ramadan 570 = 13 April.

16) Abulf. S. 22.

J. Chr. 1175. Barin, welche bis dahin noch allein dem Emir Fachreddin geblieben war.

Die Schlacht bey Tell assoltan [17]) befestigte die Macht Saladins noch mehr; denn in dieser unterlag seinen durch neue Truppen aus Aegypten verstärkten Scharen Saifeddin selbst, welcher, nachdem er seinen Bruder Zenki wegen seiner Freundschaft mit Saladin gezüchtigt hatte, mit einem großen Heere über den Euphrat gekommen war. Aber dieses Heer war freylich nicht dazu gemacht, um wider Saladin und seine tapfern Waffengenossen zu streiten; es herrschte in diesem Heere Ueppigkeit aller Art. In dem Lager, welches Saladin eroberte, wurde eine große Zahl von Gauklern und hundert Sängerinnen gefunden, außerdem Papageyen, Turteltauben und allerley andere seltene Vögel in Käfigen. Saladin sandte deshalb, um diese schimpfliche Weichlichkeit zu verspotten, einen der gefangenen Gaukler mit allen diesen Vögeln an Saifeddin zurück mit dem Rathe, doch solche schöne Thiere nicht wieder in Gefahr zu bringen [18]). Die Städte Bazaa, Mambedsch und Ezaz, um deren Besitz von den Kreuzfahrern in den frühern rühmlichen Zeiten so viele blutige Kämpfe gegen die Heiden bestanden waren, entriß Saladin nach jenem Siege dem Sohne Nureddins in wenigen Wochen, und lagerte sich dann wieder vor Aleppo. Furchtbarer als die Waffen der Feinde in der Schlacht wurden aber in dem Lager vor Ezaz dem tapfern Sultan die meuchelmörderischen Dolche der Assassinen. Drey Mörder an Einem Tage nach einander versuchten ihn zu tödten, und der erste verwundete ihn

17) Abulfed. S. 24. „An dem Orte, welcher genannt wird der Brunnen der Turkomanen (Gubai detutkomanoje)." Abulfar. Chron. Syr. S. 377. Eben so Bohaeddin S. 44, wo (S. 45) auch die Zeit der Schlacht bestimmt angegeben wird.

18) Abulfar. a. a. O.

wirklich am Haupte; den Sultan rettete aber sein eigener starker Arm und die schnelle Hülfe seiner Leibwache. Aber wohl bekannt mit der furchtbaren Beständigkeit dieser meuchelmörderischen Rotte in der Ausführung beschlossener Mordthaten gerieth Saladin in nicht geringe Besorgniß; er hielt sich mehrere Tage in seinem Zelte verborgen und ließ indeß sein Lager von allen Fremden und Verdächtigen säubern [19]. Diese Besorgniß machte ihn auch geneigter, den Friedensanträgen des bedrängten Fürsten von Aleppo und seiner Räthe Gehör zu geben. Und als Malek as-Saleh, den freygebigen Sinn Saladins wohl kennend, seine jüngere Schwester in das Lager Saladins sandte, und diese nach der Anweisung, welche ihr gegeben worden, auf des Sultans Frage, welches Geschenk sie von ihm sich wünsche, um die Burg Ezaz bat: so gab Saladin auch diese wichtige Burg an das Fürstenthum Aleppo zurück [20]. Bald darauf nahm er Nureddins Wittwe Ezmatheddin zur Gemahlin, wodurch er nicht wenig sein Ansehen vermehrte [21]. Auch der Chalife ehrte ihn mit Belobungen und Geschenken schon nach dem ersten Siege, welchen er über die Scharen von Aleppo und Mosul erstritt. J. Chr. 1175.

Den Meuchelmord, welchen die Assassinen wider ihn versucht, ließ Saladin nicht ungeahndet; er führte sein siegreiches Heer in das Gebiet ihres Scheichs auf dem Libanon, verwüstete es mit Feuer und Schwert, belagerte die Burg Masjaf, ihren dortigen Hauptsitz, und gab ihnen nicht eher Frieden, als bis sein Oheim, Schahabeddin, Statthalter von Hama, dessen Fürsprache der Scheich Senan nachgesucht hatte, ihm rieth, der Rache ein Ziel zu Juli 1176.

19) Bohaed. Abulfed. S. 26. 45. Histor. Dyn S. 407. Chron. Syr. S. 379. Abulfed. a. a. O.

20) Bohaed. a. a. O. Abulfar. 21) Abulfar. a. a. O.

J. Chr. 1176. setzen [22]). Hierauf kehrte Saladin nach Aegypten zurück, nachdem er seinen Bruder, Schamseddin Turanschah, zum Statthalter von Damascus eingesetzt hatte [23]).

Diese Zeit, in welcher Saladin sein entstehendes Reich nur mit Mühe und großer Gefahr gegen die Angriffe seiner Glaubensgenossen behauptete, hätte von den Christen nicht unbenutzt bleiben sollen, wenigstens zu fleißigen Rüstungen und ernstlichen Vorkehrungen für die bevorstehende Erneuerung des Kampfes. Sie aber brachten diese Zeit meist in träger Ruhe hin, oder unter mancherley innerm
Jun. 1175. Hader. Nur während Saladin das erste Mal vor Aleppo gelagert war, brachen sie durch den Wald von Paneas in das Land von Damascus ein, drangen vor bis Daria, kaum vier Rasten von Damascus, zündeten, als die Einwohner mit ihrer tragbaren Habe in die Burgen flohen, die reife Saat an auf den Aeckern, und verwüsteten das Land mit Feuer und Schwert bis an den Fuß des Libanon [24]).
Aug. 1176. Und als im folgenden Jahre Saladin nach schwerem Kampfe gegen den Athabek Saifeddin von Mosul nach Aegypten zurückgekehrt war, zog die Ritterschaft des Königreichs durch das Gebiet von Sidon über das Gebirge, welches dort das Christliche Land von dem Muselmännischen schied, in das meistens fruchtbare und wohl angebaute Thal Baka, ehemals Iturea genannt, worüber in den ersten Zeiten des Christenthums Philipp, des ältern Herodes Sohn, Vierfürst war; und drangen verwüstend vor bis zu der wegen ihrer Pracht im Alterthume weltberühmten Stadt Palmyra,

22) Abulfed. S. 28.

23) Bohaed. a. a. O.

24) Am Fuße des Gebirges erbrachen sie einen befestigten Ort, welchen Wilhelm von Tyrus (XXI. 10) Bedegenne nennt; er übersetzt dieses Wort durch locus voluptatis, und meldet, dieser Name sey dem Orte wegen seines trefflichen Wassers gegeben worden. Es ist ohne Zweifel das Arabische Bait aldschannah d. i. das Haus des Paradieses.

welche, von dem Kaiser Justinian wieder hergestellt, auch damals noch eine wohlbefestigte Stadt war und, mit einem griechischen Namen, Amegarra, d. i. die Paläste, genannt wurde[25]). Mittlerweile war auch der Graf von Tripolis, der Abrede gemäß, mit seiner Ritterschaft durch die Landschaft von Biblus in dieselbe Ebene Baka bis gegen Baalbek oder Heliopolis gezogen, das Land auf gleiche Weise mit Feuer und Schwert verheerend. Die Miliz des Königreichs, als sie dieses vernahm, zog zurück ihnen entgegen. Beyde Ritterschaften vereinigten sich in der Mitte der Ebne, zogen wider den Statthalter von Damascus Schamseddaulah, den Bruder Saladins, welcher mit seiner ganzen Macht wider sie ausgezogen war, und schlugen ihn aufs Haupt, also daß er mit wenigen Reitern in die Gebirge floh. Dann kehrten sie zurück mit vielen geraubten Heerden und anderer Beute. Mit solchen Unternehmungen aber war wohl einige Erleichterung, besonders für das arme Volk, aber nichts für die Sicherheit der Christlichen Herrschaft in Syrien gewonnen[26]). J. Chr. 1176.

25) „In hujus partibus submissioribus civitas ostenditur usque hodie validis moenibus circumsepta, multa praetendens nobilitatis pristinis in aedificiis argumenta, cui nomen est modernum Amegarra (i. e. τὰ μέγαρα, palatia). Hanc quidam antiquitatis perscrutatores arbitrantur esse Palmuream, nobilem quondam in Phoenice coloniam, cujus memoriam facit Ulpianus Tyrius in Digesto novo tit. X. de censibus." Wilh. Tyr. XXI. 11. Diese Erwähnung von Palmyra ist von keinem der Schriftsteller, welche sich mit der Geschichte und den Alterthümern dieser Stadt beschäftigt haben, beachtet worden. Auch der Name Amegarra, welches der bey dem griechisch redenden Einwohnern dieses Landes gewöhnliche gewesen zu seyn scheint, kömmt fast nirgends vor.

26) Wilhelm von Tyrus (XXI. 10. 11) setzt diese Heerfahrten, die erstere noch in das erste Regierungsjahr Balduins IV, die letztere in das zweyte; die übereinstimmenden Angaben der morgenländischen Schriftsteller über die Zeitfolge der Unternehmungen Saladins, welche mit jenen Heerfahrten der Christen gleichzeitig sind, geben uns aber die Mittel zur Berichtigung jener irrigen An-

J. Chr. 1176. Niemand aber war im Reiche, welcher im Stande gewesen wäre, nützliche und folgenreiche Unternehmungen zu entwerfen und auszuführen. Den sechszehnjährigen König machte außer seiner Jugend die Krankheit des Aussatzes, welche immer fürchterlicher sich entwickelte, und ihn schon nicht selten an sein Lager gefesselt hielt, zu jeder Unternehmung, welche Anstrengung erforderte, unfähig; und der Graf von Tripolis kümmerte sich wenig um das Reich, weil ihn, wie es scheint, der Widerspruch verdroß, den seine Widersacher auch nach seiner Annahme als Vormund gegen ihn fortsetzten. Die Landherren des Reichs sahen unter solchen Umständen sich genöthigt, einen tapfern und kriegserfahrnen Fürsten des Abendlandes einzuladen, sich

gaben des Wilhelm von Tyrus, welche vielleicht nur den Abschreibern seiner Bücher zur Last fallen. Auch ist es nicht richtig, wenn Wilhelm von Tyrus sagt, daß die Heerfahrt in das Thal Baka geschehen sey zu der Zeit, da Saladin bey Aleppo beschäftigt gewesen (Salahadino adhuc circa partes Halapiae occupato). Vielmehr geschah sie erst nach Saladins Rückkehr nach Aegypten; was auch daraus erhellt, daß Schamseddaulah, welcher erst im Juni oder Juli 1176 aus Jemen nach Syrien kam (Bohaed. S. 45), von Saladin kurz vor seiner Rückkehr nach Aegypten die Statthalterschaft über Damascus erhielt (Abulfar. Chron. Syr. p. 379). Vielleicht war eben diese Niederlage, deren bey den Morgenländischen Schriftstellern keine Erwähnung sich findet, die Ursache der Zurückberufung des Schamseddaulah, welcher nicht lange nach seiner Ernennung zum Statthalter von Damascus, zu Alexandrien im Sept. 1176 (Rabi al awwal 572) starb, zufolge dem Berichte Bohaeddins (a. a. O.). Nach diesen Bemerkungen bestimmt sich nun auch die Zeitrechnung der nachfolgenden Ereignisse. Die Ankunft des Markgrafen Wilhelm von Longaspata kann nicht, wie Wilhelm von Tyrus (XXI. 13) angibt, in das dritte Regierungsjahr Balduins IV (1175) fallen, sondern sie muß schon in das Jahr 1176 gehören, so wie die Ankunft des Grafen Philipp von Flandern in das Jahr 1177. In diesem letztern Jahre erlitt Saladin die Niederlage bey Ramla, und diese setzt auch Wilhelm von Tyrus in die Zeit der Händel, welche Philipp von Flandern veranlaßte. Daß überhaupt die Jahrzahlen bey Wilhelm von Tyrus sehr verwirrt worden sind, erhellt daraus, daß XXI. 26 das Jahr 1178 als das fünfte Regierungsjahr Balduins IV angegeben wird, welches vom Julius an das sechste ist.

der Beschirmung des Reiches zu unterwinden. Sie wand- J. Chr. 1176.
ten sich zuerst an den Markgrafen Wilhelm Longaspata, einen wegen seiner Kriegserfahrenheit und Tapferkeit weit berühmten Fürsten, Sohn des Markgrafen Wilhelm des Aeltern von Montferat und nahen Anverwandten der vornehmsten gekrönten Häupter der Christenheit. Denn seine Mutter, die Schwester des Königs Conrad, war die Tante des Kaisers Friedrich Rothbart und sein Vater der mütterliche Oheim des Königs Philipp von Frankreich. Als aber dieser
im Weinmonat 1176 zu Sidon angekommen war, mißfiel Okt. 1176.
sein heftiges jähzorniges Wesen und seine Neigung zum Wohlleben [27]) vielen Baronen so sehr, daß sie hartnäckig sich widersetzten, als ihm der Zusage gemäß des Königs ältere Schwester Sibylle zur Gemahlin, und die Städte Joppe und Askalon mit ihren Landschaften als Mitgift überantwortet wurden. Sie wurden ihm jedoch hernach gewogen, als sie seine Redlichkeit, Offenheit und Geradheit, welche niemals etwas im Hinterhalte verbarg [28]), näher kennen lernten. Alle Hoffnungen aber, wozu die Tapferkeit und der ritterliche Muth des schönen kräftigen Jünglings [29])
berechtigte, vereitelte sein frühzeitiger Tod; er starb nach Jun. 1177.
zweymonatlicher Kränklichkeit im Brachmonate des folgenden Jahres und hinterließ seine Gemahlin schwanger.

Die Landherren des Reichs wandten sich hierauf an den Grafen Philipp von Flandern und Vermandois [30]), den

27) „Multum in cibo, in potu quoque maxime superfluus, non usque tamen ad animi laesionem.“ Wilh. Tyr. XXI. 13.

28) „Profusus mente et qui nihil umquam vellet occultare propositi, talem se foris exhibens, qualem intus gerebat animum.“ Id. ibid.

29) „Adolescens decenter procerus, forma commendabilis, crine flavus, animosus viriliter.“ Id. ibid.

30) Roberti de Monte Appendix ad Sigeb. Gembl. ad a. 1163. Die Grafschaften Vermandois und Montdizier waren ihm als Erbtheil seiner

J. Chr. 1177. Sohn des alten Jerusalemfahrers Dietrich, des Königs Oheim, einen der mächtigsten Fürsten des Abendlandes, welcher, seit langer Zeit mit Sehnsucht erwartet, im Augustmonat desselben Jahres, wenige Wochen nach dem Tode des Markgrafen Wilhelm Longaspata, zu Ptolemais eintraf.

Die Erwartung von des Grafen von Flandern Hülfe und Beystand war nicht gering im gelobten Lande. Allerdings war der Graf Philipp als ein harter Mann bekannt; aber auch seine Tapferkeit und Thätigkeit war berühmt [31]); und es war von ihm um desto mehr zu erwarten, daß er redlich für das heilige Grab streiten würde, als er vor dem Antritte seiner Pilgerfahrt so vielen Eifer für das heilige Land bewiesen, daß der König Heinrich von England sogar einige Zeit in dem Wahne stand, als ob der Graf nach der Krone des Reichs Jerusalem trachtete [32]). Auch hatte Philipp manche Sünde abzubüßen durch den Kampf wider die Heiden. Er hatte, wie es hieß, schon ein Jahr zuvor das Kreuz genommen, um sein Gewissen zu beruhigen wegen der grausamen Verwüstungen, welche er und seine Scharen in den Ländern des Königs von England gestiftet, als er mit dem

Gemahlin Elisabeth zugefallen, seit deren Bruder, Graf Rudolph, von einem unheilbaren Aussatz war befallen worden. Vgl. auch die Genealog. Comitum Flandr. im Recueil des histor. de la France T. XIII. S. 414.

31) Philippus sapientia et tenore justitiae omnibus praedecessoribus suis merito praeferendus, homicidia, facta et caetera innumerabilia maleficia, quibus in alterum Flandrenses debacchabantur, compescuit etc. Genealog. Com. Fl. l. c. Die Flandrischen Geschichtschreiber nennen ihn deswegen den Großen oder Glorreichen. S. Chronyke van Vlaenderen door N. D. en F. R. (Brugge fol.) T. I. S. 209.

32) S. Benedicti Petroburg. Abb. vita Heinr. II (in Rec. des histor. de la France T. XIV) S. 164. Der König Heinrich sandte in dieser Besorgniß im J. 1175 zwey Bischöffe nach Flandern, um den Grafen Philipp zum Aufschub seiner Pilgerfahrt bis zu Ostern 1176 zu bewegen. „Ideo fecit," sagt der Abt Bene-

Könige von Frankreich wider die Engländer stritt [33]. Auch die lange Verzögerung der Vollziehung des Gelübdes war die Folge einer grausamen That. Denn als der Graf Philipp zu der Zeit, da er schon auf seiner Schulter das Kreuz trug, zu St. Omer den Ritter Walther von Fontaines, welchen er im Verdachte eines verbotenen Einverständnisses mit seiner Gemahlin Elisabeth hatte, in deren Gemache antraf: ließ er ihn, trotz seiner Versicherung, daß er unschuldig sey und seines Anerbietens, seine Unschuld auf jede Art zu erweisen, auf das grausamste von Henkersknechten mit Ruthen und Schwertern zerfleischen, und an den Beinen mit herabhängendem Kopfe in einer Kloake aufhängen, wo er unter schrecklichen Martern den Geist aufgab. Darüber kündigte die Sippschaft des ermordeten Ritters, besonders Jakob von Avesne, dem Grafen Philipp den Frieden auf; und nur mit Hülfe seines Schwagers, des Grafen Balduin von Hennegau, gelang es ihm, den Landfrieden wieder herzustellen, also daß er nach zweyjährigem Aufschub endlich die Pilgerfahrt antreten konnte [34]. Indeß ließen die äußern Zeichen der Frömmigkeit und Demuth, mit welchen der Graf diese heilige Fahrt begann, gleichfalls das Beste hoffen; denn er wallfahrtete zuvor an das Grab des heil. Thomas zu Canterbury, welchen er auch im Leben stets hoch geehrt, und erflehte durch andächtiges Gebet über dessen Gebeinen den Schutz des Heiligen für sein gefahrvolles Unternehmen.

J. Chr. 1177.

dikt, „Rex Angliae iter ipsius differri usque ad praefixum terminum, quia ipse tunc Ierosolymam in propria persona ire disposuit vel milites et sapientes illuc mittere ad defensionem Regis Ierosolymitani, consanguinei sui."

33) Die Englischen Chroniken geben dies als die Veranlassung der Wallfahrt des Grafen an. Radulphi de Diceto imagines histor. (in Twysden scriptorib. Angl.) ad a. 1175.

34) Rad. de Dic. l. c. Benedicti Petroburg. Abb. hist. Henrici II (in Bouquet Rec. T. XIII.) p. 162. Um Pfingsten fuhr Philipp ab. Auctar. Aquicinctin. ad Sigib. ad a. 1177.

J. Chr. 1177. Besonders aber war es den Pullanen sehr erfreulich, daß seine Begleitung so zahlreich war; denn außer den flandrischen Rittern, welche mit ihm das Kreuz genommen, hatten sich viele Französische ihm angeschlossen, so wie auch der Engländer Wilhelm von Mandaville und viele andere Englische Herren; daher ihm auch der König Heinrich von England, als er mit ihm am Grabe des heil. Thomas zusammen kam, fünf hundert Pfund Silbers zu dieser heiligen Fahrt verlieh [35]). Aber der Graf von Flandern entsprach gleichwohl nicht den Hoffnungen, welche seine Kreuzfahrt im heiligen Lande erweckt hatte.

Die Noth des Reichs war höchst dringend zu der Zeit, da Philipp ankam. Denn der König war zu eben der Zeit, als das Reich des Markgrafen Wilhelm beraubt wurde, zu Askalon von seiner Krankheit so heftig überwältigt worden, daß er nur in einer Sänfte sich nach Jerusalem tragen lassen konnte. Darum sandte der König nicht nur nach Ptolemais einige Barone, um den Grafen mit den höchsten Ehren zu empfangen und an den königlichen Hof zu geleiten; sondern sogleich nach seiner Ankunft in Jerusalem wurde von einer Rathsversammlung, wozu der kranke König die geistlichen und weltlichen Barone, so wie die Großmeister der Orden berufen, einmüthig beschlossen, dem Grafen Philipp die Verwaltung des Reichs ohne alle Beschränkung, alle Gewalt über Krieg und Frieden, so wie die Gerichtsbarkeit und die freye Verfügung über alle Einkünfte und Gefälle des Reichs zu übertragen.

Die Barone des Reichs Jerusalem sahen aber bald, wie sehr mit der Ehrlichkeit und Redlichkeit des Markgrafen Wilhelm die schlaue Verstecktheit und stets berechnende Ab-

35) Bened. Petrob. p. 168.

sichtlichkeit des Grafen Philipp im Widerspruche stand. J. Chr. 1177.
Den Abgeordneten des Königs, welche ihm den Wunsch der Reichsversammlung kund thaten, antwortete er mit verstellter Bescheidenheit: er sey nicht gekommen, um an dem Grabe des Heilandes zu herrschen, sondern vielmehr Gott zu dienen, und er bitte deshalb, daß der König einem andern Fürsten die Verwaltung des Reichs übertragen möge, welchem er mit allen seinen Heergenossen nicht mindern Gehorsam zu leisten willfährig sey, als seinem Oberherrn, dem König von Frankreich; auch möge er nicht durch die Uebernahme eines Amtes sich die Freyheit beschränken, in sein Vaterland zu jeder Zeit, wo es dessen Nothdurft erheische, zurückzukehren.

Die Nothwendigkeit, die Verwaltung des Reichs in kräftige Hände zu legen, wurde aber immer dringender, zumal da den von dem Könige Balduin bekräftigten Verabredungen des Königs Amalrich mit dem Kaiser Manuel gemäß eine griechische Flotte von siebzig Schiffen in dem Hafen von Ptolemais angekommen war, und vier vornehme griechische Botschafter [36]) in Jerusalem auf die schleunige Vereinigung der zugesagten Truppen und Schiffe mit jener Flotte drangen, damit die günstige Zeit für den Angriff gegen Aegypten nicht verloren würde.

Auf eben diese Nothwendigkeit baute der Graf Philipp alle seine heimlichen Pläne, welche er anfangs unter der

36) Nehmlich Andronicus Angelus, des Kaisers Schwestersohn, Johannes Megatriarcha (wahrscheinlich Johannes Ducas), der Graf Alexander von Gravina (Comes Cupersanensis, vielleicht Conversanensis) aus Apulien und Georgius Sinaites, ein vornehmer Hoffmann. Wilh. Tyr. XXI. 16. Des Grafen Alexander wird auch sonst in der Geschichte des Kaisers Manuel gedacht; denn ihm wurden wichtige Aufträge anvertraut. S. Rer. ab Alexio I gestarum etc. S. 571. 601. Er war auch unter den Gesandten, welche mit Amalrich zuerst den Bund gegen Aegypten unterhandelten. S. oben S. 115. 116.

J. Chr. 1177. Hülle erheuchelter Bescheidenheit so sehr verbarg, daß selbst keiner der schlauen Pullanen sie ahndete. Selbst die Aufforderung des Königs, daß der Graf doch wenigstens die Führung der Truppen, welche mit den Griechen nach Aegypten ziehen sollte, übernehmen möchte, wurde mit derselben erheuchelten Bescheidenheit abgelehnt. Die Absichten des ehrgeizigen Grafen wurden erst kund, als ihm der König die Nachricht mittheilen ließ, daß seinem Rathe zufolge der ehemalige Fürst Rainald von Antiochien, welcher seit seiner Rückkehr aus dem Gefängniß zu Aleppo, aus welchem zwey Jahre zuvor seine Freunde ihn losgekauft hatten, mehrere Male schon des Königs Stelle vertreten hatte, zum Führer des Aegyptischen Heers ernannt worden sey, jedoch unter der ausdrücklichen Bedingung, nichts zu unternehmen, ohne den Rath und die Bestimmung des Grafen von Flandern.

Diese Nachricht überbrachte ihm der Erzbischoff Wilhelm von Tyrus als Kanzler des Reichs; und derselbe hat in seiner Geschichte des Reichs Jerusalem ausführlichen Bericht über diese Verhandlungen erstattet [67]). Der Graf Philipp ließ den Aeußerungen seiner Empfindlichkeit über die Ernennung des Fürsten Rainald zum Statthalter des Königs freyen Lauf, und meinte, es wäre ein solcher Statthalter dem Reiche wenig ersprießlich, vielmehr müßte die Gewalt in die Hände eines Fürsten gegeben werden, der für seinen eignen Nutzen arbeitete und also auch Aegypten für sich gewinnen würde, falls Gott dieses Land den Christen verleihen sollte. Der Erzbischoff Wilhelm erwiederte auf diese Aeußerung, daß ein solcher Gewalthaber nicht anders ernannt werden könne, als wenn ihm der König auch seine Krone aufsetze,

67) Lib. XXI. 14 – 18.

worauf der Graf mit noch mehr gereizter Empfindlichkeit J. Chr. 1177.
hinzufügte, es sey ihm nicht wenig auffallend, daß man mit ihm über die Vermählung seiner Nichte, der Wittwe des Markgrafen Wilhelm, keine Berathung pflege.

Der Erzbischoff, welcher nunmehr deutlich die Absicht des Grafen merkte [38]), dem kranken Könige Krone und Scepter zu entwinden, versprach diese letztere Angelegenheit dem Könige vorzutragen und dessen Entschließung am andern Tage zu melden. Des Königs Entschließung fiel dahin aus, daß er gern des Grafen Rath über die Vermählung seiner Schwester vernehmen würde, obwohl es der Sitte und Gewohnheit des Reichs Jerusalem ganz entgegen wäre, eine Wittwe, zumal eine solche, welche von ihrem verstorbenen Gemahle schwanger wäre, vor dem Ablaufe des Trauerjahrs wieder zu vermählen. Worauf der Graf mit Hastigkeit erklärte: es sey unziemlich, einen vornehmen Mann der Gefahr auszusetzen, verworfen zu werden, und deshalb könne er nicht eher seine Meinung eröffnen, als bis die Barone des Reichs ihm mit einem feyerlichen Eide gelobt haben würden, denjenigen anzunehmen, welchen er als Gemahl der Markgräfin ihnen vorschlagen werde. Vergeblich setzte der Erzbischoff Wilhelm ihm aus einander, daß es des Königs unwürdig wäre, für seine Schwester einen Gemahl bestimmen zu lassen, dessen Person und Name nicht einmal bekannt wäre. Der Graf aber stand mit heftigem Unwillen und Grimm erst von diesem Verlangen ab, als er gewahr wurde, daß der König und die Barone fest entschlossen waren, es nicht zu gewähren.

38) Admirati sumus hominis malitiam et sinistrum mentis conceptum, quod qui tam honeste a domino Rege susceptus erat, contra leges consanguinitatis, hospitalitatis immemor, in supplantationem domini Regis haec moliri attentaret. c. 14.

J. Chr. 1177. Es ward bald kund, daß der Graf Philipp nicht einmal für sich selbst dem Könige Balduin Macht und Würde rauben wollte, und wie konnte auch wohl der reiche Graf von Flandern nach einem so unsichern Throne Verlangen tragen? Er hatte vielmehr die Wittwe des Markgrafen Wilhelm und deren jüngere noch nicht einmal mannbare Schwester, und alle Rechte und Ansprüche, welche durch diese Heirath erworben werden konnten, den beyden Söhnen des Vogtes von Bethune zugedacht, welcher ihm auf Zureden des Ritters Wilhelm von Mandaville alle seine Besitzungen in Flandern erblich zu überlassen versprochen hatte, wenn jene Heirathen zu Stande kämen.

Als nun Graf Philipp merkte, daß diesem Plane vieles im Wege stehe, so wurde sein Benehmen immer unfreundlicher. Die Barone luden ihn indeß ein, ihrer Rathsversammlung beyzuwohnen und ihnen beyzustehen mit seinem Rathe wegen der Unternehmung gegen Aegypten, auf deren Ausführung die griechischen Gesandten mit Heftigkeit drangen, indem sie gelobten, daß von der Seite des Kaisers Manuel jede Verbindlichkeit auf das gewissenhafteste würde erfüllt werden. Für diese Unternehmung war besonders auf den Beystand des Grafen von Flandern und seiner Ritterschaft gerechnet worden, und seine Aeußerungen hatten bis dahin diese Erwartung genährt; es ergab sich aber nunmehr, daß es ihm auch damit nicht Ernst war. Denn als ihm der Vertrag mit dem Kaiser Manuel vorgelegt und er um seine Meinung befragt wurde, so antwortete er mit Kälte, daß ihm als einem Fremden die Beschaffenheit des Landes Aegypten, welches zu gewissen Zeiten vom Nilflusse gleichsam verschlungen würde, nicht genugsam bekannt wäre, um zweckdienlichen Rath zu geben; jedoch habe er vernommen, daß viele Türkische Scharen nach Aegypten gezogen seyen, und halte schon deshalb diese Zeit nicht für günstig; außerdem nahe schon der Winter und die Zeit der Ueberschwemmungen, und es wäre zu besorgen, daß alsdann dem Heere Hunger und jeglicher andere Mangel verderblicher seyn würde, als die Schwerter der Feinde. Die Barone erwiederten zwar mit Ruhmredigkeit, daß nach seiner Wahl, wenn er zu Lande ziehen wollte, sechs hundert Kameele bereit stünden, um für seine Truppen Nahrungsmittel, Kriegsgeräth und jegliches andere Bedürfniß nach Aegypten zu bringen, oder Lastschiffe, so viel er begehren möchte, falls es ihm lieber wäre, seine Truppen und sein Heergeräth zu Wasser dahin zu führen [39]. Philipp aber brach diese Unterhandlungen ab mit der trotzigen Erklärung, er hätte nicht Lust mit seinem Heere in Aegypten Hungers zu sterben und würde an dieser Heerfahrt keinen Theil nehmen, indem er und seine Heergenossen gewohnt wären, nur in reichen Landschaften, nicht in Hungerländern zu streiten; er wäre aber bereit sonst überall für Gott und zum Nutzen des Reichs Jerusalem wider die Heiden zu kämpfen. J. Chr. 1177.

Gleichwohl war der Graf sehr ungehalten, als die Unterhandlung mit den Griechischen Botschaftern fortgesetzt wurde, und erklärte dies für ein absichtliches Bestreben, ihn und seine Genossen zu beschimpfen. Die Barone, welche, auch nachdem sie bereits so viele Beweise der Unzuverläßlichkeit des Flandrischen Grafen erhalten hatten, sich nicht entschließen konnten, der Hoffnung auf seinen Beystand zu entsagen, ließen sich durch jene Beschwerden des Grafen Philipp bewegen, den griechischen Botschaftern zu erklären,

39) Obtulimus ei sexcentos camelos ad victualia, arma et caetera impedimentorum genera per terras deportanda et naves quotquot haberet necessarias ad alimenta sive bellicis usibus necessarias machinarum moles per mare devehendas. c. 16.

J. Chr. 1173. daß vor dem Ablaufe des nächsten Aprilmonates ihnen unmöglich wäre, die verabredete Heerfahrt nach Aegypten zu unternehmen. Kaum war diese Erklärung gegeben worden, so verrichtete der Graf Philipp, nach vierzehntägigem Aufenthalt zu Jerusalem, sein Abschiedsgebet am Grabe des Erlösers, nahm den Palmzweig, das Zeichen der vollendeten Wallfahrt [40]), und begab sich nach Neapolis, also daß niemand zweifelte an seinem Entschlusse, ohne Verzug in seine Heimath zurückzukehren.

Die Griechischen Botschafter gaben nach der Abreise des Grafen Philipp alle Hoffnung auf, daß die Unternehmung gegen Aegypten zu Stande kommen könne, und rüsteten sich schon zur Abfahrt, als ganz unerwartet der Vogt von Bethune zu Jerusalem erschien und erklärte, der Graf von Flandern habe nach reiferer Erwägung sich entschlossen, der Aegyptischen Heerfahrt eben so willig beyzuwohnen, als jeder andern. So ungern die Barone des Reichs auf diesen Antrag sich einließen, da so öftere Aenderung der Meinung ihnen eine unwürdige Unbeständigkeit zu seyn schien: so wagten sie dennoch nicht, diesen Antrag abzuweisen, in der Besorgniß, der Flandrische Graf würde ihre Weigerung benutzen, um bey der ganzen abendländischen Christenheit sie zu verleumden, und die ganze Schuld der vereitelten ägyptischen Heerfahrt auf sie zu wälzen [41]). Auch die griechischen

40) Sumta palma, quod est apud nos consummatae peregrinationis signum. c. 17.

41. Ad id summa opera nitebatur, quod nos in culpam traheret et scribere ultramontanis principibus posset, per nos stetisse quo minus in negotio esset processum. ib. Von diesen Händeln finden wir nur bey Wilhelm von Tyrus Nachricht. Außerdem erwähnt ihrer nur sehr unbestimmt das Auctarium Aquicinctinum ad Sigebertum im Recueil des Histor. de la France T. XIII. S. 282), wo unbestimmt und unrichtig gesagt wird, der Graf Philipp sey wenige Tage nach seiner Ankunft wegen einiger Angelegenheiten des Reichs (pro quibusdam regni negotiis) mit den

Botschafter, als jener geänderte Entschluß Philipps ihnen kund gethan wurde, wiesen diesen Antrag nicht gänzlich zurück, machten jedoch zur Bedingung, daß der Graf und seine sämmtliche Ritterschaft mit einem körperlichen Eide geloben sollten, auf keine Weise wider den zwischen dem Kaiser Manuel und dem Könige von Jerusalem errichteten Vertrag handeln, und redlich wider die Heiden kämpfen zu wollen. Der Graf sollte noch besonders schwören, daß, falls ihn selbst Krankheit von der Theilnahme an der Heerfahrt abhalten sollte, er seine Ritterschaft dem gemeinschaftlichen Unternehmen nicht entziehen wollte. Als aber der Vogt von Bethune zwar sich bereit erklärte, für sich und seine Begleiter den verlangten Eid, jedoch sehr beschränkt, zu leisten, für den Grafen Philipp aber und dessen übrige Ritterschaft gar keine Verbindlichkeit übernehmen wollte: so schöpften die Botschafter den Argwohn, daß der Antrag wiederum nicht redlich gemeint sey, und verließen Jerusalem ohne Verzug. J. Chr. 1177.

Die Abgeordneten des Grafen von Flandern forderten nunmehr von den Baronen des Reichs, eine andere Unternehmung in Vorschlag zu bringen, bey welcher der Graf mit seiner Ritterschaft ihnen nützliche Dienste leisten könnte; und es wurde vorgeschlagen, von Tripolis aus in das Land der Heiden einzubrechen. Daher viele argwohnten, daß der damals zu Jerusalem anwesende Fürst Boemund von Antiochien und der Graf von Tripolis den Grafen von der ägyptischen Heerfahrt abwendig gemacht hätten, um sich seinen Beystand zuzueignen. Wenn dies wirklich geschehen: so täuschte der Graf ihre Erwartung nicht minder, als die Hoffnung der Barone des Reichs Jerusalem.

Templern in Mißhelligkeit gerathen und habe sich deshalb nach Antiochien, wohin ihn der dortige Fürst geladen, begeben.

J. Chr. 1177. Oktbr. Wiewohl der König Balduin die Flanderische Ritterschaft mit hundert Rittern und zwey Tausend Fußknechten verstärkte, der Großmeister des Hospitals und viele Ritter von beyden geistlichen Ritterorden und die Ritterschaft von Tripolis sich ihr anschlossen; so war gleichwohl die Verwüstung des flachen Landes zwischen Hama und Emessa alles, was sie vollbrachten. Die Eroberung keines festen Ortes wurde bewirkt, nicht einmal versucht; denn alle Vesten schienen mit Mannschaft und jeglichem Vorrath von Saladin wohl versehen zu seyn, und aus der Stadt Hama, in welche sie durch Ueberrumpelung eindrangen, wurden sie von den Heiden wieder vertrieben, bevor sie darin festen Fuß gewinnen konnten [42]). Hernach kam zu ihnen der Verabredung gemäß auch der Fürst Boemund, und dieser beredete sie leicht, mit ihm gen Antiochien zu ziehen und eine heidnische Veste an der dortigen Gränze zu belagern, weil dort, in dem Fürstenthume des unmündigen Sohns von Nureddin, weniger Widerstand zu erwarten war, als in dem Reiche Saladins. Sie umlagerten also die Burg Harem, zwölf Rasten von Antiochien [43]), sicherten ihr Lager durch treffliche Wälle gegen die Regenfluthen des einbrechenden Winters und berennten die Burg von Zeit zu Zeit. Aber in allem ihrem Thun war kein Ernst und keine Begeisterung, und darum kein Vertrauen und keine Zuversicht. Die Fürsten waren mehr in Antiochien als im Lager und genossen die

42) Wilh. Tyr. XXI. 10. Der Ueberrumpelung von Hama erwähnt blos Abulfeda (T. IV. S. 32), aus welchem wahrscheinlich auch Renaudot geschöpft hat (Hist. patr. Alexandr. S. 542.)

43) Est praedictus locus in territorio Chalcidensi, quae civitas hodie vulgo appellatur Artasia" . . ., Distat autem uterque locus ab Antiochia quasi miliaribus duodecim. Wilh. Tyr. a. a. O. Eben so Abulfeda (Tab. Syr. ed. Köhler p. 117): „Von Antiochien ist Harem eine Tagereise entfernt."

Vergnügungen, welche jene üppige Stadt darbot; und die J. Chr. 1177.
übrigen Ritter, welche im Lager blieben, beschäftigten sich mehr mit Bretspiel und andern Zerstreuungen, als mit dem Kampfe wider die Heiden. Die Erschlaffung und Unlust wurde noch dadurch vermehrt, daß der Graf von Flandern täglich von seiner baldigen Rückkehr redete. Daher wurde nach vier Monaten, wiewohl einige Anstrengung leicht jene wichtige und durch die lange Einschließung sehr bedrängte Burg in die Gewalt der Christen hätte bringen können, die Belagerung aufgehoben, und der Fürst von Antiochien erhielt von den Heiden in Harem, welchen die Stimmung der Belagerer unbekannt war, Geld für den Abzug [44]. Der Graf von Flandern feyerte hierauf das Osterfest zu Jerusalem, sah das 1178.
Wunder der Anzündung der Lampen in der Kirche des heiligen Grabes und schiffte dann zu Laodicea sich ein, das Land verlassend, wo er seinem Namen ein schlimmes Andenken gestiftet hatte [45]. Mit großer Freude und begeisterten Ehrenbezeugungen empfingen dagegen den zurückkehrenden Grafen die Flandrer, und die Städte seiner Grafschaft wetteiferten, ihn durch Geschenke zu erfreuen [46].

44) Wilh. Tyr. XXI. 25. Dieser Belagerung von Harem erwähnt als einer Unternehmung, welche dem Grafen keine Ehre brachte, auch das Chronicon Andreae Marcianensis (in Bouquet Recueil des histor. de la France T. XIII.) p. 423.

45) „In nullo relinquens post se in benedictione memoriam." Wilh. Tyr.

46) Die Stadt Brugge hatte den wahrhaft flandrischen Einfall, den Grafen bey dieser Gelegenheit mit einem schon vor geraumer Zeit an der Küste von Flandern gefangenen und eingesalzenen Delphin zu beschenken. „Brugenses oppidani piscem monstrosum jam pridem a piscatoribus captum et sale conditum ei obtulerunt. Habebat enim ad similitudinem avis rostrum permaximum et super caput cartilaginem gladio simillimam." Auctar. Aquicinctin. ad a. 1178 p. 282. Vgl. Chron. Andr. Marcian. (ibid.) p. 423. Der in der Chronik von Anchin beschriebene ungeheure Fisch ist übrigens nach einer von Herrn Rudolphi

J. Chr. 1178. Während die Ritterschaften von Antiochien und Tripo-
7. lis mit dem Grafen von Flandern vergeblich vor Harem gelagert waren, gewann die Ritterschaft des Königreichs über Saladin einen herrlichen Sieg, welcher die Gemüther der gottesfürchtigen Christen um so mehr erfreute, als er, zwar nur für eine kurze Frist, ihnen die Hoffnung gewährte der Rückkehr der vorigen glorreichen Zeit, in welcher durch das feste Vertrauen auf Gott und das heilige Kreuz oftmals wenige Christliche Ritter über zahlreiche Scharen der Heiden gesiegt hatten. Denn auch dieses Mal unterlag das große Heer des gefürchteten Saladins der Tapferkeit einer geringen Zahl von Christlichen Rittern [47]).

Als die Kunde gebracht wurde, daß Saladin im Anzuge sey, eilten der König Balduin, zwar mit siechem Körper, und der Reichsverweser Rainald nach Askalon; und bald darauf erschien vor dieser Stadt der erwartete Feind, welcher das ganze Gepäck seines Heers bey Al-Arisch zurückgelassen hatte. Worauf zwar die Ritterschaft des Reichs unverweilt unter Rainald auszog, nur eine kleine Besatzung in der Stadt zurücklassend; als sie aber des zahlreichen heidnischen Heers gewahr ward, da entsank den meisten der

mir freundschaftlichst mitgetheilten Belehrung nichts anders als der Delphinus gladiator (bey Lacepede hist. natur. des cetacées p. 302) oder Delphinus Orca (bey Linne Syst. nat. ed. Gmelin T. I. p. 231) oder Phocaena Orca (bey Cuvier le Regne animal T. I. p. 279). Bey den Schiffern heißt dieser Fisch, welcher in den nördlichen Meeren sich aufhält, der Buttskopf. Der Graf Philipp kam im Okt. 1178 wieder nach Flandern. Er reiste von Constantinopel zu Lande, und besprach während seines Aufenthalts in jener Hauptstadt mit dem Kaiser Manuel die Vermählung des jungen, nachher so unglücklichen, Alexius mit der Tochter des Königs von Frankreich, welche auch wirklich zu Stande kam. Chron. Alberici (in Leibnit. Access. hist.) S. 343.

47) Zu diesen Gottesfürchtigen gehörte der edle Erzbischof Wilhelm von Tyrus, der sich nach der Erzählung dieses Siegs frommen Empfindungen und Betrachtungen überläßt. XXI. c4.

Muth, und alle hielten es für räthlich den Kampf zu meiden; und nur einzelne Ritter rannten wider einzelne Heiden [48]). Am Abende dieses Tages kehrte die Christliche Schar nach Askalon zurück, in der ängstlichen Erwartung, daß diese Stadt unverzüglich von Saladin würde berennt werden. Aber die Heiden, welche durch den muthlosen Rückzug der Christen verwegen geworden waren, zerstreuten sich, um in dem Lande zu plündern und zu verwüsten; eine Schar zog unter der Führung eines Armenischen Renegaten nach Ramla [49]), verbrannte diese Stadt, deren Miliz mit dem Könige Balduin in Askalon war, und zog dann gen Lidda; eine andere Schar kam gegen Jerusalem und drang vor bis nahe an die Stadt [50]), und verbreitete solches Schrecken, daß die Einwohner der heiligen Stadt in die Burg Davids flohen. Ueberall herrschte im Lande die gewaltigste Furcht, und von dem flachen Lande und aus den unbewehrten Städten flohen alle Einwohner in die nahen Burgen.

J. Chr. 1178–7

Sobald die Ritterschaft in Askalon vernahm, wie das heidnische Heer sich zerstreut hatte, so brach sie aus der Stadt voll Muth und Vertrauen; es war am Tage des heil. Peter von Alexandrien, des Märtyrers, und der heil. Katharina. Der König Balduin und der Reichsverweser Rainald führten das kleine Heer. Der Graf Joscelin, welcher nicht lange zuvor mit dem Fürsten Rainald aus der Gefangenschaft zurückgekehrt war, des Königs Oheim und Seneschall des Reiches, so wie Balduin von Rames folgten mit ihren Scharen; auch Odo von St. Amand, Großmeister

25 Nov. 1177.

48) Habitis tamen interdum singularibus conflictibus. Id. XXI. 20.

49) Ivelinus nomine, vir bello strenuus, ad quaelibet tentanda pronus, vir apostata, qui relicta mediatoris Dei et hominum fide ad gentilem impietatem, devia secutus, se contulerat, natione Armenius. ib. c. 21.

50) „Usque ad locum qui dicitur Calcalia.“ Ibid.

J. Chr. 1177. der Templer, hatte achtzig seiner Brüder zu dem Könige geführt. Das ganze Christliche Heer zählte aber nicht mehr als dreyhundert und siebzig Geharnischte. Der Bischoff Albrecht von Bethlehem trug das heilige Kreuz. Die Spuren der Verwüstung und die Brandstätten, welche sie auf ihrem Zuge erblickten, entzündeten noch mehr den Muth und die Kampflust dieser kleinen Schar. Sobald die Christen unfern von Ramla des Lagers der Heiden ansichtig wurden, stieg der kranke König herab von seinem Wagen, fiel nieder vor dem heiligen Kreuze auf die Erde, und erflehte mit inbrünstigem Gebete und Thränen den Beystand Gottes in dem bevorstehenden Kampfe. Dieser Anblick ergriff die Gemüther so heftig, daß einmüthig die Ritter einander schworen, nicht zu fliehen, welchen Ausgang immer der Kampf gewinnen möge, sondern auszuharren bis in den Tod [51]. Hierauf stürmten sie mit aller Gewalt wider die Heiden. Es war um die achte Tagesstunde, als der Kampf begann. Dem Sultan Saladin nutzte nicht die große Zahl seiner Streiter, deren sechs und zwanzig Tausend leicht bewaffnete Reiter gewesen seyn sollen, ohne diejenigen, welche auf großen Streitrossen und Cameelen ritten, denn er vermochte nicht sie zusammen zu rufen und zu ordnen, als die Christen in der schönsten Ordnung anstürmten [52]. Zwar widerstanden

51) Solches berichtet Abulfaradsch in der syr. Chronik. S. 379. —

52) Also Wilhelm von Tyrus und Abulfeda. Nur von dem erstern sind die Zahlen der Truppen Saladins angegeben. Bohaeddin, welcher dieser Schlacht nur mit wenigen Worten erwähnt, gibt folgende Nachricht nach der eignen Erzählung Saladins von diesem Unfalle (S. 46): „Als schon die Muselmänner sich bey Annäherung des Feindes in Schlachtordnung gestellt, so rieth einer der Emire, die Stellung der beyden Flügel zu verwechseln, so daß den Streitenden der Rücken gedeckt würde durch einen bekannten Hügel im Gebiete von Ramla. Während dieser Umwechslung der Flügel überfielen die Franken die Muselmänner; denn Gott hatte deren Niederlage beschlossen, und es war eine schwere

dem ersten Angriffe die Heiden mit Kraft, bald aber wichen sie in der zügellosesten Verwirrung, nur die Leibwache des Sultans von Tausend Mameluken, welche, wie der Sultan, gelbe Gewänder über ihre Panzer trugen [53]), widerstand so lange, bis Saladin selbst dem Andrange der christlichen Ritter durch schmähliche Flucht sich entzog. Nur wenige dieser seiner tapfern Waffengenossen entrannen dem Schwerte durch eilige Flucht, Waffen, Kleider und Gepäck von sich werfend. Selbst Saladins vertrauter Freund, der Mönch Isa, fiel in die Gefangenschaft der Ritter und wurde von ihm hernach mit sechzig Tausend Goldstücken gelöset; sein Neffe Ahmed, ein schöner und tapferer Jüngling, war unter den Gefallenen. Zwölf Rasten weit verfolgten die Christen die fliehenden Heiden [54]); und erst die Nacht endete

J. Chr. 1178.

Niederlage." Der scheinbare Widerspruch zwischen dieser eignen Erzählung Saladins und den Berichten der andern Schriftsteller ist aber leicht zu lösen. Nemlich nur der Theil des Heers, welcher zum Schutze des Lagers zurückgeblieben war, stellte sich in Schlachtordnung; und zu der Niederlage eben dieses geordneten Theils des Heers trug es gewiß sehr vieles bey, daß die Muselmänner noch damit beschäftigt waren, sich umzustellen, als der Angriff geschah. Der in der Erzählung des Sultans bezeichnete Hügel ist wahrscheinlich der in der Anmerkung 54 vorkommende Mons Gisardi.

53) De egregiis mille, qui omnes induti croceis super loricas exametis, Salahadino concolores eidem familiarius ad tutelam proprii corporis assistebant. Solent enim Turcorum satrapae et majores principes, quos ipsi lingua Arabica vocant Emyr, adolescentes sive ex ancillis natos sive emptos sive captos in praeliis mancipia studiose alere, disciplina militari instruere diligenter; adultis autem, prout cujusque exigit meritum, dare stipendia et largas etiam possessiones conferre. In dubiis autem bellorum eventibus, proprii conservandi corporis solent his curam committere et de obtinenda victoria spem habere non modicam: hos lingua sua vocant Mameluc. Wilh. Tyr. XXI. 23.

54) „Insecuti sunt nostri . . . ab eo loco qui dicitur Mons Gisardi usque ad paludem illam quae vulgo dicitur Caunetum (l. Cannetum) Esturnellorum (d. i. Sprehensumpf) . . . per duodecim vel amplius milliaria." Ibid.

J. Chr. 1178–7 das Würgen. Viele Muselmänner wurden noch in den folgenden Tagen Opfer der heftigen Kälte und des ununterbrochenen Regens und des Mangels an Nahrung in der Wüste, worin sie umherirrten; viele überantworteten selbst sich den Christen, um dem Hungertode zu entgehen. Andere, welche den Christen entflohen waren, fielen in die Hände der umherziehenden räuberischen Araber, welche selbst den Sieg der Christen über ihre Glaubensgenossen benutzten, um das bey Al-Arisch zurückgelassene Gepäck Saladins zu plündern. Die Rosse der Reiterey und fast alle andere Lastthiere des Heers kamen um durch Mangel und die Rauhigkeit der Witterung [55]. Der Sultan selbst entrann nur mit Mühe dem Verderben [56]. „Mehr als einmal," schrieb er nach dieser Niederlage an seinen Bruder Thuranschah, „war ich dem Untergange nahe, und nur Gott hat mich gerettet, um fernerhin durch mich seinen Willen zu vollbringen [57]." Die Christliche Ritterschaft aber zog froh des mit geringem Verluste errungenen Siegs und mit reicher Beute zurück nach Jerusalem [58].

55) Auf das vollkommenste übereinstimmend sind die Nachrichten von diesem großen Verluste Saladins bey Wilhelm von Tyrus und Abulfeda. Abulfaradsch führt in der syrischen Chronik (S. 380) folgende Aeußerung eines gleichzeitigen Annalisten, den er nicht nennt, an. „Als ich in den Straßen von Misr reitende Herolde sah, welche ausriefen, daß der Sultan gesiegt hätte und die Franken besiegt wären, so näherte ich mich, um von den Herolden das Nähere zu erfahren. Worauf ich die Worte vernahm: Freuet euch und jubelt, weil der Sultan gerettet ist. Daraus erkannte ich sogleich, daß dasjenige, was sie austriefen, das Gegentheil war dessen, was sie wußten."

56) „Salahadinus, qui cum tanta superbia et tam multiplici equitatu ascenderat, divina percussus manu vix cum centum equitibus reversus est, ipse quoque camelo invectus dicitur." Wilh. Tyr. XXI. 24.

57) Einen Theil dieses Briefes theilt Abulfeda mit (S. 32) aus der Chronik des Ebn al-Athir.

58) „De nostris in primo conflictu quatuor aut quinque occubuerunt equites, pedites autem ad certum quem nos ignoramus numerum." Wilh. Tyr. XXI. 23.

Jedoch auch dieser glänzende Sieg trug keine Frucht, und den dadurch gewonnenen Vortheil vernichteten die Unglücksfälle des folgenden Jahres. Die Christen begnügten sich während der Ruhe, welche der überwundene Saladin zu halten genöthigt war, die zerfallenen Mauern von Jerusalem wiederherzustellen, vermittelst der Beyträge, welche in den abendländischen Reichen gesammelt waren [59], und eine Burg am Jordan auf eine Anhöhe zu bauen, zehn Rasten von Paneas [60], da wo der Erzvater Jakob über den Jordan ging, als er aus der Dienstbarkeit in Mesopotamien heimkehrte. Innerhalb sechs Monaten kam der mühsame Bau dieser Burg zu Stande, wiewohl sie sehr fest, in viereckiger Gestalt, erbauet wurde und von stattlicher Höhe. Durch diese Burg verlegten die Christen den Heiden einen der wichtigsten Uebergänge über den Fluß. Gleichwohl störte keiner der Heiden diesen Bau, außer einem Räubervolk, das nicht lange zuvor noch auf den Gebirgen bey Ptolemais in einem unzugänglichen aber fruchtbaren und anmuthigen Landstriche wohnte, den Heiden wie den Christen verhaßt, wegen seines Uebermuthes und steter Räubereyen und Mordthaten [61], aus diesem Schlupfwinkel aber von den Christlichen Rittern durch einen kühnen Ueberfall war

J. Chr. 1179.

59) „Ut impleretur illud, sagt Wilhelm von Tyrus (XXI. 25), Benigne fac in bona voluntate, sic ut aedificentur muri Hierusalem (Ps. 50, 19).“

60) „Super ripas Iordanis in eo loco qui vulgo Vadum Iacob appellatur.“ Wilh. Tyr. XXI. 26. Denn dorthin versetzte man die Scene des 1 B. Mos. 32. erzählten Ereignisses. Ganz übereinstimmend mit Wilhelm von Tyrus berichten von diesem Baue Abulfeda (Annal. mosl. ad a. 575 S.) und Abulfaradsch (Chron. Syr. S. 380. 381).

61) „Erant praedicti latrunculi de loco in montibus Acconibus (leg. Acconensibus) sito, cui Bacades nomen, qui vulgo Bucael dicitur. Hic locus in finibus Zabulon situs est, amoenus admodum; et licet in summis montium, tamen aquis irriguus est et arborum fructiferarum frequentia consitus, habitatores habens insolentes, armis strenuos et numerositate

J. Chr. 1179. vertrieben worden [62]). Aus dem Lande von Damascus, wohin sie geflohen, brachen sie nun ein in das Christliche Land, in Gemeinschaft mit andern Räubern, und machten die Wege denen unsicher, welche den mit dem Bau der neuen Burg beschäftigten Christlichen Rittern und Bauleuten ihre Bedürfnisse zuführten. Die Ritter aber legten ohne Verzug überall Hinterhalt, und in der Nacht vor St. Josephs-
20 März tag [63]), als die Räuber vom Gebirge Zebulon mit vieler Beute beladen herabstiegen, fielen die Ritter plötzlich über sie, fingen ihrer neun und erschlugen mehr als siebzig, worauf die übrigen flohen und die Christen nicht weiter beunruhigten.

11 Sept. Als nach vollendetem Baue dieser Burg der König in den Wald bey Paneas zog, um die dortigen Viehheerden der Ungläubigen zu erbeuten, welche nur durch eine geringe Zahl von Bewaffneten beschützt wurden, erlitt er durch Unvorsichtigkeit einen schweren Verlust, womit die Unglücksfälle dieses Jahres begannen. Denn die Christen, in unverständiger Sicherheit, zerstreuten sich, um das von den Wächtern verlassene Vieh zu rauben, nicht daran denkend, daß die Heiden im Hinterhalt verborgen seyn könnten, um günstige Gelegenheit zu erlauern. Plötzlich sah mitten in einem engen von Felsen umschlossenen Thal die königliche Schar sich umringt von den Feinden, also daß sie weder

superbos; adeo ut vicinorum agros et suburbana finitima sibi facerent tributaria: maleficis et debita supplicia fugientibus, aggressoribus quoque et viarum effractoribus tutum apud se praebentes refugium ..... Erant ergo omnibus per circuitum propter intolerabilem eorum arrogantiam tam nostris quam etiam Sarracenis invisi et odibiles facti." Wilh. Tyr. XXI, 27. Diese Schilderung scheint eine Art von Assassinen darzustellen.

62) Wann dieses geschehen, berichtet Wilhelm von Tyrus nicht; es geschah, wie es scheint, nicht lange vor dem Bau der Burg.

63) „Accidit mense Martio XII Kal. April." Wilh. Tyr.

vermochte zurückzuweichen, noch zum Widerstande sich zu ordnen. Der Connetable Honfroy erhielt eine tödtliche Wunde, als er sich bemühte, den kranken König gegen die andrängenden Feinde zu schirmen, und wurde nur mit Mühe von seinen Heergesellen der Gewalt der Heiden entrissen; die tapfern Ritter Abraham von Nazareth und Gottschalk von Turolte fielen gleichfalls in diesem der Ritterschaft Christi unwürdigem Kampfe, und den König rettete nur die treue und unverdrossene Vertheidigung seiner Ritter. Voll Kummer und Verdruß kehrte die Christliche Ritterschaft in ihr Lager zurück; der Connetable Honfroy aber starb zehn Tage hernach an seinen Wunden in dem neu erbauten Schlosse und ward in seiner Burg Toron in der Kirche Unserer lieben Frauen mit großer Pracht beygesetzt [64]). J. Chr. 1179.

Auf dieses Unglück folgte bald ein noch größeres. Saladin kam schon in diesem Jahre mit einem zahlreichen Heere aus Aegypten nach Syrien, ungeachtet der im vorigen Jahre erlittenen schweren Niederlage. Wiewohl dieses Mal seine Absicht mehr war dem Fürsten Kilidsch Arslan von Kleinasien gegen die Armenier beyzustehn, denn wider die Kreuzfahrer zu streiten [65]): so nahm er gleichwohl die Gelegenheit wahr, auf dem Durchzuge das Land der Christen möglichst zu beschädigen; er verwüstete nicht nur die Felder, vornehmlich um Sidon, sondern machte selbst einen Versuch gegen das neu erbaute Schloß am Jordan, dessen Beschirmung den Tempelherrn übertragen war. Als der König Balduin dieses vernahm, zog er unverzüglich mit der Ritterschaft des Reichs über Tiberias und Saphed nach Toron, wo im

64) Wilh. Tyr. XXI. 27.

65) Bohaeddin (S. 47) erwähnt daher auch nur ganz beyläufig des damaligen Kampfes seines Helden wider die Christen ohne in das Einzelne einzugehen.

J. Chr. 1179. Kriegsrathe beschlossen wurde, ungesäumt wider die Heiden zu streiten. Als sie nun auf die Höhe eines Berges bey Mardsch assafar unfern von Paneas gekommen waren, wo sich ihnen eine weite Aussicht öffnete in die unten liegende Ebne bis zum Fuße des Libanon, erblickten sie nicht nur das heidnische Lager, sondern auch die schreckliche Verwüstung des Landes, und die überall umherstreifenden Plünderer; worauf die Ritter, mit Zurücklassung des durch den Weg ermüdeten Fußvolks, in die Ebne herab stiegen. Während sie einige Stunden still standen, sowohl um auszuruhen von der Anstrengung des Marsches, als zu rathschlagen wegen fernern Handelns, brachte Saladin sein ganzes Heergeräth hinter den Vormauern von Paneas in Sicherheit; viele aber der Heiden, welche im Lande plünderten, waren durch das Vorrücken der Christlichen Ritterschaft von dem Lager Saladins abgeschnitten, und die meisten fielen, als sie die Rückkehr versuchten, in die Gewalt der Christen, vornehmlich diejenigen, welche sich jenseit des Flusses befanden, wodurch jene Ebne von dem Gebiete Sidons geschieden ward.

Nach diesem kleinen Vortheile wähnten sich die Christen schon in dem Besitze des vollständigsten Sieges. Das Fußvolk, welches indeß der Ritterschaft gefolgt war, zerstreute sich, um die Beute zu sammeln, welche die fliehenden Feinde von sich geworfen hatten; und auch die Ritterschaft blieb nicht beysammen. Denn der Graf von Tripolis und die Tempelritter trennten sich von den übrigen und lagerten sich auf einem benachbarten Hügel, welcher die Ebne beherrschte, wo die Türken gelagert waren, nahe am Ufer des Flusses [66].

66) In collem quendam sibi obvium flumen habentes ad laevam, a dextris vero erat eis planicies maxima et castra hostium. Ausführlich wird das Unglück dieses Tages berichtet von Wilhelm von Tyrus XXI. 28. 29. Auch Abulfaradsch erwähnt desselben Chron. Syr. p. 381.

Kaum hatte Saladin solches wahrgenommen; so stürmte er mit seinen Horden wider die Kreuzesritter. Diese vermochten nicht sich in Scharen zu ordnen, und suchten nach einem kurzen Widerstande das Heil in schimpflicher Flucht. Die Verwirrung und Angst der Fliehenden war so groß, daß sie die gebahnten Wege, auf welchen sie mit leichter Mühe sich hätten retten können, verließen, und in eine Schlucht des Gebirges sich verirrten, wo kein Ausgang war. Dort fiel der Großmeister der Templer, Odo von St. Amand, in die Gewalt der Heiden, eben so Balduin von Rames und Hugo von Tiberias, des Grafen von Tripolis Stiefsohn, ein wackerer Jüngling, und viele andere weidliche Ritter. Den kranken König rettete auch dieses Mal aus der Gefahr die Tapferkeit seiner Heergesellen; und auch der Graf von Tripolis entrann. Viele tapfere Ritter starben von dem Schwerte der Heiden. Die übrigen, welche dem Schwerte und der Gefangenschaft entkamen, begaben sich theils in die benachbarte Veste Belfort, theils nach Sidon. J. Chr. 1179.

Rainald von Sidon hätte noch manche dem Verderben entreissen können; denn er war gerade mit seiner Ritterschaft im Anzuge, um mit dem Könige sich zu vereinigen, als die Flüchtlinge ihm entgegen kamen. Da er aber von diesem das Mißgeschick der königlichen Miliz vernahm, wich er feigherzig zurück, anstatt den unterliegenden Brüdern zu helfen. Die Gefangenschaft des Großmeisters der Templer aber sahen viele Christen als eine gerechte Strafe Gottes an, eben so sein baldiges Ableben in den schimpflichen Fesseln der Heiden. Denn Odo war ein ungestümer, selbstsüchtiger und hoffärtiger Mann, welcher durch üble Rathschläge schon

J. Chr. 1179. manches Unheil im gelobten Lande gestiftet und auch das Unglück dieses Tages vornehmlich veranlaßt hatte [67]).

Nach diesem Siege säumte Saladin nicht, die neu gebaute Veste zu umlagern.

In dieser Noth leuchtete den bedrängten Christen unerwartet ein Strahl der Hoffnung. Denn gerade zu dieser Zeit kam in dem Hafen von Ptolemais der mächtige Graf Heinrich von Troyes an, welchen der Abt Heinrich von Clairvaux, der würdige Nachfolger des heil. Bernhard, durch begeisterte Ermahnung bewogen hatte, das Kreuz des Herrn zu nehmen [68]). Mit ihm kamen Peter von Courtenay, des Königs Ludwig von Frankreich Bruder Philipp, erwählter Bischoff von Belvais, desselben Königs Neffe, der tapfere Graf Heinrich von Grandpre', und dessen Bruder Walther von Balaham, und viele andere reiche und tapfere Herren mit zahlreicher Ritterschaft [69]). Aber auch diese Hoffnung täuschte. Zwar sagten diese Pilger ihren Beystand zu, als der König sie ersuchen ließ, mit der Ritterschaft des Reichs gen Tiberias zu ziehen und die umlagerte Veste zu befreyen; auch versammelte sich das Heer; aber der kranke König zögerte so lange, bis die Kunde kam, daß Saladin die für die Vertheidigung des Reiches so wichtige Veste im Sturm gebrochen, und die Tempelritter und überhaupt die ganze Mannschaft derselben theils erwürgt, theils gefangen hatte [70]). Worauf die ganze versammelte Ritterschaft un-

67) Homo nequam, superbus et arrogans, spiritum furoris habens in naribus, nec Deum timens, nec ad hominem habens reverentiam. Hic juxta multorum assertionem damni praedicti et perennis probri occasionem dicitur dedisse: qui eodem anno quo captus est, in vinculis et squalore carceris nulli lugendus dicitur obiisse. Wilh. Tyr. XXI. 29.

68) Chron. Alberici ad a. 1178. in Leibnit. Access. hist. S. 359.

69) Wilh. Tyr. XXI. 30. Chron. Alber. l. c.

70) „Die Templer stürzten sich theils in das Feuer und verbrannten, theils warfen sie sich in die Wellen des

rühmlicher Weise sich trennte, ohne des Kampfes sich zu unterwinden. Mit Bekümmerniß wendet der Erzbischoff Wilhelm von Tyrus, den baldigen schrecklichen Fall des Christlichen Reichs in Jerusalem ahnend, auf diese unrühmlichen und unglücklichen Ereignisse die Worte des Psalmes an: Der Herr, ihr Gott, war von ihnen gewichen. J. Chr. 1179.

Die Hoffnung der einsichtsvollen Männer im Reiche war noch allein darauf gerichtet, daß der Schwester des Königs, welche noch immer im Witwenstande lebte, ein Gemahl zu Theil werde, welcher dem Reiche vorzustehen im Stande sey. Aber auch diese Hoffnung ging nicht in Erfüllung. Die Wahl der Räthe des Königs [71]) fiel indeß auf den Herzog Heinrich von Burgund, welcher als ein tapferer und frommer Fürst bekannt war. Als nun im Oktober eben dieses unglücklichen Jahres der Erzbischoff Wilhelm von Tyrus und mehrere andere Prälaten des gelobten Landes zu der großen Kirchenversammlung im Lateran sich begaben, welche von dem Papst Alexander III ausgeschrieben worden, gesellete sich zu ihnen auf der Meerfahrt der Bischoff Joscius von Akkon, welchem die Botschaft des Königs und der Barone des Reichs an den Herzog von Burgund übertragen war. Der Herzog vernahm zwar diese Botschaft mit scheinbarem Wohlgefallen, und soll auch selbst mit einem Schwur gelobt

Jordans, theils sprangen sie von den Mauern herab auf die Felsen und wurden zerschmettert; andere wurden von den Feinden erwürgt." Abulfaradsch syr. Chron. a. a. O.

71) Conveneramus, sagt Wilhelm von Tyrus (XXI. 26), unanimiter, ut domini Regis sororem, quam prius Marchio habuerat, eisdem conditionibus eidem in matrimonia concederemus. Es scheint also diese Wahl mehr von den Baronen und Prälaten geschehen zu seyn, als von dem Könige; und eben darin lag vielleicht die Veranlassung zu der Verfügung, welche Balduin selbst späterhin über seine Schwester traf.

N 2

J. Chr. 1179. haben, baldigst zu kommen; aber vergeblich ward die Erfüllung dieser Verheißung erwartet [72]), ungeachtet hernach des Herzogs Oheim, der Graf Heinrich von Troyes, dessen Verwendung bey seinem Neffen während seiner Pilgerschaft im gelobten Lande die Barone nachsuchten, ihnen versicherte, daß bey der Meerfahrt des nächsten Frühlings ihre Hoffnung in Erfüllung gehen würde [73]). Noch hegten die Barone

J. Chr. 1180. diese Hoffnung, als plötzlich der König mit übereiltem Entschluß das Schicksal seiner Schwester entschied. Denn als um diese Zeit Balduin vernahm, daß der Fürst von Antiochien und der Graf von Tripolis mit einer zahlreichen Ritterschaft im Anzuge waren, um das Grab des Heilandes zu besuchen: gerieth der arme Mann, dessen schreckliche Krankheit schon zur größten Heftigkeit gestiegen war, in die Besorgniß, als ob die Pilgerfahrt nur der Vorwand wäre für ihre Absicht, ihn wegen seiner Unfähigkeit zur Regierung von dem Reiche gänzlich zu entfernen; und um diese Absicht zu vereiteln, gab er eiligst seiner Schwester zum Gemahl den Ritter Veit von Lusignan, Sohn des Hugo Brunus, aus dem Lande Poitou, und ließ selbst wider alle Sitte noch während der Fastenzeit das Beylager feyern [74]). Auch ihm brachte Sibylle, wie ihrem ersten Gemahl, dem Markgrafen Wilhelm, die Grafschaft Joppe und Askalon zu. Der Unwille über diese hastige und übereilte Wahl [75]) war allgemein; denn Veit, obwohl einem vornehmen Ge-

72) Causis quibusdam adhuc nobis incognitis venire recusavit. Wilh. Tyr. l. c. Diese Ursachen dürfen bey der damaligen Lage des Reichs Jerusalem nicht weit gesucht werden.

73) Wilh. Tyr. XXI. 30.

74) Intra Paschalia praeter morem solemnia. Id. XXII. 1.

75) Wilhelm von Tyrus spricht a. a. O. sehr geheimnißvoll von dieser Wahl, und bemerkt mit dem bey solchen Gelegenheiten ihm gewöhnlichen Ausdrucke, sie sey geschehen causis quibusdam intervenientibus.

schlechte angehörig und ein sehr wackerer Ritter, war zu einfachen Wesens und von listiger Weltklugheit zu sehr entfernt, als daß er unter einem Volke, wie das damalige Christliche in Syrien, zu einem großen Ansehen hätte gelangen mögen. Darum erhob sich ein allgemeines Geschrey, daß Veit von Lusignan weder durch Tapferkeit und Klugheit, noch durch Reichthum und Ansehen tüchtig wäre zur Behauptung der ihm zugedachten Krone und des Vorzugs vor so vielen vornehmeren einheimischen und fremden Rittern, welche damals in Syrien waren [76]). Für Veit war daher diese Erhebung, wie sich vorhersehen ließ, nicht ersprießlich, vielmehr der Anfang eines sehr unglücklichen Lebens; sie brachte ihn nur zu der nichtigen Ehre, der Stammvater eines Geschlechts zu seyn, welches einige Jahrhunderte hoher Titel sich rühmte, Kronen trug ohne Macht und Gewalt, und abhängig war von den Launen der unsteten Staatsklugheit anderer mächtigerer Fürsten. J. Chr. 1180.

Die Lage des Reichs hatte überhaupt sich so gewendet, daß nur Waffenstillstand mit den Heiden, oder Parteyung und Krieg der heidnischen Fürsten unter einander dessen Dauer fristen konnte; zumal da unter den Christlichen Fürsten selbst des Unfriedens und gegenseitigen Mißtrauens

76) Quamvis nobiliores et prudentiores, ditiores etiam in Regno tum de advenis tum de indigenis potuissent reperiri, penes quos multo commodius quantum ad Regni utilitatem illa posset locari. Wilh. Tyr. l. c. Der Ritter Gottfried Vinisauf, Geschichtschreiber der Kreuzfahrt des Königs Richard Löwenherz, welcher den nachherigen König Veit persönlich kannte, urtheilt über ihn, wie aus der Geschichte seines Lebens hervorgeht, sehr richtig also: „Rex Guido nunc tamquam privatus incedit, non quia Regnum demeruerat, quo nimirum Rex alius nullus inveniretur magnificentius morigeratus, sed eo solo quod s i m p l e x e r a t et m i n u s a s t u t u s, quo debebat jure haberi venerabilior, reputatus est contemptibilior. Miles erat probatissimus." Iter Hierosol. Richardi Regis in Gale SS. rer. Angl. T. II. S. 301.

J. Chr. 1180. kein Ende war. Denn immer neue Ursachen weckten von neuem den Unfrieden, welcher seit dem Anfange dieser Gottesfahrten die Christliche Macht geschwächt hatte.

Als nun der König vernahm, daß die Stadt Tiberias, welche Saladin überfallen, nur durch die Anwesenheit des Fürsten Boemund von Antiochien und des Grafen von Tripolis, welche auf der Rückkehr in dieser Stadt einige Tage geruht hatten, war gerettet worden, und daß überhaupt der Sultan seit der Beendigung des Krieges in Kleinasien mit großen Unternehmungen umgehe gegen die Christen: so sandte er zu ihm Botschafter und begehrte einen Stillstand für das Reich Jerusalem, sowohl zu Wasser als zu Lande, und für die fremden nicht minder, als die einheimischen Christen. Saladin gewährte solchen Stillstand willig, jedoch, wie der Erzbischoff Wilhelm von Tyrus selbst urtheilt, nicht aus Furcht vor den Kreuzesrittern, sondern weil es seinem Heere wegen der Dürre und Unfruchtbarkeit, welche fünf Jahre hindurch im Lande von Damascus geherrscht, an Nahrung fehlte [77]). Mit banger Ahndung bemerkt derselbe Erzbischoff, welcher zu dieser Zeit thätigen Antheil an allen Angelegenheiten des gelobten Landes nahm, daß dieser Anstandfrieden zwischen den Christen und Heiden der erste gewesen, welcher unter ganz gleichen Bedingungen, und ohne irgend einen besondern Vortheil für die Christen geschlossen worden [78]).

Saladin wandte hierauf seine Macht gegen die Grafschaft Tripolis, indem er das Land verwüstete und die

77) Non quia de viribus suis diffideret aut nostros, quos toties eo anno confuderat, aliquatenus haberet formidini. XXII. 1.

78) Humilibus satis quantum ad nos conditionibus: quodque nunquam antea dicitur contigisse, paribus legibus foedus initum est, nihil praecipui nostris sibi in ea pactione reservantibus. Ibid.

Früchte auf dem Felde und in den Scheunen zerstörte. Kein Christlicher Ritter wehrte den Heiden diese Verwüstung; der Graf Raimund blieb in seiner Stadt Arca, eine günstige Gelegenheit erwartend, den Feinden zu schaden, welche nicht erschien; die dortigen Templer und Johanniter [79]) blieben gleichfalls furchtsam in ihren Burgen, und es war selbst die Verbindung zwischen den Vesten und Städten dieses Landes durch die umherstreifenden Feinde so zerstört, daß weder gegenseitiger Beystand möglich war, noch Nachrichten von einer zur andern gelangen konnten. Zu gleicher Zeit belagerte eine Flotte von funfzig Schiffen, welche Saladin aus Aegypten vor dem Waffenstillstande mit dem Könige zur Belagerung von Berytus beschieden hatte, die Stadt Aradus. Bald aber gewährte der Sultan dem Grafen von Tripolis einen Stillstand aus gleichen Ursachen, wie dem Könige Balduin, hob die Belagerung von Aradus auf und beschäftigte sich mit der innern Anordnung seines Reiches und Rüstungen zu künftigen größern Unternehmungen. J. Chr. 1180.

Für die Christliche Herrschaft in Syrien war der Tod des Griechischen Kaisers Manuel um diese Zeit ein desto schmerzlicherer Verlust, je dringender sie jeder Stütze bedurfte. Dieser Kaiser, obwohl die Wallbrüder der zweyten großen Heerfahrt nicht mit Unrecht zum Theil seinen Maßregeln wider sie das Mißlingen ihres Unternehmens beymaßen, war dennoch ein eifriger Beschützer der Christlichen Herrschaft in Syrien, und es war die eigene Schuld der Kreuzesritter, daß die Bündnisse, welche er mit ihnen wegen eines gemeinschaftlichen Angriffes von Aegypten geschlossen, nicht von besserer Wirkung gewesen waren [80]). Er selbst

79) Die Hospitaliter begaben sich in die Burg Crach, welche sie dort besaßen. Wilh. Tyr. XXII, 2. Diese Burg ist also wohl zu unterscheiden von der gleichnamigen an der Arabischen Gränze.

80) S. oben.

J. Chr. 1180. bekämpfte tapfer die Heiden, wo sich die Gelegenheit darbot, und wenige Jahre vor seinem Tode unternahm er zwey gefahrvolle Züge gegen den Sultan Kilidsch Arslan von Ikonium [81]). Stets nahm Manuel Antheil an den Angelegenheiten der lateinischen Christen im heiligen Lande [82]). Die Kreuzesfürsten, welche nach Byzanz kamen, fanden freundliche Aufnahme, und noch wenige Monate vor seinem Tode gewährte er dem Erzbischoff Wilhelm von Tyrus, welcher nach Beendigung der großen Kirchenversammlung im Lateran sich nach Constantinopel begab und sieben Monate dort verweilte, nicht unwichtige Vortheile für die lateinischen Christen in Syrien [83]). Er war überhaupt den Abendländern, besonders den Franzosen und Italienern, nicht abhold, wiewohl diese seine Zuneigung oftmals für Verstellung hielten; und er warb aus eben dieser Zuneigung zu den Abendländern für seinen Sohn, nicht ohne Schwierigkeit, um eine französische Prinzessin als Gemahlin. Der Erzbischoff Wilhelm von Tyrus wohnte den glänzenden Feyerlichkeiten bey, womit in dem Palaste Constantins des Großen der Kaiser die Vermählung seines nachher so unglücklichen, damals dreyzehnjährigen Sohnes Alexius mit der achtjährigen Agnes, Tochter des Königs Ludwig VII von Frankreich, feyerte [84]). Aber die Griechen sahen mit Unwillen die Begünstigung der Lateiner in ihrer Hauptstadt, und dieser Unwille war nicht ohne Antheil an dem schrecklichen

81) In den Jahren 1174 und 1175. S. Rer. ab Alexio I. etc. gestar. Lib. IV. p. 607 sq.

82) S. oben.

83) „Per idem tempus cum per septem menses continuos cum illustris memoriae domino Manuele Constantinopoleos Imperatore magnifico moram nobis et Ecclesiae nostrae perutilem fecissemus, quarta post Pascha feria licentiam redeundi ad propria per multam obtinnimus instantiam." Wilh. Tyr. XXII. 4.

84) Id. ibid.

Schicksale des Alexius. Denn nach dem Tode des Kaisers Manuel fuhren die Kaiserin Maria und ihre Räthe fort, trotz des Unwillens der Griechen, die Lateiner zu begünstigen [85]). J. Chr. 1180.

Die Christlichen Fürsten in Syrien beschäftigten sich indeß während des Stillstandes mit mancherley Angelegenheiten, am wenigsten aber mit Rüstungen für den Krieg wider Saladin, so sehr auch die Rüstungen Saladins die baldige Erneuerung des Kampfes erwarten ließen. Der König Balduin verlobte seine jüngere achtjährige Schwester auf den Betrieb des Fürsten Rainald an Henfried von Toron, den Enkel des bey Tiberias getödteten Connetable, und schloß mit ihm einen Tauschvertrag, wodurch Henfried die durch den Tod seines Großvaters auf ihn vererbten Länder von Toron, Chatelneuf und Paneas an das Reich überließ [86]). Der Graf Raimund von Tripolis faßte eben damals gegen den König und die ganze in Jerusalem damals herrschende Partey einen heftigen Groll, welcher niemals wieder sein Gemüth verließ; denn des Königs Mutter, ihr Bruder Joscelin, des Reichs Seneschall, und deren Partey, welche sich der Herrschaft bemächtigt hatten, bewogen den König, dem Grafen den Eintritt in das Reich zu verbieten, als dieser nach zweyjähriger Abwesenheit aus dem Reiche im Anzuge war, um Tiberias, das Erbtheil seiner Gemahlin, zu besuchen. Diese Beleidigung war um so kränkender, als Raimund schon bis nach Biblus gekommen war, da das Verbot des Königs zu ihm gelangte. Zwar nöthigten die übrigen Barone des Reichs bald hernach den König, dasselbe zurückzunehmen; aber den Frieden stellten sie nur äußerlich her [87]),

85) Rerum ab Alexio I. etc. gestar. Lib. IV. p. 626.

86) Wilh. Tyr. XXII. 5.

87) Wilhelm von Tyrus (XXII. 9.) spricht über diesen Handel mit ungemein heftigem Unwillen. Er nennt

J. Chr. 1180. weil sie besorgten, daß solches nur Vorwand sey und Raimund in der Absicht komme, den König, dessen Krankheit immer heftiger wurde, von dem Throne zu stoßen und sich des Reichs zu bemächtigen.

Von nicht minder schlimmen Folgen war der Ehestreit, welchen der Fürst Boemund in Antiochien begann. Denn er verstieß ohne gegründete Ursache seine Gemahlin Theodora, die Nichte des Kaisers Manuel, vermählte sich mit Sibylle, einer übel berüchtigten Frau [88]), und verachtete nicht nur den kirchlichen Bann, welchen der Patriarch nach mehrmaliger vergeblicher Erinnerung über ihn aussprach, sondern begann die heftigste Verfolgung gegen die ganze Geistlichkeit, plünderte die Kirchen und Klöster, und belagerte ein wohlbefestigtes, der Kirche von Antiochien gehöriges Schloß, wohin sich der Patriarch mit seiner Geistlichkeit geflüchtet hatte, um seinen Verfolgungen zu entgehen. Der Patriarch rächte sich dagegen mit dem Interdicte über das ganze Land; also daß kein anderes Sacrament von den Geistlichen dem Volke gewährt wurde, als die Taufe der Neugebornen. Der Fürst ließ sich aber weder durch diese Schrecknisse, noch dadurch, daß mehrere seiner mächtigsten Barone ihn verließen, und die verfolgten Prälaten wider ihn selbst mit den Waffen schirm-

zuerst im Allgemeinen diejenigen, welche den König zu diesem Schritte verleiteten, filios Belial, impietatis alumnos, spiritum habentes inquietum und weiter unten viros nequam; später bezeichnet er ausdrücklich die Königin, den Seneschall und deren Anhang als die Anstifter: „Regis mater, mulier plane Deo odibilis et in extorquendo importuna, et ejusdem frater, Regius Senescalcus, cum paucis eorum sequacibus, viris impiis.“ Es ist klar genug, daß der Erzbischoff zur Gegenparthey gehörte; und in dem nachherigen Betragen des Grafen Raimund finden sich wenigstens Gründe, es nicht für entschieden zu achten, daß ihm so ganz vollkommen Unrecht geschah, als der Erzbischoff es darstellt.

88) „Quandam Sibyllam, maleficiis utentem.“ Wilh. Tyr. XXII. 6.

ten [89]), zur Nachgiebigkeit bewegen. Als von diesen Verwirrungen die Kunde nach Jerusalem kam, geriethen alle in grose Furcht und Besorgnisse, nicht nur weil zu besorgen stand, daß die Heiden solchen Unfrieden und Krieg benutzen würden, den Christen zu schaden, sondern auch, weil ein solches Aergerniß ihren bösen Namen im Abendlande noch mehr verschlimmerte [90]). Aber es schien den Layenfürsten sowohl als den Prälaten, welche der König zur Berathung über diese Angelegenheit nach Jerusalem berief, sehr bedenklich, Gewalt anzuwenden; denn dem leichtsinnigen, ruchlosen Fürsten Boemund, meinten sie, koste es nichts, selbst die Türken zum Beystande in das Land zu rufen, welche hernach nicht so leicht wieder aus demselben würden vertrieben werden können. Daher wurde beschlossen, daß der Patriarch Heraklius, welcher nicht lange zuvor dem verstorbenen Patriarchen Amalrich gefolgt war, der Fürst Rainald, des Fürsten Boemund Stiefvater, die beyden Großmeister der Templer und Hospitaliter, Arnold von Toroge und Roger von Moulins, so wie die Bischöffe von Cäsarea und Bethlehem, der Abt Rainald von Sion und der Prior des heiligen Grabes nach Antiochien ziehen sollten, um durch ernstliches und freundliches Zureden den Fürsten Boemund zum Gehorsam gegen die Kirche zurückzubringen, und zwischen ihm und dem Patriarchen Versöhnung zu stiften. Zu dieser glänzenden Gesandtschaft gesellte sich auf dem Wege auch noch der Graf Raimund von Tripolis, und begab sich mit ihnen nach Laodicea, wo sie sich J. Chr. 1180.

89) Z. B. Rainald Mansuetus. Id. XXII. 7.

90) „Timebamus, ne forte a Domino Papa et transmarinis Principibus nobis ad negligentiam vel potius ad malitiam imputaretur, si vicinis nostris tam misera sorte laborantibus nullum daremus compassionis signum, nullum studeremus adhibere remedium.“ Id. l. c.

J. Chr. 1180. niederließen, um beyden Parteyen gleich nahe zu seyn. Aber alles ihr Bemühen war vergeblich. Nachdem sie den Fürsten sowohl als den Patriarchen einzeln zu besänftigen sich bemüht hatten, bewirkten sie eine Zusammenkunft beyder zu Antiochien, wo nichts ausgemacht wurde, als daß der Patriarch versprach, das Interdict von dem Lande zu nehmen, wenn Boemund von der Verfolgung der Kirche abließe, und den Stiftern und Klöstern, so wie den Pfaffen das geraubte Gut zurückgäbe, so wie auch den Fürsten selbst von dem Banne zu lösen, sobald er das Kebsweib von sich stieße. Nachdem sie diesen Vergleich gestiftet, zogen die Gesandten wieder heim. Damit aber war wenig ausgerichtet. Denn der Fürst beharrte in seiner Ruchlosigkeit [91]) und trieb selbst seine treuesten Räthe und Freunde von seinem Hofe und aus seinem Lande, blos deswegen, weil sie sein Benehmen gegen die Kirche nicht billigten. Es begaben sich also der Connetable des Fürstenthums und mehrere andre der vornehmsten Antiochischen Ritter zum Fürsten Rupin von Armenien, welcher mit Freuden sie in seine Dienste nahm.

Vereinigung d. Maroniten mit der Römischen Kirche. Die Sorgen und Bekümmernisse über alle diese Erscheinungen, welche den baldigen Fall des Reiches der Christen in Syrien ahnden ließen, wurden nur wenig erleichtert durch ein glückliches Ereigniß, welches zu anderer Zeit die Christen würde mit großer Freude erfüllt haben. Die Maroniten auf dem Libanon, in den Bisthümern Biblus, Botrion und Tripolis, welche seit länger als fünf Jahrhun-

91) „His ergo peractis, putantes se regionis incendium aliquantulum mitigasse, ad propria reversi sunt. Princeps vero nihilominus in eisdem sordibus obstinatus irrevocabiliter perseverat." Id. l. c. Also noch in der Zeit, in welcher Wilhelm von Tyrus dieses niederschrieb, dauerten diese Unruhen fort.

derten wegen ihrer Irrlehre von der Einheit des Willens in Christo sich getrennt von der allgemeinen Kirche gehalten, meldeten plötzlich dem Patriarchen Aimerich von Antiochien den Wunsch, in den Schoß der Kirche zurückzukehren. Mit Recht achteten die Kreuzritter diesen Zuwachs wichtiger als die Eroberung einer Burg. Denn in dieser Sekte, welche damals mehr als vierzig Tausend Glieder zählte, waren viele tapfere und kriegskundige Männer, welche hernach den Christen manchen nützlichen Dienst leisteten [92]). J. Chr. 1180.

So wenig nun die Christen während des Stillstandes auf Rüstungen für den künftigen Kampf wider die Heiden gedacht hatten: so brachen sie gleichwohl zuerst den Stillstand mit großem Leichtsinn. Der Fürst Rainald, damals königlicher Statthalter im Lande jenseit des Jordans, oder Syria Sobal, welcher nichts liebte, als Gefahren und Kampf, fiel, ohne den Stillstand zu kündigen, in Arabien ein und verwüstete das Land, um dessen Herrschaft damals, nach dem Tode des Statthalters Thuranschah, des Bruders von Saladin, zwey Emire stritten. Ferochschah aber, der Statthalter von Damascus, kam den plündernden Kreuzrittern in den Rücken, bey der Veste Krak sich lagernd, worauf Rainald eiligst zurückkehrte [93]). Für dies- J. Chr. 1181.

92) Wilh. Tyr. XXII. 8.

93) Abulfed. ann. mosl. ad a. 677 T. III. p. 44. Bernard. Thesaur. de acquis. terrae s. cap. 140. Wilhelm von Tyrus erwähnt dieses Einbruchs in Arabien nur gelegentlich, als er den Anfang der Feindseligkeiten von Seiten Saladins berichtet (XXII. 14): „Id autem eo maxime dicebatur proposuisse intuitu, ut sibi satisfaceret de principe Rainaldo, qui ei praeerat regioni, eo quod Arabes quosdam infra tempus foederis contra legem pactorum cepisse diceretur et repetitos reddere negaverat.“ Der Schatzmeister Bernard erzählt noch außerdem, der König Balduin habe sich viele Mühe gegeben, den Fürsten Rainald zur Auslieferung des geraubten Gutes und der Gefangenen zu bewegen; der Fürst Rainald aber habe den König mit Trotz zur Ruhe verwiesen (quasi comminando innuit super his a Rege servandum silentium).

J. Chr. 1181. sen Friedensbruch rächte Saladin sich dadurch, daß er funf-
zehen hundert Pilger eines an der Küste von Damiette ge-
strandeten Christlichen Schiffes in Ketten legen ließ und alle
ihre Habe für Beute erklärte, worauf er Botschafter nach
Jerusalem an den König sandte, und für die Freylassung
der Pilger und die Verlängerung des Waffenstillstandes ganz
J. Chr. 1182. unerschwingliche Dinge forderte [94]). Nicht lange hernach
kam der Sultan mit wohlgerüsteten Scharen in das Land
der Christen jenseits des Jordans, und stiftete schreckliche
Verwüstung.

Sobald die Kunde davon nach Jerusalem kam, berief
der König Balduin die Prälaten und Fürsten zur Berathung. Die Gemüther der Pilgerfürsten waren aber so sehr
wider einander gereizt, daß selbst in dieser dringenden Gefahr leidenschaftlicher Widerspruch jede ruhige Ueberlegung
verdrängte. Der stürmische Fürst Rainald setzte den Beschluß
durch [95]), dem Sultan durch das Thal des todten Meeres entgegen zu ziehen und ihm den Weg nach Damascus zu versperren.
Graf Raimund von Tripolis einnerte zwar dagegen, daß die
Verwüstung des steinigen Arabiens sich doch nicht mehr hindern lasse, so wenig als der Durchzug der Heiden nach
Damascus, und daß es also viel verständiger sey, das Land
diesseit des Jordans zu schützen, indem nach dem Bruche des
Stillstandes dasselbe von den Statthaltern Saladins, welche
alle zahlreiche Scharen versammelt, nicht würde unbeschädigt bleiben; aber der verständige Rath des Grafen wurde
Mai 1182. nicht beachtet. Die ganze Miliz des Reichs zog aus und

94) Wilh. Tyr. l. c.

95) „Favore praedicti Rainaldi Principis magis quam consideratione majoris compendii quidam ad hoc Regem impulerant, non multum attendentes quid interim Regno viribus destituto posset accidere." Ibid.

lagerte sich bey der Veste Krak [96]), Saladin aber war gelagert bey Gerba, zehn Rasten von Schaubek oder Montroyal; also daß beyde Lager fast sechs und dreyßig Rasten von einander entfernt waren. J. Chr. 1182.

Alles, was der Graf von Tripolis vorhergesagt, geschah. Der Durchzug durch das Land des Reichs jenseit des Flusses war den Heiden nicht mehr zu wehren. Denn sie hätten gleich an der Gränze des Landes ihnen sich entgegenstellen müssen, um sie zu nöthigen, zu dem Wege durch die Wüste, welcher höchst wahrscheinlich ihnen sehr verderblich geworden seyn würde, wegen des Mangels an Wasser und Lebensmitteln; zumal da diesem heidnischen Heere eine so große Menge von wehrlosem Volke sich angeschlossen hatte, welches in der Hungersnoth der letzten Jahre aus Damascus und andern Gegenden von Syrien nach dem fruchtbaren Aegypten gezogen war, und diese Heerfahrt Saladins benutzte zur Rückkehr in die Heimath [97]). Zwar wurde hierauf beschlossen, eiligst nach Raselrasit [98]) zu ziehen und diesen Ort zu besetzen, ehe Saladin dahin käme, wodurch die Heiden wiederum würden genöthigt worden seyn, in die Wüste sich zu begeben; da dieser Beschluß aber unausgeführt blieb, so kam Saladin ohne Gefahr und Beschwerde nach Damascus. Worauf die Christliche Ritter-

96) Abulfed. ann. mosl. ad a. 578 p. 46. 48. Wilh. Tyr. l. c. Die von den Arabern Krak genannte Veste heißt bekanntlich bey den Abendländern gewöhnlicher Petra in der Wüste (Petra deserti).

97) Die Sache war, wie Wilhelm von Tyrus (XXII. 15) versichert, schon dadurch verdorben, daß sie Saladin bis nach Gerba vorrücken ließen, ehe sie sich ihm entgegenstellten; indem Saladin bey diesem Orte sein Heer mit Wasser versehen, und von dort leicht Streifparteyen aussenden konnte, um die Weinberge und Aecker bey Schaubek zu beschädigen.

98) „Ad aquas Raselrasit." Wilh. Tyr. l. c. Wo dieser Ort gelegen, wissen wir nicht anzugeben; es ist klar, daß es ein wasserreicher Punkt war auf dem Wege durch das Peträische Arabien und Gilead nach Damascus.

J. Chr. 1182. schaft auf dem Wege, auf welchem sie gekommen, zurückzog und sich nach Galiläa an die Quelle von Sephoris, ohngefähr eine halbe Raste von dieser Stadt [99]), begab; um von dort, als der Mitte des Reichs, jedem von Saladin bedrohten Orte schleunigst zur Hülfe zu seyn. Der Graf Raimund aber, welcher an einem dreytägigen Fieber erkrankt war, blieb zurück in Tiberias [100]).

Jedoch, ehe sie nach Galiläa kamen, brachen die Emirs von Damascus, Emessa, Baalbek und Bostrum, wie der Graf Raimund vorher gesagt, ein in das Reich, gingen über den Jordan, unfern von dem See von Tiberias, und durchzogen das Land verwüstend und verheerend; in der Nacht umlagerten sie plötzlich die Stadt Buria unfern von Naim am Berge Thabor, und die Einwohner dieses nicht sehr befestigten Ortes vernahmen das Ende des Waffenstillstandes erst durch die gewaltsame Berennung des einzigen Thurmes, welcher ihre Stadt schützte; und da dieser bald den Einsturz drohte, so ergaben sie sich auf Gnade und Ungnade. Die Heiden führten aus Buria mehr als fünf hundert Christen in die Gefangenschaft [101]) und zogen dann über den Jordan zurück und eroberten eine feste Höhle in der Landschaft Trachonitis, jenseit des Jordan, sechszehn Rasten von Tiberias, durch die Fahrlässigkeit des Vogtes derselben, des Ritters Fulco von Tiberias, und durch Feigherzigkeit und Verrath der Besatzung [102]). Denn zu dieser

99) Eine Englische Meile südöstlich von der Stadt Sephoris. Clarke Travels T. II. S. 421.

100) „Duplici tertiana periculosissime laborabat.“ Wilh. Tyr. XXII.

101) Wilh. Tyr. XXII. 14.

102) Ibid. c. 15. Den Namen dieser Höhle nennt Abulfeda S. 48 Hesn Schakif. Wilhelm von Tyrus beschreibt ihre Lage also: „Erat nobis in regione Suite trans Jordanem a Tiberiade sedecim distans milliaribus praesidium munitissimum.“ Die Landschaft Suite, zu dem Lande Trachonitis gehörig (Wilh. Tyr. XXII. 21), ist ohne Zweifel das Land Sawad bey Abul-

Höhle, welche an der Seite eines steilen Kalkfelsens war und drey große Kammern über einander enthielt, führte von oben kein Zugang, und von unten nur ein so schmaler Steig, daß kaum ein einzelner unbeschwerter Mann ihn ohne Gefahr erklimmen konnte. Fulco aber hatte diesen festen Ort Syrern übergeben, welche weder treu noch standhaft genug waren, ihn zu vertheidigen. Dieser Verlust war um desto empfindlicher für die Christen, weil blos der Besitz dieser Höhle ihnen bisher die Hälfte des Ertrages von dem umliegenden, an Wein, Korn und Oel sehr reichen Lande gesichert hatte, welches entfernt von der übrigen Christlichen Herrschaft und von Türkischem Gebiete umschlossen war. J. Chr. 1182.

Die Gelegenheit zum Kampfe mit Saladin hatte die Julius bey der Quelle von Sephoris gelagerte Christliche Ritterschaft nicht lange zu erwarten. Denn bald brachten die Kundschafter die Nachricht, daß Saladin mit seinem Heere vier Rasten von Tiberias [103]) sich gelagert habe, und das Land weit und breit verwüste. Die Ritterschaft säumte nicht gegen Tiberias zu ziehen, und die Besatzungen der

feda, worin die Stadt Nawa liegt (vgl. Abulfed. Ann. mosl. T. IV. p. 260), nicht fern von Paneas. Uebrigens sagt Wilhelm von Tyrus (XXII. 21), der Fels, worin diese Höhle sich befunden, sey lapis cretaceus gewesen; es war vielmehr Kalkstein, woraus überhaupt die Gebirge von Syrien und Palästina bestehen.

103) Saladin kam über Ras el ain (eum locum qui dicitur lingua eorum Rasceline), also einen Gränzort auf dem Wege nach Damascus. Dann brach er in das Land ein und lagerte sich „in loco qui dicitur Cavam inter duo flumina, qui Tyberiade vix quatuor distat milliaribus.“ Wilh. Tyr. XXII. 16. Dieser Ort Cava ist ohne Zweifel die Ebne Gur südlich am See von Tiberias, zwischen dem Jordan und dem Flusse Jarmuk. Diese Landschaft nennt auch Abulfeda (S. 50) mit Dschinnin und Paneas unter den damals von Saladin verwüsteten Gegenden. Die Zeitbestimmung dieser Begebenheiten übrigens, welche von Wilhelm von Tyrus in seinem letzten Buche sehr verwirrt wird, ergibt sich aus Abulfeda.

J. Chr. 1182. benachbarten Vesten Saphet und Belveir an sich zu ziehen, worauf Saladin über den Jordan ging, nach Baisan vorrückte, und diese in einer wasserreichen Ebne zwischen dem Berge Gelboa und dem Jordan gelegene Stadt umlagerte [104]). Baisan, im Alterthume Scythopolis genannt, und ehemals eine berühmte Stadt [105]), war damals klein, von geringer Bevölkerung und wenig befestigt. Als aber diese Stadt ihm wider sein Erwarten sehr hartnäckigen Widerstand leistete, hob er die Belagerung auf und zog den Christen entgegen auf dem Wege nach Tiberias. Unfern von der nicht lange zuvor auf dem Gebirge zwischen Tiberias und Baisan erbauten Veste Belveir trafen die beyden Heere zusammen. Die Christliche Ritterschaft erblickte, als sie am Morgen von den Bergen, wo sie die Nacht zugebracht, in das Thal herabstieg, in der Ebne zwischen Belveir und Ferbelet, das große Heer des Sultans, welches mehr als zwanzig Tausend Reiter zählte [106]). Der Christlichen Ritter waren kaum siebenhundert. Von diesen wurden mehrere kleinmüthig, als sie die ihnen bevorstehende Gefahr und Arbeit bedachten, und entzogen sich durch schimpfliche Flucht; die übrigen aber, im Vertrauen auf Gottes Hülfe, wagten den gefahrvollen Kampf; Balian von Rama besonders und sein Bruder brachen in die feindlichen Scharen, welche das kleine Christliche Heer zu umringen sich bemühten,

104) Wilh. Tyr. XXII. 16.

105) „Est autem Scythopolis tertiae Palaestinae metropolis, inter montes Gelboe et Iordanem in agro sita irriguo, quae alio nomine dicta est Bersau, cuius praerogativa Nazarena hodie, quae in eadem dioecesi sita est, gaudet ecclesia.“ Wilh. Tyr. l. c.

106) „In tanto numero quantum videre non consueverant. Dicebatur enim a senioribus Regni principibus, quod a primo Latinorum in Syriam introitu nunquam tantas vidissent hostium copias. Eratque numerus expeditorum ad pugnam quasi ad viginti millia: nostri autem equites vix reputabantur septingenti.“ Id. ibid.

mit furchtbarer Gewalt; Hugo der jüngere, des Grafen von Tripolis Stiefsohn, trieb mit der Miliz von Tiberias drey heidnische Scharen in die Flucht. Alle Christliche Ritter, welche des Kampfes sich unterwanden, wurden nicht müde und verdrossen, ungeachtet der gewaltigen Hitze des Tages, welche von beyden Seiten nicht weniger Streiter tödtete, als das Schwert [107]). Endlich krönte der Sieg, erkauft mit dem Verluste vieler aus dem Volke, aber weniger Ritter, den rühmlichen Kampf. Saladin führte seine weichenden Scharen zurück über den Jordan; und die Christliche Ritterschaft begab sich wieder an die Quelle von Sephoris. Die Hitze war noch am Abende dieses Tages so heftig, daß auf der Rückkehr nach Sephoris Balduin Stiftsherr und Schatzmeister der Kirche des heiligen Grabes, welcher in dem Kampfe bey Belveir das heilige Kreuzesholz getragen hatte, unterlag und in seiner Sänfte am Bache Kischon neben dem Berge Thabor starb [108]). J. Chr. 1182.

Mit diesem Siege war gleichwohl wiederum sehr wenig gewonnen; denn Saladins Absicht, das Christliche Land zu beschädigen, war erreicht, und seine Scharen führten eine reiche Beute

107) „Sed nec illud praetereundum est cum silentio quod tanta per eos dies praeter solitum fuit caloris vehementia, quod ex utroque exercitu non pauciores caumatis ceciderunt importunitate quam gladio." Id. ibid. Die morgenländischen Geschichtschreiber erwähnen dieses Kampfes nicht. Er geschah nach Wilhelm von Tyrus in der Ebene zwischen den Burgen Belveir und Forbelet. Der letztere Ort wird von den Morgenländern Apherbala genannt, und von Bohaeddin als ein sehr wohlbefestigter Platz angeführt. S. Vita Sal. S. 54. 76. Schult. index geogr. h. v.

108) Wilhelm von Tyrus erzählt bey dieser Gelegenheit mit Mißbilligung, daß ein anderer Stiftsherr des heiligen Grabes, Gaufried von Neufville (de Novo vico), welcher dem Schatzmeister Balduin zum Beystande beygegeben worden, an dem Kampfe bey Belveir Theil genommen habe (dum alienis rapitur studiis), und erklärt es für eine verdiente Strafe, daß er durch einen Pfeil getödtet worden. „Dignum est enim, ut qui gladium accipit, juxta verbum Domini, gladio debeat perire (Matth. XXVI. 52)."

J. Chr. 1182. nach Damascus [109]). Nicht lange hernach brachte er die
1 August Christen in noch größere Bedrängniß. Denn plötzlich erschien vor dem Hafen von Berytus eine Flotte von dreyßig aegyptischen Schiffen [110]), und um dieselbe Zeit kam Saladin mit seinem Heere in das Thal Bakar [111]). Sobald er durch die auf den Bergen, welche dieses Thal von der Ebne von Berytus trennen, gestellten Kundschafter die Ankunft der Flotte erfahren hatte, rückte er vor die Stadt, besetzte alle Zugänge mit Fußvolk und ließ die weitern Pässe selbst mit einer bis an das Meer geführten Mauer von großen, ohne Kalk auf einander gelegten Steinen versperren [112]). Während er selbst auf solche Weise von der Seeseite und Landseite die Stadt auf das heftigste bedrängte, brach sein Bruder, Malek el adel, in die mittägigen Gränzen des Reichs Jerusalem bey Darum, und verwüstete das Land mit Feuer und Schwert. Als von diesem doppelten Angriffe der Heiden die Nachricht zu der Christlichen Ritterschaft in Galiläa kam, ward von dem Könige Balduin nach gepflogenem Kriegsrathe beschlossen, da zu helfen, wo die Gefahr am größten war; das Christliche Heer zog also sogleich nach Tyrus, die in diesem Hafen sowohl als zu Akon befindlichen Schiffe wurden eiligst gerüstet, und dreißig Kriegsschiffe waren in sieben Tagen segelfertig. Doch ehe diese Flotte nach Berytus kam, war bereits die bedrängte Stadt be-

109) Abulfed. ann. mosl. T. IV. S. 52.

110) Navium rostratarum. Wilh. Tyr. XXII, 17.

111) Dieses Thal ist nach Wilhelms von Tyrus (a. a. O.) Beschreibung höchst wahrscheinlich das von Berytus südlich gelegene Thal, durch welches die Flüsse Alopha und Tamyras (Damur) fließen. S. die von Arrowsmith im J. 1814 in zwey Blättern herausgegebene Charte.

112) „Ubi erant majores angustiae, siccis lapidibus absque caemento usque in ipsum mare fecerat deduci maceriam.“ Wilh. Tyr. l. c.

frey. Zwar hatte Saladin die Berennung mit Heftigkeit betrieben; unzählige Bogenschützen, womit er die Stadt umstellt, Treffenweise mit einander abwechselnd [113]), hatten ohne Unterlaß die auf den Mauern streitenden Christen mit Pfeilen beschossen, und zu gleicher Zeit geschickte Gräber die Bollwerke und Mauern untergraben; aber weil es ihm an großem Belagerungszeug mangelte, so vermochte er den Widerstand der Bürger, welche, von dem Bischoff und dem Burgvogt ermuntert, mit großer Tapferkeit stritten, nicht zu überwältigen; ungeachtet er selbst sich der größten Gefahr aussetzte, um die Arbeiten der Belagerung zu fördern und die kämpfenden Muselmänner zu ermahnen. Schon führte auf seine kräftige Ermunterung einer seiner tapfersten Kriegsobersten [114]) seine Schar an die Mauer, um die Sturmleitern anzulegen, als der Sultan selbst, welcher auf einem Hügel stand, von einem Pfeil am Auge verwundet wurde; worauf die Bestürmung unterblieb. Als nun fast um dieselbe Zeit Saladin aus den Briefen und den erzwungenen Geständnissen eines aufgefangenen königlichen Boten vernahm, daß in drey Tagen die Christliche Flotte und Ritterschaft ankommen würde [115]), so beschloß er die Belagerung aufzuheben. Seine Flotte segelte in der dritten Nacht seit dem Anfange der Berennung heimlich ab, und der Sultan selbst nach der Verwüstung mehrerer Dörfer in der Ebne, und der Zerstörung der Weinberge und Gärten, J. Chr. 1182.

113) „Infinitam multitudinem, sibi per vices alternatim succedentem, seriatim circa urbem collocaverat." Id. ibid.

114) „Quidam de principibus ejus Choclinus nomine." Id. ibid.

115) Was Wilhelm von Tyrus (a. a. O.) nur zweifelhaft ausdrückt, daß Saladin zur Aufhebung der Belagerung von Berytus, am dritten Tage seit ihrem Anfange, bewogen worden sey durch die Nachricht von der Annäherung der Christlichen Flotte und Ritterschaft, wird von Bohaeddin (S. 49) vollkommen bestätigt.

J. Chr. 1182. führte seine Horden eiligst zurück nach Damascus. Hierauf kehrte auch die Flotte der Christen bey Berytus zurück in ihre Häfen, und die Christliche Ritterschaft bezog wieder ihr Lager bey der Quelle von Sephoris.

Saladins Eroberungen in Syrien u. Mesopotamien. Den Christen kam es überhaupt nicht wenig zu Statten, daß Saladin damals des Krieges gegen sie nur so viel sich annahm, als ihm nothwendig schien, um das Emporkommen ihrer Herrschaft in Syrien zu hindern. Denn ihm war es damals wichtiger, sich der Fürstenthümer des Sohnes und der Verwandten Nureddins am Euphrat und Orontes zu bemächtigen, und durch diese Erwerbung seine Macht so sehr zu stärken, daß die Vertreibung der Christen aus Syrien ihm hernach ein leichtes wäre [116]).
Octbr. 1181. Zu dieser Erwerbung bot der plötzliche Tod des neunzehnjährigen Athabeken Malek as-Saleh zu Aleppo, eines frommen, tapfern und hoch geachteten Jünglings [117]), die günstigste Gelegenheit dar.

Der Bruch des Waffenstillstandes durch den Fürsten Rainald, gerade um die Zeit, da Malek as-Saleh gestorben war, konnte dem Sultan auch deswegen nicht anders als erwünscht seyn, weil er bey den Muselmännern ihm zu trefflicher Rechtfertigung diente für die Eroberung muselmännischer Fürstenthümer. Denn mit allem Scheine der Wahrheit konnte Saladin behaupten, daß es nothwendig sey, schwachen und unkriegerischen Fürsten diese Fürstenthü-

116) „Als er nach der Aufhebung der Belagerung von Berytus vernommen, daß die von Mosul Gesandte an die Franken geschickt, um sie aufzureizen zum Kriege gegen die Muselmänner: so beschloß er gegen Mosul zu ziehen, um für die Zukunft in Eintracht die Muselmännischen Scharen zu vereinigen gegen den Feind Gottes." Bohaeddin S. 49.

117) Er war so gewissenhaft in der Erfüllung der Pflichten der Religion, daß er, wie Abulfeda (S. 44) versichert, in seiner Krankheit durchaus sich weigerte, Wein zu genießen, welchen die Aerzte ihm als Heilmittel anriethen.

mer zu nehmen, damit sie nicht in die Hände der Franken fielen. Keiner der Verwandten Nureddins, unter welche sein Reich getheilt worden, außer dem trefflichen Malek as-Saleh, seinem Sohne, war würdig der Nachfolger jenes großen Fürsten zu seyn; als unkriegerische Männer waren sie ohne alle Achtung bey den Emiren, welche durch Zenki und Nureddin daran gewöhnt worden waren, nur einen solchen König zu achten, welcher thätiger, muthiger und tapferer war, als sie alle. Der Athabek Azzeddin Masud, Fürst von Mosul, Brudersſohn von Nureddin, welchem Malek as-Saleh auf dem Sterbebette sein Fürstenthum vermacht hatte, kam zwar nach Aleppo und nahm von der Erbschaft Besitz, aber er und der Emir Kaimas, welcher ihn ganz beherrschte, hielten sich nicht für stark genug, sie gegen Saladin zu behaupten; beyde hatten nicht Lust ihren ruhigen Sitz in Mosul aufzuopfern gegen das stets bedrohte Aleppo, und Azzeddin trug daher das neu erworbene Fürstenthum seinem Bruder Emadeddin an zum Tausch gegen dessen Fürstenthum Sandschar [118]). Emadeddin ging in diesen nachtheiligen Tausch ein, wiewohl es ihm eben so sehr als seinem Bruder Azzeddin an Mitteln fehlte, die unruhigen, anmaßenden Emire von Aleppo im Gehorsam zu erhalten und ihre übertriebenen Forderungen zu befriedigen. Dem Athabek Azzeddin und dem Emir Kaimas war in den wenigen Tagen, welche sie zu Aleppo zugebracht hatten, der

J. Chr. 1182.

118) Nach den Erzählungen von Bohaeddin und Abulfeda waren beyde, der Athabek und der Emir, einverstanden über die Nützlichkeit und Nothwendigkeit des Tausches von Aleppo gegen Sandschar; dagegen erzählt Marin (histoire de Saladin T. I. p. 345 sq.), daß Azzeddin sich nur sehr ungern dazu entschlossen habe, und nicht eher, als nachdem sowohl Unruhen in Aleppo, welche Emadeddin heimlich genährt habe, als auch die Drohung des Emirs Kaimas, zu Saladin überzugehen, falls Azzeddin das Fürstenthum Aleppo nicht aufgeben wollte, ihn dazu gezwungen hatten.

J. Chr. 1182. ungestüme Sinn der dortigen Emire schon so unerträglich geworden, daß sie auch deswegen sehr froh waren, dieses Fürstenthums los zu werden. Saladin aber beschleunigte um so mehr die Ausführung seiner Pläne, als ihm gemeldet wurde, daß Botschafter aus Mosul die Franken zum Kriege wider ihn aufgefordert und ermuntert hatten [119]).

Nachdem er seit der Rückkehr von Berytus nur wenige Tage zu Damascus geruht, zog er zuerst vor Aleppo und ängstigte diese Stadt drey Tage lang, dann ging er bey Bira über den Euphrat; mehrere dortige Statthalter, wie Modhaffereddin von Harran, und Nureddin aus dem Geschlechte Orthok zu Hesn Kaifa, unterwarfen sich freywillig und übergaben ihm ihre Statthalterschaften, der erstere aus Haß und Neid gegen den Emir Kaimas; die Stadt Edessa wurde durch den Sohn ihres Statthalters verrathen [120]); Chabur, Nesibin und andere Städte öffneten ihm gleichfalls die Thore ohne großen Widerstand, und in wenigen Tagen war er Herr fast der ganzen ehemaligen Grafschaft Edessa. Die Belagerung von Mosul zwar mißlang, weil der Emir Kaimas die Stadt zum Widerstande auf das trefflichste gerü-
April 1183. stet hatte [121]); dagegen aber wurde Sandschar im Sturm

119) S. Anm. 116. Marin (l. c. S. 349) erzählt, vielleicht nach Ebn Al-Athir, beyde Athabeks von Aleppo und Mosul hätten eine öffentliche Gesandtschaft an den König von Jerusalem geschickt, ihn aufgefordert zum Kampfe gegen Saladin und sich erboten, die Kosten dieser Unternehmung zu bezahlen. Die abendländischen Geschichtschreiber erwähnen dieser Unterhandlung mit keinem Worte.

120) Marin l. c. S. 351.

121) Marin (S. 355) erzählt folgende Anekdote als die nächste Veranlassung zur Aufhebung dieser Belagerung. Als der Sultan sich bey der Besichtigung der Belagerungswerke der Mauer sehr näherte, beschimpfte von derselben herab ein gemeiner Mensch ihn nicht nur mit Schmähworten, sondern warf auch nach ihm seinen mit Nägeln beschlagenen Schuh, welcher aber nicht den Sultan traf, sondern den Emir Schawal, Haupt des durch Tapferkeit sehr berühmten

genommen, und der Athabek Emadeddin nur mit Mühe von Saladin der Wuth der würgenden Soldaten entrissen; nach achttägiger Belagerung fiel auch die wichtige und volkreiche Stadt Amida [122]. Der Fürst Schah Armen von Chelat in Armenien, welchen der Athabek Azzeddin zu Hülfe gerufen, kam zwar mit einem ansehnlichen Heere, hielt es aber für räthlich, als Saladin gegen ihn anzog, Friedensunterhandlungen anzubieten, und als diese nicht angenommen wurden, eiligst zurückzukehren. Dem Sultan wehrte daher niemand, sich in dem Besitze seiner Eroberungen zu befestigen. Als er nun diese Eroberungen hinreichend gesichert glaubte, zog er zurück nach Syrien, um den Athabek Emadeddin zu züchtigen wegen der Feindseligkeiten, welche er gegen die Landschaften von Ezaz, Tellbascher und andern dem Sultan gehörigen Burgen geübt hatte; eroberte in wenigen Tagen die festen Burgen Tell chaled und Aintab, und rückte dann vor Aleppo. Der Athabek Emadeddin war des ungestümen Sinnes und der Ungenügsamkeit seiner Emire schon J. Chr. 1183.

Arabischen Stammes der Assadiden. Dieser nahm den ihm dadurch widerfahrnen Schimpf sehr übel; er hob den Schuh auf, zeigte ihn dem Sultan und sprach: „Siehe, mit welchen Waffen diese Leute uns bekämpfen, sie halten uns offenbar für einen Haufen von Knechten. Führe mich gegen Feinde, welche meiner Tapferkeit würdig sind, oder ich verlasse dich." Der Verdruß dieses Emirs theilte sich dem ganzen übrigen Heere mit und Saladin sah sich dadurch genöthigt, die Belagerung aufzuheben. Die Wahrheit dieser Erzählung wird schon dadurch sehr zweifelhaft, daß weder Abulfeda noch Abulfaradsch sie aufgenommen haben.

122) Die Stadt Amida verlieh Saladin an den Orthokiden Nureddin, den Sohn des Kara Arslan. Boh. S. 51. Abulfed. S. 56. Ganz richtig also Wilhelm von Tyrus (XXII. 24): „Amidam tradit ex compacto cuidam Turcorum principi Noradino nomine, filio Carassalem, cujus obsequiis et auxilio fretus liberam in partibus illis moram egerat et subegerat regionem." Die Bibliothek von Einer Million und vierzig Tausend Bänden, welche in dieser Stadt erbeutet wurde, ließ Saladin hinwegführen und schenkte sie seinem vornehmsten Kadi (Kadi al Fasel) und Geheimschreiber. Abulfar. Chron. Syr. p. 389.

J. Chr. 1183. so überdrüssig, und vertraute so wenig ihrer Treue, daß er nicht darauf dachte, die Stadt zu vertheidigen; sondern nur unter erträglichen Bedingungen sich zu unterwerfen; er schloß mit Saladin einen Vertrag, wodurch er das Fürstenthum Aleppo ihm überließ und dafür die Städte Sandschar, Nesibin, Chabur, Rocca und Sarudsch als zinsbares Fürstenthum erhielt, unter der Bedingung, dem Sultan überall und zu jeder Zeit, wo er es verlangen würde, mit seinen Schaaren beyzustehen. Diese Verhandlungen wurden so heimlich geführt, daß die Emire und das Volk von Aleppo nicht eher davon etwas vernahmen, als nachdem der Vertrag abgeschlossen war. Wiewohl anfangs viel gemurrt und Emadeddin selbst von den Kindern mit Schmähungen verhöhnt wurde [123]), so fügten sich gleichwohl die Emire; und zwey aus ihrer Mitte begaben sich zu dem Sultan, um mit ihm die Bedingungen der Unterwerfung zu verabreden, und leisteten ihm dann die Huldigung im Namen der Emire und Bürger von Aleppo; worauf Saladin am 27 Junius

123) Vollkommen in Uebereinstimmung mit den Morgenländischen Schriftstellern erzählt Wilhelm von Tyrus (l. c.) von Emadeddin: „Missa clam legatione absque Halapiensium conscientia cum Salahadino paciscitur, ut reddito sibi Somar et quibusdam aliis oppidis, quorum nomina non tenemus, ipse Halapiam ei resignaret." Die Knaben auf den Straßen sangen ihm zum Hohn die Worte: „Ia Himar bita Haleb be Sandschar," welche den doppelten Sinn haben: „o Esel, du hast verkauft Haleb für Sandschar" und: „o Esel, du hast verkauft die süße Milch für die saure." Abulfed. p. 66. Nach Abulfaradsch (Chron. Syr. p. 390) befestigte das gemeine Volk von Aleppo vor seinem Palaste ein Rohr und ein Tuch und schrie: „o du weibischer Mann, dir geziemt es die Hemden zu waschen, nicht aber zu herrschen." Abulfaradsch führt einige nähere Umstände von dem Ungestüme der Emire in Aleppo an. Ungeachtet Emadeddin die Stadt ganz leer gefunden hatte, und das Land umher in der Gewalt Saladins war; so begehrten die Emire gleichwohl von ihm mit Getreide versorgt zu werden und einer von ihnen, dem er auf die ungestüme Forderung von Geschenken erklärte, daß er selbst nichts habe, gab ihm die freche Antwort: verkaufe den Schmuck deiner Gemahlin und gib uns, was du daraus lösest.

1183 [124]) in die Stadt seinen Einzug hielt. Wenige Tage hernach nahm er auch von der Burg Harem Besitz, um welche früher so oft zwischen den Christen und Muselmännern war gekämpft worden [125]). J. Chr. 1183.

Die erste Nachricht von der Heerfahrt Saladins in die Länder jenseits des Euphrat erweckte in den Gemüthern der Pilgerfürsten heftigen Ingrimm über die Verachtung, welche der übermüthige Muselmann ihnen dadurch bewiesen, daß er, ohne Waffenstillstand zu suchen, sein von dem Christlichen Heere bedrohtes Land verließ und Abenteuer in der Ferne suchte [126]). Sie beschlossen also wegen dieser Verachtung sich zu rächen. Durch die Landschaft Trachonitis zogen sie im Herbste mit aufgehobenem Panier in das Reich von Damascus, verwüsteten das Land, und verbrannten und zerstörten die Dörfer [127]). Doch fanden sie nur geringe Beute, weil die Einwohner des Landes, in der Erwartung eines solchen Ueberzugs, mit ihren Heerden und aller fahrenden Habe in die Gebirge geflohen waren. Sie zogen dann über Versch. Abenteuer der Ritter des Kreuzes. J. Chr. 1183.

124) Am 23 Safar 578. Boh. p. 52. Nach Wilhelm von Tyrus (a. a. O.) wurde Aleppo übergeben: „in Nonis Iuniis (7 Jun.),“ was sich mit der Angabe Bohaeddins sehr wohl reimt; denn Saladin blieb nach geschlossenem Vertrage noch mehrere Tage auf dem grünen Meidan gelagert, den völligen Abzug Emadeddins abwartend.

125) Id. p. 53. Harem wurde am 29 Safar (3 Jul. 1183) den Truppen Saladins übergeben.

126) „Eoque amplius indignati quod tantam ejus qui abierat notabant (l. notabat) superbiam, quod contemptis Regni viribus, ut regna sibi vendicaret extera, proficiscens, cum Rege nec treugam nec foedus inierat.“ Wilh. Tyr. XXII. 20. Bohaeddin erwähnt der Einbrüche der Franken in die Landschaften von Bostrum und Damascus nicht anders als mit diesen wenigen Worten (S. 51): „Es ereigneten sich auch Ueberzüge der Franken in das Land, bey Gelegenheit der Zwietracht zwischen den Heeren (Saladins und des Athabeken von Aleppo); aber Gott der Erhabene trieb sie zurück.“ Bey den andern morgenländischen Schriftstellern findet sich gar keine Erwähnung derselben.

127) Loca suburbana quae vulgo casalia dicuntur. Wilh. Tyr. l. c.

J. Chr. 1182. Bostrum zurück und pflogen in der Nähe dieser Stadt Rath, ob die Eroberung der Vorstadt dieses Orts [128] wohl gelingen könne; zogen aber bald weiter, weil dieses Unternehmen ihnen nicht frey schien von Schwierigkeiten und die Wassersnoth dieses Landes, wo auch die wenigen Brunnen, in welche des Winters der Regen gesammelt wurde, verschüttet waren, keinen langen Aufenthalt verstattete. Auch vermochten sie nicht das Land sehr zu beschädigen; denn die Früchte waren bereits geerndtet und von den Einwohnern verborgen in unterirdischen Höhlen, welche als Scheunen dienten, mit Erde bedeckt und deswegen schwer zu entdecken waren. Auch waren feindliche Scharen in der Nähe, welche zwar keinen Angriff wider die Christlichen Ritter unternahmen, jedoch ihnen nicht verstatteten, sich weit im Lande zu verbreiten. Als sie aber in das Land Savad kamen, beschlossen sie die Eroberung dieser Höhle, welche ihnen wenige Monate zuvor von den Heiden war entrissen worden, nicht unversucht zu lassen. Ein Theil des Heeres lagerte sich also in der Ebne, um den Heiden, welche die Höhle bewachten, den Ausgang zu wehren, die übrigen erstiegen den Gipfel des Berges und mit ihnen geschickte Steinhauer, um den von felsigen Adern durchschnittenen Kalkstein von oben herab zu spalten. Denn die Höhle von vorn zu berennen war unmöglich; nur einzelne konnten zuweilen mit großer Mühe den schmalen Pfad, welcher am Berge über einen ungeheuern Abgrunde zu ihr führte, erklimmen und die Heiden beunruhigen. Die Steinhauer auf der Höhe arbeiteten jedoch bey Tage und bey Nacht so rasch und unverdrossen, daß nach dreywöchentlicher Arbeit in der obersten der drey Kammern, aus welcher die Höhle bestand, die Heiden ihre Hammerschläge

128 De effringendo ejusdem civitatis suburbio. Id. ib.

hörten, von welchen der ganze Fels erbebte. Dadurch ge- J. Chr. 1183.
schreckt erbot sich die Besatzung von siebzig auserlesenen Männern aus den Scharen Saladins, wiewohl mit allen Bedürfnissen wohl versehen, zur Uebergabe durch Vertrag; und als ihnen auf Anrathen des Grafen von Tripolis freyer Abzug nach Bostrum zugestanden worden, überantworteten Octbr. 1182.
sie dem Könige von Jerusalem diese wichtige Höhle. Worauf noch im Herbstmonate die Christliche Ritterschaft froh und wohlgemuth über diese Eroberung heimkehrte, jeder an seinen Ort [129].

Bald aber rief die Mahnung des Königs von neuem die Decbr. 1182.
streitbaren Männer des Reichs zur Heerfahrt; denn in einer gemeinschaftlichen Berathung zu Cäsarea an der Meeresküste war beschlossen worden, die fernere Abwesenheit Saladins nicht unbenutzt zu lassen. Zuerst wurden die Ritter allein aufgerufen zum Abenteuer. Es wurde jedem geboten, für sich und seine Rosse mit allen Bedürfnissen auf vierzehn Tage sich zu versehen, und die Rüstungen heimlich zu halten. Tiberias wurde zum Sammelplatz bestimmt, und eben deswegen dem Grafen Raimund, als dem Herrn dieses Orts, die Anführung übertragen [130]. Sobald sich die Ritter gesammelt, zogen sie unter der Führung des Grafen Raimund in das Land von Bostrum, und gewannen viele Gefangene und große Beute von geraubtem Vieh. Hierauf vereinigten sich Graf Raimund und die Ritterschaft, welche ihn begleitete, bey Chastellet in Galiläa unfern von Tiberias mit dem Könige, welcher indeß mit dem heiligen Kreuze und der ganzen übrigen streitbaren Mannschaft des Reichs herbeygekommen

129) Wilh. Tyr. XXII. 21.

130) „Cui negotio quoniam a partibus Tyberiadensibus et profectum habuerunt et ad easdem partes regressum, dominus Comes Tripolitanus praefuit," Wilh. Tyr. XXII. 21.

J. Chr. 1182. war. Das ganze Heer ging hierauf bey der Furth Jakobs über den Jordan, brach wieder ein in das Land von Damascus, verwüstete die Felder und Saaten [131]), und kam bis nach Daria, vier oder fünf Rasten von Damascus. Aber auch diese Unternehmung war von wenigem Gedeihen; Beute wurde nicht gewonnen, weil die Einwohner mit aller fahrenden Habe theils auf den Libanon, theils nach Damascus geflohen waren, und weiter vorzudringen wagten die Christen nicht, weil die Miliz von Damascus aufgestellt war vor den Gärten, welche nach der Seite von Daria die Stadt Damascus in weiter Ausdehnung umschlossen. Doch begnügten sich die Heiden damit, einige wenige Reiter auszusenden, von welchen sowohl während der Plünderung des Landes, als auf dem Rückzuge der Christen diejenigen erschlagen wurden, welche aus Unvorsichtigkeit von ihren Scharen sich entfernten. Also kehrten die Christlichen Streiter zurück in das Reich, ohne eine rühmliche Waffenthat vollbracht zu haben, und der König begab sich nach Tyrus, um dort das Weihnachtsfest zu feyern.

Des Fürsten Rainald Heereszug an den arabischen Meerbusen. J. Chr. 1182.

Nicht besser gelang fast um dieselbe Zeit ein kühnes Unternehmen des Fürsten Rainald. Durch plötzlichen Ueberfall bemächtigte er sich des Hafens Ailah am Arabischen Meerbusen und der dortigen Schiffe, und unternahm mit diesen ein Abenteuer in Gegenden, wo bis zu dieser Zeit der Name der Kreuzfahrer kaum war gehört worden. Ein Theil dieser erbeuteten Flotte segelte dann, mit Christlichen Seefahrern und Streitern bemannt, längs der Aegyptischen Küste bis nach Aidab und plünderte diese Stadt, während Rainald selbst mit den übrigen Schiffen die Burg von Ailah belagerte, um seine Eroberung sich zu sichern. Aber Malek el

131) Sie verwüsteten unter andern Tyrus (a. a. O.) Betegenne (d. i. einen Ort, welchen Wilhelm von Balith Dschanneh) nennt.

Adel, Saladins Bruder, Statthalter von Aegypten, sandte schleunigst die Aegyptische Flotte unter Husameddin zu Hülfe; indem die Schiffe auf den Rücken von Kameelen aus dem Hafen von Alexandrien an die Küste des Arabischen Meerbusens getragen worden; die Burg Ailah wurde entsetzt und Rainald zur Flucht genöthigt; worauf die Heiden dem andern Theile der Flotte, welche von Aidab nach der Arabischen Küste sich gewandt hatte, nacheilten. Die Christliche Mannschaft, welche dort ans Land gestiegen war, um in die Landschaft Hedschaz einzudringen und Mekka und Medina, die heiligen Städte des Lügenpropheten, zu zerstören, wurde noch an der Küste bey Haura erreicht und nach tapferm Kampfe überwunden, so daß alle erschlagen oder gefangen wurden; und die Gefangenen führte Husameddin theils nach Aegypten, theils schickte er sie nach Arabien, wo sie in dem heiligen Thale von Mena, wo die nach Mekka wallfahrtenden Pilger sonst Thiere zu opfern pflegen, als Schlachtopfer dem Propheten Mohammed zu Ehren erwürgt wurden [132]. J. Chr. 1182.

Bis dahin hatten die Kreuzesritter noch nicht viel Schlimmes für sich von den Kriege Saladins gegen die Athabeken geahndet. Denn wenn auch das Gerücht sich verbreitete, das ganze Land Nureddins jenseit des Euphrat Große Angst d. Christen im gelobten Lande.

132) Abulfarag. Chron. Syr. S. 385. Abulfed. Ann. mosl. ad a. 578 S. 53. Renaudot histor patriarch. S. 543. Es ist merkwürdig, daß kein Abendländischer Geschichtschreiber dieser Unternehmung erwähnt. Abulfeda läßt übrigens den Fürsten Rainald erst an der Küste des Arabischen Meerbusens die Schiffe bauen, womit er die Fahrt unternimmt. Ohne den Besitz eines festen Platzes an der Küste ließen sich aber keine Schiffe bauen. Ohne Zweifel ist es richtiger, was Abulfaradsch erzählt, daß sich Rainald durch Ueberfall in den Besitz von Ailah gesetzt, und von dort die Fahrt unternommen habe. Die von Abulfeda erzählte Belagerung bezieht sich ohne Zweifel auf die nahe gelegene Festung auf einer Insel im Meere, welche nicht lange hernach zerstört wurde. S. Abulfedae Arabiae Descript. ed. Rommel. S. 79.

J. Chr. 1182. sey schon in der Gewalt des furchtbaren Sultan, so war doch auch zu ihnen die Kunde gedrungen von der vergeblichen Belagerung von Mosul und den Rüstungen des Schah Armen und andrer heidnischer Fürsten [133]). Weil aber die mißlungenen Unternehmungen gegen Damascus und Arabien sie von neuem erinnerten, wie wenig sie im Stande waren, dem furchtbarsten ihrer Feinde zu schaden, selbst wenn er sein Land ihnen preis zu geben schien: so bemächtigten sich ihrer Gemüther die bangsten Ahndungen.

Reichstag zu Jerusalem. Febr. Die Prälaten und Barone des Reichs versammelten sich daher nicht ohne Mißmuth im Februar zu dem Reichstage zu Jerusalem, welchen der König Balduin ausgeschrieben hatte, um über die Nothdurft des Reiches zu rathschlagen. Denn wie war dem gesunkenen Reiche zu helfen? Aus dem Abendlande war bey der damaligen Stimmung über die Pilgerfahrten nach Jerusalem keine, oder doch nur späte Hülfe zu erwarten; und der König und alle Fürsten in Syrien waren in solche Armuth versunken, daß sie nicht einmal vermochten, die geringe Zahl von Rittern, welche sie damals unterhielten, zu besolden. Wie war es nun möglich eine Macht aufzustellen, welche hinreichend gewesen wäre, das Christliche Reich gegen Saladin zu beschirmen? Nach vielen Berathungen wurde endlich beschlossen, eine allgemeine Vermögensteuer im ganzen Reiche Jerusalem auszuschreiben,

133) „Interea de Salahadino rumor incertus ferebatur, dicentibus aliis quod in Mesopotamia circa partes Mussulae multum proficeret et sibi regionem subjugaret universam; aliis autem dicentibus quod universi orientalis tractus principes convenerant, ut eum ab illis regionibus expellerent violenter et eas partes, quas ipse donis et interventu pecuniae sibi vindicaverat, ab eo revocarent." Wilh. Tyr. XXII, 23.

und mit deren Ertrage eine stattliche Ritterschaft zu unterhalten [134]). J. Chr. 1183.

Es erging also ein Ausschreiben, daß ohne Unterschied der Herkunft, des Glaubens, Alters und Geschlechts, jedermänniglich, wer über hundert Bisanzien besitze, von allem Vermögen an Geld und Geldeswerthe, es möchte in seinen Händen oder ausgeliehen seyn, Eins vom Hundert, von jährlichen Einkünften aber zwey vom Hundert erlegen sollte; wer weniger als hundert Bisanzien besäße, sollte einen Bisanz, und im Falle großer Dürftigkeit, einen halben Bisanz oder zum mindesten einen Rabuinus von seinem Herde [135]) zahlen. Auch die Kirchen und Klöster und ihre Lehenmänner sollten so wenig von dieser Abgabe befreyet seyn, als die Barone des Reichs und deren Lehenmänner. Besitzern von Dörfern oder Flecken wurde außer dieser Vermögenssteuer noch die Bezahlung Eines Bisanzes von jeder Feuerstätte ihrer Besitzung auferlegt, wobey ihnen freygestellt wurde, die auf solche Weise bezahlte Summe unter die einzelnen Einsassen nach Maßgabe ihres Vermögens zur Wiedererstattung zu vertheilen. In jeder Stadt des Reichs wurden vier verständige und redliche Männer als Schatzmeister [136]) angeordnet, welche sowohl ihr eigenes als der übrigen Bürger und Einwohner Vermögen, fahrendes und unbewegliches, nach bestem Wissen schätzen und insgeheim den Beitrag eines jeden bestimmen sollten; wer sich durch ihre Schätzung allzu sehr beschwert glauben würde, sollte bey ihnen darüber sich

134) Den wesentlichen Inhalt des Ausschreibens wegen dieser Steuer theilt Wilhelm von Tyrus mit a. a. O.

135) „Foagium i. e. pro foco.“

136) „Quatuor viri prudentes et fide digni.“ Offenbar waren diese Männer keine Ritter, sondern Bürger, wie ihr Geschäft mit sich bringt; diese Theilnahme der Bürger an der Erhebung und Verwendung einer Steuer ist eine in dieser Zeit sehr merkwürdige Erscheinung.

J. Chr. 1183. erklären, dann so viel darbringen, als wozu er nach seinem eigenen Gewissen sich verpflichtet achten würde, und mit einem Eide versichern, daß er nach dem wirklichen Werthe seines Vermögens steuere. Diese vier Männer wurden auch mit der Erhebung der Beyträge beauftragt und zur strengsten Verschwiegenheit in allem, was diese Steuer betraf, durch Eid verpflichtet. Zwey Hauptkasten sollten für diese Steuer seyn, zu Jerusalem und Ptolemais, in der erstern Stadt für die Beyträge der Städte und Oerter von der südlichen Gränze bis Caifa, in der letztern für das übrige Land von Caifa bis Berytus. Was jede Stadt oder Ortschaft erlegen würde, sollte in einem besondern Beutel in diesem Kasten verwahrt werden. Jeder dieser Hauptkasten sollte mit drey verschiedenen Schlössern versehen seyn, wozu die Schlüssel einzeln zu Jerusalem in der Verwahrung des Patriarchen, des Priors am heiligen Grabe und der vier Schatzmeister nebst dem Burgvoigt, zu Ptolemais in der Verwahrung des Erzbischoffs von Tyrus, des Seneschalls Joscelin und der dortigen vier Schatzmeister seyn sollten; also daß ohne den Zusammentritt aller dieser Männer die Hauptkasten nicht geöffnet werden könnten, weder zu Einnahmen noch Ausgaben. Nur dem Patriarchen von Jerusalem war es gestattet, wenn er selbst verhindert wäre, zur Oeffnung des Hauptkastens von Jerusalem, welcher im Schatze des heiligen Grabes verwahrt wurde, einen Stellvertreter zu senden [137]. Zuletzt wurde noch ausdrücklich erklärt, daß das aus dieser Steuer fließende Geld zu keinem andern Bedürfnisse des Reichs, sondern allein und ausschließlich für die Vertheidigung des Landes verwandt, und diese Steuer nur ein einziges Mal erhoben und nicht zur Ge-

137) „Praesente Domino patriarcha vel ejus nuntio."

wohnheit werden sollte. Auch sollten, so lange dieses Geld ausreichen würde, die bisher von den Städten, Kirchen und Klöstern unter dem Namen von Taillen geforderten Steuern abgestellt seyn [138]). J. Chr. 1183.

Kaum hatten die Pilgerfürsten durch diese Anordnung für des Landes Nothdurft nach ihren Kräften gesorgt, als die Nachricht erscholl von dem unerwartet schnellen Falle von Aleppo. Da ergriff bange Furcht alle Gemüther und alle ängstlichen Ahndungen, wovon die Christen bisher gequält worden waren, schienen in Erfüllung zu gehen [139]). Das schwache Christliche Reich war nunmehr von Saladins gewaltiger Herrschaft ringsum eingeschlossen. Der Fürst von Antiochien und der Graf von Tripolis kamen daher sogleich zum König Balduin, welcher damals zu Ptolemais war, und suchten nach um Hülfe. Zwar gewährte Balduin ihr Ansuchen, und überließ dem Fürsten Boemund dreyhundert Helme; aber gleichwohl suchte dieser sein Heil in einem Waffenstillstande mit Saladin, und verkaufte, um künftig seine Aufmerksamkeit allein auf die Vertheidigung seines Syrischen Fürstenthums richten zu können, an den Fürsten Rupin die von den Griechen ihm überlassene [140]) Stadt

138) „Haec autem sic collecta pecunia expendi non debet in minutis Regni negotiis, sed in defensione terrae tantummodo: et quamdiu haec pecunia superfuerit, cessare debebunt tam ab ecclesiis quam a civitatibus exactiones quae vulgo Taliae appellantur: fietque semel et non reputabitur pro consuetudine in posterum."

139) „Hic primum nostros geminatus corripuit timor: nam quod maxime verebantur, acciderat. Visum enim erat ab initio nostris, quod si saepe nominatam urbem suo posset adjungere principatui, omnis nostrorum regio undique videretur et quasi per circuitum ejus potentia et viribus quasi obsidione vallata." Wilh. Tyr. XXII. 24.

140) „Tarsum primae Ciliciae metropolin, quam a Graecis receperat." Wilh. Tyr. l. c. Wann der Griechische Kaiser diese Stadt dem Fürsten von Antiochien überlassen habe, wissen wir nicht anzugeben. Vielleicht war es noch von Manuel geschehen, bey Gelegenheit seiner Vermählung mit der Antiochischen Prinzessin Maria.

J. Chr. 1183. Tarsus in Cilicien, welche fern von seinem Sitze war und eingeschlossen in dem Lande jenes Fürsten. Der König und die Fürsten des Reichs Jerusalem bemühten sich dagegen ihre festen Plätze, besonders Berytus, in guten Vertheidigungsstand zu setzen; und als sie vernahmen, daß Saladin nach Damascus zurück gekommen war, begaben sie sich ohne Verzug mit ihren Reisigen zu dem gewöhnlichen Versammlungsplatz an der Quelle von Sephoris. Wohin auch der Fürst Boemund und der Graf Raimund mit ihren Ritterschaften beschieden wurden.

Kaum waren die Christlichen Streiter dort versammelt, so nöthigte den König die plötzlich zunehmende Heftigkeit seiner schrecklichen Krankheit, sich der Regierung des Reiches zu begeben. Bis dahin hatte er, so dringend auch schon ihm solches gerathen worden, weder der Herrschaft noch selbst den kriegerischen Abenteuern sich entziehen wollen, obschon er bereits des Lichtes der Augen fast beraubt war, und seine verwesten Hände und Füße ihm den Dienst versagten. Aber unglücklicher Weise übertrug er die Regierung seinem Schwestermann dem Grafen Veit von Joppe, dem wenige hold waren, sich selbst die Königliche Würde, die Stadt Jerusalem und zehntausend Bisanzien jährlicher Einkünfte vorbehaltend. Auch versprach der Graf mit einem feyerlichen Eide, weder bey Lebzeiten des Königs nach der Krone zu trachten noch irgend eine Königliche Stadt oder Veste zu veräußern. Mit heftigem Murren ward diese Verfügung des Königs von den Fürsten und den meisten Rittern vernommen [141]).

141) Man sieht aus der Erzählung des Erzbischofs Wilhelm von diesen Händeln (XXII. 25.), daß er zu der Gegenparthey des Grafen Veit gehörte, und also nicht ganz unbefangen urtheilte. Gleichwohl spricht er mit gewöhnlicher Vorsicht, nur dasjenige als gewiß und sicher berichtend,

Mittlerweile überließen sich die Christlichen Ritter allerley Vermuthungen über die Absichten Saladins; einige meinten, er würde seine ganze Macht gegen Berytus richten, andere, er würde vielmehr die Burgen in Syrien Sobal, nehmlich Krak und Montroyal, welche ihm die Verbindung mit Aegypten erschwerten, zu erobern suchen. Noch andere behaupteten, der Sultan trachtete besonders nach den Burgen Toron und Chatelneuf bey Tyrus. Die meisten hofften, der furchtbare Feind würde, um seinen Scharen nach zweyjährigem Kampfe Ruhe zu gönnen, einen Stillstand suchen und nach Aegypten zurückkehren. Aber der rastlose Sinn Saladins kannte nicht den Wunsch nach Ruhe und ahndungsvoll hatte einer der Lehrer der Kinder Saladins, als der Sultan aus Kahira abzog, den Einwohnern zugerufen, sich noch wohl zu ergötzen an dem Anblicke des glorreichen Fürsten, den sie nicht wieder sehn würden [142]. Desto heftiger war dagegen in dem Christlichen Heere die Sehnsucht nach Ruhe, und nur sehr wenige waren kampflustig. Daher gaben sie der thörichten Hoffnung eines nahen Waffenstillstandes Raum, wiewohl sich der Ritterschaft von Syrien viele edle und tapfre Pilger angeschlossen hatten, wie Heinrich Herzog von Brabant und Graf von Löwen, Rudolph von Maleine aus Guienne und andre mit zahlreichen Rittern J. Chr. 1183.

was ihm als solches bekannt war. So gibt er von dem eidlichen Versprechen des Grafen Veit nichts zu veräußern folgende Veranlassung an: Creditur autem id studiose et de multa industria eidem injunctum fuisse et ad id firmiter observandum jurisjurandi religione in praesentia universorum principum obligatum fuisse: eo quod singulis eorum fere de majoribus Regni membris portiones promiserat non modicas, ut ad id obtinendum quod petebat eorum suffragiis adjuvaretur et studio: quibus ut promissa compleret, simili vinculo dicebatur astrictus. Nos vero id asserendo dicere non convenit, quia pro recto compertum non habemus: ita tamen fama frequente vulgabatur in populo."

142) Abulfed, Ann. ad a. 578. p. 46.

J. Chr. 1183.

und Reisigen, und selbst die Pisanischen, Venetianischen, Genuesischen und Lombardischen Schiffer, welche jene Pilger nach dem gelobten Lande geführt hatten; also daß dreyzehn hundert Helme und mehr als funfzehn Tausend Streiter zu Fuß versammelt waren [143].

Ereignisse an der Quelle Tubania 28. Sept.

Saladin täuschte bald alle ihre Vermuthungen und gab ihnen Gelegenheit zum Kampfe; denn plötzlich brach er auf von Damascus und zog über Harran nach Beisan oder Scythopolis [144]. Da die Einwohner, streitbare und wehrlose, wiewohl mit allen Bedürfnissen wohl versehen, nach Tiberias entwichen waren, und alle Waffen und alle Habe zurückgelassen hatten, so fanden dort die Heiden eine leichte und reiche Beute [145]. Nachdem sie die Stadt ausgeplündert und verbrannt, theilten sie sich in viele Scharen, um die Städte, deren wehrhafte Männer im Lager waren, zu zerstören, das Land zu verwüsten und die Wege zu verlegen, welche zu dem Lager der Christen führten; eine Schar ängstigte die Stadt Nazareth so sehr, daß die Weiber, Greise und Kinder in so verwirrtem Gedränge in die Kirche flohen, daß viele erdrückt wurden; eine andre Schar er-

143) „Nunquam legitur tantam ex universo Orientali tractu convenisse tam equitum quam peditum multitudinem, nec ab aliquibus traditur senioribus adeo armatam in unum coisse manum ex privatis Regni viribus. Erant enim eis equites ad mille trecentos, peditum vero armatorum egregie quindecim millium summam dicebatur numerus excedere." Ibid. c. 27.

144) Bohaeddin (S. 53) bezeichnet also den Weg Saladins. Er brach am 27 Dschumadi al-awwal (579 = 16 Sept. 1183) von Damascus auf und zog bis zur hölzernen Brücke, wo er neun Tage die aufgebotenen Truppen erwartete; am 8 Dschumadi al-achar = 27 Sept. zog er über Favar und übernachtete bey Kesseir; am 9 Dschumadi al-achar = 28 Sept. kam er nach Beisan. Die Zeitbestimmung trifft genau mit der des Wilhelm von Tyrus zusammen, nach welchem (XXII. 27) die Ereignisse bey der Quelle Tubania sich ereigneten „Octobre jam pene mediante."

145) Bohaed. a. a. O. Wilh. Tyr. XXII. 26. auf das vollkommenste zusammen stimmend.

stieg den Berg Thabor und belagerte das griechische Kloster J. Chr. 1183.
des heil. Elias, welches durch den Muth der Mönche und
die tapfere Vertheidigung des Landvolks, welches in das
Kloster geflohen war, gerettet wurde. Mit den auserlesensten Scharen lagerte sich Saladin selbst an der Quelle Tubania [146]), am Fuße des Gebirges von Gilboa und am Wege
von Beisan nach Neapolis. Es traf sich gerade, als das 29. Sept.
Heer der Heiden von Beisan dahin zog, daß die Emire
Azzeddin Dschordik und Dschaweli, welche die Vorhut führten, auf die Ritterschaften von Krak und Montroyal stießen,
mit welchen Fürst Rainald von Chatillon durch dieses Thal
zu dem königlichen Lager zog; die Emire säumten nicht mit
dem Angriffe, und viele tapfre Christliche Streiter fielen
von ihren Schwertern [147]).

Der Graf von Joppe, als er diese Bewegungen Sala-
dins vernahm, führte sogleich sein zahlreiches Heer über 30. Sept.
das Gebirge von Nazareth in die Ebene von Esdrelon, wo
er bey der Burg Faba die Scharen ordnete zum Angriffe, nachdem die Christlichen Kämpfer sich zur Schlacht bereitet hatten
durch reuiges Bekenntniß ihrer Sünden und den Genuß des

146) So nennt Wilhelm von Tyrus diese Quelle. Bohaeddin nennt sie die Quelle von Dschaluth (Ain Dschaluth), und der arabische geographische Lexicograph des Schultens (Ind. geogr. s. h. v.) setzt ihre Lage zwischen Neapolis und Beisan. Nach der Angabe des Schatzmeisters Bernard (c. 144, wo übrigens statt fons Tabariae zu lesen ist fons Tubaniae) ist diese Quelle nur vier Rasten (quatuor leucas) von der Quelle Sephoris entfernt und lag im Distrikte der Burg Faba (französ. la Feve, Hugo Plag. S. 598 u. a.). Bohaeddin (S. 54. 71) nennt diese Burg Fula mit ganz gleichbedeutendem Namen, und bezeichnet sie als einen sehr bekannten Ort; denn Fula (Collectivum von Ful) heißt im Arabischen Bohnen. Vgl. Commentatio de bello cruc. ex Abulfed. hist. (Gött. 1798) S. 142. Diese Burg, welche damals von den Templern und Hospitalitern gemeinschaftlich besetzt war, lag auf dem Wege von Neapolis nach Nazareth, zwischen Sebaste und Nazareth. Hugo Plag. S. 599.

147) Bohaeddin S. 54.

J. Chr. 1183. heiligen Abendmahls[148]). Aber die Christlichen Fürsten waren voll Unwillen und Groll wider Veit, und nicht geneigt, seinen Anordnungen zu folgen. Also weigerten sie sich des Kampfes, indem sie behaupteten, daß die Stellung der Helden zu vortheilhaft, und das Heer Saladins zu zahlreich und tapfer wäre, als daß ein glücklicher Ausgang der Schlacht sich erwarten ließe. Sie zogen also ihre Scharen zusammen in dichte, undurchdringliche Haufen, die Reiterey schützend durch das vorgestellte Fußvolk. Dabey beharrten sie auch, als Saladin, nachdem er durch einen heftigen Angriff mit seiner auserlesenen ihnen wohlbekannten Schar von fünfhundert Reutern sie vergeblich zum Kampfe aufgefordert hatte[149]), die von ihnen für unüberwindlich erklärte Stellung bey der Quelle Tubania verließ[150]), sich gegen Beisan wandte und an der Burg Forbelet, in der Entfernung kaum Einer Raste von ihnen und in einer sehr ausgedehnten Stellung sich lagerte[151]). Täglich bot Saladin ihnen die

148) „Quum Balduinus agnovisset terram ejus (Saladinum) intrasse, castra movit contra eum et apud castrum Faba longe a Saladino per leucam unam poni jussit. Erat autem die illa feria sexta. Sabbato vero sequenti Christiani, confessione delictorum et perceptione sacrae communionis diligenter praemuniti, acies eorum disponunt ad proelium." Bernard. Thesaurar. l. c. „Am 11 Dschumadi alachar, einem Sonnabend, kam die Nachricht, daß die Franken sich bey Safuria vereinigt hatten und nach Fula gezogen waren." Boh.

149) Diese auserlesene Schar führte den Namen Dschalisch. Bohaeddin a. a. O. Auf diesen Kampf bezieht sich ohne Zweifel der primus conflictus des Bernard in der folgenden Anmerkung.

150) Der Schatzmeister Bernard läßt diese Stellung dem Sultan durch wirklichen Kampf (primo conflictu) abgewonnen werden. „Quo pervenientes rati sunt, quod non sine difficultate et periculosis congressionibus aquas possent obtinere: subito Salahadinus castra solvens ex insperato fontem deserit." Wilh. Tyr. XXII. 26. „Die Franken zogen (den Kampf ablehnend in ihrer undurchdringlichen Schar) bis an die Quelle, wo sie sich niederließen, der Sultan aber lagerte sich rings um sie" Boh. a. a. O.

151) „Saraceni castra metati sunt ante Forbelet duarum leucarum spatium occupantes." Bernh.

Schlacht an und reizte sie durch einzelne Angriffe; aber das J. Chr. 1183.
Heer, in welchem der Herzog Heinrich von Brabant und die kampfgeübten Streiter Gottes, Graf Raimund von Tripolis, Balduin von Rames und sein Bruder Balian von Neapolis, Reinold von Sidon, Walther von Cäsarea und der Seneschall Joscelin waren, nahm den Kampf nicht an. Selbst die Verwüstung der Oerter in dem Thale von Beisan, in welchem sie waren, Forbelet, Kosseir, Sarin, fast vor ihren Augen, änderte nicht ihren Sinn [152]). Nach einigen Tagen fing das Christliche Heer an, selbst Mangel zu leiden an allen Bedürfnissen, weil die meisten, in der Erwartung, daß sie auszögen zu einer Unternehmung nur von wenigen Tagen, ihr Geräck bey Sephoris zurückgelassen hatten, und das fremde Schiffsvolk, welches das Heer begleitete, ohne alle Lebensmittel war. Wozu noch kam, daß wegen der auf allen Straßen umher streifenden Heiden weder die Einwohner der benachbarten Gegenden dem Christlichen Heere hinreichende Lebensmittel zuführen konnten, noch selbst die Statthalter der umliegenden Städte und Burgen, welche aufgefordert wurden, das Heer zu versorgen. Denn obwohl Ritter ausgesandt wurden, um solche Zufuhr zu geleiten, so fiel doch das meiste in die Hände der streifenden Türken [153]). Gleichwohl, so oft im Kriegs-

l. c. Diese Nachricht scheint bestätigt zu werden durch die in der vorigen Anmerkung mitgetheilte Stelle des Bohaeddin.

152) Bohaeddin a. a. O. Der von diesem Schriftsteller genannte Ort, Sarin, ist ohne Zweifel derselbe, welchen Wilhelm von Tyrus parvum Gerinum nennt und unter den von den Truppen Saladins geplünderten Orten aufführt.

153) Doch wurde ihre Noth durch ein Wunder gemildert. „Accidit autem per eosdem dies, quibus ad fontem Tubaniam noster exercitus detinebatur, quiddam memoria dignum. Nam cum hactenus tam fons supra nominatus quam qui ex eo rivus profluit pisces aut nullos aut rarissimos habere crederetur, illis diebus tantam dicitur copiam ministrasse quae universo exercitui sufficere posset." Wilh. Tyr. XXII. 27.

J. Chr. 1183. rathe von redlichen Rittern geklagt wurde, daß es ewig schmachvoll wäre, daß ein so zahlreiches Heer sich lieber von Hunger vernichten ließe, als den Kampf wagte; so wurde stets auf gleiche Weise entgegnet, die Stellung der Heiden zwischen Felsen sey nicht zu überwältigen und ihre furchtbaren
7. Okt. Scharen seyen unüberwindlich [154]). Als endlich Saladin

154) „Nam qui negotia praesentia videbantur maxime promovere, hi, ut dicitur, Comitis Ioppensis odio, cui Regni curam nudius tertius Rex commiserat, indigne ferentes (ferebant), quod homini incognito, indiscreto et penitus inutili tantorum negotiorum summam in tantis periculis et tantae necessitatis articulo commisisset. Unde factum est quod per octo dies continuos castra hostium circa se posita et vix a nostris distantia spatio unius milliarii, patienter nimis, imo probrose, quod nusquam alibi in Regno accidisse legitur, passi sunt moram facere et in regionem pro libero arbitrio desaevire universam. Mittebantur (leg. mirabantur) qui aderant viri simplices et malitiae Principum nostrorum expertes, quidnam esset quod tanta opportunitate oblata non fieret cum hostibus congressio, neque de conflictu quidquam ordinarentur, praetendebant tamen occasionem, ubi de his in publico tractabatur, quod Salahadinus, hostilium princeps legionum, in loco resideret scopulis obsito, ita quod ad eum non sine periculo gravi nostrae possent acies accedere: praeterea et cohortes haberet validas, quasi in circuitu dispositas, quae in nostros propositum haberent undique irruere, si cum Salahadino nostrae tentarent acies congredi. Dicebatur a quibusdam, quia vere sic erat et juste a Principibus sic allegabatur: alii vero asserebant, quia color quaesitus erat et fraudulenter fabricabatur belli fuga, ne Comiti adscriberetur si quid prosperum in eo facto accideret et sub ejus ducatu rem bene gessisse viderentur. Haec tam multipliciter a pluribus dicta ita conscripsimus, nihil assertive ponentes, tamquam qui rei veritatem non sumus plenius assecuti.“ Also Wilhelm von Tyrus (XXII. 27) mit seiner gewöhnlichen Bescheidenheit. Ganz kurz erzählt Bernardus Thesaurarius (l. c.); Quumque Rex de praelio suos consuleret, dissuaserunt ne congrederetur adversus Saracenos positos in montanis.“ Es ist merkwürdig, daß die Muselmänner nichts von diesen Verhältnissen unter den Christlichen Fürsten gewußt zu haben scheinen. Denn also erzählt Bohaeddin: „Mit Tödten und Verwunden wurden sie gereizt zum Kampfe, aber sie kamen nicht hervor aus Furcht vor den Gläubigen; denn diese waren in großer Zahl.“ Uebrigens war diese Weise gegen Saladin zu verfahren gewiß nicht unzweckmäßig. Die Beschränkung auf die Vertheidigung brachte ihn doch wirklich dahin, daß er abziehen mußte, ohne

über Toron sich zurückzog, weil seine Streiter des langen J. Chr. 1183.
Harrens müde und die Vorräthe verzehrt waren [155]), so reitzte er noch einmal durch seine Bogenschützen sie zum Kampfe; aber nicht minder vergebens [156]). Sie eilten vielmehr, sobald sie gewiß waren, daß der Sultan sich zurückziehe und seine Scharen entlassen werde, zurück an die 8. Okt.
Quelle von Sephoris [157]); die fremden Pilger verschoben nicht länger ihre Abfahrt, und die syrische Ritterschaft zog sich zurück in ihre Städte und Vesten.

Der Fürst Rainald von Chatillon besonders hielt sich in seiner Burg Krak für so sicher, daß er kein Bedenken trug, dort die schon drey Jahre zuvor verabredete Hochzeit seines Stiefsohnes Honfroy mit der eilfjährigen Elisabeth, des Königs jüngerer Schwester, in Herrlichkeit und Freuden zu feyern, wiewohl Kundschafter ihm noch vor seiner Rückkehr dahin meldeten, daß Saladin darauf denke, diese Burg zu belagern [158]). Eine große Menge von Gauklern, Spielleuten und Sängerinnen hatte sich dort eingefunden, und die Burg erscholl von fröhlichen Gelagen, als plötzlich der

den Christen großen Schaden zugefügt zu haben; und besonders in einem so gebirgigen Lande, als Palästina, ließ sich mit dem Vertheidigungskriege viel ausrichten. Aber eine solche planmäßige Vertheidigung lag nicht in dem Geiste dieser Zeit und am wenigsten der Kreuzfahrer.

155) Bohaed. a. a. O. Von dem Wunder des Schatzmeisters Bernard, wodurch Saladin zum Abzuge bewogen seyn soll, weiß selbst Wilhelm von Tyrus nichts." „Ipsa etiam nocte novus et mirabilis ignis in coelo apparuit in crucis effigiem. Quumque in signum laetitiae Christiani multa luminaria facerent, Saraceni ex hoc tanto consternati miraculo, amotis castris, discesserunt a Regno.

156) Bohaed.

157) „Am 18 des Dschumadi alachar kehrten feigherzig die Franken zurück auf dem Wege, auf welchem sie gekommen waren." Boh.

158) Wilh. Tyr. XXII. 28. Bernhard. Thesaur. c. 145. Saladin zog zu dieser Belagerung aus von Damascus am 3 Radscheb = 23 Okt. 1183. Am 4 Schaban = 23 November traf er mit seinem Bruder Malek al adel zusammen. Bohaed. S. 55.

J. Chr. 1183. Belagerung v. Krak Nov. u. Dec.

Jubel gestört wurde durch die Schreckenspost, daß Saladin mit eiligst wieder versammelten Scharen im Anzuge sey gegen Krak; und bald sahen die geschreckten Hochzeitgäste die Heiden sich lagern um die Burg.

Es ließ sich nicht anders erwarten, als daß Saladin diese Veste, welche die Verbindung zwischen Aegypten und seinen syrischen Ländern so sehr erschwerte, und überhaupt seit ihrer Wiederaufbauung unter dem Könige Fulco den Muselmännern so vielen Schaden gethan hatte, mit der gewaltigsten Anstrengung seiner ganzen Macht belagern würde [159]). Auch hatte Saladin zu dieser Heerfahrt nicht nur alle seine syrischen Scharen aufgeboten, sondern auch seinen Bruder Malek al adel mit der ägyptischen Miliz zu sich beschieden. Darum riethen kriegskundige Männer dem Fürsten Rainald, den Weiler, welcher unterhalb der Burg noch am Abhange des Berges lag, den Heiden preis zu geben, und die Einwohner mit allen ihren Vorräthen in die Burg zu führen; Rainald aber folgte ihrem Rathe nicht, weil er den Weiler durch seine Lage hinreichend geschützt glaubte, indem er nur zugänglich war von zwey Seiten, wo wenige Bewaffnete ihm hinreichend schienen, um die ganze Macht Saladins abzuwehren. Ihn trog aber diese Meinung; denn die Ritter und Fußknechte, mit welchen er die beyden Zugänge besetzt hatte, wurden bald zurückgedrängt durch die mit furchtbarer Gewalt anstürmenden Heiden; der Weiler mit allen Vorräthen und aller fahrenden Habe sowohl der Einwohner als der Surianer, welche bey der Annäherung

159) „Den Muselmännern geschah von dieser Burg großer Schaden; denn sie unterbrach die Verbindung mit Aegypten, also, daß die Karavanen nicht anders diesen Weg ziehen konnten, als unter sehr starker und zahlreicher Bedeckung. Darum richtete der Sultan auf diese Burg seine ganze Aufmerksamkeit, um den Weg nach Aegypten frey zu machen." Bohaeddin S. 58. 59.

Saladins aus dem umliegenden Lande dahin geflohen waren, frei in die Gewalt Saladins. Nur mit Mühe retteten sich die Christen in die Burg; und bey dem verwirrten Gedränge der Fliehenden wären die Heiden in die Burg selbst gedrungen, wenn ihnen nicht die bewunderungswürdige Tapferkeit eines einzigen muthigen Mannes, des Ritters Iwain, widerstanden hätte [160]. J. Chr. 1183.

Der Zustand dieser wichtigen Burg wurde bald sehr peinlich. Aus acht großen Geschützen wurde sie unaufhörlich mit Steinen von furchtbarer Größe beschossen [161]), so daß stets der ganze Fels bebte, und diese Massen wurden so geschickt und mit solcher Wirkung geschleudert, daß die Belagerten nirgends einen sichern Platz finden konnten, um eine Maschine zu errichten, ja selbst es nicht wagten durch die Gitter der Mauer zu blicken. Dagegen genossen die Heiden aller Bequemlichkeit in dem Weiler, wo sie Ueberfluß an Korn, Wein und Oel gefunden hatten; und ihre Köche und Bäcker und Verkäufer aller Art trieben in den verlassenen Häusern ihre Gewerbe in aller Sicherheit [162]). Unter solchen Umständen hielten die Belagerten es für räthlich, nichts zu unternehmen, sondern ruhig die Hülfe des Königs von Jerusalem zu erwarten, zumal da es ihnen nicht an Lebensmitteln fehlte, aber an Waffen. Auch die Menge des wehrlosen Volks in der Burg war

160) „Unius equitis cui nomen Ivenus erat.“ Wilh. Tyr.

161) „Octo erectis machinis, sex ab interiori parte, ubi antiqua fuerat civitas, duabus vero in exteriori ab eo loco qui dicitur Orbelet.“ Wilh. Tyr. XXII. 30.

162) „Sed et qui in exercitu hostium erant, coquorum vel pistorum habentes officium, quique rerum venalium procurabant forum, hi in domibus civium omni commoditate refertis officinas locaverant suas, libere suis professionibus utentes.“ Wilh. Tyr. l. c. „Mit Malek al adel kam eine große Menge von Kaufleuten und anderm Volk.“ Bohaed.

J. Chr. 1183. der Vertheidigung sehr hinderlich; und die Möglichkeit, Ausfälle zu unternehmen, hatten diejenigen, welche vor den Heiden in die Burg geflohen waren, selbst zerstört durch die unbesonnene Abwerfung der einzigen Brücke, welche über den Burggraben in die Veste führte [163]).

Neue Mißhelligkeit im Reiche Jerusalem.

Während Saladin die Burg Krak ängstigte, war im Reiche Jerusalem wiederum eine Veränderung geschehen. Die Schmach, welche das Christliche Heer in dem Thale von Tubania, unter des Grafen von Joppe Führung, wiewohl nicht durch seine Schuld, auf sich geladen hatte, wurde benutzt, um den verhaßten Reichsverweser zu stürzen. Die angesehensten Fürsten des Reichs, Boemund von Antiochien, Raimund von Tripolis, Rainald von Sidon, vor allen Balduin von Rama und sein Bruder Baliani vereinigten sich, den König mit Vorstellungen über die Nothwendigkeit der Absetzung des unfähigen Reichsverwesers zu bestürmen, und ihn zu überzeugen, daß jene Schmach allein durch die Ungeschicklichkeit des Reichsverwesers verschuldet worden. Der König ließ sich um desto leichter davon überreden, als er selbst, ungeachtet der Heftigkeit seiner Krankheit, es schon bereute, sich der Herrschaft begeben zu haben; zumal da der Graf von Joppe sich nicht in

163) Der Schatzmeister Bernard erzählt noch von dieser Belagerung folgendes Mährchen: „Als Saladin anzog gegen Krak, sandte die Gemahlin des Fürsten Rainald ihm köstliche Geschenke entgegen im Namen eines Fräuleins, welches der Sultan zu der Zeit, da er Gefangener bey den Christen war, als zartes Kind gekannt und oft auf seinen Armen getragen hatte. Saladin nahm diese Geschenke nicht nur mit freundlichem Danke an, sondern gebot auch denen, welche sein Belagerungsgeschütz richteten, das Haus in der Burg Krak zu verschonen, wo dieses Fräulein wohnte. Dies Mährchen ist eben so unwahrscheinlich, als die Erzählung eben dieses Schriftstellers (c. 135), daß Saladin einst Gefangener der Christen war, und aus der Gefangenschaft von seinem Oheim Schirkuh erst dann losgekauft wurde, als dieser seiner bedurfte für seine Unternehmung gegen Aegypten.

allen Dingen nach seinem Willen fügen wollte, und sich J. Chr. 1183. weigerte, ihm Tyrus für die Hauptstadt Jerusalem, welche Balduin, wie wir zuvor berichtet, sich vorbehalten hatte, zu überlassen. Denn der kranke König wünschte diesen Tausch, weil ihm Tyrus wegen der Festigkeit der Werke und der größern Entfernung von den Feinden mehr Sicherheit und Ruhe zu gewähren schien.

An diesen Ränken, welche wider den Grafen von Joppe geschmiedet wurden, war selbst seine Gemahlin Sibylle nicht ohne Antheil [164]; denn sie wollte lieber die Krone sehen auf dem Haupte ihres Sohnes Balduin, welchen sie ihrem ersten Gemahl, dem Markgrafen Wilhelm, geboren hatte, als auf dem Haupte ihres zweyten Gemahls, und begünstigte daher die Pläne der Feinde des Grafen.

In einer Versammlung der Prälaten und Barone des Reichs erklärte also der König seinen Willen, das Reich wieder an sich zu nehmen, und auch über die Thronfolge auf andere Weise, als zuvor geschehen, zu verfügen, und seinem fünfjährigen Neffen Balduin, Sohn des Markgrafen Wilhelm von Longaspata, unverzüglich die königliche Würde zu verleihen. Der Graf von Joppe, welcher selbst gegenwärtig war, vernahm diese Erklärung, ohne zu widersprechen [165]. Wenige Tage hernach wurde der Knabe Bal- 20. Nov.
duin in der Kirche der Auferstehung gesalbt und gekrönt, und, damit das Volk den gekrönten Knaben sehen mögte, in

164) „Suggerente hoc et ad id penitus hortante matre." Wilh. Tyr.

165) „Praesente ipso et contradicere non audente." Id. Bey dieser Gelegenheit kann Wilhelm von Tyrus nicht unterlassen, seinem Hasse gegen Weit Luft zu machen. „Factumque est merito, ut qui in modico erga eum qui sibi universa contulerat, noluit esse liberalis (was sich auf den von dem Grafen von Joppe verweigerten Tausch von Tyrus gegen Jerusalem bezieht), ab universa summa rerum decideret."

J. Chr. 1183. dem feyerlichen Zuge aus der Kirche zu dem Palaste am Tempel Salomonis, wo das Krönungsmahl gehalten wurde, so trug ihn Balian von Ibelim, ein großer und schöner Mann, auf den Armen. Selbst in den Feyerlichkeiten der Huldigung des jungen Königs zeigte sich öffentlich die Heftigkeit des Hasses gegen den Grafen von Joppe, womit die Einflüsterungen jener ränkevollen Partey das Gemüth des alten Königs erfüllt hatten. Mit Absichtlichkeit wurde von ihm Veit nicht aufgefordert zur Huldigung [166].

Die weitern Schritte des Königs gegen den Grafen von Joppe wurden indeß unterbrochen durch die Heerfahrt nach Syria Sobal zum Entsatze der Veste Krak. Auch der schwer gekränkte Veit entzog sich dem Heerdienste nicht. Aber schon auf diesem Zuge wurde die Unzufriedenheit vieler mit des Königs letzter Verfügung laut; denn mit Recht wurde bemerkt, daß dem Reiche nicht geholfen wäre mit zwey Königen, von welchen den einen Krankheit, den andern Kindheit des Regierens unfähig machte; und laut wurde ein Reichsverweser gefordert, welcher wirklich im Stande wäre, das Reich zu regieren und das Heer zum Kampf zu führen. Diese Forderung wurde so ungestüm, daß der König wenigstens zum Theil nachgab. Denn im Lager bey Segor am todten Meere ernannte er, nach gepflogenem Rathe mit den Prälaten und Baronen, welche ihn begleiteten, jedoch nicht

166 „Solus tamen Ioppensis Comes, ut ei suum exhiberet hominium, a nemine est invitatus." Wilh. Tyr. Es ist auffallend, daß der Schatzmeister Bernhard und Hugo Plagon, der französische Uebersetzer und Fortsetzer der Geschichte des Wilhelm von Tyrus (in Edm. Martene et Urs. Durand vet. scriptorum et monum.778 amplise. collectione T. V. p. 586) die Krönung des Knaben Balduin erst nach der Ernennung des Grafen Raimund zum Reichsverweser geschehen läßt, da doch Wilhelm von Tyrus ausdrücklich den 20 November 1183 als den Tag der Krönung angibt; und eine zweymalige Krönung in so schneller Folge läßt sich doch nicht annehmen.

ohne große Bedenklichkeit, den Grafen Raimund von Tripolis zum Feldhauptmann [167]). J. Chr. 1183.

Kaum aber hatte Saladin, durch den Anzug der Ritterschaft von Jerusalem bewogen, die Berennung der Veste Krak aufgehoben [168]), so ließ der König seinem Hasse gegen den Grafen von Joppe noch freyern Lauf; er verlangte nunmehr von dem Patriarchen Heraklius selbst die Auflösung der Ehe des Grafen mit seiner Schwester, welche er selbst wenige Monate zuvor mit so großer Hastigkeit bewirkt hatte, und die Anberaumung einer Tagfahrt, an welcher er als Kläger gegen seinen Schwager auftreten wollte und der Patriarch die Scheidung vollziehen sollte. Sobald der Graf von Joppe diese Absicht des Königs vernahm, eilte er dem zurückkehrenden Heere voraus nach seiner Stadt Askalon, auf deren Treue er sich verließ, und berief dahin auch seine Gemahlin aus Jerusalem auf das schleunigste, in der Besorgniß, der König möchte seine Schwester zurückhalten, falls er vor ihrer Abreise nach Jerusalem zurückkäme. Sobald aber Balduin in der heiligen Stadt angekommen war, so erging an den Grafen Veit die königliche Ladung vor das mit dem Patriarchen verabredete Ehegericht. Und als der Graf auf mehrmalige Ladung nicht erschien, mit Krankheit sich entschuldigend, so zog der kranke König selbst, vom ungestümen Zorn getrieben, in Begleitung mehrerer Barone, nach Askalon, um dort selbst mit eigner Stimme den Grafen vor Ge- 12. Dec

167) Wilh. Tyr. XXII. 30. Die Stadt Segor, an der südlichsten Spitze des todten Meers gelegen, im Alterthume Zoar, hieß zu dieser Zeit in der Volkssprache, nach der Versicherung des Erzbischoffs Wilhelm, Palmer.

168) „Viva voce, solenniter in jus vocare" Diese Händel des Königs Balduin mit dem Grafen Veit werden noch von Wilhelm von Tyrus erzählt in dem Anfange des unvollendeten drey und-zwanzigsten Buchs seiner vortrefflichen Geschichte des Reichs Jerusalem.

J. Chr. 1183. richt zu fordern [169]). Aber er fand die Thore der Stadt verschlossen, vergeblich pochte er an die Thore mit eigner Hand, vergeblich ließ er dreymal den Grafen von Joppe auffordern, die Stadt zu öffnen. Endlich zog er mit Schmach ab vor den Augen eines zahlreichen Volks, welches auf den Mauern sich versammelt hatte, um den Verlauf dieses ärgerlichen Handels zu sehen. Dagegen kamen ihm, als er nach Joppe zog, die vornehmsten Einwohner entgegen und führten ihn mit großen Ehren in die Stadt. Worauf der König den Grafen Veit dieser Stadt für verlustig erklärte, ihr einen königlichen Vogt vorsetzte [170]) und nach Ptolemais zog zur Reichsversammlung.

Die Wirkung des leidenschaftlichen Verfahrens gegen den Grafen Veit zeigte sich schon in dieser Versammlung, wo über die Absendung einer Gesandtschaft an die Fürsten des Abendlandes gerathschlagt werden sollte. Noch ehe die Berathungen anfingen, traten der Patriarch und die Großmeister der beyden Orden vor den König und legten, selbst niederfallend auf die Knie, die dringendste Fürbitte ein für den Grafen von Joppe; und als der König ihnen kein Ge-

169) „Salahadinus vero cognito per exploratores, quod Christianus in proximo esset exercitus et quod Tripolitanus Comes praefectus esset legionibus, depositis machinis et indicto suis reditu, obsidionem, qua per mensem continuum locum affixerat praedictum, solvit ad propria reversus.“ Wilh. Tyr. „Als Saladin den Anzug der ganzen Fränkischen Ritterschaft und ihres Fußvolks vernahm, schickte er den Malek al-Modaffer Thaki eddin nach Aegypten zurück am 15 des Schaban (= 11 Dec. 1183); und als am 16 die Franken bey Krak ankamen, so hob der Sultan die Berennung der Burg auf. Diese Belagerung war mit großer Anstrengung betrieben worden; auch fand in derselben den Märtyrertod Scharfeddin Bargasch, ehemaliger Mameluk des Nureddin.“ Nach der unrichtigen Angabe des Schatzmeisters Bernhard dauerte diese Belagerung sechs Monate.

170) „Ordinato procuratore qui loci curam gereret.“ Wilh. Tyr. Hugo Plagon drückt dieses einfach aus: „i mit son baillif.“

hör gab, verließen sie voll Unwillen die Versammlung und selbst die Stadt [171]). Dieser ärgerliche Vorfall sprengte nicht nur den Reichstag, sondern bewog selbst den Grafen Veit, welcher dadurch von der Unversöhnlichkeit des alten Königs überzeugt wurde, zu öffentlichen Thätlichkeiten. Er fiel ein in das Land des Königs und beraubte bey der Veste Darum an der Gränze des Landes einen Arabischen Stamm, welcher dort für eine schwere Schatzung mit Bewilligung und unter dem Schutze des Königs seine Heerden weidete. J. Chr. 1184.

Dadurch wurde der König bewogen, die Erhaltung der Ruhe im Reiche kräftigen Händen anzuvertrauen. In einer Versammlung aller Landherren des Reichs bestätigte er aufs Neue den Grafen Raimund von Tripolis zum Reichsverweser.

Der Graf Raimund aber, wohl wissend, daß seine Ernennung zum Reichsverweser nur Einer Partey gefiel [172]), und daß andere, besonders der Patriarch von Jerusalem, die Großmeister der beyden Orden, der Seneschall Joscelin und selbst der Fürst Rainald sie mißbilligten, nahm die Reichsverwaltung nicht eher an, als nachdem die von ihm gestellten Bedingungen genehmigt worden. Durch

171) „Cumque statim exauditi non fuissent, recesserunt cum indignatione simul, non solum a curia, verum etiam a civitate.“ Wilh. Tyr. Weiter unten nennt Wilhelm von Tyrus das Betragen des Patriarchen einen motus intemperatus. Die obige Stelle verziert Hugo Plagon also: „Cil orent grant desdaing de ce que homme qui estoit en si pourepoint de son cors portoit encore si grant rencune en son cors. Par corout se partirent de la cort, et s'en issirent hors la cite.“

172) Denn man sieht aus der ganzen Folge der Begebenheiten, daß es nur in großer Beschränkung richtig ist, was Wilhelm von Tyrus sagt: „In quo facto populi universi et principum ex parte plurima videbatur satisfecisse desideriis, unica enim et singularis videbatur omnibus salutis via, si praedicto Comiti regiorum cura committeretur negotiorum.“

J. Chr. 1184. diese Bedingungen suchte er eben so sehr sich seine Gewalt, wenigstens auf eine geraume Zeit, zu sichern, als jeden Anlaß zu Verläumdungen und Mißtrauen zu entfernen. Er forderte, daß die Verwaltung des Reichs ihm auf zehn Jahre, bis zur Volljährigkeit des jungen Königs, anvertraut würde; dagegen wollte er aber der Obhut und Erziehung des Königs überhoben seyn, damit nicht, falls derselbe innerhalb der zehn Jahre stürbe, die Verläumdung Gelegenheit fände, ihm die Schuld davon beyzumessen. Ferner verlangte der Graf zwar die Einräumung einer festen Stadt, als Unterpfand für die auf die Vertheidigung des Königreichs aufzuwendenden Kosten; er brachte aber dafür, um jedem Argwohn und jeder Besorgniß zuvorzukommen, in Vorschlag, alle übrigen Vesten und Burgen des Reichs der Obhut des Tempelordens zu überlassen. Endlich begehrte er, daß, wenn der junge König vor dem Eintritt seiner Volljährigkeit das Zeitliche segnen sollte, die Bestimmung über den Thron von Jerusalem dem Papste zu Rom, dem Kaiser und den Königen von Frankreich und England überlassen werden, und ihm die Reichsverwaltung so lange ungestört verbleiben sollte, bis die Bestimmung jener vier hohen Fürsten würde eingeholt worden seyn [173].

Als diese Bedingungen angenommen worden, wurde dem Grafen Raimund die Stadt Berytus mit ihrem Gebiete überlassen; dem Seneschall Joscelin, Oheim der Gräfin von Joppe, aber die Obhut der Person des jungen Königs anvertraut.

173) Bern. Thesaurar. c. 146. Die Erzählung von diesen Verhandlungen in der Chronik des Hugo Plagon (S. 585) ist so verworren und der Text dieser Stelle in dem Abdrucke offenbar so sehr verunstaltet, daß der Sinn fast sich nur ahnen läßt.

Nicht lange, nachdem dieses geschehen, starb der aus- J. Chr. 1185.
sätzige König, gerade zu der Zeit, als alle Barone des Reichs in Jerusalem versammelt waren, wohin er sie beschieden hatte, um seinen Neffen wiederholt ihrer Treue und ihrem Schutze zu empfehlen [174]; und schon am folgenden Tage nach seinem Tode ward er am Calvarienberge in dem Begräbnisse seiner Väter bestattet. Worauf der Graf Joscelin den jungen König nach Ptolemais führte.

174) „Devant ce qu'el fust mort, manda-t-il tous ses barons qu'ils venissent à lui en Ierusalem; et il i vindrent. A ce point qu'ils vindrent trepassa li roi mesiaus (kurz vorher heißt er le viceroi mesel d. i. der miselsüchtige oder aussätzige)." Hugo Plagon. Jakob Herold (Contin. historiae belli sacri. Lib. I. 3) gibt den 16 März 1185 als den Todestag des Königs Balduin an.

Viertes Kapitel.

J. Chr. 1184. August Der Graf von Tripolis, als Verweser, nahm sich des Reiches mit Eifer und Thätigkeit an. Wider den Sultan Saladin, welcher im nächsten Sommer mit allen Truppen aus Syrien, Aegypten und Mesopotamien die Burg Krak angriff, beschirmte er diese Veste durch kluge Vertheidigung, indem er in der Nähe eine feste und unbezwingliche Stellung nahm, und die Gelegenheit benutzte, die Besatzung der Burg zu verstärken: wodurch Saladin genöthigt wurde, die Belagerung aufzuheben, das aufgerichtete Belagerungszeug zu verbrennen und die Beschädigung des Christlichen Landes auf die Plünderung der offenen Stadt Neapolis und die Erbrechung einiger kleinen Städte im Rückzuge zu beschränken [1]). Jedoch achtete Raimund bald es für nöthig, das

1) Dieser zweyten Belagerung von Krak erwähnen, außer dem Engländer Radulfus de Diceto, blos die Morgenländischen Schriftsteller, Bohaeddin S. 58. 59. Abulfeda beym J. 580 S. 62. Der letztere Schriftsteller erzählt sie mit Umständen, welche ziemlich genau mit der Erzählung des Wilhelm von Tyrus von der erstern Belagerung zusammenstimmen. Saladin kam, wie Radulfus de Diceto Imagines historiar. in Twysden SS. Angl. S. 623 bestätigt, auch bey dieser zweyten Belagerung in den Besitz des Wellers. Nach eben diesem Englischen Schriftsteller richtete er vierzehn Wurfmaschinen auf gegen die Burg und hielt sie vier Wochen lang belagert. Auch Abulfaradsch (Chron. Syr. S. 392) erwähnt dieser zweyten Belagerung. Da diese Stelle in der lateinischen Uebersetzung ungenau wiedergegeben ist, so versuche ich hier ihren richtigen Sinn darzustellen: „Im J. 580 rüstete sich Saladin zur Belagerung von Krak und berief deswegen den Nureddin von Hesn Kaifa

Land durch Waffenstillstand zu schützen, statt des Kampfes sich zu unterwinden; zumal da sogleich im ersten Jahre seiner Verwaltung die ununterbrochene Dürre und der Mangel an Wachsthum der Früchte das Land mit Hungersnoth bedrohten. Gern vernahmen die Barone und die Großmeister der Orden, welche der Graf zur Berathung berief, solchen Rath, und gaben mit Freude ihre Beystimmung. Saladin gewährte für sechszig Tausend Bisanzien Stillstand bis zum nächsten Osterfest; sogleich begann ein freyer Verkehr zwischen den Christen und Saracenen, und das Königreich wurde, wenn auch nicht mit Früchten, doch mit Fleisch von den Heiden reichlich versorgt, wodurch viele Christen gegen den Hungertod geschützt wurden [z]). Auch J. Chr. 1184.

und Malek al adel, seinen Bruder, aus Haleb, und Thakieddin aus Aegypten, welche sich alle bey Krak versammelten. Als aber auch die Franken sich versammelten, so geriethen die Türken in Furcht und verbrannten auf Saladins Befehl die Maschinen, welche sie gegen Krak errichtet hatten; worauf sie in das Land von Samarien zogen und dieses verwüsteten. Der Prinz Rainald lagerte sich alsdann auf den Bergen, (nemlich um die abziehenden Saracenen zu beobachten), begab sich aber bald wieder zurück nach Krak und befestigte diese Burg noch stärker." Nach Bohaeddin eröffnete Saladin die Belagerung am 4 Dschumadi alawal 580 = 12 Aug. 1184. Nach Radulfus de Diceto zog er in den Weiler von Krak ein am Vorabende von St. Petrus Kettenfeyer = 31 Juli 1184. Eben dieser Schriftsteller berichtet, übereinstimmennd mit den Morgenländern, daß von den Heiden nach dem Abzuge von Krak die Stadt Neapolis verbrannt, dem Bischoff von Sebaste aber für die Freylassung von 80 Gefangenen Frieden sey gewährt worden.

z) Bernard. Thes. c. 147. „Quant il ot trives entre les Sarrazins et les Chrestiens, li Sarrazins amenerent tant de viandes os Chrestiens que bon tans orent durement, et se l'on n'eust fait trives, tuit fussent morts de faim; dont le cuens de Triple por ces trives qu'il fist os Sarrazins, fu mult amé des gens de terre et mult li en orerent de beneisçons." Hugo Plagon. S. 588. Nach Rogerius von Hoveden (in Savile Script. angl. fol. 560 a), der hier wohl genauer ist, wurde der Waffenstillstand anfangs nur auf die im Text angegebene Zeit geschlossen und späterhin auf drey Jahre verlängert. Bernhard und Hugo Plagon behaupten, er sey sogleich auf vier Jahre geschlossen worden. Abulfeda erwähnt dieses Waffenstillstandes nur gelegentlich S. 74.

J. Chr. 1184. der Graf Raimund schafte mit großer Klugheit und Thätigkeit aus verschiedenen Gegenden in das Land Ueberfluß von Lebensmitteln.

Das Volk des Landes ehrte den Grafen um dieser Waffenruhe willen mit desto größerer Dankbarkeit, je sichtbarer es wurde, daß ohne den Beistand der Saracenen die schrecklichste Noth über alle Christen gekommen seyn würde. Denn die Hitze des Sommers war so heftig und die Dürre so anhaltend, daß selbst die meisten Brunnen vertrockneten, weil sie nicht mit frischem Wasser gefüllt werden konnten. Vornehmlich in Jerusalem, welche Stadt kein andres Wasser hat als das Regenwasser, welches man in Brunnen sammelt, wurde der Mangel an trinkbarem Wasser sehr quälend, und ohne die Milde mancher reichen Einwohner wäre das arme Volk dieser Stadt vor Durst verschmachtet. Besonders erwarb sich durch solche Milde ein frommer Bürger der heiligen Stadt mit Namen Germanus ein herrliches Verdienst. Er besaß drey mit Marmor wohl ausgelegte Brunnen in verschiedenen Theilen der Stadt, und bey jedem derselben ließ er zwey an Ketten hängende Becken stets bey Tage und bey Nacht mit Wasser gefüllt halten, zum freyen Gebrauche des armen Volks. Als sein Wasservorrath begann sich zu verzehren, gedachte Germanus, wie er von alten Männern vernommen, daß außer der Stadt unterhalb des Teiches Siloah noch ein verschütteter Brunnen wäre, schon von dem Erzvater Jakob gegraben, zwar reich an quellendem Wasser, aber schwer zu finden. Es war dies die alte berühmte Quelle, von welcher Josephus, Tacitus und andere alte Schriftsteller reden, neben dem Teiche Siloah, dessen Wasser salzig und von unangenehmem Geschmack ist [3]). Der

3) „Elle n'est mie bonne à boire ains est salée." Hugo Plag. Man gebrauchte nach eben diesem Schriftsteller das Wasser des Teiches Siloah nur zum

fromme Mann, also erzählt ein andächtiger Schriftsteller [4]), begab sich in das Münster und flehte zu Gott mit inbrünstigem Gebete, daß ihm die Entdeckung dieses Brunnen gewährt werden möchte, um die Noth des armen Volks zu mildern. Dann ging er auf den Markt, dung Arbeiter, begann die Nachgrabung mit frohem Muth, und bald wurde ihm sein inbrünstiger Wunsch gewährt. Der wiedergefundene Brunnen wurde wieder ausgemauert und spendete so reichlich, daß Germanus daraus ohne Unterlaß bey Tag und bey Nacht durch zwey Lastthiere und drey Knechte Wasser tragen lassen konnte in die Brunnen der Stadt, aus welchen das arme Volk sich labte, bis endlich das Land wieder durch Regen erquickt wurde. Späterhin, als die Saracenen Jerusalem mit Belagerung bedrohten, wurde der Brunnen Jakobs wieder verschüttet [5]). J. Chr. 1184.

Aber so sehr auch Graf Raimund von dem Volke und seinem Anhange geehrt und geliebt wurde, und so sehr er auch glaubte, der Partey des Grafen von Joppe den Weg verlegt zu haben: so täuschte ihn gleichwohl seine Hoffnung, als der junge König nicht lange hernach starb [6]). J. Chr. 1186.

Gerben, zur Wäsche, zur Pferdeschwemme und zum Bewässern der Gärten. Des übeln Geschmacks des Wassers von Siloah erwähnen viele ältere und neue Reisebeschreiber, vgl. Relandi Palaest. S. 839. 860. Auch Wilhelm von Tyrus (VIII. 4.).

4) Hugo Plagon a. a. O.

5) „Quant . . . li Sarazin d'Egypte venoient asegir la ville." Hugo Plagon. Es scheint aber nicht die Belagerung durch Saladin gemeint zu seyn, sondern die Belagerung im J. 1239.

6) Es ist auffallend, daß der Tod des jungen Königs in allen Geschichtschreibern nur nebenbey erzählt wird, ohne genauere Angaben, bey den meisten selbst ohne Angabe der Zeit. Jakob Herold beschuldigt die Gräfin Sibylle unumwunden, ihren Sohn durch langsames Gift getödtet zu haben, was jedoch nach den Absichten, welche Sibylle glaubwürdigern Nachrichten zufolge mit ihrem Sohne hatte (s. oben), sehr unwahrscheinlich ist), und setzt den Tod desselben in den siebenten Monat nach dem Tode Balduin IV (Lib. I. 3.). Dagegen versichert der Schatzmeister Bernhard (c. 147) und Hugo Plagon (S. 592), er sey an einer Krankheit gestorben, Rogerius von Hove-

J. Chr. 1186 Seine heftigsten Feinde waren der Großmeister der Templer, Gerhard von Betfort und der Seneschall Joscelin. Den erstern hatte Graf Raimund dadurch gekränkt, daß er ihn zu der Zeit, da er noch als Ritter in dem königlichen Dienste war, die Erbherrin des Schlosses Botrou, welche Gerhard von dem Grafen als ihrem Lehnsherrn zur Ehe begehrte, verweigerte; wodurch damals Gerhard bewogen wurde, in den Orden der Templer zu treten [7]). Darum trug er gegen den Grafen Raimund in seinem Herzen einen unversöhnlichen Haß, und dürstete nach Rache, uneingedenk der Wohlfahrt des Landes. Gleichwohl ging Graf Raimund in die Falle, welche diese Feinde ihm legten. Denn der Seneschall beredete ihn, den Leichnam des jungen Königs, welcher zur Bestattung nach Jerusalem geführt wurde, nicht zu begleiten, sondern die Begleitung desselben den Templern zu überlassen; und Raimund trauete der Redlichkeit des ränkevollen Seneschalls mit solcher Sicherheit, daß er beschloß, zu Tiberias abzuwarten, was geschehn würde. Sobald nun der

den (fol. 360 a) bemerkt, er habe fast zwey Jahre regiert, und gibt auch weiter unten (fol. 361 b) das Jahr 1186 als das Jahr seines Todes an. Eben so auffallend ist es, daß in späterer Zeit, obwohl die ältern Schriftsteller, Wilhelm von Tyrus und Jakob von Vitry, einstimmig den Knaben Balduin nennen, an der Richtigkeit dieses Namens gezweifelt wurde. Denn Bernardus Thesaurarius (c. 146) behauptet, er habe nicht Balduin, sondern, wie sein Vater, Wilhelm geheißen.

7) Dieser Ursache des Hasses zwischen dem Grafen Raimund und dem Großmeister Gerhard gedenken Bernhard (c. 156) und Hugo Plagon (S. 609) nur im Vorbeygehn und auf ganz unverständliche Weise, da, wo sie der Eroberung des Schlosses Botrou oder Boterim durch Saladin nach der Schlacht bey Hittin erwähnen. „De ce chastel," sagt Hugo Plagon, „fu la dame que le cuens de Triple ne vout doner a Gerart de Rochefort (Bidefort) qui se rendi au temple par mautalent, dont la haine commença par quoi la terre fu perdue." Ausführlicher redet davon Franciscus Pipinus aus Bologna, der lateinische Uebersetzer der Chronik des Bernhard (c. 1320), in einem Zusatze zu der angeführten Stelle dieser Chronik; und diesen etwas späten Schriftsteller können wir folglich nur allein als Gewährsmann der im Texte erzählten Umstände anführen.

Graf sich entfernt hatte, setzte sich Joscelin in den Besitz von Akka, die an Raimund als Unterpfand überlassene Stadt Berytus wurde ihm durch bestochene Verräther geöffnet, und der schalkhafte Seneschall ermahnte durch Eilboten die Gräfin von Joppe mit ihrem Gemahl und allen ihren Rittern und Knechten nach Jerusalem zu eilen, und nach vollendetem Begräbniß ihres Sohnes sich der Stadt und des Reichs zu bemächtigen. Diesen Rath ließ die Gräfin nicht unbefolgt [8]). J. Chr. 1186.

Kaum war der Leichnam des Knaben in der königlichen Grabstätte am Calvarienberge beygesetzt, so verlangte die Gräfin von dem Patriarchen und den Großmeistern der beyden Orden als nächste Erbin die Krone. Weder der Patriarch noch der Großmeister des Tempels machten Schwierigkeiten, der erstere aus Zuneigung für die Gräfin, der letztere aus Haß gegen den Grafen Raimund; nur der Großmeister des Hospitals wollte den zwischen dem Könige Balduin dem vierten und dem Grafen Raimund errichteten und von sämmtlichen Baronen des Reichs beschwornen Vertrag aufrecht erhalten und behauptete, daß über den erledigten Thron kein andrer verfügen dürfe, als die in jenem Vertrage bestimmten vier hohen Fürsten. Die Gräfin und ihre Anhänger sahen wohl ein, daß sie ohne seine Beystimmung nicht leicht zum Ziele gelangen konnten, indem es ihnen selbst nicht möglich war, ohne den Willen des Großmeisters anders als mit großer Gewalt sich die königliche Krone zu verschaffen; denn einer der drey Schlüssel des Schatzes, worin sie auf- August 1186.

8) Bernard. Thes. l. c. Hugo Plagon. S. 593. Beyde Schriftsteller erzählen dieses, so wie auch die Krönung des Königs Veit und deren Folgen so gleichlautend, daß sie nur aus Einer Quelle geschöpft haben können. Die Zeit der Krönung des Königs Veit gibt der Englische Annalist Radulfus de Diceto (S. 634) genauer an: „Guido Comes Ioppensis . . . consecratus est rex Ierosolimorum in Augusto mense.“

J. Chr. 1186. bewahrt wurde, war in den Händen des Großmeisters, so wie die beyden andern in der Verwahrung des Patriarchen und des Großmeisters der Templer sich befanden. Sibylle lud also den Fürsten Rainald ein, schleunigst nach Jerusalem zu kommen, und ihr in dieser Verlegenheit mit Rath und That beyzustehen.

Mittlerweile hatte der Graf Raimund, sobald er vernommen, wie er von dem Seneschall Joscelin hinter das Licht geführt worden, die Prälaten und Barone des Reichs nach Neapolis berufen; und die Lage der Gräfin von Joppe und ihrer Partey, wiewohl sie im Besitze der Hauptstadt waren, schien doch sehr bedenklich dadurch zu werden, daß zu jener Versammlung alle Prälaten und Barone des Reichs, außer denen, welche zu Jerusalem anwesend waren, sich einfanden.

Sie ließ sich aber dadurch in ihren Plänen nicht stören. Sobald der Fürst Rainald nach Jerusalem gekommen war, wurde sogleich eine Botschaft an die sämmtlichen in Neapolis versammelten Fürsten und Barone abgefertigt mit der Aufforderung, ohne Verzug sich in Jerusalem einzufinden, um als getreue Lehensmänner der Krönung der Gräfin Sibylle als der rechtmäßigen Erbin des Reichs beyzuwohnen und ihr die Huldigung zu leisten. Die Barone dagegen sandten zwey Cistercienser Aebte nach Jerusalem, um den Patriarchen und die Großmeister der beyden Orden im Namen Gottes und des Papstes von der Vollziehung der Krönung abzumahnen.

Kaum war von den beyden Aebten diese Botschaft ausgerichtet, als die Thore von Jerusalem verschlossen wurden, aus Besorgniß, daß den Baronen zu Neapolis einfallen möchte, ihrer Abmahnung Nachdruck zu geben mit den Waffen. Dann zog die Gräfin von dem Großmeister des

Tempels und dem Fürsten Rainald geführt, zur Kirche des heiligen Grabes, wo der Patriarch schon ihrer wartete und von dem Großmeister den in seiner Verwahrung befindlichen Schlüssel des Schatzes forderte, welchen er sogleich willig darreichte. Hierauf wurde zu dem Großmeister des Hospitals, welcher sich nicht eingefunden, gesandt, und auch von ihm die Ueberantwortung seines Schlüssels begehrt. Als dieser sich weigerte, dieses Ansinnen zu erfüllen, so lange die Gräfin Sibylle nicht von den Baronen des Reichs als rechtmäßige Erbin der Krone öffentlich anerkannt wäre; so begaben sich der Patriarch und der Großmeister des Tempels in eigner Person in das Hospital des heil. Johannes, und fanden erst nach vielem Suchen den Großmeister, welcher sich verborgen hatte. Dann bestürmten sie ihn so heftig mit Vorstellungen und Bitten, daß er endlich im Unwillen, und weil er seinen Rittern nicht traute, den Schlüssel in die Mitte des Hauses warf. Sie hoben ihn fröhlich auf, eilten zurück nach der Kirche des heil. Grabes, und holten die Kronen hervor aus dem Schatze. Hierauf trat der Patriarch an den Altar, legte die Eine der beyden Kronen auf denselben und krönte mit der andern die Gräfin. Dann nahm er auch die erstere Krone wieder und überreichte sie der Gräfin mit den Worten: Ihr seyd eine Frau und bedürfet eines Mannes, welcher euer Reich regiere. Nehmet diese Krone und setzet sie auf wessen Haupt ihr wollt. Worauf Sibylle ihren Gemahl Veit zu sich rief, und dieser empfing knieend die Krone aus ihren Händen [9]).

J. Chr. 1186.

9) Also Bernhard und Hugo Plagon. Rogerius von Hoveden dagegen berichtet, aber nach dem Zusammenhange der Begebenheiten zu urtheilen weniger richtig, auf folgende Weise: Der Patriarch Heraklius, so wie die Hospitaliter und Tempelherrn wären ebenfalls dem Grafen Veit nicht gewogen gewesen, sondern würden lieber dem Grafen Raimund, oder irgend einem

J. Chr. 1186. Die Barone zu Neapolis vernahmen die Kunde von dieser Krönung zuerst durch einen Ritter, welcher als Mönch verkleidet von dem Grafen von Tripolis nach Jerusalem geschickt und von dem Aufseher des Krankenhauses an der Mauer durch eine Pforte in die Stadt eingelassen war, und dann selbst die Krönung angesehen hatte. Als dieser in der Versammlung der Barone Bericht erstattete, rief Balduin von Rames im Zorn die bedeutungsvollen Worte aus: Der soll kein Jahr König von Jerusalem seyn [10]). Dann wandte er sich an den Grafen Raimund und die übrigen Barone mit den Worten: Ritter, thut euer Bestes, um das Land zu retten, denn es ist verloren; ich aber werde zurückkehren in die Heimath. Denn ich will nicht die Schande auf mich laden, bey dem Verluste des heiligen Landes, welches unsere Vorfahren mit so herrlicher Tapferkeit erworben und beschirmt haben, gegenwärtig gewesen zu seyn; ich kenne den Veit und weiß, daß er lieber den verworfensten Menschen sich überlassen wird, als euerm heilsamen Rathe folgen. Der Graf Raimund aber sprach ihm Muth ein, beschwor ihn, in dieser Zeit der Noth seine Waffenbrüder nicht zu ver-

andern Fürsten des Landes die Krone zugewandt haben. Es wäre auch von ihnen die Gräfin Sibylle aufgefordert werden, sich von Veit zu trennen und einen andern Gemahl zu wählen. Sibylle hätte sie dann auf folgende Weise betrogen. Sie hätte sich von ihnen mit einem feyerlichen Eide versprechen lassen, denjenigen, welchen sie wählen würde, ohne Schwierigkeit als König anzuerkennen. Nach diesem Eide wäre dann bey der Krönung das geschehen, was auch die andern Schriftsteller berichten. Alle Umstehenden wären über das Benehmen der Königin sehr betroffen gewesen, hätten aber wegen ihres Eides nicht gewagt zu widersprechen, sondern der Patriarch hätte dem Könige Veit die Salbung ertheilt und das Königliche Paar wäre von den Templern in den Palast des Tempels eingeführt, wo ihnen das feyerliche Krönungsmahl sey bereitet worden.

10) Nach Bernard. Thesaur. (c. 148) sagte auch der eigene Bruder des Königs Veit, Gaufried (Bischoff von Lidda), als er dessen Erhebung auf den Thron vernahm: „Nun, da er einmal König ist, kann er auch noch der Herrgott werden.“

lassen, und erinnerte, daß es ihnen ja nicht an der Macht fehle, dem eingedrungenen Könige seine angemaßte Würde zu entreissen; denn diesem wäre ja niemand hold und gewogen außer dem Patriarchen Heraklius, dem Fürsten Rainald und dem Großmeister des Tempels; alle andere und selbst der Großmeister des Hospitals wären ihres Sinns. Der Graf Raimund entblödete sich nicht, das schmähliche Wort auszusprechen, daß selbst die Saracenen, mit welchen sie damals Frieden hatten, ihnen den Beystand nicht versagen würden. Er brachte hierauf den Grafen Honfroy, den Gemahl der jüngern Schwester der Gräfin von Joppe, in Vorschlag zur königlichen Würde, worauf alle einmüthig beschlossen, diesen am folgenden Tage zum König auszurufen. J. Chr. 1186.

Der Graf Honfroy aber, ein Mann von zaghaftem Sinne und wenig sich selbst vertrauend, erschrak heftig, als er sich mit der Bürde der Herrschaft über ein so entzweytes und zerrüttetes Reich bedroht sah, und entwich in der folgenden Nacht aus Neapolis nach Jerusalem. Die Königin Sibylle empfing ihn zwar zuerst mit Vorwürfen darüber, daß er mit ihren Feinden es gehalten; als sie aber vernahm, wie er durch die Flucht der königlichen Würde sich entzogen, lobte sie sein Benehmen mit freundlichen Worten. Worauf Honfroy dem Könige Veit huldigte.

Die Entweichung Honfroys setzte den Grafen von Tripolis in sehr große Verlegenheit. Denn, sobald dieselbe kund wurde, erklärten die übrigen Barone, daß ihnen nunmehr kein Grund obzuwalten schiene, dem Könige Veit die Krone streitig zu machen, nachdem der einzige, welchem außer diesem, aus dem Rechte der Verwandtschaft mit dem königlichen Hause, Ansprüche auf die Krone zuständen, seines Rechts sich begeben hätte, und daß also Ehre und Gewissen ihnen geböten, ihrem Könige sich als getreue

J. Chr. 1186. Lehensmänner zu unterwerfen. Sie riethen dem Grafen nach Tiberias zurückzugehn und verhießen, ihm auch fernerhin redlich beyzustehen, so weit es ihre Pflicht gestatten würde, auch sich eifrigst dafür zu verwenden, daß die für die Vertheidigung des Landes aufgewandten Kosten ihm erstattet würden. Sie beharrten auch bey dieser Meinung, obschon Raimund alle Beredtsamkeit aufbot, um sie zu überzeugen, daß sie durch Eid und Pflicht gebunden wären, keinem andern Könige von Jerusalem zu gehorchen, als einem von den vier hohen Fürsten ernannten, welchen nach dem Vertrage das Recht zustände, über den Thron zu bestimmen. Nur Balduin von Rames beharrte in seinem Hasse und Widerwillen gegen Veit, und trat deshalb der Meinung des Grafen Raimund bey.

Als aber alle übrige Barone nach Jerusalem sich begaben, um dem Könige zu huldigen, ließ Balduin auch seinen Sohn mitziehen. Doch zu seinem großen Verdrusse wollte der König dessen Huldigung nicht annehmen, wenn nicht auch der Vater den schuldigen Leheneid leistete. Durch die Besorgniß, daß der König seine Herrschaft als offnes Lehen einziehen würde, ließ sich Balduin zur Nachgiebigkeit bewegen; aber er leistete den Eid auf eine Weise, worin sein heftiger Groll sich offenbarte. Er trat vor den König ohne ihn zu grüßen und sprach: König Veit, ich schwöre euch als einer, welcher kein Land von euch begehrt. Auch küßte er nicht des Königs Hand, wie es Sitte war. Dann ließ er seinen Sohn huldigen und die Belehnung nehmen, und übergab ihn und seine Herrschaft der Fürsorge seines Bruders Balian von Ibelim; er selbst aber begab sich zu dem Fürsten von Antiochien, welcher ihn gern aufnahm und ihm mehr Land verlieh, als er im Konigreiche verlassen hatte.

Also war niemand mehr dem Könige Veit entgegen mit offenem Widerspruche, als der Graf Raimund von Tripolis, welcher seine Hoffnung, selbst die Krone davon zu tragen, auf eine eben so unerwartete als schmähliche Weise getäuscht sah [11]. Darum glaubte Veit gegen ihn nicht länger der Zurückhaltung zu bedürfen; auf den Rath des Großmeisters der Templer berief er seine Lehenmänner nach Nazareth, in der Absicht den Grafen Raimund in Tiberias zu belagern und mit offener Gewalt zum Gehorsam zu zwingen. Der König Veit dachte nicht daran, daß es dem Grafen, welcher schon in der Versammlung der Pilgerfürsten zu Neapolis das ruchlose Wort von einem Bündnisse mit den Heiden wider seine Christlichen Kampfgenossen ausgesprochen hatte, wenig kosten würde, dieses Wort in Erfüllung zu setzen. Raimund, sobald er sich bedroht sah, suchte wirklich ohne Scheu den Beystand des furchtbaren Saladin gegen den König Veit und dessen Christliche Ritterschaft; und Saladin schickte ohne Verzug eine Schar Türkischer Reiter, welche der Graf willig in Tiberias aufnahm. Auch ließ der Sultan noch mehre seiner Truppen bey Valenia, fünf Rasten von Tiberias, sich lagern, denen er gebot, dem Grafen zu Tripolis im Falle der Noth beyzustehen wider seine Feinde. Das Aergerniß eines solchen ruchlosen Kampfes zwischen den Christen wandte noch Balian von Ibelim ab, welcher zu dem Könige sich begab, J. Chr. 1186.

11) Daß Raimund selbst nach dem Throne strebte, ist wohl aus allen Verhältnissen klar genug; auch sagt Jakob Vitry (Hist. Hierosol. C. 1117) es ausdrücklich. „Iuniore etiam Rege Baldovino defuncto praefatus Guido, procurante uxore sua Sibylla, ad quam regnum jure haereditario pertinebat, sublimatus est in regem, non requisito assensu Comitis Tripolitani, qui totius regni procurator tunc erat. Unde valde indignatus est, praesertim cum ipse ad regnum adspiraret.“

J. Chr. 1186. ihm die Gefährlichkeit des Kampfes gegen die durch die Heiden verstärkte Macht des Grafen von Tripolis vorstellte, und ihn dadurch beredete, gütliche Unterhandlungen anzuknüpfen. Aber diese Unterhandlungen führten zu keinem Ziele, weil der Graf die Zurückerstattung von Berytus verlangte, der König Veit aber diese Stadt, welche damals als der Schlüssel des Reichs betrachtet wurde, nicht aus seinen Händen geben wollte.

Fünftes Kapitel.

So wie durch Unfrieden und Parteiung das schwache Reich der Christen zerrüttet wurde, eben so auch die Kirche des heiligen Landes. Wie die Layen mit einander uneins waren, eben so die Pfaffen; und wie der König Veit den stolzen Baronen des Reichs mißfiel, eben so war ein großer Theil der Geistlichkeit unzufrieden mit dem Patriarchen Heraklius von Jerusalem. J. Chr. 1187.

Schon wider seine Wahl hatten sich viele Stimmen erhoben; besonders der verständige Erzbischoff Wilhelm von Tyrus hatte die Wahlversammlung ernstlich abgemahnt, den Erzbischoff Heraklius von Cäsarea zu wählen, zwar mit einem Grunde, welcher weniger von der Unwürdigkeit und Unfähigkeit des Bewerbers für dieses hohe Amt hergenommen als wohl berechnet war, auf eine Versammlung von Geistlichen des damaligen Zeitalters und in einer so ängstlichen Lage der Dinge zu wirken. Denn der Erzbischoff Wilhelm versicherte in alten Büchern gelesen zu haben, daß, so wie durch einen Patriarchen Heraklius das heilige Kreuz in Persien gefunden worden, es eben so durch einen Patriarchen Heraklius würde verloren werden. Weil aber die versammelten Prälaten durch Sibylle, damals die Gemahlin des Markgrafen Wilhelm, welcher der Erzbischoff Heraklius

J. Chr. 1187. durch seine schöne Gestalt und sein angenehmes Wesen sich empfohlen hatte, bereits für ihn gewonnen waren, so fruchtete die Abmahnung des Erzbischoffs Wilhelm nichts; Heraklius wurde sogleich mit seinem Gegner, dem Könige, welcher nach dem alten Herkommen zwischen zwey ihm in Vorschlag gebrachten zu wählen hatte, von den Prälaten vorgeschlagen und von Balduin dem vierten, der Markgräfin Sibylle zu Liebe, als Patriarch angenommen.

Späterhin bereuten es viele, der Warnung des Erzbischoffs von Tyrus nicht Gehör gegeben zu haben; denn Heraklius stiftete bald großes Aergerniß. Er überließ sich einem höchst ärgerlichen Leben mit der leichtsinnigen Pascha von Riverl, der Ehefrau eines Specereyhändlers zu Neapolis, welche er nach dem Tode ihres Mannes selbst nach Jerusalem kommen ließ, wo er ein stattliches Haus ihr einrichtete, und mit einer zahlreichen Dienerschaft sie umgab. Das Volk nannte sie nicht anders als des Patriarchen Frau; und öffentlich zeigte sie sich nicht anders als in großer Pracht. Wie eine Fürstin zog sie zur Kirche mit einer zahlreichen und glänzenden Begleitung. Auch gebahr sie dem Patriarchen Kinder. Als in den schimpflichen Tagen an der Quelle Tubania der Patriarch mit den übrigen Fürsten des Reichs im Kriegsrathe war, drängte sich ein wahnsinniger Mann in die Versammlung und rief mit lauter Stimme: Herr Patriarch, ich bitte um einen guten Lohn, denn ich bringe euch gute Botschaft, Frau Pascha, euer Weib, hat euch einen schönen Knaben geboren. Und der Patriach, beschämt, hieß ihn schweigen. Solches Aergerniß machte Heraklius nicht dadurch gut, daß er mit dem Großmeister des Hospitals in allen Ländern der Christenheit herumzog, die Fürsten durch Vorzeigung der Schlüssel des Thurms David und des heiligen Grabes so wie eines Kreuzpaniers aufforderte zur Hülfe des bedrängten heiligen Grabes, und auch zum Volke über die Verdienstlichkeit des Kampfes wider die Heiden redete [1]). J. Chr. 1187.

1) Die Nachrichten des Bernardus Thesaurarius (c. 142. 145.) und Hugo Plagon (S. 604. 606) über diese Verhältnisse zwischen dem Erzbischoff Wilhelm und dem Patriarchen Heraklius sind nicht ohne Schwierigkeit. Es sind übrigens die Nachrichten beyder Schriftsteller, wie man auf den ersten Blick erkennt, aus Einer Quelle geflossen. Sie erzählen, zwar ohne die Zeit zu bestimmen, der Erzbischoff Wilhelm sey nach der Wahl des Patriarchen nach Rom gereist, um die Anerkennung desselben zu verhindern, und habe auch bey dem Papste und den Cardinälen vielen Eingang gefunden. Der Patriarch aber, nachdem er sich seines Feindes durch einen Gifttrunk entledigt, sey ebenfalls nach Rom gereist, wo seine Bestätigung keine Schwierigkeiten gefunden. Nach seiner Rückkehr habe das ärgerliche Leben mit der Frau des Spicereyhändlers zu Neapolis angefangen. Man sollte nun glauben, alles dieses müßte in dem Zeitraume etwa Eines Jahres nach der Wahl des Patriarchen fallen. Allein die Wahl des Patriarchen Heraklius geschah noch im Oktober des Jahres 1179, des siebenten Regierungsjahrs des Königs Balduin IV; sie wird noch von Wilhelm von Tyrus (XXII. 4.) selbst erzählt und allerdings auf eine sehr trockne Weise, welche vermuthen läßt, daß er nicht mit ihr einverstanden war. „Sequenti mense pridie non. Octobr. anno pontificatus sui XXII, dominus Amalricus, bonae memoriae Hierosolymorum patriarcha, vir simplex nimium et paene inutilis, viam universae carnis ingressus est. In cujus loco dominus Heraclius Caesariensis Archiepiscopus intra dies decem substitutus est." Sonst aber findet sich in dem Werke des Wilhelm von Tyrus auch nicht die mindeste Andeutung von seiner Spannung mit diesem Patriarchen; der Erzbischoff Wilhelm erzählt bis zum Jahr 1184 ohne Unterbrechung sowohl als ohne Erwähnung einer von ihm unternommenen Reise nach Rom, die Begebenheiten und bricht erst bey diesem Jahr, gerade im Anfange des drey und zwanzigsten Buchs, plötzlich ab. Daraus scheint zu folgen, daß bis zu dem genannten Jahre wenigstens kein öffentlicher Schritt gegen den Patriarchen von ihm geschehen ist. Indeß scheint es sehr glaublich, daß der Erzbischoff wenigstens schon im Jahr 1185 seine Geschichte von Jerusalem abbrach. Denn die wehmüthigen Klagen in der Vorrede des angefangenen drey und zwanzigsten Buches über die steten Niederlagen der Christen machen es sehr wahrscheinlich, daß diese Vorrede vor der Schlacht bey Hittin (1187) geschrieben wurde, und vor dem Verlust von Jerusalem; denn beyde Unglücksfälle würde er bey dieser Gelegenheit gewiß bestimmter angedeutet haben. Eben dadurch scheint uns in den Nachrichten des Hugo Plagon wenigstens das Bestätigung zu erhalten, daß der Erzbi-

J. Chr. 1187. Wenn selbst das Haupt der Geistlichkeit in der heiligen Stadt sich nicht einmal bemühte, den Schein eines anständigen Lebens zu bewahren, so ließ sich wohl erwarten, daß allgemeine Sittenlosigkeit und Ruchlosigkeit gleichen Schritt hielten mit dem Unfrieden und der Parteyung unter den Pfaffen und Layen. Die Klagen über das Verderbniß der Sitten unter den katholischen Christen im heiligen Lande werden daher heftiger, je mehr sich ihre bürgerliche und kriegerische Verfassung der Auflösung nähert. Die Begeisterung verschwand gänzlich aus den Gemüthern, alles Vertrauen auf Gott und seinen Beystand wich von den Fürsten und dem Volke, und die Kreuzfahrer, deren Vorfahren auch in der Gefangenschaft unter den qualvollsten Martern standhaft ihren Glauben bewahrt hatten, wandten jetzt nicht selten freywillig sich zu dem Irrglauben des arabischen Lügenpropheten. Selbst ein Tempelherr, Robert von St. Alban aus England, brach das heilige Gelübde seines Ordens, verleugnete den Heiland, begab sich zu Saladin, ward Muselmann, erhielt eine

schoff im Jahr 1185 wirklich nach dem Abendlande reiste, vielleicht um gegen den Patriarchen Heraklius zu klagen. Für diese Annahme streitet noch, daß um dieselbe Zeit auch der Patriarch Heraklius im J. 1185 eine Reise nach dem Abendlande unternahm, um Hülfe für das heilige Land bey den abendländischen Fürsten zu suchen, was nicht nur Bernard und Hugo Plagon, sondern auch andere glaubwürdige Schriftsteller berichten. S. Radulph de Diceto imagines historiar. S. 636. Io. Brompton Chron. S. 1143. Roger. de Hoveden Fol. 829 a. Was nun aber die von keinem andern Schriftsteller erzählte Vergiftung des Erzbischoffs Wilhelm betrifft, so trage ich kein Bedenken, mit Pagi (ad Baronii Annales ad a. 1188 §. III.) sie für eine Fabel zu erklären. Denn der Erzbischoff Wilhelm von Tyrus ist nicht nur im J. 1187 im heiligen Lande selbst bey der Aussöhnung des Grafen Raimund von Tripolis mit dem Könige Veit thätig, sondern er tritt auch bald hernach im Abendlande als Gesandter der Kirche des heil. Landes auf. Niemand sonst aber wird wohl darauf kommen, mit Maria einen zweyten Erzbischoff Wilhelm von Tyrus an die Stelle des vergifteten zu setzen. Histoire de Saladin T. I. S. 409. Anm.

Verwandte des Sultans zur Gemahlin, und führte ein zahlreiches türkisches Heer bis in die Nähe von Jerusalem, mit dem Verheißen, diese heilige Stadt in die Gewalt des heidnischen Sultans zu bringen, alles Land von Montroyal bis nach Jericho und Neapolis mit Feuer und Schwert verwüstend. Zwar erfüllte er nicht diese ruchlose Verheißung; denn die Ritterschaft aus Jerusalem zog ihm entgegen mit dem heiligen Kreuz, und überwand den abtrünnigen Verräther in tapferm Kampfe. Aber gleichwohl setzte der Abfall dieses Ritters alle Christen in großes Schrecken [2]). Dieses geschah nicht lange vor dem Waffenstillstande, welchen Graf Raimund schloß. J. Chr. 1187.

Durch dieses und ähnliche Vorfälle wurde besonders der Unwille wider die Templer immer heftiger und allgemeiner, und viele fingen an sie zu beschuldigen als die Anstifter alles Unheils, welches über die Christen gekommen war und noch kommen werde. Man schob auf sie vornehmlich die Schuld des Verraths, welcher wider die Deutschen und Franzosen vor Damascus vierzig Jahre zuvor verübt worden, eben so das Unglück, welches König Amalrich in Aegypten erfahren, und außer vielen andern, dessen man sie anklagte, wurden sie nicht ohne starken Schein beschuldigt, das Reich an Veit von Lusignan für Geld verkauft zu haben [3]). Solche Anschuldigungen, welche von Mund zu Mund verbreitet und immer von neuem angefrischt wurden, fanden durch öftere Wiederholung immer mehr Glauben, und steigerten die Erbitterung; und in dem Maße, als der Haß gegen die Templer sich stärkte, sank der König Veit, der auf ihren Schutz fast allein sich verließ, in tiefere Verachtung.

Dem Könige Veit kam unter diesen Umständen der Antrag des Sultans, den mit dem Grafen Raimund nur auf

2) Roger. de Hoveden ad a. 1185. Fol. 359 b.
3) Iac. Herold. I. 4.

J. Chr. 1187. wenige Monate geschlossenen Stillstand um drey Jahre zu verlängern, sehr gelegen; und auch die Templer riethen, solchen Antrag nicht abzulehnen [4]).

Die Pullanen hofften nun eine mehrjährige Ruhe. Zwar kamen am nächsten Osterfest manche streitbare und kampflustige Pilger aus England und andern abendländischen Reichen, welche durch die Predigten des Patriarchen von Jerusalem waren bewogen worden, dem Dienste Gottes sich zu weihen: sie kehrten aber fast alle zurück wegen des Waffenstillstandes, und nur sehr wenige blieben, um die Zeit des Kampfes zu erwarten [5]).

Plötzlich störte die Waffenruhe der unbesonnene Fürst Rainald, welcher schon zuvor einen Waffenstillstand treulos gebrochen hatte. Er überfiel durch ungestümen Sinn und schnöde Gier nach Beute getrieben eine Karawane von Muselmännischen Kaufleuten, welche im Vertrauen auf den Waffenstillstand durch sein Land auf dem Wege von Damascus nach Arabien zog, plünderte ihre Güter und legte die Reisenden in Ketten. Auch weigerte sich Rainald den Raub und die Gefangenen zurück zu geben, als Saladin sie dem Waffenstillstande gemäß zurückfordern ließ. Da schwur Saladin mit einem feyerlichen Eide, den Fürsten Rainald, wenn er in seine Gewalt einst kommen sollte, mit eigner Hand zu tödten [6]).

Bald verbreiteten sich schreckende Nachrichten von den gewaltigen Rüstungen des durch diesen treulosen Friedensbruch erbitterten Sultans; von allen Seiten aus Arabien

4) Roger. de Hoveden ad a. 1186 Fol. 361 b.

5) „Quia treugae elongatae fuerant, perpauci remanere volebant. Tamen Rogerus de Mulbrai et Hugo de Bello Campo remanserunt ibi in servitio Dei.“ Id. l. c.

6) Abulfed. Ann. ad a. 582 p. 72 — 74. Bohaed. p. 70. Die Abendländischen Nachrichten ohne Unterschied reden mit großem Unwillen von diesem Friedensbruch. Gaufr. Vinis. l. 5. Iac. de Vitr. p. 1122.

und Aegypten, aus Mesopotamien und den syrischen Für- J. Chr. 1187.
stenthümern sammelten sich zu Damascus zahlreiche und wohlgerüstete Scharen in großer Schnelligkeit. Denn Saladin konnte nunmehr seine ganze Macht gegen das schwache und zerrüttete Königreich Jerusalem richten, weil er nicht nur mit dem Fürsten von Mosul einen Frieden geschlossen hatte, sondern selbst der Christliche Fürst zu Antiochien mit ihm einen Stillstand einging zu der Zeit, da das bedrohte Grab des Erlösers der gemeinsamen Beschützung aller Christlichen Streiter am meisten bedurfte [7]).

Die Fürsten des Reichs versammelten sich ohne Säumen zur Berathung; und alle meinten einmüthig, daß vor allen Dingen man suchen müßte, den Grafen Raimund von dem Bündnisse mit Saladin abzuziehn und mit dem Könige Veit zu versöhnen, weil er ein verständiger und kriegskundiger Mann und sehr tapferer Ritter wäre; zumal da das Reich schon einen trefflichen Ritter verloren hatte, Herrn Balduin von Rames. Worauf der Erzbischoff Wilhelm von Tyrus, der Bischoff von Nazareth, der Meister der Tempelherren, Balian von Ibelim und Rainald von Sidon als Abgesandte des Königs sich auf den Weg begaben nach Tiberias, wo der Graf Raimund noch immer sich aufhielt [8]).

7) Bohaed. p. 67.

8) Hugo Plagon. p. 597. Bern. Thes. c. 151. Nach der Erzählung des Gaufried Vinisauf (I. 1) wurden die Pullanen damals auch durch mancherley schlimme Vorbedeutungen geschreckt, als, heftige Stürme, welche von den Astrologen schon aus den Gestirnen geweissagt worden, Erdbeben, häufige Verfinsterungen der Sonne und des Mondes. Die Sonnen- und Mondfinsternisse waren übrigens in den Jahren 1186 und 1187 nicht so häufig, als man durch diese Aeußerung veranlaßt werden möchte zu glauben; jedoch verfinsterte sich der Mond im Jahr 1186 zweymal völlig am 5 April und 30 September, und am 21 April ereignete sich eine Sonnenfinsterniß; im J. 1187 waren zwey Mondfinsternisse, am 26 März und 29 September, und eine Sonnenfinsterniß am 4 September. S. Chronologie des Eclipses in l'Art de verifier les dates bey den Jahren 1186 und 1187.

J. Chr. 1187. Die beyden Bischöffe, der Großmeister der Templer und Balian zogen auf dem Wege über Neapolis, Rainald von Sidon wählte eine andere Straße; jene nahmen die erste
29. April Nachtherberge in Neapolis, wo Balian zurück blieb, als
30. April die beyden andern am folgenden Tage ihren Weg fortsetzten bis zur Burg Faba im Thale des Jordans.

Kaum waren sie dort angekommen, als die furchtbare Kunde erscholl, daß die Heiden einbrächen in das Land. Denn während Saladin selbst mit einem Theile seines Heers jenseit des Jordans bey Krak gelagert war, um die von Mekka und aus Arabien heimkehrenden muselmännischen Pilger und Kaufleute gegen den Fürsten Rainald zu schützen, zog sein Sohn Malek al-afdal mit sieben Tausend muthigen und kühnen Reitern [9]) aus, um das Land von Akka mit Raub und Mord zu verwüsten. Weil aber die Heiden, um dahin zu kommen, die Landschaft von Tiberias durchziehen mußten, so hielten sie bey dem Grafen Raimund, mit welchem sie noch in Waffenstillstand und Freundschaft waren, um unschädlichen Durchzug an, wodurch der Graf in große Noth kam. Denn er wollte weder die Freundschaft des Sultans aufgeben, noch bey den Christen seinen Namen dadurch schänden, daß er den Muselmännern behülflich wäre zur Verwüstung des Christlichen Landes. Doch ihm gebrach es nicht an schlauem Rath. Er gestattete den Heiden den Durchzug durch sein Land nur unter der Bedingung, daß sie noch vor dem Sonnenuntergange desselben Tages, an welchem sie über den Jordan gingen, wieder zurückkehrten, auch kein Dorf oder Stadt, selbst kein Haus erbrechen oder beschädigen, und nur das Land und was auf dem-

9) Manafaradinus Admiralius Edessae cum septem millibus Turcorum. Gaufr. Vinis. I. 2. Eben so groß gibt Radulph Coggeshale die Zahl der Türken an, p. 548.

selben sich befände, als ihrer Willkühr preis gegeben betrachten sollten. Worauf der Graf nicht nur die Thore von Tripolis schließen ließ, sondern auch überall im Lande kund thun ließ, daß jedermänniglich an dem Tage, an welchem die Heiden kämen, mit aller seiner Habe in seiner Stadt oder Burg oder seinem Hause bleiben möchte. Er gab besonders durch einen Brief dem Burgvoigt von Nazareth Nachricht von dem bevorstehenden Einbruche der Heiden und dem mit ihnen aufgerichteten Vertrage, und warnte auch die königlichen Gesandte, an diesem Tage ihre Reise nicht fortzusetzen [10]. Durch solche Verabredungen und Vorkehrungen glaubte Graf Raimund beyden, seinen Glaubensbrüdern wie den Muselmännern, zu genügen. J. Chr. 1187.

Als aber der ungestüme Großmeister der Templer diese Botschaft vernahm, verleitete ihn seine natürliche Unbesonnenheit eben so sehr, als sein alter Groll gegen den Grafen von Tripolis zur Nichtachtung dieser Warnung. Er sandte Eilboten in die benachbarten Burgen der Templer [11], und gebot den Brüdern, am andern Tage zu ihm zu kommen, gewaffnet zum Kampfe; auch forderte er den Großmeister des Hospitals Roger du Moulin, welcher in der Nähe war, und dessen Ritter auf, zur Theilnahme an dieser Waffenthat; alle ritten noch in der Nacht gen Faba und lagerten sich außerhalb der Burg. Auch alle Ritter in Faba, theils Templer, theils Hospitaliter, neunzig an der Zahl [12]), waff-

10) Bern. Thes. l. c. Hugo Plag. p. 597. 598.

11) Hugo Plagon und Bernard erwähnen bey dieser Gelegenheit einer sonst nirgends genannten Burg der Templer, Caeo oder Cacho, welche nur vier Rasten, (quatuor leucis) von Faba entfernt war. „Quant le maistre du Temple oi que li Sarrazin devoient entrer en la terre il envoia batan à un convent du Temple qui estoit à quatre milles près d'iluec, à une ville qui a nom Caco, et lor manda que sitost com il verroient ses lettres, montassent et venissent a li.“

12) „Li chevalier de la garnison de la Feue estoient quatre vingt et

N. Chr. 1187. 1 May. neten sich. In der Frühe des andern Tages, eines Freitags, des Festes von St. Jakob und Philipp, ritt diese Ritterschaft nach Nazareth, wo vierzig königliche Ritter [13]), welchen die Bewahrung dieser Stadt übertragen war, sich ihnen anschlossen. Diese hatten mit Unwillen von den Zinnen ihrer Mauern schon gesehen, wie die Heiden in den Thälern des benachbarten Gebirges herumstreiften und nach Beute forschten. Darum kam ihnen die Aufforderung der beyden Großmeister als tapfere Nazarener des Kampfes wider die Heiden sich zu unterwinden, sehr gelegen [14]). Also sammelten sich nach und nach etwa hundert und vierzig Ritter und fünfhundert Fußknechte, welche kühn und vermessen es wagten, den Kampf mit den viel zahlreichern Heiden zu suchen. Sie waren von Nazareth etwa sieben Rasten gegen den Jordan hin gezogen, als sie am Flusse Kischon die Heiden antrafen, welche schon im Begriff waren, dem Vertrage mit dem Grafen Raimund gemäß, mit ihrer Beute zurück zu kehren. Denn sie waren in der Frühe des Morgens in der Ebne Gur, da wo der Jordan in den See von Tiberias fließt, über den Fluß gegangen, worauf ein Theil das Land bis Sephoriah durchzog, und dort im Hinterhalte sich lagerte, die andern aber ihren Weg gegen Cana und Naza-

dix, que du Temple que de l'Ospital." Hugo Plagon. p. 598. Diese Burg war also beyden Orden gemeinschaftlich.

13) „Quarante chevaliers qui estoient en garnison laiens de par le Roi." Hugo Plag.

14) „Mane facto speculatores civitatis Nazareth levantes oculos et videntes inimicos crucis Christi per concava vallium huc illucque discurrentes, timore percussi clamantes et vociferantes: Ecce assunt Turci, ecce assunt, venerunt in civitatem. His auditis conclamabant per civitatem voce praeconia: Viri Nazaraei, arripite arma et pro loco veri Nazaraei fortiter dimicate." Radulphi Coggeshale (eines Englischen Mönches, welcher selbst zu dieser Zeit im gelobten Lande war) Chron. terrae Sanctae (in Edm. Mart. et Urs. Durand vett. scriptor. et monum. collect. ampl. T. V.) p. 548.

reth nahmen. Zu rechter Zeit trat dann gemäß dem Vertrage Malek el afdal, nachdem er das Land, so weit er vermochte, durchstreift, den Rückzug an [15]). J. Chr. 1187.

Sobald die verwegenen Ritter der Heiden ansichtig wurden, stürmten sie wider sie an mit unbesonnener Hitze; und die Türken wichen nach gewohnter Weise. Dadurch wurde die Hastigkeit der Ritter, welche des Siegs nunmehr schon sich sicher wähnten, noch ungestümer. Als sie aber in der Hitze der Verfolgung von den Fußknechten sich getrennt hatten, brach aus einem Thale eine verborgene türkische Schar hervor und warf sich zwischen die Ritter und die Fußknechte. Das arme Christliche Fußvolk, des Schutzes der Ritter beraubt, unterlag bald den Lanzen, Streitkolben und Schwertern der türkischen Reiter; worauf diese sich zusammenschlossen und mit ungeheuerem Geschrey die umringte Christliche Ritterschaft angriffen, welche gehindert durch die Enge des Raumes weder mit ihren Rossen gegen die Türken rennen, noch ihre Lanzen einlegen konnten; und alle wurden theils jämmerlich erschlagen, theils gefangen; außer dem Großmeister der Templer [16]), dem Stifter dieses Unglücks, und dreyen Templern, welche durch die Schnelligkeit ihrer Rosse entkamen. Der Großmeister des Hospitals war unter den Todten [17]). Unter den erschlagenen Rittern starben

Gefecht am Flusse Kischon.

15) Hugo Plag. S. 599. „Ainsi passa le fils Salahadin au soleil levant le flum et le repassa dedens le soleil cochant. Bien tint au comte de Triple son covenant.“ Bern. Thes. l. c.

16) Hugo Plagon erzählt (a. a. O.) von dem Meister der Templer folgende, jedoch sehr wenig glaubwürdige Bosheit. Als er auf seiner Flucht vor Nazareth vorbeygekommen, habe er einen Knecht (serjant) in die Stadt geschickt, zu melden, daß er die Türken überwunden habe, und die Nazarener aufzufordern, nach der Wahlstadt zu gehen und Beute zu sammeln; diejenigen, welche dieser boshaften Aufforderung Folge geleistet, sollen dann sämmtlich in die Gefangenschaft der Türken gefallen seyn.

17) Am deutlichsten beschreibt diese Schlacht Radulph Coggeshale

J. Chr. 1187. eines rühmlichen Todes besonders Jakob von Mailly aus Tours in Frankreich, Marschall der Templer, und der Hospitaliter Heinrich; sie setzten den Kampf noch fort, als alle ihre wackern Kampfgenossen schon getödtet oder gefangen waren, obwohl die Türken ihnen Erhaltung des Lebens anboten, und starben, nachdem sie viele Heiden noch erschlagen, durch Steine, Pfeile und Lanzen, welche aus der Ferne wider sie geschleudert wurden, als keiner mehr sich ihnen zu nähern wagte [18]).

Nach diesem Siege zogen die Heiden die Köpfe der erschlagenen Templer und Hospitaliter auf den Lanzen tragend, und die gefangenen Christen in Banden mit sich führend [19]), vor Tiberias vorbey, wieder über den Jordan.

(Chron. terrae s. p. 559 sq.): „Beleen," sagt Hugo Plagon (S. 600), „demanda au maistre du Temple, comment cele bataille avoit esté. Il dit que bien si estoient les Crestiens provė et mult avoit occis de Sarrazins, et desconfis les eussent quant un embuschement qu'il avoient en une montagne les enclostrent, par quoi ils furent desconfis."

18) Rad. Coggesh. p. 551. Ganfr. Vinis. I. 2. Der letztere Schriftsteller schmückt die Erzählung von dem rühmlichen Tode des Jakob von Mailly noch auf folgende Weise aus: „Et quia in equo nitido et armis albicantibus tunc casu pugnator incesserat, Gentiles qui, S. Georgium in hujusmodi habitu militari noverant, se militem nitentis armaturae, Christianorum propugnatorem, interfecisse jactabant. Erant in loco, ubi pugnabatur, stipulae, quas messor post grana paulo ante decussa, reliquerat inconvulsas. Turcorum autem multitudo tanta irruerat, et vir unus contra tot acies tam diu conflixit, ut campus, in quo stabant, totus resolveretur in pulverem, nec ulla prorsus messis vestigia comparerent. Fuere, ut dicebatur, nonnulli, qui corpus viri jam exanimum pulvere superjecto consperserunt, et ipsum pulverem sutis imponentes verticibus virtutem ex contactu hausisse credebant. Quidam vero, ut fama ferebat, ardentius caeteris movebatur et abscissis viri genitalibus, ea tanquam in usum gignendi reservari disposuit, ut vel mortua membra si fieri posset, virtutis tantae suscitarent heredem."

19) „Quant li Coredier le fils Salahadin ot nos Chrestiens desconfis et occis à l'aide de ses Turcs, il mist les testes des chevaliers du Temple et de l'Ospital et les fist atachier sus les fers de lor lances,

J. Chr. 1187.

Die Einwohner von Nazareth aber, als die Heiden abgezogen, sammelten auf der Wahlstatt die Leichname der erschlagenen Christen und begruben sie in ihrer Stadt auf dem Gottesacker der heil. Jungfrau [20]).

Balian von Ibelim war noch auf der Reise von Neapolis nach Nazareth als dieser unglückliche Kampf geschah. Er zog aus von Neapolis erst in der Nacht des Tages, an welchem seine Gefährten weiter gezogen waren, und kam vor Tagesanbruch nach Sebaste. Dort pflog er lange Unterredung mit dem Bischoff, welchen er aus dem Schlafe wecken ließ, und als der Tag angebrochen war, hörte er noch eine Messe, welche für ihn der Bischoff durch einen Capellan feyern ließ [21]). Dann erst zog er weiter durch die Ebne von Esdrelon nach Faba, wo ihn die zwar aufgespannten aber verlaßnen Zelte der Templer nicht wenig befremdeten. Was aber geschehen, vermochte er nicht zu erfahren, weil sein Knecht, den er in die Burg sandte, um nachzuforschen, dort niemanden fand als in einer Kammer zwey Kranke, welche des Geschehenen durchaus unkundig waren. Erst in einiger Entfernung von der Burg, auf dem Wege nach Nazareth, begegnete ihm ein Templerbruder, von welchem er das Unglück des Tages vernahm; und nicht fern davon traf er auch die Knappen der Tempelritter, welche aus der Schlacht entronnen waren. Worauf er ohne Verzug einen Eilboten

si emmenerent les prisonniers liés, et passerent en cette maniere par devant Tabarie." Hugo Plag. p. 599. Unter den Morgenländischen Geschichtschreibern erwähnt dieses Zugs des Malek al-Afdal nur Abulfeda (Ann. T. IV. S. 74), jedoch nur im Allgemeinen und ohne irgend etwas Einzelnes anzuführen.

20) „Et quia prima dies Maji erat, in qua flores et rosae colligi solent, viri Nazareni colligebant corpora Christianorum et sepelierunt ea in cimiterio b. Mariae in Nazareth." Rad. Coggesh. p. 551.

21) „Et sachés que si Beleen ne fust torné au Sabat (d. i. nach Sebaste) por oir messe, il fust bien venu à point à la bataille." Hugo Plag. p. 600.

J. Chr. 1187. abfertigte nach Neapolis an seine Gemahlin, die Königin Maria [22]), und ihr gebot, alle zu Neapolis befindlichen Ritter ihm eiligst nachzusenden nach Nazareth.

Zu Nazareth traf Balian den Erzbischoff von Tyrus und den Großmeister der Templer, und verweilte mit ihnen dort so lange, bis seine Ritterschaft angekommen war. Dann ließ er dem Grafen von Tripolis melden, daß die Gesandtschaft bereit sey, sich zu ihm zu begeben, worauf auch dieser funfzig seiner Ritter den Botschaftern entgegen sandte. Aber nur der Erzbischoff von Tyrus und Balian kamen nach Tiberias; denn der Großmeister der Templer kehrte unfern von der Stadt wieder um, weil er vor Ermattung von dem Kampfe am Bache Kischon nicht zu reiten vermochte [23]). Die übrigen Botschafter fanden den Grafen Raimund um desto geneigter zur Versöhnung, weil er befürchtete, daß das Unglück der Christlichen Ritterschaft ihm zur Last gelegt werden möchte; er entfernte alle Sarazenen aus Tiberias und schickte sogleich sich an, mit den Gesandten zu dem Könige Veit sich zu begeben. Auch der König von Jerusalem, sobald er durch Eilboten den Anzug des Grafen erfuhr, zog ihm entgegen mit zahlreichem Gefolge. Also siegte die Noth über den Haß und die Verachtung des Grafen Raimund gegen den König. Die beyden erbitterten Feinde begegneten einander in der Ebene von Dotain, am Josephbrunnen, bey dem Schlosse Hiobs. Sobald der König des Grafen ansichtig wurde, stieg er von seinem Rosse und der Graf folgte diesem Beyspiele, und beyde gingen

22) „A la roine sa feme." Hugo Plag. Balian hatte Maria, des Königs Balduin IV Wittwe, zur Gemahlin.

23) „Quant il vindrent fors la cité, le maistre du Temple, retorna pourcequ'il ne pout chevauchier." Hugo Plag. „Magister vero Templi remansit in Nazareth, ex conflictu pristino languidus et impotens equitandi." Bern. Thes. c. 152.

einander entgegen zu Fuße. Vor den Augen der anwesenden Bischöffe und Ritter fiel der Graf nieder vor dem Könige auf die Knie; der König aber hob ihn empor und umarmte ihn. Dann begaben sich beyde mit ihrem ganzen Gefolge nach Neapolis, um über die Vertheidigung des Landes zu rathschlagen [24]). Daselbst wurde auf den Rath des Grafen Raimund beschlossen, nach gewohnter Weise bey der Quelle von Sephoria die Ritterschaft des Reichs zu versammeln und abzuwarten, wohin Saladin sich wenden würde. Auch erbot sich der Meister der Templer, den seiner Obhut anvertrauten Theil des Schatzes, welchen König Heinrich von England als Buße für den Mord seines Kanzlers zum Besten des heiligen Landes in Jerusalem niedergelegt, und mit jährlichen Sendungen vermehrt hatte, dem Könige zu überantworten, damit davon Ritter und Knechte für den Dienst des Reichs besoldet werden möchten [25]). Worauf sogleich ein Aufgebot erging in das ganze Reich an alle waffenfähige und des Heerdienstes pflichtige Männer, sich zu den Panieren des Königs zu versammeln. Auch wurden mit dem Schatze des Königs von England viele Fußknechte geworben, welche Lanze oder Bogen zu führen vermochten; und der König gebot den Connetables dieser geworbenen Fußknechte in ihren Panieren das Wappen des Englischen Königs zu führen [26]). J. Chr. 1187.

Nachdem alles dieses verabredet worden, begab sich Graf Raimund mit dem Könige nach Jerusalem, um das

24) Hugo Plag. p. 600. Bern. Thes. c. 152.

25) Gaufr. Vinis. I. 12. Hugo Plag. p. 601. Bern. Thes. l. c.

26) „Lors prist le roi le tresor et si le dona as chevaliers et as serjans et commanda a connestables des serjans que chascun feit une banniére des armes le roi d'Angleterre, porceque ce fu de son avoir dont il estoit paies et retenus." Hugo Plag. l. c. Vgl. Bern. Thes. l. c.

J. Chr. 1187. heilige Kreuz anzubeten, und am Grabe des Heilandes dem Könige feyerlich zu huldigen [27]). So aufrichtig aber auch die Versöhnung zwischen dem Könige Veit und dem Grafen von Tripolis zu seyn schien, so hielten doch viele die Freundlichkeit des Grafen für verstellt, und meinten, daß er es heimlich noch mit Saladin hielte [28]).

In dem Lager bey Sephorla sammelte sich eines der stattlichsten Heere, welche jemals im gelobten Lande wider die Heiden gestritten hatten. Außer den königlichen und mit dem Schatze des Königs von England geworbenen Rittern und Fußknechten kamen die Templer und Hospitaliter mit vielem Volke aus allen ihren Burgen; es kam der Graf Raimund mit seiner ganzen Macht aus Tripolis und Galiläa, auch der Fürst Rainald von Montroyal und Krak mit einer kampflustigen Ritterschar. Nicht minder Balian von Neapolis und Rainald von Sidon, so wie auch Walther von Cäsarea erschienen mit wohlgerüsteten Ritterschaften. Auch sandte Fürst Boemund von Antiochien gemäß der an ihn ergangenen Aufforderung seinen Sohn Raimund mit funfzig Rittern. Es sammelten sich zwey Tausend Ritter, unzählige Turkopulen oder leichtbewaffnete Bogenschützen, und achtzehn Tausend Fußknechte oder mehr [29]). Sie sandten auch an den Patriarchen von Jerusalem und luden ihn ein, mit

27) Nach der Erzählung des Radulph Coggeshale begab sich der König mit dem Grafen nach der Zusammenkunft in der Ebne Dotaim unverzüglich nach Jerusalem. Dem Aufenthalt und den Berathungen zu Neapolis, deren die übrigen Schriftsteller erwähnen, wird indeß damit nicht widersprochen.

28) Der Englische Annalist Roger von Hoveden (S. 360 a) scheuet sich nicht, unverholen zu behaupten, die Versöhnung des Grafen mit dem Könige sey nicht redlich gemeint gewesen („qui nuper cum Rege foedera pacis fraudulenter inierat."). Auch die nachherigen Ereignisse beweisen deutlich das allgemeine Mißtrauen gegen den Grafen Raimund, welches denn freylich begründet genug war.

29) Also gibt Radulph Coggeshale (S. 553) die Zahl an.

dem heiligen Kreuze zu ihnen zu kommen. Gleichwohl vertrauten sie mehr auf ihre Lanzen und ihre von Gold und andern köstlichen Zierden blinkenden Helme, Panzer und Schilde, als auf Gott und die begeisternde Kraft des heiligen Kreuzholzes. Der unwürdige Patriarch Heraklius aber kam nicht selbst [30]), aus Furcht vor dem Märtyrertode, sondern sandte an seiner Statt die Bischöffe von Ptolemais und Lidda als Träger des heiligen Kreuzes. J. Chr. 1187.

Während die Christliche Ritterschaft im Lager bey Sephoria sich sammelte, zogen nach Damascus die Türkischen Scharen aus allen Landschaften, über welche Saladin herrschte, begierig des Kampfes mit den entarteten Christen, und Saladin hielt dort Heerschau über ein stattliches und zahlreiches Heer [31]). Dann erwartete er nach gewohnter Weise, den Freytag, als den heiligen Tag der Muselmänner [32]), um in das Gebiet der Christen einzurücken, und lagerte sich bey Gaulan am nördlichen Ende des Sees von Tiberias [33]), wo er nicht lange säumte, den Kampf zu beginnen. Er sandte eine Schar über den Jordan, das Land zu verwüsten, und diese, da ihr nirgends Widerstand geschah, verbrannte und verwüstete das Land von Tiberias

30) „Quoniam lumen oculorum cordis jam dudum amiserat, sicut Heli Silonites, Ophni et Phinees, filios suos, scilicet episcopum Liddensis ecclesiae et episcopum Accon constituit, ut essent portitores Dominicae crucis et custodes.“ Rad. Coggesh. l. c. „Molestum,“ sagt Bernhard (c. 153) spöttisch, „siquidem illi erat ad exercitum equitare, ab amasia secessuro.“

31) Diese Heerschau geschah bey Aschtara, unfern von Damascus. Bohaed. vita Sal. c. 35. S. 67.

32) „Der Sultan trachtete stets seine Unternehmungen zu verlegen auf den Freytag, auch sogar in die Stunden des Gebetes in den Moscheen an diesem Tage, indem er sich den Segen zuzueignen trachtete von den Gebeten der Prediger auf den Predigtstühlen.“ Bohaed. l. c.

33) Rad. Coggesh. l. c. Bohaeddin nennt das Dorf Assebalrah als den Ort, wo Saladin damals sich lagerte. S. 68.

J. Chr. 1187. bis Nazareth und bis zu den Bergen Gelboa und Jesrael, also, daß das ganze Land vor ihnen war wie ein großes Feuermeer [34]); auch bestiegen sie selbst den Berg Tabor, den Ort der Verklärung Christi, und schändeten ihn durch Verwüstung.

Mittwochs 1. Jul. Noch während diese Schar das Land auf das furchtbarste verheerte, zog Saladin mit seinem ganzen Heer über den Jordan und lagerte sich auf der Fläche eines Hügels, auf der mitternächtlichen Seite von Tiberias, hoffend, die Christen würden nicht zögern mit dem Angriffe. Als sie aber nicht erschienen, ließ er durch leichte Reiterey die Stadt Tiberias angreifen [35]). Diese Stadt, welche ohne hinlängliche Besatzung war, widerstand nicht, und die Gräfin floh mit den vier Söhnen, welche sie ihrem ersten Gemahle Hugo von St. Aldemar geboren, in die Burg [36]).

Donnerstags 2. Jul. Die Christlichen Ritter hatten fünf Wochen lang in dem Lager bey Sephoria den Einbruch Saladins erwartet, als am Tage Mariä Heimsuchung aus Tiberias die Eilboten der Gräfin von Tripolis kamen und um schleunige Hülfe baten; worauf der König Veit die Fürsten und Baronen zum Kriegsrath berief. Aber in dieser Rathsversammlung herrschte nichts als gegenseitiges Mißtrauen. Der Graf Raimund, welcher vielmals es erfahren, daß Saladin nicht nachdrücklicher bekämpft werden konnte, als wenn ihm die Gelegen-

34) „Ardebat autem tota terra sicut globus unus ante faciem eorum.“ Rad. Cog.

35) „Secunda die mensis Iulii, feria quinta circumdata est civitas a sagittariis et coeperunt pugnare.“ Rad. Cog. Dies stimmt sehr genau zusammen mit Bohaeddins Nachrichten, nach welchen Saladin am Mittwoch den 27 Rabi al-achar die Stellung auf der Anhöhe bey Tiberias einnahm.

36) Bern. Thes. c. 153. Hugo Plag. p. 601. „Saladin stürmte gegen die Stadt Tiberias an mit heftiger Gewalt und eroberte sie in einer Stunde des Tages . . . . . nur die Burg widerstand.“ Also Bohaeddin a. a. O. Vgl. Abulfed. Ann. mosl. T. IV. p. 74.

heit zum Kampfe entzogen wurde, rieth wiederum, wie einst an der Quelle Tubania, zu strenger Vertheidigung und zu Vermeidung einer Schlacht, und beschwor den König, die dermalige Stellung an der Quelle von Sephoria nicht zu verlassen, sondern in derselben den Angriff Saladins zu erwarten. Er unterstützte diesen Rath mit starken Gründen. Er erinnerte, daß das Land zwischen Sephoria und Tiberias durchaus nicht günstig wäre für die Christen, vielmehr den Heiden alle Vortheile darböte; sowohl weil die Wege steil, felsig und ungemein schwierig wären für die Ritter und ihre schweren Rosse, und die häufigen Gebirgschluchten und Thäler zu Hinterhalten sehr geeignet, als auch weil auf dieser ganzen Straße kein andres Wasser zu finden wäre, als der kleine Fluß Kischon. Den Türken würde es also leicht seyn, die Christen zu nöthigen zu einer solchen Stellung, wo es ihnen in der heftigen Hitze der Jahreszeit an Wasser gebräche, also daß sie und ihre Pferde vor Durst verschmachten würden. Denn es ließe sich nicht zweifeln, daß, sobald die Christen auszögen gegen Tiberias, Saladin mit seinen Horden ihnen entgegen kommen und dann nach der gewohnten Weise der Türken zurückweichend, durch stete kleine Angriffe der leichtbewaffneten Türkischen Reiter die schwer gepanzerten Ritter ermüden würde. Und wollten dann die Ritter mit aller Gewalt wider sie anrennen, so stände den Türken die Flucht in das nahe Gebirge offen, woher am andern Tage durch reichliche Nahrung und frisches Wasser gestärkt, sie auf die durch Hunger und Durst ermatteten und durch die Hitze und den steten Kampf des vorigen Tages ermüdeten Christen fallen und ohne große Mühe sie vernichten könnten. Dagegen böte den Christen ihre gegenwärtige Stellung jeden Vortheil dar, reichliches Wasser, überhaupt hinreichende Zufuhr von Lebensmitteln, und sicherer Rückzug

J. Chr. 1187.

J. Chr. 1187. ins Gebirge, im Falle einer unglücklichen Schlacht. Als Raimund diesen Rath mit vielem Nachdruck vortrug, unterbrach ihn der Großmeister der Templer, dessen stürmischer Sinn auch durch das Unglück am Flusse Kischon noch nicht gemildert war, durch die höhnische Bemerkung: der Graf stecke noch im Wolfsfell [37]. Raimund aber, ohne diese Rede einer Antwort zu würdigen, setzte seine Ermahnung fort, und bot seinen Kopf dar zum Unterpfande, daß alles so geschehen würde, wie er vorher sagte, wenn sein Rath nicht befolgt werden sollte; und erklärte, ob wohl die Stadt Tiberias ihm angehöre und seine Gemahlin mit der Eroberung der Burg in die Gefangenschaft der Heiden fallen werde, so achte er doch diesen Verlust gering gegen den Verlust des ganzen heiligen Landes, welcher ihm unvermeidlich dünke, sobald die Christliche Ritterschaft ausziehen werde zur Beschützung von Tiberias. Nach vielfältiger Berathung siegte die Meinung des Grafen, der König, die Ritter des Hospitals und alle Barone, obwohl sie anfangs gerathen, in wohlgeordneten Scharen und mit dem heiligen Kreuze die bedrängte Stadt Tiberias zu befreyen, billigten endlich seinen Rath, und nur der Großmeister der Templer ließ nicht ab vom Widerspruche. Erst um die Stunde der Mitternacht trennte sich der Kriegsrath [38].

Kaum hatten aber die Barone sich zur Ruhe begeben, als gleichwohl die Drommeten im Lager erschallten und die Herolde den Bann des Königs verkündigten, daß alle sich waffnen sollten.

37) „Templi Magister, ejus orationem interrumpens; de pilo, inquit, lupino adhuc supersunt reliquiae.“ Bern. Thes. Hugo Plag. ll. cc. „Et quoniam tradituri erant in manibus luporum, de lupo iniquo problema contra comitem vera dicentem protenderunt dicentes: Adhuc latet in pelle lupi.“ Rad. Cog. p. 534.

38) Diese Berathungen sind sehr ausführlich erzählt von Hugo Plagon und Bernhard in den angeführten Stellen.

Denn nach aufgehobenem Kriegsrathe war der Großmeister der Templer zum Könige gegangen, und hatte ihn bestürmt mit Vorwürfen, weil er den verrätherischen Worten des Grafen von Tripolis Gehör gegeben [39]. Er hatte von ihm gefordert, ihn und seine Brüder zum Kampfe wider die Heiden zu führen, weil die Templer lieber ihre weißen Mäntel ablegen und alles verkaufen wollten, als an den Heiden die Schmach nicht rächen, welche ihnen am Bache Kischon widerfahren. Er hatte den König beschworen, nicht zuzugeben, daß eine Christliche Stadt, wenige Rasten von dem Lager, in welchem ein so stattliches wohlgerüstetes Heer sich versammelt hätte, zumal in dem Anfange seines Reichs, ohne Schwertstreich in die Gewalt der Heiden käme. Der König Veit, welcher ohnehin nicht eines sehr festen Willens war, gab dem Ungestüme des Großmeisters dieses Mal um so leichter nach, als er allein durch dessen Bereitwilligkeit zur Herausgabe des Englischen Schatzes war in den Stand gesetzt worden, ein so zahlreiches Heer zu versammeln. J. Chr. 1187.

Die Barone begaben sich in das Zelt des Königs, ihn von diesem verderblichen Schritte abzumahnen; er war aber schon beschäftigt, sich zu waffnen, und gab ihren Worten kein Gehör. Sie waffneten sich mit Unmuth. Das Heer aber wurde also geschart. Der Graf Raimund von Tripolis hatte die Vorhut dem Herkommen gemäß, weil die Heerfahrt in seinem Lande geschah. Die beyden Scharen des Königs und des heiligen Kreuzes zogen in der Mitte, und die Templer und Balian von Ibelim mit seiner Ritterschaft bildeten das Hintertreffen. Die andern Scharen zogen zu beyden Seiten, wie es das Land und die Wege verstatteten [40].

39) Bern. Thes. l. c. Hugo. Plag. p. 601. 602.

40) Rad. Cog. S. 565.

J. Chr. 1187. Saladin hatte längst mit Ungeduld geharrt auf das Anrücken der Christen, denn er hielt sich des Siegs gewiß; und er war daher nicht wenig erfreuet, als die ausgesandten Späher ihm die Kunde brachten, daß das Christliche Heer im Anzuge sey. Ohne Verzug setzten sich die Heiden in Bewegung, und nur so viele blieben in Tiberias zurück als nöthig waren, die Burg einzuschließen [41]).

Freytags 3. u. Jul. Was der Graf Raimund vorher gesagt hatte, wurde nur zu vollständig erfüllt. Als um die neunte Tagesstunde das Christliche Heer unfern von Marescallia auf der Hälfte des Weges zwischen Sephoria und Tiberias [42]) ankam, waren die Christlichen Streiter von der steten Beunruhigung der Türken, der heftigen Hitze des Tages und dem quälendsten Durste schon so sehr ermüdet, daß sie den heftig andringenden Heiden kaum mehr zu widerstehen vermochten. Daher verbreitete sich im Heere Furcht und Zaghaftigkeit, und mehrere sahen Zeichen, welche ihnen das bevorstehende Strafgericht Gottes über das Christliche Volk zu verkündigen schienen. Ein Kammerherr des Königs sah bey Marescallia, als eben die Türken am heftigsten andrangen, über dem Heere einen Adler fliegen, welcher in seinen Klauen sieben Pfeile und eine Armbrust trug; und diese sieben Pfeile schienen ihm die göttlichen Strafen anzudeuten für die sieben Todsünden, welche unter den Christen herrschten [43]). Nicht lange zuvor war eine alte Frau angetroffen worden, die Magd eines syrischen Mannes in Nazareth, welche verdächtig geschienen; durch Gewalt wurde sie genöthigt zu dem Geständniß, daß sie von Saladin gesandt worden, um dem

41) Bohaed. p. 68.

42) Marescalla war drey Rasten von Tiberias entlegen. Rad. Cog. l. c. Nach Bohaeddin geschah der heftigste Kampf an diesem Tage bey dem Dorfe Alubia.

43) Gaufr. Vinis. I. 5.

Christlichen Volke zu fluchen, wie einst Bileam dem Volke Israels, daß sie schon während zweyer Nächte um das Heer gewandelt sey, und wenn sie nur noch in der folgenden Nacht ihren Umgang hätte halten können, mit einem solchen Zauber das Christliche Heer würde umstrickt haben, daß keiner würde entkommen seyn; jetzt würden nur wenige dem Verderben entrinnen, doch könne sie diesen Zauber lösen, wenn die Christlichen Reiter wieder auf den Platz zurückkehrten, wo sie ihre Beschwörung angefangen hätte. Mehrere Male soll hierauf diese Zauberfrau auf einen brennenden Scheiterhaufen geworfen und unverletzt geblieben seyn, endlich ein Knecht mit einer Lanze sie durchbohrt haben [44]). J. Chr. 1187.

In so ängstlicher Stimmung, als diese Erscheinungen verriethen, wurde wiederum Kriegsrath gehalten, in welchem die meisten Barone der Meinung waren, die Heiden unverzüglich anzugreifen, weil damals noch eher ein glücklicher Erfolg sich erwarten ließe, als am andern Tage, wenn die Kräfte der Streiter durch Hunger und Durst noch mehr würden ermattet seyn. Andre riethen, das Ufer des Sees von Tiberias zu gewinnen, welcher nicht viel mehr als Eine Maste entlegen war. Der König Veit aber, welcher zuvor dem einsichtvollen Rathe des Grafen Raimund entgegen gehandelt, befolgte jetzt den schlimmen Rath, welchen der Graf ihm gab, auf der dürren Höhe eines felsigen und unwegsamen Berges, wo sie standen, sich zu lagern, daselbst die Nacht zuzubringen, und den Kampf zu verschieben bis zum andern Morgen [45]). Schlacht bey Hittin.

44) Dieses Wunder berichten Hugo Plagon (S. 603) und Bernhard c. 134.

45) „Le cuens dona alors mauves conseil." Hugo Plag. Vgl. Bern. Thes. l. c. Alle Zeugen sind darin einverstanden, daß sie das Bleiben in jener Stellung als die Hauptursache der schrecklichen Ereignisse des folgenden Tages betrachtet. Vgl. auch den Brief des praeceptor templi Dietrich an die verschiedenen

J. Chr. 1187. Die Nacht war schrecklich. Die Heiden rückten dicht an das Christliche Lager, versperrten alle Zugänge [46]), und steckten das Kraut und Gesträuch, welches das Lager der Christen umgab, in Brand, so daß die Hitze des Feuers und ein gewaltiger Rauch die Noth der Pullanen nicht wenig vermehrten [47]). Die Christen aber, von dem quälendsten Durste gepeinigt [48]), brachten die ganze Nacht gewaffnet zu, mit Bangigkeit und Sehnsucht den Tag erwartend, welcher aus dieser angstvollen Lage sie erretten würde. Doch ängstigten sie sich vergeblich mit der Furcht vor dem Angriffe der Heiden. Denn diese waren nicht minder ermüdet von der Hitze des Tages, als die Miliz des Kreuzes [49]).

Sonnabends 4. Jul. Das Licht des Tages [50]) zeigte ihnen aber erst ihre Lage in ihrer völligen Schrecklichkeit. Denn sie waren von den Türken umringt auf einem von Felsen umschlossenen Boden, wo nirgends ein Ausweg war. Verzweiflungsvoll rückten

Tempelhöfe in Europa, welcher in den Chroniken des Rogerius von Hoveden (S. 363) und Radolph de Diceto (S. 635) mitgetheilt ist. Radulph Coggeshale aber (535) schiebt von diesem schlimmen Rath die Schuld nicht auf den Grafen Raimund, sondern auf den König selbst.

46) „Ils se herbergierent si prés d'eus que les uns poient parler as autres ne qu'un chat ne peust mie issir de l'ost as Chrestiens que les Sarrazins ne le veissent.“ Hugo Plag.

47) „Igitur filii Esau circumdederunt populum Dei et incendentes desertum circa eum atque tota nocte calore ignis, fumo, sagittis vexatos fame et siti vexabant.“ Rad. Cog. p. 556.

48) „Beyde Theile, sagt Bohaeddin, brachten die Nacht zu in den Waffen, und jeder von beyden erwartete in jeder Stunde den Angriff des Feindes, obgleich beyde die Müdigkeit so niederhielt, daß sie nicht vermochten sich zu erheben und die Ermattung es ihnen unmöglich machte zu kriechen, vielweniger zu rennen.“ Nach Abulfaradsch (Chron. Syr. S. 400) gingen die Muselmänner auch am andern Tage nur mit Zittern und Zagen zur Schlacht, weil sie sahen, daß die Franken entschlossen waren nicht zu fliehen; und Saladin brachte seine Krieger nur durch Drohungen und Zureden in die Schlacht.

49) „Ne ot home ne beste qui la nuit beust.“ Hugo Plag. p. 606.

50) „Celui jor fu Samedi et feste S. Martin le boillant .... le cinquiesme jor de Ioignet (Juillet).“ Hugo Pl. S. 607. 608.

sie aus in geordneten Scharen. Aber der Kampf wurde ihnen nicht gewährt, den nunmehr viele unter den Rittern so sehnlich wünschten, um wenigstens rühmlich zu sterben. Denn Saladin wohl wissend, daß jeder Augenblick, um welchen er den Kampf verzögerte, den Sieg ihm erleichterte, zog seine Scharen zurück, so wie die Ritterschaft des Kreuzes vorrückte, und quälte die Christlichen Streiter durch stete Beunruhigung und wiederum, wie in der Nacht, durch die Anzündung von Gesträuch und zusammengehäuftem Stroh, wovon den erstickenden Rauch der Wind gegen sie trieb [51]). Die Pullanen sahen, daß nunmehr das lange gefürchtete göttliche Strafgericht eintrat. J. Chr. 1187.

Um die dritte Tagesstunde war das Christliche Heer am Berge von Hittin im Angesicht von Tiberias [52]) und dem schönen See Genneſareth, an dessen reitzenden Ufern von dem Heilande so manches Wunder vollbracht worden [53]).

51) „Li Sarrazin de l'autre part . . . . se traistre arriere qu'il ne voloit mie combattre tant que le chaut fu levés. Il avoit un grant brucrol d'erbe là où nos Chrestiens estoient. Li Sarrazins bouterent le feu dedans, porceque li nostre fussent greignor meschief, que du feu que du soleil si les tindrent ainsi jusque à hores de tierce." Hugo Plag. Vgl. Bern. Thes. c. 155. Bohaeddin erwähnt auch des Anzündens von Feuer durch die Muselmänner (S. 69); aber nach ihm geschah es erst gegen das Ende der Schlacht, um die unter den Christen bereits ausgebrochene Unordnung noch zu vermehren.

52) An diesem Hügel war nach Bohaeddin damals auch das Grab eines Muselmännischen Heiligen, des Schoaib, welches aber wohl erst nach dem Siege Saladins wieder hergestellt wurde. Doctor Clarke kam ohngefähr auf demselben Wege, welcher für den König Veit und dessen Ritterschaft so verderblich wurde, von Nazareth nach Tiberias. „Auf einem sehr schwierigen Wege, sagt dieser Reisebeschreiber (Trav. T. II. S. 456), indem wir zu Fuß neben unsern Pferden gingen, kamen wir nach dem Dorfe Hatti (Hittin), welches an dem einen Ende der fruchtbaren Ebne liegt, die wir von den Höhen herab gesehen hatten." „Von Hatti, heißt es eben daselbst S. 464, bis Tiberias sind neun (Englische) Meilen, wovon zwey auf das Herabsteigen von dem erhabenen Plan bis zur See gerechnet werden."

53) Dem Doctor Clarke wurde, als er von dem Dorfe Hittin nach dem See ritt, von seinen Führern ein abschüssiger Platz auf den Höhen zur rechten Hand als der Ort gezeigt,

J. Chr. 1187. Dort fingen die Türken an, heftiger die Christen zu drängen, weil der felsige und schwierige Boden den Rittern den Kampf gar sehr erschwerte. Die Templer und Hospitaliter, so wie auch die Turkopulen kämpften indeß unverdrossen, bis ihre Kraft unterlag. Dann baten sie den König um Hülfe [54]. Das Fußvolk aber, unwillig zum Kampfe, und durch Hitze und Durst ermattet, als die Heiden so heftig andrangen, warf theils die Waffen weg und ergab sich zur Gefangenschaft theils floh es, in einen unordentlichen Haufen zusammenlaufend, auf den Gipfel des Berges [55]; und von der Schar des Grafen von Tripolis gingen selbst fünf Ritter über zu den Heiden [56]. Der König sandte hierauf zu den Fußknechten, welche den Berg erstiegen, und ließ sie auffor-

wo das Wunder der Speisung der fünf Tausend geschehen seyn sollte (Clarke's Travels T. II. S. 461). Ebendaselbst wird der mahlerische Anblick der Ufer dieses See's gepriesen, und das galiläische Meer, hinsichtlich der Schönheit der Landschaft, dem Genfersee und dem Lago maggiore gleich gestellt.

54) „Pugnaverunt interim Templarii et Hospitalarii fortiter et Turcopoli in extrema parte exercitus et non potuerunt praevalere, quoniam undique absque numero inimici creverunt, sagittando et vulnerando Christianos. Cum autem paululum processissent, clamaverunt ad Regem postulando auxilium, dicentes, se tanti ponderis bellum non posse sustinere." Rad. Cog. p. 557. Abulfaradsch (Chron. Syr. S. 401) erwähnt eines Zweykampfes zwischen einem Christlichen Ritter und Mangures, einem Mamluken des Sultans Saladin. In diesem Zweykampfe, welcher gleich im Anfange des Gefechts sich ereignete, siegte der Christliche Ritter, bemächtigte sich der Person seines Feindes, und führte ihn zu seiner Schar, wo er ihm den Kopf abschlug. Die Christen waren anfangs der Meinung, daß der Getödtete ein Sohn des Sultans wäre.

55) „Appropinquantibus Sarrazenis conglobati sunt pedites in unum cuneum atque veloci cursu cacumen excelsi montis suo malo ascenderunt." Id. p. 556. „Les serjans à pié sans faille getoient lor armes jus, et se rendirent à Sarrazins sans coup ferir par destrece de soif que les baces." Hugo Plag. S. 607.

56) „Lors (im Anfange der Schlacht) se partirent cinq chevaliers de l'eschiele au conte de Triple et vindrent à Salahadin, si li distrent: Sire que atendes vous? poignes sus eus, il ne se puent mes aidier: il sont tuit mort." Hugo Plag. S. 607.

dern, herab zu kommen, den Rittern beyzustehen im Kampfe und mit diesen gemeinschaftlich das heilige Kreuzesholz, das Erbtheil Christi [57]), zu beschirmen; sie aber antworteten: wir können nicht mehr, denn wir verschmachten vor Hitze und Durst. Weil es nun unmöglich schien, ohne die Hülfe der Bogenschützen den Weg unter steter Beunruhigung der Heiden fortzusetzen, so gebot der König den Rittern, sich zu lagern. Da lösten schon die Scharen sich auf und lagerten sich ohne Ordnung um das heilige Kreuz [58]). Die Heiden aber drängten immer heftiger an, und ihr Pfeilregen wurde immer gewaltiger; es sank selbst der Bischoff von Ptolemais, welcher das heilige Kreuz trug, von einem Pfeile durchbohrt, und übergab sterbend das heilige Holz dem Bischoffe von Lidda [59]). J. Chr. 1187.

In dieser verzweifelten Lage beschloß der König Veit den Kampf zu erneuern, um wenigstens nicht unrühmlich zu sterben. Er gebot der Schar des Grafen von Tripolis, wie es ihr nach den Ordnungen des Landes zukam, zuerst wider die Heiden zu stechen [60]). Als nun die Ritter dieser Schar sahen, wie die Ritterschaften des Königs, der Templer und Hospitaliter von den Heiden umringt waren, riefen sie aus: Wer sich retten kann, der rette sich, des Kampfes ist ein Ende und auch die Flucht unmöglich. Hierauf sprengten sie über die Felsen hinweg den Heiden entgegen, und die

57) „Lignum dominicum et hereditatem Christi." Rad. Cog.

58) Rex autem et ceteri ut viderunt quod pedites renuebant redire et quod ipsi sine servientibus contra sagittas Turcorum non possent subsistere, gratia Dominicae crucis jusserunt interim figere tentoria, quatenus cursus Sarrazenorum impedirent et levius ferrent. Igitur diffusae sunt acies et descenderunt circa sanctam crucem confusi et intermixti huc atque illuc." Id. p. 557.

59) Rad. Cog. l. c.

60) „Porce que en sa terre fu la bataille, devoit il avoir la premiere pointe." Hugo Plag. p. 607. Bern. Thes. c. 155. Vgl. oben Th. III. Abth. 1. S. 241.

J. Chr. 1187. Leichname der erschlagenen Christen und Heiden dienten ihnen den Weg zu ebnen [61]). Der Graf Raimund, Balian von Ibelim, Rainald von Sidon, der Sohn des Fürsten von Antiochien, so wie die übrigen Pullanen, welche noch beritten waren, flohen nicht minder, und ihre rennenden Streitrosse zertraten die hülflosen Verwundeten. Die heidnische Schar öffnete sich, so wie sie anrannten, vor den feigen Flüchtlingen, welche von den Muselmännern nicht minder verachtet wurden, als von den Christen, und schloß sich wieder, als sie hindurchgezogen waren. Die Flüchtlinge nahmen den Weg nach Tyrus [62]). Ihre schimpfliche Flucht voll-

61) „Conculcando Christianos et pontem faciendo quasi per planum iter.“ Rad. Cog. p. 557.

62) Radulph Coggeshale, welcher sonst die einzelnen Umstände dieser Schlacht sehr genau und sorgfältig berichtet, erzählt nur, die Schar des Grafen von Tripolis habe sich auf die Flucht begeben, als sie gesehen, daß für das übrige Heer doch keine Rettung mehr möglich war. Den Bericht des Hugo Plagon aber, nach welchem der Graf von Tripolis mit seiner Ritterschaft, als er gegen die Türken rannte, von der sich öffnenden feindlichen Schar durchgelassen wurde, bestätigen die morgenländischen Nachrichten. „Als der Graf, sagt Abulfeda (T. III. S. 76), sah, wie schlimm die Sache stand, so warf er sich auf die vorderste Schlachtordnung der Muselmänner, wo Tsali eddin, Fürst von Hama, war. Dieser ließ ihn durch und umschloß dagegen die übrigen Franken. Der Graf aber entrann nach Tripolis, wo er nicht lange hernach vor Betrübniß starb.“ Wie sehr schimpflich seine Flucht selbst in den Augen der Muselmänner erschien, beweist die Art, wie Bohaeddin (S. 69) darüber sich ausdrückt: „Als der Graf, sonst der kühnste und verwegenste seines Volks, bemerkte, wie über seine Glaubensgenossen das Unglück kam, so bewog ihn selbst nicht die Erwägung des Ruhms, den er durch seine tapfere Thaten sich erworben, seine Schar zu ordnen; sondern er floh gleich im Anfange der Schlacht, ehe der Kampf hitzig ward, und nahm den Weg nach Tyrus. Obwohl eine Schar der Muselmänner ihn verfolgte, so entrann er doch für seine Person; der Islam aber war nunmehr sicher gestellt gegen seine Bosheit.“ Es ergibt sich aus dieser Stelle auf das deutlichste, daß wenigstens Bohaeddin nichts wußte von einem Einverständnisse, welches zum Behufe dieser Flucht zwischen dem Grafen und den Muselmännern Statt gefunden. Auch die Abendländischen Schriftsteller beschuldigen den Grafen nicht einer solchen schändlichen Verrätherey, sondern führen vielmehr Umstände an, welche mit einem solchen Einverständniß sich nicht reimen lassen, z. B. daß er deswegen

endete die Verzweiflung der eingeschlossenen Scharen und die allgemeine Niederlage. Das Fußvolk, welches auf die Höhe des Berges von Hittin geflohen war, wurde von den Heiden theils in den Abgrund des Thals gestoßen, theils gefangen [63]). Die übrige Ritterschaft, zu kraftlos um zu kämpfen, wählte die Gefangenschaft. Es ergaben sich den Heiden der König Veit von Jerusalem, der Fürst Rainald von Chatillon, der alte Markgraf Bonifaz von Montferrat, der Seneschall Joscelin, der Connetable Aimerich, der Großmeister des Tempels, Honfroy von Toron und der Bischoff Gaufried von Lidda, der Träger des heiligen Kreuz- J. Chr. 1187.

nach Tyrus geflohen sey, weil er es nicht gewagt habe nach Tiberias sich zu begeben, um nicht gefangen zu werden. Hugo Plag. S. 607. Bern. Thes. l. c. Dagegen spricht Abulfaradsch (Chron. Syr. S. 401) diese Beschuldigung gegen den Grafen Raimund in sehr harten Worten aus: „Der Graf, voll Arglist, fürchtete, daß der Sieg den Franken zu Theil und er selbst dadurch beschämt würde, weil er gerathen hatte, den Kampf zu vermeiden. Er kündigte nun den Franken an, daß er mit seiner Schar gegen die Saracenen rennen und den Kampf beginnen würde. Als er aber heran kam, öffneten ihm die Saracenen einen Weg durch ihre Reihen; sowohl weil eine Verabredung zwischen ihnen Statt fand, als auch weil sie wußten, daß er seinen Glaubensgenossen nicht zugethan war ..... Die Flucht des Grafen aber war eine Hauptursache der Niederlage der Franken, weil seitdem keiner mehr dem andern traute.“ Aus der lateinischen Uebersetzung wird man übrigens den richtigen Sinn dieser Stelle eben so wenig als vieler andrer Stellen dieser Chronik erkennen können. Die Namen derer, welche mit dem Grafen Raimund flohen, nennt Radulph Coggeshale S. 557.

63) „Irruerunt autem multitudo paganorum super pedites atque per praecipitium praerupti montis, in cujus cacumine jamdudum fugerant, eos praecipitaverunt, et alios occidendo alios captivando vastaverunt.“ Rad. Cog. „Ein Haufe von ihnen war auf den Hügel geflohen, welcher nach dem Dorfe Hittin genannt wird ..... Diesen ängstigten die Muselmänner, indem sie rings umher Feuer anzündeten, und zugleich tödtete ihn der Durst, so daß er endlich in der Angst, um dem Tode zu entgehen, den Muselmännern zur Gefangenschaft sich ergab.“ Bohaeddin. Eben dieser Schriftsteller erzählt (S. 70) als Beweis der Muthlosigkeit, welche über die Christen gekommen war, daß ein sehr glaubwürdiger Mann ihm versichert habe, in Hauran einen Muselmann angetroffen zu haben, welcher an seinem Zeltstricke 30 gebundene Christen

J. Chr. 1187. zes [64]). Auch das heilige Marterholz selbst, das Siegespanier der Frohnkämpen, wurde verloren und niemals wieder gefunden, wiewohl es zweifelhaft ist, ob es in die Hände der Heiden fiel [65]).

Als durch diese Zerstörung der stolzen Christlichen Ritterschaft die Schlacht vollendet war, ließ Saladin die gefangenen Fürsten vor sich führen in das Vordergemach seines noch nicht ganz aufgespannten Zeltes [66]). Er empfing aber die unglücklichen Ritter nicht mit Hohn und Uebermuth, sondern, wie es einem tapfern und edeln Krieger geziemte, mit Milde und Achtung [67]); nur auf den Fürsten Rainald von

führte, welche er ganz allein zu Gefangenen gemacht hatte.

64) Der Englische Annalist Rogerius von Hoveden (S. 363 A) nennt noch unter den Gefangenen den Ritter Roger von Mulbral, welcher im folgenden Jahre von den Templern und Hospitalitern losgekauft wurde. Ein anderer englischer Ritter, Hugo de Bello Campo, fiel nach eben diesem Schriftsteller in der Schlacht.

65) Radulph Coggeshale versichert (S. 557) zwar ausdrücklich, daß das heilige Kreuz in die Hände der Türken gefallen sey (captum manibus damnatorum). Eben so auch Gaufridus Vinisauf (I. 5. Auffallend ist es aber, daß bey keinem der bekannten morgenländischen Schriftsteller der Eroberung des heiligen Kreuzes Erwähnung geschieht. Dadurch gewinnt die Erzählung Wahrscheinlichkeit, welche Hugo Plagon (S. 607) mittheilt. Nemlich, nachdem man lange nicht gewußt, wo das heilige Kreuz geblieben, sey endlich in der Zeit, als der Graf Heinrich von Champagne das Reich Jerusalem verwaltet, zu diesem ein Tempelbruder gekommen und habe sich erboten, es wieder zu schaffen, wenn tausend Mann ihn auf das Schlachtfeld von Hittin begleiten würden, indem er versicherte, selbst es dort vergraben zu haben, als keine Möglichkeit mehr vorhanden gewesen, das heilige Marterholz auf andere Weise der Gewalt der Heiden zu entziehen. Ob nun zwar dieses Verlangen gewährt worden, so seyen gleichwohl die von diesem Templer während dreyer Nächte angestellten Nachgrabungen vergeblich gewesen; und bey Tage zu graben habe man nicht gewagt aus Furcht vor den Saracenen.

66) Bohaeddin S. 70. Abulfeda T. III. S. 76.

67) Besonders den König Veit. „Primus omnium introductus est Rex Guido quem Saladinus ante se sedere mandavit.“ Bern. Thes. c. 156. Man sieht auch aus dem Folgenden, daß keiner der übrigen gefangenen Ritter eine schlimme Aufnahme fand, außer dem Fürsten Rainald.

Chatillon warf er einen furchtbaren Blick des Grimms; J. Chr. 1187.
denn er gedachte des Schwurs der Rache, welchen er gethan, als zu ihm die Kunde war gebracht worden von dem durch Rainald mitten im Waffenstillstande treulos vergossenen Blute der Muselmänner. Und als der König von Jerusalem, welchem Saladin mit Freundlichkeit einen kühlenden Trank bieten ließ, nachdem er getrunken, den Becher dem Fürsten Rainald reichte, gebot der Sultan seinem Dollmetscher dem Könige zu sagen: „du reichst ihm den Trank, nicht ich; denn ich will nichts gemein haben mit diesem Ruchlosen." Es gebietet nemlich die alte löbliche Sitte der Araber, daß wenn ein Gefangener von dem Feinde Speise oder Trank empfangen, dieser keine Gewalt mehr hat ihm zu schaden, sondern verpflichtet ist, als seinen Gastfreund ihn gegen jedermann zu beschirmen. Dann ließ der Sultan die Gefangenen hinwegführen und alle, außer dem Fürsten Rainald, mit Speise und Trank erquicken. Nach kurzer Frist wurden alle wieder geführt in das Vordergemach von des Sultans Zelte, auch der Fürst Rainald wurde hineingeführt; und nun wurden die Fürsten der Pullanen Zeuge eines schaudervollen Auftritts. Saladin richtete sogleich mit grimmigem Blicke die Rede an den Fürsten Rainald und erinnerte ihn an allen Uebermuth, welchen er wider die Muselmänner geübt, und an alle seine Schmähungen wider den Arabischen Propheten und forderte ihn auf, der Lehre Mohammeds nunmehr die Ehre zu geben; und als Rainald erklärte, nur im Christlichen Glauben leben und sterben zu wollen, erhob der Sultan sich von seinem Sitze, zog sein Schwert und spaltete mit einem gewaltigen Hiebe dem Fürsten die Schulter. Worauf die anwesenden Türken hinzusprangen und den Unglücklichen jämmerlich erwürgten [68]). Alle Christliche Fürsten

68) Die Berichte über den Tod des Fürsten Rainald sind auf eine merkwürdige Weise übereinstimmend. „Considerans autem (Saladinus),

J. Chr. 1187. besonders der König Veit geriethen durch diesen gräßlichen Anblick in Angst und Bestürzung, für sich ein gleiches Schicksal erwartend. Aber als Saladin die Angst des Königs von Jerusalem bemerkte, beruhigte er ihn, versichernd, daß die Erwürgung des Fürsten Rainald nur die Strafe der ruchlosen Frevelthaten wäre, welche er wider allen Kriegsgebrauch an den Muselmännern geübt, und daß auch nach der Sitte der Muselmänner kein König den andern tödte [69]. Alle

Regem propter aestum sitire, jussit vas plenum syrupo afferri et Regi praesentari, qui, dum gustasset, Principi Rainaldo sedenti juxta eum poculum porrexit; et dum bibisset, Saladinus vehementer turbatus (habebat enim eum prae cunctis odiosum) dixit Regi, molestum ei fuisse quod Raynaldo poculum porrexisset ..... Quo dicto jussit eum extra tentorium duci et manu propria caput ei amputavit et per urbes et oppida in ultionis ostentationem deferri mandavit." Bern. Thes. l. c. Auf dieselbe Weise erzählt der überall mit Bernard übereinstimmende Hugo Plagon (S. 608), nur läßt er den Umstand weg, daß Saladin den Fürsten Rainald habe aus dem Zelte wegführen lassen. Bohaeddin (S. 70. 71) berichtet davon also: „Als Saladin den König Dschophri und seinen Bruder und den Fürsten vor sich hatte führen lassen, so ließ er dem Könige, der von heftigem Durste gequält wurde, einen mit Schnee abgekühlten Zuckertrank (Dschulab) reichen. Als aber der König den Becher auch dem Fürsten Rainald darbot, sprach der Sultan zum Dollmetscher: sage dem Könige, du gibst ihm zu trinken, nicht ich. Denn es ist eine schöne Sitte der Araber und ein Beweis ihres edeln Sinns, daß der Gefangene, sobald er von der Speise oder dem Tranke dessen, der ihn in seine Gewalt gebracht, genossen, dadurch seines Lebens sicher wird. Hierauf ließ er die Gefangenen an den Ort führen, welchen er ihnen angewiesen, und sie mit Speise erfrischen, nach einiger Zeit aber auf den Vorplatz seines Zeltes zurückbringen. Dann rief er den Fürsten Rainald zu sich und sprach zu ihm: Siehe, durch die Hülfe Mohammeds bin ich Sieger. Dann forderte er ihn auf zum Islam sich zu wenden. Als er aber dessen sich weigerte, so zog der Sultan sein Schwert und gab ihm einen solchen Hieb, daß er ihm die Schulter ablöste, worauf die Anwesenden das übrige thaten und Gott die Seele dieses Mannes in das Feuer stürzte. Worauf man den Leichnam vor den Eingang des Zeltes warf." Mit dieser Erzählung stimmt auch die kürzere Erzählung des Abulfeda zusammen. Die übrigen Abendländischen Schriftsteller, als Radulph Coggeshale, Gaufried Vinisauf und andere erwähnen nur mit wenigen Worten dieser schrecklichen Rache des Sultans.

69) Bohaeddin S. 71.

Templer und Hospitaliter aber, welche in die Gewalt der J. Chr. 1187
Heiden gerathen, wurden gleichfalls erwürgt; sie aber starben gern den Märtyrertod und drängten sich selbst zu ihren Würgern [70]. Die übrigen gefangenen Christen hörten mit Kummer und Betrübniß den lärmenden Jubel, wovon während der ganzen folgenden Nacht das Lager der Heiden erschallte [71]. Saladin aber, wie selbst die Christen bezeugen, wurde durch diesen glänzenden Sieg nicht verleitet zur Vermessenheit, sondern vielmehr, als er die große Menge der erschlagenen Christen auf dem Schlachtfelde erblickte und die Gefangenen von allen Seiten zu ihm geführt wurden, da gab er Gott die Ehre und hob die Hände empor zum Himmel und dankte Gott für den ihm verliehenen Sieg [72].

Die Folgen des Sieges waren um so unglücklicher für das Königreich Jerusalem, als der größte Theil der streitbaren Männer des Landes bey Hittin gefallen oder in Knechtschaft gerathen war, also daß in keiner Veste oder Stadt hinlängliche Mannschaft sich fand. Die Burg von Tiberias ergab sich daher schon am andern Tage, und Saladin verstattete Sonntags 6. Jul.

70) Besonders begierig drängte sich zum Märtyrertode der Templer Nicolaus. Wegen dieser Bereitwilligkeit für den Heiland ihr Leben zu opfern, sah man während dreyer Nächte über den unbegrabenen Leichnamen dieser Märtyrer ein himmlisches Licht schweben. Gaufr. Vinis. l. c. Nach der Erzählung des Radulph Coggeshale ließ nicht Saladin diese Ritter tödten, sondern einzelne Türken kauften sie um das gewöhnliche Lösegeld, und verschafften sich dadurch das Vergnügen sie zu würgen. S. 558. Abulfarasch (S. 402) erzählt davon gerade das Gegentheil, indem er versichert, Saladin habe von seinen Aeltern die gefangenen Hospitaliter und Templer gekauft, jeden Ritter für 500 Denare, um sie tödten zu lassen.

71) Bohaeddin a. a. O.

72) „Salahadinus, cum jam belli fremitus conquiesceret, et hinc captivos trahi, inde caesos passim jacere conspiceret, erectis ad coelum oculis de adeptione victoriae grates Deo reddidit. Sic enim facere in omnibus quae accidebant consuevit.“ Gaufr. Vinis. l. c. p. 251. „Quant Salahadin ot desconfis nos Chrestiens et pris, il se herberja et rendi grace à nostre Seignor de l'onor qu'il li avoit fait.“ Hugo Plag. p. 617.

J. Chr. 1187. der Gräfin und ihren Söhnen freyen Abzug nach Tripolis und beschenkte sie reichlich [73]). Nachdem der Sultan seinem Heere zweytägige Ruhe in Tiberias gewährt, führte er es an die Quelle von Sephoria und lagerte sich auf demselben Lagerplatz, wo die vernichtete Ritterschaft des Kreuzes so oft zur Beschirmung des Landes sich versammelt hatte [74]). Am
Mittwochs 9. Jul. folgenden Tage erschien er mit seinen Scharen vor Ptolemais, und diese wichtige und reiche Stadt, welche im Besitze eines blühenden Handels und mit Waaren angefüllt war, wurde ihm ohne Schwertstreich übergeben durch einen Vertrag, in welchem den Einwohnern freyer Abzug mit ihrer fahrenden Haabe zugestanden wurde. Saladin aber ließ in der Stadt bekannt machen, daß alle, welche bleiben wollten, sicher sollten seyn unter seinem Schutze, wer aber Muselmann werden wollte, sollte mit einem köstlichen Kleide, einem trefflichen Rosse und mit Waffen beschenkt werden [75]). Die Beute, welche in dieser reichen Handelsstadt den Heiden zufiel, war unermeßlich, fast vier Tausend gefangene Muselmänner befreyete dort Saladin aus der Knechtschaft, und mehrere Schiffe aus dem Abendlande mit Waaren und Pilgern liefen noch, als schon die Stadt in der Gewalt Saladins war, in den Hafen ein, und wurden die Beute der Heiden, die Pilger aber wurden ausgeplündert und verspottet [76]).

Mittlerweile war auch des Sultans Bruder, Malek al adel, mit seinen Scharen aus Aegypten herbey ge-

73) Rad. Cog. l. c. Bohaed. p. 71.

74) „Inde transiens Saladinus... profectus est Saphone (leg. Saphoriam) atque in loco, quo exercitus Christianorum solebat habitare, jussit rex Syriae figere tentoria sua, et sicut campum debellatis Christianis obtinuerat, sic quoque et locum tabernaculorum.“ Rad. Cog. p. 559.

75) Rad. Cog. p. 564. Vgl. Bohaeddin a. a. O.

76) Gaufr. Vinis. I. 6.

zogen. Die Einwohner von Jerusalem und den benachbarten Landschaften von Askalon und Gerar hatten ihn zwar mit Tapferkeit aus den Grenzen des Landes zurück getrieben. Als er aber das Unglück der Christlichen Ritterschaft bey Hittin vernahm, kam er wieder zurück in das Reich; und die Furcht und Angst war so groß, daß keine der Städte und Burgen, vor welchen er erschien, ihm widerstand. Alle Burgen von Darum und Gerar bis nach Jerusalem und im Umkreise bis nach Cäsarea in Palästina, wurden ihm geöffnet, und selbst die Stadt Joppe, wo eine große Zahl von armen Pilgern versammelt war, welche zurückgeblieben waren im heiligen Lande, weil sie nicht den Schiffern den Lohn zu bezahlen vermochten. Nur die Stadt Askalon und Gazaris, eine Burg der Templer, widerstanden. Dagegen wurde die Stadt Ibelin mit Feuer verwüstet, und die Veste Mirabel durch mehrtägige Belagerung zur Uebergabe gezwungen. Die Einwohner erhielten durch Vertrag freyen Abzug und eine Begleitung von vierhundert Türkischen Reitern, welche aber nicht fern von Jerusalem von den Templern und der Miliz von Jerusalem überfallen und vertrieben wurden. Alle Christen aber sowohl aus diesen von den Heiden eroberten Städten und Burgen, als von dem verwüsteten Lande, so viele von ihnen ihr Leben zu retten vermochten, flohen nach Jerusalem; und es lagen auf dem Lande so viele Leichname erschlagener Christen umher, daß ihr Geruch die Luft verpestete [77]). J. Chr. 1187.

Noch furchtbarer wütheten andere Scharen, welche Saladin von Ptolemais aus nach verschiedenen Richtungen aussandte, das Land zu verwüsten; sie bedeckten wie Heuschrecken das ganze Land vom Berge Carmel bis nach Joppe und Lidda. Eine dieser Scharen befleckte in Nazareth mit

77) Rad. Cog. p. 559.

J. Chr. 1187. dem Blute der Christen die Kirche der Jungfrau Maria. Dann zog sie in die Ebne am Berge Tabor, und verwüstete sowohl dieses Land als die Ebne Dotain. In Sebaste oder Samarien erzwangen die Heiden von dem Bischoff durch Marter die Herausgabe der Schätze seiner Kirche, und sandten dann den ehrwürdigen Prälaten in Fesseln nach Ptolemais. Hierauf erfuhr die Stadt Neapolis die Gräuel der Verwüstung. Die heilige Stätte des Brunnens, wo Christus mit der Samariterin sich unterredete, und des Ackers, welchen der Erzvater Jakob seinem Sohn Joseph schenkte, wurden durch die Wuth der Heiden geschändet. Eine andere Schar durchstreifte das Land an der andern Seite des Berges Tabor, bis nach Bethsan und Jericho, und die Wüste, wo der Heiland vierzig Tage und vierzig Nächte fastete. Auch bestiegen sie selbst den Berg und bemächtigten sich der Burg Maledoin, welche den Templern gehörte, und wo niemand ihnen widerstand [78]).

Während dieser Verwüstung des Landes durch verschiedene Scharen ordnete Saladin die Regierung und Vertheidigung der wichtigen Stadt Ptolemais; und erst nachdem er solche Anordnungen vollendet hatte, führte er seine Scharen zu weitern Eroberungen nach Phönicien [79]). Der Graf Raimund aber, sobald er vernahm, daß Saladin gegen sein Land ziehe, begab sich mit dem Sohne des Fürsten von Antiochien und seiner ganzen Ritterschaft zu Meer von Tyrus nach Tripolis. Aber er vermochte nicht mehr die Vertheidigung des Landes zu ordnen; denn bald nach seiner Ankunft daselbst starb er eines plötzlichen Todes [80]), und seine Graf-

78) Id. p. 560 — 562.

79) Bohaeddin S. 71.

80) Ueber den Tod des Grafen Raimund sind die Erzählungen nicht ganz übereinstimmend. Nach Gaufried Vinisauf starb er eines plötzlichen Todes, und seine Gemächlin fand ihn todt in seinem Bette.

schaft kam an den Sohn des Fürsten von Antiochien, den Gefährten seiner schimpflichen Flucht von der Wahlstatt bey Hittin. Gleichwie ein Waldstrom, welcher die Ufer durchbrochen, verbreiteten sich die heidnischen Scharen über das ganze phönicische Land [81]. Die Burg Thebnin bezwangen sie durch sechstägige Belagerung [82]). Dann zogen sie vor Tyrus. Weil aber Saladin diese Stadt mit Bewaffneten und allen Kriegsbedürfnissen wohl versehen fand, indem dorthin alle geflohen waren, welche aus der Schlacht von Hittin ihr Leben gerettet hatten [83]), so stand er ab von ihrer Belagerung und wandte sich gegen Sarepta. Diese Stadt wurde ihm ohne Schwertstreich geöffnet [84]), eben so die Stadt Sidon, welche von Rainald ihrem Herrn schon verlassen war, nicht minder Biblus [85]); und Berytus, auf dessen Befestigung Balduin der vierte so viele Sorgfalt und Mühe gewendet hatte, wider- J. Chr. 1187.

zu der Zeit, da er eben im Begriff war, seine Verrätherey an der gemeinschaftlichen Sache der Christen zu vollenden durch die Ueberlassung seiner Grafschaft an Saladin. Damit stimmt auch Vincenz von Beauvais zusammen (in Speculum historiale, vgl. den Zusatz des Franciscus Pipinus zu Bernardus Thesaurarius (c. 157), wo noch angeführt wird, daß der Graf die Bürger von Tripolis habe bereden wollen, den von ihm mit Saladin errichteten Vertrag zu beschwören, von diesen aber Aufschub bis zum folgenden Tage sey begehrt worden, in der Nacht aber sey Raimund gestorben. Es wird dann ferner berichtet, daß man bey dem Grafen nicht nur eine Urkunde über jenen Vertrag mit Saladin gefunden, sondern selbst an seinem Leichnam das Zeichen der Beschneidung entdeckt habe. Nach Bohaeddin (S. 70) starb Raimund an der Pleuritis; Abulfeda (S. 76) und Bernard (a. a. O.) schreiben seinen schnellen Tod der Betrübniß und dem Kummer über sein Schicksal zu. Radulph de Diceto (S. 640) läßt ihn erst den Verstand verlieren und dann 15 Tage nach dem Verluste von Jerusalem sterben.

81) „Profecti sunt de Accaron et cooperuerunt superficiem terrae sicut locustae a mari magno usque Jerusalem, quia tanta erat multitudo Saracenorum quasi arena, quae in litore maris haud dinumerari potest." Rad. Cog. p. 564.

82) Bohaed. S. 71. 72.

83) Ebendas. Abulfeda S. 80. Bern. Thes. c. 56. Hugo Plag. p. 609 sq.

84) Rad. Cog. p. 565.

85) Bohaed. a. a. O. Abulfeda a. a. O.

J. Chr. 1187. stand nur acht Tage [86]). Dann zog der Sultan zurück mit seinem Heer nach Ptolemais, und rief zu sich seinen Bruder Malek al adel und alle andere Scharen, welche das Land durchstreift hatten [87]).

Nachdem die ganze heidnische Macht vereinigt war, erhob sich Saladin wiederum zur Heerfahrt. Cäsarea in Palästina wurde ohne Schwierigkeit erobert [88]), und die türkischen Scharen bedeckten wie Heuschrecken das ganze Land von Jerusalem bis zum Meere.

August Dann lagerte sich das ganze heidnische Heer vor Askalon. Auch diese Stadt, welche die alten Kreuzfahrer als den Schlüssel des Reiches betrachtet und bewahrt hatten, war nicht hinlänglich mit Bewaffneten versehen. Gleichwohl übergaben die wenigen Ritter, welche dort waren, diese Stadt nicht so schimpflich als Ptolemais war übergeben worden, sondern kämpften funfzehn Tage lang wider die Heiden nicht ohne Ruhm. Als nun Saladin sah, daß die Eroberung dieser Stadt mit Gewalt noch größere Anstrengung erforderte, als er bis dahin angewandt hatte: so versuchte er das Mittel der Ueberredung. Er ließ den gefangenen König von Jerusalem aus Damascus, wohin er ihn mit den andern gefangenen Kreuzrittern aus dem Lager von Hittin gesandt [89]), holen, und versprach ihm die Freyheit, auch die Freylassung seines Bruders, des Bischoffs Gottfried von Lidda, wenn er die Uebergabe von Askalon erwirkte. Da berief der König Veit

86) Bohaed. a. a. O.

87) Ebendaselbst.

88) Rad. Cog. p. 564.

89) Gaufried Vinisauf (I. 5) versichert, daß Saladin den gefangenen König überall in Syrien mit sich herumführte, um durch ihn die Besatzungen der Städte zur Uebergabe bereden zu lassen (ut in ludibrium reservandus et capiendis ostendatur urbibus et populum incitaret ad deditionem). Hugo Plagon aber (S. 610) und Bernard (c. 159) berichten, daß Veit zu Damascus bewahrt und von dort in das Lager vor Askalon geführt worden sey.

einige seiner Ritter aus der Stadt zu sich und redete mit J. Chr. 1187.
ihnen vertraulich, wie er keinesweges ihnen zumuthete, eine so wichtige Christliche Stadt um Eines Menschen willen in die Hände der Heiden zu geben; jedoch, falls sie die Stadt nicht vertheidigen könnten, möchten sie lieber jetzt, da sie ihm und seinem Bruder die Freyheit dadurch verschaffen könnten, sie übergeben als späterhin, wo dieser Vortheil verloren seyn würde. Worauf die Ritter mit den Bürgern von Askalon zu Rath gingen und einig wurden, weil doch von keiner Seite Hülfe zu erwarten wäre, die Stadt durch Vertrag zu übergeben. Sie bedungen sich außer den von Saladin vorgeschlagenen Bedingungen, die Freylassung von zwölf andern vornehmen Gefangenen aus, deren Auswahl dem Könige überlassen ward, so wie vierzigtägige Frist zum Verkaufe ihrer Güter, freyen Abzug mit aller fahrenden Habe und sicheres Geleit bis Tripolis, und hundert Christlichen Familien fernere sichere und ungestörte Wohnung in Askalon unter dem Schutze Saladins. Jedoch wegen der Freylassung des Königs wurde festgesetzt, daß diese erst im März des nächstfolgenden Jahres geschehen, und der König bis dahin zu Nazareth unter der Bewachung der Muselmänner bleiben, der Königin Sibylle aber verstattet seyn sollte, dort ihren Gemahl zu sehen. Denn der Sultan besorgte, daß die Rückkehr des Königs nach Jerusalem ihm die Eroberung dieser Stadt erschweren möchte [90]. Gerade in der 4. Sept.

90) „Le roi fu delivré lui disième qu'il choisiroit en la prison Salahadin, mes tant i ot qu'en prison dut estre le roi jusqu' à l'issue de Mars et Ascalone fu rendue à l'issue de l'Aost devant.“ Hugo Plag. S. 611. Daher spricht Gaufried Winisauf eine wahre Verleumdung aus, wenn er (I. 8) behauptet: „Tyrannus perjurus et perfidus tenorem pacti ex parte transgreditur. Rex enim Damascum transmissus ibidem usque ad Majum sequentem tenetur in vinculis, neque aliter potest captivus absolvi nisi regno primitus abjurato.“

J. Chr. 1187. Zeit, in welcher die Aeltesten der Bürger von Askalon im Lager des Sultans waren, um diesen Vertrag zu beschwören, verfinsterte sich die Sonne so sehr, daß fast nächtliche Dunkelheit eintrat, wodurch den Pullanen das Mitleiden selbst der Gestirne mit ihrem harten Schicksale angedeutet
5. Sept. zu werden schien [91]). Am andern Tage wurden die Schlüssel der Stadt, welche nur fünf und dreyßig Jahre die Christen besessen hatten, dem Sultan übergeben. Alle kleinere Städte und Burgen um Askalon und Jerusalem ergaben sich hierauf den Heiden gleichfalls durch Vertrag [92]). Auch die Veste Krak wurde von der dortigen Ritterschaft übergeben, welche nach fast zweyjähriger Einschließung abgeschnitten von aller Zufuhr durch Hunger war überwältigt worden; und der Sultan, aus Achtung der Tapferkeit dieser Männer, welche ohne Herrn so lange ausgeharrt hatten, beschenkte diese Ritterschaft nicht nur reichlich und gab ihr sicheres Geleit in das Land der Christen, sondern kaufte auch die Weiber und Kinder frey, welche mehrere des Volks für Lebensmittel verkauft hatten, und gab sie den Ihrigen zurück [93]). Nur die Ritter des Hospitals in Bethlehem antworteten den Heiden, welche zur Uebergabe sie aufforderten, daß sie sich richten würden nach dem Beyspiele von Jerusalem [94]).

Während nun Saladin zur Belagerung von Jerusalem sich rüstete, verheerten streifende Scharen das umliegende

91) „Die ipsa qua pactio praescripta in urbis traditionem processit, Sol quasi compatiens beneficium luminis defectu ecliptico urbi et orbi subtraxit." Gaufr. Vinis. l. c. Auch Radulph Coggeshale (S. 565), Hugo Plagon (S. 612) und Bernard (c. 160) erwähnen dieser Finsterniß. Sie war eine centrale. S. Chronologie des éclipses in L'art de vérifier les dates bey dem J. 1187.

92) „Le jor qu' Escalone fu perdue, li rendi l'on tous les chastiaus qui environ estoient." Hugo Plagon.

93) „Por ce le fit qu'ils avoient si bien et loiaument garde li chastel tant com il porent et sans seignor." Hugo Plagon. Vgl. Bern. Thes. c. 160.

94) Rad. Coggesh. S. 565.

Land der heiligen Stadt, verwüsteten Bethanien, wo der Heiland den Lazarus vom Tode erweckte, das Kloster der Prämonstratenser Mönche St. Samuel auf dem Berge Silo, selbst die Kirche auf dem Oelberge, in deren Mitte man die Fußstapfen des Heilandes den frommen Wallfahrern zeigte, und die Kirche der Himmelfahrt Mariä im Thale Josaphat [95]). J. Chr. 1187.

Mit Widerstreben aber rüstete sich Saladin zur Belagerung von Jerusalem. Denn er wünschte sehnlichst diese Stadt, eine der heiligen Stätten auch nach dem Glauben der Muselmänner, unbeschädigt zu gewinnen [96]). Darum versuchte er zuvor vielfache Unterhandlungen und bot den Christen in Jerusalem vortheilhafte Bedingungen: Waffenstillstand für Jerusalem bis zum Pfingstfeste des nächsten Jahres, reichliche Versorgung der Stadt mit allen Bedürfnissen, Befriedigung eines Umkreises von fünf Meilen zu ungestörtem Anbau des Landes und sicherm Verkehr, ja selbst die Bezahlung von dreyßig Tausend Dinaren zum Behufe der Ausbesserung der Mauern und Bollwerke. Dafür sollten die Christen in Jerusalem nur sich verbindlich machen, nach dem Ablaufe dieses Anstandfriedens die heilige Stadt zu übergeben, falls sie bis dahin keinen Beistand erhielten, wodurch ihre Lage verbessert würde. Auch versprach Saladin, die Christen von Jerusalem und ihre fahrende Güter sicher in jede Gegend des Christlichen Landes, wohin sie wollten, zu führen, wenn sie die heilige Stadt ihm überantworten würden. An demselben Tage, an welchem die Stadt Askalon dem Sultan übergeben wurde, waren Abgeordnete der Bürgerschaft von Jerusalem im Lager der Heiden, wel-

Belagerung u. Eroberung v. Jerusalem.

95) Id. l. c.

96) Nach Hugo Plagon (l. c.) sagte Saladin zu Balian, der mit ihm um die Bedingungen der Uebergabe der heil. Stadt unterhandelte: Je crois bien que Ierusalem est maison de Dieu et je ne mettrois mie siège volontiers en la maison de Dieu, ne ne ferois asaillir, si je ne la paost avoir par pes et par amor."

J. Chr. 1187. chen Saladin die frühern Verheißungen wiederholte. Als diese aber ihm erklärten, daß die Bürgerschaft von Jerusalem nicht gesonnen wäre, die Stadt, wo der Sohn Gottes gelitten und sein Blut vergossen, in die Hände der Heiden zu überantworten: da soll Saladin geschworen haben, nach der Vereitelung aller seiner Bemühungen um billigen Vertrag, der Stadt nicht anders Herr werden zu wollen als mit offner Gewalt [97].

Die Angelegenheiten der Stadt Jerusalem leitete damals Balian von Ibelin, welcher durch den Bruch seines dem Sultan geleisteten Eides zu dieser Gewalt gelangt war. Balian war unter den Gefangenen, welche mit der Eroberung der Stadt Berytus in die Knechtschaft der Heiden kamen, und verschaffte sich von dem Sultan nicht nur die Freylassung durch die Uebergabe seiner Burg Ibelin, sondern auch die Erlaubniß, aus dieser Veste seine Gattin und Kinder unter sicherm Geleite nach Jerusalem zu führen, jedoch mit der Bedingung, nicht länger dort zu verweilen als Eine Nacht, und überhaupt nicht ferner die Waffen zu führen wider die Muselmänner. Als aber Balian nach Jerusalem kam, drangen die Bürger in ihn mit der Bitte, daß er die Regierung der verlassenen Stadt übernehmen möchte; und als er sich entschuldigte mit seinem Eide, stellte der Patriarch Heraklius ihm vor, daß, wenn er die heilige Stadt ihrem Schicksale überließe, deren Rettung in dieser verzweiflungsvollen Lage ihm allein möglich wäre, er unvertilgbare Schande auf sich und sein ganzes Geschlecht laden, und eine größere Sünde begehen würde, als wenn er einen Eid bräche, den er einem Ungläubigen geleistet hätte. Auch löste der Patriarch die Verbindlichkeit dieses Eides durch seine

97) Hugo Plag. S. 612. Bernard. Thes. c. 160.

geistliche Macht. Worauf Balian sich von den Bürgern huldigen ließ [98]. Als Saladin schon vor Askalon gelagert war, gab Balian ihm Nachricht davon, daß er sich genöthigt gesehen, den ihm geschwornen Eide zu brechen, und bat um sicheres Geleit für seine Gattin und Kinder nach Tripolis. Der Sultan achtete die Triftigkeit der Gründe, welche Balian vermocht hatten, seinen Eid zu brechen, und gewährte sein Gesuch, indem er einen türkischen Ritter sandte, die Familie Balians nach Tripolis zu geleiten [99]. J. Chr. 1187.

Der Zustand der Dinge in der Stadt Jerusalem war auf das äußerste zerrüttet, als Balian die Regierung übernahm. Des armen wehrlosen Volkes, der Weiber und Kinder, welche von dem Lande auf die Nachricht von dem Unglücke bey Hittin in die Stadt geflohen waren, war eine so große Menge, daß sie nicht in den Häusern Obdach finden konnte, und der Lebensmittel war kein Ueberfluß [100]. Nicht mehr als zwey Ritter waren in der Stadt. Denn die ganze Ritterschaft von Jerusalem war bey Hittin vernichtet worden. Balian aber unterwand sich der Anordnungen, wel-

98) Hugo Plagon S. 608. Bern. Thes. c. 157.

99) „En demantières que Salahadin fu devant Escalone, li demanda Beleen d'Ibelin que il por Dieu donnast conduit à sa fame et à ses enfans qu'ele s'en peust aler à Triple. Car le conveuant qu'il li octroia quant il i alast en Ierusalem, il ne li pooit tenir. Car il estoit li près gardé qu'il ne s'en pooit issir. Salahadin i envoia un chevalier et la fist conduire jusqu' à Triple." Hugo Plagon S. 612. Schwerlich würden die Kreuzesritter gegen einen Muselmann ähnliche Billigkeit geübt hatten.

100) Hugo Plagon und Bernard. „Jeder Flüchtling," ließ Saladin selbst schreiben, „jeder Vertriebene hatte sich in diese Stadt zurückgezogen, die Nahen und Fernen hatten sich dort eingeschlossen, sie glaubten sich dort durch die Gnade Gottes geschützt und meinten, ihre Kirche würde sich ihrer annehmen." S. Lettre de Saladin, redigée par le cadi Alfadhel, à l'imam Nassir Deldin - Illah Aboal Abbas Ahmed, in Michaud. hist. des croisades T. II. p. 489.

J. Chr. 1187. che die Nothdurft erforderte, mit Eifer und Sorgfalt. Er schlug funfzig der Tapfersten aus den Söhnen der Bürger zu Rittern [101]), und hielt diese und die ganze übrige streitbare Mannschaft an, täglich in der umliegenden Gegend umher zu ziehen, und des Viehes und aller andern Lebensmittel sich zu bemächtigen, und diese in die Stadt zu bringen. Auch ließ er gemeinschaftlich mit dem Patriarchen das Denkmal über dem Grabe des Erlösers hinwegnehmen, und aus dem Silber, womit es bedeckt war, Geld prägen, zur Unterhaltung der Ritter und Knechte [102]). Ueberhaupt ordnete Balian alles an, was nothwendig schien, um die Stadt gegen die Heiden zu beschirmen.

Von allen Seiten strömten mittlerweile zu Saladin die muselmännischen Kämpfer, um Theil zu nehmen an der Eroberung der heiligen Stadt Jerusalem, und selbst Greise, Weiber und Kinder kamen in großer Zahl, um mit dem Heere in die heilige Stadt der Erzväter einzuziehen. Hierauf, nachdem von Saladin alles zu einer schweren Belagerung nöthige vorbereitet worden, überstieg das heidnische Heer in wohlgeordneten Scharen das Gebirge, auf welchem ehemals so oft der fröhliche Jubel der von siegreichem und gesegnetem Kampfe wider die Heiden heimkehrenden Frohn-
20. Sept. kämpen war gehört worden, und lagerte sich am Abende eines Donnerstages in unermeßlicher Zahl vor den Mauern von Jerusalem, an der mittäglichen Seite, von dem Thurme Davids, welcher gegen Abend ist, bis zum Thore des heiligen Stephan, welches gegen Morgen liegt. Zwar verstattete an

101) „Lor. fist Beleen d'Ibelin cinquante fils di borgois chevaliers." Hugo Plag. S. 09. „Balianus filios et burgenses accingens novos fecit tyrones." Bern. Thes. S. 157. Wahrscheinlich liegt in dem Worte et die Zahl verborgen, so daß filios L burgensium zu verbessern ist.

102) Hugo Plagon und Bernard a. a. O.

dieser Seite die Steilheit der Höhe, auf welcher die Mauern gebaut sind, und die Tiefe der Thäler, wodurch die Stadt Jerusalem dort von den sie umgebenden Bergen getrennt ist, die Aufrichtung weder von Wurfmaschinen noch anderem Belagerungszeuge. Aber Saladin hoffte noch immer die Uebergabe der Stadt durch Vertrag, und ließ auch daher, ungeachtet seines Gelübdes, aufs neue den Bürgern von Jerusalem billige Bedingungen antragen, bevor er die Belagerung anordnete. Aber seine Hoffnung wurde getäuscht. Der Kampf begann am andern Tage unverzüglich mit großer Heftigkeit, und acht Tage lang wurde gestritten von der Frühe des Morgens bis zum Abende. Alle Einwohner der Stadt unterwanden sich des Kampfes. Die Priester, Stiftsherren und Mönche stritten bewaffnet auf der Mauer nicht minder als die Ritter und Bogenschützen. Die Greise, Weiber und Kinder aber, und alle überhaupt, welche durch Alter oder Gebrechlichkeit unfähig waren zum Kampfe, durchzogen in Bittfahrten die Straßen und Kirchen und flehten zu Gott um seinen Beystand und Segen für die Kämpfenden. Die Ausfälle, welche die Christen unternahmen, waren so häufig, daß den Heiden während des ganzen Tags keine Ruhe vergönnt ward [103]). Auch begünstigte die Nähe des

J. Chr. 1187.

103) „Quis vero pro tam magni doloris pietate omnibus praetermissis non erumpat in fletibus, cum monachos hinc et canonicos scilicet sacerdotes et levitas, eremitas et anachoretas senio affectos, pro sanctis sanctorum et hereditate Crucifixi armatos incedere armaque videret gestare: illinc viduas, orphanos puerosque brachiis ad Dominum extensis per ecclesias et plateas catervatim et squalenti vultu incedere, oreque innocenti lacrymabiliter conclamare divinamque clementiam sanctorumque patrocinia incessanter implorare! Quae lingua autem valet narrare quanti Sarrazeni lanceis et sagittis perforati vitalem flatum amiserunt, et mortem perpetuam invenerunt?“ Also Radulph Coggeshale, ein Augenzeuge (S. 567). Was die christlichen Geschichtschreiber von der tapfern Vertheidigung der Stadt Jerusalem im Anfange der Belagerung rühmen, wird vollkommen von Sa-

J. Chr. 1187. unbesetzten goldnen Thors die Ausfälle. Als nun Saladin sah, daß seine Zurückhaltung nur das Vertrauen der Christen erhöhte: so beschloß er am achten Tage der Belagerung sein Heer an die nördliche Seite zu führen, wo die weitere Entfernung der Berge von der Stadt und sanftere Abhänge des hügeligen Bodens die Annäherung des Belagerungszeuges an die Mauer erlaubten [104]).

Als die Christen in Jerusalem sahen, daß die Heiden ihre Zelte abbrachen, erhob sich unbeschreiblicher Jubel; denn sie wähnten, daß Saladin durch ihren Widerstand ermüdet die Belagerung aufhöbe [105]). Aber ihre Freude verwandelte sich in bange Ahndung, als die türkischen Schaaren an der andern Seite des Stephansthors von neuem sich lagerten, von dem Thale Josaphat bis zur Abtey des Calvarienberges [106]), auf derselben Stelle, wo die Wallbrüder der ersten großen Meerfahrt vor fast hundert Jahren die heilige Stadt belagert und erstürmt hatten [107]). Schon an diesem Tage und in der folgenden Nacht wurden zwölf Wurfmaschinen von den Türken errichtet. Am andern Morgen ließ

ladin selbst bestätigt: „In den Ausfällen, welche von ihnen zuvor waren gemacht worden, hatten sie einen unbegreiflichen Muth bewiesen und ihre Angriffe waren schrecklich gewesen.“ S. den Anm. 100 angeführten Brief Saladins S. 491.

104) „Videns denique Saladinus quod nihil proficeret nec sic quidem posse damnare civitatem, coepit cum suis circumire et infirma civitatis perscrutari . . . . . et . . . angulum civitatis versus Aquilonem infirmum et aptum ad sua scelera invenit.“ Rad. Cog. S. 568. „Saladin fand bald, daß an der Seite, wohin er zuerst gekommen, die Thäler tief und die unbequemen Stellen zahlreich waren, und die Mauern die Stadt umgaben wie ein Halsband, in welchem die Thürme die großen Körner waren. Daher begab er sich an eine andere Seite, wo er für seine Wünsche eine Bahn und für seine Reiterey einen Zufluchtsort fand.“ Lettre de Saladin u. s. w. S. 489. Vgl. Hugo Plagon. S. 613. Bern. Thes. c. 161. Bohaeddin S. 73.

105) Rad. Cogg. l. c.

106) „Des la porte St. Estienne jusques à la porte de Iosaphat et jusques à l'abbaye de Mont-Olivete.“ Hugo Plagon.

107) S. Gesch. der Kreuzz. Th. I. S. 279.

Saladin seine zahllosen Horden in drey Schlachtordnungen getheilt und mit großen Schilden und Tartschen wohl bedeckt vorrücken gegen die Mauer [108]), und als die Christen dieses große Heer in so trefflicher Ordnung sich anschicken sahen zum Sturme, entstand in ihnen eine solche Furcht, daß keiner es wagte, auf der Mauer zu kämpfen, und alle entweder mit frommen Sinne zum Tode sich vorbereiteten, oder auf die Flucht mit ihrer Habe und ihren Familien sannen. Einige wenige, welche einen Ausfall aus dem Thore Josaphat versuchten, wurden von den Türken jämmerlich zurückgetrieben und vermehrten noch die Angst und Verzweiflung, indem sie durch die Straßen liefen und schrieen: Heilige Mutter Gottes, hilf uns. Das türkische Heer kam also ungehindert bis an die Mauer, beschoß die Mauer und Vormauer mit Pfeilen, Steinen und griechischem Feuer, und legte an die Barbakanen die Sturmleiter; und auch die Untergräber begannen rüstig ihr Werk, untergruben in zwey Tagen funfzehn Klafter der Mauer, und füllten, indem sie den untergrabenen Theil niederwarfen, den Graben aus zwischen der Mauer und den Barbakanen. Denn die Christen störten sie nicht in ihrem Werke [109]). Damit wurde auch das Kreuz niedergeworfen, welches die Wallbrüder der ersten großen Kreuzfahrt auf dieser Stelle der Mauer zum Andenken der durch Gottes Hülfe von Gottfried von Bouillon und den andern Helden dieser Heerfahrt vollbrachten Eroberung der heiligen Stadt errichtet hatten [110]). Die Muthlosigkeit wurde endlich so allgemein, daß kaum noch zwanzig oder dreyßig Männer willig waren zum Waf- J. Chr. 1187.

108) „Au matin fist Salahadin armer ses chevaliers et fit trois batailles pour aller assaillir la cité, les Targes devant eus.“ Hugo Plag. „Alia vero decem millia vel eo amplius bene armatos constituit, sub scutis et tarciis et cum arcubus ad sagittandum.“ Rad. Cog. p. 569.

109) Hugo Plagon. S. 614. Rad. Coggesh. S. 569.

110) Gaufr. Vinis. I, 9.

J. Chr. 1187. fendienste, keiner aber Neigung hatte, die Wache auf der Mauer in der Nacht zu übernehmen. Vergeblich ließen Balian und der Patriarch durch den Herold fünf Tausend Bizantien ausbieten, wenn funfzig Knechte während der Nacht die Ritterschaft unterstützen wollten in der Vertheidigung der von den Heiden durchbrochenen Oeffnung der Mauer [111]).

Am folgenden Tage kehrte in viele der Christlichen Kämpfer zu Jerusalem zwar nicht Muth zurück; aber Verzweiflung bemächtigte sich ihrer Gemüther, also daß viele Ritter, Bürger und Knechte [112]) von Balian und dem Patriarchen forderten, in der folgenden Nacht wider die Heiden geführt zu werden, um im Kampfe als tapfere Männer zu fallen, und nicht den Schimpf der Uebergabe dieser heiligen Stadt an die Heiden zu erleben. Dagegen verlangten andre, daß Unterhandlungen mit Saladin begonnen werden sollten, um die Stadt, welche doch nicht gerettet werden könnte, mit billigem Vertrage zu übergeben [113]). Der Patriarch sowohl als die Königin Sibylla und Balian waren den Wünschen dieser furchtsamen Parthey gewogen; und der Patriarch Heraklius erinnerte die Kampflustigen an das große Unheil, welches durch solchen unnützen Kampf und ihren Tod sie über die Greise, Weiber und Kinder in der Stadt bringen würden, von denen funfzig auf Einen streitbaren Mann zu rechnen wären. Worauf Balian den Auftrag erhielt, sich zu dem Sultan zu begeben, und die Uebergabe der heiligen Stadt Jerusalem unter der Bedingung des freyen und sichern Abzugs der wehrhaften Christen sowohl als der wehrlosen mit aller fahrenden Habe anzubieten [114]).

111) Rad. Cogg. p. 569. 570.

112) „Borgeois, chevaliers et serjans." Hugo Plag.

113) „Vulgus tam ignarum quam pavidum ad patriarcham et reginam, qui urbi praeerant, frequenter occurrit, flebiliter queritur, instanter supplicat, ut cum Soldano de urbe tradenda quam citius paciscantur." Gaufr. Vins. l. 9.

114) Hugo Plagon. S. 613. 614. Bern. Thes. c. 162.

Die Antwort Saladins auf diesen Antrag fiel nicht günstig aus, zumal da während Balian im Lager der Heiden war, zehn oder zwölf Fähnlein der Heiden durch die Bresche der Mauer eindrangen, selbst die Mauer erstiegen, und das Panier Saladins auf einen Thurm aufpflanzten[115]. Da ermannte sich aber ein Ritter aus Deutschland und munterte seine Kampfgenossen mit kräftigen Worten ebenfalls auf zum Kampfe. Sie griffen die Heiden mit unwiderstehlicher Tapferkeit an, drängten sie aus der Stadt, gewannen ihnen den eroberten Thurm ab, und warfen das Panier Saladins hinab auf die Erde[116]. J. Chr. 1187.

Diese tapfere That machte Saladin willfähriger, die bedingte Uebergabe der Stadt Jerusalem anzunehmen, und Balian wurde auf den folgenden Tag beschieden. Mittlerweile arbeiteten aber die Wurfmaschinen der Heiden ohne Unterlaß, und von einem Thurme wurde in der Nacht durch einen heftigen Wurf ein großer Theil mit solchem Geprassel herabgeworfen, daß in der Stadt die größte Furcht entstand und die Wachen in der Meinung, daß die Heiden selbst in die Stadt eingedrungen wären, über Verrath schrieen[117]. Am andern Tage wurde auf der ganzen Mauer von den Priestern und Mönchen ein feyerlicher Umgang gehalten mit dem Frohnleichnam, mit Kreuzen und Panieren und andern heiligen Zeichen unter inbrünstigem Gebete zu Gott und der heiligen Jungfrau um Errettung der heiligen Stadt; und die vornehmen Frauen ließen zum Zeichen ihrer Demüthigung vor Gott ihre Töchter entkleidet in Wannen, welche vor dem Calvarienberg gestellt und mit kaltem Wasser gefüllt waren, bis an den Hals sich untertauchen, die Haare sich abschneiden und von sich werfen[118].

115) Hugo Plagon S. 614. Bern. Thes. l. c.

116) Ottonis de St. Blasio Chron. cap. 30.

117) Hugo Plag. S. 614. 615.

118) Hugo Plag. S. 615. Bern. Thes. c. 162.

J. Chr. 1187. Aber weder das Gebet der Priester noch diese thörichten Kasteyungen der Kinder brachten den Pullanen Rettung von dem durch schwere Sünden verschuldeten Untergange [119]).

Balian fand auch an diesem Tage bey Saladin anfangs kein Gehör; sondern der Sultan forderte unbedingte Ergebung in seine Willkür, versichernd, daß er geschworen habe, keinen Vertrag den Christen in Jerusalem zu bewilligen. Als aber Balian mit Bitten in ihn drang, wandte sich gleichwohl das Gemüth des edeln Sultans zur Milde [120]). Gott zu Liebe und Euch, Ritter, zu Gefallen, sprach Saladin, mag ihr Habe und Gut ihnen bleiben, aber ihre Leiber sollen in meiner Gewalt seyn, wie in einer überwältigten Stadt; jedoch

119) „Mes nostre Sire Jesus Christ ne les voloit oir de prière qu'il feissent, car l'orde puant luxure et lavoutire qui en la cisté estoit, ne laissoit monter oraison ne prière devant Dieu." Hugo Plag.

120) Saladin berichtet selbst die Ursache, welche ihn zur Milde bewog, in dem bereits mehrere Male angeführten Briefe (S. 490) mit folgenden Worten: „Als man sich der Mauern bemächtigt hatte, die Mauern entblößt waren von Vertheidigern und der Stein wieder zu Staub geworden war, wie er ehemals gewesen, endlich auch die Thore in die Gewalt des Dieners Gottes (d. i. Saladins) fielen: Da verzweifelten die Ungläubigen und das Haupt der Gottlosigkeit, Ben oder Bezbarran, kam heraus und bat, die Stadt durch Vertrag zu nehmen und nicht mit Gewalt. Die Erniedrigung des Unglücks und der Verzweiflung war ausgedrückt auf dem Angesichte dieses Mannes, welcher zuvor sich königlicher Würde rühmte; und er, vor welchem zuvor niemand die Augen zu erheben wagte, warf sich nieder in den Staub und sprach: Dort (indem er nach der Stadt zeigte) sind Tausende von gefangenen Muselmännern. Die Franken aber sind übereingekommen, wenn ihr die Stadt mit Gewalt nehmt und die Last des Krieges auf ihre Rücken fallen lassen wollt, alle diese Gefangenen zu erwürgen, und dann ihre eigenen Frauen und Kinder zu tödten, also daß ihnen nichts anders zu wünschen übrig bleiben wird als der Tod: aber keiner wird sterben, ohne viele Muselmänner zuvor getödtet zu haben. Die Emire riethen hierauf den angebotenen Vertrag anzunehmen. Denn, sagten sie, es ist kein Zweifel, daß die Belagerten, wenn die Stadt mit Gewalt erobert werden sollte, sich blindlings in die Gefahr stürzen und ihr Leben für das, was sie so tapfer vertheidigt haben, zum Opfer bringen werden." Nach Bohaeddin (S. 74) wurden wirklich ohngefähr drey Tausend gefangene Muselmänner in Jerusalem gefunden und befreyt.

mag sich loskaufen aus der Knechtschaft, wer das Lösegeld aufbringen kann. Dann bestimmte Saladin das Lösegeld für jeden erwachsenen Mann, den armen wie den reichen zu zwanzig Bizantien, und zu zehn Bizantien für jede Frau und jedes Kind. Als aber Balian mit anhaltender Bitte um Minderung dieses Lösegeldes flehte, und mit eindringlicher Rede ihm vorstellte, daß nur die Bürger von Jerusalem vermögend genug wären, um ein solches Lösegeld zu bezahlen, des übrigen Volks aber aus den verschiedenen Ortschaften des Reichs, dessen eine zahllose Menge nach Jerusalem geflohen, kaum Einer von Hundert wäre, welcher zwey Bizantien zu bezahlen vermöchte: so ließ sich der Sultan erweichen, verhieß diese Angelegenheit weiter zu überlegen, und beschied Balian wiederum zu sich auf den folgenden Tag. J. Chr. 1187.

Als Balian mit solcher Nachricht in die Stadt zurückkam, entstand große Betrübniß, und besonders der Patriarch Heraklius wurde sehr besorgt [121]), weil es unmöglich schien, das Lösegeld für eine so große Menge Volk aufzubringen, auch wenn Saladin noch so niedrig es bestimmte. Die einzige Hülfe in dieser Verlegenheit war der Theil des von dem Könige von England nach dem heiligen Lande gesandten Schatzes, welcher noch in der Verwahrung der Ritter des Hospitals war. Auch waren der Commenthur und die Ritter des Hospitals, als der Patriarch die Anwendung dieses Schatzes zur Loskaufung der armen Christen aus der Knechtschaft der Heiden forderte, sehr bereitwillig, dies

121) „Quant il lor ot conté, mult furent corociés por le menu pueple de la cité." Hugo Plagon. Radulph Coggeshale gesteht aber dem Patriarchen und den übrigen Gewalthabern in Jerusalem nicht so vieles Mitleiden zu. „Placuit ergo sermo iste domino patriarchae et ceteris qui pecunias habebant. Mirabile factum! quis umquam audivit talia? heres dedit pretium ut ab hereditate fieret alienus." p. 570.

J. Chr. 1187. ses Verlangen zu gewähren, da vorherzusehen war, daß dieser Schatz in die Hände der Heiden fallen würde, wenn der Vertrag nicht zu Stande käme. Aber damit war nicht aller Verlegenheit geholfen. Jedoch Balian erhielt Vollmacht, den Vertrag abzuschließen, unter so leidlichen Bedingungen als möglich.

Balian fand auch bey dieser Unterredung den Sultan so bereitwillig, das Unglück der Christen zu lindern als möglich war. Denn er hatte dafür zu sorgen, daß die Hoffnung seiner Emire und ihrer Reiter auf eine reiche Beute nicht gänzlich getäuscht würde. Das Lösegeld wurde also festgesetzt zu zehn Bizantien für jeden erwachsenen Mann, zu fünf für jede erwachsene Frau, und zu Einem für jedes Kind; außerdem sollten noch sieben Tausend Arme zusammen für den Preis von hundert Tausend Bizantien die Freyheit erhalten; und auch diesen Preis setzte der Sultan, als Balian versicherte, daß nicht die Hälfte dieses Geldes nach Bezahlung des übrigen Lösegeldes in der Stadt vorhanden seyn würde, zu funfzig Tausend und zuletzt auf wiederholtes Bitten, zu dreyßig Tausend Bizantien herab. Zum Verkaufe der Güter, zur Bezahlung des Lösegeldes und zum Abzuge aus der Stadt wurde den Christlichen Einwohnern eine Frist von vierzig Tagen bestimmt, also daß derjenige, welcher nach dem Ablaufe dieser Frist noch in der Stadt seyn würde, unabwendlich in die Knechtschaft des Sultans fiele. Ferner machte sich Saladin verbindlich, diejenigen, welche nach Bezahlung ihres Lösegeldes auszögen, sicher geleiten zu lassen nach ihrer Wahl, entweder nach Antiochien oder nach Alexandrien, und ihnen in der letzten Stadt den Aufenthalt so lange zu gestatten, bis sie Schiffe finden würden zur Ueberfahrt ins Abendland. Auch erlangte es Balian, daß zwey Weiber und zehn Kinder für Einen Mann gerechnet

werden sollten und den streitbaren Männern unter den Aus- J. Chr. 1187.
wandernden verstattet würde, sich zu bewaffnen, zu ihrem eignen und des übrigen Volkes Schutz gegen herumziehende herrenlose Räuber [122]).

Als nun am Feste des heiligen Leodgarius diesen Ver- Freytag 2. Okt.
trag die Herolde in den Straßen von Jerusalem verkündigten, wurde das arme Volk sehr unwillig gegen den Patriarchen und die Ritterschaft, und nannten sie laut ruchlose Mäkler, welche, wie einst der Verräther Judas Ischarioth, das Heiligthum für Geld vertrödelten [123]). An demselben Tage aber noch wurden die Schlüssel der Stadt an Saladin überbracht und am andern Tage hielt der Sultan selbst mit großem Sonnabend 3. Okt.
Gepränge seinen Einzug in die heilige Stadt, besetzte die Burg Davids, pflanzte auf die Thürme der Mauer seine Paniere und ließ alle Thore verschließen, mit Ausnahme des Thors von Joppe, durch welches den Muselmännern, welche kamen, um von den Christen zu kaufen, was diese feilboten, der Eingang in die Stadt erlaubt wurde [124]).

Auf den heiligen Stätten, welche vor neunzig Jahren durch die fromme Tapferkeit des Herzogs Gottfried und seiner Kampfgesellen von der schimpflichen Herrschaft der Muselmänner waren befreyt worden, sahen nunmehr die Pullanen alle Gräuel des Heidenthums wiederkehren. Die Fakih's und Kadi's und andere Priester weihten den Tempel Salomonis wieder ein nach ihrer Weise und wuschen

122) Am ausführlichsten werden diese Verhandlungen berichtet von Hugo Plagon S. 615 flgd., womit Bernardus zu vergleichen ist c. 163. Die übrigen erwähnen ihrer nur mit wenigen Worten.

123) „Pereant," läßt Radulph Coggeshale (S. 57) das Volk von Jerusalem sagen, „isti mercatores pessimi, qui secundo Christum et sanctam civitatem vendiderunt, sicut iste mercator malignus, qui suspensus crepuit medius."

124) Hugo Plagon S. 617. Bern. Thes. c. 164.

N. Chr. 1187. ihn mit Rosenwasser, welches in fünf Camellasten der Sultan aus Damascus hatte bringen lassen; und auf der heiligen Stätte der Darbringung Christi im Tempel, wo bisher Christliche Lobgesänge waren gesungen worden, hörten die Pullanen mit dem bittern Gefühl, daß ihre und ihrer Väter schweren Sünden dieses schreckliche Gericht Gottes herbeygeführt, das lärmende Geschrey der Muselmännischen Priester und ihren jubelnden Ruf: Allah Akbar [125]). Auch ließ Saladin in dieser Kirche den Predigtstuhl aufrichten, welchen schon Nureddin hatte verfertigen lassen, um von demselben auf dieser heiligen Stätte das Lob Allah's verkündigen zu lassen; und der Scheich Mohammed Ebn Saki pries auf demselben am ersten Freytage nach der Uebergabe in begeisterter Rede Gottes Herrlichkeit und die Hoheit des Propheten Mohammed, so wie die Heiligkeit dieser Stätte, und ermahnte die Muselmänner zur Dankbarkeit gegen Gott und zur Beständigkeit in der Tugend [126]). Den Calvarienberg bestieg gleichfalls ein Imam und verkündigte seinen Irrglau-

125) „Igitur Alphachini et Cassini, ministri scilicet nefandi erroris, episcopi et presbyteri secundum opinionem Sarrazenorum, primum templum Domini, quod Beith alla vocant et quo magnum salvationis habent fiduciam, quasi orationis et religionis causa ascenderunt, mundare aestimantes quod spurcitiis et mugitibus horribilibus legem Mahometi, pollutis labiis, vociferando Halla haucaber, Halla haucaber polluerunt, coinquinaverunt omnia loca, quae in templo continentur, locum so. praesentationis, ubi mater et virgo gloriosa Maria filium Dei, ut eum secundum legem Moysi Domino sisteret in manibus justi Simeonis tradidit." Rad. Coggesh. p. 572. „Il ot mandé à Domas por eué rose assés por le Temple laver ains qu'il voisist entrer. Si com l'en dit, il en i ot quatre chamiex ou cinq tous chargiés." Hugo Plag. S. 621. Bern. Thes. c. 166.

126) Abulfed. Ann. mosl. T. IV. S. 82 Einen Auszug aus der Rede des Scheich in französischer Uebersetzung hat Herr Michaud mitgetheilt unter den Beylagen des zweyten Theils seiner Geschichte der Kreuzzüge S. 493 flgd. Sie scheint, eben so wie der vorhin angeführte Brief Saladins, aus der Chronik des Ebn Ferat genommen zu seyn.

ben auf der Leidensstätte des Erlösers [127]). Die Kirche der Auferstehung wurde zwar nicht in eine Moschee verwandelt, aber ihre Heiligthümer wurden jedem preis gegeben, den Christen nicht minder als den Saracenen; späterhin wurde sie den Surianern für Geld verkauft [128]). Und in der Kirche außerhalb den Mauern, auf dem Orte, wo Christus das heilige Abendmahl stiftete, hielt Malek al Adel, des Sultans Bruder, mit seinen Emiren ein lärmendes Gelag [129]). Alle Glocken, welche so oft die Christen zum Gebet und zu festlicher Feyer gerufen hatten, wurden auf das Geheiß Saladins zertrümmert [130]). J. Chr. 1187.

Am meisten aber betrübte die Christen die Niederwerfung des goldenen Kreuzes von dem Tempel Salomonis, welches die Heiden eben so wie die Kreuze der andern Kirchen mit Stricken herabrissen, und im Kothe mit Schmach und Verachtung umherschleppten. Ein heftiges Klagegeschrey wurde von allen erhoben, welche diesen Gräuel erblickten; und es hätten manche Christen, im Unwillen und Unmuth über solche Schmach, vielleicht wieder zu den Waffen gegriffen, wenn nicht die ausgestellten zahlreichen Wachen der Türken sie geschreckt hätten [131]).

127) „Praeco legis Mahometicae eminentem Calvariae rupem ascendit et ibi lex spuria declamata personuit, ubi legem mortis Christus in cruce consumsit.“ Gaufr. Vinis. I. 9.

128) Vincent. Bellovac. spec. histor. bey Bern. Thes. c. 166.

129) „Ascendit ex altera parte Siphidin montem sanctum Sion atque ecclesiam novi sacramenti celebratione, frequentatione et oratione Apostolorum et gloriosae virginis Mariae post Ascensionem Domini, adventu Spiritus sancti super apostolos in die Pentecostes, dormitione b. Mariae, salutatione Domini post resurrectionem dicentis pax vobis sanctificatam, sui et suorum inhabitantium immunditiis, comessatione, potatione, luxuria sancta loca et se et suos polluere non metuit.“ Rad. Coggesh. S. 573.

130) Vinc. Bellov. a. a. O.

131) Abulf. Ann. mosl. a. a. O. Bohaed. S. 74. Rad. Cogg. S. 572. Gaufr. Vinis. l. c. Hugo Plagon S. 622. Der letzte Schriftsteller ist

J. Chr. 1187. Aber ungeachtet aller Schmach, welche den Christen auf dem heiligen Boden von Jerusalem von den siegenden Muselmännern widerfuhr, bezeugen einmüthig die Christlichen Berichte, daß Saladin mit edler Großmuth sich bemühte, das schwere Ungemach der Besiegten zu lindern, so viel er vermochte. Nicht nur handhabte er die Ordnung mit fester Hand und schützte die Christen gegen jede Räuberey und Gewaltthätigkeit habsüchtiger Soldaten [132]; sondern er erleichterte es selbst den Armen sich loszukaufen, zur Beschämung der hartherzigen vermögenden Pullanen, welche, nachdem sie durch den Vertrag ihres Lebens und Eigenthums sicher geworden waren, nur daran dachten, so viel des Ihrigen davon zu bringen, als irgend möglich. Zwar wurde verordnet, daß niemand von seinem Vermögen mehr behalten sollte, als hinreichen würde zu seiner eigenen Loskaufung und zur Reise in das Land der Christen; das übrige sollte er an den allgemeinen Kasten abgeben zur Loskaufung der armen Christen. Auch wurden aus jeder Pfarrey der Stadt zwey Bürger erwählt und beauftragt, die Armen jeder Straße zu verzeichnen und von jedem Vermögenden eine eidlich bekräftigte Angabe seines Vermögens zu fordern, um darnach zu ermessen, wie viel er abgeben müßte an den gemeinen Kasten. Gleichwohl wurde damit wenig gewonnen [133]). Die meisten reichen Bürger und selbst die Ritter des Tempels und Hospitals, kauften nur sparsam mit ihrem

billig genug, den Sultan selbst von der Schuld an der Verhöhnung des Kreuzes freyzusprechen. „Je ne di pas que ce fu par le commandement de Salchadin.“

132) „Il mist en chacune des rues deus chevaliers et dix serjans pour garder la cité et il la garderent si bien qu' onques n'oi on parler de mesprison qui fust faite as Chrestiens, et à la mesure qu'ils issoient de Jerusalem, le logeoient devant l'ost des Sarrazins.“ Hugo Plagon.

133) Hugo Plagon S. 618. Bern. Thes. c. 164.

eignen Ueberflusse die armen Christen los [134]), und mit den dreißig Tausend Goldstücken des Englischen Schatzes konnten nicht mehr als sieben Tausend arme Christen befreyt werden.

Ganz anders handelten Saladin, sein Bruder Malek al-Adel und mehrere seiner Emire. Malek al-Adel erbat sich von dem Sultan Tausend Christliche Gefangene, und als sie ihm waren bewilligt worden, gab er sie frey ohne Lösegeld. Auf gleiche Weise verfuhren Malek al Modaffer, Emir von Edessa, und Schehabeddin, Emir von Bira, mit einer großen Zahl von syrischen Christen, welche sie, als gebürtig aus ihren Statthalterschaften, von dem Sultan sich erbaten. Dann schenkte Saladin sogar, auf die Bitte des Patriarchen um die Freylassung des armen Volks, das sich nicht zu lösen vermochte, siebenhundert Armen die Freyheit, und Balians Fürbitte hatte gleiche Wirkung. Nachdem er diese Bitten erfüllt, soll Saladin also gesprochen haben: „Weil mein Bruder Malek al-Adel, und der Patriarch und Balian Mildthätigkeit geübt haben, so will auch ich solche üben." Hierauf gebot der Sultan am andern Tage, um die Zeit des Sonnenaufganges, die Pforte des heiligen Lazarus im südlichen Theile der Mauer zu öffnen und alle arme Christen frey zu lassen, welche nach strenger Untersuchung, ob sie auch irgend etwas trügen, womit sie sich loskaufen könnten, durch die Pforte ausziehen könnten von der Frühe des Morgens an bis zum Abende. Nach diesem allen blieben aber noch eilf Tausend arme Christen in der Sklaverey der Heiden, welche der Sultan nicht frey ließ, obwohl der Patriarch und Balian sich erboten, als Geisel in seiner

134) „Il aidierent mes non pas tant com il deussent, car il n'avoient ore mie paor com lor tousist a force le lor, puisque Salahadin les avoit assurés." Hugo Pl. S. 618.

J. Chr. 1187. Gewalt zu bleiben, bis das Lösegeld für sie bezahlt würde; und Saladin gebot ihnen, mit weitern Bitten ihn nicht zu beschweren.

Dagegen war der Sultan wieder von großer Milde gegen die Frauen und Töchter der Ritter und Bürger, welche in der Schlacht von Hittin waren getödtet oder gefangen worden. Denn als sie nach ihrer Loslassung mit Thränen und Wehklagen seine Gnade anriefen, wurde sein Herz erweicht und er gab ihnen ihre Väter oder Ehemänner zurück, so viele deren in seiner Gefangenschaft waren, und beschenkte die verwittweten und verwaisten reichlich, jede nach ihrem Stande [135]. Bey so vieler Milde brachte alles von den Christen bezahlte Lösegeld dem Sultan nicht mehr ein, als zweyhundert und zwanzig Tausend Byzantien; und auch von diesem Gelde blieb ihm selbst nichts, weil er es theils an seine Emire und die ihn begleitenden Gelehrten verschenkte, theils anwandte zur Geleitung der nach Tyrus abziehenden Christen [136])

Denn für die Christen, welche sich losgekauft hatten und nach dem Christlichen Lande zogen, sorgte Saladin auch auf ihrer Reise mit Bedächtlichkeit. Weil ihrer so viele waren, daß sie nicht wohl auf Einer Straße ziehen konnten, so theilte er sie in vier Haufen und gab deren Führung an die Tempelherren, die Ritter des Hospitals, Balian und den Patriarchen Heraklius, und wies ihnen drey verschiedene Straßen an, also daß der Patriarch und Balian auf einer Straße zogen. Auch gab er jedem dieser Haufen funfzig

135) Besonders Hugo Plagon erzählt sehr ausführlich von allen diesen Beweisen der großen Milde des Sultans gegen die unglücklichen Christen, S. 613 flgd. Vgl. Bern. Thes. c. 165.

136) Bohaed. S. 174. Nach Abulfeda (S. 84) entging dem Sultan ein großer Theil des Lösegeldes dadurch, daß die Christen seine Einnehmer zu betrügen wußten.

Türkische Reiter zur Begleitung, wovon, täglich wechselnd, J. Chr. 1187.
die eine Hälfte die Vorwache bildete, die andere die Hinterwache. Die Vorwache hatte besonders in der Nacht durch stetes Umherreiten die Carawane gegen Räuber zu beschirmen. Die Muselmännischen Reiter erfüllten ihren Auftrag so wohl, daß den Christen auf ihrer Reise durchaus kein Schaden geschah, und sie bewiesen selbst bey jeder Gelegenheit Mitleid und Erbarmen mit den unglücklichen Christen. Wenn einer von ihnen, Mann oder Frau oder Kind, ermattete von der Reise, so ließen sie ihre Knechte absteigen, und von deren Rossen die Ermüdeten bis zur Herberge tragen; und die Kinder der Christen nahmen sie nicht selten vor sich auf ihre Pferde. Auch die Einwohner des Landes versorgten die Christen in ihren Herbergen reichlich mit Lebensmitteln [137].

Die Noth der aus Jerusalem ausgewanderten Christen begann erst, als sie das Christliche Land betraten. Denn die Pullanen wurden so wenig durch den Anblick des Elends ihrer Mitchristen gerührt, daß sie vielmehr Härte und Grausamkeit wider sie übten. Der Graf von Tripolis verschloß den Unglücklichen die Thore seiner Stadt und ließ einen großen Theil derselben des Ihrigen, welches ihnen die Großmuth des heidnischen Sultans gelassen hatte, berauben, und erst als die Noth derer, welche es nicht vermocht hatten, den Weg nach Antiochien fortzusetzen, auf das Aeußerste stieg, ließ er sich bewegen, sie in die Stadt aufzunehmen [138]. Der Königin Sibylle, welche nach einer traurigen Unterredung mit ihrem zu Neapolis noch immer gefangen gehaltenen Gemahl, im Begriffe war, zur Fahrt nach dem Abendlande sich einzuschiffen, wurde ihr Schiff

137) Hugo Plagon S. 619. Bern. Thes. a. a. O.

138) Hugo Plag. S. 620.

J. Chr. 1187. von den Tyrern entrissen, und sie war gezwungen, mit dem Patriarchen und den Rittern beyder Orden nach Antiochien sich zu begeben [139].

Selbst einen großen Theil der Christen, welche früherhin aus Askalon und den umliegenden Burgen freyen Abzug erhalten hatten, rettete nur die Menschlichkeit des Statthalters von Alexandrien in Aegypten, welcher ihnen nicht nur verstattete, den Winter in der Nähe dieser Stadt zuzubringen, und sie schützte gegen jeden Schaden; sondern, als die Pisanischen, Genuesischen und Venetianischen Seefahrer, welche in dem Hafen ebenfalls den Winter zubrachten, sich weigerten, diejenigen mitzunehmen, welche nicht vermöchten die Ueberfahrt zu bezahlen und sich zu beköstigen, versah er die armen Pilger mit allen Bedürfnissen und ließ die wälschen Schiffer nicht eher abfahren aus dem Hafen, als nachdem sie mit einem feyerlichen Eide ihm gelobt hatten, die Armen unentgeltlich eben dahin zu bringen, wohin sie die Reichen führten. Auch drohete er ihnen, für jedes Leid, welches sie diesen armen Christen zufügen würden, sich schwer zu rächen an den Kaufleuten ihres Landes, welche künftig nach Alexandrien kommen würden [140].

139) Gaufr. Vinis. I. 10. 140) Hugo Plagon a. a. O.

Zeitfracht Medien GmbH
Ferdinand-Jühlke-Straße 7
99095 Erfurt, Deutschland
produktsicherheit@kolibri360.de